Joachim Ringelnatz

Gesammelte Werke

JOACHIM RINGELNATZ

Gesammelte Werke

Gedichte und Erzählungen

Anaconda

Die Gedichte und Erzählungen dieses Bandes sind chronologisch nach den Erstausgaben geordnet. Orthografie und Interpunktion wurden behutsam auf neue deutsche Rechtschreibung umgestellt, grammatische Eigenheiten blieben gewahrt.

Penguin Random House Verlagsgruppe FSC®N001967

Die Deutsche Nationalbibliothek verzeichnet diese Publikation in der Deutschen Nationalbibliografie; detaillierte bibliografische Daten sind im Internet unter http://dnb.d-nb.de abrufbar.

Umschlagmotiv: picture-alliance/dpa
Umschlaggestaltung: Druckfrei. Dagmar Herrmann, Bad Honnef
Satz und Layout: Roland Poferl Print-Design, Köln
GGP Media GmbH, Pößneck
Printed in Germany
ISBN 978-3-7306-0224-9
www.anacondaverlag.de

INHALT

GEDICHTE

ERZÄHLUNGEN

ANHANG

GEDICHTE

Kleine Wesen

1910

Einleitung

Viel passiert zu allen Zeiten
In der Welt der Kleinigkeiten.
Stimmt bald ernst und stimmt bald heiter. –
So, nun blätt're, bitte, weiter.

Die Feder

Ein Federchen flog über Land;
Ein Nilpferd schlummerte im Sand.

Die Feder sprach: »Ich will es wecken!«
Sie liebte, andere zu necken.

Aufs Nilpferd setzte sich die Feder
Und streichelte sein dickes Leder.

Das Nilpferd öffnete den Rachen
Und musste ungeheuer lachen.

Der Funke

Es war einmal ein kleiner Funke.
Das war ein großer Erzhallunke.

Er sprang vom Herd und wie zum Spaß
Gerade in ein Pulverfass.

Das Pulverfass, das knallte sehr;
Da kam sofort die Feuerwehr

Und spritzte dann mit Müh und Not
Das Feuer und das Fünkchen tot.

Der Edelstein

Der gute König Magarone
Trug einen Stein in seiner Krone.

Es war ein schöner Edelstein,
Er funkelte wie Sonnenschein.

Ein böser König kam aus Polen,
Um sich den Edelstein zu holen.

Sie stritten sich fast zehn Minuten,
Der böse König mit dem guten.

Dann kam ein fürchterlicher Krieg.
Der gute König kam zum Sieg.

Und schenkte – weil er sich so freute –
Den Edelstein an arme Leute.

Die Seifenblase

Es schwebte eine Seifenblase
Aus einem Fenster auf die Straße.

»Ach nimm mich mit dir«, bat die Spinne
Und sprang von einer Regenrinne.

Und weil die Spinne gar nicht schwer,
Fuhr sie im Luftschiff übers Meer.

Da nahte eine böse Mücke,
Sie stach ins Luftschiff voller Tücke.

Die Spinne mit dem Luftschiff sank
Ins kalte Wasser und ertrank.

Das Ei

Es fiel einmal ein Kuckucksei
Vom Baum herab und ging entzwei.

Im Ei da war ein Krokodil;
Am ersten Tag war's im April.

Der Floh

Herr Müller hatte einen Floh,
Der stach Herrn Müller irgendwo.

Herr Müller dankte für die Ehre,
Dann nahm er eine lange Schere

Und schnitt ihn in zwei gleiche Teile.
Jedoch, nach einer kurzen Weile,

Da wurden aus dem einen Floh
Zwei neue Flöh' daraus. – Oho!

Da sprach der eine von den beiden:
»Man muss nicht einen Floh zerschneiden«.

Die Nadel

Ein Schneider eine Nadel fand,
Die stach den Schneider in die Hand.

Der Schneider sprang entsetzt zurück,
Die Nadel sprach, ich bring' dir Glück.

Der König hörte Schneiders Leid,
Und er bestellte sich ein Kleid.

Der Schneider nähe dieses gleich;
Am andern Tage war er reich.

So hat die Nadel über Nacht
Dem armen Schneider Glück gebracht.

Das Samenkorn

Ein Samenkorn lag auf dem Rücken,
Die Amsel wollte es zerpicken.

Aus Mitleid hat sie es verschont
Und wurde dafür reich belohnt.

Das Korn, das auf der Erde lag,
Das wuchs und wuchs von Tag zu Tag.

Jetzt ist es schon ein hoher Baum
Und trägt ein Nest aus weichem Flaum.

Die Amsel hat das Nest erbaut;
Dort sitzt sie nun und zwitschert laut.

Der Wassertropfen

Ein Wassertropfen fiel vom Himmel;
Es war ein ungezog'ner Lümmel.

Im Grase schlief ein dummer Hase,
Der Tropfen fiel auf seine Nase.

Der Hase dachte sich dabei,
Dass er jetzt totgeschossen sei.

Er sprang in seinem großen Schreck
Aus seinem sicheren Versteck.

Der Jägersmann stand an der Straße
Und schoss ihn wirklich in die Nase.

Der Knopf

Es war ein Knopf an Fritzens Mütze,
Der machte ungezogne Witze.

Erst strampelte er stundenlang,
Worauf er von der Mütze sprang.

Er fiel auf einen Kieselstein,
Dort schlief er ganz ermüdet ein.

Und eine Schlange sah den Schläfer;
Sie dachte sich, es sei ein Käfer.

Und weil der Käfer ihr gefiel,
So fraß sie ihn mit Stumpf und Stiel.

Der Stein

Ein kleines Steinchen rollte munter
Von einem hohen Berg herunter.

Und als es durch den Schnee so rollte,
Ward es viel größer als es wollte.

Da sprach der Stein mit stolzer Miene:
»Jetzt bin ich eine Schneelawine«.

Er riss im Rollen noch ein Haus
Und sieben große Bäume aus.

Dann rollte er ins Meer hinein,
Und dort versank der kleine Stein.

Der kleine Junge

Es war ein kleiner, böser Junge,
Der zeigte jedermann die Zunge,

Ging statt zur Schule auf die Straße
Und drehte allen eine Nase.

Als seine Eltern beide tot,
Kam er in bitterliche Not.

Und lebt nun – weil er sonst nichts kann –
Als armer Leierkastenmann.

Das kleine Mädchen

Es war ein armes kleines Mädchen,
Das stickte nur mit kurzen Fädchen;

Ich glaube, Lina war ihr Name.
Sie wurde eine schöne Dame,

War fleißig, brav und lernte gerne,
Da kam ein Prinz aus weiter Ferne.

Der sagte: »Liebe gute Lina,
Komm mit mir auf mein Schloss nach China.«

Dort sitzen sie nun alle beide
Auf einem Thron von gelber Seide.

Was Topf und Pfann' erzählen kann

Ein lustiges Märchen

Text von Hans Bötticher und
Ferdinand Kahn
1910

Das Feuer zischt mit rotem Kopf –
Am Herd – da stehet Topf an Topf.
Drin kocht und siedet dies und das;
Die Köchin geht und holt noch was!
Kaum ist sie fort die Küche leer,
Geht's auf dem Herd lebendig her!
Das Feuer prasselt – bli! bla! blu! –
Der gute Herd – der brummt dazu.
In Topf und Töpfchen regt es sich
Und zischt und brodelt wunderlich.
Aus jedem tönt ein Stimmchen vor,
Und geht ihr hin und spitzt das Ohr,
Dann hört ihr – ei, das wird ein Spaß! –
Ein jeder Topf erzählt euch was.
Und was noch kochend drinnen liegt,
Weil ihr es erst heut' mittag kriegt,
Sagt, was erlebt' es wundersam,
Bevor es in den Kochtopf kam.
Drum kommt und hört – es ist nicht schwer –
Es freut bei Tisch euch sicher sehr,
Dieweil ihr mehr wie alle wisst
Von dem, was man zu Mittag isst!

Es liegt in seinem Topfe
Ein Braten feist und schwer
Und sagt mit rotem Kopfe:
»Allhier gefällt mir's sehr!«

Das gute liebe Feuer
Wärmt mich so wohlig an;
Das freut mich ungeheuer,
Wär' ich nur näher dran!«

Er hat sich immer näher
Zum Feuer hingewandt,
Da – pff! – ein Schrei, ein jäher,
Schon ist er angebrannt.

Da kommt die Köchin wieder
Und merkt sofort, was los;
Zum Braten schaut sie nieder –
O weh! – der Schreck ist groß! –

Am Fensterbrett zwei Raben,
Die plappern frech und dreist:
»Wer's gar zu warm möcht' haben,
Der brennt sich auch zumeist!«

»KENNT IHR die Geschichte vom Hänschen?«
Fragte aus der Pfanne das Gänschen.

»Im Garten promenierte Hänschen,
Um einen Blumenstrauß zu pflücken;
Er traf ein rundes fettes Gänschen
Und kletterte auf seinen Rücken.

›Ha!‹, rief der Hans, ›jetzt kann ich reiten.
Ich reite nach Amerika
Dort gibt es keine Schularbeiten,
In vierzehn Tagen sind wir da!‹

Ein Taschentuch nahm er als Zügel,
Der Sattel war bequem und weich,
Da plötzlich hob die Gans die Flügel
Und flog auf einen großen Teich.

Das Gänschen schwamm durchs Wasser
Hans strampelte und schrie zuletzt;
Das Gänschen tauchte dreimal unter
Und hat ihn dann ans Land gesetzt.

Hans kam nach Hause ohne Zügel
Und war vor Angst und Schrecken blass.
Denn erstens kriegt' er arge Prügel,
und zweitens war er klitschenass.«

DIE SUPPE sprach mit leisem Mund:
»Die Kinder mach' ich stark – gesund!
Wenn ihr's nicht glaubt, so seid jetzt still
Und horcht, was ich erzählen will.

Im Wald, wo Wind und Wetter braust,
Hat eine Hexe einst gehaust,
Die hatte viele Kinderlein,
Die sperrte in den Wald sie ein,
Gab ihnen nichts zu essen mehr;
Die Kinder plagt' der Hunger sehr.
Doch eine Fee, die wusste dies;
Darum sie Suppe regnen ließ.
Da kamen schnell die Kinderlein
Und fingen sie in Töpfchen ein,
Und wurden groß und kräftig sehr,
Die Hex' konnt' sie nicht halten mehr,
Und kamen glücklich in die Stadt –
Die Suppe sie gerettet hat!«

»DAS KOMMT von solcher Prahlerei!«
So schimpfte zornig ein Spiegelei
Und zischte über dem Feuer und wallte

Und brodelte, prustete, spritzte und knallte.
Man fragte es, warum es so zornig sei –
Und da erzählte das Spiegelei:

»Es war zum fröhlichen Osterfest;
Vier Eier lagen in einem Nest,
Das eine aus Schokoladeguss
War braun, als wie eine Haselnuss.
Die andern weißen riefen: ›Wie schade!
Ach, wären wir auch aus Schokolade!‹
›Ja‹, prahlte das braune, ›ihr armen Schlucker,
Ihr seid ja noch nicht einmal aus Zucker!‹
Da riefen die andern Eier: ›Juchhei!‹
Und schlugen einander die Köpfe entzwei.
Nun kroch aus jedem der Eier ein Küken,
Nur aus den haselnussbraunen Stücken
Kam nichts. Die waren ganz hohl und leer;
Da weinten sie nun und schämten sich sehr!«

»Ach, was sind die Menschen schlecht!«
jammerte im Topf der Hecht.

»Als ich noch im Fluss geschwommen,
Ist einmal ein schöner junger
Weißfisch mir entgegengekommen,
Da bekam ich großen Hunger.

Und aus Liebe und Behagen
Hab' ich gleich ihn aufgefressen.
Aber ach! – in seinem Magen
Hat ein Häkchen festgesessen.

An dem Häkchen hing die Angel,
Und die Angel hielt der Bauer,

Und der Bauer lag schon lange
Hinterm Schilfe auf der Lauer.

Bauer packte mich am Kopfe –
Ach! da half kein Zappeln, Beißen,
Und nun koch' ich in dem Topfe,
Und man wird mich wohl verspeisen.«

Eine Zwiebel sprach zum Hecht:
»Siehst du, das geschieht dir recht!«

»Hört!«, rief die Kartoffel, »ich weiß eine tolle
Geschichte von einer Zauberknolle,
Die einen Regenwurm in ein Blatt
Und dann in ein Heupferd verwandelt hat!«
Und die Kartoffel wollte beginnen – –
Da war kein Wasser im Topf mehr drinnen.
So platzte ihr schönes Kartoffelkleid.
»Ach!«, jammerte sie, »es tut mir so leid,
Ich würde euch gern die Geschichte erzählen,
Doch ist es zu spät – ich muss mich jetzt schälen.«

So sprach die Kartoffel und drehte sich um
Und blieb von dieser Minute an stumm!

»Verzeihen Sie, wenn ich störe!«
Rief ein Apfel aus der Röhre;
»Was ich erlebt, das glaubt man kaum,
Ich hing an einem Apfelbaum;
Der Baum stand dicht vor einem Haus,
Dort wohnt der Bauer Nikolaus.
Da sah ich nachts – beim Mondenschein,

Es stieg ein Dieb zum Fenster ein.
Ich aber, um ihn zu vertreiben,
Fiel ab – und pochte an die Scheiben.
Der Dieb, der dachte sich: ›Oho!‹
Er ließ das Geld im Stich und floh!
So hab' ich Nikolaus beschützt,
Es hat mir aber nichts genützt.
Mit grober Hand griff mich der Bauer,
Besah mich lang und sagte: ›Sauer!‹ –
Nun muss ich hier im Topfe kochen,
Mir ist das Herz schon fast gebrochen.
Das eine aber ist mir klar:
Die Menschen sind oft undankbar!«

Die gelben Rüben waren gar,
Darunter auch ein Zwillingspaar,
Und dieses Wurzelzwillingspärchen
Erzählte ein famoses Märchen:

»Es war einmal ein gelbes Rübchen,
Das hatte viele tiefe Grübchen
Und nicht ein einzig grünes Blättchen;
Da ging es ganz betrübt ins Bettchen.
Daneben stand ein Schwammerling,
Das war ein allerliebstes Ding;
Ein Hütchen trug der kleine Pilz
Aus feinstem dunkelbraunem Filz,
Und auch ein Röckchen weiß und nett.
Das Rübchen aber lag im Bett
Und jammerte und weinte sehr:
›Ach, wenn ich so ein Pilz doch wär'!‹

Einst kam vom Berg herab ins Tal
Der gute Erdgeist Rübezahl.

Der sah das arme gelbe Rübchen
Und fragte: ›Ei, wie geht's, mein Liebchen?‹
Das Rübchen sagte, wie's ihm ging,
Es sei ein gar so hässlich Ding
Und wäre gern ein Schwammerling.
Herr Rübezahl rief: ›Gut – es sei!‹
Und zählte: Eins und zwei und drei!
Da war das gelbe Rübchen fort,
Ein neuer Schwammerling stand dort!
Der Erdgeist Rübezahl verschwand.
Wohin ist leider unbekannt.

Die Schwammerlinge lachten hell
Und küssten sich und wuchsen schnell.
Da ist ein kleines Mädchen kommen,
Das hat die beiden mitgenommen.
Das kleine Mädchen, das hieß Ilse
Und aß besonders gerne Pilze!«

In einem blauen Blechtopf fing
Das Wasser an zu brummen:
»Das böse Feuer macht mich heiß
Und lässt mich ganz verdummen!

Vom Berg, wo tausend Blumen blüh'n
Im lieben Sonnenscheine,
Da sprang ich einst voll Übermut
Ins Tal von Stein zu Steine.

Ich lief gar froh durch Feld und Au
Und trieb manch Mühlenrädchen;
Nach meinen Fischlein angelt' oft
Ein Bübchen oder Mädchen.

So kam ich einst auch in die Stadt,
Da sah ich schon von ferne
Ein großes, rundes, schwarzes Loch;
Was drin ist, wüsst' ich gerne.

Ich lief hinein – o weh, o weh!
Drin lacht kein Sonnenschimmer,
Ich war in einem dunkeln Rohr.
Zurück – das konnt' ich nimmer!

So lief ich denn geradeaus
Und kam in viele Röhren,
Da schaut' ich keine Kinder mehr,
Konnt' keine Vöglein hören.

Doch plötzlich sah ich Licht – und lief
Nach vorne unverdrossen
Und bin aus meinem Brunnenrohr
In diesen Topf geflossen.

So kam ich in der Küche an
Und war schon ganz zufrieden –«
– – – – – – – – – – – – – – – – –
Da ging dem Wasser der Atem aus,
Denn es begann zu sieden! –

Dort im heißen Bad ein Hummer
Brummt erzürnt: »Schockschwerenot!
Diese Hitze färbt mein schönes
Grünes Kleid ganz purpurrot.

Ei, war das ein fröhlich Leben,
Als ich noch im tiefen Schlamm

Mit Frau Kröte, meiner Base,
Friedlich einst im Teiche schwamm.

›Vetter Hummer!‹, rief Frau Base
Da auf einmal mit Gekreisch,
›Schaut, dort unterm Weidenstamme
Schwimmt ein Happen gutes Fleisch!‹

Kaum hört das die Frau Forelle,
Schießt sie zu auf jenes Stück;
Aber ich war grad so schnelle,
Hielt sie fest am Schwanz zurück!

Schwamm dann selber rasch hinüber,
Voller Hunger, voller Gier –
Schwapp! – da lag ich schon im Grase,
Und das Fleisch lag neben mir.

Also hat man mich gefangen,
Niemand hilft mir in der Not.
Schuld an allem ist die Kröte …«
Uff! – da war der Hummer tot!

Ein Pudding, der hat sich gebrüstet:
»Ich bin doch am besten gerüstet!
Mich schmücken Rosine und Mandel,
Ich habe Schokolade und Kandel.
Mich lieben die Großen und Kinder,
Die Alten – die Jungen nicht minder.
Und Ritter und Nixen und Drachen
Und Fürsten und Könige lachen
Und freuen sich, wenn ich geraten
Und wenn sie zum Essen geladen.

Mich isst man mit höchstem Genusse –
Und darum – drum komm' ich zum Schlusse,
Denn wär' ich schon vorher gekommen,
Hätt' niemand von euch was genommen.«
Kaum hört ihn die Köchin so reden,
Da ist an den Herd sie getreten
Und schüttet die Himbeersauce
Ihm über die Zunge, die lose.
So endet' des Puddings Geschichte;
Das freute die andern Gerichte!

So zischt es und brummt es noch allerorten,
Doch plötzlich ist es ganz still geworden,
Denn in der Küche – mit frohen Mienen –
Waren viel' niedliche Mädchen erschienen
Mit weißen Häubchen auf blonden Zöpfchen,
Die gingen zum Herd und packten die Töpfchen,
Und was die so treulich behütet hatten,
Das legten die Mädchen auf goldene Platten,
Die Gans, den Hummer, den Pudding, den Hecht,
Den Braten, die Eier, die Äpfel erst recht –
Begannen dann eine nach der andern
Mit ihrer Platte ins Zimmer zu wandern.
Dort haben die Mädchen die Speisen serviert;
Der Tisch war mit Blättern und Blüten verziert,
Mit Essgeräten gar freundlich gedeckt,
Und alles hat ganz vorzüglich geschmeckt.
– Drum, wer damals mitgegessen hat,
Der war gewiss noch lange satt!

Gedichte

1910

Ich werde nicht enden zu sagen:
Meine Gedichte sind schlecht.
Ich werde Gedanken tragen
Als Knecht.
Ich werde sie niemals meistern
Und doch nicht ruhn.
Soll mich der Wunsch begeistern:
Es besser zu tun.

Der Leiermann

Warum sie sich wohl ans Fenster stellen,
Wenn unten der Alte die Leier dreht?
Warum sie Verstummen und mancher ergriffen
Mit glänzenden Augen vorübergeht?

Sie wissen es selbst nicht, warum sie lauschen.
Die Brust wird ihnen plötzlich so weit.
Sie lassen sich durch die Seele rauschen
Das alte Lied ihrer Jugendzeit.

Schöne Musik

Über die Saiten gleitet der Fidelbogen,
Weckt die trüben Gedanken aus gütigem Schlummer.
Rauschende Feste sind mir vorübergezogen,
Und aus rauschenden Festen wuchs mir der Kummer.

Sing nur dein klagendes Lied, du Fidelbogen,
Sing und erzähle mir wieder die alte Geschichte,
Brauset ihr Töne in wilden, grausigen Wogen. –
Trunkene Falter schwärmen am sengenden Lichte.

Wenn dir Melodien
Liebe Stunden wiederbringen,
Lass mit freien Schwingen
Deine Sehnsucht ziehn.

Nimm das Glück wie einst,
Das dir Träume gütig spinnen,
Lass die Tränen rinnen,
Wenn du weinst.

Birg nicht Lust noch Gram.
Nur der Reine fühlt aufs Neue.
Steht doch Herzenstreue
Über aller Scham.

Dorthin geh, wo die andern nicht sind,
Weit hinaus in die freie Einsamkeit,
Wo dir Wolken, Berge, Bäume und Wind
Großes reden von Später und Ewigkeit.

Und dort schöpfe, fasse und füll dir die Brust,
Dass – kommt einst die Stille zu dir als Braut –
Dass du die Hand ihr gibst in tiefster Lust,
Weil du schon lange mit ihr vertraut.

Stimmungen

Machtlos, ein Grashalm, blick ich manchmal gen oben
Zu den Höhen der Menschheit und suche vergebens
Klarheit in dem ewigen Brausen und Toben
Und den unbegreiflichen Kämpfen des Lebens.
Neben mir raschelt der Tod, der lauernd und kalt

Unter vermoderten Blättern grinst. – –
Meiner Wünsche flehendes Lied verhallt
Im Nebelgespinst.

Manchmal steh ich, ein Eichbaum, über der Erden,
Blicke hinab auf die tausenden Ärmlichkeiten,
Folge lächelnd dem endlosen Schwinden und Werden
Und der winzigen Menschheit kleinlichem Streiten.
Und dann ist mir, als ob ein kraftvoller Tau
Morgenkühl meine Adern durchdringt. – –
Meine Hoffnung steigt froh ins Wolkenblau,
Wo die Lerche singt.

Nächte, in denen wir viel verloren

Nächte gab es, die höhnend entwichen,
Die wir im trunkenen Taumel verkannt,
Die wir mit hohlen Namen benannt,
Nächte, die schweren Träumen glichen.

Da wir an sprühenden Feuern gefroren,
Da wir mit ernstem Herzen gelacht,
Haben Tränen für uns gewacht, – – –
Nächte, in denen wir viel verloren.

Mandolinenklänge

Hör ich der Mandoline Klänge
Ist mir's, als sähe ich eine der süßen,
Netten Grisetten
Freundlich mich grüßen.
Kirschen trägt sie als Ohrgehänge.
Barfuß kommt sie und lacht und lacht,

Schüttelt kindisch die blonde Mähne
Und zeigt dabei ihrer Zähne
Zartschneeige Pracht.
Und dann
Dreht sie sich um und läuft, was sie kann,
Den wirren, langen,
Steinigen Zickzackweg zurück,
Den mein Leben gegangen,
Sammelt dabei die paar verstreuten
Freundlichen Blumen, die mich erfreuten,
Bis sie ein buntes Dutzend gefunden.
Die bringt sie mir zierlich gebunden.
Ich aber küsse die Kleine,
Küsse die Blumen und lache und weine,
Bis alles verschwunden
Und die Mandoline schweigt.

Bist du nie durch verschneite Nächte gegangen,
Durch Wald, über Land,
Allein mit dem Stock in deiner Hand?
Du bist es und bist es mit heiligem Bangen.
Wo zitternde Äste, eisig behangen,
Dir eine Kirchenstunde gaben,
Ist dein Lachen gestorben.
Da hast du dein Bestes, unverdorben,
Aus deinen tiefsten Tiefen gegraben. – – –
Auf den weiten Feldern lag schwerer Schnee.
Du schienst dir, verschollen auf hoher See,
Den menschlichen Küsten fern zu sein.
Stille lag über dem Schnee. – – –
Du warst allein, allein – ganz allein.
Flimmernde Flämmchen sahst du fliegen.
Hast du nicht viel gedacht?
Ist nicht dein Blick emporgestiegen

In die wunderdurchfunkelte Nacht,
Bis ihn unendliche Weite verwirrt?
Und ein Schatten lief still mit dir um die Wette.
Und der Schatten hat mit der endlosen Kette
Ewiger Fragen geklirrt.
Du hast dich bezwungen.
Du hast vielleicht deinen Stock geschwungen,
Du hast vielleicht ein Liedchen gesungen,
Aber das Liedchen klang nicht wie Hohn,
Und du darfst es bekennen:
Du bist voll Angst vor dem grausen Scharten geflohn,
Den wir Wahnsinn nennen.

Wandle träumend jeder für sich

Meisters Violinenklänge
Führten mich aus der stieren Menge
Hoch in himmlische Fernen empor.
Wo sich im rosigen Wolkengehänge
Jeder menschliche Odem verlor,
Grüßten mich Engel im lachenden Chor.
Und auf weißem Schwanengefieder,
Weich gebettet, fand ich mich wieder,
Dort, wo die Träumenden glücklich sind.
Köstlichen Weihrauch, Lorbeer und Flieder,
Labend, lobend, liebend und lind,
Brachte in duftigen Wogen der Wind.
Und mein Mädchen, als ich erwachte,
Frug mich verwundert, woran ich dachte,
Dass mir so ganz ihre Nähe entwich.
Doch ich küsste ihr Mündchen und lachte,
Und ich log: »Ich dachte an Dich.«

Wandle träumend jeder für sich.

Todgeweiht

»Lache!«, ruft sie, »Unser ist das Leben!«
Und mir ist, als ob mein Blut erstarrt.
Durch den Sonnenschein der Gegenwart
Hör ich dumpfe Totenglocken beben.

Wenn sie nächtlich unterm Kranz der Sterne
Unbelauscht in ihrem Ernst sich glaubt,
Folg ich ihrem Blick, der, weltenferne,
Ihr den Frieden weist und mir ihn raubt.

Dieser seltsam tiefe Glanz im Grunde
Kündet es: Sie darf nicht lang verweilen.
Zitternd seh ich Stund um Stunde
Grauenvoll vorübereilen.

Trost

Mir wuchs aus Sorgen und Schmerzen
In Kummers Nacht
Ein Reis. Das hat meinem Herzen
Die Ruhe wiedergebracht.

Der Kummer wird wie ein Feuer
Allmählich verglühn –
Kommt dann vielleicht ein neuer –
Aber das Reis wird nimmer verblühn.

Kommt keiner herbei?
Soll ich mich einsam verquälen?
In verödeten Sälen
Irrt mein Schrei.

Riegel umspannen mich kalt.
Spinnweb grübelt an Gittern.
Tod und Hunger wittern
Aus jedem Spalt.

Als ich zum Fenster hetzte,
Sah ich: Ritt einer von dannen,
Einer von meinen Mannen,
Der letzte!!

Da wir beisammen recht lustig gewesen,
War es mir oft, als wär ich allein.
Haben nur wenige meine Pein
Aus den lachenden Augen gelesen.

Hab wie ein Fremder bei Freunden gesessen. –
Ach, sie können nicht glücklich sein,
Die in der Freunde jubelnden Reih'n
Nimmer das Einst und das Später vergessen.

Mir ist, als bräch aus meinem Herz
Ein Strom durchglühter Lavafluten.
Ach wüsstest du, wie hinter Scherz
So oft die tiefsten Wunden bluten.

Wenn ich mit Lachen von dir schied,
Wie Blütengelb war das zerstäubt,
Und wilder klang das wilde Lied,
Das deine Heiterkeit betäubt.

Das wilde Lied klang fort und fort,
Und nichts von jenem Lachen blieb,

Bis ich es fand das milde Wort.
Du sagtest einst: »Ich hab dich lieb!«

Die Freunde winken und lassen mich leben.
Ich will mich glücklich zum Danke erheben.
Da würgt mich ein Taumel und raubt mir die Luft.
Ich spüre verwelkter Kränze Duft.

Ein rasches Gleiten – – ein stumpfes Scharren – –
Der dumpfe Fall von erdenen Schollen.
Und stiller wird es. – – Nur fern ein Tollen,
Ein Lachen. – – – Freunde sind es und Narren.

Hinaus an den Strand will ich gehen,
Wenn keiner wacht,
Das wilde Meer zu sehen
Und die heilige Nacht.

Und wieder fasst mich das alte Weh –

Am Strand tanzt ein Boot.
Das lockt mich hinaus in die tosende See,
Fort, fort für immer von Hass und Not,
In die See, in die Nacht, in das Glück, in den Tod.

Ich löse das Tau,
Und die Freiheit lacht
Hinter Nebel und Grau.
Und ich fahre jubelnd hinaus in die Nacht,
Das Elend fliehend zu Tod und Glück.

Einmal nur blick ich zurück.

Da winkt am Land
Eine Freundeshand –

Und wie ich das seh,
Da hab ich vergessen all Hass und Not.
Es fasst mich wieder das alte Weh.
Ich wende das Boot
Zurück zum Land
Und küsse die treue Freundeshand.

Das dunkle Bild

Ein Bild geschwärzt durch Rauch und Zeit.
Die meisten wohl verstanden es nicht:
Ein Tannenwald vereist und verschneit.
Aus fernem Dunkel schimmert ein Licht.

  Mir kommt ein heiß Verlangen,
  Dem Lichtschein nachzugehen,
  Um dann mit erglühenden Wangen
  Still durchs Fenster zu sehen.

Ein Freundeskreis zu später Stund,
Umglüht von dämmerndem Ampelschein,
Und blonde Frauen in diesem Bund.
Lachende Jugend bei goldenem Wein.

  Und bärtige Männer geigen
  Lieder aus fremden Ländern.
  Süß lockt aus buntem Reigen
  Das Rauschen von Gewändern.

Taufrische Blüten duften mild
Und sprühen in Farben wie Geschmeid,

Und Augen erzählen trunken wild
Von Liebe, Treue und tiefem Leid.

In Farb und Klang verweben
Sich Bilder, zerfließen, zerschäumen,
Bilder aus meinem Leben,
Bilder aus meinen Träumen.

Westindische Nächte

Füll mir den Becher mit jenem purpurnen Weine.
Aus der Erinnerung tiefgegrabenen Schächten
Fördert er köstliches Gold und Edelsteine
Und erzählt von schönen, westindischen Nächten.
Schauernd mit herzergreifendem Grausen
Hör ich das Meer, den Sturm und des Urwalds Brausen, –
Niebeschriebene Töne, Bilder, Gefühle.
Heimlicher Liebe paradiesische Schwüle,
Schweigendes Dunkel, trauliche Lagerfeuer,
Sternengefunkel, trunkene Abenteuer,
Sorgloses Lachen, lustige Banjoklänge,
Unvergessliche, seltsame, ernste Gesänge,
Wallender Dunkelhaare bläuliches Schimmern,
Fremder Stimmen fernes Schreien und Wimmern,
Scheidender Schiffe heimwehweckende Grüße,
Duftender Blüten heiße berauschende Süße,
Krachende Zweige, Mondschein, fliehendes Wild – –

Und dazwischen sei ich ein schmerzliches Bild.
Muss ich der schönsten aller Kreolenfrauen
Einmal noch in die brechenden Augen schauen.
Sehe sie wortlos in meinen Armen sterben. –
Oh wie grausam seid ihr himmlischen Mächte! – –
Freund verzeih, ich warf wohl den Becher zu Scherben.
Ach ich dachte wilder, westindischer Nächte.

Die Frau mit der Reiherfeder

Ich weiß nicht genau,
Warum ich so oft an die bleiche Frau
Mit der weißen Reiherfeder denke,
Mich immer in den Gedanken versenke:
Wie könnte es werden, wie würde es sein,
Wäre sie dein. – –
Ich weiß es nicht und frage vergebens.
Sie ist auf dem bunten Wege des Lebens
Irgendwo still mir vorübergegangen,
Die schöne Frau mit den bleichen Wangen.
Sie hat mich mit kalten Blicken gemessen;
Wir haben kein einziges Wort getauscht,
Doch sie hat mich mit fremdem Zauber berauscht,
Dass ich sie nimmer werde vergessen.
Etwas wie sehnende, nagende Glut
Will mir das pochende Herz zerreißen,
Denk ich der bleichen Frau mit der weißen,
Wehenden Reiherfeder am Hut.

Fresia

Fresia heißt eine blasse Blüte
Vornehmer, feiner Art.
Ihre Linien sind weich und zart.
Auf dem Seidengelb prangen erglühte
Rosige Schatten.
Fresia füllt mit liebesmatten,
Schweren, süßen Wolken die Luft,
Haucht einen heißen, sündigen Duft,
Der dir indische Märchen erzählt,
Der, vom Winde zerstäubt,

Dich lange noch quält,
Der dich belügt und dich schmeichelnd betäubt.
Ihre Schönheit birgt kein Gemüt.
Du lernst sie hassen.
Fresia musst du rau befassen.
Musst sie töten, eh sie verblüht.
Ihre Schwäche und Güte
Werden von vielen verkannt. – –
Fresia heißt die Blüte. – – –
Fresia ist auch ein Mädchen,
Das ich nach dieser Blüte benannt.

Ein Traum

Es war nur ein Traum, doch es war eine Pracht!
Ich glaubte in mondscheinsilberner Nacht
Auf schwellendem Rasen zu liegen.
Ein glänzendes Schloss erhob sich kühn,
Und ich sah aus dem Fenster epheugrün
Ein Märchenkind lauschend sich biegen.

Ein Mädchengesicht, so lieb, so traut,
Wie ich es nimmer zuvor geschaut.

Gleich flüssigem Golde erglänzte ihr Haar,
Und ich las in dem dunklen Augenpaar
Ein wehmütig banges Erwarten.
Ein leiser Wind erquickte die Luft
Und trug einen süßen, berauschenden Duft
Vom Holunderbusch durch den Garten.

Dort saß an des Springbrunns Sprudelquell
Geigend ein müder Wandergesell.

Und als dann – und das war so schön in dem Traum –
Eine Nachtigall hoch im Lindenbaum
Mit einstimmte in seine Lieder
Und schluchzend sang, wie von Schmerz und Lust,
Da war es, als fiele auf meine Brust
Das Glück wie ein Morgentau nieder. – –

Die alten Linden seufzten im Wind.
Im Schlosse weinte das Märchenkind.
Da flog aus dem Schatten gespenstig vom Dach
Eine Fledermaus auf. Da wurde ich wach,
Und alles war plötzlich verschwunden.

Ödes Erwachen. Wie leerer Schaum
Zerronnen war alles, was ich im Traum
So selig geschaut und empfunden. – –

Doch wie ein Trost kam's über mich dann:
O glücklich, wer noch so träumen kann!

Bin wie ein Dieb durchs Fenster gestiegen.
Sah das Mädchen in seiner Jugendpracht
Nackt auf dem seidenen Bettchen liegen,
Wie ein Wunder aus einer Zaubernacht.

Und sie schlief von kindlichen Träumen belogen,
Die ein Lächeln auf ihre Lippen hauchten,
Während die Sonnenstrahlen in flimmernden Wogen
Spielend ihr Kraushaar in goldene Lava tauchten.

Mir aber pochte das Herz, und als ich verwegen
Über die schneeigen Glieder mich leise gebückt,
Hat eine Rose verwelkt am Boden gelegen,
Eine Knospe, die sie im Garten gepflückt.

Sah die welke Knospe am Boden liegen,
Sah im Bettchen das süße, schlummernde Wesen. –
Leise bin ich durchs Fenster zurückgestiegen.
Und mir war, als hätt ich ein Märchen gelesen.

Klänge aus zwei Welten

Weiche Finger auf den Tasten
Spielten traumverloren.
Brausend wogten aus dem Kasten
Walzerstimmen, lustgeboren.
Und am Straßeneck, wo leise
Wort und Ton im Wind verklingt,
Sang ein Gassenbub die Weise,
Wie das Volk sie singt.
Abseits hielt ich still und lauschte
Beiden Melodien,
Dass mir's, als das Spiel verrauschte,
Wie ein Traum erschien.
Und sie haben nichts gespürt
Von dem fremden Wandersmann,
Dem ihr Lied das Herz gerührt,
Bis ihm Trän um Träne rann.

Draussen und drinnen

In der Villa am Berg, die ob ihrer Pracht
Im Dorf als »das reiche Schloss« bekannt,
Da hat man die Nacht durchjubelt, durchlacht
Und an geistreichen Reden, an Speise und Trank
Das kostbarste, edelste dargebracht;
Da haben hundert Kerzen gebrannt;
Da haben die Gläser geklungen;

Da hat am Flügel ein blondes Kind
Ein tiefergreifendes Lied gesungen. – –
Und während denen, die dort vereint,
Die Stunden traumhaft verronnen sind,
Hat – draußen am schneeverwehten Tor –
Ein armer Wanderbursch gelauscht
Und – – bitter geweint.

Der Verschmähte

Hell strahlen die festlichen Wände,
Fanfaren schmettern laut.
Es reichen sich selig die Hände
Bräutigam und Braut.

Es schwelgen im rauschenden Glanze
Frohe Damen und Herrn
Und wiegen sich lachend im Tanze. – –
Nur einer steht fern.

Der schluchzt an der Tür wie ein Knabe.
Hochzeit feiern sie laut,
Ihm tragen sie heute zu Grabe
Des anderen Braut.

Tiefe Stunden verrannen.
Wir rührten uns nicht.
In den alten Tannen
Schlief ein Gedicht.

Stieg ein Duft aus dem Heu,
Wie ihn die Heimat nur haucht. – –

Sahst du das Reh, das scheu
Dort aus dem Duster getaucht?

Wie es erst fremd und bang
Sich die Stille beschaute,
Leise sich näher getraute
Und jäh entsprang – –!

Weißt du, wir schwiegen und sannen:
Kommt es wohl wieder?
Und wir senkten die Lider.
Tiefe Stunden verrannen.

Nachtwanderung

Ich geh durch das schlafende Dorf bei Nacht.
Trüb flackert die alte Laterne.
Ein Fenster nur hell, wo die Liebe noch wacht,
Und über mir blinzeln die Sterne.

Noch stehen die Nelken im Blumentopf
Mit rosa Manschetten umwunden.
Ich glaube, ein schwarzbrauner, lachender Kopf
Ist eben dahinter verschwunden.

Ach nein, das Fenster ist dunkel und leer,
Wo ich so oftmals gesessen.
Das schwarzbraune Mädchen wohnt dort nicht mehr
Und hat mich wohl lang schon vergessen.

Mein Schatten ruft höhnisch: Bist alt! Bist alt!
Die Liebe gehört nur den Jungen. – – –
Ich wandere weiter. Mein Liedchen verhallt,
Wie meine Jugend verklungen.

Nachtschwärmen

Die alte Pappel schauert sich neigend,
Als habe das Leben sie müde gemacht.
Ich und mein Lieb – hier ruhen wir schweigend –
Und vor uns wallt die drückende Nacht.

Bis sich zwei schöne Gedanken begegnen, –
Dann löst sich der bleierne Wolkenhang.
Goldene, sprühende Funken regnen
Und füllen die Welt mit lustigem Klang.

Ein trüber Nebel ist uns zerronnen.
Ich lege meine in deine Hand.
Mir ist, als hätt ich dich neu gewonnen. – –
Und vor uns schimmert ein goldenes Land.

Der Geliebten

Such nicht der Sorge mattes Grau.
Ist nicht die Jugend ein funkelnder Tau?
Gleichen nicht schöne Gedanken
Roten Rosen an wilden Ranken?
Ist nicht die Hoffnung bunt und reich,
Weiten, blumigen Wiesen gleich?

Wir flechten uns Lauben aus Ranken und Rosen
Auf taufrischen Wiesen zum Küssen, zum Kosen.
Dort wollen wir wandeln, wir ganz allein.
Dort wollen wir König und Königin sein.

Melancholie

Von weit her Hundebellen
Klingt durch die nächtliche Ruh.
Es spülen die schwarzen Wellen
Mein Boot dem Ufer zu.

Die blauen Berge der Ferne
Winken am Himmelssaum.
Auf in den Lichtbann der Sterne
Trägt mich ein Traum.

Stumm ziehen wilde Schwäne
Über das Wasser hin.
Mir kommt eine müde Träne.
Ich weiß nicht, warum ich so bin.

Auf dem Kirchhof

Dort ruhen sie unter den bunten Hügeln.
Unsere Augen sehen sie nimmer erwachen.
Auf der Mauer hockt mit gebrochenen Flügeln
Das Lachen.
Fern in den Wolken verhallt die Klage.
Bittere Tränen trocknet der Wind,
Und aus Kränzen stiehlt sich die zitternde Frage:
Wohin sie gegangen sind.

Der Sängerin

Ich werde die Stunde nie vergessen,
Die wie ein Sternfall meiner Nacht erschien.

Ein lauschender Toter, hab ich vor dir gesessen
Um deiner Lieder schwelgende Melodien.

Sie haben bunte Kränze mir gewunden,
Wie ich sie flocht in frohen Kindertagen
Und wie ich sie nach still verhärmten Stunden
Zum Grabeshügel meiner Braut getragen.

Ich danke dir. Dein Lied wird weiterschwingen,
Wird mich durch fremde Wunderländer führen
Und meiner Seele reinste Saiten rühren.
Und seine Klänge werden nie verklingen.

Freude

Freude soll nimmer schweigen.
Freude soll offen sich zeigen.
Freude soll lachen, glänzen und singen.
Freude soll danken ein Leben lang.
Freude soll dir die Seele durchschauern.
Freude soll weiterschwingen.
Freude soll dauern
Ein Leben lang.

Die sonnige Kinderstrasse

Meine frühe Kindheit hat
Auf sonniger Straße getollt;
Hat nur ein Steinchen, ein Blatt
Zum Glücklichsein gewollt.

Jahre verschwelgten. Ich suche matt
Jene sonnige Straße heut,

Wieder zu lernen, wie man am Blatt,
Wie man am Steinchen sich freut.

Weihnachten

Liebeläutend zieht durch Kerzenhelle,
Mild, wie Wälderduft, die Weihnachtszeit,
Und ein schlichtes Glück streut auf die Schwelle
Schöne Blumen der Vergangenheit.

Hand schmiegt sich an Hand im engen Kreise,
Und das alte Lied von Gott und Christ
Bebt durch Seelen und verkündet leise,
Dass die kleinste Welt die größte ist.

Am Sterbebette

Bang zittert in ihren Zügen
Ein letztes Lied, das ernst verklingt.
Ihr Auge dankt lächelnd den Lügen,
Die meine Ohnmacht ihr tröstend bringt.

Ich sehe die Hütte wanken
Und wollte, dass alles vorüber sei. – –
Große, tiefe Gedanken
Wallen an meiner Seele vorbei.

Das Andenken

Es hängt an meiner Zimmerwand
Ein welker Strauß an verblasstem Band.

Den Strauß hat deine liebe Hand
Dereinst, als ich im Garten schlief,
Für mich gepflückt.
Das Band
Schlang sich um einen Abschiedsbrief,
Der mir dein Herz so weit entrückt. – –
Und wie ich lang hinübersch,
Fasst mich ein seltsam Glück und Weh.

Es hängt an meiner Zimmerwand
Ein Strauß, frischblühend und ohne Band.

Herzenstreue

»Und seid ihr glücklich?« – hab ich dann gefragt. –
Mir ist das leise Zittern nicht entgangen.
Und lachend, wie das »Ja«, das du gesagt,
Ist eine Stunde uns vorübergangen.

Doch was mich glühend dir zu Füßen trieb,
Vor deinem Lachen starb es hin in Reue,
Nur eine grenzenlose Achtung blieb
Vor solcher tränenschönen Herzenstreue.

Sieh, ich war so oft allein,
Und ich lernte gleich den Zweigen,
Gleich dem Stein,
Träume wachen, Worte schweigen.

Denke, dass ich Dichter bin.
Eure Sonne ist nicht meine.
Nimm als Freund mich hin,
Wenn ich dir auch fremd erscheine.

Lass mich lauschen aus der Ferne,
Wenn ihr tanzend schwebt,
Dass auch ich das Schwere lerne:
Wie man narrenglücklich lebt.

Abend am Strand

Abendglühgold zittert auf träumender See.
Eine Möwe zieht ihre einsamen Kreise.
Auf dem Wasser treibend, ein Boot. Und leise, leise
Bringt mir der Wind eine müde Weise. – –

Närrisches Herz, was stimmt dich so weh?

Es ist besser so

Es ist besser so.
Reich mir die Hand. Wir wollen froh
Und lachend voneinandergehn.
Wir würden uns vielleicht nach Jahren
Nicht mehr so gut wie heut verstehn.
So lass uns bis auf Wiedersehn
Ein reines, treues Bild bewahren.

Du wirst in meiner Seele lesen,
Wie mich ergreift dies harte Wort.
Doch unsre Freundschaft dauert fort.
Und ist kein leerer Traum gewesen,
Aus dem wir einst getäuscht erwachen.
Nun weine nicht; wir wollen froh
Noch einmal miteinander lachen. – – –
Es ist besser so.

Es ist besser so.

Es ist besser so!
Reich mir die Hand. Wir wollen froh
Und lachend voneinandergehn.
Wir würden uns vielleicht nach Jahren
Nicht mehr so gut wie heut verstehn,
So lass uns bis auf Wiedersehn
Ein reines, treues Bild bewahren.

Du wirst in meiner Seele lesen,
Wie mich zerreißt dies harte Wort.
Doch unsre Freundschaft dauert fort
Und ist kein leerer Traum gewesen,
Aus dem wir einst getäuscht erwachen.
Nun weine nicht. Wir wollen froh
Noch einmal miteinander lachen.
Es ist besser so – –.

MEINE GEDANKEN trafen dich still allein
Spät in der Nacht in deinem Kämmerlein,
Sahen dich kindlich vor meinem Bildnis beten.
Meine Gedanken sind leise beiseite getreten,
Und sie sprachen voll Sehnsucht: Ach wenn sie doch wüsste,
Dass ich ihr Bild zur selben Stunde küsste.

Liebesbrief

»Rösl, morgen Abend um zehne
Unter dem Standbild der Pallas Athene,
Wo wir uns doch so oft schon getroffen,
Beide die Brust voll Bangen und Hoffen,
Immer so froh. Sind gewandert nach irgendwo,
Sind gewandert durch Nacht und Tau
Bis in das schüttelnde Morgengrau. – –
Busseln und Lieben!! –
Weiß nicht, was wir getrieben,
Weiß nicht, wo all die Stunden geblieben.
Und dann immer das alte Lied:
Jeder wollte scheiden und keiner schied.
Und dann gingst du doch, –
Aber ich stand und lauschte noch,
Lauschte, bis ferne dein Schritt verhallt.

Rösl, ich mag dich so leiden!!
Gelt Rösl, wir beiden
Werden nimmer alt?«

Gartenbäume und Wegblumen

Quäle dich nicht, wer ich bin,
Denn du siehst mich nimmer wieder,
Frage nicht woher? Wohin?
Sing mir eines deiner Lieder.

Glaube, dass ich gerne bliebe,
Wie es stumm dein Auge spricht.
Nimm mein Gold für deine Liebe,
Nur von morgen sprich mir nicht.

Lass uns Wang an Wange glühen
Und dann auseinandergehn,
Bäume, die im Garten blühen,
Blumen, die am Wege stehn.

Ich habe an deiner Brüste Altar
Die Nacht bei dir durchsonnen.
Ich träumte unendliche Wonnen
Im Zauberdufte aus deinem Haar.

Den Blütenstaub der Jugend am Leib,
Lagst du mit fiebernder Stirne
Als Fremde bei mir – – eine Dirne,
Und warst ein halberblühtes Weib.

Und Tränen sah ich, so heimatfremd,
So sündenschön verrinnen.
Sie netzten ein schneeiges Linnen.
Das glich einem Totenhemd.

Verlockung

Ich sitze fast einsam im warmen Raum.
Die graue Katze hat sich zu mir gesellt.
Irgend jemand – ich sah es kaum –
Hat mir den Wein auf den Tisch gestellt.

Ein schmeichelndes Fell streicht meine Hand,
Die so verwöhnt in diesem Haus.
Der Ampelschatten an der Wand
Streckt lange Spinnenbeine aus.

Aus trübem Glase blinzelt ein Licht.
Es tickt die Uhr, verträumt, verjährt,
Noch ist die schwüle Stunde nicht,
Da hier die Freude schäumt und gärt.

Im Nebenraum erwachen weiche Lieder.
Ich will von dieser Stimme heut nichts wissen,
Und doch – – – Ich denke an verbuhlte Kissen,
An weiße Spitzen, an ein schlankes Mieder.

Ich stehe, – gehe, – kämpfend, zweifelnd, – lauschend – – –
Vorbei! – – Und hinter mir rauscht die Portiere.
Mit einem Duft von indisch süßer Schwere
Küsst mich der Wollust holdes Gift berauschend.

Der letzte Weg

»Ich gehe ins Wasser«, sagte sie leis,
»Ade!
Du hast es gut mit mir gemeint.
So weiß ich einen, der um mich weint.
Hab Dank!«
Ich aber sah ihr tiefes Weh
Und küsste sie, die arm und krank,
Und sagte: »Geh!«

Eine von denen

Du weißt, dass sie mit Fingern auf dich zeigen.
Du hörst sie flüstern: »Eine nur von denen
Und willst mir doch dein großes Leid verschweigen
Und dieses hoffnungsferne, wilde Sehnen.

Die bleichen Wangen werden dir Verräter,
Die hohlen Augen nennen dich verbittert:
Es ist das bange Grausen vor dem »Später«,
Das hinter jedem deiner Worte zittert.

Nimm hin dein Geld. Ich will, du sollst dich freuen,
Und will dir deine welken Rosen schenken.
Du wirst so manche Stunde noch bereuen
Und dieser einen einmal warm gedenken.

Das Loreley-Lied

Du hast so oft das deutsche Herz gerührt
Und aus des Tages arbeitstrockner Schwüle
Hinauf, ins grenzenlose, gnadenkühle,
Ins unbestimmte Wunderland geführt.

Komm oft zu mir, du schlichte Melodie,
Und gräm dich nicht, wo Dünkel dich verlacht.
Mir ist es stets, als ob die Poesie
Vor deinem Zauber neu im Volk erwacht.

Abnorme

Mitten im Strudel der andern
Bleiben sie still und bedacht.
Ihre Gedanken wandern
In hässliche, wilde, glühende Nacht.

Sie stehen vor eisernen Gittern
Um ein verbotenes Land.
Die kalten Stangen zittern
Unter ihrer bebenden Hand.

Sie schließen die Augen und meiden
Das Gitter, verkannt und verlacht,
Und träumen, indem sie leiden,
Von hässlicher, wilder, glühender Nacht.

Einer Unglücklichen

Ich kenne die harten Züge
Und den trocknen Durst am Mund,
Und wäre beides nur Lüge,
Gäb es dein Auge kund.

Ich horche an deinem Herzen,
Was zehrendes Fieber spricht,
Und lese in deinen Schmerzen
Das Wort: Ich darf ja nicht.

Ich kann dir die Ruhe nicht geben,
Doch hab ich dich lieb, mein Kind,
Wie alle, die so im Leben
Klagelos einsam sind.

An B. F.

Du musst es doch verstanden haben,
Wie ich mich sehnte, dir ein Freund zu sein.
Doch du besannst dich deiner reichen Gaben
Und dachtest: Nein.

Du lässt mich's ahnen ohne Blick und Geste
Und weißt es nicht, wie tief mich das geschmerzt.
Du hast das Edelste und Beste,
Hast eine Freundestreue dir verscherzt.

Am alten Platz

Ihr seid es! Ich sehe euch wieder,
Ihr Tannen dunkelgrün,
Du alte Bank unterm Flieder.
Und aus des Brunnens Karfunkelsprühn
Klingen vergessene Lieder.

Wo einst wir süßes Gelüsten
Liebend und hoffend versäumt,
Wo wir uns tausendmal küssten,
Rauschen die Bäume, verhärmt und verträumt,
Als ob sie alles wüssten.

Ich höre die Vögel singen
Von einem toten Kind
Und silberne Glocken klingen.
Mir ist, als müsste der Blütenwind
Ein Lächeln von ihr mir bringen.

Zwei Frauen

Es sitzen im schwülen Dämmerlicht
Zwei blühende Frauen
Und regen sich nicht.
Sie schauen sich an und schauen
Und schauen mit sengender Augenglut
In sengende, glühende Augen,
So tief, so wild, als gälte es Blut
Mit Blicken aus Blicken zu saugen.
Da ringt unter wogenden Brüsten
Ein irres, fremdes Gelüsten
Mit bangem, ruhlosen Leiden. – – – –

Ein schillerndes, schuppiges Schlangengetier
Kriecht aus dem Dunkel in hastiger Gier,
Schlingt seinen Leib um die beiden
Und dehnt sich schleimig, duckt sich und spuckt
Und bäumt sich lautlos und züngelt und zuckt.

Das ist die Schlange, vor der uns graut,
Wenn uns ihr bannendes Auge trifft.
Sie trägt ein langsam tötendes Gift,
Aus unergründlichen Rätseln gebraut.

Die Schiffbrüchigen

»Peter, seht Ihr kein Licht?
Winkt uns kein Land?
Gebt Eure Hand.
Das Leben ist Dreck und Tand,
Und Gott verdamme mich diese Nacht!!
Hört Ihr, wie er lacht? – –
Seht – er verfolgt unser Boot,
Aber was ist daran gelegen.
Springen wir ihm entgegen –
Ich meine – dem Tod. – –«

»Steuermann, Ihr sprecht wie ein Kind.
Tut Eure Pflicht.
Wir fürchten uns nicht
Vor Wasser und Wind.
Gebt Eure Hand.
Wir suchen das Land,
Und zeigt es sich nicht
Und steuern wir ins Verderben – – –
Steuermann – – –
Nun dann – – – –«

»Schwatzt nicht vom Sterben –
Ich sehe ein Licht!!«

Die lange Nase
(Eine Parabel)

Hans wird der Nasenkönig genannt,
Denn er hat eine lange Nase.
Sie rufen's ihm nach auf der Straße.
Hans lässt sie rufen; er macht sich nichts draus,
Die Eltern und Bruder und Schwester zu Haus,
Sie lachen ja alle so oft ihn aus
Und spotten über die Nase.
Hans kommt in die Schule. Er hört, dass man lacht,
Dass man sich über ihn lustig macht,
Dass man vom Nashorn, vom Rüsseltier spricht
Und von der Gurke in seinem Gesicht. –
So folgt ihm der Ulk auf Schritt und Tritt,
Und Hans lacht mit.

Er wird ein Soldat. Er wird ein Mann,
Und überall trifft er den Spottvogel an.
Der pfeift und singt und lässt keine Ruh.
Hans lacht dazu.
Hans lacht dazu, wenn man witzelt und höhnt,
Er hat mit der Zeit sich daran wohl gewöhnt.

Hans freite des Nachbars Liesel so gern
Da drüben über der Straße.
Und er fragt ganz schüchtern mal bei ihr an,
Da sagt ihm die Liesel: Sie mag keinen Mann
Mit einer so langen Nase. – –

In der Nacht, im Garten vorm Rasenplatz,
Da küsst sich die Liesel mit ihrem Schatz.
Sie tanzen, sie springen, sie singen vereint,
Und drüben, über der Straße,
Im Stübchen, wo noch die Lampe scheint,
Sitzt Hans vorm Spiegel und weint und weint
Über die lange Nase.

Die Dünenwälder bei Riga

Die Kiefernwälder meiner Heimat
Rauschen ein ernstes, ergreifendes Lied
Von Einsamkeit und Ewigkeit.
Dort habe ich oft meine kindlichen Sorgen
Still in das traumvolle Moos geweint.
Wenn die Sonne scheint, dann flammt und flutet
Über die Dünen das Abendrot,
So goldig, so brennend wie die Sehnsucht,
Die mich nach fernen Gestaden gelockt.
Dann ist es, als wären die Bäume
In leuchtendes Blut getaucht,
So rot, so glühend
Wie das Heimweh, das mich zurückruft,
Dem Liede zu lauschen
Von Einsamkeit und Ewigkeit.

Der Weihnachtsbaum

Es ist eine Kälte, dass Gott erbarm!
Klagte die alte Linde,
Bog sich knarrend im Winde
Und klopfte leise mit knorrigem Arm

Im Flockentreiben
An die Fensterscheiben.
Es ist eine Kälte! Dass Gott erbarm!
Drinnen im Zimmer war's warm.
Da tanzte der Feuerschein so nett
Auf dem weißen Kachelofen Ballett.
Zwei Bratäpfel in der Röhre belauschten,
Wie die glühenden Kohlen
Behaglich verstohlen
Kobold- und Geistergeschichten tauschten.
Dicht am Fenster im kleinen Raum
Da stand, behangen mit süßem Konfekt,
Vergoldeten Nüssen und mit Lichtern besteckt,
Der Weihnachtsbaum.
Und sie brannten alle, die vielen Lichter,
Aber noch heller strahlten am Tisch
(Es lässt sich wohl denken
Bei den vielen Geschenken)
Drei blühende, glühende Kindergesichter. –
Das war ein Geflimmer
Im Kerzenschimmer!
Es lag ein so lieblicher Duft in der Luft
Nach Nadelwald, Äpfeln und heißem Wachs.
Tatti, der dicke Dachs,
Schlief auf dem Sofa und stöhnte behaglich.
Er träumte lebhaft, wovon, war fraglich,
Aber ganz sicher war es indessen,
Er hatte sich schon (die Uhr war erst zehn)
Doch man musste 's gestehn,
Es war ja zu sehn,
Er hatte sich furchtbar überfressen. –
Im Schaukelstuhl lehnte der Herzenspapa
Auf dem nagelneuen Kissen und sah
Über ein Buch hinweg auf die liebe Mama,

Auf die Kinderfreude und auf den Baum.
Schade, nur schade,
Er bemerkte es kaum,
Wie schnurgerade
Die Bleisoldaten auf dem Baukasten standen
Und wie schnell die Pfefferkuchen verschwanden.
– Und die liebste Mama? – Sie saß am Klavier.
Es war so schön, was sie spielte und sang,
Ein Weihnachtslied, das zu Herzen drang.
Lautlos horchten die andern Vier.
Der Kuckuck trat vor aus der Schwarzwälderuhr,
Als ob auch ihm die Weise gefiel. – –
Leise, ergreifend verhallte das Spiel.
Das Eis an den Fensterscheiben taute,
Und der Tannenbaum schaute
Durchs Fenster die Linde
Da draußen, kahl und beschneit
Mit ihrer geborstenen Rinde.
Da dachte er an verflossene Zeit
Und an eine andere Linde,
Die am Waldesrand einst neben ihm stand,
Sie hatten in guten und schlechten Tagen
Einander immer so lieb gehabt.
Dann wurde die Tanne abgeschlagen,
Zusammengebunden und fortgetragen.
Die Linde, die Freundin, die ließ man stehn.
Auf Wiedersehn! Auf Wiedersehn!
So hatte sie damals gewinkt noch zuletzt. –
Ja, daran dachte der Weihnachtsbaum jetzt,
Und keiner sah es, wie traurig dann
Ein Tröpfchen Harz, eine stille Träne,
Aus seinem Stamme zu Boden rann.

Was du als richtig empfunden,
Das sage und zeige,
Oder schweige.
Wahr ist der Würdige oder stumm.
Immer bleibt, wem der Schein genügt,
Wessen Zunge das Herz belügt,
Feig und falsch oder dumm.

In Zelle 108

In der Gefängniszelle 108
Erschien die langvergessene Sehnsucht wieder.
Vom hohen Fenster stieg sie mild und sacht
An einem schmalen Sonnenstrahl hernieder.

Sie grüßte einen müden, kranken Mann
Und sang ein Lied in seine wachen Träume,
Bis eine Träne auf sein Lager rann.
Da wuchsen aus der Träne grüne Bäume.

Und Wiesen, blütenbunt und sonnenhell,
Entstanden rings und hauchten zarte Düfte.
Durch frisches Grün sprang lustig wild ein Quell.
Ein Vogelschlag durchjubelte die Lüfte.

Und sieh, der Kranke war nicht mehr allein,
Denn eine Schar von Dienern stand im Garten.
Die riefen: »Herr, viel Gold und Glanz ist dein,
Sieh uns als Diener deinen Wunsch erwarten.«

Der aber sprach und lächelte dabei:
»Nehmt Gold und Glanz und lebt damit zufrieden!
Ich habe keinen Wunsch, ich – – bin ja frei.
Geht hin! Euch sei dasselbe Los beschieden.«

Aus der Gefängniszelle 108
Ward selben Tags in später Dämmerstunde
Ein toter alter Mann herausgebracht.
Ein Lächeln lag auf seinem bleichen Munde.

Weihnacht zur See

Weihnacht war es auf tosender See.
Haushohe Wellen an Luv und an Lee.
Am Ruder stand Jürgens Claus;
Sah bald auf den Kompass und bald voraus.
Die eisernen Speichen lenkte er fest
Und führte verwegen
Durch Sturm und Regen
Das ächzende Schiff nach West-Nord-West.
Wuchtige Seen mit schäumender Gischt
Fegten das Deck,
Doch er wich nicht vom Fleck,
Er rührte sich nicht,
Ob auch vorn Südwester übers Gesicht,
Ob von der Stirn in den struppigen Bart
Das salzige, eisige Wasser ihm rann. –
So etwas bleibt keinem Seemann erspart.
Jürgens Claus stand seinen Mann. – –
West-Nord-West lag an.
Und er sah auf den Kompass, vom Wetter umtost,
Wehrte behände dem tückischen Schwanken
Der kleinen Nadel. Doch in Gedanken
Flog er gen Ost-Süd-Ost;
Flog in ein fernes Fischerhaus.
Dort war er daheim, Jürgens Claus.
Es war ein armer,
Doch traulich warmer
Und freundlicher Raum.

Die Kuckucksuhr war eben verklungen.
Still malte der Feuerschein an den Wänden.
Im Lehnstuhl unter dem Weihnachtsbaum
Saß Mutter und hielt wie im Traum
In ihren alten, zitternden Händen
Den letzten Brief von ihrem Jungen. –
Er wusste, er war ja ihr einziges Glück. – –

»Was ist der Kurs?«, erklang es von oben.
»Recht West-Nord-West!«, gab Claus zurück.
Die eisernen Speichen lenkte er fest
Und führte voll Kraft und kühnem Mut
Das ächzende Schiff gen West-Nord-West.
Claus Jürgens stand seinen Mann.
War es wohl salzige Meeresflut,
Was heiß ihm über die Wangen rann?

Wenn dich der Dummen Verwegenheit
Spöttisch verlacht,
Denk deiner Macht,
Schweige aus Überlegenheit.
Schweigend sie müde machen, die Dummen,
Bis sie verstummen!
Und dann könntest du lachen,
Denn du hast sie bezähmt;
Aber verlache sie nicht.
Besser das kleine Gedicht
Still verachtend beschämt.

Flaschenpost

Sie kämpften vergebens. Der Tod, er winkt.
Das Schiff geborsten. Es sinkt – es sinkt
Hinab in die Tiefe, und schaurig klingt
Der Mannschaft Fluchen und Weinen.
Nur der Schiffer steht ruhig im wilden Orkan.
Er weiß, er hat seine Pflicht getan.
Noch ein scharfer Befehl, dann schließt er sich ein.
Eine Flasche leert er vom köstlichsten Wein
Auf Glück und Segen der Seinen.
Es gurgelt im Schiffsraum. Zur Eile 's ihn treibt.
Er greift nach Tinte und Feder.
Des Schiffes Schicksal und Grüße schreibt
Er an Weib und Kind und den Reeder.
Und die letzte Botschaft nach Seemannsbrauch
Vertraut er der Flasche gläsernem Bauch,
Versiegelt den Hals, dann seufzt er schwer,
Und über die Reling ins brausende Meer
Wirft er das Glas mit dem Briefe.
– – Ein Schiff ruht mehr in der Tiefe. –

Am fernen Strande im Sonnenschein,
Da spielen zwei Kinder mit Muschel und Stein.
Auch ihnen im Herzen die Sonne scheint;
Sie wissen ja nicht, dass die Mutter jetzt weint
Um den Mann, der lang nicht geschrieben,
Vielleicht – auf dem Meere geblieben.
Eine Flasche treibt auf dem Wellenspiegel
Und bietet den Kleinen ein prächtiges Ziel.

Hei, wie in der Sonne sie blinket.
Und hurtig von linkischer Kinderhand
Wird Stein auf Stein nach der Flasche gesandt.
Wie strahlt vor Freude das Kindergesicht,

Als endlich das gläserne Schiff zerbricht
Und jäh im Wasser versinket. – – –

Das Meer birgt schweigend am Grunde
Voll Mitleid die traurige Kunde.

An meinen Lehrer

Ich war nicht einer deiner guten Jungen.
An meinem Jugendtrotz ist mancher Rat
Und manches wohlgedachte Wort zersprungen.
Nun sieht der Mann, was einst der Knabe tat.

Doch hast du, alter Meister, nicht vergebens
An meinem Bau geformt und dich gemüht.
Du hast die besten Werte meines Lebens
Mit heißen Worten mir ins Herz geglüht.

Verzeih, wenn ich das Alte nicht bereue.
Ich will mich heut wie einst vor dir nicht bücken.
Doch möcht ich dir für deine Lehrertreue
Nur einmal dankbar, stumm die Hände drücken.

Auf hohem Gerüste

Auf hohem Gerüst am Turme
Da steht ein Mann allein
Und zwingt im tobenden Sturme
Mit ehernem Werkzeug den Stein.

Er schwingt den kalten Hammer
Und stöhnt dazwischen rau

Zu Hause in dumpfiger Kammer
Liegt eine kranke Frau.

Viel Jahre sind verronnen.
Er hat mit Fleiß geschafft
Und hat doch nichts gewonnen,
Verloren Mut und Kraft.

Auch jetzt im Sturmestoben
Er seines Unglücks denkt,
Als hoch vom Dach er oben
Den Blick zur Erde lenkt.

Ja, springst du jetzt hinunter.
Dann bist du sicher tot,
Und liegst du unten zerschmettert,
Dann fühlst du nicht mehr die Not.

Wie oft in schwindelnder Höhe
Stand so er ganz verzagt,
In bitterer Verzweiflung
Hat er sich stets gesagt:

Ja, springst du jetzt hinunter,
Dann bist du sicher tot,
Doch liegst du unten zerschmettert
Hat Weib und Kind kein Brot.

Bohème

Auch ich bin einst in ihrer Flur gegangen
Und denke gern an jene Zeit zurück.
Sie barg in schwarzer Hülle manches Glück,
Aus dem mir feine Lebensquellen sprangen.

Auch ihr bleibt Freunde, die heut weltverschollen.
Wir haben jedes Wetter einst geteilt;
Bergan, talab ist uns die Zeit enteilt; –
Will ohne Kann und Können ohne Wollen.

Brodlose Nächte seh ich müd verdämmern,
Von kalten Wänden grinst die Einsamkeit,
Und wieder fühl ich, wie in jener Zeit,
Die Qual der Zweifel in den Adern hämmern.

Verhärmt verschwärmte Mädchenaugen winken.
Musik rauscht auf. Bunt formt sich Bild aus Bild. –
Könnt ich doch einmal noch so toll und wild
In unbemessner Fülle Leben trinken.

Wohl ist sie leicht, doch wie man sie auch nehme,
Sie bleibt gewaltig ohne Wo und Wie.
Es liegt doch ein Stück eigne Poesie
In diesem Zauberbanne der Bohème.

Durchmarsch

Ich war, durch fernes Rollen erwacht,
Hinuntergeeilt. Das war eine Nacht!
Wie ein Unwetter zog es auf.
Ein polternder Hauf,
Mit rohem Tritt eine dröhnende Masse,
Unheimliche Schatten, wackelnde Lichter.
Kanonenräder rasselten über die Gasse.
Menschen – Rosse – Reiter – fremde Gesichter,
Klappernd und klirrend, verworren, verwirrend,
Ein Hin und Her von unverständlichen Rufen.
Pfützen spritzten unter den hastenden Hufen,

Klappernde Eisen, Messinggefunkel,
Helmbüsche, Spitzen, flatternd und blinkend;
In dunstiger Wolke nach Schweiß und Leder stinkend,
So zog es vorbei und verschwand langsam im Dunkel.
Bis die Ferne das letzte Rollen verschwieg.
Und ich lauschte und bebte: – Krieg!

Da stand noch ein Mann in der stillen Nacht.
Der hat gelacht.
Ich sah ihn nicht lauschen und beben.
Er sprach irgendein leeres Wort.
Ich hab ihm nicht Antwort gegeben.
Ich schlich mich fort
Und dachte nur:
Erbärmliche Kreatur!

Kleine Leute trachten Werke und Leben
Toter Größen zu schmälern und zu umkleben.
Würden diese nur einmal noch erwachen.
Ach, dann möchte ich sehen und hören,
Wie die Kleinen sie winselnd beschwören
Und die Großen die Kleinen schrecklich verlachen.

Kunst

Sie, die mitten im Haufen schreiten,
Sie glauben und hoffen und lassen sich leiten.
Die anderen, die vor dem Haufen gehen,
Stolz ziehen sie hin mit klingendem Spiele.
Sie können ein Stückchen vom Weg übersehen
Und sprechen immer vom nahen Ziele.
Die dritten hinken abseits vom Haufen.

Sie haben lächelnd Berge erstiegen
Und sahen in weiter Ferne schon liegen
Das Meer, in dem die andern ersaufen.
Des Besseren Seele ist zart und scheu,
Sie meidet die Orte, die leuchten und schallen,
Aber wo nächtliche Nebel wallen,
Streut sie Blumen und sammelt neu.

Sie hasst das Licht, das alles zeigt
Und sucht im Dunkel nach Duft und Brot. – –

Das Schlechte lärmt, das Bessere schweigt,
Das Beste ist tot.

Und wenn sich der Letzte dir entfernt,
Von denen, die einst dir lieb,
Wenn du sie alle verachten gelernt,
Kein tröstender Zweifel dir blieb.

Lass flattern in alle Winde das Band,
Das dich bestach, als es neu.
Dann lege du wie ein heilig Pfand
Die rechte in die linke Hand
Und schwöre dir selber die Treu.

Alles, was ich in schlichten Feierstunden
Mit den wenigen, treuen Freunden empfunden,
Was sie von Herzen mir zum Herzen gaben,
Habe ich tief in meiner Seele begraben. – –
Manchmal in weihevoll sinnender Dämmerzeit
Schleicht an das Grab die tröstende Einsamkeit,
Legt ein Sträußchen duftender Blüten nieder,
Flüstert ein Wort des Dankes und scheidet wieder.

Jung sterben

Jung sterben – in besten, noch hoffenden Jahren –
Wie schön muss das sein!
Du hättest nur Gutes, nur Frohes erfahren.
Blieb alles dein.

Und es blieb an der Stätte, wo du begraben,
Nur Liebe zurück.
So gar nichts Trübes gekostet zu haben – – –
Wär's nicht ein Glück?

Die Schnupftabaksdose
Stumpfsinn in Versen

1912

Die Schnupftabaksdose

Es war eine Schnupftabaksdose,
Die hatte Friedrich der Große
Sich selbst geschnitzelt aus Nussbaumholz.
Und darauf war sie natürlich stolz.

Da kam ein Holzwurm gekrochen.
Der hatte Nussbaum gerochen.
Die Dose erzählte ihm lang und breit
Von Friedrich dem Großen und seiner Zeit.

Sie nannte den alten Fritz generös.
Da aber wurde der Holzwurm nervös
Und sagte, indem er zu bohren begann:
»Was geht mich Friedrich der Große an!«

Ein männlicher Briefmark erlebte
Was Schönes, bevor er klebte.
Er war von einer Prinzessin beleckt.
Da war die Liebe in ihm erweckt.

Er wollte sie wiederküssen,
Da hat er verreisen müssen.
So liebte er sie vergebens.
Das ist die Tragik des Lebens!

Die Ameisen

In Hamburg lebten zwei Ameisen,
Die wollten nach Australien reisen.
Bei Altona auf der Chaussee

Da taten ihnen die Beine weh,
Und da verzichteten sie weise
Denn auf den letzten Teil der Reise.

So will man oft und kann doch nicht
Und leistet dann recht gern Verzicht.

War einmal ein Schwefelholz,
Das sich mit erhabnem Stolz
Einen Anarchisten nannte
Und ein ganzes Haus verbrannte.
Dieses war schon ungewöhnlich,
Doch es kannte auch persönlich
Meyers Taschenlexika,
Ganz speziell das Bändchen »A«,
Weshalb es sich nach dem Brande
An besagtes Bändchen wandte
Mit den Worten: »Sag, was ist
Eigentlich ein Anarchist?«

»Nein«, schimpfte die Ringelnatter, »die Mode
Von heutzutage, die wurmt mich zu Tode.
Jetzt soll man täglich, sage und schreibe,
Zweimal die Wäsche wechseln am Leibe.
Und immer schlimmer wird's mit den Jahren.
Es ist rein um aus der Haut zu fahren!«
So schimpfte die Ringelnatter laut,
Und wirklich fuhr sie aus der Haut.

Der Vorfall war nicht ohne Bedeutung,
Denn zoologisch nennt man das Häutung.

Es war ein Brikett, ein großes Genie,
Das Philosophie studierte
Und später selbst an der Akademie
Im gleichen Fache dozierte.

Es sprach zur versammelten Briketterie:
»Verehrliches Auditorium,
Das Leben – das Leben – beachten Sie –
Ist nichts als ein Provisorium.«

Da wurde als ketzerisch gleich verbannt
Der Satz mit dem Provisorium.
Das arme Brikett, das wurde verbrannt
In einem Privatkrematorium.

»**Sie faule,** verbummelte Schlampe«,
Sagte der Spiegel zur Lampe.
»Sie altes, schmieriges Scherbenstück«,
Gab die Lampe dem Spiegel zurück.
Der Spiegel in seiner Erbitterung
Bekam einen ganz gewaltigen Sprung.
Der zornigen Lampe verging die Puste.
Sie fauchte, rauchte, schwelte und rußte.
Das Stubenmädchen ließ beide in Ruhe
Und doch: Ihr schob man die Schuld in die Schuhe.

Das Schlüsselloch

Das Schlüsselloch, das im Haustor saß,
Erlaubte sich nachts einen Spaß.
Es nahten Studenten
Mit Schlüsseln in Händen.

Da dachte das listige Schlüsselloch:
Ich will mich verstecken,
Um sie zu necken!

Worauf es sich wirklich seitwärts verkroch.
Alsbald nun tasteten die Studenten
Suchend,
Fluchend,
Mit Händen
An Wänden.
Und weil sie nichts fanden, zogen sie weiter.
Schlüsselloch lachte heiter.

(Die Herren erreichten ihr Zimmer nimmer.
Eigentlich war die Sache noch schlimmer.
Ich selbst war nämlich bei den Studenten –
Doch lassen wir es dabei bewenden.)

Es trafen sich von ungefähr
Ein Wolf, ein Mensch, sowie ein Bär,
Und weil sie lange nichts gegessen,
So haben sie sich aufgefressen.
Der Wolf den Menschen, der den Bär,
Der Bär den Wolf. – Es schmeckte sehr
Und blieb nichts übrig als ein Tuch,
Drei Haare und ein Wörterbuch.
Das war der Nachlass dieser drei.
Der eine Mensch, der hieß Karl May.

Ein Pflasterstein, der war einmal
Und wurde viel beschritten.
Er schrie: »Ich bin ein Mineral

Und muss mir ein für allemal
Dergleichen streng verbitten!«

Jedoch den Menschen fiel's nicht ein,
Mit ihm sich zu befassen,
Denn Pflasterstein bleibt Pflasterstein
und muss sich treten lassen.

»RUHE ist viel wert«,
Sagte das Nilpferd
Und setzte sich in 'was Weiches.

Der Elefant tat ein Gleiches.

DER OHRWURM mochte die Taube nicht leiden.
Sie hasste den Ohrwurm ebenso.
Da trafen sich eines Tages die beiden
In einer Straßenbahn irgendwo.

Sie schüttelten sich erfreut die Hände
Und lächelten liebenswürdig dabei
Und sagten einander ganze Bände
Von übertriebener Schmeichelei.

Doch beide wünschten sich im Stillen,
Der andre möge zum Teufel gehn,
Und da es geschah nach ihrem Willen,
So gab es beim Teufel ein Wiedersehn.

ES LEBTE an diskretem Orte
Ein Stückchen Seife, bester Sorte,

In einem Porzellanbehälter.
Das ward mit jedem Tage älter.
Weil es mit Moschusduft durchhaucht,
Ward es vom Menschen gern gebraucht.
Einstmals – das wann und wie ist schnuppe –
Geriet es in die Erbsensuppe.
Der Mensch benahm sich miserabel.
Er stach die Seife mit der Gabel,
Beroch sie roh und rief: »Pfui, Spinne!«
Da schwanden ihr vor Angst die Sinne.

Die Badewanne prahlte sehr.
Sie hielt sich für das Mittelmeer
Und ihre eine Seitenwand
Für Helgoländer Küstenland.
Die andre Seite – gab sie an –
Sei das Gebirge Hindustan,
Und ihre große Rundung sei
Bestimmt die Delagoabai.
Von ihrem spitzen Ende vorn
Erklärte sie, es sei Kap Horn.
Den Kettenzug am Regulator
Hielt sie sogar für den Äquator.
Sie war – nicht wahr, das merken Sie? –
Sehr schwach in der Geographie.
Dies eingebildete Bassin.
Es wohnte im Quartier latin.

Es waren einmal zwei Gummischuh,
Die waren stehen gelassen.
Ihr Herr, der suchte sie immerzu
Und konnte sie nirgend fassen.

Er suchte sie nah und suchte sie fern,
Er suchte sie vorn und hinten,
Und die Gummischuhe suchten den Herrn
Und konnten ihn nirgend finden.

Der Herr durchsuchte die ganze Welt;
Die Gummischuhe desgleichen,
Und wenn die Sache so weiter geht,
So werden sie nie sich erreichen.

Es bildete sich ein Gemisch
Von Stachelschwein und Tintenfisch.
Die Wissenschaft, die teilt es ein
In Stachelfisch und Tintenschwein.
Der Fisch bewohnt den Ozean.
Gefährlich ist es, ihm zu nahn.
Das Tintenschwein trifft man in Büchern,
An Fingerspitzen, Taschentüchern.
Es ist – das liegt ja auf der Hand –
Dem Igelschwein noch sehr verwandt.

Lackschuh sprach zum Wasserstiebel:
»Lieber Freund, du riechst so übel.
Und du bist nach meiner Meinung
Eine störende Erscheinung.
Darum muss wohl von uns beiden
Einer dieses Schuhhaus meiden.«
Stiefel lächelte dazu
Und begann: »Verehrter Schuh,
Wenn du jenes Sprichwort kennst:
Alles ist nicht Gold, was glänzt,
Nimm es besser dir zu Herzen,
Denn die Welt, sie liebt zu schwärzen,

Was da glänzt, auch zieht sie keck
Das Erhabne in den Dreck.
Will dein Lack mir auch gefallen,
Teurer Schuh, bedenke doch,
Wenn der Lack in Staub zerfallen,
Lebt das fette Leder noch.
Niemals hieltest du den nassen
Kalten Wasserfluten stand,
Denn die Elemente hassen
Das Gebild von Menschenhand.«
Und der Schuh verbeugte sich.
Darauf sprach er ernst und würdig:
»Freund, ich überzeugte mich,
Dass du mir ganz ebenbürtig.
Leider war mir anfangs duster,
Was mir jetzt Gewissheit ist,
Dass du Meisterwerk vom Schuster
Wasser-Dichter Stiefel bist.«

Ein Taschenkrebs und ein Känguruh,
Die wollten sich ehelichen.
Das Standesamt gab es nicht zu,
Weil beide einander nicht glichen.

Da riefen sie zornig: »Verflucht und verdammt
Sei dieser Bürokratismus!«
Und hingen sich auf vor dem Standesamt
An einem Türmechanismus.

Frau Teemaschine sang auf dem Feuer.
Der Beifall war ganz ungeheuer.
Ja, ihre Base Petroleumkanne
War von dem Liede ganz gefangen.

Ihr rannen die Tränen über die Wangen
Und tropften gerade in eine Pfanne,
In der ein Schweinebraten briet,
Der ausgezeichnet dann geriet.
War auch Petroleum drauf geflossen,
Er wurde trotzdem doch genossen.
Sein Herr war mit dem Koch zufrieden.

(Besagter Herr war ein Kosak;
Sein Leibgericht war Siegellack.)

Ja, die Geschmäcker sind verschieden.

Rezept

Man mische 7 Pfund Palmin
Mit gleichviel Milch und Terpentin.
Dann füge man ein Hühnerei
Und etwas Öl nebst Essig bei.
Dies nun zu festem Brei gerührt,
Wird dann in einen Strumpf geschnürt.
Das Ganze lässt man 13 Wochen
In lauem Seifenwasser kochen.
Dann wird es mit Gelee garniert
Und im verdeckten Topf serviert.
(Doch halte man zu rechter Zeit
Ein offnes Töpfchen sich bereit.)

Man stirbt hier vor Langeweile,
Dachte die Nagelfeile
Beim Mittagessen!
Und machte sich, wie von ungefähr,

Über den Fingernagel her,
Beim Mittagessen!
Da begann eine silberne Gabel zu schrein:
»Meine Dame – – Sie sind hier nicht allein!«

Es war einmal ein Kragenknopf
Mir einer Mechanik am Kopf.
Der Kragenknopf saß im Genick.
Er schnipste mir der Mechanik,
Worauf mit unheilvollem Klang
Ein Kragen, der den Hals umschlang,
Elastisch aus der Angel sprang.
Ein Finger mühte sich durch Knipsen
Ihn wieder richtig einzuschnipsen,
Doch weil ihm das nicht wollte glücken,
Ergriff besagter Kragenknopf
Schnell die Gelegenheit beim Schopf
Und rutschte an des Menschen Rücken
Mit nie geahnter Blitzesschnelle
Hinab nach jener düstern Stelle,
Die sich der arme Mensch verletzt,
Wenn er sich auf 'was Spitzes setzt.

Die Nacht erstarb. Und der Tag erwachte. –
Draußen unter dem Sternenhimmel
Stand ein Droschkenpferd, ein Schimmel,
Und lachte.

Der Tag entwich und die Nacht begann.
Auf steiniger Ebene ruhte das Pferd.
Es hatte die Beine gen Himmel gekehrt
Und sann.

Und wieder durchzuckten die Sterne den Himmel. – –
Das rechte Auge des Pferdes tränte. – –
Der Mann auf dem Kutschersitze gähnte
Und trank einen Kümmel.

An einem Teiche
Schlich eine Schleiche,
Eine Blindschleiche sogar.
Da trieb ein Etwas ans Ufer im Wind.
Die Schleiche sah nicht, was es war,
Denn sie war blind.
– –
Das dunkle Etwas aber war die Kindsleiche
Einer Blindschleiche.

Im dunklen Erdteil Afrika
Starb eine Ziehharmonika.
Sie wurde mit Musik begraben.
Am Grabe saßen zwanzig Raben.
Der Rabe Num'ro einundzwanzig
Fuhr mit dem Segelschiff nach Danzig
Und gründete dort etwas später
Ein Heim für kinderlose Väter.
Und die Moral von der Geschicht? –
Die weiß ich leider selber nicht.

Der Mensch braucht – ohne sich zu sputen –
Zum Kilometer zwölf Minuten.
Die Wanderratte läuft so weit
In ungefähr derselben Zeit.
Da nun genannte Wanderratte
Bis dato stets vier Beine hatte,

Wie schnell läuft da ein Tausendfuß? – –
Ich weiß es wirklich nicht. Weißt du's?

Tante Qualle und der Elefant

Die Tante Qualle schwamm zum Strand.
Es liebte sie ein Elefant,
Mit Namen Hildebrand genannt.
Der wartete am Meeresstrand
Mit einem Sträußchen in der Hand.
Das übergab er ihr galant
Und bat um Tante Quallens Hand.
Da knüpften sie ein Eheband.
Der Doktor Storch, der abseits stand,
Der dachte: »Armer Hildebrand!«
Worauf er weiterging und lachte.
– – – – – – – – – – – – – – – – – –
Warum der Storch wohl so was dachte?

Ein Schutzmann wurde plötzlich krank
Und setzte sich auf eine Bank.
Dort saß bereits ein Stachelschwein.
Der Schutzmann setzte sich hinein.
Da schrie er: »Au!«, und schrie er: »Oh!«
Und kratzte sich an dem Po–lizeihelm.

Unterm Tisch

Es war ein Stückchen Fromage de brie,
Das fiel untern Tisch. Man sah nicht wie.
Dort standen zwei Lackschuh mit silbernen Schnallen.

Die fanden an dem Fromage Gefallen
Und traten nach einiger Überwindung
Mit ihm in ganz intime Verbindung.
Als abends die beiden Schnallengezierten
In einer feudalen Gesellschaft soupierten,
Erhoben sich plötzlich zwei andere Schuhe
Und knarrten verlegen und baten um Ruhe
Und sagten, als alles ruhig war:
»Verehrte, es – riecht hier so sonderbar.«

Ein Pinsel mit sehr talentvollen Borsten,
Der musste viel hungern und viel dorsten.
Er war 60 Jahre alt und hieß Tipfelchen.
Aus festem Tannenholz war sein Stiel.
Er malte, und was er malte, gefiel.
Doch, wie gesagt, er litt Hunger und Durst.
Da kam eine junge fettige Wurst.
Sie wog 500 Gramm und war vom Stamme Rindvieh.
Kaum hatte der Pinsel die Wurst gesehn,
Blieb er stehn,
Bückte sich tief dabei,
Knickte dann schief entzwei.
Die Wurst aber, mit Namen Schulze,
Sagte: »Mein lieber Tipfelchen,
Hier hast du ein Wurstzipfelchen,
Male mir mal drei Meter Sulze.«

Ein Lied, das der berühmte Philosoph Haeckel am 3. Juli 1911 vormittags auf einer Gartenpromenade vor sich hin sang.

(Von einem Ohrenzeugen.)

Wimmbamm Bumm
Wimm Bammbumm
Wimm Bamm Bumm

Wimm Bammbumm
Wimm Bamm Bumm
Wimmbamm Bumm

Wimm Bamm Bumm
Wimmbamm Bumm
Wimm Bammbumm.

Ein Nagel saß in einem Stück Holz.
Der war auf seine Gattin sehr stolz.
Die trug eine goldene Haube
Und war eine Messingschraube.
Sie war etwas locker und etwas verschraubt,
Sowohl in der Liebe, als auch überhaupt.
Sie liebte ein Häkchen und traf sich mit ihm
In einem Astloch. Sie wurden intim.
Kurz, eines Tages entfernten sie sich
Und ließen den armen Nagel im Stich.
Der arme Nagel bog sich vor Schmerz.
Noch niemals hatte sein eisernes Herz
So bittere Leiden gekostet.
Bald war er beinah verrostet.
Da aber kehrte sein früheres Glück,
Die alte Schraube, wieder zurück.

Sie glänzte übers ganze Gesicht.
Ja, alte Liebe, die rostet nicht!

DER SPIEGEL, der Kamm
Und der Schwamm
Und das weiße Handtuch an der Wand
Und ein Mann, der hinter dem Kleiderschrank stand,
Die warteten auf das schöne Mädchen
Käthchen.
Und endlich, endlich kam Käthchen gegangen.
Da küsste der Schwamm ihr Mund und Wangen,
Und sie küsste den Schwamm und beugte sich nieder
Und küsste das Handtuch und küsste es wieder.
Sie ließ sich von dem Spiegel umschmeicheln
Und von dem Kamme ihr Goldhaar streicheln.
Dann sagte sie allen recht schönen Dank.
Dann sah sie den Mann hinterm Kleiderschrank
Und rannte davon und schrie dabei:
»Zu Hilfe! Mörder!« und »Polizei!« – –
– –
Der Mensch glaubt über den Dingen zu stehen.
Hier war das Gegenteil deutlich zu sehen.

ES WAR eine gelbe Zitrone,
Die lag unter einer Kanone,
Und deshalb bildete sie sich ein,
Eine Kanonenkugel zu sein.
Der Kanonier im ersten Glied,
Der merkte aber den Unterschied.
– – – – – – – – – – – – – – – – – – –
Bemerkt sei noch zu diesem Lied,
Ein Unterschied ist kein Oberschied.

DAS NADELKISSEN bildete sich ein,
Mit dem Stachelschwein
Verwandt zu sein.
Das Nadelkissen
Ist, wie wir wissen,
Eine recht nützliche Erscheinung.
Natürlich sind wir ganz seiner Meinung.

ES WAR einmal ein Kannibale,
Der war aus Halle an der Saale.
Man sah ihn oft am Bodensee
Für zwanzig Pfennige Entree.

EIN BETTELARMER, braver Mann,
Der Tag und Nacht nur Gutes sann
Und gar nichts mehr zu essen hatte
Als eine halbverweste Ratte,
Der auch kein Bett besaß zum Schlafen,
Der ging in seiner höchsten Not
Zu einem reichen, stolzen Grafen
Und bat ihn um ein Stückchen Brot.
Der Graf nahm das gewaltig übel
Und schlug mit dem Champagnerkübel
Den braven Bettler lächelnd tot.
Doch niemand wagte es, den Grafen
Für solche Freveltat zu strafen.
Und deshalb wurde sein Betragen
Dann mit den Jahren noch viel schlimmer. –

So manchen Leser hör' ich sagen:
Ja, ja! – ja, ja! – So ist das immer!

Ich aber denke still für mich:
Der Leser ist ein Gänserich.

Ein kühnes Rosshaar erklärte den andern:
Es müsse aus der Matratze wandern.
Es poche auf seine Großjährigkeit,
Und es liege in seiner Rosshärigkeit
Der Trieb zum Wandern. Da rief es: »Adieu!«
Und damit schnellte es sich in die Höh'.
Ein Mensch saß auf besagter Matratze.
Das Rosshaar hüpfte auf seine Glatze,
Und weil es sehr gut gedieh an dem Orte,
So wuchsen dort bald noch mehr von der Sorte.

Es war einmal ein schlimmer Husten,
Der hörte gar nicht auf zu pusten.
Zwar kroch er hinter eine Hand,
Was jedermann manierlich fand.
Und doch hat ihn der Doktor Lieben
Mit Liebens Malzbonbon vertrieben.
Bemerkt sei noch: Für dies Gedicht
Bezahlte mich Herr Lieben nicht.

Ein Kehlkopf litt an Migräne
Und schrie wie eine Hyäne,
Er schrie sich wund.
Doch als ihm niemand zu Hilfe kam
Und niemand sein Geschrei vernahm,
War er auf einmal – – gesund.

Errare humanum est

Quitschfidel, mit roter Nase,
Seh ich Kunze gehn.
Warum bleibt er plötzlich mitten auf der Straße

Stehn?
Warum runzelt er die Brauen?
Warum mag er so entsetzlich
Schmerzlich himmelaufwärts schauen?
Warum wird er plötzlich
Blass?
Oh, nun weiß ich was – – –
Er erblickt mich, winkt. – Fatal!
»Servus, armer Kunze! – eilt! – ein andermal!«

Kalte, falsche, rücksichtslose
Freunde hat die Unterhose.

Logik

Die Nacht war kalt und sternenklar,
Da trieb im Meer bei Norderney
Ein Suahelischnurrbarthaar. –
Die nächste Schiffsuhr wies auf drei.

Mir scheint da mancherlei nicht klar,
Man fragt doch, wenn man Logik hat,
Was sucht ein Suahelihaar
Denn nachts um drei am Kattegatt?

Miliz

»Sie haben sich gestern schrecklich betragen!«
Wollte das Putzleder zur Trommel sagen.
Aber die Trommel spannte schnell
Ihr dickes Fell
Und begann einen donnernden Wirbel zu schlagen,
Na – und da blieb dem Putzleder vor Schrecken
Das Wort im Munde stecken.

»Oh«, rief ein Glas Burgunder,
»Oh, Mond, du göttliches Wunder!
Du gießt aus silberner Schale
Das liebestaumelnde, fahle,
Trunkene Licht wie sengende Glut
Hin über das nachtigallige Land – –«

Da rief der Mond, indem er verschwand:

»Ich weiß! Ich weiß! Schon gut! Schon gut!«

Es war ein Stahlknopf irgendwo,
Der ohne Grund sein Knopfloch floh.
(Vulgär gesprochen: Es stand offen.)
Ihm saß ein Fräulein vis-à-vis.
Das lachte plötzlich: Hi hi hi.
Da fühlte sich der Knopf getroffen
Und drehte stumm
Sich um.

Solch' Peinlichkeiten sind halt nur
Die schlimmen Folgen der Kultur.

An der Zehe gleich vorn
Saß ein Leichdorn.
Der Bader, den man befragte,
Der sagte:
Der Leichdorn sei eine Sommersprosse.
– –
Verzeihe mir, Leser, diese Posse!

Joachim Ringelnatzens Turngedichte

1920

Turner-Marsch

(Melodie: Leise flehen meine Lieder)

Schlagt die Pauken und Trompeten,
Turner in die Bahn!
Turnersprache lasst uns reden.
Vivat Vater Felix Dahn!
Lasst uns im Gleichschritt aufmarschieren,
Ein stolzes Regiment.
Lass die Fanfaren tremulieren!
Faltet die Fahnen ent!

Die harte Brust dem Wetter darzubieten,
Reißt die germanische Lodenjoppe auf!
Kommet zu Hauf!
Wir wollen uns im friedlichen Wettkampf üben.

Braust drei Hepp-hepps und drei Hurras
Um die deutschen Eichenbäume!
Trinkt auf das Wohl der deutschen Frauen ein Glas,
Dass es das ganze Vaterland durchschäume.
Heil! Umschlingt euch mit Herz und Hand,
Ihr Brüder aus Nord-, Süd- und Mitteldeutschland!
Dass einst um eure Urne
Eine gleiche Generation turne.

Klimmzug

Das ist ein Symbol für das Leben.
Immer aufwärts, himmelanstreben!
Feste zieh! Nicht nachgeben!
Stelle dir vor: Dort oben winken
Schnäpse und Schinken.

Trachte sie zu erreichen, die Schnäpse.
Spanne die Muskeln, die Bizepse.
Achte ver die Beschwerden.
Nicht einschlafen. Nicht müde werden!
Du musst in Gedanken wähnen:
Du hörtest unter dir einen Schlund gähnen.
In dem Schlund sind Igel und Wölfe versammelt.
Die freuen sich auf den Menschen, der oben bammelt.
Zu! Zu! Tu nicht überlegen.
Immer weiter, herrlichen Zielen entgegen.
Sollte dich ein Floh am Po kneifen,
Nicht mit beiden Händen zugleich danach greifen.
Nicht so ruckweis hin und her schlenkern;
Das passt nicht für ein Volk von Turnern und Denkern.
Klimme wacker,
Alter Knacker!
Klimme, klimb
Zum Olymp!
Höher hinauf!
Glückauf!
Kragen total durchweicht.
Äh – äh – äh – endlich erreicht.
Das Unbeschreibliche zieht uns hinan,
Der ewigweibliche Turnvater Jahn.

Freiübungen

(Grund-Stellung)

Wenn eine Frau in uns Begierden weckt
Und diese Frau hat schon ihr Herz vergeben,
Dann (Arme vorwärts streckt!)
Dann ist es ratsam, dass man sich versteckt.
Denn später (langsam auf den Fersen heben!)

Denn später wird uns ein Gefühl umschweben,
Das von Familiensinn und guten Eltern zeugt.
(Arme – beugt!)
Denn was die Frau an einem Manne reizt,
(Hüften fest – Beine spreizt! – Grundstellung)
Ist Ehrbarkeit. Nur die hat wahren Wert,
Auch auf die Dauer (Ganze Abteilung, kehrt!).
Das ist von beiden Teilen der begehrtste,
Von dem man sagt: (Rumpfbeuge) Das ist der allerwertste.

Während der Riesenwelle

Seht ihr mich? Und spürt ihr nicht den Wind,
Den ich mache? Ja, das ist gefährlich!
Aber mir, dem alten Seemann, sind
Riesenwellen eben unentbehrlich.

Käme mir jetzt einer in die Speichen
(Wär es auch ein Riese aus Granit),
Würde er doch damit nur erreichen,
Dass ich ihn in dünne Scheiben schnitt.

Aber nicht die Herstellung von Scheiben
Denk ich mir als Lebenszweck. O, nein!
Eine Sägemühle möcht' ich treiben,
Möcht' ein Schwungrad für Dynamo sein.

Wenn ich plötzlich jetzt die Hände strecke
(Und ich habe Ähnliches im Sinn),
Ja dann – splittert augenblicks die Decke,
Und der Wellenriese – ist dahin.

Am Barren
(Alla donna tedesca)

Deutsche Frau, dich ruft der Barrn,
Denn dies trauliche Geländer
Fördert nicht nur Hirn und Harn,
Sondern auch die Muskelbänder,
Unterleib und Oberlippe.
Sollst, das Hüftgelenk zu stählen,
Dich im Knickstütz ihm vermählen.
Deutsches Weib, komm: Kippe, Kippe!

Deutsche Frau, nun lass dich wieder
Ellengriffs im Schwimmhang nieder.
So, nun Hackenschluss! Und schwinge!
Schwinge! Hurtig rum den Leib!
O, es gibt noch wundervolle Dinge.
Rolle vorwärts! Rolle!
Rolle rückwärts, deutsches Weib.

Deutsche Jungfrau, weg das Armband!
In die Hose! Aus dem Rocke!
Aus dem Streckstütz in den Armstand,
Nun die Flanke. Sehr gut! Danke!
Deutsches Mädchen, Hocke, Hocke!

Musst dich keck emanzipieren
Und mit kindlichem »Ätsch-Ätsche«
Über Männer triumphieren,
Musst wie Bombe und Kartätsche
Deine Kräfte demonstrieren.
Deutsches Mädchen – Grätsche! Grätsche!

Ringkampf

Gibson (sehr nervig), Australien,
Schulze, Berlin (ziemlich groß).
Beißen und Genitalien
Kratzen verboten. – Nun los!

Ob sie wohl seelisch sehr leiden?
Gibson ist blass und auch Schulz.
Warum fühlen die beiden
Wechselnd einander den Puls?

Ängstlich hustet jetzt Gibson.
Darauf schluckt Schulze Cachou.
Gibson will Schulzen jetzt stipsen.
Ha! Nun greifen sie zu.

Packen sich an, auf, hinter, neben, in,
Über, unter, vor und zwischen,
Statt, auch längs, zufolge, trotz
Stehen auf die Frage wessen.

Doch ist hier nicht zu vergessen,
Dass bei diesen letzten drei
Auch der Dativ richtig sei.

(Pfeife des Schiedsrichters.)

Wo sind die Beine von Schulze?
Wem gehört denn das Knie?
Wirr wie lebendige Sulze,
Mengt sich die Anatomie.

Ist das ein Kopf aus Australien?
Oder Gesäß aus Berlin?

Jeder versucht Repressalien,
Jeder lässt keinen entfliehn.

Hat sich der Schiedsmann bemeistert,
Lange parteilos zu sein;
Aber nun brüllt er begeistert:
»Schulze, stell ihm ein Bein!

Zwinge den Mann mit den Nerven
Nieder nach Sitte und Jus.
Kannst du dich über ihn werfen
Just wie im Koi, dann tu's!«

Zum Aufstellen der Geräte

(Ein Muster)

So unterwegs in einem schönen Hechtsprung
Erblickte er das Licht der Welt, das Leben,
Und hat – obwohl er damals doch noch recht jung –
Sich doch sofort in Hilfsstellung begeben.
Den Kniesturz übend und manch andre Tugend,
Verging ihm eine turnerische Jugend
Im Wachen teils und teils im Traum
Und Freitags nachmittags am Schwebebaum.

Vorturner wurde er und Löwenbändiger,
Seemann und Schornsteinfeger, Akrobat
Und schließlich turnerischer Sachverständiger
Im transsibirischen Artistenrat.
Er las die Morgenzeitung stets im Handstand,
Vom Hang der Freiheit sprach sein roter Schlips.
Er glich – wie er im Turnsaal an der Wand stand –
Dem allbekannten Herkules aus Gips.

Inhaber aller silbernen Pokale,
Erwarb er sich den Franziskanerpreis
Und im August in Halle an der Saale
Die Jahnkokarde mit dem Lorbeerreis.
Ein zarter Kern in einer rauen Schale.

Er hat sich mit einem Salto mortale
Aus dem Leben
Über ein Felsengeländer
Hinwegbegeben.

Wettlauf

Publikum ungeduldig scharrt –
Scharren lassen – hier Start –
Taschentuch? keins –
Schweiß –
Heiß –
Zum Beweis
Des Nichtaufgeregtseins:
Billet Spucke kneten.
Achtung: eins!
Nicht mehr Zeit auszutreten –
Was? Rauchen verbeten? –
Sie da, der Dritte, weiter zurücktreten –
Soo! – Endlich Musik –
Der bekannte
Augenblick,
Wo –
Wenn der Trikot
Nur nicht so spannte –
Schweinerei –
Wäre fatal –
Achtung: Zwei!

Teufel noch mal!
Heiliger Joseph, steh mir bei!
Achtung: Drei!
Tapelti, tapelti, tapelti
Mut!
Gut!
Kopf senken!
Arme vom Leib!
Frieda denken!
Herrliches Weib!
Schade, dass Mund stinkt!
Das war sie! – lacht! – winkt –
Oh, oh! Oh, oh!
Mein Trikot!
Vorne gespalten.
Taschentuch vorhalten –
Jetzt Quark!
Nur laufen!
10 000 Mark –
Wochenlang saufen –
Wenn's glückt –
Schulden bezahlen –
Tante verrückt –
Meyers prahlen –
Sieger gratuliert –
Photographiert –
Händedruck –
Tun als ob schnuppe –
Wändeschmuck –
Lorbeer-Suppe –
Zeitungs-Reklame –
Filmaufnahme –
Frieda seidenes Kleid –
Otto platzt Neid –
Engelmann – Wut –

Anton – Pump –
Aushalten! Mut!
Weg da! Lump! –
Einer von beiden –
Weg abschneiden –
Puff!
Was bild't sich –
Uff!
Gilt nicht!
Feste druff!
Gar nicht kümmern!
Schädel zertrümmern!
Zuchthaus –
Flucht – Haus –
Schande –
Tante –
Sterben –
Beerben –
Unsinn! Was Quatsch! Quatsch!
Teufel noch mal!
Laternenpfahl.
Mehr links, ach! ach!
Stopp! Frieda! Halt! Krach!
Kladderadatsch!
Knätsch daun! au! aus!
Ohhhhhh! – Publikum Applaus.

Fussball
(nebst Abart und Ausartung)

Der Fußballwahn ist eine Krank-
Heit, aber selten, Gott sei Dank.
Ich kenne wen, der litt akut
An Fußballwahn und Fußballwut.

Sowie er einen Gegenstand
In Kugelform und ähnlich fand,
So trat er zu und stieß mit Kraft
Ihn in die bunte Nachbarschaft.
Ob es ein Schwalbennest, ein Tiegel,
Ein Käse, Globus oder Igel,
Ein Krug, ein Schmuckwerk am Altar,
Ein Kegelball, ein Kissen war,
Und wem der Gegenstand gehörte,
Das war etwas, was ihn nicht störte.
Bald trieb er eine Schweineblase,
Bald steife Hüte durch die Straße.
Dann wieder mit geübtem Schwung
Stieß er den Fuß in Pferdedung.
Mit Schwamm und Seife trieb er Sport.
Die Lampenkuppel brach sofort.
Das Nachtgeschirr flog zielbewusst
Der Tante Berta an die Brust.
Kein Abwehrmittel wollte nützen,
Nicht Stacheldraht in Stiefelspitzen,
Noch Puffer außen angebracht.
Er siegte immer, 0 zu 8.
Und übte weiter frisch, fromm, frei
Mit Totenkopf und Straußenei.
Erschreckt durch seine wilden Stöße,
Gab man ihm nie Kartoffelklöße.
Selbst vor dem Podex und den Brüsten
Der Frau ergriff ihn ein Gelüsten,
Was er jedoch als Mann von Stand
Aus Höflichkeit meist überwand.
Dagegen gab ein Schwartenmagen
Dem Fleischer Anlass zum Verklagen.
Was beim Gemüsemarkt geschah,
Kommt einer Schlacht bei Leipzig nah.
Da schwirrten Äpfel, Apfelsinen

Durch Publikum wie wilde Bienen.
Da sah man Blutorangen, Zwetschen
An blassen Wangen sich zerquetschen.
Das Eigelb überzog die Leiber,
Ein Fischkorb platzte zwischen Weiber.
Kartoffeln spritzten und Zitronen.
Man duckte sich vor den Melonen.
Dem Krautkopf folgten Kürbisschüsse.
Dann donnerten die Kokosnüsse.
Genug! Als alles dies getan,
Griff unser Held zum Größenwahn.
Schon schäkernd mit der U-Bootsmine –
Besann er sich auf die Lawine.
Doch als pompöser Fußballstößer
Fand er die Erde noch viel größer.
Er rang mit mancherlei Problemen.
Zunächst: Wie soll man Anlauf nehmen?
Dann schiffte er von dem Balkon
Sich ein in einem Luftballon.
Und blieb von da an in der Luft,
Verschollen. Hat sich selbst verpufft. –
Ich warne euch, ihr Brüder Jahns,
Vor dem Gebrauch des Fußballwahns!

Der Athlet

Mein Name ist Murxis, der Kraftmensch genannt.
Meine Nahrung ist Gulasch vom Elefant
In einer Soße des Stärkemehles.
Meine Heimat ist das Zentrum Südwales,
    Upsala!

Ich wurde durch einen Kaiserschnitt
Geboren, mit Hilfe von Dynamit.

Dass ich noch lebte, war reines Glück.
Von meiner Mutter blieb wenig zurück.
    20 kg mit dem kleinen Finger.

Man baute um mich eine Art von Dock.
Mit Strebestützen im 16. Stock
Eines Wolkenkratzers von Rockefeller.
Das Stockwerk brach, man fand mich im Keller
    Mit verschränkten Armen.

Ich war in allen Städten der Welt
Als Muster von Herkules ausgestellt.
Wer das bezweifelt – 5 Groschen –, der fordre
An der Kasse die Wachskabinettsordre.
Ich nenne mich selbst den Venus von Milo.
    Bruttogewicht: 200 Kilo.

Es haben mich Königinnen betastet.
Ich habe einmal drei Wochen gefastet
Und unternehme auch heute noch Schritte
Zu meiner Entlastung. Und deshalb bitte
    Ich die Herrschaften um ein kleines Douceur.

Am Hängetau

Das Hängetau ist lang und steil.
Jedoch die Übung an dem Seil
Ist heilsam und veredelt.
Dieweil du kletterst, wächst das Tau
Dir hintenraus und wedelt
A la Wauwau.

Marie, die unten nach dir blickt,
Kommt mit der Quaste in Konflikt.

Ich wette um ein Fass Gelee:
Drei Meter über der Erden
Erfasst dich plötzlich die Idee,
Du möchtest Seemann werden.

Der Kletterschluss misslingt dir freilich
Er klingt auch hässlich papageilich.
Schon dieserhalb und um so mehr
Schwankst du verzweifelt hin und her
Als atemloser Pendel.
Und jäh umgibt dich in der Luft
Ein unartikulierter Duft
Sehr abseits von Lavendel.

Und dann erreichst du ganz verzagt
Den Balken unter Pusten,
Und weil Marie von unten fragt,
Und weil die Stimme dir versagt,
so fängst du an zu husten.

Die Dame fragt ob schwindelfrei
Und schüttelt die Manilla.
Du mimst voll Angst und Heuchelei
Den schwärmenden Gorilla.
Doch weil allmählich Zeit vergeht
Und nirgends eine Leiter steht,
Entschließt du dich voll Grausen
Und präsentierst dein Hinterteil
Und angelst lange nach dem Seil
Und lässt dich plötzlich sausen.

Du plumpst der Dame auf die Brust
Und tust, als tätst du das bewusst,
Und blähst dich wie ein Segel.
Und nickst ein heiteres Allheil!

Und lachst und fühlst dich doch derweil
Teils Burschenschaft, teils Flegel.

Kein Mädchen, nicht einmal die Braut,
Sieht gerne Hände ohne Haut.

Kniehang

Ich wollte, ich wär eine Fledermaus,
Eine ganz verluschte, verlauste,
Dann hing ich mich früh in ein Warenhaus
Und flederte nachts und mauste,
Dass es Herrn Silberstein grauste.
Denn Meterflaus, Fliedermus, Fledermaus –
(Es geht nicht mehr; mein Verstand läuft aus.)

Box-Kampf

Bums! – Kock, Kanada: – Bums!
Käsow aus Moskau: Puff! puff!
Kock der Kanadier: – Plumps!
Richtet sich abermals uff.
Ob dann der Käsow den Kock haut,
Oder ob er das vollzieht,
Ob es im Bauchstoß, im Knock-out*
Oder von seitwärts geschieht –
Kurz: Es verlaufen die heit'ren
Stunden wie Kinderpipi.

Sparen wir daher die weit'ren
Termini technici.

* Sprich – »nock«, wie Butternockerlsuppe.

Und es endet zuletzt
Reizvoll, wie es beginnt:
Kock wird tödlich verletzt.
Käsow aber gewinnt.
Leiche von Kock wird bedeckt.
Saal wird langsam geräumt.
Käsow bespült sich mit Sekt.
Leiche aus Kanada träumt:
    Boxkampf –
    Boxer –
    Boxen –
    Boxel –
    Boxkalf –
    Boxtrott –
    Boxtail –

Zum Wegräumen der Geräte

Veterinär, gleichzeitig Veteran,
Ein Mann, der 92 Jahre zählte,
Dass man zuletzt ihn aus Gewohnheit wählte,
Und trotzdem biegsam, schmiegsam wie ein Schwan.
Das war trotz eines halbgelähmten Beines –
Der Ehrenvorstand unsres Turnvereines.
Und wirklich nahm er's noch im Dauerlauf
Und Schleuderball mit jedem Rennpferd auf.

Wettläufer sah ich – nun Gott weiß wie viel,
Doch ihrer keiner hielt wohl mit der gleichen
Bescheidenheit gelassen vor dem Ziel.
Denn niemand konnte ihm das Wasser reichen.
Dann griff er abseits zum Pokal. Und Hei!
Wie Donner klang sein Frisch-Fromm-Fröhlich-Frei.

Wie sich sein Vollbart, den er gern sich wischte,
Nach einem 80-cm-Sprung
Mit Kokosfasern einer Matte mischte,
Das bleibt mir ewig in Erinnerung.
Im Springen konnte überhaupt dem Alten
Zuletzt wohl keiner mehr die Stange halten.

Einmal, nach dem Genuss von sehr viel Weißwein,
Verstauchte er beim Spaltsitz auf dem Reck
Ganz unvermutet plötzlich sich das Steißbein.
Er aber wich und wankte nicht vom Fleck.
Im Gegenteil, er brach, um uns zu necken,
Sich noch den Sitzknorren der Sitzbeine am Becken.
Er turnte gern der Jugend etwas vor
Und mühte sich vor Buben oder Mädeln,
Die Beine in die Ringe einzufädeln,
Wobei er niemals die Geduld verlor.
Dann staunte ehrfurchtsvoll solch junges Ding,
Wenn er wie Christbaumschmuck im Nesthang hing.

Denn was ein Nesthängchen werden will, krümmt sich beizeiten.

Kuttel Daddeldu
oder das schlüpfrige Leid

1920

Vom Seemann Kuttel Daddeldu

Eine Bark lief ein in Le Haver,
Von Sidnee kommend, nachts elf Uhr drei.
Es roch nach Himbeeressig am Kai,
Und nach Hundekadaver.

Kuttel Daddeldu ging an Land.
Die Rü Albani war ihm bekannt.
Er kannte nahezu alle Hafenplätze.

Weil vor dem ersten Hause ein Mädchen stand,
Holte er sich im ersten Haus von dem Mädchen die Krätze.

Weil er das aber natürlich nicht gleich empfand,
Ging er weiter, – kreuzte topplastig auf wilder Fahrt.
Achtzehn Monate Heuer hatte er sich zusammengespart.

In Nr. 6 traktierte er Eiwie und Kätchen,
In 8 besoff ihn ein neues straff lederbusiges Weib.
Nebenan bei Pierre sind allein sieben gediegene Mädchen,
Ohne die mit dem Celluloid-Unterleib.

Daddeldu, the old Seelerbeu Kuttel,
Verschenkte den Albatrosknochen,
Das Haifischrückgrat, die Schals,
Den Elefanten und die Saragossabuttel.
Das hatte er eigentlich alles der Mary versprochen,
Der anderen Mary; das war seine feste Braut.

Daddeldu – Hallo! Daddeldu,
Daddeldu wurde fröhlich und laut.
Er wollte mit höchster Verzerrung seines Gesichts
Partu einen Niggersong singen

Und »Blu beus blu«.
Aber es entrang sich ihm nichts.

Daddeldu war nicht auf die Wache zu bringen.
Daddeldu Duddel Kuttelmuttel, Katteldu
Erwachte erstaunt und singend morgens um vier
Zwischen Nasenbluten und Pomm de Schwall auf der Pier.

Daddeldu bedrohte zwecks Vorschuss den Steuermann,
Schwitzte den Spiritus aus. Und wusch sich dann.

Daddeldu ging nachmittags wieder an Land,
Wo er ein Renntiergeweih, eine Schlangenhaut,
Zwei Fächerpalmen und Eskimoschuhe erstand.
Das brachte er aus Australien seiner Braut.

Daddeldus Lied an die feste Braut

Lat man goot sin, lütte seute Marie.
Mi no ssavi!
Ich habe deine Photographie
In der Meditteriniensi
Weit draußen auf dem Meere
Damals verloren,
Als ich bei den Azoren
Mit der Bulldog beinah versoffen wäre. –

Bulldog aheu!

Swiethart! Manilahaariges Kitty-Anny-Pipi –
Oder wie du heißt –
Bulldog aheu!
Bei Jesus Chreist
Ich war – seit Konstantinopel – dir immer treu.

Scheck hends! Ehrlich und offen:
Ich bin gar nicht besoffen.

Giff öss e Whisky, du, ach du! Jesus Chreist!

Skool! bleddi Sanofebitsch – Ohne Spott:
Ich glaube, dich hat der liebe Gott
An einem Sonntag zusammengespleißt.
Weißt du, was du bist: Weißt?
Hör mich einmal ernsthaft auf mich.
Du – du bist – mein zweites Ich.
Du musst mir mal deinen Namen ausbuchstabieren,
Hein soll mir das auf den Arm tätowieren.

Mary, mach mal deinem Daddeldu
Die Hosentür zu.

Ich habe noch immer die graue Salbe von dir,
Das ist ganz egal; das ist auch ein Souvenir.
Wer mir die Salbe nimmt –
Ich bin der gutmütigste Kerl, glaub es mir;
Ich habe noch keinem Catfisch ein Haar gekrümmt –
Wenn ich zurück bin aus Schangei,
Wie Gott will hoffen, –
Wer mir die Salbe nimmt,
Dem hau ik die Kiemen entzwei.

Bulldog aheu! Ich bin nicht besoffen.
Wirklich nicht!
Wirklich nicht!
Wer mir die Salbe krümmt,
Dem renn ich die Klüsen dicht. –
Komm her, Deesy, wir schlagen die Bulldog entzwei.
Wenn ich aus Kiatschu, Kiatschau –

Porko dio Madonna! –
Mary, du alte Sau,
Wer dir die Salbe stiehlt aus Schangei,
Der wird einmal Kapitän Daddeldus Frau.

Seemannstreue

Nafikare necesse est.
Meine längste Braut war Alwine.
Ihrer blauen Augen Gelatine
Ist schon längst zerlaufen und verwest. –

Alwine sang so schön das Lied:
»Ein Jäger aus Kurpfalz«.

Wie Passatwind stand ihr der Humor.
– Sonntags morgens wurde sie bestattet
In der Heide, wo kein Bäumchen schattet,
Und auch ihre Unschuld einst verlor.

Donnerstags grub ich sie wieder aus.
Da kamen mir schon ihre Ohrlappen
So sonderbar vor.

Freitags grub ich sie dann wieder ein.
Niemand sah das in der stillen Heide. –
Montags wieder aus. Von ihrem Kleide,
Das man ihr ins Grab gegeben hatte,
Schnitt ich einer Handbreit gelber Seide,
Und die trägt mein Bruder als Krawatte. –

Gruslig wars: Bei dunklem oder feuchten
Wetter fing Alwine an zu leuchten.

Trotzdem parallel zu ihr verweilen
Wollt ich ewiglich und immerdar.
Bis sie schließlich an den weichen Teilen
Schon ganz anders und ganz flüssig war.

Aus. Ein. Aus; so grub ich viele Wochen.
Doch es hat zuletzt zu schlecht gerochen.
Und die Nase wurde blauer Saft,
Wodrin lange Fadenwürmer krochen. –
Nichts für ungut: Das war ekelhaft. –
Und zuletzt sind mir die schlüpfrigen Knochen
Ausgeglitten und in lauter Stücke zerbrochen.

Und so nahm ich Abschied von die Stücke.
Ging mit einem Schoner nach Iquique,
Ohne jemals wieder ihr Gebein
Auszugraben. Oder anzufassen.

Denn man soll die Toten schlafen lassen.

Das Gesellenstück

Mahagoni auf Eiche furniert.
Deckel sauber scharniert.
Alle Bretter gefedert, gespundet.
Die Ecken fein weich gerundet.
Die Seitenwände mit tiefgeschnitzten
Weintrauben und Schellfischen geziert.
Das war bei Weber in Osnabrück
Mein Gesellenstück.

Selbst Wasmann und Peter sagten 1910:
Solch einen Sarg hätten sie noch nie gesehn.

Ohne mich rühmen. Das soll einer machen.
Und dabei alles selber gemacht.
Die Griffe kupfergeschmiedete Drachen,
Die Füße gedrechselt (((Acht, sacht, Pracht, lacht, gedacht))),
Auf den Deckel in Rundschrift fein säuberlich
Eingebrannt: »Sarg für Frau (Doppelpunkt Strich)«.
Inwendig ein rosshaargepolstertes Bett,
Rosa Pünktchen auf Gelb-Violett.
Ich habe manchmal des Studiums wegen
24 Stunden darin gelegen.
Da war ein durch schöne Bilder verdecktes
Speiseregal zur linken Hand,
Wo Camembert, Zwieback und Butter stand
Und Trockengemüse und Eingewecktes. –

Auf den leisesten Druck mit der Zehe im Schlaf
Löste sich zu Fußende ein Kinematograph
Und zeigte abwechselnd »Brudermord«
Und »Torpedoangriff an Steuerbord«.
Alle zwei Stunden von selbst automatisch
Spielte ein Grammophon ganz zart:
»Ich bin der Doktor Eisenbarth.«

Außerdem roch es dort sehr sympathisch
Nach Moschus, Kampfer und kalter Küche.
Von wegen die Leichengerüche.

Und dann die Technik und das Komfort:
Kalender, das Telefon rechts am Ohr,
Glühbirnen und Klingeln. Ein tolles Gewirr.
Auch ein kleines, versilbertes Nachtgeschirr. –
Und Wasserstandglas und Thermometer.
Kurz herrlich! herrlich! – Wasmann und Peter
Hätten mir glattweg fünftausend Mark

Und doppelt so viel gezahlt für den Sarg.
Und das war damals ein Geld, wenn man's denkt.

Aber ich hänge nicht so am Golde.
Und so hab ich ihn dann meiner Tante Isolde
Zum 70. Geburtstag geschenkt.

Das Geschwätz in der Bedürfnisanstalt in der Schellingstrasse

Heute wurde Geld eingesammelt,
Wo ich angestellt bin, in dem Büro,
Für die Frau von jemand, der sich erhängte.
Eine Büchse ging rum. Und jeder schenkte.
Drei Mark; das ist bei uns immer so.

Es braucht niemand zu wissen, wodran ich bin.
Ich habe das Geld meiner Mutter gestohlen.

Ich habe noch gestern acht Mark für Kohlen
Bezahlt. Und die Alte stumpft doch bloß so hin.

Und bei ihrer Schwindsucht und sowieso
Kann es ja doch nicht mehr lange währen.
Ich kann auch nicht ewig fünf Menschen ernähren
Bei der Arbeit in dem Büro.

Ich möchte mal wieder eine Muhsik hören;
Das stimmt einen wieder mal froh.

Die Lumpensammlerin

Hält sie den Kopf gesenkt wie ein Ziegenbock,
Ihre Gemüsenase,
Ihr spitzer Höcker, ihr gestückelter Rock
Haben die gleiche farblose Drecksymphonie
Der Straße.
Mimikry.

Selbstständig krabbeln ihre knöchernen Hände
Die Gosse entlang zwischen Kehricht und Schlamm,
Finden Billette, Nadeln und Horngegenstände,
Noch einen Knopf und auch einen Kamm.

Über Speichel und Rotz zittern die Finger;
Hundekötel werden wie Pferdedünger
Sachlich beiseite geschoben.
Lumpen, Kork, Papier und Metall werden aufgehoben,
Stetig – stopf – in den Sack geschoben.

Der Sack stinkt aus seinem verbuchteten Leib.
Er hat viel spitzere Höcker.
Er ist noch ziegenböcker
Als jenes arg mürbe Weib.

Schlürfend, schweigsam schleppt sie, schleift sie die Bürde.
Wenn sie jemals niesen würde,
Was wegen Verstopfung bisher nie geschah,
Würde die gute Alte zerstäuben
Wie gepusteter Paprika. –

Und was würde übrig bleiben?
Eine Schnalle von ihrem Rock,
Sieben Stecknadeln, ein Berlock,
Vergoldet oder vernickelt.

Vielleicht auch: vielmals eingewickelt
Und zwischen zwei fettigen Pappen:
Fünfzig gültige, saubere blaue Lappen.

Irgendwo würde ein Stall erbrochen,
Fände man sortiert, gestapelt, gebündelt, umschnürt
Lumpen, Stanniol, Strumpfenbänder und Knochen.

Was hat die Hexe für ein Leben geführt?
Vielleicht hat sie Lateinisch gesprochen.
Vielleicht hat einst eine Zofe sie manikürt.
Vielleicht ist sie vor tausend Jahren als Spulwurm
Durch das Gedärm eines Marsbewohners gekrochen.

Das Geseires einer Aftermieterin

Meine Stellung hatte ich verloren.
Weil ich meinem Chef zu hässlich bin.
Und nun habe ich ein Mädchen geboren,
Wo keinen Vater hat, und kein Kinn.

Als mein Vormund sich erhängte,
Besaß ich noch das Kreppdischingewand,
Was ich später der Anni schenkte.
Die war Masseuse in Helgoland.

Aber der bin ich nun böse.
Denn die ließ mich im Stich.
Und die ist gar keine Masseuse,
Sondern geht auf den –

Mir ist nichts nachzusagen.
Ich habe mit einem Zahnarzt verkehrt.

Der hat mich auf Händen getragen.
Doch ich habe mir selber mein Glück zerstört.

Das war im Englischen Garten.
Da gab mir's der Teufel ein,
Dass ich – um auf Gustav zu warten –
In der Nase bohrte, ich Schwein.

Gustav hat alles gesehn.
Er sagte: Das sei kein Benehmen.
Was hilft es nun, mich zu schämen.
Ich möchte manchmal ins Wasser gehn.

Noctambulatio

Sie drückten sich schon beizeiten
Fort aus dem Tanzlokal
Und suchten zu beiden Seiten
Der Straße das Gast- und Logierhaus Continental.

So dringlich: Man hätte können glauben,
Er triebe sie vorwärts wie ein Rind.
Und doch handelten beide im besten Glauben.
Er wollte ihr nur die Unschuld rauben.
Sie wollte partout von ihm ein Kind.

Da geschah es, etwa am Halleschen Tor,
Dass Frieda über dem Knutschen und Schmusen
Aus ihrem hitzig gekitzelten Busen
Eine zertanzte, verdrückte Rose verlor.

Und ein seht feiner Herr, dessen Eleganz
Nicht so rumtoben tut, folgte den beiden.

Jedoch hielt er sich vornehm bescheiden
Immer in einer gewissen Distanz.

Er wollte ursprünglich zum Bierhaus Siechen.
Aber nun hemmte er seinen Lauf,
Zog die Handschuh aus, hob die Rose auf
Und begann langsam daran zu riechen.

Er wünschte aber keinen Augenblicksgenuss;
Deshalb stieg er mit der Rose in den Omnibus.
Derweilen war Frieda mit ihrem Soldaten
Auf einen Kinderspielplatz geraten.
Dort merkten sie nicht, wie die Nacht verstrich
Und dass ein unruhiger Mann mit einem Spaten
Sie dauernd beschlich.

Als sich nach längerem Aufenthalt
Das Paar in der Richtung zur Gasanstalt
Mit kurzen, trippelnden Schritten verlor,
Sprang der unruhige Mann plötzlich hervor.
Und fing an, eine Stelle, wo er im Sand
Die Spur von Friedas Stiefelchen fand,
Mit seinem Spaten herauszuheben.
Worauf er behutsam mit zitternder Hand
Die feuchte Form in ein Sacktuch band,
Um sich dann leichenblass heimzubegeben.

Wie um das dümmste Mädchen
Sich sonderbare Fädchen
Nachts durch die Straßen ziehn –
Die Dichter und die Maler
Und auch die Kriminaler,
Die kennen ihr Berlin.

Chansonette

War ein echter Prinz und hat Warzen im Bett.
Und kniete vor jeder Schleife.
Vaters Leiche lag auf dem Bügelbrett
Und roch nach Genever und Seife.

Wenn der Pfaffe unter meine Röcke schielt,
Sagt die Alte, werd' ich Geld bekommen.
Meinem Bruder, der so schön die Flöte spielt,
Haben sie die Nieren rausgenommen.

Glaubst du noch an Gott? und spielst du Lotterie?
Meine Schwester kommt im Juli nieder.
Doch der Kerl ist ein gemeines Vieh.
Schenk mir zwanzig Mark; du kriegst sie wieder.

Außerdem: ich brauche ein Korsett,
Und ein Nadelchen mit blauen Steinen.
In ein Kloster möcht ich. Oder bei's Ballett.
Manchmal muss ich ganz von selber weinen.

Stimme auf einer steilen Treppe

Drei Söhne hab ich bei die Ulanen verloren,
Mein Mann fiel aus dem dritten Stock.
Aber – es wird lustig weitergeboren!
Ich habe nur noch den einen, den Umstandsrock.

Macht es mir nach: Werdet schwanger, ihr Weiber!
Alle Weiber müssen schwanger sein.
Dann springen die Männer vor eure geschwollenen Leiber
Links und rechts beiseite und sind ganz klein.

Aller Anfang ist schwer.
Pfeift auf die Fehlgeburten und Missgeburten. –
Wenn nicht immer mal wieder zwei Menschen hurten,
Blieben zuletzt die Wirtshäuser leer,
Gäb's keine Soldaten mehr.

Die Schweinerei ist nun doch einmal Sitte und Brauch.
Gott hat uns Weiber zu Schöpferinnen gesalbt.
Schiebt also trotzig euren geladenen Bauch
Über die Friedhöfe hin. – Und kalbt!

Worte eines durchfallkranken Stellungslosen in einen Waschkübel gesprochen

Bloß weil ich nicht aus Preußen gebürtig.
Wo hab ich nur den Impfschein verloren?
Das lange Warten auf den Korridoren,
Das ist so un –, so unwürdig.
Wären wenigstens meine Haare geschoren.
Und den Durchfall habe ich auch.
Das geht mitten im Gespräch plötzlich eiskalt aus dem Bauch.

Als mich Miss Hedwin erkannte und rief,
Die hab ich vor Jahren, in Genf, einmal – versetzt.
Nun sind meine Absätze schief.
Und sie trug ein Reitkleid und fütterte Küken.
Aber ich darf mich nicht bücken.
Denn meine – ach mein ganzes Herz ist zerfetzt.

Ob ich gespeist habe?
Ob mir die Hecke gefiele?
Ja ich habe – gespeist. – (In Genf!
Und zuletzt, vor drei Tagen, Semmel mit Senf)

Und mich können alle Hecken
Am Asche –.

Vergessen sei Genf, vergessen die ganze Schweiz!
Dürfte ich nur noch einmal in Seifhennersdorf oder Zeitz
Steine klopfen.
Ach! – ich möchte jenem verdammten
Stellenvermittlungsbeamten
Siebzehn Legitimationspapiere meines Großvaters mütterlicherseits
In den Rachen stopfen!

Auch hat mich vorübergehend durchzuckt:
Ich wollte sterben nach einer grellen Raketentat.
Ich habe Lysol und einen Drillbohrer verschluckt.
Ich sandte ein Kuvert an den Hamburger Senat;
In das Kuvert hatte ich kräftig gespuckt.

Aber niemand glaubt an den Dreck.

Nun ist meine Seife weg;
Irgend jemand stöbert in meinen Taschen. –

Ich kann mir doch nicht
Das Gesicht
Mit einem Bouillonwürfel waschen.

Nun warte ich auf gigantisches Weltgeschehn.
Wenn's mich – zusammen mit den andern – zerfleischt,
Wenn das Sterben der anderen, Glücklichen mich umkreischt,
– Dann –
Dann will ich mir eine Zigarette drehn!

Wenn ich allein bin

Wenn ich allein bin, werden meine Ohren lang,
Meine, meine Pulse horchen bang
Auf queres Kreischen, sterbenden Gesang
Und all die Stimmen scheeler Leere.

Wenn ich allein bin, leck ich meine Träne.

Wenn ich allein bin, bohrt sich meine Schere,
Die Nagelschere in die Zähne;
Sielt höhnisch träge sich herum die Zeit. –
Der Tropfen hängt. – Der Zeiger steht. –

Einmal des Monats steigt ein Postpaket
Aufrührerisch in meine Einsamkeit.
So sendet aus Meran die Tante Liese
Mir tausend fromme, aufmerksame Grüße;
Ein jeden einzeln sauber einpapiert,
Mit Schleifchen und mit Fichtengrün garniert,
Vierblätterklee und anderm Blumenschmuck –

Ich aber rupfe das Gemüse
Heraus mit einem scharfen Ruck,
Zerknülle flüchtig überfühlend
Den Alles-Gute-Wünsche-Brief
Und fische giftig tauchend, wühlend,
Aus all den Knittern und Rosetten
Das einzige, was positiv:
Zwei Mark für Zigaretten.

Die Bilder meiner Stube hängen schief.
In meiner Stube dünsten kalte Betten.

Und meine Hoffart kuscht sich. Wie ein Falter
Sich ängstlich einzwängt in die Borkenrinde.

Wenn ich allein bin, dreht mein Federhalter
Schwarzbraunen Honig aus dem Ohrgewinde.

Bin ich allein: Starb, wie ein Hund verreckt,
Hat mich ein fremdes Weib mit ihren Schleiern
Aus Mitleid oder Ekel zugedeckt.
Doch durch die Maschen seh ich Feste feiern,
Die mich vergaßen über junger Lust. –

Ich reiße auseinander meine Brust
Und lasse steigen all die Vögel, die
Ich eingekerkert, grausam dort gefangen,
Ein Leben lang gefangen hielt, und nie
Besaß. Und die mir niemals sangen.
Wenn ich allein bin, pups' ich lauten Wind.
Und bete laut. Und bin ein uralt Kind.
Wenn ich –

Ansprache eines Fremden an eine Geschminkte vor dem Wilberforcemonument

Guten Abend, schöne Unbekannte! Es ist nachts halb zehn.
Würden Sie liebenswürdigerweise mit mir schlafen gehn?
Wer ich bin? – Sie meinen, wie ich heiße?

Liebes Kind, ich werde Sie belügen,
Denn ich schenke dir drei Pfund.
Denn ich küsse niemals auf den Mund.
Von uns beiden bin ich der Gescheitre.
Doch du darfst mich um drei weitre
Pfund betrügen.

Glaube mir, liebes Kind:
Wenn man einmal in Sansibar
Und in Tirol und im Gefängnis und in Kalkutta war,
Dann merkt man erst, dass man nicht weiß, wie sonderbar
Die Menschen sind.

Deine Ehre, zum Beispiel, ist nicht dasselbe
Wie bei Peter dem Großen L'honneur. –
Übrigens war ich – (Schenk mir das gelbe
Band!) – in Altona an der Elbe
Schaufensterdekorateur. –

Hast du das Tuten gehört?
Das ist Wilson Line.

Wie? Ich sei angetrunken? O nein, nein! Nein!
Ich bin völlig besoffen und hundsgefährlich geistesgestört.
Aber sechs Pfund sind immer ein Risiko wert.

Wie du misstrauisch neben mir gehst!
Wart nur, ich erzähle dir schnurrige Sachen.
Ich weiß: Du wirst lachen.
Ich weiß: dass sie dich auch traurig machen.
Obwohl du sie gar nicht verstehst.

Und auch ich –
Du wirst mir vertrauen, – später, in Hose und Hemd.
Mädchen wie du haben mir immer vertraut.

Ich bin etwas schief ins Leben gebaut.
Wo mir alles rätselvoll ist und fremd,
Da wohnt meine Mutter. – Quatsch! Ich bitte dich: Sei recht laut!

Ich bin eine alte Kommode. Oft mit Tinte oder Rotwein begossen;
Manchmal mit Fußtritten geschlossen.

Der wird kichern, der nach meinem Tode
Mein Geheimfach entdeckt. –
Ach Kind, wenn du ahntest, wie Kunitzburger Eierkuchen schmeckt!

Das ist nun kein richtiger Scherz.
Ich bin auch nicht richtig froh.
Ich habe auch kein richtiges Herz.
Ich bin nur ein kleiner, unanständiger Schalk.
Mein richtiges Herz. Das ist anderwärts, irgendwo
Im Muschelkalk.

Die gebatikte Schusterpastete

1921

Avant-propos

Ich kann mein Buch doch nennen, wie ich will
Und orthographisch nach Belieben schreiben!
Wer mich nicht lesen mag, der lass es bleiben.
Ich darf den Sau, das Klops, das Krokodil
Und jeden andern Gegenstand bedichten,
Darf ich doch ungestört daheim
Auch mein Bedürfnis, wie mir's passt, verrichten.
Was könnte mich zu Geist und reinem Reim,
Was zu Geschmack und zu Humor verpflichten? –
Bescheidenheit? – captatio – oho!
Und wer mich hasst, – – sie mögen mich nur hassen!
Ich darf mich gründlich an den Hintern fassen
Sowie an den avant-propos.

Billardopfer

Er starb am Billard, beim letzten Stoße.
Engel trugen ihn in die Höh'.
Abraham fand in seinem Schoße
Blaue Kreide und ein Billardqueue,
Und er stieß in spielerischer Idee
Nach den Sternen und Monden mit Linkseffet.
Abraham bekam das Spielen satt,
Weil der Himmel keine Bande hat.
Warf also das Queue wütend zur Erde zurück.
Das brach einer alten Frau das Genick.
Die stand auf der Straße, doch nicht auf der Einwohnerliste.
Die nächste Gemeinde begrub und bezahlte die Kiste.
Und von dem Blitze, der bald dieses, bald jenes vernichtet,
Wurde dann unter »Lokales« berichtet,
Dass er eine fremde Zigeunerin draußen erschlug,
Die einen gestohlenen Billardstock bei sich trug.

Ob wohl in Afrika oder am Delta des Nils
Auch Leute so sterben als Opfer des Billardspiels??

Abendgebet einer erkälteten Negerin

Ich suche Sternengefunkel
All mein Karbunkel
Brennt Sonne dunkel.
Sonne drohet mit Stich.

Warum brennt mich die Sonne im Zorn?
Warum brennt sie gerade mich?
Warum nicht Korn?

Ich folge weißen Mannes Spur.
Der Mann war weiß und roch so gut.
Mir ist in meiner Muschelschnur
So négligé zu Mut.

Kam in mein Wigwam
Weit übers Meer,
Seit er zurückschwamm,
Das Wigwam
Blieb leer.

Drüben am Walde
Kängt ein Guruh – –

Warte nur balde
Kängurst auch du.

Was der Liftboy äussert

Fahrstuhl ahoi!
Ich bin der Boy
An Silbersteins Lift.
Bin ich mal nicht dabei,
Reißen die Stricke entzwei
Und zermalmt oder zerquetscht, wen's gerade trifft.

Aber wenn ich bediene,
Saust die Maschine
Im Nu
Aus dem Hochparterre bis zum dritten.
Um ein Trinkgeld darf ich nicht bitten,
Aber feine Herrschaften drücken ein Auge zu.

Am Zahltage sagte Herr Silberstein:
Ich dürfte stolz auf den Posten sein,
Wo ich immerfort stiege,
Und ich bekäme nur kleines Salär,
Weil ich fürs Lift so geeignet wär',
Weil ich so sehr wenig wiege.

Da lernt man so allerlei,
Und da ist viel Verantwortung bei.
Aber ich kenne schon meine Kunden.
Da hat's eine auf mich abgesehn,
So eine Dicke mit rundem
Busen, die will mir den Kopf verdrehn.
Und da blieb der Fahrstuhl im Dachstuhl stehn.
Und da meinte sie, müsste was geschehn,
Und da hat sie plötzlich entbunden.

Das geht so ungefähr:
Bitte sehr! Immer herein

Wer will noch mal von unten geliftet sein?
So 2, 4, 8 Halt! Nicht mehr!
Rrrrr!
Unsereins leidet am Nervenschock.
Das kann auch nicht jeder.
Halt!!!
Meine Damen, bitte schön! Zwischenstock!
Abteilung Knochen und Leder!

Lied aus einem Berliner Droschkenfenster

Auf dem Asphalt das Blut und das verspritzte Gehirn
Verlaufen in zierlichen Fädchen.
Ein Fädchen kann sein aus Seide oder Zwirn.
Damit nähen und sticken die Mädchen.

Sie nähen einen Saum, und sie sticken ein »B«
In ein seifensteifes Unterhöschen.
Im Kielwasser eines Dampfers auf See
Ersäuft ein vertrocknetes Röschen.

Mein Onkel im Rostocker Rathaus erschrickt
Über eine sich lösende Tapete.
Der hat einmal eine Sternschnuppe erblickt,
Die sah aus wie eine Rakete.

Wenn der Gaul sich auf dem Spittelmarkt mal hinlegen will,
Na, dann soll man das dem Vieh auch nicht verwehren.
Nee, dann trink' ich meinen Gilka. Und belausche dabei still,
Wie die Wanzen sich im Polstersamt vermehren.

Flie und Ele

Fliegend entfernten sich die Fliegen.
Doch ließen sie auf Ei und Kaviar
Zwei, drei, vier Fliegenexkremente liegen.
Die aß der Mensch und ward es nicht gewahr.
Ein Elefant bemerkte diesen Fall
Und rollte einen schweren, goldnen Ball
Nicht ohne leises Lächeln durch den Stall.

Es stand sehr schlimm um des Bandwurms Befinden.
Ihn juckte immer etwas hinten.
Dann konstatierte der Doktor Schmidt,
Nachdem er den Leib ihm aufgeschnitten,
Dass dieser Wurm an Würmern litt,
Die wiederum an Würmern litten –

(Fortsetzung folgt.)

Es war eine lustige Wendeltreppe.
Dann kam eine ernste würdige Schleppe
Und hat gerauscht und hat sich gebläht
Und sprach: »Ich bin eine Majestät.«
Da lachte die Wendeltreppe munter
Und warf die Schleppe acht Stufen hinunter.

Es redete die Exegese.
Ihr Hörer war ein Zopfchinese.
Der nickte nur von Zeit zu Zeit;
Die Exegese war erfreut.
Auf einmal fragte der Chinese;
Da ward die Exegese bese.

Die Weihnachtsfeier des Seemanns Kuttel Daddeldu

Die Springburn hatte festgemacht
Am Petersenkai.
Kuttel Daddeldu jumpte an Land,
Durch den Freihafen und die stille heilige Nacht
Und an dem Zollwächter vorbei.
Er schwenkte einen Bananensack in der Hand.
Damit wollte er dem Zollmann den Schädel spalten,
Wenn er es wagte, ihn anzuhalten.
Da flohen die zwei voreinander mit drohenden Reden.
Aber auf einmal trafen sich wieder beide im König von Schweden.

Daddeldus Braut liebte die Männer vom Meere,
Denn sie stammte aus Bayern.
Und jetzt war sie bei einer Abortfrau in der Lehre,
Und bei ihr wollte Kuttel Daddeldu Weihnachten feiern.

Im König von Schweden war Kuttel bekannt als Krakehler.
Deswegen begrüßte der Wirt ihn freundlich: »Hallo old sailer!«
Daddeldu liebte solch freie herzhafte Reden,
Deswegen beschenkte er gleich den König von Schweden.

Er schenkte ihm Feigen und sechs Stück Kolibri
Und sagte: »Da nimm, du Affe!«
Daddeldu sagte nie »Sie«.
Er hatte auch Wanzen und eine Masse
Chinesischer Tassen für seine Braut mitgebracht.

Aber nun sangen die Gäste »Stille Nacht, Heilige Nacht«,
Und da schenkte er jedem Gast eine Tasse
Und behielt für die Braut nur noch drei.
Aber als er sich später mal darauf setzte,
Gingen auch diese versehentlich noch entzwei,
Ohne dass sich Daddeldu selber verletzte.

Und ein Mädchen nannte ihn Trunkenbold
Und schrie: Er habe sie an die Beine geneckt.
Aber Daddeldu zahlte alles in englischen Pfund in Gold.
Und das Mädchen steckte ihm Christbaumkonfekt
Still in die Taschen und lächelte hold
Und goss noch Genever zu dem Gilka mit Rum in den Sekt.
Daddeldu dachte an die wartende Braut.
Aber es hatte nicht sein gesollt,
Denn nun sangen sie wieder so schön und so laut.
Und Daddeldu hatte die Wanzen noch nicht verzollt,
Deshalb zahlte er alles in englischen Pfund in Gold.

Und das war alles wie Traum.
Plötzlich brannte der Weihnachtsbaum.
Plötzlich brannte das Sofa und die Tapete,
Kam eine Marmorplatte geschwirrt,
Rannte der große Spiegel gegen den kleinen Wirt.
Und die See ging hoch und der Wind wehte.

Daddeldu wankte mir einer blutigen Nase
(Nicht mit seiner eigenen) hinaus auf die Straße.
Und eine höhnische Stimme hinter ihm schrie:
»Sie Daddel Sie!«
Und links und rechts schwirrten die Kolibri.

Die Weihnachtskerzen im Pavillon an der Mattentwiete erloschen.
Die alte Abortfrau begab sich zur Ruh.
Draußen stand Daddeldu
Und suchte für alle Fälle nach einem Groschen.
Da trat aus der Tür seine Braut
Und weinte laut:
Warum er so spät aus Honolulu käme?
Ob er sich gar nicht mehr schäme?
Und klappte die Tür wieder zu.
An der Tür stand: »Für Damen«.

Es dämmerte langsam. Die ersten Kunden kamen,
Und stolperten über den schlafenden Daddeldu.

Kuttel Daddeldu und Fürst Wittgenstein

Daddeldu malte im Hafen mit Teer
Und Mennig den Gaffelschoner Claire.
Ein feiner Herr kam daher,
Blieb vor Daddeldun stehn
Und sagte: »Hier sind fünfzig Pfennig,
Lieber Mann, darf man wohl mal das Schiff besehn?«
Daddeldu stippte den Quast in den Mennig,
Dass es spritzte, und sagte: »Fünfzig ist wenig.
Aber, God demm, jedermann ist kein König.«
Und der Fremde sagte verbindlich lächelnd: »Nein,
Ich bin nur Fürst Wittgenstein.«
Daddeldu erwiderte: »Fürst oder Lord –
Scheiß Paris! Komm nur an Bord.«
Wittgenstein stieg, den Teerpott in seiner zitternden Hand,
Hinter Kutteln das Fallreep empor und kriegte viel Sand
In die Augen, denn ein schwerer Stiefel von Kut-
Tel Daddeldu stieß ihm die Brillengläser kaputt,
Und führte ihn oben von achtern nach vorn
Und von Luv nach Lee.
Und aus dem Mastkorb fiel dann das Brillengestell aus Horn,
Und im Kettenkasten zerschlitzte der Cutaway.
Langsam wurde der Fürst heimlich ganz still.
Daddeldu erklärte das Ankerspill.
Plötzlich wurde Fürst Wittgenstein unbemerkt blass.
Irgendwas war ihm zerquetscht und irgendwas nass.
Darum sagte er mit verbindlichem Gruß:
»Vielen Dank, aber ich muss – – –«
Daddeldu spuckte ihm auf die zerquetschte Hand
Und sagte: »Weet a Moment, ich bringe dich noch an Land.«

Als der Fürst unterwegs am Ponte San Stefano schmollte,
Weil Kuttel durchaus noch in eine Osteria einkehren wollte,
Sagte dieser: »Oder schämst du dich etwa vielleicht?«
Da wurde Fürst Wittgenstein wieder erweicht.
Als sie dann zwischen ehrlichen Sailorn und Dampferhallunken
Vier Flaschen Portwein aus einem gemeinsamen Becher getrunken,
Rief Kuttel Daddeldu plötzlich mit furchtbarer Kraft:
»Komm, alter Fürst, jetzt trinken wir Brüderschaft.«
Und als der Fürst nur stumm auf sein Chemisette sah,
Fragte Kuttel: »Oder schämst du dich etwa?«
Wittgenstein winkte ab und der Kellnerin.
Die schob ihm die Rechnung hin.
Und während der Fürst die Zahlen mit Bleistiftstrichen
Anhakte, hatte Kuttel die Rechnung beglichen.

Der Chauffeur am Steuer knirschte erbittert.
Daddeldu hatte schon vieles im Wagen zersplittert,
Während er dumme Kommandos in die Straßen und Gassen
Brüllte. »Hart Backbord!« »Alle Mann an die Brassen!«
Rasch aussteigend fragte Fürst Wittgenstein:
»Bitte, wo darf ich Sie hinfahren lassen?«
Aber Daddeldu sagte nur: »Nein!«
Darauf erwiderte jener bedeutend nervös:
»Lieber Herr Seemann, seien Sie mir nicht bös;
Ich würde Sie bitten, zu mir heraufzukommen,
Aber leider – –« Daddeldu sagte: »Angenommen!«
Auf der Treppe bat dann Fürst Wittgenstein
Den Seemann inständig:
Um Gottes willen doch ja recht leise zu sein;
Und während er später eigenhändig
Kaffee braute – und goss in eine der Tassen viel Wasser hinein, –
Prüfte Kuttel nebenan ganz allein,
Verblüfft, mit seinen hornigen Händen
Das Material von ganz fremden Gegenständen.

Als ihm zu seinem Schrecken der fünfte
Zerbrach. – Da rollte er sich in den großen Teppich hinein.
Dann kam mit hastigen Schritten
Der Kaffee. Und Fürst Wittgenstein
Sagte, indem er die Stirne rümpfte:
»Nein, aber nun muss ich doch wirklich bitten – –
Das widerspricht selbst der simpelsten populären Politesse.«
Daddeldu lallte noch: »Halt' die Fresse!«

Kuttel Daddeldu besucht einen Enkel

»Mein lieber Heini! – Denn so heißt du ja wohl? –
Über die Folgen der Weiber und des Alkohol
Musst du mal deine Mutter befragen, –
Oder nein!! Besser schon gehst du
Damit zum Lehrer. – Ich will dir nur Eines sagen:
Gehe niemals zur See!! Verstehst du?
Denn das Seemannsleben ist sauer ernst und schwer;
Und wie du mich hier mit meinem weißen Bart
Siehst – du dummer Bengel, so kik doch her! –
Habe ich mir bis heute noch keinen Groschen erspart.

Mein lieber Heini! du bist heute konfirmiert oder eingesegnet.
Ich schenke dir hiermit, weil du nun eingesegnet oder gefirmt
Bist, diesen Schirm. Nicht, dass er dich jemals beschirmt.
Sondern, wenn's mal recht kabelgarndick vom Himmel regnet,
Sollst du ihn an der nächsten Kante in Stücke zerschlagen.
Denn ein rechter Kerl muss jedes Wetter vertragen
Und nur auf Gott und seinen Kaptein vertraun.
Und sollte dir jemals jemand was andres sagen,
Dem musst du deine Seekiste über den Bregen haun.
Weil ein Mann sich soll as ein Kerl benehmen,
Und lass dich nicht vor den Landratten lumpen.

Wenn wir uns auch mal im Hafen den Schlauch vollpumpen,
Deswegen braucht sich von uns an Deck keiner zu schämen.
Denn jedes Frauenzimmer will sich doch mal amüsieren,
Und als Schiffsjunge heißt es vor allem parieren.
Wenn einem draußen solch dicker Taifun
Durch Nase und Arschloch pfeift, – –
Dann hattest du Großvater Daddeldun
Sehen sollen, wie er den Jungens die Eier schleift!

Hauptsache ist, dass man nur richtig die Lage peilt.
Was die Studierten predigen, das ist alles Beschiss.
Mein erster Bootsmann hat sich viermal die Syphilis
Nur mir Spiegelscherben und Branntwein geheilt. –
Was feixt du da, naseweiser Flegel! –
Das ist alles Wort für Wort wahr
Und gar nicht zum Lachen.

Na lass man. Du bist erst fünfzehn Jahr.
Da wollen wir beide mal heute mit vollem Segel
So einen Trip durch Sankt Pauli-Liederlich machen.«

Seemannsgedanken übers Erfsaufen

Ich sterbe. Du stirbst. Er stirbt.
Viel schlimmer ist, wenn ein volles Fass verdirbt.
Aber auch wir wollen erst ausgetrunken sein.
Besauft euch beizeiten.
Alle Flüssigkeiten
Finden sich wieder ins Meer hinein,
Wo wir den Schwammen gleich sind,
Wo uns nichts gebricht,
Weil wir weich sind.
Und wenn man in eine Leiche sticht:
Sie fühlt es nicht.

Wird mich nie mehr acht Glasen wecken,
Will ich gerne den Fischen wie Hackfleisch mit Rührei schmecken.
Weil das mit Sinn so geschieht,
Denn die haben gewiss nicht vergessen,
Wie viel Schollen wir in uns hineingefressen.
Nur bei den Würmern im Sarge ist ein Unterschied.
Wenn uns der Haifisch beim Wickel kriegt –
Das, müsste mal einer malen!
Was da wohl alles so unten beisammenliegt –
Zerbrochene Schiffe, Krebse und Apfelsinenschalen.
Frisch ersoffen also und nicht gejammert,
Aber natürlich auch nicht zu übereilt;
Wer sich nicht tapfer noch an die letzte Handuhle klammert,
Der ist im Leben nie um die Horn gesailt.
Ein Schuft, wer mehr stirbt, als er sterben muss!
Aber muss es sein, dann nicht schüchtern.
Ersaufen ist auch ein Genuss,
Und vielleicht wird man dann nie mehr nüchtern.
Denn nur über das Fleisch und die Knochen
Weiß man was, offenbar.
Aber sonst hab' ich noch keinen gesprochen,
Der richtig ersoffen war.

Kuttel Daddeldu im Binnenland

Schlafbrüchige Bürger von Eisenach
Tapsten ans Fenster. Denn draußen gab's Krach.
Da sang jemand, der eine Hängematte
Und ein Geigenfutteral auf dem Rücken hatte.
Und lies auch Töne frei, die man besser
Sich aufspart für Sturmfahrten im Auslandsgewässer.

Zehn Jahre zuvor und von Eisenach sehr entfernt
Hatte Daddeldu bei Schwedenpunsch, Whisky, Rotwein und Kuchen

In Grönland eine Gräfin Pantowsky kennengelernt,
Die hatte gesagt: »Sie müssen mich mal besuchen.«
Und zehn Jahre lang merkte sich Kuttel genau:
Eisenach, Burgstraße 16, dicke, richtig anständige Frau.

Auch studierte bei Eisenach oder Wiesbaden herum
Sein Schwager zolologisches Studium;
Für den schleppte Kuttel in dem Futteral
Seit Bombay ein seltenes Geschenk herum.
Nun, nach dem Untergange der Lotte Bahl,
Wollte er Schwager und Gräfin sozusagen
Mit zwei Fliegen auf einer Klappe schlagen.

Rief also jetzt die nächtlichen Thüringer Leutchen
Mit englischen Fragen an. Später mit deutschen.
Aber die Gräfin Pantowsky kannte keiner.
Und auf einmal las Kuttel an Luvseite »Zum Rodensteiner«
Und kalkulierend, dass dort was zu trinken sei,
Klopfte er. Teils vergeblich und teils entzwei.

Weil weder Wirts- noch Freudenhaus noch Retirade
Sich öffneten, sagte Daddeldu: »Schade«.
Fand aber weitersteigend und unverdrossen
Das Haus Burgstraße 16. Leider verschlossen.
Die Tür zum Gräflich Pantowskyschen Zwetschengarten
Zersplitterte. Daddeldu hatte beschlossen zu warten.

Mittags im Pensionat Kurtius
Bewarfen die Mädchen nach Unterrichtsschluss
Mit Stöpseln und leeren Konservendosen
Einen furchtbaren Kerl, der mit buchtigen Hosen
Und einem imposanten Revers
Zwischen Ästen in Höhe des Hochparterres
In einer Hängematte schlief
Und nicht reagierte auf das, was man rief.

Als er doch endlich halbwegs erwachte,
Weil von zwei Bäumen einer zur Erde krachte,
Spritzten die Mädchen dem Manne Eau de Kolon ins Gesicht.
Aber die Gräfin Pantowsky kannten sie nicht.
Und verwirrt über die Falschheit des Binnenlands
Nannte Kuttel die Vorsteherin »Alte Spinatgans!«
Und taumelte schlaftrunken, römische Flüche stammelnd, zu Tal,
Mit Hängematte, doch ohne das Dingsfutteral.

Alsbald, von wegen das Taumeln und Stammeln,
Begannen sich Kinder um ihn zu sammeln.
Und der Kinder liebende Daddeldu,
Nur um die Kinder zu amüsieren,
Fing an, noch stärker nach rechts und nach links auszugieren,
Als ob er betrunken wäre. Und brüllte dazu:
»The whole life is vive la merde!«
Und wurde so polizeilich eingesperrt.
An Gräfin Pantowsky glaubte dort keiner.
Und der unglücklich nüchterne Daddeldu
Gab den zerbrochenen Rodensteiner,
Gab alles andre Gefragte eilig zu
Und drehte – ohne Tabak – in der Nacht
Wie ein Log zwölf Knoten ins hölzerne Lager,
Oder vielmehr in die Hängematte.
Weil er das schöne Geschenk für den Schwager
In der Mädchenpension vergessen hatte.
Gewiss war das Futteral schon erbrochen,
Und das Geschenk war herausgekrochen
Und hatte vielleicht schon wer-weiß-wen gestochen.

Später im D-Zug, unter der Bank hinter lauter ängstlichen Beinen,
Fing Daddeldu plötzlich an, zum einzigsten Male zu weinen
(Denn später weinte er niemals mehr.) – –
Beide Flaschen Eau de Kolon waren leer.

Kuttel Daddeldu und die Kinder

Wie Daddeldu so durch die Welten schifft,
Geschieht es wohl, dass er hie und da
Eins oder das andre von seinen Kindern trifft,
Die begrüßen dann ihren Europapa:
»Gud morning! – Sdrastwuide! – Bong Jur. Daddeldü!
Bon tscherno! Ok phosphor! Tsching – tschung! Bablabü!«
Und Daddeldu dankt erstaunt und gerührt
Und senkt die Hand in die Hosentasche
Und schenkt ihnen, was er so bei sich führt,
– – Whiskyflasche,
Zündhölzer, Opium, türkischen Knaster,
Revolverpatronen und Schweinsbeulenpflaster,
Gibt jedem zwei Dollar und lächelt: »Ei, ei!«
Und nochmals: »Ei, Ei!« – Und verschwindet dabei.

Aber Kindern von deutschen und dänischen Witwen
Pflegt er sich intensiver zu widmen.
Die weiß er dann mit den seltensten Stücken
Aus allen Ländern der Welt zu beglücken.
Elefantenzähne – Kamerun,
Mit Kognak begossnes malaiisches Huhn,
Aus Friedrichroda ein Straußenei,
Aus Tibet einen Roman von Karl May,
Einen Eskimoschlips aus Giraffenhaar,
Auch ein Stückchen versteinertes Dromedar.

Und dann spielt der poltrige Daddeldu
Verstecken, Stierkampf und Blindekuh,
Markiert einen leprakranken Schimpansen,
Lehrt seine Kinderchen Bauchtanz tanzen
Und Schiffchen schnitzen und Tabak kauen.
Und manchmal, in Abwesenheit älterer Frauen

Tätowiert er den strampelnden Kleinchen
Anker und Kreuze auf Ärmchen und Beinchen.

Später packt er sich sechs auf den Schoß
Und lässt sich nicht lange quälen,
Sondern legt los:
Grog saufen und dabei Märchen erzählen;
Von seinem Schiffbruch bei Feuerland,
Wo eine Woge ihn an den Strand
Auf eine Korallenspitze trieb,
Wo er dann händeringend hängen blieb.
Und hatte nichts zu fressen und saufen;
Nicht mal, wenn er gewollt hätte, einen Tropfen Trinkwasser, um seine Lippen zu benetzen,
Und kein Geld, keine Uhr zum Versetzen.
Außerdem war da gar nichts zu kaufen;
Denn dort gab's nur Löwen mit Schlangenleiber,
Sonst weder keine Menschen als auch keine Weiber.
Und er hätte gerade so gern einmal wieder
Ein kerniges Hamburger Weibstück besucht.
Und da kniete Kuttel nach Osten zu nieder.
Und als er zum dritten Male geflucht,
Da nahte sich plötzlich der Vogel Greif,
Und Daddeldu sagte: »Ei wont ä weif.«
Und der Vogel Greif trug ihn schnell
Bald in dies Bordell, bald in jenes Bordell
Und schenkte ihm Schlackwurst und Schnaps und so weiter. –
So erzählt Kuttel Daddeldu heiter, –
Märchen, die er ganz selber erfunden.
Und säuft. – Es verfließen die Stunden.
Die Kinder weinen. Die Märchen lallen.
Die Mutter ist längst untern Tisch gefallen,
Und Kuttel – bemüht, sie aufzuheben –
Hat sich schon zweimal dabei übergeben.

Und um die Ruhe nicht länger zu stören,
Verlässt er leise Mutter und Göhren.

Denkt aber noch tagelang hinter Sizilien
an die traulichen Stunden in seinen Familien.

Taschen-Krümel

1922

Vom hohen Berge hernieder
Flog eine Amnestie.
Die spreizte ihr Gefieder,
Sang patriotische Lieder
Und tat, ich weiß nicht wie.
Auch ich in meinem Winkel
Vernahm die süße Melodie
Ich machte Pinkel-Pinkel
Und hinterher Pipi.

Ein niedliches Eichhörnchen
Lutschte am kleinen Zehchen.
Dort hatte es ein Wehwehchen.
Wahrscheinlich ein Leichdörnchen.

Spaghetti

Nur eins von tausend Englein
Stehe mir ausnahmsweise jetzt bei.
Denn die Spaghetti-Schlänglein
Entklitschen immer dicht vorm Mund.
Und das sieht aus wie Schweinerei
Und sticht die ganze Zunge wund.
Und ich bin doch hier feiner
Kaufleute Gast und schaufle schon
Zwei Stunden rum an der Portion
Und sie wird gar nicht kleiner.

Es begab sich eine Diarrhoe
In den Herzog Richelieu.
Haferschleim und Rotweinessenz
Empfingen den Kardinal in Audienz.

So fand ich gestern Nachmittag
In einer Retirade
Ein Stückchen Schokolade,
Das in der Abflussrinne lag.
Zwar leb ich von der Hand in Mund
Und bin durchaus nicht kein Baron,
Doch hab ichs liegen lassen und
Verzichte auf den Finderlohn.

Heute fand ich vierzehn Geköpfte.
(Streichhölzer waren es, ohne Kuppe.)
Sieben Fleischklößchen schöpfte
Lona gestern in meine Suppe.
Und nun habe ich Grimm im Herzen,
Habe ich Grimmen im Leibe.
Fürchterliche Bauchschmerzen:
Gift von meinem Weibe.

Spuk mit Rümmel und Kum

Der fliegende Holländer
Verlor seine Strumpfbänder.
Ein Fischer hat dem zugesehn;
Der konnte nicht mehr gerade stehn.

Redefusseln meiner Tante

»Ich bin schnell weitergelaufen.
Ich kanns nicht sehen, wenn man ein Pferd quält.« –

»Ich habe dem Frauenzimmer von den schlimmen Folgen erzählt
Und werde ihr ein Gesangbuch kaufen. –«

»Wir hatten das ehrenamtlich übernommen.
Es hat scheußlich viel Mühe und Unkosten gemacht.
Aber so haben doch tausendzweihundertundacht
Arme Kinder je eine warme Wassersuppe bekommen –«

EINEN LUSTMORD in Ehren
Kann niemand verwehren.

EIN TISCHBEIN hing,
Während die andern sich stehenden Fußes befanden.
So ist das Feuer entstanden,
Das auf die Ställe überging,
Wobei sechs Ferkel verbrannten.
Der Schaden soll bedeutend sein.
Kein Ferkel war versichert.
Horch! In der Asche kichert
Ein selbst verkohltes Hängebein.

NUN SIEH mal an! Ei ei!
Am Himmel stehn drei Sterne;
Vor Kurzem standen da nur zwei.
Nun wüsst ich gar zu gerne
Was Näheres über die Ferne,
Denn etwas stimmt mir nicht dabei.

Aus dem Paket entglitt ein Räucheraal
Und fiel ins Wasser und trieb fort gen Süden.

»Bitte nach Ihnen!«, sagte am Kanal
Ein Lebensmüder einer Lebensmüden.

Ausgeglittner Aal – –
Ausgelittne Qual – –
Ha ha!

Turngedichte

Neue Gedichte der erweiterten Ausgabe

1923

Kniebeuge

Knie – beugt!
Wir Menschen sind Narren.
Sterbliche Eltern haben uns einst gezeugt.
Sterbliche Wesen werden uns später verscharren.
Schäbige Götter, wer seid ihr? und wo?
Warum lasset ihr uns nicht länger so
Menschlich verharren?
Was ist denn Leben?
Ein ewiges Zusichnehmen und Vonsichgeben. –
Schmach euch, ihr Götter, dass ihr so schlecht uns versorgt,
Dass ihr uns Geist und Würde und schöne Gestalt nur borgt.
Eure Schöpfung ist Plunder,
Das Werk sodomitischer Nachtung.
Ich blicke mit tiefster Verachtung
Auf euch hinunter.
Und redet mir nicht länger von Gnade und Milde!
Hier sitze ich; forme Menschen nach meinem Bilde.
Wehe euch, Göttern, wenn ihr uns drüben erweckt!
Beine streckt!

Zum Bockspringen

(Nach einer Fabel Ae-sops)

Wie war die Geschichte mit Bobs Wauwau?
Ich erinnere mich nicht ganz genau,
Ob dieser Hund Bobs
– Eins, zwei, drei – hops! –

Ob dieser Hund ein Rebhuhn gebar?
Auf welcher Seite er schwanger war,
Und inwiefern und ob's
– Eins, zwei, drei – hops! –

Ein Dackel war, der das Rebhuhn erzeugte,
Und ob er das arme Geflügel dann säugte. –
Ich glaube, der Dackel war ein Mops. –
   – Eins, zwei, drei – hops! –

Jedenfalls fraß er zu jedermanns Ärger
Nur Wickelgamaschen und Königsberger,
Auch Danziger Klops.
   – Eins, zwei, drei – hops! –

Ein seltsamer Mops war Bobs Wauwau.
   – Eins, zwei, drei – hops! – au! au!

Felgeaufschwung

Die wir im Felgeaufschwung uns befinden,
Schwer wie das Eisen, das der Ristgriff fasst,
Und wurde uns der eigne Leib zur Last.
Und langsam sehen wir den Tag entschwinden.

Ein abgerissenes Sichvorwärtsschwingen –
Ein seelenloses Steigen über nichts. –
Von Leiden spricht das Zucken des Gesichts.
Nur in der Ferne tönt ein Vesperklingen.

Nun sinkt das Haupt herab, und wie zum Schwören
Hebt sich der Füße zages Doppelspiel.
Und abermals erlahmt die Kraft am Ziel,
Um wieder sich von Neuem zu betören.

Und werden doch den toten • überwinden,
Der Geist ist willig, doch das Fleisch ist weich,
Sitzwellend einst, dem Wellensittich gleich,
So werden wir uns droben wiederfinden.

Rundlauf

Heran in die Tiefe, seitab in die Höh –
Auf der Reise im Kreise gewiegt.
Die Mädels, die Buben, Madame und Monsieur,
Das baumelt und taumelt und fliegt.

Es schweben die Röcke wie Glocken dahin,
Und ein viel tätowierter Gesell,
Der fiedelt und sieht nur die Klöppel darin,
Und er spielt, und er fühlt Karussell.

Ein strudelnder Drall im ätherischen Bad,
Vor dem selbst der König sich bückt.
O Leben im Winkel von 50 Grad,
Du lachst uns und machst uns verrückt.

Zum Keulenschwingen

Die Merowinger sind weit verzweigt.
Es lebte ein Merowinger,
Den die Geschichte uns leider verschweigt,
Ein wackerer Keulenschwinger.

Mit beiden Händen und Leidenschaft
Schwang er die Keulen, die schönen.
Er schwang sie mit barbarischer Kraft
Unter leisem teutonischen Stöhnen.

Er teilte die Lüfte und teilte vorbei
Mit seiner gewuchtigen Keule.
Er schlug seiner Mutter die Backe entzwei,
Erschlug seine Kinder und Gäule.

Erschlug mit übernatürlicher Kraft
Des Königs wieherndes Vollblut.
Da wurde er aber fortgeschafft
In eine Zelle für Tollwut.

Man nahm ihm die Keule, er konnte nicht mehr
Sie schwingen in sausenden Kurven.
Die Zelle ward still und nahezu leer,
Man hörte nur Schritte schlurfen.

Doch eines Tages dröhnte es dumpf.
Der Wächter rät sich beeilen.
Da sah er einen niedrigen Rumpf
Mit seinen leibeigenen Keulen
Die Wände der Zelle verbeulen.
Da fing der Mann an zu heulen.

Das Turngedicht am Pferd

(Schon den Römern bekannt)

Es lebte an der Mündung der Dobrudscha
Ein Roll- und Bier- und Leichenwagenkutscher.
Der riss lebendigem Getier – o Graus! –
Mit kaltem Blut die Pferdeschwänze aus.
    Hopla!

Jedoch verscherzte er mit solchen Streichen
Sich den Verkehr mit Roll und Bier und Leichen
Und frönte nun dem Trunk, auch nebenbei
Der Kunst, speziell der Pferdeschlachterei.
    Hopla!

Man traf ihn manchmal unter Viadukten
Mit Pferdeköpfen, die noch lebhaft zuckten,

Und fragte man dann nach dem Preis pro Pfund,
Dann brüllte er und hatte Schaum vorm Mund:
»Hopla!«

Doch abermals aus dem Beruf gestoßen,
Ergab er sich dem Schicksal aller Großen
Und wurde – solches traf sich eben gut –
Pedell an einem Turninstititut.
Hopla!

Schon im Begriff, sein Leben umzuwandeln,
Besoff er sich und stürzte über Hanteln.
Er wusste selber nicht, wie weit, wie tief;
Jedoch er fragte gar nicht, sondern schlief.
… la …

Punkt Mitternacht bemerkte der Betäubte,
Dass sich sein Haar mit leisem Knirschen sträubte.
Er wachte auf und sah im bleichen Glanz
Ein Pferd, ein Pferd, ganz ohne Haupt und Schwanz.
… pla!

Nun reckte sich das abenteuerliche
Gespenst und wuchs ins Ungeheuerliche.
Drei Meter mochte es gewachsen sein,
Da hielt es inne, schnappte plötzlich ein.
Hopla!

Und nun, wohl in Ermangelung von Äpfeln,
Begann es Sägemehl aus sich zu tröpfeln.
»Mensch«, rief es, »der du Tiere quälen kannst,
Auf! Springe über meinen Lederwanst.
Hopla!«

Er sprang bereits, wie ihn die Formel bannte,
Er sprang und fiel, erhob sich wieder, rannte
Und sprang und rannte, sprang und sprang und sprang,
Wohl stunden-, tage-, wochen-, jahrelang.
    Hopla! Hopla! Hopla! Hopla!

Bis plötzlich unter ihm das Pferd zerkrachte.
Da brach er auch zusammen und erwachte.
Indem er schwur, nie wieder nachts zu picheln,
Bemerkte er, gereizt durch fremdes Sticheln,
Dass ihn, der doch sich täglich glatt rasierte,
Ein langer Zwickelbart aus Rosshaar zierte.
    Ho!

Bumerang

War einmal ein Bumerang;
War ein weniges zu lang.
Bumerang flog ein Stück,
Aber kam nicht mehr zurück.
Publikum – noch stundenlang –
Wartete auf Bumerang.

Zum Schwimmen
(Die Brüder)

Plumps! Nun liegst du endlich drin,
Nun hat es wirklich nicht mehr Sinn,
Noch länger den Denker und Dichter zu mimen.
Sonst gibt's mal was mir dem ledernen Riemen!

Lacht mal den Onkel aus, ihr Kinder!
Wisst ihr's?

Das ist der Erfinder
Des drahtlosen Schwebeklistiers,

Der Panslapopel, der große Mann!
Wie Seidenpapier liegt die Hose an.
Der Doktor phil. und der Doktor jur. – –
Ja, pruste du nur!
Wie eifrig du spuckst
Und das Gespuckte noch einmal verschluckst.
Du »Autor« von »Das Leben von Stosch!« –
Eine Qualle bist du, ein schleimiger Frosch,
Ein wulstiger, schwulstiger, schwappliger, nasser.
Und willst der Verfasser
Der Biographie sein!
Ziehe das Knie ein!
Nach auswärts die Beine!
Du Stubenhocker!
Hier sind ein paar Steine
Am Ufer recht locker. – –
Sicht aus wie Blaukraut mit Sommersprossen.
Na? Eins, zwei, drei – vier, fünf, die Hände geschlossen!
Und: eins, zwei, drei – vier, fünf; noch besser, viel besser!
Ich werde dir was von wegen Professor!
Los: eins, zwei, drei – vier, fünf. Du Schlumpsack, nur weiter!
Wird's? Eins, zwei, drei – vier, fünf. Nun 'ran an die Leiter!
Du ausgeschwängertes Schwielenschwein!
Ein Wort – und ich stoße dich nochmals hinein.

Laufschritt-Couplet

Wenn doch die Pferdebahn noch wär'!
Da wurde bald der Kondukteur
Und bald der Gaul verdroschen,

Und manchmal lief man nebenher
Und sparte sich den Groschen.

Die Feuersbrunst ergriff mich sehr.
Das Schulgebäude steht nicht mehr.
Schon spielen Kinder fromm umher
Mit den verkohlten Stücken.
Dann räumt man auf, der Platz wird leer,
Und nun beginnt die Feuerwehr
Allmählich anzurücken.

Der Laufschritt freut beim Militär
Uns über alle Maßen.
Zwar drückt der Affe reichlich schwer,
Ganz abgesehn von dem Gewehr,
Der Blase und den Blasen,
Doch außerdem: Man fühlt sich sehr,
Singt: »Wenn ich doch ein Vöglein wär'«
Und kann sich so von ungefähr
Das Mittagbrot vergasen.

Sorge dividiert durch 2 hoch x

Grübeln und grübeln nun stundenlang –
Bing – Bumpf – Bang – –
Korks jetzt! Lona, und prost! Kling! Klang!
Ein Schurke ist gar kein Feind.
Hoch steht überm zeitlichen Raffinement
Die ewige Regel:
Dass immer mal wieder die Sonne scheint.
Liebstes, armes, verquollenes Kind,
So wie wir beide im Augenblick so sind,
Scheint uns die Sonne noch immer recht anständig lind.

Ihn macht sie frösteln oder sie kocht ihn jetzt heiß.
Bleiben wir aber so!
Sein wir nie schadenfroh!
Ist auch die Sache sehr unangenehm –
Jedes w soll schwinden im Schweiß,
Oder – nein, vor allem und außerdem – –
Na du weißt – – Und ich weiß – –

Nachtgalle

Weil meine beiden Beine
Erfolglos müde sind
Und weil ich gerade einsam bin,
Wie ein hausierendes Streichholzkind,
Setz ich mich in die Anlagen hin
Und weine.

Nun hab ich lange geweint.
Es wird schon Nacht; und mir scheint,
Der liebe Gott sei beschäftigt.
Und das Leben ist – – alles, was es nur gibt:
Wahn, Krautsalat, Kampf oder Seife.
Ich erhebe mich leidlich gekräftigt.
Ich weiß eine Zeitungsfrau, die mich liebt.
Und ich pfeife.

Ein querendes Auto tutet. –
Nicht Gold noch Stein waren echt
An dem Ring, den ich gestern gefunden. –
Die nächtliche Straße blutet
Aus tausend Wunden.
Und das ist so recht.

Gewitter

Oben in den Wolken krachte der Donner.
Am Ufer des indischen Ozeans balzte ein Kind.
Würde der Mond noch monder, die Sonne noch sonner,
So würden die Menschen vielleicht noch drehlicher, als sie schon sind.

Tausend Menschen lachten und weinten;
Sechs von dem Tausend wussten, warum;

Zwei von den sechsen aber meinten
Von sich selber, sie seien eigentlich dumm.

Breite Straße filmte mir vorbei,
Links und rechts mit Lichtern und Reflexen
Fechtend und mit Worten und Geschrei.
Helle Nacht ergoss sich brausend.

Und ich grüßte ehrfurchtsvoll die zwei,
Und ich beugte staunend mich den sechsen,
Kniete, echt und bettelnd, vor dem Tausend.

Vor dem Grand Hotel zu den Drei Mohren
Kreiste jämmerlich ein Hund und schiss.
Nebenbei, von irgendwem verloren,
Lag ein künstliches Gebiss.
Doch ich räusperte und spie,
Und ich rotzte,
Bis ich einer weichen Phantasie
Würdig trotzte.

Und zur gleichen Zeit mag ein Kommis
(Elegante Kleidung – sauber – Schaf)
Auf dem Teppich heiß gestammelt haben,
Einer, der vom lieben Gott was wollte,
Was das Hauptbuch und den nächsten Tag betraf;

Dachten andere an Schützengraben.

Denn der Donner grollte.

Der Zahnfleischkranke

Was geht mich der Frühling, was geht mich dein dummes Gesicht,
Dein Leben an. Aber nur weine nicht.
Geh, Mädchen! Geh! Geh!
Mir tun meine Zähne,
Deine Knietschträne tut noch mehr weh.

Eine entzündete Wurzelhaut
Kennt keine Braut,
Noch Kunst noch Konstabler.

Wer mir jetzt eins in die Fresse haut,
Oder ein Kinnladenschuss
Wären immerhin diskutabler.
Sterben jetzt, wäre Genuss.

Siehst du den gelben Schaum?
Das Fleisch ist ganz weich.

Selbst wenn ich schliefe,
Blähen versäumte Präservative
Sich Luftschiffen gleich
In meinen Traum.

Stochern muss ich; gib eine Gabel!
Was sagst du? Halt deine – Schnabel!!

Aus dem Tagebuch eines Bettlers

Ich klingelte. Ich bettelte um Brot.
Um alte Sachen.

Ich beschrieb anschaulich die Not.
Ich kann so eine jämmerliche Miene machen.
Meine Familie sei teils hungrig, teils tot.

Nur ein kleines, hartes, verschimmeltes Restchen Brot,
Womit ich eigentlich Geld meinte.

Der Herr verneinte.

Ich versuchte diverse Gebärden.
Ich kann so urplötzlich ganz mager werden.
Ich taumelte krank.
Ich – stank.

Da wurde ich gepackt.

Fünf Minuten später war ich nackt.
In einer Wanne im Bad
Bei dreißig Grad.

Ich weinte. – Ich wusste:
Hier half kein Beteuern.
Man fing an, meine Kruste
Herunterzuscheuern.

Dieser Herr war ein Schelm.

Ich wurde auf die Straße gestoßen.
Ich fand mich in schwarzen Hosen,
Lackschuhen, Frack und Tropenhelm.

Ich fand kein Geld. – Mir wurde bang,
Ich fand nur ein Trambahn-Abonnement.

Und ich ging auf die Reise,
Fuhr mit der Sechzehn stundenlang
Immer im Kreise.

Was halfen die noblen Sachen?

Ich bettelte. Probeweise.
Ich kann so eine kummervolle Miene machen.
Aber die Leute begannen zu lachen
Und die Haltestelle zu verpassen.

Ich sann auf einen Schlager.
Ich wurde urplötzlich ganz mager.

Ich wurde gewaltsam aus der Trambahn heruntergelassen.

Da waren die Anlagen und Gassen
Auf einmal ganz traurig und fremd.

Als ich aus dem Pfandhause kam,
Trug ich nur noch Hose, Barfuß und Hemd.

Ich musste mir einen Anzug leihn.
Ich ging mit der Gräfin Mabelle,
Die eigentlich eine Büfettmamsell
Ist und gesucht wird, in ein Hotel.
Wir speisten: Hirschbraten mit Knickebein.
Wir sangen zu zwein:
»Wer hat uns getraut – …«
Und zuletzt, ganz laut:
»Wohlauf, noch getrunken den funkelnden Wein …«

Von einem, dem alles danebenging

Ich war aus dem Kriege entlassen,
Da ging ich einst weinend bei Nacht,
Weinend durch die Gassen.
Denn ich hatte in die Hosen gemacht.

Und ich habe nur die eine
Und niemanden, wo sie reine
Macht oder mich verlacht.

Und ich war mit meiner Wirtin der Quer.
Und ich irrte die ganze Nacht umher,
Innerlich alles voll Sorgen.
Und sie hätten vielleicht mich am Morgen
Als Leiche herausgefischt.
Aber weil doch der Morgen
Alles Leid trocknet und alle Tränen verwischt –

Kuttel Daddeldu

Neue Gedichte der erweiterten Ausgabe

1923

Matrosensang

Herr Steuermann, ach Steuermann,
Mein Herz ist gar so schwer.
»So bind ein gut Stück Eisen dran
Und wirf es über Bord ins Meer.«

Ob meine schwangere Liebste weint?
Eine Trän? Zwei Trän? Drei Trän?
Ho! Meine krumme Mutter meint,
Ich sei ein reicher Kapitän.

Ist Mutters Haus mit Stroh gedeckt,
Wie sie sich freuen kann.
Doch wie ein Sturm mit Branntwein schmeckt,
Das geht sie einen Hundsdreck an.

Das Terrbarium

Das war meine Erfindung:
Vor allen Dingen muss man die Tiere lebendig pressen.
Anfangs kostet es Überwindung,
Aber schließlich wird nichts so heiß gekocht wie gegessen

Die Presse muss mindestens sechs Quadratmeter messen.

Meine Anlage war ein technisches Wunder;
Riesensäle, um die getrockneten Bestien
Übersichtlich hübsch an der Wand zu befestigen.

Denn ein geplättetes Nashorn ist keine Flunder.
Wegen der Dickhäuter und et cetera
Brauchte ich selbstverständlich elektrische Kraft. –
Doch ich speiste mit dem herausfließenden Saft

Sämtliche Waisenkinder von Zentralamerika.
Ganz abgesehen von der Naturwissenschaft.

Manches lässt sich nicht beim ersten Mal schaffen.
Oftmals zappelt und zuckt noch der Hals,
Wenn der Unterkörper schon platt ist, so bei den Giraffen.
Und ich besinne mich eines noch schwereren Falls.

Um meine Sammlung zu komplettieren,
Wollte ich auch einen Menschen so präparieren.
Jene Miss Hamsy, die ich dazu erkor,
War eine ernste, wohlgebaute Mulattin,
Leichthin sommersprossig und Zollwächters Gattin.
Und der setzte ich Arrak mit Blumenkohl vor,
Sagte, das sei Barbarossas Lieblingsgericht,
Las ihr zwei Novellen von Freiherrn v. Schlicht.
Bis sie langsam das Bewusstsein verlor.
Als ich sie dann im Dunkeln entkleidet hatte,
Legte ich sie behutsam tastend auf die untere Platte,
Kurbelte an. Doch sie erwachte dabei.
Aber ich suchte sie taktvoll bescheiden zu trösten:
Wie viel schlimmer es wäre, lebendig zu rösten,
Und dass die Presse nicht zu umgehen sei.

Nichts stimmt trauriger als ein menschlicher Todesschrei.
Aber was bedeutet solch kurzer Ton
Gegen die furchtbaren Gräuel der Vivisektion!
Und wie Miss Hamsy dann an der Wand die vierte
Halle für Säugetiere und Eidechsen zierte,
Hat ihr Anblick jeden Besucher gebannt.
Die Kritiken hörten nicht auf sie zu loben.
Bis sich schließlich die Popolaca erhoben.
Diese Indianer haben das ganze Museum niedergebrannt.
Alles haben mir diese Schweine gestohlen.
Aus Miss Hamsy schnitten sie Mokassinsohlen.

Was ein Barbar ist, hat weder Kultur noch Geschmack.
Aber einen von ihnen erwischte ich später,
Kochte ihn lebend mit Kienharz und Wasserstoff-Äther.
Und den Kerl verbrauche ich heute als Siegellack.

Novaja Brotnein

(Aus des Wunderknaben Horn)

Im Eismeer (jeder weiß das ja)
Da liegt Novaja Semlja.

In Hamburg (das ist auch bekannt)
Wird die Semmel »Rundstück« genannt.

Im Eismeer – sagt man in Hamburg – da
Liegt Novaja Rundstückja.

Gladderadatsch

Es hatte ein Igel sich geckenhaft und blasiert
Am ganzen Körper von oben bis unten rasiert,
Weil er abstechen wollte.
Stach wirklich auch ab. Da nahte ein Fuchs.
Worauf der Igel sich igelartig zusammenrollte.
Aber der Fuchs verschluckte ihn flugs.
Igel bat Fuchsen, ihn doch wieder auszubrechen;
Er sei ein Igel und könnte empfindlich stechen.
Und mittelst bauchrhetorischer Worte
Sprach der Fuchs: »Sie müssen verzeihn;
Ich hielt Sie für ein kindliches Schwein,
Werde nun aber sofort Sie befrein.
Wenn ich bitten darf – durch die Hinterpforte.«
Der Igel gab keinen Laut
Mehr von sich. Er war schon verdaut.

Es setzten sich sechs Schwalben

Es setzten sich sechs Schwalben
Auf sechs Dückdalben
Und haben 3 Minuten vereint
Um den Herzog von Alba geweint
Und flogen weitet und hatten zu sechst
Doch richtig die ganzen Dückdalben beklext.

Überfahrt

Die Brücke brach. Da lag ich sekundenlang
Mehrmals gebrochen quer überm Schienenstrang.
Wuchs ein Balg mit Lichtem aus Donner und Qualm
Rasend heran.
Schrein? Wegwälz? – Zermalm? –
Dann – –
Quietsch. Meine Knochen zerknürpsten;
Die dicksten waren die mürbsten.
Entzwei. Vorbei. Splitter mit Brei.
Sah noch den armen motivführer erschauern.
Dann erhob ich mich, heißt: ich fühlte mich licht
Aufwärts schräg durch Lüfte und Mauern,
Dachte vielleicht noch – vielleicht auch nicht –
Mit einem komischen Rest von »Bedauern«:
»Schade, dass mich Bruder Wolfgang jetzt nicht sieht!«

Mutter Frühbeissens Tratsch

Wenn der über die Straßen ging:
Sechs Schritte vor ihm wurden die Vögel stumm,
Fielen die Pferde, kippte die Trambahn um,
Stürzte die Schwalbe herab und der Schmetterling,
Erbrachen sich Damen, krümmten sich Hunde. –

So roch das Schwein aus dem Munde.

Aber der kann nichts dafür.
Die Frau von dem Sohn, wo Paula die Semmeln holt, neben Weyl,
Deren Schwester hat auch solch ein Magengeschwür.
Das kommt gar nicht aus dem Halse. Im Gegenteil.

Da hilft kein Pfeffermünz und kein Höllenstein.
Kein Tabak. Alle Säuren hat der durchgekostet.
Die ganze Zunge ist ihm schon hinten zerrostet.

Und stinkt immer noch wie ein Schwein.

Das geht auf keine Kuhhaut, was der erduldet.
So einer ist ja zu nichts zu gebrauchen.
Und will doch auch einmal atmen wie wir, und hauchen.

Wenn er mir auch noch sieben Mark schuldet.

Feierabendklänge eines einhändigen Metalldrehers an seine Frau mit preisgekrönten Beinen

Ich hätte dem Hinz ein Ohr abgebissen?!
Wie kann der Oswald das wissen,
Dieser Speichellecker!
Der war doch damals mit die Dachdecker
Bei Wasmann in Akkord.

Hermine! Ehrenwort!
Ich habe den Hinz nur rausgeschmissen,
Weil er gesagt hat: Du hättest die Konkurrenz beschummelt,
Und ich habe ihm das verbeten
Und nur ganz leise in den Rücken getreten.

Mir ist doch wurscht, ob ihr zusammen poussiert
Und in die Wirtshäuser lauft.
Ich will nur nicht, dass ihr das Geld versauft,
Wo eigentlich mir zugebührt.

Hinz und Hillbrecht haben die Dreikantfeile und den Vorschlaghammer
an Meßmer verkauft.

Und mich haben sie ausgeschmiert.
Hinz ist überhaupt gar nicht organisiert.
Und der soll mich bloß nicht reizen,
Und deswegen könntest du immerhin die Stube heizen.
Denn wenn wir auch arm sein – –
Ich habe nur eine Hand, aber wehe, wenn sie sich ballt.
Vor den Feuern ist's heiß, und der Heimweg ist kalt.
Und wenn man nach Hause kommt, soll es dann wenigstens warm sein.
Aber ihr treibt alle Schwindel und Betrug,
Und der Oswald ist ebenso schlecht,
Und Hinz hat an einem Ohr noch übergenug.
Und ich poche auf mein ehrliches Recht
Und lasse mich nicht von denen verkohlen.
– Schweine sind's! –
Und den Hammer und die Feile haben nicht Hillbrecht und Hinz,
Den habe ich ganz alleine gestohlen!!

Es waren zwei Moleküle

Es waren zwei Moleküle.
Die saßen auf einer Mühle
Und sahen zu, wie das Mühlrad trieb,
Und waren zufrieden und hatten sich lieb.
Und keiner, keiner wusste darum,
Als nur ein Mann, der Adressen schrieb.

Mein harmlos Lied

In einem Untertässchen
Voll Schnee und Rosenlikör
Erwachte das kleine Prinzesschen.

Noch ganz verschlafen und ohne Gehör
Gewahrte sie mir Erröten
Auf ihren niedlichen Brüsten
Sechsundvierzig breite Warzenkröten,
Die sich gegenseitig auf den Podex küssten.
Und schrie, als sie so was erblickte:
»Pfui Keks!« Woran sie erstickte.

Und nun ist in jeder Zeitung zu lesen:
Sie sei ein großer Schweinigel gewesen.

Balladette

Das war die sonst noch ziemlich fesche
Marie, die ihrem Prinzipal
In der Fabrik für Sterbewäsche
Drei schwarze Unterhosen stahl.

Und sandte, als es ruchbar wurde,
Dann das Gestohlene zurück.
Und diese mindestens absurde
Idee gereichte ihr zum Glück.

Der Prinzipal für Sterbewäsche,
Der nicht Karrieren gern verdarb,
Gab ihr so viel verdiente Dresche,
Dass sie ein Kind gebar und starb.

Der Globus

»Wo sitzt«, so frug der Globus leise
Und naseweis die weise, weiße,
Unübersehbar weite Wand,
»Wo sitzt bei uns wohl der Verstand?«

Die Wand besann sich eine Weile.
Sprach dann: »Bei dir – im Hinterteile!«

Nun dreht seitdem der Globus leise
Sich um und um herum im Kreise –
Als wie am Bratenspieß ein Huhn,
Und wie auch wir das schließlich tun –
Dreht stetig sich und sucht derweil
Sein Hinterteil, sein Hinterteil.

Zwei Schweinekarbonaden

Es waren zwei Schweinekarbonaden,
Die kehrten zurück in den Fleischerladen
Und sagten, so ganz von oben hin:
»Menèh tékel ûpharsin.«

Fliege und Wanze

Die Fliege hat zur Wanze gesprochen:
»Leih' mir doch eine Maß Blut,
Ich habe den Bürgermeister gestochen. – –

Aber der roch nicht gut.
Und ich habe sein Blut, ohne was zu sagen,
In die Nase von seiner Frau übertragen

Und gab auch der Tochter und dem Sohn
Eine kleine Portion.
Und nun riecht die ganze Familie
Nach Quecksilber und Petersilie
Und ist voller Pickel und Flecke,
Und es ist ein Vergnügen, von der Decke
Aus zuzugucken, wie sie sich jucken.«

Die Wanze tat etwas fremd
Und brummte: »Ach, Bagatelle!«
Und kroch dabei einem Kutscher ins Hemd.
Dort war derzeit ihre Quelle.

Schaudervoll, es zog die reine

Schaudervoll: Es zog die reine,
Weiße, ehrbar keusche Clara
Aus dem Sittlichkeitsvereine
Eines Abends nach Ferrara.
Schaudervoll: Dort, irgendwo,
Floss der Po.

Schaudervoll, doch es geschah
In Ferrara, dass die Clara
Aus dem Sittlichkeitsvereine
Nachts den Po doppelt sah.

Schicksal der Schlaube

Anno 1307
Ante Christum natum
War eine Schlaube in einem Zahn steckengeblieben,
Da nahte sich eine Floskel aus Batum

Und sagte: »Erlaube,
Dass ich dir helfe.« – – »Ganz nach Belieben«,
Sagte die Schlaube.

Da war das Liebeswerk schon getan.
Da wurde die Floskel blasser und blässer.
Die Schlaube indessen sprang in ein fließend Gewässer,
Trieb fort in der Richtung von Quelle nach Mündung;
Überall roch es nach ham and eggs.

Und die kleine Schlaube starb unterwegs
An Ekel, Scharlach oder Gebärmutterentzündung.

Die Geburtenzahl

Die Geburtenzahl
Ging herunter,
Traf den Pfarrer im Tal!
Nachts noch munter.

Heidel da diedel dumm
Wie war das schön im Tal
Aufwärts steigt wiederum
Bald die Geburtenzahl.

* * *

Und dann lächelt alles froh
Im statistischen Büro.

Stoffwechsel

»Wie glüht er im Glase! Wie flammt er so hold!
Geschliffnem Topase vergleich ich sein Gold.«

Ich aber meinte den Urin
Und dachte mich in Groß-Berlin.
Und dachte eine junge Braut,
Ganz eingehüllt in Bückingshaut.
Da brachte mir der Pikkolo
Den Grog. Ich schnupperte und floh.

Miss Longwieles Stossgähnen

(Ein Chanson)

Uah! Ich wollte, ich hätte
An Stelle meiner Beine zwei
Stuhlbeine aus Holz oder Blei –.
Dann wünschte niemand sich das Zeugs ins Bette.

Mein Unterrücks – müsste ein – –
Müsste eine Plakatsäule sein.
Ach nein.
Wie dumm!
Dann stünden sie ja erst recht herum.

Mein Busen – (schöner Gedanke)
Wäre eine Planke,
Mit Stacheldraht
Und frisch geteert.
Dann käme der nächste Soldat,
Sagte: »Danke.
Ganze Abteilung kehrt!«

Und an meiner Nase hinge
Ewig ein Hühnerei,
Und bei jedem Niesen ginge
Das Ei entzwei.

Wären die Augen aus Stein,
Schwarz die Zähne und ohne Schmelz – –

Einmal arm möcht' ich sein,
Einsam, verachtet, bedauert. –

Reich mir den Pelz.
Anspannen! Mich schauert.

Vier Treppen hoch bei Dämmerung

Du musst die Leute in die Fresse knacken.
Dann, wenn sie aufmerksam geworden sind, –
Vielleicht nach einer Eisenstange packen, –
Musst du zu ihnen wie zu einem Kind
Ganz schamlos fromm und ärmlich einfach reden
Von Dingen, die du eben noch nicht wusstest.
Und bittst sie um Verzeihung – einzeln jeden –,
Dass du sie in die Fresse schlagen musstest.
Und wenn du siegst: So sollst du traurig gehen,
Mit einem Witz. Und sie nie wieder sehen.

Mein Riechtwieich

Gutes Bettchen du!
Ich gehe jetzt in dich. Gute Nacht!
Wünsche angenehme Ruh. –
Und auf einmal ist's wieder früh,
Bin ich wieder aufgewacht,
Habe dich nass gemacht –
Herzeleid – Pupo – Pipü.

Bett, ich falle in dich, du mein Bett.
Ich will nichts mehr wissen.
Sticke mich tot mit Gänsekissen.
Ich pfeife auf Schweinskotelett
Und Schutzmann und Feuer im Haus;
Mir ist alles egal.
Eigentlich müsste ich noch einmal –
Aber ich zwing's heute nicht.
Bitte – lie Bett – puste das Licht –

Altes Bettchen, hallo!!
Wir brechen in dich hinein;
Ja schau nur: zu zwei'n!
Nun knurre, knarre nicht so.
Heute geht's stürmisch zu.
Anna, komm doch! Ich friere. Huhu!
Möge uns Gott verzeihn.
Aber das wissen nur Anna und ich und du.

Bettchen, wo fährst du denn hin??
Nun gut, fahr immer zu.
Im Kreise und auf die Reise.
Nach Afrika. Wir besuchen ein Gnu.
Gut Nacht, Anna, ich bin –
Müde bin ich Känguruh.

Frühlingsanfang
auf der Bank vorm Anhalter Bahnhof

Vierter Klasse wär' es noch mehr billig.
Aber da käme ich später an.
Und dann ist die Stellung vielleicht schon vergeben,
Und die Frau Bauratswitwe sagt dann

Wieder: Ich sei arbeitsunwillig.
Und wovon soll ich dann am Freitag leben?
Am liebsten möchte ich gar mehr fahren.
Da könnten wir all das Fahrgeld sparen
Und lieber versaufen.
Und da können wir noch die beiden Weinflaschen verkaufen.
Da wird man wieder mal richtig vergnügt.
Und hauen uns nachts auf die Bretter am Halleschen Tor,
Wo manchmal der Bolzenmax liegt.
Jetzt kommen schon die Krokusse vor,
Da ist es schon nicht mehr so kalt.
Und morgen werden wir sehn, wo wir bleiben.
Da werden sie uns auseinandertreiben
Wie die Pferdeäppel auf'm Asphalt.
Ob es wohl wahr ist, wenn man noch lebt – dass man
Seine Knochen an die Akademie verkaufen kann?

Jene brasilianischen Schmetterlinge

Wie schön ihr angezogen seid!
Simpelfarbig ist unsere Menschenhaut
Und hat noch Hitzpickel am Gesicht.
Aber ich denke das ohne Neid.
Ihr renommiert wahrscheinlich auch nicht
Mit euren sonnenmetallischen Flügeln.
Sie sind euer einziges Kleid.
Ihr braucht es niemals zu bügeln.
Und wenn ich es täte, dann ginge
Es sicher entzwei.
Und euer Leben, ihr Schmetterlinge,
Huscht sowieso wie ein Sternschnupp vorbei.
Drum seid ihr Ochsen, wenn ihr's nicht genießt.
Dauernd saufen, naschen, geschlechtlich paktieren!

Derart keine Zehntelsekunde verlieren!
Bis euch der deutsche Professor aufspießt.
– –
Die europäischen Fernen
Kennenzulernen,
Was euch das Leben nie bot,
Was ihr damals auch nie gewollt noch begriffen hättet, –
Nun wär's euch. – – Zwischen Gläser gebettet
Leuchtet ihr so geduldig tot.
Broschen seid ihr und Fächer.
Ich habe aus euch einen Aschenbecher;
Aber er tut mir so leid.
Ich streue die Asche lieber daneben.
Denn euch brachte das schöne Kleid
Um euer junges, brasilianisches Leben.

Vorm Brunnen in Wimpfen

Du bist kein du,
Wasser. – Hättest nicht Ruh,
Mich auszuhören.

Ihr fließet immerzu
Und immer weiter und möglichst weit.

Wie euch der Brunnen aus eisernen Röhren
In den heißen Althäuserplatz speit,
Erdengeläutert und ausgekühlt;
Da ihr alte und neue Zeit
Und den Himmel abkonterfeit, -

Siehet mein durstiges Staunen
In euch doch immerzu andre.
Immer wieder mit über den Rand gespült,

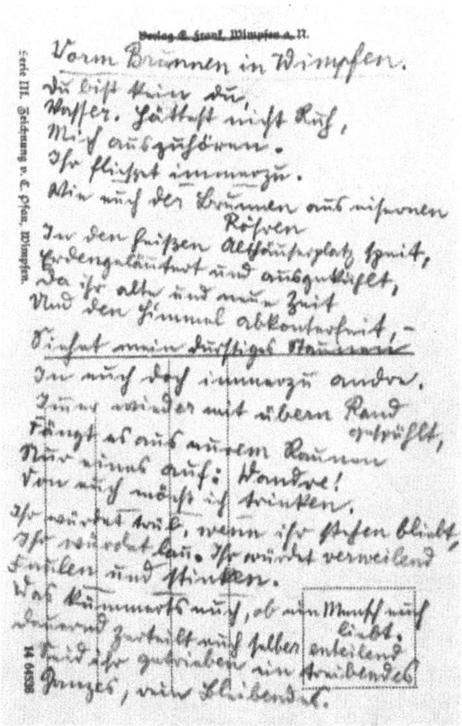

Fängt es aus eurem Raunen
Nur eines auf: Wandre!

Von euch möcht' ich trinken.

Ihr würdet lau, wenn ihr stehen bliebt,
Ihr würdet trüb. Ihr würdet verweilend
Faulen und stinken.

Was kümmert's euch, ob ein Mensch euch liebt.
Dauernd zerteilt euch selber enteilend,
Seid ihr getrieben ein treibendes
Ganzes, rein Bleibendes.

Geheimes Kinder-Spiel-Buch

mit vielen Bildern

1924

Abzähl-Reime

Bülow, Nolle, Witte, Zoo …
Auf dem Dache sitzt ein Floh,
Der sich nicht zu helfen wo.

Konikoki Kakadu …
Rose auf und Rose zu.
Ferkel Ei und Ferkel Zwei.
Wer nicht fehlt, ist mit dabei.

Stachus, Kios, Kaos, Kies,
Spinne, Speise, Scheiße, schieß.
Sexu Elefant Asie.
Fische haben nie kein Knie.

Ritze Rotze Ringelratz
Zwei Miezeschwein, ein Grunzekatz.
Mein Großpapa heißt Lali,
Der wird des Nachts ganz lila.

Maikäfermalen

Setze Maikäfer in Tinte. (Es geht auch mit Fliegen.)
Zweierlei Tinte ist noch besser, schwarz und rot.
Lass sie aber nicht zu lange darin liegen,
Sonst werden sie tot.
Flügel brauchst du nicht erst rauszureißen.
Dann musst du sie alle schnell aufs Bett schmeißen
Und mit einem Bleistift so herumtreiben,
Dass sie lauter komische Bilder und Worte schreiben.
Bei mir schrieben sie einmal ein ganzes Gedicht.
– – – –
Wenn deine Mutter kommt, mache ein dummes Gesicht;
Sage ganz einfach: »Ich war es nicht!«

Himmelsklösse

(Das Spiel, das Frau Geheime Hofrat Anette von Belghausen Berlin S. W., Königgrätzerstr. 77^I als Kind so gern gespielt hat.)

Je mehr Kinder dabei mitmachen,
Umso mehr gibt es nachher zu lachen.

– – – –

Dicke Papiere sind nicht zu gebrauchen.
Man muss Zeitung oder Briefe von Vaters Schreibtisch nehmen.
Keiner darf sich schämen,
Das Papier mit der Hand in den Nachttopf zu tauchen.
Wenn es ganz weich ist, wird es zu Klößen geballt
Und mit aller Wucht gegen die Decke geknallt.
Man darf auch vorher schnell noch Popel hineinkneten.
Solche Klöße bleiben oben minutenlang kleben.
Jedes Kind muss nun unter einen der Klöße treten
Und den offenen Mund nach der Decke erheben.
Vorher singen alle im Rund:
»Lieber Himmel, tu uns kund,
Wer hat einen bösen Mund.«
Bis der erste Kloß runterfällt
Und trifft zum Beispiel in Fannis Gesicht.

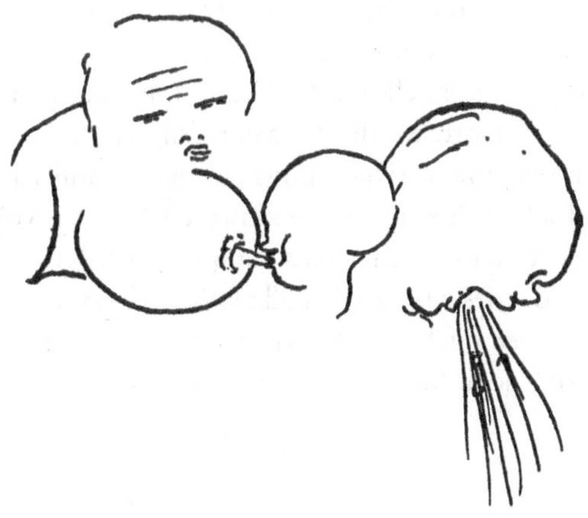

Dann wird die Fanni umstellt.
Und alle singen (nur Fanni nicht):
»Schweinehündin, Schweinehund!
Himmelsklöße taten kund:
Du hast einen bösen Mund.
Sperrt sie in den Kleiderschrank
Wegen ihrem Mordsgestank.«
– – – –
Steckt eurem Vater frech die Zunge
Heraus. Und ruft: »Prost Lausejunge!«
Dann – wenn er vorher auch noch grollte –
Vergisst er, dass er euch prügeln wollte.

Das Bergmannsspiel

Unter dem Bett ist der Schacht.
Der wird entweder mit Bettdecken dunkel gemacht,
Oder ihr spielt das Spiel bei der Nacht.
In den Schacht schüttet ihr erst recht viel Kohlen.
Die muss der Bergmann auf dem Bauche herausholen.
Ein Licht oder Spirituskocher und zum Graben
Eine Schaufel muss jeder Bergmann haben.
Außerdem muss er vor allen Dingen sich hinten
Ein Stück Leder aus Schuh oder Ranzen anbinden.
Dann baut ihr aus Tisch und Stuhl und Fußbank drei Stufen,
Dort, wo der Eingang sein soll.
Jeder, der runterkriecht, muss erst »Glückauf« rufen
Und schaufelt eine Zigarrenkiste voll Kohlen voll.
Jeder, der rauskriecht, muss dann ganz dreckig sein.
Und jedes Mal müssen alle Glückauf schrein.
Geben euch eure Eltern was hinten drauf,
Dann habt ihr doch hinten das Leder und ruft nur: »Glückauf«.

Schlacht mit richtigen Bomben

Das muss sein wie bei einer wirklichen Schlacht,
Mit richtigem Zufall, wo's blitzt und kracht.

– – – –

Kannst du Stahllineale oder Fischbeinstäbe kriegen,
Im Korsett in deiner Mutter wirst du welche finden.
Die musst du spannen, das heißt im Bogen biegen
Und beide Enden mit Zwirn zusammenbinden.
Lege solch Bomben auf einen Zeitungswisch,
(Den du vorher mit Benzin begießt), auf den Tisch.
Nun baust du ganz dicht drum rum deine Bleisoldaten
Auf. Wie's grade kommt, kreuz und quer,
Als wären sie schon ins Handgemenge geraten.
Spritze auch nochmals bisschen Benzin umher.
Nun musst du von etwa zwei Schritt zurück
Brennende Zündhölzer zwischen schmeißen.
Dann brennt alles. Die Bomben platzen und reißen
Große Lücken. – Das ist das Soldatenglück,

– – – –

Und wenn dein Vater dir droht, er wolle den Stock holen,
Dann sage, das frühere Dienstmädchen
Habe das Spiel dir empfohlen.

Das Doktor-Knochensplitter-Spiel

Dazu braucht man nicht viel.
Nur ein Gänse- oder Hühnerknöchelchen.
Du, Berta, bohrst ein Löchelchen
Ins Sofa und schiebst das Knöchelchen
Weit rein, doch immer dicht unter die Sofahaut,
Dass man's von außen wie Knorpel anfassen kann,
Was wie Geschwulst ausschaut.
Das Sofa ist dann dein Mann.
Ich bin der Doktor Frank.
Du sagst: »Mein Mann ist so krank.«
Ich fühle und sage mit ernster Miene:
»Er hat einen Splitter im Herzen sitzen«,
Und nehme das Ölkännchen von eurer Nähmaschine,
Um erst mal Betäubung in das Geschwür einzuspritzen.
Nun kommt die Operation; das ist das Schwere.
Ich nehme ein Messer und eine Schere.
Du nimmst ein Handtuch und fürchtest dich zuzusehn;
Darum drückst du die Augen zu.
Ich tu einen scharfen Schnitt, greife dann
– das muss wie der Blitz geschehn –
Mit der Zange (das ist die Schere) im Nu
Den Knochen aus deinem Mann.
Weil, wenn ich ihn nicht beim ersten Male geschickt
Gleich rausbekomme, – ist die Operation missglückt.

– – – –

Das nächste Mal bist du Doktor Frank,
Und mein Mann ist krank.

– – – –

Angst darfst du nicht haben. Denn meine und deine
Eltern können uns – – – Weißt du, was ich meine?!?

Afrikanisches Duell

Wenn dich der Paul oder jemand, den du kennst,
Schwein schimpft oder wenn du ihn Rindsvieh nennst,
Dann habt ihr euch beleidigt.
Dann müsst ihr afrikanisches Duell machen.
Ich bin der Schiedsrichter, der bei Ehrenwort euch vereidigt.
Niemand darf auch nur mit der Wimper lachen.
Jeder schweigt. Und ihr stellt euch dabei
Gegenüber. Mit sechs Handbreit Abstand. Und dann
Zähle ich langsam bis drei.
Darauf spuckt jeder dem anderen ins Gesicht,
Möglichst so lange, bis der nicht mehr sehen kann.
Mich anspucken gilt aber nicht.

– – – –

Wer zuerst sagt, er habe genug abgekriegt,
Der ist besiegt
Und muss sich von mir eine runterhauen lassen,
Ohne sich wehren oder mich anfassen.
Darauf dürft ihr euch nicht mehr hassen,
Sondern müsst euch bezähmen
Wie Männer von Ehre und Stand.
Jeder reicht dem andern die Hand.
Weil die Helden in Afrika sich wegen Spucke nicht schämen.

Eine Erfindung machen

(Nur für Kinder, die keinen Schiss haben.)

Wer was erfindet, wird furchtbar reich.
Was man erfindet, ist ganz gleich.
Wenn man nur allerlei Dinge zusammenmischt,
Noch länger, als bis es zischt, und das Richtige rausfischt,
Dann wird man in wenigen Stunden
Berühmt oder macht Gold.
Ich hab auch schon mal was zur Hälfte erfunden,
Aber Wolfgang, mein Bruder, wollte nicht mehr. –
Wenn ihr das etwa fertig erfinden wollt,
Will ich's euch sagen. Aber es ist sehr, furchtbar sehr schwer.
Das allerwichtigste ist die teure
Furchtbar gefährliche Salzsäure.
Entweder findet ihr die im Klosett
Hoch oben auf einem Brett.
Oder ihr müsst euch unter das Dienstmädchen stecken.
Dürft aber ja nicht dran lecken.

– – – –

Erst legt ihr einen Goldfisch oder anderen Fisch –
Es kann auch ein Rollmops sein –

Nicht etwa auf den Tisch,
Sondern: auf Elfenbein.
Und zwar auf die weißen Tasten von dem Klavier.
Müsst aber die Fische vorher mit Bier
Und Zahnpulver kneten
Und auch erst tot treten,
Damit sie auch liegen bleiben.
Nun müsst ihr Seife, dann Zwiebel darüber reiben.
Dann müsst ihr Pfennige, Nachtleuchterstücken
Und anderes Kupfer tief in die Fische drücken
Und nun darüber langsam die Salzsäure träufeln.
Dann holt ihr schnell eine Schaufel (eigentlich zwei Schäufeln)
Voll glühender Kohlen.
Wolfgang ließ mich damals die zweite Schaufel nicht holen.
Der dumme Ochse ist ja zu unverschämt.
Aber ihr müsst das zu Ende bringen.
Wenn ihr noch Soda und Wachs und so was zu nehmt,
Dann wird's schon gelingen.
Und wenn eure Eltern was wollen,
– – – –
Dann müsst ihr zum Trotz in die glühenden Kohlen fassen.
Und sagt nur ganz barsch: Sie sollen
Sich lieber und recht bald begraben lassen.

Sich interessant machen

(Für einen großen Backfisch.)

Du kannst doch schweigen? Du bist doch kein Kind
Mehr! – Die Lederbände im Bücherspind
Haben, wenn du die umgeschlagenen Deckel hältst,
Hinten eine kleine Höhlung im Rücken.
Dort hinein musst du weichen Käse drücken.
Außerdem kannst du Käsepfropfen
Tief zwischen die Sofapolster stopfen.

– – – –

Lasse ruhig eine Woche verstreichen.
Dann musst du immer traurig herumschleichen.
Bis die Eltern nach der Ursache fragen.
Dann tu erst, als wolltest du ausweichen,
Und zuletzt musst du so stammeln und sagen:
»Ich weiß nicht, – ich rieche überall Leichen –.«

– – – –

Deine Eltern werden furchtbar erschrecken
Und überall rumschnüffeln nach Leichengestank
Und dich mit Schokolade ins Bett stecken.
Und zum Arzt sage dann: »Ich bin seelenkrank.«

– – – –

Nur lass dich ja nicht zum Lachen verleiten.
Deine Eltern – wie Eltern so sind –
Werden bald überall verbreiten:
Du wärst so ein merkwürdiges, interessantes Kind.

Anhang
Schulgedichte zum Auswendiglernen

Volkslied

Wenn ich zwei Vöglein wär
Und auch vier Flügel hätt,
Flög die eine Hälfte zu dir.
Und die andere, die ging auch zu Bett,
Aber hier zu Haus bei mir.

Wenn ich einen Flügel hätt
Und gar kein Vöglein wär,
Verkaufte ich ihn dir
Und kaufte mir dafür ein Klavier.

Wenn ich kein Flügel wär
(Linker Flügel beim Militär)
Und auch keinen Vogel hätt,
Flög ich zu dir.
Da 's aber nicht kann sein,
Bleib ich im eignen Bett
Allein zu zwein.

Übergewicht

Es stand nach einem Schiffsuntergange
Eine Briefwaage auf dem Meeresgrund.
Ein Walfisch betrachtete sie bange,
Beroch sie dann lange,
Hielt sie für ungesund,
Ließ alle Achtung und Luft aus dem Leibe,
Senkte sich auf die Wiegescheibe
Und sah – nach unten schielend – verwundert:
Die Waage zeigte über Hundert.

Die Rakete und der Krater

Hui! Die Rakete stieg. Sie fauchte
Am Dach vorbei und höher. Glühend jung.
Bis sie in wundervollem Linienschwung
In ferne, dunkle Abendwolken tauchte.

Auf jenem Dache saß ein schwarzer Kater.
Der sah die schöne Linie, und was tat er?
Zunächst: Er fauchte ebenfalls.
Dann dehnte er sich, reckte seinen Hals.
Dann krümmte er den Buckel, hob ein Ohr
Und streckte seinen Schweif graziös empor,
Um jene schöne Linie nachzumachen.
Doch die Rakete oben barst vor Lachen.
Da warf sich unser schwarzer Kater
Wild auf den Rücken. Und was tat er?
Was tat er außer sich vor Wut?
Nun, was man sonst gewöhnlich nicht
Gerade auf dem Rücken liegend tut.
Er tat es kräftig, tat es reichlich, gut;
Er hatte kurz zuvor zu Haus
Zwei Babyflaschen ausgesogen.
Doch jenen herrlichen Raketenbogen – –
Nein, nein, den kriegte er nicht raus.

Es war ein faules Krokodil,
Das lag zwei Monate ganz still.
Dann schlief es sieben Jahre ein,
Und schließlich schien es tot zu sein.

MEINE TANTE, Frau Bebatte,*
Welche niemals Kinder hatte,
Las vertieft im Tageblatte:
»Ein Mulatte,
Welcher dreizehn Kinder hatte,
Aß vor Hunger eine Ratte,
Welche 19 Junge hatte.«
Tante wurde weich wie Watte.
»Nein« – so rief sie – »nein, die Ratte!«

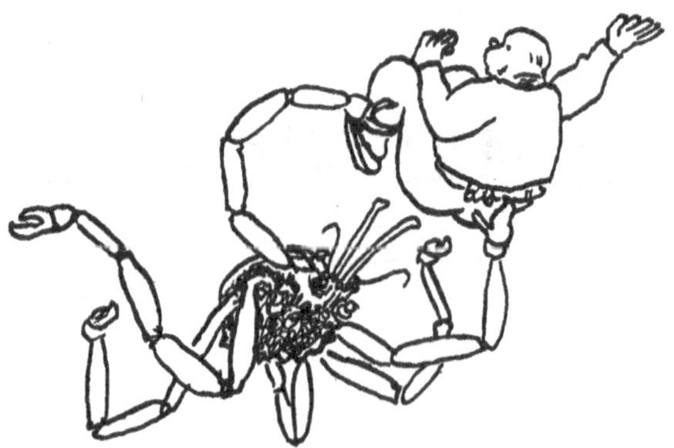

* soll Babette heißen.

Reisebriefe eines Artisten

1927

Eisenach
(An den liebsten Freund)

Edelster Freund, ich gedenke dein
Abends vorm Fuße der Wartburg sitzend,
Bleisoldaten aus Baumrinde schnitzend
Und beseelt von dem Wunsche, dir gleich, ein Dichter zu sein.

In der Drachenschlucht morgens gewesend,
Mittags den Simplizissimus
Und die Geschichte der Thüringer Landgrafen lesend,
Türmt sich – wie Schollen – Genuss auf Genuss.

Was ich hier schaue, erfüllt mich mit Liebe und Dank.
Du, mein Dichter – nein Mensch du wirst mich verstehn.
Welch ein Unterschied zwischen den lieblichen Triften
Und jener bitteren und doch süßen Anklagebank,
Wo wir uns fanden eintausendneunhundertundzehn
Wegen Verbreitung unzüchtiger Schriften.

Ist mir's nicht eben, als hörte ich Raubritter streiten,
Hier, wo einst Luther den Teufel mit Tinte beschmiert?
Seh ich nicht dort weiland Kaiser Wilhelm den Zweiten,
Wie er persönlich die alte Burg renoviert?
Hat nicht der Riegel geknarrt?
Naht nicht Fritz Reuter sich dort?
Doch ich muss leider jetzt fort.
Landgraf, ach werden Sie hart!

Über Ewigkeit möcht ich jetzt plaudern
Mit dir, doch (He, Kellner, noch ein Glas! He!)
Doch aus dem Tale vernehm ich mit Schaudern
Ruf meiner Pflicht: Komm ins Varieté!
Liebster, adieu!

Was ich jetzt fühle und was meinen trunkenen Blicken
Schönes sich bietet, das möcht ich zum Postpaket
Falten und packen, um dir es zu schicken,
Sei's nur dies abendvergoldete Gartenstaket.

Aber nun werde (weil muss) ich hinuntersteigen
In das äußerlich gut beleuchtete Eisenach,
Werde mich zeigen, arbeiten, verneigen, – –
Aber mit irgendwem kriege ich hinterher Krach.

Betrachtungen in einer Bahnhofswartehalle

Wie seine eigne Spucke schmeckt,
Das weiß man nicht.
Wenn man in seinen Spiegel leckt,
Kriegt man die Spucke zu Gesicht.

Das muss durchaus kein Spiegel sein.
Man kann aufs Sofa, auf die Hand,
Man kann auf jeden Gegenstand,
Wenn man nur richtig hintrifft, spein.

Jedoch: Tut wohl ein Gent,
Der etwas von Bazillen
Weiß und die Folgen kennt,
Bazillen das zu Willen??

Man spuckt von Bord ins Meer bei Sturm.
Man spuckt diskret vom Eiffelturm
(Bis unten sechs Sekunden).
Man spuckt an einen Litfaßzaun,
Doch nie in Gegenwart von Fraun
Und stets in stillen Stunden.

Weh dem, der sie verliert!
Weh dem, der sie vergeudet,
Die Spucke! Sie bedeutet
Viel, wenn man raucht und priemt, frankiert,
Umblättert, löscht, aquarelliert.

Die eigne Spucke, Mimikry,
Verdirbt den Appetit uns nie.
Ich bin nicht ihr Entdecker.
Ich bin kein Speichellecker,
Bin kein Feinschmecker,
Doch ich liebe sie.

Ich liebe nur die meinige.
Ausnahmen sind exzeptionell
Und – frei gesagt – dann sexuell;
Obwohl ich solche Leute niemals steinige.

Manches soll man verschlucken.
Jetzt naht mein Zug. Die Zeit vergeht.
Ich weiß, in jedem Wagen steht:
»Nicht auf den Boden spucken.«

Cassel
(Die Karpfen in der Wilhelmstraße 15)

Man hat sie in den Laden
In ein intimes Bassin gesetzt.
Dort dürfen sie baden.
Äußerlich etwas ausgefranst, abgewetzt –
Scheinen sie inwendig
Doch recht lebendig.
Sie murmeln Formeln wie die Zauberer,
Als würde dadurch ihr Wasser sauberer.

Sie kauen Mayonnaise stumm im Rüssel
Und träumen sich gegen den Strich rasiert,
Sodann geläutert, getötet, erwärmt und garniert
Auf eine silberne Schüssel.
Sie enden in Kommerzienräten,
Senden die witzigste von ihren Gräten
In eine falsche Kehle.
Und ich denke mir ihre Seele
Wie eine Kellerassel,
Die Kniebeuge übt. – – –
Ja und sonst hat mich in Cassel
Nichts weiter erregt oder betrübt.

Hanau

Es war nur nebenbei – nur eine Frage.
Ich weiß, wie mich mein Gastwirt liebt.
Ob ich mich auf die siebzehn Meter hohe Leiter wage?
Ja! Was es hohe Birnenbäume gibt.
Dem hab' ich nun an einem Tage
Zirka zwei Zentner saftiger, gelber
Birnen herabgenommen;
Hab' für mich selber
Das Maul und die Taschen voll
Und einen gärenden Groll
Gegen den Wirt bekommen,
Der, wenn ich mich in der Nacht
Blindvoll besaufe, so gastfreundlich lacht.

Sonntags

Du redest. Du redest doch auch zu mir?
Die Kanzel ist so hoch entfernt.

Was redest du auf Lateinisch zu mir!
Ich habe doch nie Lateinisch gelernt.

Was redest du so düster und fremd?
Lache doch einmal laut!
Was trägst du für ein feierlich Hemd?
Damit wir bangen? Damit uns graut?

Was gehst du so um den Brei herum,
Um den saftigen, würzigen Brei?
Ich war so froh; nun bin ich dumm
Und risse dir gern das Hemd entzwei.

Und sähe dich gerne splitternackt,
Verzweifelten Gesichts.
Ich bin vielleicht vom Teufel gepackt.
Aber er tut mir nichts.

Eisenbahnfahrt

Weine nicht Abschiedstrauer.
Es biegt sich alles sowieso.
Unterm moralischen Popo
Brennt nichts so heiß wie Dauer.

Und weil es uns so lange
So schlecht erging – nein noch zu gut! –
Sei nicht mehr bange.
Mir macht die Eisenbahn jetzt Mut.

Dann fuhr der Zug. – Mein Vis-à-vis,
Mann mit Begleiterinnen,
Die wollten – ach ich kenne die –
Ein Fettgespräch beginnen.

Aus Fett, im Fett und über Fett.
Ich aber wünschte ihnen
Im stillen ein bequemes Bett
Mit Sirup und mit Bienen.

Ich stierte fremd und sprach kein Wort.
Doch all mein Leid erwachte,
Dass ich mich einschloss im Abort
Und rauchte dort und dachte.

Es stinkt im Eisenbahnklosett
Nach jedermann und kläglich.
Doch so was stinkt wohl täglich
Aus jedermann und jedem Bett.

Es kann die Bahn, ein Mensch, ein Gaul
Ausgleiten und entgleisen. –
Denk nicht zu viel und halt dein Maul
Auf Reisen!

Wilhelmshöhe

An Bäumen und Steinen vorüber.
Dort oben soll Ledderhose sein.
»Das Leben wird täglich trüber«,
Sagen die Leute. Wie mag
Es erst im November sein?!
Nein, da trinke ich lieber
Jetzt, am hellichten Nachmittag,
Bei Ledderhose mit mir allein Wein.
Das hockt sich – wie eine Krähe –
Dort scheu vergnügt und allen fremd.
Ich brauchte mindestens zwei Flöhe
Für einen Reim auf Wilhelmshöhe,

Fühl aber nur vergangene Angst im Hemd.
Doch hab ich inzwischen den Ring versetzt.
Für zweihundert Mark!
Und du kannst dir denken: Jetzt
Bin ich ein König und stark, stark.
Wichtwürdige Gesichter
Balancieren rings um mich her,
Als wären es alles Richter. –
Ich aber denke an dich, Peter Scher.

Im Park

Ein ganz kleines Reh stand am ganz kleinen Baum
Still und verklärt wie im Traum.
Das war des Nachts elf Uhr zwei.
Und dann kam ich um vier
Morgens wieder vorbei,
Und da träumte noch immer das Tier.
Nun schlich ich mich leise – ich atmete kaum –
Gegen den Wind an den Baum,
Und gab dem Reh einen ganz kleinen Stips.
Und da war es aus Gips.

Hinterm Hotel

Hinter dem schwarzen Hotelbau lag
Ein Gärtchen, düster bei Nacht wie bei Tag.
Blumenlos waren die Beete,
Weil keine Sonne sie je beschien,
Und grün, aber auch schmutzig grün,
Waren nur die Stakete.

Ein Hausdiener mit Knochenfraß
Und ein Küchenmädchen aus dem Elsass
Haben dort die Natur besiegt
Und ein Kind gekriegt.

Hinter der Laube, in blattlosen Zweigen
Lebt dort ein gutes Gespenst.
Ich will es dir zeigen,
Ohne dass du's erkennst.

Berlin

Da fährt die Hochbahn in ein Haus hinein
Und auf der andern Seite wieder raus.
Und blind und düster stemmt sich Haus an Haus.
Einmal – nicht lange – müsstest du hier sein.
Wo das aufregend gefährlich flutet und wimmelt
Und tutet und bimmelt
Am Kurfürstendamm und am Zoo.
Das Leben in Pelzen und Leder.
Es drängt einen so oder so
Leicht unter die Räder.
Sonst habe ich gut hier gefallen.
Man hat mir hohe Gagen angeboten.
Aber weißt du: jeder verkehrt hier mit allen,
Nur nicht mit stillen Menschen oder mit toten.
Ich bin so stolz darauf, dir einen Scheck zu überweisen.
Ja, ja, hier heißt es sich durchbeißen.
Das gibt mir mancherlei Lehre.
Heute ging mir beim Kofferflicken die Nagelschere
Entzwei. Not bricht Eisen. –

Kurz vor der Weiterreise

In Eile – in vierzig Minuten
Geht mein Zug. Denke dir nur:
Die gelbe Tasche mit Frack und den guten
Hosen, vier Hemden und Onkel Karls Uhr,
Die Metamorphosen des Tacitus,
Zwei Unterwäschen, fast sämtliche Kragen,
Sogar das Glas mit dem Bandwurm in Spiritus
Und vieles andere. – Schluss – herzlichen Gruß.
– – – – – – – – – – – – – – – –
Ich muss dir ja noch die Hauptsache sagen:
Das alles haben sie mir gestohlen.
Ich habe hier Blut geschwitzt.
Der Teufel soll Berlin holen!
Denn auch mein neuer Hut ist vertauscht.
Pfenniger lässt dich grüßen. Er sitzt
Neben mir. Wir sind dir gut, aber ziemlich berauscht.

Abschied von Renée

Wann sieht ein Walfisch wohl je
Ein Reh? –
Ach du! Renée!
Und führen wir zusammen zur See,
Wir landeten bei den Wilden. –
Sag: Ist es nicht noch schöner, in Schnee
Als in Erde zu bilden?
Und sei auch kein Fuß an dem Sinn;
Es schweben auf tanzender Melodie
Zwei Federn einer Indianerin
Fort, fort in die weite Prärie.
Ade Renée!

Wie dunkelschön war unser Dach,
Als leise wir viere
Zusammenrückten vor Blitz und Krach. –
Ich streichle euch guten Tiere,
Nun ich geh.
Mir ist so dienstmädchen-donnerstagweh,
Weil ich nun weiterfahre.
Und ich war hundert Jahre
Mit dir zusammen,
Renée.

Frankfurt am Main

Und vieles andere: Applaus und Wein,
Freunde und Freiheit, wie es immer hieß.
Am schönsten aber, wenn ich ganz allein
In einem Winkel, der die Grüße mied,
Das taumelnd Aufgewirbelte sich setzen ließ
Und ruhig Täuschendes vom Echten schied.
Dann gingen Gott und Teufel durch die Wände;
Dann sah ich Schiffe im Polar vereist
Und sah im Waschfass deine fleiß'gen Hände.
Und ob mitunter läppisch oder feist
Die Nachbarschaft mich störte oder stank,
Was ich errechnete, war immer Dank
Nebst einer Rechnung über Apfelwein. –

Um diesen Winkel, diese Stunde –
So zwischen Tageslicht und Bühnenlicht –
Mag, so wie andres anderswo, Frankfurt am Main
Um mich gewesen sein,
Das weiß ich nicht.

Eine Passagierin Dritter Klasse

Nun will's mir plötzlich scheinen,
Als säß ich in der Eisenbahn
Und müsste bitter weinen.
Was hab ich nur getan?

Ich fahre in die Fremde,
Und ist in meinem Herzen doch –
Als wie in meinem Hemde –
Kein Fleck. Was will ich noch?

Ich fahre so bequem,
Und wenn ich jetzt nun lachte,
Dann weiß ich gar nicht, wem
Ich damit Schande machte.

Vor einem Bahnzusammenstoß
Wär' ich doch niemals bange.
Ich war doch schon mal lange
In Regensburg. Was hab' ich bloß?

Ich bin noch immer, Gott sei Dank,
Streng fromme Katholikin
Und bin zwar nicht gerade schlank,
Doch ohne dass ich dick bin.

Und Mutter kann ganz ruhig sein,
Sie ist versorgt im Spittel.
Und ihre Einzige bleibt rein,
Denn Arthur weiß ein Mittel.

Und er muss einmal London sehn,
Um weiter zu studieren,

Und er darf nicht zugrunde gehn
Und die Geduld verlieren.

In meiner neuen Stellung will
Ich mir viel Geld ersparen – – –.
Wie sind die Leute all so still,
Die mit mir fahren – – –?

Strassenbahn 23 und 13

Was nur in Frankfurt sich begibt:
Die Trambahn hielt auf offner Strecke.
Sie sah am Wege eine Schnecke
Und sagte gähnend: »Steigen Sie ein, wenn es Ihnen beliebt.«
Die Schnecke wehrte: »Danke, mir pressiert es.«
Da gab die Bahn ein Abfahrtssignal und noch eins und ein drittes und viertes.
Und wirklich begann sie allmählich weiter zu fahren,
Um noch vor Sonntag die nächste Station zu erreichen.
Dort lagen an dreihundert Leichen,
Lauter Leute, die über dem Warten verhungert waren.

Darmstadt

Gestern war's gut; und heute ist's früh.
Mein Hotel liegt dicht daneben.
Hier geben sich die Leute Müh',
Über ihre Seelenzahl zu leben.

Max hat was von »Schule der Weisheit« gesagt.
Ich habe das für Unsinn genommen.
Und der Großherzog hat nicht nach mir gefragt,
Aber das verstehe ich vollkommen.

Eine Frau war dort mit kurzen Haaren,
Welche fürchterlich mit mir poussierte.
Über Darm und Stadt orientierte
Ich mich nicht. Weil wir bis vier zu zehnt beisammen waren.

Mochten – denke! danke! – viele mich hier leiden,
Manche überlegen und bescheiden,
Klug und klar,
Leute, die jahraus, jahrein in Darmstadt sind, –

Kurz: Als ich in Darmstadt war,
O du mon dieu mon dieu –
Doch das letztere stammt von Wedekind.

Worte in den Wind

Sei mir gegrüßt, du, den ich meine,
Und sende mir dreihundert Dollar zu
Und lass mich sonst im Übrigen in Ruh,
Auf dass ich einmal über Großmut weine.

Besuche mich, wenn ich einmal allein bin,
Du fremde schöne und gewisse Frau!
Sei mir die ideal ersehnte Sau,
Doch sage nicht von mir, dass ich ein Schwein bin.

Wagt euch empor, die ich so gerne riefe,
Ihr einflussreiche, starke Knechtebrut!
Verbreitet mich und zieht vor mir den Hut
Und sagt mir schmeichelnd superste Lative.

Vergesst noch nicht, ihr Freunde, die's nicht gibt,
Helft, Edelste, mir, wenn ich in Gefahr bin,

Bestätigt laut, dass ich so rein und wahr bin
Und dass ihr mich ob meiner Schlichtheit liebt.

Du erhabnes, über Welt und Sternen
Ragendes und höchstes Etwas, komm!
Denk von mir, der kennen dich zu lernen
Nie die Ehre hatte: Der ist fromm!

Selbstverständlich sollst du ewig thronen! –
Bitte, bitte, mach mich niemals krank.
Könntest du im Voraus tiefen Dank
Mich vielleicht auch mit dem Tod verschonen?

Malerin Klugschnack

Wenn ich einmal großen Appetit
Auf ein großes Wiener Schnitzel habe,
Und ich esse Käse. Und ein Knabe,
Greller Bettelknabe säße
Weinerlich am Straßenrand;
Und ich drückte ein Stück Käse
In die vorgestreckte Hand.
Und ich zöge magenknurrig
In der Anekdote weiter
Und belöge mich: wie heiter
Das gewesen sei, wie schnurrig.
Und es käme irgendwie
Wer, dessen fidele Güte
Mich zu einem Schnaps einlüde.
Und dann kämen Sie. –
Ja, dann wollt ich Ihnen, die ich eben
Kennenlernte, junge Malerin,
Anfangsunterricht im Malen geben,
Ob ich auch durchaus kein Maler bin.

Leipzig

Die Berge sind so schön, so erhaben! –
Aber es gibt hier keine. –
Wo hier zwei Menschen sind, ist keiner alleine. –
Über manche Leute, die jemand begraben,
Lache ich beinahe mich selber zu Tode. –
Fast alle Sachsen sind sächsisch. Sie zeigen sogar,
Dass die Pariser und die Londoner Mode
Vor zwei Jahren eigentlich auch sächsisch war.

Bei deiner Großmutter bin ich gewesen.
Es tut einem weh:
Sie nagelt – die Siebzigjährige – Stiele an Besen
Und trinkt – weil das jetzt am billigsten – Blutreinigungstee.
Sie hat eine alte Kommode, wertvolles, frühes Barock.
Ich klärte sie auf. Und denke dir:
Sie – unabwehrbar – schenkte sie mir,
Trug sie persönlich mir heimlich nachts ins Hotel in den dritten Stock.

Was nun mit ihr, was mit der Kommode machen?? –
Genug für heute. Ich bin so müde gefragt.
Es ist doch billig, über die Sachsen zu lachen.
Der müsste selber ein
(und würde kein) Sachse sein,
Der einmal recht ihre Vorzüge sagt.

Guter Rausch

Denken wir jetzt nicht an den Halunken,
Der betrügt, indem er sich besäuft,
Auch nicht an den andern, der betrunken
Schimpft und androht oder Amok läuft,

Nicht an Witzler, nicht an Vielversprecher,
Noch an den, der morgen früh bereut,
Der am Tag vor Nacht- und Nacktheit scheut.
Was ich meine, gilt für andere Zecher.

Ihrer denk ich. Nach dem sechsten Glase,
Oder nach dem dritten oder zehnten,
Kommen sie nicht etwa in Ekstase –
Sondern in den variiert ersehnten

Zustand, klar und dennoch mild zu sehn,
Mild zu horchen auf die andern, Fremden,
Und wie Engel in schneeweißen Hemden
Sozusagen vor sich selbst zu stehn.

Manchmal schießen sie mit der Pistole
Dann in sich ein ewig tiefes Loch.
Manchmal lächeln sie und trinken noch
Kognak, Zwetschenwasser, Sekt und Bowle.

Aber immer nehmen Sie sich vieles
Vor und nehmen vieles still zurück
Und erkennen in Betreff des Zieles
Und der Zukunft ihren Weg zum Glück.

Und man wird um solch entrückte Zeit
Sie beneiden, und man wird sie lieben. –
Wenn sie doch zu frühem Tod bereit –
Unverändert derart trunken blieben!

Dresden

Die Stadt macht einen ganz barock.
Bemerkenswertes kennst du ja aus Bildern

Und Büchern. Warum das noch schildern.
Und sozusagen scharrt mein Reisestock.

Ich habe Angst, hier zu verwildern.
August der Starke und Paris
Sind weit von diesem Tumerspieß,
Auch Walter von der Vogelwies.

Was sind wir nun an Gas und Miete schuldig?
Antworte nicht. Mit Geld steht's diesmal schlecht.
Vielleicht deshalb bin ich so ungeduldig
Und gegen Dresden billig ungerecht.

Doch hier – das tolle Welt- und Großstadtleben
Zermürbt mich ganz und gar.
Übrigens: Wurzen liegt nicht weit daneben,
Die Stadt, wo meine Mutter mich gebar.

Fort! Tausend Dank den Dresdener Verehrern!
Doch fort von Dresden! Meine Sehnsucht weht
Nach einer Stadt, die nur aus Oberlehrern
Und aus Gemütlichkeit besteht.

Menu

Ich fuhr im Auto heim, von Freunden fort,
Morgens, da alles still und dunkel war.
Ein Toter lag quer überm Trottoir;
Wir sahen's beide, der Chauffeur und ich,
Fuhren vorbei und sprachen nicht ein Wort.

Wer liebte nicht
Der Sonne warmes Licht!

Wem grauste nicht seit frühster Kindheit
Vor Finsternis, vor Schwarz, vor Blindheit!

Und doch, mich deucht:
Am tiefsten packt uns stets die Stelle,
Wo Schimmer ahnen lässt, doch keine Helle
Die Wunder scheucht.

Mach deinen Weg, wie dir's das Dein befiehlt,
Mit Rechnen oder Hoffen.
Doch: Besser recht gezielt
Als gut getroffen.

Und als Kompott:
Es glaubt auch jedes Tier an Gott.

Stettin

Denke dir: Einer von den drei Borris ist tot.
Der Löwe hat ihn zerfleischt und halb aufgefressen.
Gerade der (das werde ich nie vergessen),
Der damals in Riga mir seinen Lackschuh anbot. –
Heute hab ich zum Abendbrot
Das Würstchen von deiner Mutter gegessen. –
Auch Marcell, der Gedächtniskünstler, ist hier.
Die Leute klatschen bei ihm wie besessen.
Er schuldet mir noch aus Mailand 200 Lire;
Aber das hat er vergessen. –
Ich sende dir ein Postpaket Muscheln,
Pfahlmuscheln (Petroleumsmuscheln sagen wir hier.)
Nimm sie wie Hackfleisch. Ich wollte, ich wäre bei dir
Und könnte kuscheln.

Liebesbrief

So kann es nun nicht weitergehn!
Das, was besteht, muss bleiben.
Wenn wir uns wieder wiedersehn,
Muss irgendwas geschehn,
Was wir dann auf die Spitze treiben.
Was – was auf einer Spitze tut?
Gewiss nicht Plattitüden.
Denn was auf einer Spitze ruht,
Wird nicht so leicht ermüden.
Auf einer Bank im Grunewald
Zu zweit im Regen sitzen,
Ist blöd. Mut, Mädchen! Schreibe bald!
Dein Fritz! (Remember Spitzen.)

Ab Kopenhagen

Kein Kaviar, kein' Kokosnuss,
Kein Obst noch Weinbergschnecken –
Am Tage, da ich reisen muss,
Da will mir nichts mehr schmecken.

Lebe wohl, du schönes Kopenhagen!
Wie ist das schlimm: entbehrlich sein.
Was kümmert dich im Grunde mein
Schweres Herz und mein leerer Magen.

Der mein Gepäck zur Bahn gebracht,
Der Mann kennt keine Tränen.
Im Gegenteil: Er grüßt und lacht
Vergnügt. So sind die Dänen.

Wie stets nach dreißig Tagen
Bricht eine neue Welt entzwei.
Mich hat ein Mädchen hier umgarnt,
Ein Wunderweib! – Vorbei! Vorbei!
Nun sitz ich still im Wagen.
Jedoch ich will nicht klagen.
Vor Taschendieben wird gewarnt.

Lebe wohl, du schönes Kopenhagen.

Über Asta Nielsen

So eine Landschaft gibt's: wo man den bleichen
Mond über weiten Ebenen sieht,
Der glanzlos, deutlich durch die Ferne zieht,
Die – weil sie in uns liegt – wir nie erreichen.

Jemand deutete auf eine Dame hin,
Die die Treppe scheuerte.
Er beteuerte:
Sie sei eine Königin.
Und ich wollte Klarheit, fragte
Sie, ob sie das sei, was jener dachte.
Und sie sagte:
»Nein!« – Scheuerte und lachte.

Zu der großen Künstlerin kam ein Verehrer,
Schenkte ihr ein schweres Stück
Gold. Sie gab es freundlich ihm zurück,
Dankte wie ein gütiger und weiser Lehrer.

Man verwundete und scheuchte sie,
Böse oder dummbelehrt gezielt.

Töten konnte man sie nie.
Weil sie einfach Mensch ist und weil sie
Es auch bleibt, wenn sie Theater spielt.

Blicke lange ihr ins Gesicht
Und dann denke nicht
Ihrer, sondern deiner selbst. Und sprich
Lange du mit mir über dich.

Frankfurt an der Oder

Guten Tag. Wie geht es? Leben Sie wohl.
Nicht Oderkrebse aß ich,
Nein: ersten frischen Blumenkohl
Mit Bröseln. Dazu las ich,
Was du mir so ausführlich schriebst,
Dass du die Miete schuldig bliebst.
Ich freute mich, dass du mich liebst.
Die Miete, die vergaß ich.
Denn Frankfurt war so spaßig.
Besonders weil's Karfreitag war,
War alles Langerweile voll.
Ich frug den Mixer an der Bar,
Was man an Frankfurt rühmen soll.
Da musste der gerade
Mal raus. Und das war schade,
Denn bald darauf ging schon mein Zug.
Ich konnte nicht mehr warten
Und hatte just noch Geld genug
Für ein paar Ansichtskarten.
Ich presste allen Witz heraus
Und schrieb mit stumpfer Feder
An alle Freunde: »Grüße aus
Frankfurt an der Entweder.«

Eines Negers Klage

Ich bin in Sachsen als Neger geboren,
Zickzackbeinig und unehelich.
Meine Eltern habe ich schon früh verloren
Beide haben mich sehr viel geschlagen.
Aber niemand bedauerte mich.
Aber das hat nichts zu sagen.

In der Schule war ich sehr borniert.
Später ging mir's immer besser.
Denn da wurde ich als Feuerfresser
Nach Bilbao engagiert.

Darauf war ich jahrelang Reklame
Für den besten Schuhputz auf der Welt,
Und dann hat mich eine reiche Dame
Bei dem Oberkutscher angestellt.

Aber diese Stellung werde
Ich verlassen, weiß nur noch nicht, wann,
Weil ich, wie die Dame meinte, Pferde
Nicht von Eseln unterscheiden kann.

Aber das hat nichts zu sagen,
Denn ich merke, was die Dame meint,
Und ich habe schon so viel ertragen,
Und ich habe oft für mich geweint.

Und am liebsten ginge ich nach Sachsen,
Wo die Menschen immer anders sind.
Denn ich bin dort einmal aufgewachsen.
Und ich hieß damals das Negerkind.

Aus Bad Tölz an den Onkel

Was doch die Weiber für sonderbare Ideen
Sozusagen wie Bienen ausschwitzen:
Wie wir (Anna fuhr mit mir! Also zu zween!)
Jetzt in Bad Tölz ein Viertel vor zehn
Beim Frühstück (Sülze mit Schoppenwein) sitzen
Und finden alles »delightful« »ergötzlich«,
Und reden zufällig über die Schwaben
Und Bayern und Sachsen,
Äußert Annaweib plötzlich:
Sie möchte so gern ein Kamerunbaby haben,
Aber es dürfe nicht größer wachsen.

Als könnte man solchem Kinde nachts,
Was es tagüber wächst, wieder abschneiden!

Was soll nun der Unsinn bedeuten!
Aber so sind die Weiber. Und schließlich: Was macht's
Schweinfurtig schwemmt sich die Isar vor unseren Blicken.
So muss der Isonzo wohl ungefähr sein.

Wir beten zum Himmel, er möge schlecht Wetter schicken,
Sonst wird der Kursaal zu meinem Gastspiel ganz leer sein.

Du warst so lieb, lieber Onkel du,
Mir ein Netzhemd zu senden.
Es ist viel zu weit. Aber meine Frau nähte es zu,
Und lässt sich herrlich zur Aufbewahrung von Zwiebeln verwenden.

Ich kann dir auch eine winzige Freude machen,
Hab' für deinen Stammtisch einen ganz neuen Witz.
Du wirst dich in Stücke lachen!

Es kommt ein Jude zum alten Fritz
Und stottert verlegen: »Verzeiht, Exzellenz – –«
Der König lässt ihn nicht weiter sprechen.
»Wie heißt? Was will er mit Exzellenz?«
Unterbricht er ihn schnell – – –

Verzeih! Ich muss mich jetzt auch unterbrechen.
Man sagt mir eben: In meinem Hotel
Brennt's!

Die Strömung

Die Strömung strömte Süd-Nord-West
Und bog sich dann im Bogen.
In ihrer Mitte kam ein Rest
Von einem Boot gezogen.

Dann kam ein Wasserleichelchen;
Es war von außen offenbar
Noch ziemlich frisch.
Dahinter trieb ein Speichelchen,
Das abgesondert war
Von einem Fisch.

Dem folgte sehr viel Kohlendreck,
Das Wasser wurde trüber.
Dann gondelte verdorbener Speck
Fischunterzupft vorüber.

Dann trieb ein Balken stumpf vorbei,
Dann nichts, dann ein Stück Dichtung,
Ein Flaschenkork und andrerlei, –
Alles in gleicher Richtung.

Dann kam ein Rest von einem Boot.
Ihm folgte eine gelbe
Chinesenleiche, stark zersetzt.
Und alles, was ich sah, war tot,
War unbedeutend und zuletzt
Im Grunde stets dasselbe.

Aus Breslau

Ach, liebe Kollegin. Du bist es nicht mehr.
Nun bist du wirklich Bäuerin.
Und deine Koffer stehen leer.
Du glaubst nicht, wie ich hin und her
Und her und hin
Traurig und glücklich darüber bin.

Ist da Wald, wo dein Häuschen steht,
Und habt ihr eine Kuh?
Und wer melkt sie? Dein Mann oder du?
Ach das ist seit ewig und immerzu
Ein Wunsch, der auf meinem Kopfkissen steht.

Schreib mir doch alles ganz genau.
Habt ihr auch Obst und Gemüse?
Und trägst du im Stall nackte Füße?
Und eine Schürze gestreift oder blau?

Und wenn du selbst deine Vorhänge ziehst,
Dann, wenn die Sonne dich blendet.
Du trinkst nichts, was man dir spendet.
Ob du beim Melken sitzt oder kniest?

Aus Breslau über Berg und Tal
Viel Grüße dir. – Nein, euch beiden.
Und sage deinem Herrn Gemahl:
Ich wäre nicht zu beneiden.

Aneinander vorbei

Vom Speisewagen
Durchs Land getragen,
Siehst du Dörfer, Felder, Katz' und Küh'.
Angenommen, dass dir das Menü
Nichts kann sagen.

Irgendwo: Zwei Barfußmädchen winken.
Wissen selber nicht, warum sie's tun,
Lassen ihre arbeitsharten Hände
Für Momente ruhn.

Wissen nicht, dass deine Hände sinken,
Winken,
Grüßen
In den ganzen langen Zug hinein,
Ahnen nicht, dass du die Scholle sein
Möchtest unter ihren schmutz'gen Füßen.

Angelangt, ergibst du mittelgroß
Dich der Höflichkeit, dem Stande und dem Gelde.
Nachts im Bette träumst du hoffnungslos
Von den beiden Mädchen auf dem Felde.

Kühe

Wie in der ersten Frühe
Der Nebel feig
Sich dünne macht, stehn auf der Wiese Kühe,
Und eine davon klackst jenen erstaunlich viel grünen Teig.

Als wie im Paradiese!
Warme Mastbäuche rauchen,
Rührende Rotzmäuler tauchen
In die Champagnerbläschen der Wiese.

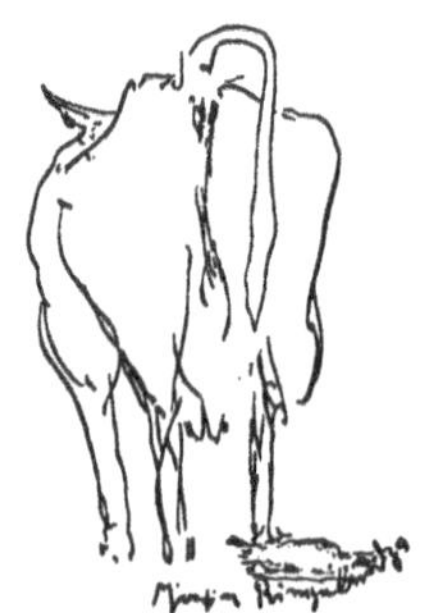

Sie wandeln mit viehischer Majestät
Innerhalb ihrer Grenze,
Schieben das Restchen von Nervosität
In die Quaste ihrer Schwänze,

Und ihre Euter schwappeln und schlenkern
So hunds – glücklich gemein – –
Auch unter den Fürsten und ersten Künstlern und Denkern
Benehmen sich manche wie ein Schwein.

München–Hamburg–Altona–Amerika

Denn von München bis nach Hamburg hin,
Dritter Klasse, ist kein rechter Schlaf.
Ob Artist, ob müde oder Schaf –
Jedenfalls: Ich merke steif: Ich bin.
Aber grüßt mich in Hannover
Schon ein kühles, blondes Lineal.
Elbe abwärts, über den Kanal
Weht ein frischer Wind nach Dover.
Denn dies Hamburg liegt nicht weit vom Meere,

Wohinein der Binnenländer sticht.
Und am Dammtor stehen Leip und Kläre,
Die wie Whiskysoda zu mir spricht.
Und ich melde dann
Mich bei dir an Deck,
Dicker, treuer Kaptein Muckelmann.
Und du lächelst über mein Gepäck.
Abends lassen wir uns hin und her
Bis nach Altona
durch die Hafenkneipen treiben,
Nur damit wir unsrem Peter Scher
Nach Amerika
Eine schöne Ansichtskarte schreiben.

Weltverkehr

Horch! Eine Stimme aus dem Radio rief:
»Ich bin der unbekannte Fisch Plattunde.
Ich lebe auf dem Meeresgrunde
So schätzungsweise fünfzehntausend Meter tief.
Ihr Menschen hört, ich möchte gar zu gern
Einmal den Flieger Udet kennenlern.«

In einer Höhe von genau zwölftausend
Elfhundert Metern durch die Lüfte sausend,
Erwiderte Herr Udet so:
»Mein lieber, unbekannter Fisch im Meere,
Ich habe Ihren Wunsch vernommen.
Auch ich ersehne ein Zusammenkommen.
Auf meiner Seite wäre ja die Ehre.
Bestimmen Sie per Radio
Nur bitte wann? und wie? und wo?«

Kaum war dies Zwiegespräch gesprochen,
So ward das Meeresspiegelglas
Von einem kleinen Fisch durchbrochen,
Der eine Fliege schnappte und sie fraß.

Hamburg

Das Hafenleid – die Alsterdiamanten –
Das sind für mich so fertige Begriffe,
Da fallen Zahlen um die großen Schiffe,
Wenn ich begönnert, aber missverstanden
Zwischen den Reedern sitze an der Bar,
Die scheinbar nur um Whiskysoda knobeln.
Indessen denk ich immer vor den nobeln
Kaufherren an mein schlecht gekämmtes Haar.

Dann die, die aus den Schiffen sich verstreuen:
Unangenehme, plumpe Wunderlinge,
Sie schenken bluterlebte Wunderdinge
Und wollen nichts, als sich mit andern freuen.
Wie sie das erste beste runter gießen,
So gierig wie die weißen Hafenraben – – –
Muss man den Schlüssel selbst erschmiedet haben,
Um ihre seltnen Märchen zu erschließen.

Und alles kenn' ich: Backbord, Luv und Lee,
Das »Rundstück warm«, die Segel und die Lichter,
Die hellen abgesalzenen Gesichter.
Fuhr ich vielleicht umsonst sechs Jahr zur See!

Hier bunte Ratsherrn flatternd um die Masten,
Dort steife Flaggen, die zur Börse hasten.
Und steife Grogs, Qualm, Tabak, Nebeldunst.
Du frägst nach Kunst? ach Hummel, Hummel – Kunst!

Nachts klang zwölf Glasen – (nein, vielleicht zwölf Uhr) –
Wie aus Westindien – dumpfes Dampfertuten,
Ich träumte (aber dieses lüg ich nur)
Ich träumte eben von der Tante Bur, –
Kann es wohl sein, dass Augenwimpern bluten?
Hier trink ich morgens Bier auf nüchtern Magen
Und häufe Wurst auf grobes, schwarzes Brot,
Und fühle mich so stark in jeder Not,
Ich würde mich hier schämen, je zu klagen.

Mein Yes but an Mr. X in der Bar

Yes –, but this Volk ist mein See,
Darin ich als Kaulquappe schwamm.
Helle Bläschen brodeln im Grunde
Im weichen, warmen Schlamm.
Ich friere in eurem Schnee.

In euren Tropen werd' ich zum durstigen Schwamm.
Wir sehen mit großen Augen und offenem Munde
Bei euch alles besser.
Wir suchen eure weiten Gewässer,
Gehen ganz darin unter. Sagen dann »leek« statt Lake.

Und werden lauter und zu laut im neuen Gequake.
Aber wir sehnen uns eines Tages doch heim,
Einmal wieder in unseren Teich, unsren Tümpel zu tauchen.
Go back – – eilen heim,
To take a bath after interesting time.

Amberg

Ich möchte ein Hecht sein,
Recht bissig und schlecht sein,
Unter Wasser und stumm
In der Vils in der Pfalz.
Das Wasser dort hat kein Salz.
Die im trüben fischen,
Würden mich bald erwischen.
Sie würden mich haun
Und spicken und kochen
Und mir dann vertraun,
Mich essen, verdaun,
Und nach Jahren und Wochen
Würde ich heilig gesprochen.
Man würde mich preisen.
Kein Gasthof zur Linken und keiner zur Rechten,
Ein mittlerer würde dann nach mir heißen:
»Gasthof zum Hechten«.

Berlin
(An den Kanälen)

Auf den Bänken
An den Kanälen
Sitzen die Menschen,
Die sich verquälen.

Sausende Lichter,
Tausend Gesichter
Blitzen vorbei: Berlin.
Übers Gewässer
Nebelt Benzin …
Drunten wär's besser.

Hinter der Brücke
Flog eine Mücke
Ins Nasenloch.
Loch meiner Nase,
Nasenloch, niese doch
In die stille Straße!

Auf dem Omnibus, im Dach
Rütteln meine Knochen,
Werden gute Worte wach,
Bleiben ungesprochen. – –

Ach, da fällt mir die alte Zeitungsfrau ein –
Vanblix oder Blax soll sie heißen –
Die hat ein so seltsames Schütteln am Bein,
Dass alle Hunde sie beißen. – –

An den Kanälen
Auf den dunklen Bänken
Sitzen die Menschen, die
Sich morgens ertränken.

Kürzeste Liebe

Blöde Bauern, die den biedern
Gruß der Bürger nicht erwidern,
Menschen, die mit halbem Nicken
Danken, ohne aufzublicken.
Prüde, scheue Frauen, leise
Kinder, würdevolle Greise – – –

Aber wenn an Dorf und Feld und
Wald vorbei dein Schnellzug braust,
Du aus deinem Wagen schaust:

Ja dann stehen – stehn auch diese
Ganz dir zugewandt am Hange,
Vor dem Stalltor, auf der Wiese –.
Und sie winken. Winken lange.

Grüßen voll und grüßen frei
Dich und deine Fahrtgenossen.

Und die reinste Liebe wird vergossen
Im Vorbei.

Der traurige Onkel

Wundre dich nicht, wenn ich weine,
Weil ein Mensch doch dann und wann
Trotz des besten Willens seine
Sorgen nicht verbergen kann.

Nimm aus meiner Schreibtischlade
Den Revolver mir nicht fort,
Auch das Gift nicht. Und verrate
Niemandem davon ein Wort.

Und du selber sollst nicht weinen,
Wenn du über mich was liest,
Oder wenn du plötzlich meinen
Hut im Wasser treiben siehst.

Frage nicht, warum ich heute
Etwa etwas seltsam bin.
Grüße bitte meine Leute. –
Schau das Laub! – Es welkt dahin.

Bleibe glücklich und genieße
Du das Leben im Erblühn.
Wenn du Zeit hast, so begieße
Manchmal dieses Immergrün.

Was für Absichten ich hege?
Frage nicht. – Nimm diesen Kuss,
Und dann geh ich jene Wege,
Die ich einmal gehen muss.

Noch ein Küsschen auf das kleine
Näschen. Noch eins auf den Mund.
Ach was hast du süße Beine. –
Zeig mal! – Und wie bist du rund!

Ach, mir darfst du das schon zeigen,
Denn du bist doch schon so gut
Wie erwachsen und kannst schweigen,
Wenn dein Onkel etwas tut!?!

Über Finnland

Wie ich mich auf die Reise zur See,
Auf Helsingfors und die Finnmark freute!
Und nun erfahre ich heute:
Jenes finnische Varieté
Sei pleite gegangen.
Ich könnte Entschädigung verlangen,
Aber die Leute sind restlos bankrott.
Wovon wir beide dann im Mai
Leben sollen, das weiß nur Gott.
Nun bin ich einen Monat lang frei,
Kann abends rechtzeitig schlafen gehn,

Kann wieder einmal ein Theaterstück sehn.
Wär Geld, wir könnten die ganze Zeit
Mal bürgerlich behaglich zu zweit,
Die Abende zu zweit allein
In mein – dein – unserm Heim verleben.
Ach Helsingfors soll herrlich sein.
Es soll dort ernste Menschen geben,
Für Kunst empfänglich, ehrlich, gut, –
So destilliertes Fischerblut –
In Spiritus gesetzte Herzen.
Bezaubernd soll die Landschaft sein. –
Jetzt krieg ich auch noch Rückenschmerzen.
Ein Unglück kommt halt nie allein.

Aufgebung

Ich lasse das Schicksal los.
Es wiegt tausend Milliarden Pfund;
Die zwinge ich doch nicht, ich armer Hund.

Wie's rutscht, wie's fällt,
Wie's trifft – so warte ich hier. –
Wer weiß denn vorher, wie ein zerknittertes Zeitungspapier
Weggeworfen im Wind sich verhält?

Wenn ich noch dem oder jener (zum Beispiel dir)
Eine Freude bereite,
Was will es dann heißen: »Er starb im Dreck«? –
Ich werfe das Schicksal nicht weg.
Es prellt mich beiseite.

Ich poche darauf: Ich war manchmal gut.
Weil ich sekundenlang redlich gewesen bin. –

Ich öffne die Hände. Nun saust das Schicksal dahin.
Ach, mir ist ungeheuer bange zumut.

Lappalien

Auf einer Hochzeitsreise von Italien
Nach Senegalisch-Dakar
Gesellten sich zwei Lappalien
Und ein Deckoffizier zu dem jungen Paar.

Der Deckoffizier trat dazwischen,
Und die Lappalien baten ihn leise,
Sich einzumischen
Aufbauschenderweise.

Als die Lappalien beim Landen verschwanden,
Schritten das Paar und der Deckoffizier
Aufgeregt über den Pier,
Bis sie zuletzt eine Kerbe fanden.

Da wurde der Ehemann zornig blau.
Da schlug der Deckoffizier mit der Frau
In dieselbe Kerbe.
Da rief die Frau: »Zu Hilfe! Ich sterbe!«

Da wurde der Deckoffizier backbordrot
Und schoss den Ehemann tot.

Der Frankfurter Eherechtsanwalt Stett
Schickte zum Begräbnis zwei Dahlien,
Aß sieben Zwiebeln und ging dann zu Bett
Und verfluchte die beiden Lappalien.

Nächtlicher Heimweg

Es wippt eine Lampe durch die Nacht.
Trapp klapp –
Ich will mir denken,
Dass meine Mutter jetzt noch wacht,
Und will den Hut für sie schwenken.

Wir sind nicht, wie man seien soll,
Wir haben einander nur gern,
Doch meine Mutter ist alt und ist fern.
Und mir ist das Herz heut so voll.

Da kommt eine Frau mir entgegen,
Ich will was Gutes überlegen,
Weil sie so arm und eckig aussieht.
Aber die Frau entflieht.
Ich bin ihr zu verwegen.

Nun wird es still und wunderbar.
Kein Laut auf der Straße Mitte.
Nur drüben am andern Trottoir
Gehn meine eignen Schritte.

Ruf zum Sport

Auf, ihr steifen und verdorrten
Leute aus Büros,
Reißt euch mal zum Wintersporten
Von den Öfen los.

Bleiches Volk an Wirtshaustischen,
Stellt die Gläser fort.

Widme dich dem freien, frischen,
Frohen Wintersport.

Denn er führt ins lodenfreie
Gletscherfexlertum
Und bedeckt uns nach der Reihe
All mit Schnee und Ruhm.

Doch nicht nur der Sport im Winter,
Jeder Sport ist plus,
Und mit etwas Geist dahinter
Wird er zum Genuss.

Sport macht Schwache selbstbewusster,
Dicke dünn, und macht
Dünne hinterher robuster,
Gleichsam über Nacht.

Spott stärkt Arme, Rumpf und Beine,
Kürzt die öde Zeit,
Und er schützt uns durch Vereine
Vor der Einsamkeit,

Nimmt den Lungen die verbrauchte
Luft, gibt Appetit;
Was uns wieder ins verrauchte
Treue Wirtshaus zieht.

Wo man dann die sporttrainierten
Muskeln trotzig hebt
Und fortan in Illustrierten
Blättern weiterlebt.

Ein Strolch sieht spielende Kinder

Die kleinen Kinder sind so groß.
Sie umarmen sonnigen Sand.
Mir geben sie einfach einen Stoß.
Und greifen nach einer Frauenhand.
Sie jauchzen ohne Scham und Verstand
Nackt in eines Fräuleins Schoß.

Soll ich sie nach dem Wege fragen,
Weil ich mich nicht an Erwachsne getrau.
Sie wissen mir doch nichts zu sagen,
Zeigen mir nur ein fremdes Geschau,
Wie – Seehunde unter Menschen verschlagen.

Die Kinder sind so groß. Ich bin klein.
Sie sind so sauber; ich bin ein Schwein.
Ich suche Arbeit und Geld und Bett.
Sie wollen nur ins Freie.
Wenn ich Kinder – oder eine Mutter hätt' –

Wie sie es schreien, ihr Ringelreihe!
Wer möchte ihnen das Spiel verderben.
Aber doch: Jetzt – so – müssten sie sterben.

Der »Gezeichnete«

Ein Bleistift hat mich vergewaltigt,
Hat meine Züge vergestaltigt
Und hinterlistig auf ein Blatt
Papier gebracht.
Ich muss gestehn, der Bleistift hat
An sich die Sache gut gemacht.

Wer aber gab ihm die Erlaubnis?!
Nun weiß ich nicht recht, ob das Raub ist.
Gehört die Miene nun dem Blei?
Gehört sie mir? – Wie dem auch sei.
Die Fratze und der Bleistiftstrich
Verhöhnten und versöhnten sich
Und zogen darauf Hand in Hand
Ganz freundschaftlich ins weite Land.

Denn beide sind – das ist der Witz –
Im Grunde kein Privatbesitz.

Mannheim

Schaff mir doch jemand den Schutzmann vom Hals!
Der Kerl schreitet ein.
Ich möchte doch gar nichts weiter, als
Nur laut schrein. Ganz laut schrein.
Der aber schreit: Nein,
Das dürfte nicht sein.

Was wär nun an meinem Geschrei
Schlimmes dabei?
Wenn ich doch heute so fröhlich bin.
Dafür haben die von der Polizei
Gar keinen Sinn.

Passt auf, ihr Leute, was ich nun
Tue. Ich werde nichts Böses tun.
Wenn ich jetzt laufe,
Läuft der besäbelte Mann
Wie wild hinterher.
Aber ich laufe schneller wie der.
Und werde schrein, was ich nur schreien kann.

Was wissen die Polizisten
Vom redlichen Fröhlichsein.

Am Südpol darf jeder Seelöwe schrein
So laut wie er will. –

Schon gut, ich bin ja schon still.

Frankfurt am Main, September 1923

Wie ich mich auf dich freue!
Nur noch fünf Tage weit!
Wird!
Was ich auch scheue,
Niemals die Zeit.

Ich sitze wo und esse.
Um mich die Herrn von der Messe
Sind alle wichtig im Gefecht.
Ich wollte, ich wäre bezecht.

Nahbei, vor einem stolzen Hotel
(Wo man noch echten Whisky hat),
Schwemmt sich aus schöner Schale ein Quell,
Als weinte eine ganze Stadt
Ihre Zeitnot über den Rand.

Renée, ich küsse deine Hand.
Auf Wiedersehn!
Ich denke: Wenn nächstens vieles fällt,
Wir zwei bleiben stehn,
Solange wir wissen, was uns hält.

Die Litfasssäulen

Es stehen die Litfaßsäulen
Verstreut, den Leuchttürmen gleich,
Und lassen vom Wind sich umheulen
Und werden im Regen ganz weich.

Und rufen und locken und preisen
Aus buntem und grellem Papier
Und drohen und stechen und beißen
Und lügen noch schlimmer als wir.

Früh lehnt ein Mann eine Leiter
An das, was Litfaß erfand.
Er reißt ihr vandalisch, doch heiter
In Fetzen das bunte Gewand.

Nachdem er sie darauf bekleistert –
Als brächte ihn Nacktes in Zorn –
Klebt er ihr wieder begeistert
Viel Buntes auf Hinten und Vorn.

Theater… – Auktion… – Zigaretten… –
Wohltätigkeits… – Raubmord… – Und Sport… –
Proteste… – Amtliche… – Betten… –
Kurz alles in Bild oder Wort.

Ich lese das ernst ohne Pause.
Mich interessiert so was sehr.
Und meiner Frau sag' zu Hause
Ich alles dann auswendig her.

Ihr Sinn für Romane, Gedichte
Und Zeitungen ist nicht so groß.

Sie hört meine Litfaßberichte,
Und abends ziehn wir dann los.

Und wie, wie in Sturm und Wellen,
Die Litfaßsäulen starr stehn,
So sollen am Aktuellen
Auch wir nicht etwa achtlos vorübergehn.

Berlin, Dezember 1923

Guten Morgen, Liebling! Gestern Nacht
Hat ein Kerl mich überfallen,
Wollte mich niederknallen,
Schrie: »Geld her!« und schoss.
Ich habe ihm fünf auf den Schädel gekracht:
Hammer auf Am–bam–bam–bam–boss.
Das hat mein Haustürschlüssel gemacht.

Und heute starb er im Lazarett.
Was der wohl noch dachte – zuletzt – auf dem Sterbebett?

Und was soll ich denken?
Welche Mächte die Kugeln lenken –
Not und Irrtum – Notwehr und Reue –?
Ob ich lache? Ob ich mich freue,
Weil dieser Kerl danebengezielt
Mich Armen für einen Reichen hielt –?

Erfrorenes Vögelehen früh
Auf meinem Fensterbrett. –
Draußen: tut – kling – hottehüh! –

Der Großstadtverkehr. –
Da kroch ich noch einmal ins Bett.
Denn ich friere so sehr. –

Wenn ich ein Vöglein wär –
Ja schön, aber kalt ist es hier …
Und so lange getrennt zu sein …
Erfrorenes Vögelein –
Flög ich zu dir.

Stammbuchvers

So – an ein Stammbuch hingezerrt –
Hat man Verdruss.
Man fühlt sich ins Klosett gesperrt,
Obwohl man gar nicht muss.

Denn mancher Gast will weitergehn
Und will nichts stehen lassen
Und seine Klexe ungesehn
Nur werfen, wo sie passen.

Wirrsal

Denn immer wieder steigt von Zeit zu Zeit
Das Glück zu hoch und sackt das Leid zu tief.
Und dann: erwacht,
Was man gewaltsam totgemacht
Oder was kraftlos dumpfe Unwahrscheinlichkeiten schlief.

Und Kugeln müssen singen durch die Nacht;
Und nichts in ihrer Bahn soll leben bleiben.
Und was die Menschen sagen oder schreiben,
Soll offenkundig Lüge sein.
Und eine Zeit lang herrsche Nichts und Nein,
Und beuge sich der Vater vor dem Sohn.
Revolution!

Damit wir alle neu und weiter leiden,
Noch einige die wenigen beneiden,
Die dann so stark und unabhängig sind,
Dass sie zum Beispiel sich vor einem Kind
Ganz plötzlich – oder sich vor grünen Zweigen
Oder vor einem Esel – tief verneigen.

Schnee

Zwischen den Bahngeleisen
Verträns sich morgenroter Schnee. – –
Artisten müssen reisen
Ins Gebirge und an die See,
Nach Leipzig – und immer wieder fort, fort.
Nicht aus Vergnügen und nicht zum Sport
Manchmal tut's weh.

Der ich zu Hause bei meiner Frau
So gern noch wochenlang bliebe;
Mir schreibt eine schöne Dame:
»Komm zu uns nach Oberammergau.
Bei uns ist Christus und Liebe,
Und unser Schnee leuchtet himmelblau.« –
Aber Plakate und Zeitungsreklame
Befehlen mich leider nicht dort-,
Sondern anderwohin. Fort, fort.

Der Schnee ist schwarz und traurig
In der Stadt.
Wer da keine Unterkunft hat,
Den bedaure ich.

Der Schnee ist weiß, wo nicht Menschen sind.
Der Schnee ist weiß für jedes Kind.

Und im Frühling, wenn die Schneeglöckchen blühn,
Wird der Schnee wieder grün.

Beschnuppert im grauen Schnee ein Wauwau
Das Gelbe,
Reißt eine strenge Leine ihn fort. –
Mit mir in Oberhimmelblau
Wär's ungefähr dasselbe.

Hannover

Ich habe wieder viel Geld verbraucht, weil: – –
Ich ließ in letzter Woche täglich
Zweimal meine Füße bestrahlen.
(Der eine ist schon ziemlich heil.)
Und nahm an der Internationalen
Artisten-Loge-Streik-Sitzung teil.
Der Erfolg meiner Rede war kläglich.
Aber ich musste noch nachträglich
Einundsechzig Mark Mitgliedsgeld zahlen.
Fossil ward wieder zum Vorstand gewählt.
Und das ist sehr richtig.
Sonst war die Sitzung sehr fad, aber wichtig.
Später im Klubhaus hat Biegemann,
Mein ehemaliger Lehrer, mir dann
Von Illineb, seinem Lehrer, erzählt.

Biegemann

Biegemann war mein Lehrer.
Biegemann war mal zu mir gut.
Ich bleibe doch sein Verehrer.
Denn was tut's, wenn, was tat, nicht mehr tut.

Biegemann warfen schließlich
Seine Freunde allerlei vor.
Biegemann wurde verdrießlich,
Unverschämt. – Bis er den letzten verlor.

Als ich ihn weiter besuchte –
Denn er war einst mein geistiger Halt –,
Schlug er und wälzte und fluchte
Alles auf mich, was den Freunden galt.

Langsam wurde ich kühler.
Endlich blieb ich ihm fern.
Aber doch war ich sein Schüler
Einstmals und hatte ihn gern.

Was er nun Schlechtes verbreitet
Über mich – überall –, macht mich nicht heiß.
Denn nur der Unsichre streitet,
Und ich weiß, was ich weiß.

Wenn ich ihn jetzt hin und wieder
Sehe, so wende ich mich. Das heißt,
Wenn er mich jemals wieder –
Wie neulich, im Hofbräu – mit Kalbsknochen schmeißt,

Hau ich ihm eins in die Fresse.
Denn ich bin doch kein Magistrat. – –
Aber niemals vergesse
Ich, was mir Biegemann Gutes tat.

Frankfurt am Main, Januar 1924

Hier hab' ich den Teufel gesehn.
Er ging durch die schnurrigen Gassen

Und hat etwas fahren lassen
Abends vor zehn.

Fand wieder Freunde lieb und wert.
Und manche haben mich entdeckt.
Ich weiß: Der Apfelwein schmeckt
Gut, aber er zehrt.

Wie du mich wohl wiedersiehst?!
Ich habe vor steifen Leuten
Einen Pferdeapfel gespießt.
Ob die sich innerlich freuten?

Mag es hier billig, teuer,
Interessant oder langweilig sein.
Mir ist dies Frankfurt am Main
So angenehm nicht recht geheuer.
Und mir gefällt's.

So nehme ich jede Fremde,
Als schliche ich nachts im Hemde
Durch Korridore eines Hotels.

Aus meiner Kinderzeit

Vaterglückchen, Mutterschößchen,
Kinderstübchen, trautes Heim,
Knusperhexlein, Tantchen Röschen,
Kuchen schmeckt wie Fliegenleim.

Wenn ich in die Stube speie,
Lacht mein Bruder wie ein Schwein.
Wenn er lacht, haut meine Schwester.
Wenn sie haut, weint Mütterlein.

Wenn die weint, muss Vater fluchen.
Wenn er flucht, trinkt Tante Wein.
Trinkt sie Wein, schenkt sie mir Kuchen:
Wenn ich Kuchen kriege, muss ich spein.

Aus Amsterdam

Nachdem ich den ersten und zweiten Preis
Gestern in einer Verlosung gewann,
Und zwar einen Seehund und eine Matratze,
Und nun nicht wohin damit weiß,
Und weil mir hohnlachend jedermann,
Dem ich das Zeugs billig offeriere,
Noch weniger bietet, nur weil man lebendige Tiere
Nicht wie einen Regenschirm einfach stehn lassen kann
Und jeder von meiner Abreise weiß,
(Denn der eine Gewinn - der zweithöchste Preis –
Ist richtig lebendig und bellt wie ein Kalb)
Die Matratze allein aber geh ich nicht hin,
Aus Trotz meinetwegen. Und eben deshalb
Und weil ich heute so traurig bin
Und ein Zündholz verschluckte und kurz und gut:
Mir ist heute so zum Sterben zumut.
Du brauchst deswegen nicht ängstlich zu sein.
Es hat ja noch Zeit.
Nur merk dir bei dieser Gelegenheit:
Wenn ich mal sterbe, ist alles dein
(Nach meinem Wunsch und von Rechtes wegen),
Was ich besessen habe im Leben.
Nur sollst du dann meinen drei liebsten Kollegen
Folgende kleine Souvenirs geben:

Dem Degenschlucker Paul Speisel vererbe
Ich den krummen Türkensäbel mit Schärpe.

Der Lachsalvendaisy in Ingolstadt
(Die mir mal das Leben gerettet hat),
Sende das Neue Plüschtestament.
(Frage sie erst, ob sie mich noch kennt.)

Den Jupiter aus Papiermaché
(Den kleineren mit den fehlenden Ohren!)
Und sämtliche Fachzeitschriftenbande
Vermache ich den Gebrüdern Hoppé,
Vogelstimmenimitatoren.
Und drücke ihnen im Geiste die Hände.

Notiere noch (Motzstraße vierzehn, Berlin)
Den Zauberkünstler René du Claude.
Dem hab ich mal hundert Pesetas geliehn.
Die schuldet er mir jetzt seit sechseinhalb Jahren.

Und mögen diese nach meinem Tode
Mir alle ein gutes Gedenken bewahren.
Und dir, meiner Frau, einen ewigen Kuss.
Doch lass mich nicht weich werden. – Also jetzt Schluss
Mit jeder Sentimentalität.
Sei brav! Bleib mit treu! Und ich grüße dich.
Sei sparsam und fleißig! Leb wohl! Es ist spät,
Und die Kegelgesellschaft wartet auf mich.

Stuttgart

Ich kam von Düsseldorf, dort sah ich Radschläger.
Ich kam nach Stuttgart, dort trank ich Steinhäger,
Denn mit dem schwäbischen Wein
scheint mir nicht allzu viel los zu sein,
Wenigstens nicht mit dem billigen.
Doch ich ich wohnte in dem Olgabau,

Einem Schlosse einer hohen Frau,
Die mir auch die besten Sorten tat bewilligen.
Ach, ich schwirrte von Vergnügen zu Vergnügen.
Schien auch dem Publikum zu genügen.
Durfte über ein Auto verfügen,
Fuhr mit diesem herrschaftlichen Benz
Wie eine quietschfidele Eminenz
Nach Marbach an dem Hause vor,
Wo Kodweiß Schillern einst gebor,
Ging auch kollegial hinein
(Scheinbar schien mir alles dürftig, ernst und klein),
Sah mich also recht bescheiden eilig satt,
Freute mich später kannibalisch dann
Über einen Brunnen Zum wilden Mann,
Welcher Wilde zwei Feigenblätter hat,
Und zwar nämlich eins vorn irgendwo
Und das andere ganz hinten vorm Popo.

Kehren wir nach Stuttgart nun zurück. –
Und wer will, der mag dort bleiben. –
Ich persönlich schwamm dort wie ein Schwamm im Glück,
Heißt: Ich soff mich voll und ließ mich treiben,
Nach der Wettermeldung war es kalt.
Ich besuchte eine Irrenanstalt.
Eine Schizophrenin sprach so wunderwirr.
Ach, was ich noch alles schaute!
Und wie fürstlich wohnte, wie gesagt, ich hier!
Dass ich niemals mich aufs Nachtgeschirr
Und auch sonst mir vieles nicht getraute.

Morgen zwölf Uhr lande ich bei dir
Und was bringe ich als Souvenir?
Was von Stuttgart mit? – Manch treuen Gruß,
Eine Probe des erwähnten Weines,
Anekdoten und ein süßes, kleines
Embryo in Spiritus.

Wien, Februar 1924

Ich werde wohl in wenig Wochen
Bischof und Bürgermeister sein von dieser Stadt.
Nach dem, was man mir allwo hier versprochen
Und mit viel Küssdiehands beteuert hat.

Und andrerseits: nach dem, was man gehalten
Und wie man mich empfehlend weiterwies
Und überhaupt – es drängt mich, einzuschalten:
Hier isst und trinkt – – So denk ich mir Paris.

Ich lebe noch, obwohl die Trambahnwagen
Links fahren und sich alles links
Ausweicht. Ich weiß dir mündlich allerdings
Auch vieles Gute über Wien zu sagen,
Für heute lass mich etwas neidisch klagen.

Denn Oper, Fasching, Tanz und Operette –
Ich merkte, zählte … und ich kroch ins Bette.

Und wie sich unsereins hier vor den Läden weidet!
Und wie, was weiblich oder feminin
Ist, hier sich elegant tut und bekleidet –!
Ja Wien bleibt Wien.

Ich seh die Tiere, die man abgeschossen
Um Pelz und Flirt.

Jedoch ich werde mählich was verwirrt.
Ich habe zu viel Heutigen genossen.
Und draußen wuchtet um den Stephansturm
Schon seit acht Tagen böser Wind. –

Der müsste zehnmal stärker – stärkster Wind –
Hier all die Damherrn, Dummen oder Dämen
Jählings entkleiden, nackt wie Regenwurm. –
Wie sich die Zierigen wohl dann benähmen?!

Ach wärst du hier, wär' all das abgetan.
Schlagobers würd' ich um dich häufen lassen.
Auch sah ich winkelschöne, arme Gassen
Und Kirchentürme ganz aus Filigran.

Berta und ich gehn zum Maskenball

Gänse, die als Prinzessinnen sich weiden.
Schafsköpfe, die als Schafskopf sich verkleiden.
Türken, die eine Bettlerin
Mit »Frau Geheimrat« titulieren,
Cowboys mit Oberlehrermienen. – –
Nur die dabei verdienen und bedienen,
Erkennen solchen Unfugs Sinn.
Und beinah nur für diese Wenigen
Mischen wir andern uns auf buntem Teller
Zum außerordentlichen italienischen
Salat, als Stückchen dran und drin.

Berta, frisier dich etwas schneller!
Weil ich ein fertig angezogener Chinese bin.

Es braust ein Ruf wie Donnerhall, –
Berta, wir gehn zum Faschingsball,
Zu Karnevallerie Krawall,
Pot-Pickles, Mixed-Pourri und Drall.

Denn mancherlei im Leben – vielerlei! –,
Das man nicht sagt, lässt tanzen sich und gröhlen.
Und köstlich ist ein unverbindlich Küssen.

Maria Stuart, heute bist du frei.
Rasch! Gieße Flieder in die Achselhöhlen!

Nimm diese Mark für Trambahn und mal müssen.
Das Auto hin, das werde ich bezahlen.
Bin ich nicht nett??
Und geh heut nacht mit wem du willst in das Schafott.
Mach zu! Mein Hütchen – und mein Paletötchen. –
Steig ein! – Die Schlüssel? – Und die Schinkenbrötchen?
Töff töff rrrr –

*

Das Auto hält. Portier und Lichter strahlen.
Das Auto will ich, wie gesagt, bezahlen.
Doch, Berta Stuart, nun verlass ich dich.
Zum Abenteuern muss man Freunde meiden.
Wie wir uns heute nur für andre kleiden,
Zuletzt erlebt ein jeder doch nur sich.

Du!: Morgen, überm Eimer denk an mich!

Wien (Später)

Ich habe gestern drei Liter Sahne getrunken
Und hinterher ein Würstchen gemacht,
Das hat wie versengte Pferdehufe gestunken,
Aber es sah golden aus und wie eine Acht.
Und das soll Umschwung bedeuten;
Ist auch schon eingetroffen:
Ich bin jetzt beliebt bei den Leuten.
Hätt' ich nur nicht die Sahne gesoffen!
Ich bin schon dreimal von Malern gemalt,
Wenn auch ganz schief,
Und darf auf Gageerhöhung hoffen.
Den Glasaufsatz hat ein Gönner bezahlt.

Und von Renée kam ein herziger Brief.
Kurz, ich hab wieder verteufelten Mut.
Man kann hier mit Geld wie im Himmel leben.
Nur mein Magen ist heute nicht gut,
Musste mich dreizehnmal übergeben.

Graz

Man hatte mir viel Angst gemacht.
Ich fuhr nach Graz als wie zur Schlacht.
Doch unterwegs – ich kam aus Wien –
Sah ich schon wechselweise
Berge aus Schnee und Berge grün.
Da reimte ich auf »Reise«
Mir guten Trost. Und wurde kühn:
Der Schnee zerschmilzt, und ein Tag zerschmilzt.
Und Wälder sah ich und Kühe
Und Wiesen, olivenfarbig befilzt.
Ich sagte mir immer wieder bis Graz:
Gib dir nur trotzdem viel Mühe.
Und kam an und tat's.
Wenn ich in der Rosenkranzgasse dann
(Die kennt nur der Eingeborne)
Eine fesche Grazer Verlorne
– nach jener vorerwähnten Schlacht
Am Abend – in der Nacht gewann,
Und beides ganz unstreitig,
So ward mir solches Siegen
Dadurch sehr leicht gemacht,
Dass sich die Grazer gegenseitig
Meist in den Haaren liegen.

Königsberg in Preussen

Ich habe – fall nicht um vor Schreck –
Ein richtiges Gedicht gemacht.
Und ist sogar ein gut Gedicht!
Ich dichtete im Blutgericht
Bei Sekt und Königsberger Fleck.
Ich nenne es »Sehnsuchtsschwüle Nacht« –
Das sind Gedärme und Eingeweide.
Es ist nach Meinung von zwei Soldaten,
Die selber dichten, sehr schön geraten.
Der Inhalt ist »Mondschein – Liebespaar – Heide«.
Es fehlen mir noch die letzten zwei Zeilen.
Ich sende dir später eine Kopie.
Ich will auch noch an der Überschrift feilen.
Man tut sich schwer mit der Poesie.
Doch ich glaube, dass ich noch manches mache.
Das Reimen ist übrigens Nebensache.
Es muss nur gewisse Eindrücke auslösen.

Hier weht so ein frischer östlicher Wind.
Ich bin im Schloss und Universität
Und einmal bei Journalisten gewesen.
Die nach allen Seiten gebildet sind.
Nur ist es morgens hier immer sehr spät.
Und auch auf dem Viehmarkt herrscht Tempo und Leben.
Man muss sich in alles einmal vertiefen.
Wie sich die Metzger dort Handschlag geben,
Zum Beispiel, – das schildert sich gar nicht in Briefen.
Und ist auch nicht weiter interessant.

Aber lies mal Immanuel Kant.
Das sind natürlich nicht Liebesgeschichten,
Sondern ein Philosophengenuss.
Morgen bin ich in Memel. – Jetzt muss
Ich weiter Sekt trinken und feilen und dichten.

Bremen

Hier gelt ich nix und würde gern was gelten,
Denn diese Stadt ist echt, und echt ist selten.
Reich ist die Stadt. Und schön ist ihre Haut.
Sag einer mir: Welch Geist hat hier
Die Sankt Ansgarikirche aufgebaut?
Groß schien mir alles, was ich hier entdeckte.
Ein Riesenhummer lag in einem Laden.
Wie der die Arme eisern von sich reckte,
Als wollte er durchs Glas in Frauenwaden,
In Bremer Brüste plötzlich fassen
Und – wie wir's von den Skorpionen lesen –
Restweg im Koitus sein Leben lassen, –
Wär er nicht längst schon rot und tot gewesen.
Als ich herauskam aus dem Keller, wo
Schon Heine saß, da sagte ich: »Oho!«
Denn auf mich sah Paul Wegener aus Stein,
Und er war groß und ich natürlich klein.
Brustwarzen hatte er an beiden Knien,
Vielleicht war's auch der Roland von Berlin.
Und als ich, wie um eine spanische Wand
Mich schlängelnd, eine seltsam leere
Doch wohlgepflegte Villengasse fand
Und darin viel verlorene Ehre,
Stand dort ein Dacharbeiter.
Den fragt ich so ganz nebenbei:
Ob er wohl ein Senator sei?
Da ging er lächelnd weiter.

Hong-Kong

Ich erhielt heute deinen beleidigten Brief.
Deine Nachschnüffeleien kränken mich tief.

Und erstens ist Tay-Fi kein Frauenzimmer,
Dann zweitens treiben es andre viel schlimmer,
Und drittens hab' ich – parteilos betrachtet –
Zwar mit ihr in einem gemeinsamen Zimmer
Im Grand Hotel Discrétion übernachtet,
Doch war überhaupt nur dies Zimmer noch frei,
Und wie die Betten zunander standen
(Vergleiche die kleine Skizze anbei),

Ist gar kein Grund zu Verdächten vorhanden. –
Im Übrigen weißt du: Ich liebe dich *sehr.*
So lange von dir getrennt zu sein,
Erträgt aber niemand. Ich bin doch kein Stein,
Und ich brauche ganz schroff gesagt: mehr Verkehr.
Alle Männer, auch Frauen, ganz nebenher
Gesagt, alle Völker brauchen dasselbe!
Und diese blöde, luetische, gelbe
Chinesin kommt ernstlich doch nicht in Betracht.
Wir haben uns halt mal per Zufall gefunden
Und ein paar anregende Stunden verbracht.
Man kann doch nicht ewig die ausgeschwätzte
Gleiche Gesellschaft und Gegend erleben.

*

Wenn man alle Münchner nach Preußen versetzte
Und umgekehrt. Und auch andererseits,
Etwa die Fakire nach der Schweiz. –
Was würde das Perspektiven ergeben! –
Wollen doch nicht am Alltäglichen kleben.

Großzügig sein! Also zürne nicht mehr. –
Du weißt, welche Zeit dein Brief bis hierher
Bei dem miserablichten Dampferverkehr
Gebraucht und wie lange es wiederum währt,
Bis du endlich meine Rückantwort liest.
Und dann – und ich habe das eben beniest –
Ist doch die ganze Affäre verjährt.

Abstecher: Reichenbach im Vogtland

Es sang sich ein Lied in der Nacht.
Da wurden zwei Bürger in Reichenbach
Im Vogtlande wach.

Was wollte ich sonst in dieser Stadt
Als nur meine Fahrt unterbrechen;
Frug: ob sich hier ein Wirtshaus hat,
Wo Leute um die Zeit noch zechen.

Am Himmel standen Zeichen.
Warum – so hatte ich mir gedacht –
Soll Reichenbach in dieser Nacht
Nicht Guatemala gleichen?

Was geht mich Guatemala an,
Wenn ich daselbst nicht bin. –
Stieg aus. Bereute das. Doch ach:
Da flog mein Zug schon weiter hin.
Und ich stand nachts in Reichenbach.

Vielleicht erlebe ich Rübezahl,
Den Ollen!?
Doch sicher bin ich heute einmal
Für jedermann verschollen.

Aussteigen plötzlich, besonders noch spät,
Das kann ich jedem empfehlen.
Er braucht ja, wie sein Leben vergeht,
Gerade nicht Reichenbach wählen. –

Es klang ein Gesang wie Männerverein
Und brachte Dachrinnen zum Schmelzen
Und roch so nach Wein. Da trat ich hinein
Und kam mir dort vor wie Lord Nelson.

Im Seichtlärm eines Stammlokals
Der Honoratioren
Im Stile Anno dazumals
Beneugiert und verloren – – –

Gott segne die Azoren!

Überall

Überall ist Wunderland.
Überall ist Leben.
Bei meiner Tante im Strumpfenband
Wie irgendwo daneben.

Überall ist Dunkelheit.
Kinder werden Väter.
Fünf Minuten später
Stirbt sich was für einige Zeit.
Überall ist Ewigkeit.

Wenn du einen Schneck behauchst,
Schrumpft er ins Gehäuse.
Wenn du ihn in Kognak tauchst,
Sieht er weiße Mäuse.

Zürich
(An Hügin)

Frage ich mich: Führ ich
Gern ein zweites Mal dorthin
Nach (Hamburgli =) Zürich?? –
Merk ich doch, dass ich im Zweifel bin.
Ungeachtet dessen – immerhin!

Wer, wie ich, die ganze Stadt
Und die weitere Umgebung
Zwecks privater Schiller-Neubelebung
Oberhalb und unterhalb durchbummelt hat,
Der kommt aus der hohlen Gasse
Tagelang oft gar nicht mehr heraus.
Doch ist dort auch eine ganze Masse
Ernster Künstler und auch sonst zu Haus
Und vertragen sich wie Katz und Pack und Maus.
Ihnen, mir, auch anderen wahrscheinlich,
Ist die Stadt zu übertrieben reinlich.
Nirgends Pferdefrüchte auf dem Pflaster.
Nirgends Sünde, nirgends Laster.
Und die Polizei berührt uns peinlich.
In den Kneipen sah ich beim Walliser
Anfangs lauter breitgenährte Spießer,
Immer sechs um einen Patriarchen,
Und ihr Sprechen klang mir wie ein Schnarchen.

Aber bald entdeckte ich, Gott sei Dank,
Dass sie doch trotz ihrer Meistermienen,
Wachgehalten vom polit'schen Dreiklang,
Freier, schöner waren, als sie schienen.

Ja, sie schwimmen wirtschaftlich im Glücke,
Hamstern zentnerschwere Frankenstücke,
Zahlen winzi-niedli-kleine Rappen.

Hmm!
Das Glück geht ihnen durch die Lappen,
Und ihr Unglück hält sich fern.
Immerhin: ich würde doch sehr gern
Wieder einmal frische Luft dort schnappen.

O dass sie ewig nicht so friedlich bliebe,
Die kriegverschonte, teure Schweiz!

Ich grüße Zürich einerseits und andrerseits
Und viele Freunde dort, die ich sehr lieb habe.

Abschied von Paris

Herz, ich schreibe dies
Der letzten Stunde in Paris,
Aus der letzten Flasche echt Champagner
In dem Nègre de Toulouse,
Nicht so froh, wie ich zuvor aus mancher
Unsentimentalen Stunde sandte manchen Gruß.

Dass ich hier nicht länger durfte bleiben,
Lässt glückstraurig jetzt mich selber quälen.
Morgen aber werd' ich frech erzählen
Und deutschabenteuerlich viel übertreiben,

Wie von einer sternenweiten Ferne,
Wie Paris mir ist – ach nein, dann war –,
Denke dir nur: Jede siebente Laterne
Hier ist ein naives Pissoir.

Unsympathisch, unergründlich
Comme chez nous ist die Bourgeoisie,

Doch die simplen Leute von Pari
Und die Künstler und die bunten Fremden,
Pascin, Eiffelturm und der und das und die –
Morgen, Liebste, schildre ich das mündlich.
Und die Strümpfe und koketten Hemden.

Zwar nach einundzwanzig Bummeltagen
Ist noch nichts Erschöpfendes zu sagen
Über dies
Land Paris.
Auch was ich dir morgen angter nus
Glühend loben werde, prüfe du's.

Bums! Ein Glas zerschlug im Nègre de Toulouse.

Abschied von Pascin

16. Jan. 25.

Je suis été à Paris,
Et c'était le premier fois.
Et j'ai vu au Jockey Kiki,
Belle en couleur et froid
Et amusante et coquette,
Et froid – je disais –
Froid comme mon Bett;
Parceque je ne parle pas français.

Je suis été dans la Vache Enragée,
En Louvre et allwo pour les étrangers.
Là bas et ici. –
Et Kiki et Paris
Ils ont la même mélodie et couleur
Paris, et où est ton coeur?

Dans un coin, quel je ne connais,
Parceque je ne parle pas français.

Je suis été chez Pascin.
Et j'ai trouvé des amis;
Et un des plus bons s'appelle vin. –
J'aime Paris.

Pour vous, Pascin, merci bien!
Et je voudrais vous très plus dire, mais – mais
Je parle trop peu français.

Je suis beaucoup travaillé. –
Arriver – partir – rester er aller –
J'aime la monde sur la mars er jusque dieu.
Et dieu est comme merde très près de moi.
Aujourd'hui j'ai froid. –
Pascin, lebe wohl und adieu!
Und lieben auch Sie mich ein klein petit peu.

Chartres

Kirchenfenster, Kirchenfenster,
Kirchenfenster, Kirchenfenst …
Hoch im Dachgebälk der Kathedrale
Sahen meine Freunde viel Gespenster.
Ich sah nur ein einziges, das internationale,
Ewige, gottfröhliche Gespenst,
Das nicht nur in Kathedralen,
Sondern auch im Zöster und im Faust,
Auch in Puffen und in Apfelsinenschalen
Oder sonstens wo für den und jenen haust.
Der Professor, welcher im Beruf

Und bei seinen Leuten
An sehr erster, prominenter Spitze steht,
Wusste, wer das alles und wie und warum er's schuf
Und er bat die Freunde, ihn zu bitten, uns zu deuten.
Und dann konnte er geflüssig, klar und sinnig
Steine, Formen, Farben lesen.
Und doch vor den schönen Kirchenfenstern bin ich
Damals glücklich ganz fernanderswo gewesen.
Doch dem Kirchendiener hab' ich lange
Zugeschaut – das hat mich zweitens intressiert –.
Wie der Kerl mit einer Eisenstange
Und mit einem Holzpantoffel raffiniert
Eine Maus beschlich.
Ach, die hatte sich
Scheu verirrt. – Nun mag man nicht vergessen,
Dass oft Mäuse ohne Ehrfurcht oder Scham:
Bibeln, Samt und Christusnasen fressen.
Doch ich freute mich
Ungeheuerlich,
Als die Kirchenmaus dem Kirchendiener doch entkam.

Frühling hinter Bad Nauheim

Zwei Eier, ein Brötchen, ein Hut und ein Hund –,
Am Himmel die weiße Watte,
Die ausgezupft
Den Himmel ohne Hintergrund
So ungebildet übertupft,
Erzählt mir, was ich hatte.

Erzählt mir, was ich war.
Ich hatte, was ich habe.
Aber was weiß ich, was ich bin?!
Genau so dumm und vierzig Jahr?

Ich fliege, ein krächzender Rabe,
Über mich selber hin.

Ich bin zum Glück nicht sehr gesund
Und Gott sei Dank –
Auch nicht sehr krank.

Der Wind entführt mir meinen Hund.
Die Eier, der Kognak, das Brötchen
Schmecken heute besonders gut:
Und siehe da: Mein alter Hut
Macht Männchen und gibt Pfötchen.

Die Brüder

Der Weekend traf den Weekbeginn:
»Guten Morgen!«
»Guten Abend!«
Sie mochten sich anfangs nicht leiden,
Und immer hatte von beiden
Der eine ein unrasiertes Kinn.

Trotz dieser trennenden Kleinigkeit
Lernten sie doch dann sich leiden
Und gingen klug und bescheiden
Abwechselnd durch die Zeit

Und gaben einander Kraft und Mut.
Und schließlich waren die beiden
Nicht mehr zu unterscheiden.
Und so ist das gut.

Jerusalem

(An ein Dienstmädchen in Straßburg i. d. Uckermark)

Mein Gold, was sagst denn du dazu,
Dass mich ein Flieger nach Jeru-
Salem hat mitgenommen?
Man isst hier gut und trinkt sehr viel,
Und zweimal bin ich schon am Nil
Im Delta rumgeschwommen.

Die Stadt hat sehr viel Ähnlichkeit
Und urantike Hallen.
Jedoch man wird von Zeit zu Zeit
Von Räubern angefallen.

Die Leute hier sind ziemlich braun
Und heißen Zionisten;
inwendig aber sind die Fraun
Genau wie bei uns Christen.

Ich habe zehn Moscheen gesehn
Und sprach mit Beduinen.
Ihr Türkisch konnt' ich nicht verstehn,
Wohl aber ihre Mienen.

Am Sonntag kam auf einem Gnu
Der Sultan aus der Wüste,
Und als ich keck ihn mit »Jeru-
Salem Aleikum!« grüßte,

Da lud er mich in sein Palais
Und ließ mich dort entkleiden
Und schenkte mir sein Portemonnaie
Und wollte mich beschneiden.

Ich aber schlich mich leise fort
Und floh im weiten Bogen. –
Mein liebes Gold, auf Ehrenwort:
Ich hab' noch nie gelogen.

Augsburg

Ich bin da im Weißen Lamm
Abgestiegen.
Leider ließ ich im Zug deinen schönen, neuen Schwamm
Liegen.
Mir bleibt nichts verschont.
Hier hat auch Goethe gewohnt –
Wollte sagen »erspart«. –

Augsburg hat doch seine Art;
Besonders wenn Markt ist und Zwiebeln, verhutzelte Weiblein
Und Butter und Gänse auf steinaltem Pflaster sich tummeln.

Dort, wo früher Hasen- und Hundemarkt war,
Schreib ich diesen Brief. Eine wunderliche
Ganz enge Kneipe – Marktleute – Kupferstiche –
Nur Schnäpse –

Verzeih, mir ist nicht ganz klar,
Aber sonderbar.
Schade nur um den herrlichen Schwamm!
Die ihn finden, die freun sich.

Auf der Reise nach Italien 1790.
Es lebe Goethe! Das Lamm! Und der Schwamm!
Ach was! Schwamm drüber! Punktum Streusand!
Prosit: Es lebe Neuseeland.

München
(An die Schwiegereltern)

München, bei der echten Frau zu Hause.
Endlich also einmal wieder Ruhepause.
Meine Stübchen, Küche, Bad, Salon,
Meinen Schreibtisch! Meine Blumenwiese
Auf der Brüstung vom Balkon!
Wie ich das genieße!
Ohne jemanden zu bitten oder stören.
Ha!: Ich dürfte ruhig mit Behagen
– weil sie mir gehören –
All die schönen Bilder an der Wand zerschlagen.
Doch ich tu's nicht. Denn wir nießen die
Und das alles ge zu zweit,
Kindlich glückliche und fromme Zeit!
Schöner war es nirgends, wird es nie.
Und wir kochen, spielen Schach und lesen,
Plaudern: wie die Zwischenzeit gewesen,
Ordnen, albern, täubeln. Bis es klingelt. Dann
Sind wir mäuschenstill.
Weil ich all die Leute von X Jahren
Vieler Städte, die mal gütig zu mir waren,
Aber alle mal nach München fahren,
Nicht empfangen – oder doch nicht nach Gebühr behandeln kann.

München
Nach einer Herrenstammtischnacht
(Versehentlich an die Steuerbehörde gesandt)

Die Amseln flöten am Stachus.
Am Sendlingertorplatz nach Schwabinger Nacht
Schimpfen Caprivi und Bacchus
Auf eines Wasserspringbrunnens Pracht.

Jemand, der seinen Doktor gemacht
Hat, fühlt sich als ein Riese
Und brüllt als wie am Spieße. –
Auf der Oktoberwiese:
Die Bavaria: – lacht.
Vor Mittag wünschen zweie
Sich »Angenehme Ruh!«
Der dritte Chargierte Immerzu
Feiert noch Bannerweihe.
Im Donisl blühn die Weißwürste.
Im Schlachthof brüllt anderthalb Kalb.
Und reaktionäre Dürste
Erheben sich allenthalb …
Die Frauentürme verwechseln
Sich selber. Von unten her
Kurzwichsig mit jodeln und Sächseln
Hebt sich der Fremdenverkehr.
Da lassen sich aus Venedig
Die Tauben und Witwen und Ehefraun
Am Theatiner rundum beschaun
Und trippeln, als seien sie ledig.
Und weil ich mich eben so freue,
Mal ohne Frau, auf verbotenem Weg,
Drum preis' ich die alte und neue
Pinako – Pinako – – kothek.

Nochmals Hannover

Es ist mir in Hannover aufgefallen,
Dass, – – – (die Frauen dort sind groß
Und haben einen Schoß
Und jede einen andersartigen
Und manche einen goldig blond behaartigen).

Die Oper – – – (ja, und diesen Frauen sieht
Man deutlich an: Sie möchten alle hier
Wie du mit ihnen, so auch sie mit dir –
Doch nichts geschieht).

Gewiss geschieht im Grunde mancherlei.
Das Jammerhäuschen Rote Reihe zwei
Hab' ich betrachtet.

Ein Hürchen, das ich ansprach, hatte bei
Dem Massenmörder einmal übernachtet.

Jedoch um nochmals auf die Fraun zu kommen:
Klaräugig, blond, mit zarter, heller Haut.
Und Stück für Stück denkst du dir gleich als Braut.
Ich habe eine in die Rote Mühle –
Nein, sie hat mich natürlich – mitgenommen,
So eine typisch hochgebeinte Kühle.
Ach!

Kunst in Hannover – (es liegt an der Leine;
Das Lied hat recht: Sie haben dicke Beine,
Doch wie ihr Gang, ihr Busen, alles sauber,

Nordisch gesund und ehrlich rund geschliffen).
Wenn nicht die Kestnerschen beherzt dazwischengegriffen,
Es stünde schlimm um Kunst und solchen Zauber.

Ich bringe dir ein Bild, das stimmt dich froh,
Von Groß geschnitzt. Es lautet ungefähr
»Indianerjagd auf einen wilden Bär«.
Groß ist ein kleiner Liliput-Rousseau,
Ist ein hannoveranisches Unikum.

Und ich bin dumm,
Weil ich von dieser Stadt so Sichres sage,
Und ist doch jede Stadt fast unergründlich.
Und in Hannover war ich nur drei Tage.
Betreffs der Frauen Näheres noch mündlich.

Ausflug nach Tirol

Kann man das Jodeln wohl
In meinem Alter lernen?
Nie war, wie in Tirol,
Ich derart nah den Sternen.

Ich sah vom Stripsenjoch
Drüben an steiler Wand
Leute aufs Torenkirchl kraxeln,
Wahrscheinlich Sachseln
Aus Hosenträgerland.
Aber kühn und schön war es doch.

Was ich um Hochwürden dann
Später in Sankt Johann
Sang, lebte und sprach in der »Post«,
Schmeckte wie Herz am Rost
Nach ausgegangener Hochtouristenkost.

Alm und Kuhstall, fette Weiden,
Bärenwirt und Sennerin –
Wo ich durchgegangen bin,
Schien mir alles zum Beneiden.
Nur die Wandervögel, die
Einem jede Poesie
Und den Appetit verleiden,
Mocht ich meiden.

Alle Tiroler sind
Keine Amerikaner.
Wäre ich eine Mutter mit Kind,
Ich nährte mein Kind mit Terlaner.

Im Kursalon in Kitzbühel
Da ist des Nachts der Sekt so kühel.
Ich muss die Gäste loben,
Die zur Musik dort oben
So vornehm tanzen und schweigen,
Um ja nicht mehr zu zeigen
Als ihre hochmodernen Garderoben.

Ich möchte ein wilder Gebirgsbach sein,
Klar, schäumend, rauschend und blinkend,
Unhaltsam kämpfend von Stein zu Stein
Mich an mir selber betrinkend.

Dass ich mein Kragenknöpfchen verlor,
Kommt schließlich auch einmal anderwärts vor.
Du, mein einziges Tirol,
Lebe wohl! Lebe wohl!

Überalldass a. d. Elbe

Überalldass hat ein Publikum,
Das blickt so dumm, so gottlos dumm,
Dass man es prügeln müsste,
Wenn man nicht sicher wüsste,
Dass es ja selbst nicht weiß, warum.

Sein Horizont befindet
Sich in dem Mittelpunkt der Stadt.

Die Leute dort verbindet
Das Fehlende, das jeder hat.

Sie sehnen nie, sie beten nie.
Sie wissen, dass sie besser sind.
Die Luft ist dort gefroren.
Und keiner – scheint's – macht dort Pipi.
Sie rümpfen, wenn man sagt: Ein Kind
Würde gezeugt, geboren.

Sie schlafen, wenn sie wachen,
Leben vielleicht auch umgekehrt.
Sie kauen, wenn sie lachen.
Und dort wird gottlos viel verzehrt.
Sie sind nur Gaumen und Popo.
Zwar ist nicht jedermann dort so,
Ein paar sind ausgenommen;
Zwei sind sogar verehrungswert.

Soll einer von dort kommen,
Der über mich sich nun beschwert.

Antwort an einen Kollegen

Ob du Artist, ob du Franz Liszt,
Ein Christ, ein Mist, ein sonst was bist, –
Bezweifle es. Und dir zum Heil
Bezweifle auch das Gegenteil.

Was dir die Ideale nimmt,
Der Satz: dass nichts, was zutrifft, trifft,
(Ein Satz, der darum selbst nicht stimmt)
Ist nur für Überlegene Gift.

Doch hüte dich, an diesen Satz
Zu glauben, gar ihn zu betonen.
Freu dich an Harz und Schmatz und Spatz,
An Unzucht oder Kaffeebohnen.

Doch sollte etwas in dir wohnen,
Bewirkend, dass du mich verstehst
Und lachst und dankbar weitergehst
Und dennoch etwas Bessres weißt,
Dann glaub ich, dass du richtig reist.

Allerdings

1928

Ich habe dich so lieb

Ich habe dich so lieb!
Ich würde dir ohne Bedenken
Eine Kachel aus meinem Ofen
Schenken.

Ich habe dir nichts getan.
Nun ist mir traurig zu Mut.
An den Hängen der Eisenbahn
Leuchtet der Ginster so gut.

Vorbei – verjährt –
Doch nimmer vergessen.
Ich reise.
Alles, was lange währt,
Ist leise.

Die Zeit entstellt
Alle Lebewesen.
Ein Hund bellt.
Er kann nicht lesen.
Er kann nicht schreiben.
Wir können nicht bleiben.

Ich lache.
Die Löcher sind die Hauptsache
An einem Sieb.

Ich habe dich so lieb.

Alte Winkelmauer

Alte Mauer, die ich oft benässe,
Weil's dort dunkel ist.
Himmlisches Gefunkel ist
In deiner Blässe.

Pilz und Feuchtigkeiten
Und der Wetterschliff der Zeiten
Gaben deiner Haut
Wogende Gesichter,
Die nur ein Dichter
Oder ein Künstler
Oder Nureiner schaut.

»Können wir uns wehren?«
Fragt's aus dir mild.
Ach, kein Buch, kein Bild
Wird mich so belehren.

Was ich an dir schaute,
Etwas davon blieb
Immer. Nie vertraute
Mauer, dich hab' ich lieb.

Weil du gar nicht predigst.
Weil du nichts erledigst.
Weil du gar nicht willst sein.
Weil mir deine Flecken
Ahnungen erwecken.
Du, eines Schattens Schein.

Nichts davon wissen
Die, die sonst hier pissen,

Doch mir winkt es: Komm!
Seit ich dich gefunden,
Macht mich für Sekunden
Meine Notdurft an dir fromm.

Nach dem Gewitter

Der Blitz hat mich getroffen.
Mein stählerner, linker Manschettenknopf
Ist weggeschmolzen, und in meinem Kopf
Summt es, als wäre ich besoffen.

Der Doktor Berninger äußerte sich
Darüber sehr ungezogen:
Das mit dem Summen wär' typisch für mich,
Das mit dem Blitz wär' erlogen.

Alter Mann spricht junges Mädchen an

Guten Tag! – Wie du dich bemühst,
Keine Antwort auszusprechen.
»Guten Tag« in die Luft gegrüßt,
Ist das wohl ein Sittlichkeitsverbrechen?

Jage mich nicht fort.
Ich will dich nicht verjagen.
Nun werde ich jedes weitere Wort
Zu meinem Spazierstock sagen:

Sprich mich nicht an und sieh mich nicht,
Du Schlankes.
Ich hatte auch einmal ein so blankes,
Junges Gesicht.

Wie viele hatten,
Was du noch hast.
Schenke mir nur deinen Schatten
Für eine kurze Rast.

Ritter Sockenburg

Wie du zärtlich deine Wäsche
in den Wind
Hängst, liebes Kind
Vis à vis,
Diesen Anblick zu genießen,
Geh ich, welken Efeu zu begießen.
Aber mich bemerkst du nie.

Deine vogelfernen, wundergroßen
Kinderaugen, ach erkennen sie
Meiner Sehnsucht süße Phantasie,
Jetzt ein Wind zu sein in deinen Hosen –?

Kein Gesang, kein Pfeifen kann dich locken.
Und die Sehnsucht lässt mir keine Ruh.
Ha! Ich hänge Wäsche auf, wie du!
Was ich finde. Socken, Herrensocken;
Alles andre hat die Waschanstalt.
Socken, hohle Junggesellenfüße
Wedeln dir im Winde wunde Grüße.
Es ist kalt auf dem Balkon, sehr kalt.

Und die Mädchenhöschen wurden trocken,
Mit dem Winter kam die Faschingszeit.
Aber drüben, am Balkon, verschneit,
Eisverhärtet, hingen hundert Socken.

ihr Besitzer lebte fern im Norden
Und war homosexuell geworden.

Umweg

Ging ein Herz durchs Hirn Güte suchen,
Fand sie nicht, doch hörte da durchs Ohr
Zwei Matrosen landbegeistert fluchen,
Und das kam ihm so recht rührend vor.

Ist das Herz dann durch die Nase krochen.
Eine Rose hat das Herz gestochen,
Hat das Herz verkannt.
In der Luft hat was wie angebrannt
Schlecht gerochen.

Und das Wasser schmeckte nach Verrat.
Leise schlich das Herz zurück,
Schlich sich durch die Hand zur Tat,
Hämmerte.
Und da dämmerte
Ihm das Glück.

Schenken

Schenke groß oder klein,
Aber immer gediegen.
Wenn die Bedachten
Die Gaben wiegen,
Sei dein Gewissen rein.

Schenke herzlich und frei.
Schenke dabei,

Was in dir wohnt
An Meinung, Geschmack und Humor,
So dass die eigene Freude zuvor
Dich reichlich belohnt.

Schenke mit Geist ohne List.
Sei eingedenk,
Dass dein Geschenk
Du selber bist.

Der wilde Mann von Feldafing

Er schien zum Kriegsmann geboren.
Er trug nach allen Seiten hin Bart.
Selbst seine Beine waren behaart
Und steckten in Stiefeln mit Sporen.
Und trutzig über der Schulter hing
Ihm ein gewichtig Gewehr.
Mit gerunzelter Stirne ging
Er auf dem Bahnhof von Feldafing
Hin und her.
Und stehend, stolz und schulterbreit
Fuhr er dann zwei Stationen weit.
Die Kinder bestaunten ihn sehr.
Doch ehe noch ein Tag verging,
Schritt er schon wieder durch Feldafing
Mit einem Rucksack schwer.
Doch weil es so stark regnete,
Dass niemand ihm begegnete,
Ärgerte er sich sehr.
Als er durch seinen Garten schritt,
Sang dort ein Vögelchen Kiwitt,
Da griff er zum Gewehr:
Puff!!!

Ein kurzes Röchelchen –
Ein kleines Löchelchen –
Dann eine Katze – und etwas später:
Ein kleines Knöchelchen
Und eine Feder. –

Der wilde Mann von Feldafing.

Marschierende Krieger

Vor mir her schritt Infanterie,
Eine ganze Kompanie
Kräftiger Soldaten.
Stramm im Takte traten
Sie den Sand,
Schritten achtlos über einen
Kleinen Käfer, den ich fand.

Ich blieb stehen,
Um ihn zu besehen,
Und weil's hinter jenem Militär
Stark nach Schweiß und Leder roch.
Da: – Der Käfer kroch
Plötzlich fort, als ob er lebend wär.
Doch ich konstatierte noch:
Nur zwei Steinchen an zwei Seiten – retteten
Gleichsam wie als Felsenwände – diesen –
Gleichsam zwischen ihnen eingebetteten –
Käfer vorm Zertrampeltwerden durch die Riesen.

Große Riesen – kleine Tiere –
Und ich lief, die Wandersohlen.
Die so stanken, einzuholen,
Weil ich gar zu gern im Takt marschiere.

Und ich hustete und spuckte
Staub und musste viermal niesen.
Und ich schluckte. Und ich duckte
Mich vor Felsenwänden und vor Riesen.

Blindschl

Ich hatte einmal eine Liebschaft mit
Einer Blindschleiche angefangen;
Wir sind ein Stück
Leben zusammen gegangen
Im ungleichen Schritt und Tritt.

Die Sache war ziemlich sentimental.
In einem feudalen Thüringer Tal
Fand ich – nein glaubte zu finden – einmal
Den ledernen Handgriff einer
Damenhandtasche. Es war aber keiner.

Ich nannte sie »Blindschl«. Sie nannte mich
Nach wenigen Tagen schon »Eicherich«
Und dann, denn sie war sehr gelehrig,
Verständlicher abgekürzt »Erich«.

Allmittags haben gemeinsam wir
Am gleichen Tische gegessen,
Sie Regenwürmer mit zwei Tropfen Bier,
Ich totere Delikatessen.

Sie opferte mir ihren zierlichen Schwanz.
Ich lehrte sie überwinden
Und Knoten schlagen und Spitzentanz,
Schluckdegen und Selbstbinder binden.

Sie war so appetitlich und nett.
Sie schlief Nacht über in meinem Bett
Als wie ein kühlender Schmuckreif am Hals,
Metallisch und doch so schön weichlich.
Und wenn ihr wirklich was schlimmstenfalls
Passierte, so war es nie reichlich.

Kein Sexuelles und keine Dressur.
Ich war ihr ein Freund und ein Lehrer,
Was keiner von meinen Bekannten erfuhr;
Wer mich besuchte, der sah sie nur
Auf meinem Schreibtisch steif neben der Uhr
Als bronzenen Briefbeschwerer.

Und Jahre vergingen. Dann schlief ich einmal
Mit Blindschl und träumte im Betti
(Jetzt werde ich wieder sentimental)
Gerade, ich äße Spaghetti.

Da kam es, dass irgendwas aus mir pfiff.
Mag sein, dass es fürchterlich krachte.
Fest steht, dass Blindschl erwachte
Und – sie, die sonst niemals nachts muckte –
Wild züngelte, dass ich nach ihr griff
Und sie, noch träumend, verschluckte.

Es gleich zu sagen: Sie ging nicht tot.
Sie ist mir wieder entwichen,
ist in die Wälder geschlichen
Und sucht dort einsam ihr tägliches Brot.

Vorbei! Es wäre – ich bin doch nicht blind –
Vergebens, ihr nachzuschleichen.
Weil ihre Wege zu dunkel sind.
Weil wir einander nicht gleichen.

Schlummerlied

Will du auf Töpfchen?
Fühlst du ein Dürstchen?
Oder ein Würstchen?

Senke dein Köpfchen.

Draußen die schwarze, kalte
Nacht ist böse und fremd.
Deine Hände falte.
Der liebe Gott küsst dein Hemd.

Gute Ruh!
Ich bin da,
Deine Mutter, Mama;
Müde wie du.

Nichts mehr sagen –
Nicht fragen –
Nichts wissen –
Augen zu.
Horch in dein Kissen:
Es atmet wie du.

Angstgebet in Wohnungsnot

Ach, lieber Gott, gib, dass sie nicht
Uns aus der Wohnung jagen.
Was soll ich ihr denn noch sagen –
Meiner Frau in ihr verheultes Gesicht!?

Ich ringe meine Hände.
Weil ich keinen Ausweg fände,

Wenn's eines Tags so wirklich wär:
Bett, Kleider, Bücher, mein Sekretär, –
Dass das auf der Straße stände.

Sollt ich's versetzen, verkaufen?
Ist all doch nötigstes Gerät.
Wir würden, einmal, die Not versaufen,
Und dann: Wer weiß, was ich tät.

Ich hänge so an dem Bilde,
Das noch von meiner Großmama stammt.
Gott, gieße doch etwas Milde
Über das steinerne Wohnungsamt.

Wie meine Frau die Nacht durchweint,
Das barmt durch all meine Träume.
Gott, lass uns die lieben zwei Räume
Mit der Sonne, die vormittags hinein scheint.

Antwort auf einen Brief des Malers Oskar Coester

Ein Wort auf das, was du gesprochen.
Stütz guten Kopf in gute Hand
Und lass dein Herz ans Weinglas pochen:

Heimat ist kein begrenztes Land.
Auch wo man Muttersprache spricht,
Ist Heimat nicht.
Mich deucht, es will auch nichts besagen,
Ob einer seine Heimat kennt.

Denn Lüge ist, was auf Befragen
Das Heimweh uns als Heimat nennt.

Ein schmutzig Loch kann rührend sich verkneifen
Und höchste Würde kann zur Blase reifen.

Stich fest in das Humorische!

Heimat? Wir alle finden keine,
Oder – und allerhöchstens – eine
Improvisatorische.
Es kommt auch gar nicht darauf an. – –

Ich danke dir für den Vergleich
Mit einem braven Reitersmann.
Man tue möglichst, was man kann.

Coester, du bist von Gott aus reich.
Schäum aus, was du zu schenken hast;
Das Letzte wäre dir noch Last.
Und warte frech, doch fromm auf Leiden.

Denn du wächst neben dem Jahrhundert.
Du bist der größre von uns beiden.
Ich habe dich so oft bewundert. –
Wie kläglich ist es zu beneiden. -

Du wurdest leider mir von fern
Noch lieber, als du warst im Nahen.
Nun, da wir lange uns nicht sahen,
Bild ich mir ein: Du hast mich gern.
Ach bitte komme bald zurück
Mit offnem, unverwitzeltem Vertraun.

Ich wünsche dir fürs neue Jahr viel Glück,
Eine Frau (zur Hochzeit mich einladend)
Und andre große Nebenfraun

Und was du sonstens wichtig brauchst.
Dass du nie anders, als wie badend,
Auch für Minuten untertauchst.

Mensch und Tier

Wenn ich die Gesichter rings studiere,
Frage ich mich oft verzagt:
Wie viel Menschen gibt's und wie viel Tiere? –
Und dann hab' ich – unter uns gesagt –
Äußerst dumm gefragt.

Denn die Frage interessiert doch bloß
Länderweis statistische Büros,
Und auch diese würden sich sehr quälen,
Um zum Beispiel Läuse nachzuzählen.

Dummer Mensch spricht oft vom dummen Vieh,
Doch zum Glück versteht das Vieh ihn nie.
In dem neuen Korridor von Polen
Gaben sich zwei Pferde einen Kuss,
Und die Folge war ein dünnes Fohlen,
Welches stundenlang
Immer anders, als man dachte, sprang.

Wenn es auch in Polen
Sehr viel Läuse gibt, – –
Aber wer ein solches Fohlen
Sieht und dann nicht liebt,
Bleibe mir gestohlen.

Seepferdchen

Als ich noch ein Seepferdchen war,
Im vorigen Leben,
Wie war das wonnig, wunderbar
Unter Wasser zu schweben.
In den träumenden Fluten
Wogte, wie Güte, das Haar
Der zierlichsten aller Seestuten,
Die meine Geliebte war.
Wir senkten uns still oder stiegen,
Tanzten harmonisch um einand,
Ohne Arm, ohne Bein, ohne Hand,
Wie Wolken sich in Wolken wiegen.
Sie spielte manchmal graziöses Entfliehn,
Auf dass ich ihr folge, sie hasche,
Und legte mir einmal im Ansichziehn
Eierchen in die Tasche.
Sie blickte traurig und stellte sich froh,
Schnappte nach einem Wasserfloh
Und ringelte sich
An einem Stängelchen fest und sprach so:
Ich liebe dich!
Du wieherst nicht, du äpfelst nicht,
Du trägst ein farbloses Panzerkleid
Und hast ein bekümmertes altes Gesicht,
Als wüsstest du um kommendes Leid.
Seestütchen! Schnörkelchenl Ringelnass!
Wann war wohl das?
Und wer bedauert wohl später meine restlichen Knochen?
Es ist beinahe so, dass ich weine –
Lollo hat das vertrocknete, kleine
Schmerzverkrümmte Seepferd zerbrochen.

Hilflose Tiere

Wenn ein Hund kotzt, soll man keinen Augenblick
Ihn dann stören,
Soll man auf ihn hören.
Töne sind Bruchstücke von Musik.

Ob geräuschvoll oder leise,
Massig oder klein bei klein –
kann es doch die schönste Speise,
Kann es beispielsweise
Hammelkeule in Madeira sein.

Auch das Dichten ist ein Vonsichgeben.
Eisen bricht. Und alles geht vorbei,
Auch die Wolke und das Leben.
Und ein einz'ger Koch verdirbt den ganzen Brei.

Mag sich also keiner überheben,
Der auf Menschtum und Gesundheit protzt.

Wenn ein Hündchen kotzt –
Öffentlich genau so wie zu Hause –
Sollst du mit ihm leiden,
Maulkorb ihm durchschneiden;
Denn sonst wirkt der Korb wie eine Brause.

Will das Rührende dir hässlich scheinen,
Denke: Großes spiegelt sich im Kleinen.

Wirst dich doch der eignen Übelkeit
Niemals schämen.
Gönne Tieren wenigstens die Zeit,
Widerwärtiges zurückzunehmen.

Oder lass das ruhig liegen. Weil
Rohheit niemals Glück bringt oder Segen.
Jeder soll vor seiner Türe fegen.
Und die Stiefelsohle ist kein Körperteil.

Ballade

Tief im Innersten von Sachsen
Überfielen eines Abends zwei
Halbwüchsige Knorpel von Schweinshaxen
Eine Bulldogge aus der Walachei.

Sie umzingelten den alten Hund.
Hinterlistig wollten sie das matte
Tier, das keine Zähne mehr im Mund
Und auch keine Haare darauf hatte,

An den Augen treffen, hinterher
Ihm die Zunge schlitzen und durch Zwicken
Seinen Gaumen reizen und noch mehr,
Um zuletzt ihn plötzlich zu ersticken.

Wollten so. Jedoch es kam nicht so.
Denn die Dogge, ohne sich zu wehren,
Zog den Schwanz ein, heulte laut und floh
Und begann sofort sich zu vermehren.

Und die neuen jungen Hunde knurrten
Schon am selben Tag, als man sie warf,
Hatten spitze Zähne, und sie wurden
Ganz speziell auf Haxenknochen scharf.

Und die Enkelhunde bissen später
Jede Haxe ohne Unterschied.

Und so rächt die Sünde sich der Väter
Bis ins tausendste und letzte Glied.

Meditation

Wolleball hieß ein kleiner Hund,
Über den ein jeder lachte,
Weil er keine Beine hatte und
So viel süße Schweinereien machte.

Warum ist man überall geniert?
Warum darf man nicht die Wahrheit sagen?
Warum reden Menschen so geziert,
Wenn sie ein Bein übers andre schlagen?

Um dies überschätzte homo sum
Werd' ich täglich wirrer und bezechter.
Ach, die Schlechtigkeit ist gar zu dumm,
Doch die Dummheit ist noch zehnmal schlechter.

Hat der Wolleball von seinem Herrn
Nichts gewusst, nur Launen mitempfunden,
Hatte der ihn andrerseits sehr gern
Und verstand im Grunde nichts von Hunden.

Er ist tot, auf den ich solches dichte.
Mir ist Wurscht, wo sein Gebein jetzt ruht.
Aber die Pointe der Geschichte
Muss ich sagen: Er war herzensgut.

Und sein Wolleball war gut. Er grollte
Nie. Ein einzig Mal nur biss
Er nach mir, als ich verhindern wollte,
Dass er wieder in die Hausschuh schiss.

Zehn Mark, My Dear

Heusinger war heute bei mir.
Ob ich morgen mit zum Rennen käme,
Weil doch wieder mal sein Pferd My Dear
An dem Derby teilnehme.

Das dumme Tier My Dear
Ist noch gar nicht hier.
Aber es kommt vielleicht,
Abgeschickt ist es;
Hat aber noch nie ein Ziel erreicht.

Den ganzen Tag frisst es.

Selten steht es.
Meistens liegt es.
Ganz langsam geht es,
Es sei denn: Man schiebt es,
Oder wenn es Hafer sieht, dann fliegt es.
Niemals aber, niemals siegt es.
So ein Pferd! Und so was gibt es!
Heusinger natürlich liebt es.

X-Beine hat's
Und sieht aus wie ungeboren.
Fünf Mark Sieg und fünf Mark Platz
Hab' ich Rindvieh an dem Ross verloren.

Niemals wieder werde
Ich bei einem Rennen
Wetten, ohne Pferde
Vorher ganz genau zu kennen.

Stelle dir doch einmal vor:
Zehn Mark Leberkäse! Zehn Mark Bier!
Oder sonstwas, was ich an My Dear
Sozusagen Knall und Fall verlor.

Nein, man soll nicht aufs Geratewohl riskieren.
Dann schon lieber in der Lotterie
Was gewinnen, als um solch ein Vieh
Auf betrügerische Art sein Geld verlieren.

Tierschutz-Worte

Seien Sie nett zu den Pferden!
Die Freiheit ist so ein köstliches Gut.
Wie weh Gefangenschaft tut,
Merken wir erst, wenn wir eingesperrt werden.

Seien Sie lieb zu den Hunden!
Auch zu den scheinbar bösesten.
Kein Mensch kann in Ihren schlimmen Stunden
Sie so, wie ein Hund es kann, trösten.

Gehen Sie bei der Wanze
Aufs Ganze.
Doch lassen Sie krabbeln, bohren und graben
Getier, das Ihnen gar nichts entstellt.

Alle Tiere haben
Augen aus einer uns unbekannten Welt.

Kochen Sie die Forelle nicht
Vom Kaltwasser an lebendig!

Auch jeder Gegenstand hat sein Gesicht,
Außen wie inwendig.
Und nichts bleibt vergessen.

Die Ewigkeit, die Unendlichkeit
Hat noch kein Mensch ausgemessen,
Aber der Weg dorthin ist nicht weit.

Suchen Sie jedwede Kreatur
In ihr selbst zu begreifen.
Jedes Tier gehorcht seinem Herrn.

Sieh selber nur
Dürfen Sie – und sollen es gern –
Grausam dressieren (die Eier schleifen).

Maler und Tierfreund

Ich hatte eine Landschaft in Öl gemalt,
Und sie gefiel mir sehr:
Ein blauer Himmel, aus dem die Sonne wie Wonne strahlt,
Und darunter weites, ruhiges, grünes Meer.
»Einsame Sehnsucht.«

Danach fuhr ich irgendwo hin,
Um einen kleinen Affen zu erwerben,
Weil ich ein Tierfreund bin.
Aber was einem die Tiere nicht alles verderben.

Wieder zu Haus, stieß ich aus einen Schrei,
Denn mein Bild war verhext.
Erstens hatte mein Papagei
Etwas Groteskes ins Meer gekleckst,

Und das geradezu künstlerisch kühn.
Aber das Wasser selber war abgeleckt
Von meinem Wolfshund. Der lag vom Schweinfurter Grün
Vergiftet am Boden, verreckt.

In den Himmel hatte sich eine Fliege geklebt,
Und zwar mit dem Rücken.
Die strampelte, wie man, wenn man Großes erlebt,
Mir den Beinen strampelt vor lauter Entzücken.

Und offenbar nicht minder beglückt
In ihrer Nähe
Hing auch mein Laubfrosch ans Bild angedrückt
Und tat so, als ob er die Fliege nicht sähe.

Da wollte mein Affe mit lautem Geschrei – – –
Doch ich band ihn fest. Und lächelte dann.
Wie gut, dass man bei der Ölmalerei
Alles noch übermalen kann.

Mit Phantasie das Gegebne fixiert –
Genie und Farbe und Lichter dick aufgetragen –
Schwarz, Weiß, Rot, Ocker mutig darüber geschmiert – – –
Ein schönes Bild, muss ich selber sagen,
»Mein Selbstporträt«.

Amaryllis

Das Atelier ist heiß.
Draußen, drunten die andere Welt
Klopft ihre Teppiche, schreit und bellt.
Der Maler, der das wusste, er weiß
Es jetzt nicht mehr. Die Zeit steht still.

Der Pinsel zecht, läuft, zecht, läuft schnell
Und weiter, als er darf und will.
Reglos im Stuhle das schöne Modell
Träumt von sich selber, von Amaryll.

Ausflug

Es wehten Sommerkleider. Enten schnabelten.
Es knirschten kleine Steine,
Und meine Blicke wippten über Beine
Von Mädchen, die Mist gabelten.

Ein weidgerechter Jäger kam daher,
Der sein Gewehr
An einem Fels zerschlug
Und sprach: »Genug!«

Scheu dumme – heißt nach unsrer Weltanschauung –
Scheu dumme Hühner flüchteten nervös,
Und eine himmlische Erbauung
Kam über mich. Ich war niemandem bös.

Im Achtzigkilometertempo prickelten
Uns Phantasien über Tod und Glück,
Und in dem Staub, den wir dabei entwickelten,
Blieb rein Geschautes jämmerlich zurück.

Wie ich mich fremd in viel Intimes dachte,
So schnell vorbei, war's keine Sünd.
Zerzaust, beglückt, weil mir die Landschaft lachte
Zur Autofahrt Stuttgart nach Schwäbisch-Gmünd.

Landflucht

Fort vom Lande, aus dem engen
Städtchen in die Großstadt flieht der Geist,
Wo im Kampf der Mengen
Er zerreißt.
Dort, wo Puls und Uhr
Schneller ticken,
Wird er sich zusammenflicken,
Wenn er's erst versteht,
Dass die unbezwingliche Natur
Auch auf Radiowellen, Schienenspur
Und Propellerschwingen weitergeht.

Wenn ihm das gelingt,
Wenn er nicht darüber ganz verkommt,
Wenn ihm die Erkenntnis frommt,
Dass die Nachtigall genau so singt
Wie ein Spatz
Am Alexanderplatz, – – –
Ja, dann wird ihn wohl von Zeit zu Zeit
Eine Sehnsucht wieder landwärts tragen
In die Enge, in die Einsamkeit. – –
Bis die simplen, friedlichen, gesunden
Bauern ihn nach Tagen
Oder Stunden
Wiederum verjagen;
In die große Stadt zurück.
Und dort wird er sagen:
Nur im Ruhelosen ruht das Glück.

Ostern

Wenn die Schokolade keimt,
Wenn nach langem Druck bei Dichterlingen
»Glockenklingen« sich auf »Lenzesschwingen«
Endlich reimt
Und der Osterhase hinten auch schon presst,
Dann kommt bald das Osterfest.

Und wenn wirklich dann mit Glockenklingen
Ostern naht auf Lenzesschwingen, – – –
Dann mit jenen Dichterlingen
Und mit deren jugendlichen Bräuten
Draußen schwelgen mit berauschten Händen – – –
Ach, das denk ich mir entsetzlich,
Außerdem – unter Umständen –
Ungesetzlich.

Aber morgens auf dem Frühstückstische
Fünf, sechs, sieben flaumweich gelbe, frische Eier.
Und dann ganz hineingekniet!
Ha! Da spürt man, wie die Frühlingswärme
Durch geheime Gänge und Gedärme
In die Zukunft zieht
Und wie dankbar wir für solchen Segen
Sein müssen.

Ach, ich könnte alle Hennen küssen,
Die so langgezogene Kugeln legen.

Missratenen Kindes Lied

Ich weiß im Lande Leute verstreut,
Die saufen sich wissend zu Tode;

(Saufen sich, hungern sich, härmen – ganz gleich!
Sind alle, die ich meine, nicht reich.)

Mein Vater sagte: »Die Leute von heut,
Die haben so unsinnige Mode.«
Ich antwortete: »Ja die Leute – heut – Leut –«

»Ansehnlich unauffällig gemein«,
Das scheint mir das Ziel der Mode zu sein.

Ich bin von die Leute von heute
Ein Antipode der Mode.
Ich bin meines Vaters missratenes Kind.
Gestern starb er. Und heute
Weiß ich, dass viele von uns zu Tode
Sich quälen und trotzen, die ebenso sind
Wie Vater, Urahne, Großmutter und Kind. –

Da pfeift sich was wie Seemannswind:
Sauf zu! Hihi! Sauf zu! Hihi!
Ich habe keine Sorgen;
Höchstens vielleicht die eine, die
Um die Leute von morgen.

Bordell

1.
Ich sag' es ja, Mutter: Du hast für dich recht,
Diese Weiber sind durch und durch schlecht
Und gänzlich verseucht und völlig verkommen.
Du hast das von deinen lieben
Eltern und aus Büchern entnommen,
Darin die Wahrheit umschrieben

Ist, weil man sie richtig und scharf
Nicht leicht einsehen kann, noch sie drucken darf.

2.
Du tu nur nicht so, guter Vater! Ich weiß
Aus Briefen und sonsther so was über viele
Nächte und seltsame Gruppenspiele.
Und tausend pro Mädel war damals ein Preis!
Ich bin doch kein Kind mehr. Ich meine auch nur:
Zehntausend Mark sind schließlich kein Quark.
Komm! Trinken wir auf die Tante Bur
Und auf einen König von Dänemark.

3.
Aber, liebe Schwester! Ei ei!
Geh, so du magst, wie an Klosetten vorbei.
Reizt es dich dennoch, hinzusehen,
Warum muss das dann spöttisch geschehen?
Denke: Was reizte dich wohl, hinzusehen?
Wüsstest du, wie sie dich laut beneiden,
Wie sie, getretene Tiere, dort leiden
In dem Gefängnis der Allzufrein,
Würdest du trotz der Geschmeide und Seiden,
Des offenen Scheins, der blendenden Beine,
Trotz der Erfolge ihnen nicht nur verzeihn.
Sollst sie weder beachten noch meiden;
Lass sie einfach in Ruh.
Sie sind gemeine, befleckte Schweine.
Nicht so vornehm und rein und welterfahren wie du.

4.
Wie, bitte? – Ja, Herr, Sie sind hier ganz richtig.
Sie scheinen recht stark und sehr sektfroh zu sein,
Und wenn Sie viel Geld haben – das wäre wichtig –

Fallen – äh kommen Sie dreist herein.
Hier können von dreizehn angefangen
Sie Damen jeden Alters verlangen
Nebst allen raffinierten Geräten Für Rari-, Abnormi- und Perversitäten.
Sie müssen die Kühe nur richtig fassen.

Sollten Sie etwas Geschmack besitzen,
Ja nicht das merken lassen.
Aber mit Ihren Brillanten recht blitzen.
Viel Trinkgeld dem Pförtner! Das macht sie vertraun.
Viel Sekt und auch Schnäpse! Das macht sie berauscht.
Dann dürfen Sie sie bestehlen, verhaun, –
Oder wenn ihr die Rollen vertauscht – – –
Mehr zu reden, hätte nicht Sinn,
Er ist ja schon drin.

5.
– Duddeldei oder Daddeldu,
So ein echter Vollblutmatrose,
Zweimal so breit und so stark wie du.
Und sie hat ihm die Klappe von seiner Hose
Einfach heruntergefetzt.
Und dann ist die dicke Therese gekommen
Und hat ihm den Bambuskorb weggenommen
Und die Schildkröte in den Nachttopf gesetzt. – –
Mein alter Freund, ich kann dir sagen:
So habe ich lange nicht gelacht. –
Und die Alte hat ihn mit ihren Brüsten
Links und rechts um die Ohren geschlagen;
Aber der Kerl ist nicht aufgewacht. –
Übrigens nimm dich vor der in acht,
Die hat solch komischen Ausschlag am Knie. –
Und dann – was wollt ich erzählen? Ach ja:
Ha ha ha ha!

Dann waren zwei stumme Chinesen da,
Die haben die freche schwarze Marie –
Ha ha ha ha! Ha ha ha ha!

6.
Mein Sohn, für diesmal sei dir verziehn.
Pfui, solche Gedanken sind schändlich.
Es gibt doch Schöneres anzusehn
Als diese Freudenhaus-Photographien.
Schäme dich! Und nun kannst du gehn.
Die Bilder verbrenne ich. Selbstverständlich.
Ich bin gewiss kein kleinlicher Spießer,
Doch wenn ich dich jemals in einem dieser
Häuser treffe und Unzucht treibst,
Dann schlage ich dich, dass du liegen bleibst.

7.
… wo wir fremd sind, oder verkleidet als Mann. –
Dass ich dir, meiner Frau, dergleichen
Sagen und wagen kann,
Ist das nicht ein berauschendes Zeichen
Für die Art unsres Liebdich-Liebmich? –
Staune dort nicht! Beobachte still.
Sei recht gemütlich fidel. Aber gib dich
Nicht etwa wie eine, die gleich oder mehr sein will.
Erst wird dich alles nur widerlich,
Natürlich auch billig traurig berühren.
Das Sauberste ekelt und flegelt sich,
Vergisst sich und rekelt sich liederlich.
So fechten sie ums Verführen.
Bei eines verwöhnten Bettlers Musik
Kennt jeder Blick den anderen Blick
Als Trick hinter Trick;
Tanzt lustig froh ein Riesenpopo;

Starrt auf dem Sofa ein Püppchen;
Entgleist ein Lied aus behaglichem Leid;
Trinkt man; berstet ein Grüppchen,
Aus Eifersucht oder Neid
Zankend um ein begossenes Kleid.
Sei gefasst auf klirrenden Streit.
Plötzlich ein heiserer Schrei.
Warnend zischelt es nebenbei,
Die Postin gegen die Polizei.
Ein hastiges Räumen. – Spannung. – Vorbei. –
Und durch den Salon streift nach alter Routine
Dick und mit heiserer Miene,
Aber unantastbar und stramm
Aus und ein vermittelnd: Madame.
Und die aus dem hitzigen Dunst
Paarweise einig verschwinden;
Er wird oben menschlicher finden
Außer dem Handwerkszeug ihrer Kunst:
Ein bissel heimliche Habseligkeit,
Ein Flickchen Reue, ein Ringlein Treue,
Viel Aberglauben, auch zackige Ehre
Und frisch Umkränztes aus ehrsamer Zeit.
Fändest du hinter der träumenden Leere
Unter der parfümierten Misere:
Harrende Verworrenheit
Schamlos offen ergeben. –
Wie draußen auf einem Schiff auf dem Meere
Dreizehn Matrosen unter sich leben.

8.

Guten Morgen, mein Schätzchen,
Leb wohl! Du bist wie ein Kätzchen
So schmiegsam und samtig.
Was? Du willst heute kein Geld?

Was dir doch einfällt!
Tust du's denn etwa ehrenamtlich?
Vielleicht für das Kartenlegen?
Sage doch, Liebling, weswegen
Willst du kein Geld heute?
Nimm es doch hin!
Weil ich ein armer Künstler bin?
Freilich, wir sind Kollegen.
Das nächste Mal leg ich dir wieder die Karten.
Nun muss ich fort. Meine Frau wird warten.
Du weißt doch, dass ich verheiratet bin?
Du aber bleibst meine süße kleine Freundin.
Und Beine hast du! Beine
Wie eine Königin.

Man soll – –

Nur an der Gurgel soll man Schurken fassen.
Man soll Getier einander schlucken lassen.
Man soll – was weiß ich, was man soll!
Doch wird ein Seepferd je ein Heupferd hassen?
Ich pfeife auf den Gott Apoll.

Letztes Wort an eine Spröde

Wie ich bettle und weine –
Es ist lächerlich.
Schließe deine Beine! –
Ich liebe dich.

Schließe deine Säume
Oben und unten am Rock.
Was ich von dir träume,
Träumt ein Bock.

Sage: Ich sei zu dreist.
Zieh ein beleidigtes Gesicht.
Was »Ich liebe dich« heißt,
Weiß ich nicht.

Zeige von deinen Beinen
Nur die Konturen kokett.
Gehe mit einem gemeinen,
Feschen Heiratsschwindler zu Bett.

Finde ich unten im Hafen
Heute ein hurendes Kind,
Will ich bei ihr schlafen;
Bis wir fertig sind.

Dann: – die Türe klinket
Leise auf und leise zu.
Und die Hure winket –
Glücklicher als du.

Maiengruss an den Redakteur

Frühlingszartes Wohlbehagen
Schwellt erfrorne Poesie.
Maiberauscht im Speisewagen
Ballt sich etwas wie Genie.

Weil Berlin voraus in Sicht ist
Und die Sonne mich bestrahlt.
Und je länger ein Gedicht ist,
Desto besser wird's bezahlt.

Darum: Hundertzweiundneunzig
Tausend und fünfhundertzwei
Oder noch mehr Leute freun sich.
Denn der Winter ist vorbei.

Elf Millionen zweimal hundert
Tausend siebenhundertzehn
Menschen sind etwas verwundert,
Weil kein Maikäfer zu sehn.

Sechs Billionen zwölf Milliarden –
Schätzungsweise – fragen sich:
Wo steckt Maximilian Harden.
Nun, verflucht, was kümmert's mich.

Vier Trillionen neun Billionen
Zirka siebenhundertelf
Milliarden fünf Millionen
Achtzehntausend hundertzwölf – –

Und ich könnte das erweitern
Bis in die Unendlichkeit,

Doch ein Dichter tritt den heitern
Frühlingszarten Mai nicht breit.

Sondern trinkt, sich selbst beschränkend,
Maienbowle, Maienkraut,
Seines Redakteurs gedenkend,
Dem er voll und ganz vertraut.

Der Bücherfreund

Ob ich Biblio- was bin?
Phile? »Freund von Büchern« meinen Sie?
Na, und ob ich das bin!
Ha! und wie!

Mir sind Bücher, was den andern
Leuten Weiber, Tanz, Gesellschaft, Kartenspiel,
Turnsport, Wein, und weiß ich was, bedeuten.
Meine Bücher – – – wie beliebt? Wie viel?

Was, zum Henker, kümmert mich die Zahl.
Bitte, doch mich auszureden lassen.
Jedenfalls: viel mehr, als mein Regal
Halb imstande ist zu fassen.

Unterhaltung? Ja, bei Gott, das geben
Sie mir reichlich. Morgens zwölfmal nur
Nüchtern zwanzig Brockhausbände heben – – –
Hei! das gibt den Muskeln die Latur.

Oh, ich musste meine Bücherei,
Wenn ich je verreiste, stets vermissen.
Ob ein Stuhl zu hoch, zu niedrig sei,
Sechzig Bücher sind wie sechzig Kissen.

Ja natürlich auch vom künstlerischen
Standpunkt. Denn ich weiß die Rücken
So nach Gold und Lederton zu mischen,
Dass sie wie ein Bild die Stube schmücken.

Äußerlich? Mein Bester, Sie vergessen
Meine ungeheure Leidenschaft,
Pflanzen fürs Herbarium zu pressen.
Bücher lasten, Bücher haben Kraft.

Junger Freund, Sie sind recht unerfahren,
Und Sie fragen etwas reichlich frei.
Auch bei andern Menschen als Barbaren
Gehen schließlich Bücher mal entzwei.

Wie? – ich jemals auch in Büchern lese??
Oh, Sie unerhörter Ese – – –
Nein, pardon! – Doch positus, ich säße
Auf dem Lokus, und Sie harrten
Draußen meiner Rückkehr, ach dann nur
Ja nicht länger auf mich warten.
Denn der Lokus ist bei mir ein Garten,
Den man abseits ohne Zeit und Uhr
Düngt und erntet dann Literatur.

Bücher – Nein, ich bitte Sie inständig:
Nicht mehr fragen! Lass dich doch belehren!
Bücher, auch wenn sie nicht eigenhändig
Handsigniert sind, soll man hoch verehren.
Bücher werden, wenn man will, lebendig.
Über Bücher kann man ganz befehlen.
Und wer Bücher kauft, der kauft sich Seelen,
Und die Seelen können sich nicht wehren.

Mein Bruder

Mein Bruder löst immer Probleme.
Mein Bruder verfolgt ein Ziel.
Mich nennt er eine bequeme
Schlawinernatur ohne Stil.

Mein Bruder wohnt – Ehrensache –
Und sagt, er habe Niveau.
Doch wenn ich darüber lache,
Beschimpft er mich: Ich sei roh.

Mein Bruder muss Rechnung tragen
Und spricht gern über Kultur.
Mich hat er einmal geschlagen,
Weil mir dabei was entfuhr.

Mein Bruder haut mich sehr häufig.
Er nennt das dann »aus Prinzip«.
Solche Worte sind ihm geläufig.
Ich habe ihn deshalb so lieb.

Ich würde ihn auch gern mal hauen.
Doch er ist leider sehr stark.
Nur wenn er Glück hat bei Frauen,
Dann schenkt er mir immer zwei Mark.

Ich bin zwar ein saudummes Luder,
Meine beiden Beine sind schief.
Im Übrigen ist mein Bruder
Gar nicht verwandt, sondern stief.

Doch wenn ich »gestiefelter Kater«
Ihn nenne, dann schäumt er wie Most

Und schreibt Beschwerden an Vater,
Und die trage ich dann zur Post.

Ich trage ihm alle Pakete,
Die größer sind, als er denkt.
Jetzt hat er meine Trompete
Hinter meinem Rücken verschenkt.

Ein Bischof hat einen braunen
Frack meinem Bruder verehrt.
Sie würden überhaupt staunen,
mit wem mein Bruder verkehrt.

Dagegen lebe ich – meint er –
Ganz stur wie ein Vieh in den Tag.
Manchmal, wo Damen sind, weint er;
So einer stirbt mal am Schlag.

Meine Tante

Meine Tante ist eine Blinde
Und obendrein geistesgestört,
Was ich doch noch rüstig empfinde,
Weil sie auf dem einen Ohr hört.

Ihr Rückgrat ist wie ein Henkel.
Sie geht deshalb etwas gebückt.
Doch hat sie am oberen Schenkel
Ein Grübchen, das jeden entzückt.

Ein Grübchen, wie manch eine Haut hat,
Nur zarter und doch wieder stark,
Dass jeder, der es geschaut hat,
Erfreut etwas zahlt. Meist drei Mark.

Sie hat Perioden mit Äther.
Ich breche mitunter mit ihr
Beziehungen ab, die ich später
Erneure bei angeblich Bier.

Denn sie ist doch eine volle
Mimosengestalt, ein Genie,
Und immer noch unter Kontrolle.
Ich garantiere für sie.

Man selber

Wenn wir über uns selber springen,
Werden uns alle Pläne gelingen. –
Hopla! – Das werfe ich nur so hin,
Weiß ich doch gar nicht, wer ich bin.

Man sollte rechtzeitig den Mut haben,
Selbst zu beginnen, sich selbst zu begraben.
Diese und ähnliche (für die Jungen
Ganz unwichtigen) Beschäftigungen
Sind mir noch nie so ganz ehrlich gelungen.

Und doch sind wir selber das Wichtigste
Und die Mitmenschen das Nichtigste.
Man wird über solchen Bekenntnissen
Leicht in die Philosophie gerissen.
Und dann sollte man umdrehen,
Irgendwo anders hingehen,
Spiegel zertrümmern und sich umsehen.

Der wilde Mann, die weiche Mann, das Vielemann

1.
Auf! Lasst uns irgendjemanden erschlagen!
Sie fragen: Wen?
Wie feig schon, überhaupt zu fragen.
Halt irgendwen, den oder den.

So irgend jemand mitten aus der Mitte
Urplötzlich töten, hei, wie das belebt!
Weil's Aufsehn macht.
Denn Töten ist nicht Sitte,
Sonden ein Sport, vor dem die Mehrheit bebt.

Nicht solche töten, die uns Grund gegeben,
Noch etwa Greise oder Weib und Kind,
Auch lasst uns Töter gegenseitig leben,
Weil wir doch schließlich keine Henker sind.

Was über achtzig Jahr und unter zehn
Jahr ist, sind faule, unbrauchbare Drohnen.
Den andern aber muss man zugestehn,
Dass sie was leisten, und die lasst uns schonen.

2.
Auf! Lasst uns all mitnander Ei-ei machen!
Auf! Fistet Pazi und seid friedlich froh!
Verklebt aus Liebe unter heitrem Lachen
Mit Bruderkuss den feindlichsten Popo.

Krieg, Hass und Neid und alle widrigen
Gefühle fort! Dem Herzen gebt Gehör!
Wir wollen uns freiwillig selbst erniedrigen.
Und wer uns anspeit, sei uns Parfumeur.

Ein Reich zu gründen und dafür zu werben
Gilt es, das ganz und gar dem Himmel gleicht.
Seid überzeugt: Wir werden drüber sterben.
Doch, wenn wir leben blieben, wär's erreicht.

3.
Warum denn immer alles übertreiben?
Warum denn links? Warum denn rechts?
Um Gottes willen, lasst uns mäßig bleiben,
Nicht männlichen, nicht weiblichen Geschlechts.

Hübsch angepasst und jede Reibung meiden!
Nicht hart, nicht weich! Nicht Ja, nicht Nein!
Auf alles hören und sich nie entscheiden.
Wer weiß, wie's kommt. Man muss gewappnet sein.

Denn golden ist der goldne Weg der Mitte.
Man isst und zeugt und schläft schön ungestört,
Regt sich nicht auf um »danke« oder »bitte«
Und weiß und lebt und stirbt, wie sich's gehört.

Die zwei Polis

Ich drehe aus der Tik
Niemandem einen Strick.
Denn wir wollen frei
Sein in der Republik.

Und wie der Tik so auch der Zei
Geh ich am liebsten weit vorbei.
Ich habe sie beide dick.

So werfe auch kein andrer solchen Strick
Mit der Tik mir ums Genick.

Denn ich will von der Tik nichts verstehn.
Und die Zei und alle Zein
Können mich – o nein! o nein! –
Können mir auch aus dem Wege gehn.

Bei der Tik verlangt man Krummheit
Im gegebenen Moment.
Und die Zei wünscht füge Dummheit,
Weil sie keinen Shakespeare kennt.

Und die Zei will meinen Willen.
Meine Meinung will die Tik.
Beide wünschen sie im stillen
Hypothek auf jedermanns Geschick.

Es muss doch Leute geben,
Die ehrlich sein wolln,
Und weil sie nur ihr Ausmaß leben,
Darum auch freier sein solln.

Darum übe die Zei nicht an mir Kritik,
Und die Tik möge mir es verzeihn,
Wenn ich nochmals gestehe, dass ich jeden Augenblick
Möglichst fern von beiden möchte sein.

Der Mut der reifen Jugend

Mut zeigt sich immer erst vor Übermacht.
Mut muss mit Kenntnis der Gefahr gepaart sein.
Mut will wie Edelstes diskret verwahrt sein,
Und wer ihn fasst, der fasse mit Bedacht.

Hab' Mut! Jedoch nicht, um ihn zu beweisen.
Schick deinen Mut niemals auf Reisen.

Man kann mit Kühnheit, doch mit Mut nie scherzen,
Denn der, der Mut zeigt, hat auch Furcht im Herzen.

Soll reife Jugend weise, überlegen,
Maßvoll, gelehrt und unpolitisch sein??
Darf sie verdreht und zukunftsblind verwegen
Vergnügen saufen?? Ja! und so auch: Nein!

Ich weiß darüber keine Regel,
Weiß nur, wie stets das Schicksal das entschied.
Doch zwischen freiem Bursch und blödem Flegel
Sieht nur ein Schwachkopf keinen Unterschied.

Antwort an einen Gelangweilten

Du musst in Langerweile
Es einmal ausprobiern,
Mit einer Nagelfeile
Dich zu rasiern.

Du sollst an dem Schicksal nicht mäkeln,
Sollst nichts Lebendiges quäln.
Aber Hosenspitzen magst du häkeln
Und halblaut bis zweitausend zählen.

Und wenn nach tausendfünfhundert,
Sofern du alles recht präpariert
Hast, plötzlich dein Ofen laut explodiert,
Dann zeige dich maßlos verwundert.

Und eilt dann irgend jemand herbei
Aus Neugier und um was zu retten,
Dann frage: Was soll denn das dumme Geschrei?

Und schlage ihm ruhig das Hirndach entzwei
Und stopfe ihn still in die Betten.

Entfliehn und leugnen und irretun
Vermeide, denn das erschöpft sich.
Vertiefe dich in den Begriff Immun,
Doch sei überzeugt, man köpft dich.

In England leidet man am Strick.
In Deutschland unterm Beile
Ganz sicher keinen Augenblick
An Langerweile.

Ich raffe mich auf

(Einem Freund zum Dreißigsten gewidmet)

Der Nachttopf klirrt. Ich bin entschlossen!
Der Doornkaat hat mich umgestimmt.
Wenn jetzt auch alles in der Stube schwimmt,
Ist doch noch lang kein Blut vergossen.

Der Spiegel kracht. Was will das heißen?
Was er uns spiegelt, ist verkehrt.
Ritz-Ratsch – ich muss mein Federbett zerreißen.
Denn Eigentum ist Dreck, der nur beschwert.

Hei, Wind gemacht! Die Federn stieben.
Den deutschen Seemann schreckt der Seesturm nicht.
Er denkt, den Tod vor Augen, seiner Lieben. –
Ach was – Quatsch: Lieben –. Bums! ein Schrank zerbricht.

Der Schrank ist mein, und ich bin frei.
Und wenn er mir auch nicht gehörte – –

Wie wär's, wenn ich das Fenster mal zerstörte?
Päng! – schlitterkläng – – Es ist entzwei!

Plautz – liegt mein Ofen. Er wog tausend Kilos.
Wo ist mein Frack? – Ich habe Blut geleckt. –
Zu lange war ich schwach und energielos.
Dein Doornkaat, Rosie, hat mein Blut geweckt.

Jubiläumsgongschlag

(Zum 1. Juli 1927)

Es tamt das Gong.
Herein, ihr Gäste,
In meinen Salon
Zu meinem Feste!
Es gibt heut das Beste,
Was ich zu erschwingen vermag,
Gibt Weine und Sekt –
Tamtam – Schlag auf Schlag –
Sogar etwas, was wie Kaviar schmeckt.
Es gibt heute faustgroße
Eier mit Senfsoße
Und stille à la bonbon.
Es gibt sogar Schweinebraten.
Heut geb ich gern, heut geb ich viel.
Zum fünfzigjährigen Jubil-
Äum des Reichspaten
Tamts – Gong –

Hinaus aufs deutsche Land!

Reist aus! Steigt ein ins Eisenbahnkupee!
Packt eure Notdurft ins Gepäcknetz! – Zankt

Euch um die Plätze! – Winkt noch mal! – Und dankt
Gott! – Aber: Ne tirer la poignée!

Des Frühlings weltbekannte Poesie
Macht alle Wirte der Provinz so froh.
Solo in caso di
Pericolo.

Spuckt euer Städteweh
Durchs offne Fenster hinaus.
Wer kann dafür,
Wenn's trifft?! – Défense de cracher
Dans la voiture.

Wege

Der Schwindel barmte laut und bog
Sich tief, dann dicht, und log und log.

Ein Ehrlicher schlich hinterher
Und hielt sich still und tat sich schwer.

Der Schwindel klebte sich wie Leim,
Gab groß, nahm klein und sprach von »Heim«

Erwarb sich Kenntnis und Vertraun
Und steckte sich dann hinter Fraun,

Ward unterstützt, ward fest und steif,
Gab klein, nahm groß und fühlte »reif«.

Der Schwindel trotzte unverblümt.
Er ward bekannt. Er ward berühmt.

Er zog nach unten hin Vergleich.
Er rückte ab. Er wurde reich.

Der Schwindel fühlte sich und schoss.
Wenn einer widersprach, dem goss

Geblufft, bezahlt, Majorität
Ins Auge Popularität.

Der Schwindcl war geschützt, gemacht,
Nur ruhelos bei Tag wie Nacht.

Denn er gedachte ohne Ruh
Des Ehrlichen; doch gab's nicht zu,

Vernahm und brachte dessen Schrift
Mit Hohn, dann Wut in Misskredit.

Der Schwindel, längst gemacht, war satt,
Stand überall in jedem Blatt.

Der Ehrliche kam fromm und schwer,
Ganz müde, spät, des Wegs daher,

Ging still vorbei und fromm und schwer.
Und er erreichte sehr viel mehr.

Olaf Gulbransson

In der freien Sonne, angesichts
Schöner Tennisspielerinnen,
Steht ein Stier.
Nur ein schmales Linnen
Bammelt ihm vorm Bauch und verdeckt nichts.

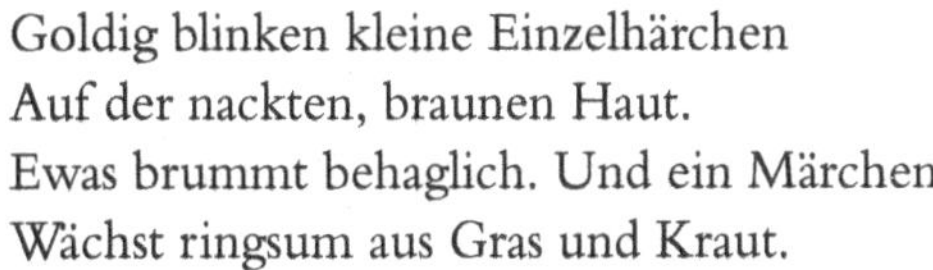

Goldig blinken kleine Einzelhärchen
Auf der nackten, braunen Haut.
Ewas brummt behaglich. Und ein Märchen
Wächst ringsum aus Gras und Kraut.

Etwas rund und blank wie Billardglatze
Wendet sich, man sieht:
Eine undressierbar wilde Katze.
Die beugt sich zurück und zieht –
Gott weiß wie – wunderliche,
Unvergleichbar sichre Zauberstriche.

Breitbeturbant geht ein Riesenkind
In dem schon geschilderten Gewande
Grinsend durch die Wiese und den Wind
Nach dem Strande.

Einen dreisten Seehund sieht man in dem kühlen
Wasser draußen sich zu Hause fühlen.
Echter Whisky strömt durch echte Kehle.
Irgendein beschissner Tropf
Will sich über Großes lustig machen.
Eine Flasche fliegt ihm an den Kopf.
Es ertönt ein echtes Lachen.
Leise seitwärts schreitet eine zarte Weltallseele.

Trüber Tag

Zu Hause heulten die Frauen:
Das tote Kind sah aus wie Schnee.
Wir gingen, nur mein Bruder und ich, in See.
Dem Wetter war nicht zu trauen.
Wir fischten lauter Tränen aus dem Meer,
Das Netz war leer.

Rechnungsrates verregnete Reise

Und wie ich vom Regen begossen
Die Wegweiser las,
Da lag ein Hemd, wie erschossen,
Zum Bleichen im Gras.

Ich dachte: Zweifellos leben
Hier Menschen und leben nicht schlecht.
Und sah das Hemd und daneben
Ein Haus. Also hatte ich recht.

Ich wollte mich selber beklagen,
Zog bitter mein Los in Vergleich,
Doch machte das Missbehagen
Im Regen mich weich.

Man soll sich nichts selber verleiden.
Und Missgunst ist immer wie Rost.
Ich gab unter Schwierigkeiten
Eine Depesche zur nächsten Post:
»Erwarte für morgen Montag früh
Den Mann mit dem accent aigu.«

Zwar ist es im Grunde ein kleiner
Umstand, aber er quält,
Dass nun seit Jahren schon meiner
Schreibmaschine der Rechtsknüppel fehlt.

Man muss die Natur nur erfassen,
Wie immer das Wetter auch sei.
Bewusst, den Zug zu verpassen,
War ich doch ruhig dabei.

Ich fuhr also heim. Denn, was blieb mir
Sonst übrig? Man ist nicht Herr seiner Zeit.
Meine Stiefnichte schrieb mir:
Es habe in Bozen sogar geschneit.

Was willst du von mir?

Möchtest du meine Frau werden,
Da meine Haare schon grau werden,
Schon größtenteils sind?
Möchtest du über mich lachen?
Soll ich dir Freude machen?
Oder ein Kind?

Willst du die Peitsche spüren?
Soll ich dich ausführen?
Brauchst du Geld oder einen Rat?
Willst du nur mit mir spielen?
Oder gefielen oder missfielen
Dir Taten, die ich tat?

Warum bist du so still?
Soll ich dich beklagen?
Sag doch einmal: »Ich will ……«
Oder sonst ein deutliches Wort. –
Soll ich dich verjagen?
Ja. Geh zu!
Nein! – Du!
Bitte, bitte, geh nicht fort!

In Zwickau war ich

Wenn ich Geld hätte
In unermesslichen Haufen,
Würde ich die beiden Städte
Paris und Zwickau mir kaufen.
Ich weiß, auch in Zwickau wohnen
Entzückende Personen.
Die würde ich verschonen.
Die verkaufen sowieso sich nicht,
Und sie haben auch kein Pariauer,
Kein Zwickser Gesicht.
Alles andere würde ich erwerben,
Paris aber gleich zurückgeben,
Nur darin leben,
Dann in Zwickau sterben
An Zwergrattengift
Mit dem Ausruf: »Was Zwickau betrifft,
O du schönes Ludwigslust in Mecklenburg!«

Lokomotivenrauch trug unsere Blues
Ins alte Erzgebirge und verstreute
Hässlichen Ruß
An Holz und Stein und arme Leute,
Unsern Passantengruß.

Heimatlose

Ich bin fast
Gestorben vor Schreck:
In dem Haus, wo ich zu Gast
War, im Versteck,
Bewegte sich,
Regte sich

Plötzlich hinter einem Brett
In einem Kasten neben dem Klosett,
Ohne Beinchen,
Stumm, fremd und nett
Ein Meerschweinchen.
Sah mich bange an,
Sah mich lange an,
Sann wohl hin und sann her,
Wagte sich
Dann heran
Und fragte mich:
»Wo ist das Meer?«

Geburtstagsgruss

Ach wie schön, dass du geboren bist!
Gratuliere uns, dass wir dich haben,
Dass wir deines Herzens gute Gaben
Oft genießen dürfen ohne List.

Deine Mängel, deine Fehler sind
Gegen das gewogen harmlos klein.
Heut nach vierzig Jahren wirst du sein:
Immer noch ein Geburtstagskind.

Möchtest du: nie lange traurig oder krank
Sein. Und: wenig Hässliches erfahren. –
Deinen Eltern sagen wir unseren fröhlichen Dank
Dafür, dass sie dich gebaren.

Gott bewinke dir
Alle deine Schritte;
Ja, das wünschen wir,
Deine Freunde und darunter (bitte)
Dein

Der Komiker

Ein Komiker von erstem Rang
Ging eine Straße links entlang.
Die Leute sagten rings umher
Hindeutend: »Das ist der und der!«
Der Komiker fuhr aus der Haut
Nach Haus und würgte seine Braut.
Nicht etwa wie von ungefähr,
Nein ernst, als ob das komisch wär.

Das Parlament

Im Parlament geht's zu.
Was die für Schnäbel haben, –
Da sind wir Waisenknaben
Dagegen, ich und du.

Mein Onkel Rolf aus Rügen,
Der ist einmal hineingewählt.
Wenn er recht voll ist und erzählt,
Dann merkt man, wie die lügen.

Ich habe selber zugeschaut,
Wie der das Volk vertrat.
Das geht auf keine Kuhhaut.
Man meint, die spielen Skat.

Nur manchmal, wenn der Präsident
Laut läutet, gibt es Ruhe.
Doch alles, was im Parlament
Geschieht, ist nur Getue.

Sie wollen sich in Wirklichkeit
Nur großtun und vertagen
Und freun sich auf die Ferienzeit.
Wo wir die Steuern tragen.

Mir geht das ganz daneben.
Ich bin selbst im Gesangverein.
Die wolln halt auch beisammen sein.
Und jeder Mensch will leben.

Das Original

Ich bin sehr dagegen,
Dass sich ungelegen
Jemand aufdrängt.
Aber meinen Segen
Hat, wer eines Wortspiels wegen
Sich zum Beispiel aufhängt.

Ich bin darin ganz besonders eigen,
Denn ich sehe vieles weit voraus.
Nur ich kann das immer nicht so zeigen. –

Nie betritt ein blinder Mann mein Haus,
Wenigstens nicht meine Räume,
Weil ich einmal eines Nachts in Schweden
Träumte – und ich kenne meine Träume –
Nein, wir wollen lieber andres reden.

Wenn ich mal wo so betrunken war,
Wie ich für gewöhnlich niemals bin,
Geh' ich dorthin nie mehr hin;
Darin bin ich sonderbar.

Und ich trinke, wenn ich vor Geschäften
Stehe, überhaupt so gut wie nichts,
Denn ich stehe so gewissen Kräften
Nahe. Und der Ausdruck des Gesichts
Wechselt stets bei mir in Intervallen.
Ist dir das und andres an mir aufgefallen?

Nun, ich weiß: Ich passe nicht ins Leben,
Weil ich hungern kann. Ich werde nie
Mein Geheimstes jemals Leuten preisgeben,
Die nicht groß sein können oder die
Eng am Gelde hängen.
Warum sollte ich mich denen aufdrängen!

Willst du, bitte, nun mal andre Leute
Ganz diskret befragen,
Was sie über mich und meine Meinung sagen
Und was ich für sie bedeute.

Gelt, du weißt, dass ich nicht gern verspreche,
Weißt auch, dass ich etwas halten kann?
Und – – – Genug! Du bist mein Mann! –
Lebe wohl! – Zahl' ich – zahlst du die Zeche?

Das Kartenspiel

Vier Männer zogen sich zurück,
Schlossen sich ein, und drei
Von ihnen versuchten ihr Glück,
Spielten Karten.
Draußen im Garten
Blühte der Mai.

Im schwülen Zimmer saßen die
Männer bei ihren Karten.
Ihre Weiber ließen sie
Draußen weinen und warten.

Und spielten Spiel um Spiel zu dritt,
Und jeder schwitzte.
Der vierte Mann sah zu, kibit –
Kibitzte.

Geld hin – Geld her Geld her – Geld hin –
Verlust – Gewinn
Nach Kartengemisch.
Es wurde gebucht,
Gereizt und geflucht.
Man schlug auf den Tisch.
Man witzelte seicht.
Hätte Pikdame statt Karozehn
Den Buben genommen,
Dann wäre vielleicht
Alles anders gekommen.

Und noch einmal und noch und noch,
Verbissen und besessen. –
Ein Lüftchen kam durchs Schlüsselloch,
Roch nach verbranntem Essen.

Der König fiel.
Das letzte Spiel,
Das allerletzte Spiel begann.
Und wieder stach die Karozehn.
Der vierte Mann,
Der nichts getan als zugesehn,
Gewann.

Vier gähnende Männer gingen
Hinaus ins Morgengraun.
Draußen hingen
Am Gartenzaun
Vier vertrocknete Fraun.

Hinrichtungen

Köpfe und Rümpfe trennen sich
Überall im Blut.
Überall bekennen sich
Leute zum Henkersmut.

Überall wird die Rache satt.
Überall tut sich ein Recht,
Birgt sich, wenn es Ängste hat,
Hinter einem beschränkten Knecht.

Ferne Unwetter grollen.
Es gruselt dumpf:
Was werden die Köpfe wollen,
Wenn sie wieder hupfen auf ihren Rumpf?

Stammtischworte

Wenn ein Schiffbruch dich ins nasse Element
Setzte. Wenn, wie es der Seemann nennt,
Kälberköpfe auf dem Meere zischen
Und ein Rettungsboot sich dir näherwürgt,
Ja, dann ist noch lange nicht verbürgt,
Ob sie dich erwischen.

Wenn du eine Blase wie ein Hai,
Eine Nase wie ein Papagei
Oder Flossen an den Ohren hättest,
Fragt es dennoch sich.
Ob du dich
Rettest. – – –

Meinetwegen lasse dir dein Leben
Hoch versichern und dir Vorschuss geben.
Wollen sehen, wie der Hase läuft.
Doch ich wär' der Erste, der sich freute,
Wenn dein Erbe, wenn du heute
Fern auf See ertränkest, morgen auch ersäuft. – – –

Manchmal spart Ertrinken das Begraben. –

Wärst du nicht schon gar so alt und mürbe,
Wünschte ich mir, dass ich vor dir stürbe.
Jetzt will ich noch einen Whisky haben.

Einem Kleingiftigen

Vielleicht, dass ein Unverstandenes
Oder ein gar nicht Vorhandenes
Dich verdross.
Und nun möchtest du heimlich erschießen
Und noch den Schrei genießen:
»Das war Tells Geschoss!«

Aber ein Pup ist kein Blitz.
Du musst dich schon anders entladen.
Du musst deinen eigenen Schaden
Riskieren und Mut verraten
Oder wenigstens Witz.

War's aber eine erkannte, bestimmte
Angelegenheit, die dich ergrimmte,
Etwa was Ungerechtes – – –
Ach, wie viel Schlechtes
Tatest du?!
Und klapptest stillschweigend den Deckel zu.

Hau doch in den Kartoffelsalat,
Dass die Soße spritzt.
Das ist ein schlechter Soldat,
Der Blut erträumt
Und Rache schwitzt
Und vor Wut schäumt
Und dabei auf dem Lokus sitzt.

Oder leg' deinen Zorn, wenn du willst,
Als etwas Echtes, wenn auch nicht Stubenreines,
An deine eigene Brust, dass du ihn stillst,
Wie eine Mutter ihr Kleines.

Nach eines Jahrmarkts letzter Nacht
Ist in wenigen Stunden
Eine ganze Stadt voll blendender Zauberpracht
Kläglich verschwunden.

Dichter und erster Anhörer

Sie trugen zwei Sardellen
Zu Grabe. – – »Wer?«
Die Wellen,
Sie trugen sie vor sich her.

»Wieso zu Grabe? Wohin denn?«
Zu Grabe, zur ewigen Ruh!
»Wohin?« – – Nun je nach den Winden,
Vielleicht nach Afrika zu.

Sie murmelten Weisen der Trauer
Wegweit, tagaus und tagein.
»Da werden sie auf die Dauer
Wohl heiser geworden sein.«

Schwarz winkte am fernen Gestade
Ein Grab – – – »Und der Abend sinkt,
Und deine Sardellenballade,
(Ganz offen gesprochen) die stinkt.«

Meine erste Liebe?

Erste Liebe? Ach, ein Wüstling, dessen
Herz so wahllos ist wie meins, so weit,
Hat die erste Liebe längst vergessen,
Und ihn intressiert nur seine Zeit.

Meine letzte Liebe zu beschreiben,
Wäre just so leicht wie indiskret.
Außerdem? Wird sie die letzte bleiben,
Bis ihr Name in der »Woche« steht?

Meine Abenteuer in der Minne
Müssen sehr gedrängt gewesen sein.
Wenn ich auf das erste mich besinne,
Fällt mir immer noch ein frühres ein.

Gedicht in Bi-Sprache

Ibich habibebi dibich,
Lobittebi, sobi liebib.
Habist aubich dubi mibich
Liebib? Neibin, vebirgibib.

Nabih obidebir febirn,
Gobitt seibi dibir gubit.
Meibin Hebirz habit gebirn
Abin dibir gebirubiht.

Ein Stück Rheinfahrt

Ich habe nach dem langweiligen Rhein
Und den kitschigen Burgschutthaufen
Gar nicht gesehn, zog es vor, zu saufen –
Nein: Wir tranken einen vorzüglichen Wein.

Wir benahmen uns auf jeder Station
Am Fenster wie Gesindel,
Schimpften in ordinärem Ton
Über angebliches Kindergewindel.
Und infolgedessen
Und berechnenderweise
Haben wir während der ganzen Reise
Allein im Kupee gesessen.

Und was ergibt dann sich?
Ach, ein Loch im Strumpf kann sich
Durch alle Größen
Bis in ein randloses Glück auflösen.

Das Glück schlägt manchen Kegelpurz.
Die Reise war zu kurz.
Der Rhein und die Burgen gähnten.
Wir wähnten
Beide Prinzen zu sein.

Unbestreitbar ausgezeichnet ist der Wein.

Nach kurzer Fahrt getrennt

Es reimt sich was,
Und es schleimt sich was,
In den Austern im Kölner September.
Ich sitze – und niemand sonst ist dabei –
Vor blinkenden Lichtern in der Bastei,
And I remember.

Heute wird nicht gegeizt,
Wird mit Champagner geheizt,
Für dich söffe ich Tinte.
Paris ist nicht weit von hier.
Könnten wir! – Wollen wir
Uns dort treffen, Lobintte??

Ferngruss von Bett zu Bett

Wie ich bei dir gelegen
Habe im Bett, weißt du es noch?
Weißt du noch, wie verwegen
Die Lust uns stand? Und wie es roch?

Und all die seidenen Kissen
Gehörten deinem Mann.

Doch uns schlug kein Gewissen.
Gott weiß, wie redlich untreu
Man sein kann.

Weißt du noch, wie wir's trieben,
Was nie geschildert werden darf?
Heiß, frei, besoffen, fromm und scharf.
Weißt du, dass wir uns liebten?
Und noch lieben?

Man liebt nicht oft in solcher Weise.
Wie fühlvoll hat dein spitzer Hund bewacht.
Ja unser Glück war ganz und rasch und leise.
Nun bist du fern.
Gute Nacht.

Anstachelung beim Zahnstochern

Ich biete euch Troglodyten die Spitze.
Heraus mit euch! Wer sich in Löcher
Verkrümelt, ist feig. Ich besitze
Der Pfeile genug in meinem Köcher.

Mit dem Pfeil, dem Bogen
Durch Gebirg und Tal
Kommt Odysseus gezogen
Und säubert den Augiasstall.

Nein, ich schieße euch freche
Brut nicht. Ich steche!

Ihr macht mich krank
Mit eurem Gestank.

Ihr fresst an mir, anstatt
Mich zu nähren. Ich bin noch nicht satt.

Heraus aus dem Loch!
Ich hülle in Spucke euch
Und schlucke euch –
Pieks-quieks – doch.

Oder schnipse euch aufs Geratewohl
In ein unbekanntes Hilfdirselber. –
Ach mein Backenzahn ist schrecklich hohl
Und wird täglich bröckliger und gelber.

Keine Hand vors Gesicht.
Komm, Zahnstöcherchen,
Piek die Peiniger
Aus den Löcherchen!
Schäme dich nicht,
Denn du bist ein kluger Reiniger.

Immer wacker gespießt!
Wenn auch mal Blut fließt.
Ich bin nicht bang.

Gesegnete Mahlzeit beim letzten Gang.

Die Lupe bietet sich an

Ich will euch dienen,
Will euer Auge sein,
Wenn ihr im Allzuklein
Suchet wie Bienen.

Ich deute euch jederzeit
Falsches und Wahres,
Und Wunderbares
Der bunten Winzigkeit.

Die spiegelt geheimnisvoll
Das große Treiben. –
Und im kleinsten Winkel soll
Kein Schmutz bei euch bleiben.

Ich kann, aber will nicht gern
Euch Löcher brennen.
Haltet mir Blendlicht fern!
Ihr sollt mich kennen.

Ihr sollt mich durchschaun,
Wie ich die Spitzbübchen,
Sollt ganz mir vertraun,
Eurem konvexen Lins'chen Lüpchen.

Die Leipziger Fliege

Ob wohl die Fliegen Eier in uns legen,
Wenn sie so lange auf uns sitzen bleiben
Und wir sie, weil wir schlafen, nicht vertreiben?

Man sollte seinen Körper viel mehr pflegen.
Die Fliege, die mich darauf brachte,
Als ich in meinem Mietslogis erwachte,
War eine greisenhafte und ergraute,

Dass ich nur zaghaft mir getraute,
Sie wenigstens ein bisschen totzuschlagen.

Sie sterben im November sowieso
In Leipzig. (Später als wie anderswo.)
Wie können Sterbende doch oft noch plagen,
Das Alter stimmt nicht immer mild.

Sie sind unheimlich dann und boshaft wild.

Doch unter solcher feuchten Sumpfluft leiden
Alle. Leipzig hat seinen Hustenreiz.
Man sollte im November Leipzig meiden,
Nach Frankreich reisen oder in die Schweiz.

Die Fliege hat mir alle Lust genommen.
Ich bin nicht wach und bin auch nicht im Schlaf.
Als müsste ein Gewitter kommen.

Ob wohl ein Blitz je eine Fliege traf?

Strassenerlebnisse

Mir ist wieder manches begegnet.
Es hat Bindfaden geregnet.
Das Wasser bepinkelte Straßen und Gassen,
Und ein verregneter Sprengwagenlenker
Fluchte den Regenmacher zum Henker.
Das sollte ein Sprengwagenlenker
Doch lieber unterlassen.

Vor einer grüngekleideten Maid
Blieb ich begeistert stehn.
Sie sagte: Ich möchte weitergehn.
Das tat ich.
Ob Mann, ob Frau, im grünen Kleid

Sind beide stets sympathisch.
Im zweiten Fall war ich sehr kühl,
Denn ich entscheide nach Gefühl,
Und mit einer Frau mit konkaven
Popo
Geh ich nun einmal nicht schlafen,
No, no!

Verflucht und zugenäht

Man sollte den Gesetzen
In Kleinigkeiten
Ein Bein stellen und sie verletzen
Und sie, von Gönnern geldunterstützt,
Überschreiten.
Man sollte den Richter,
Der Künstler, Dichter
Oder nur Mensch ist, unbändig verehren.
Man sollte das andre, konträre Gelichter
Zermalmen und sich selber vermehren.
Man sollte so sein, wie ich es bin.
Man sollte – –
Wenn nicht der liebe Gott es hin
Und wieder ganz anders wollte.

Rachegelüst

Wenn die Menschen dumpf sich nicht getraun,
Wenn sie feig und heuchlerisch sich fügen
Und ihr Glück auf ihre Schlauheit baun,
Redliches bedrücken und betrügen.

Wenn sie schleichen, flüstern und sich ducken,
Andrerseits aus Würde sich genieren, – –
O dann müsste etwas explodieren.
Und ein Riese müsste sich erheben
über sie und sie nicht etwa töten,
Sondern saftig, kräftig sie bespucken,
Um sie für ihr weitres Leben
Als verschleimte, fette Warzenkröten
In ein Glashaus einzusperrn.
Und ich würde durch die Scheibe gucken
Und sie grüßen: »Hochverehrte Herrn!«

Enge Künstlerschaft

Sie wissen alle was, was sie nicht sagen,
Was sie nach ihrer Meinung vorwärtstrug.
Sie nützen ihren engen Weg und wagen
Nicht, wissen nichts vom freien Flug.

Als wär nicht Raum genug in Welt und Leben,
Wo alle echten Menschen Künstler sind.
Und wäre doch mit dem konträren Wind
Jedem ganz unerschöpflich viel gegeben.

Ihr Lachen schwitzt, ihr Stürmen ist ein Schleichen.
Untereinander hocken sie vertraut
Und tuscheln gegen Außenseiter laut,
Derweil sie selber giftig sich vergleichen.

Kristallisiert zum legitimen Grüppchen,
Wird ihr Charakter plötzlich fest bestimmt.
Von den Idealen bleibt ein Süppchen,
Darin ein Titel oder Goldnes schwimmt.

Sie pochen all auf was, was gar nicht klingt,
Obwohl es hohl ist. Dennoch nehmen
Sie andre auf, doch wieder nur bedingt,
Die Kleinen oder Großen, doch Bequemen.

Und könnte doch für sie und jedermann
Alles so anders und so herrlich sein.
Man kann – (Um Gottes willen: Nein!)
Es gibt gar kein »Man kann«.

Es gibt ein »Manko«, gibt ein »Mannequin«,
Ein »Monkey« – – aber das ist kein Dessin.
Es furzt ein Ulk. Der Teufel lupft den Steert.
Und mehr ist jene Gruppe gar nicht wert.

Shakespeare

Er sah wie Christus die Welt,
Die er erlebte als Knecht.
Was seine Kunst spielend uns vorgestellt,
Hat ewig Recht.

Die Riesendame der Oktoberwiese

Die Zeltwand spaltete sich weit,
Und eine ungeheure Glocke wuchtete
Herein. »Emmy, das größte Wunder unsrer Zeit!«
Dort, wo der Hängerock am Halse buchtete,
Dort bot sich triefenden Quartanerlüsten
Die Lavamasse von alpinen Brüsten,
Die majestätisch auseinanderfloss.
»Emmy, der weibliche Koloss.«

Hilflose Vorderschinken hingen
Herunter, die in Würstchen übergingen.
Und als sie langsam wendete: – Oho! –
Da zeigte sich der Vollbegriff Popo
In schweren erzgegossnen Wolkenmassen.
»Nicht anfassen!«
Und flüchtig unter hochgerafften Segeln
Sah man der Oberschenkel Säulenpracht.
Da war es aus. Da wurde gell gelacht.
Ich wusste jeden Witz zu überflegeln,
Und jeder Beifall stärkte meinen Schwung.
Die Dicke schwieg. Ich gab die Vorstellung.

Besonders lachten selbst recht runde Leute.
Ich wartete, bis sich das Volk zerstreute.

Nacht war es worden. Emmy ließ sich dort,
Wo sie gestanden, dumpf zum Nachtmahl nieder.
Sie schlang mit Gier, doch regte kaum die Glieder.
»Sag, Emmy, würdest du ein gutes Wort,
Das keinen Witz und keine Neugier hat,
Von einem, der dich tief betrauert, hören?«
Sie sah nicht auf. Sie nickte kurz und matt:
»Nur zu! Beim Essen kann mich gar nichts stören.«

»Emmy! Du armes Wunderwerk der Zeit
Du trittst dich selbst mit ordinären Reden,
Mit eingelerntem hohlen Vortrag breit.
Du lässt die schlimme Masse deines Fettes
Von jedem Buben, jeder Dirne kneten.
Man kann den Scherz vom Umfang deines Bettes,
Der Badewanne bis zum Ekel spinnen.
Und so tat ich. Und konnte nicht von hinnen.
Ich dachte mich beschämt in dich hinein.

Es müsste doch in dir, in deinem Leben
Sich irgendwo das Schmerzgefühl ergeben:
Ein Dasein lang nicht Mensch noch Tier zu sein.«
Hier hielt ich inne, dachte zaghaft nach.
Bis ein Geräusch am Eingang unterbrach.

Es nahte sich mit wohlgebornen Schritten
Der Elefant vom Nachbarzelt
Und sagte: »Emmy, schwerste Frau der Welt,
Darf ich um einen kleinen Beischlaf bitten?«

Diskret entweichend konnte ich noch hören:
»Nur zu! Beim Essen kann mich gar nichts stören.«

Kurze Wichs

Kurze Wichs, du bist mei Freid
Wegen der Hygiene,
Lässt den Maderln zur Augenweid
Trutzbehaarte, nackte Beene.

Nur ein Mann von Schrot und Korn
Konnte dich erfinden.
Kurze Wichs, du bist von vorn
Wie die Fraun von hinten.

Kurze Wichs, du firmst den Bua,
Und dich liebt ein jeder,
Diar rhö holi da jua
Jodelt's dir vom Leder.

Kurze Wichs! – Hei, wie das knallt,
Wenn ich auf dich schlage!

Alles, alles, alles prallt
Ab, wenn ich dich trage.

Schneiderhüpfl vor dem Ochsen am Spiess

Ein Maß Bier und zwei Maß Bier
Und hundert Maß Bier und tausend Maß Bier.
So leben wir, so leben wir
An der Isar.
Und Kalbshaxn und Kalbshaxn.
Wir sind keine Preußen, wir sind keine Sachsen.
Wir sind keine Spießer.
Wir sind Genießer.

Oktoberfest im Mai, im August,
Oktober zu jeder Zeit.
Wir sind uns unserer selbst bewusst
Und jodeln aus herziger Brust:
»Immer kampfbereit!«

Wir sind urwüchsig und frei.
Wir sind international gesinnt.
Un, zwo, trois, gsuffa!
Es lebe unsere Polizei!
Wer unsere Behörden nicht liebt,
Der spinnt.
Wir sind tolerant.
Die preußischen Sauerein
Sind uns bekannt.
Kommt zum Oktoberfest!
Unterstützt unsere Brauerein!
Himmel Herrgott Sakrament!

Auskehr
(Zum Schmutz- und Schundgesetz November 1926)

Schundige, verbrauchte Besen wollen,
Nur aus schmutzig-dunklem Hintergrund:
Mummgedachte dummgemachte Menschen sollen
Ihnen helfen gegen Schmutz und Schund.

Wollen also scheinbar Straßen reinigen,
Nicht vor eigner Türe, nein! O nein!
Herrschen wollen sie und peinigen.
Denn man sah in ihren Stiel hinein.

Und da fand man in den Stielen Knuten
Aus der mittelalterlichsten Zeit.
Und wir andern müssen uns nun sputen,
Denn die Besen stehen kampfbereit.

Sagen wir nur: Nein!
In die Ecke, Besen, Besen!
In dem Dreck, wo ihr gewesen
Seid, macht euern Dreck allein!
Nicht verhandeln.
Denn wir wollen rein,
Auch durch Schmutz und Schund, in Freiheit wandeln.

Sittlichkeitsdebatte

Ein Geruch und ein Gestank
Hatten einen Zank.

»Ich lasse mich nicht«, rief der Gestank,
Von deiner Süßlichkeit überschminken!«

»Mein Herr, sind Sie denn riechnervenkrank?
Merken Sie gar nicht, wie Sie stinken?«

»Was kümmert's dich, du bisamischer Schuft?
Bleib mir vom Leibe!«

»Nein, solch ein Stunk gehört an die Luft!
Sie werden sehen, wie ich Sie vertreibe.«

»Du Lüftchen, ich werde dich gleich verschlucken!
Dich scheint der Moschus am Nabel zu jucken.«

»Genug, mein Herr, ich merke, Sie sind
Kein Gent. Ich spreche hier gegen den Wind.« –

Es schwebten gerade zwei
Ältere Damennasen vorbei.
Sie wussten ihren Unmut zu zügeln,
Rümpften und zitterten mit den Flügeln.

Rettende Insel

Wenn Parteien sich und Massen
Sichtbar und geräuschvoll hassen,
Klingt das mir wie Meeresrauschen.
Und dann mag ich henkelltrocken,
Still auf einer Insel hocken,
Die mich zusehn lässt und lauschen.

Nicht, dass ich dann etwa schürfe
Oder was dazwischen würfe
Oder schlichten wollte, nein,
Nein, ich weiß, das muss so sein.

Und ich dehne mich und schlürfe
Eingefangnen Sonnenschein.

Wechselnd laut und wieder leise
Rauscht das Meer in weitem Kreise
Mir vertraute Melodie.
Wo blind oder falsch gestempelt
Missklang sich an Missklang rempelt,
Windelt neue Harmonie.

Und dann schwimmt – fast ist es schade –
Noch ein Mensch an mein Gestade,
Sucht an meiner Pulle Halt.
Aus ist die Robinsonade,
Denn nach Insulanersitte
Sag ich unwillkürlich: »Bitte!«
Und ein zweiter Pfropfen knallt.

Und wir trinken. Es gesellen
Andre sich dazu. Die Wellen
Glätten sich. Der Hass zerstiebt.
Bis zuletzt in süßer Ruhe
Niemand noch was in die Schuhe
Andrer schiebt,
Und sich alles gegenseitig
Eingehenkellt ganz unstreitig
Duldet, gern hat oder liebt.

Draussen schneit's

Wir hatten ein Schaukelpferd vorher gekauft.
Aber nachher kam gar kein Kind.
Darum hatten wir damals das Pferd dann Bubi getauft. –

Weil nun die Holzpreise so unerschwinglich sind;
Und ich nun doch schon seit Donnerstag
nicht mehr angestellt bin, weil ich nicht mehr mag;
Haben wir's eingeteilt. Und zwar:
Die Schaukel selbst für November,
Kopf und Beine Dezember,
Rumpf mit Sattel für Januar.

Ich gehe nie wieder in die Fabrik.
Ich habe das Regelmäßige dick.
Da geht das Künstlerische darüber abhanden.
Wenn die auch jede Woche bezahlen,
Aber nur immer Girlanden und wieder Girlanden
Auf Spucknäpfe malen,
Die sich die Leute doch nie begucken,
Im Gegenteil noch drauf spucken, – –
Das bringt ja ein Pferd auf den Hund.

Als freier Künstler kann ich bis mittags liegen
Bleiben. – Na und die Frau ist gesund.
Es wird sich schon was finden, um Geld beizukriegen.
Anna und ich haben vorläufig nun
Erst mal genug mit dem Bubi zu tun.
Rumpf zersägen, Beine rausdrehn,
Nägel rausreißen, Fell abschälen.
Darüber können Wochen vergehn.
Das will auch gelernt und verstanden sein,
Sonst kann man sich daran zu Tode quälen.
Solches Holz ist härter als Stein.
Dann spalten und Späne zum Anzünden schneiden
Und tausenderlei.
Aber das tut uns gut, uns beiden,
Sich mal so körperlich auszuschwitzen.

Außerdem kann man ja dabei
Ganz bequem auf dem Sofa sitzen;
Raucht seine Pfeife, trinkt seinen Tee,
Und vor allem: Man ist eben frei!
Man hat sein eigenes Atelier.
Man hat seinen eigenen Herd;
Da wird ein Feuerchen angemacht –
Mit Bubipferd –,
Dass die Esse kracht.
Und die Anna singt und die Anna lacht.

Da können wir nach Belieben
Die Arbeit auf später verschieben.
Denn wenn man das Gas uns sperren lässt
Oder kein Bier ohne Bargeld mehr gibt,
Dann kriechen wir gleich nach Mittag ins Nest
Und schlafen, solange es uns beliebt.

Freilich: Der feste Lohn fällt nun fort,
Aber die Freiheit ist auch was wert.
Und das mit dem Schaukelpferd
Ist jetzt unser Wintersport.

Einsiedlers Heiliger Abend

Ich hab' in den Weihnachtstagen –
Ich weiß auch, warum –
Mir selbst einen Christbaum geschlagen,
Der ist ganz verkrüppelt und krumm.

Ich bohrte ein Loch in die Diele
Und steckte ihn da hinein
Und stellte rings um ihn viele
Flaschen Burgunderwein.

Und zierte, um Baumschmuck und Lichter
Zu sparen, ihn abends noch spät
Mit Löffeln, Gabeln und Trichter
Und anderem blanken Gerät.

Ich kochte zur heiligen Stunde
Mir Erbsensuppe mit Speck
Und gab meinem fröhlichen Hunde
Gulasch und litt seinen Dreck.

Und sang aus burgundernder Kehle
Das Pfannenflickerlied.
Und pries mit bewundernder Seele
Alles das, was ich mied.

Es glimmte petroleumbetrunken
Später der Lampendocht.
Ich saß in Gedanken versunken.
Da hat's an die Türe gepocht,

Und pochte wieder und wieder.
Es konnte das Christkind sein.
Und klang's nicht wie Weihnachtslieder?
Ich aber rief nicht: »Herein!«

Ich zog mich aus und ging leise
Zu Bett, ohne Angst, ohne Spott,
Und dankte auf krumme Weise
Lallend dem lieben Gott.

Komm, sage mir, was du für Sorgen hast

Es zwitschert eine Lerche im Kamin,
Wenn du sie hörst.

Ein jeder Schutzmann in Berlin
Verhaftet dich, wenn du ihn störst.

Im Faltenwurfe einer Decke
Klagt ein Gesicht,
Wenn du es siehst.
Der Posten im Gefängnis schießt,
Wenn du als kleiner Sträfling ihm entfliehst.
Ich tät es nicht.

In eines Holzes Duft
Lebt fernes Land.
Gebirge schreiten durch die blaue Luft.
Ein Windhauch streicht wie Mutter deine Hand.
Und eine Speise schmeckt nach Kindersand.
Die Erde hat ein freundliches Gesicht,
So groß, dass man's von Weitem nur erfasst.
Komm, sage mir, was du für Sorgen hast.
Reich willst du werden? – Warum bist du's nicht?

Gold

Gold macht nicht jeden reich,
Gold ist geschmeidig und weich
Wie ein Lurch.
Schlängelt sich zwischen den Fingern durch.
Gold entrollt, von Gott gewollt.

Gold soll nicht frech sein.
Gold darf nicht Blech sein,
Nicht durchmessingt oder durchsilbert.
Gold will redlich frei sein,
Ohne aufgezwungnes Beisein,
Hören Sie, Gilbert?

Gold macht uns trunken. Gold
Stinkt als Halunkensold.
Gold macht nicht gut.
Gold wittert Blut.
Gold macht nicht froh.

Wo ist Gold? Wo?

In Europa ist kein Gold mehr da.
Alles Gold ist in Amerika.

Doch Sie haben recht, mein lieber Mister,
Deutschland nährt ein bisschen viel Minister.
In den Einzelstaats-Beamtenheeren
Könnte man die Hälfte gut entbehren.

Jene kleinsten ehrlichen Artisten

Jener kleinsten, ehrlichen Artisten
Denk ich, die kein Ruhm belohnt,
Die ihr Dasein ärmlich, fleißig fristen,
Und in denen nur die Zukunft wohnt.

In Programmen stehen sie bescheiden,
Und das Publikum bleibt ihnen stumm.
Dennoch geben sie ihr Bestes und beneiden
Größre nicht. Und wissen nicht, warum.

Grober Dünkel drückt sie in die Ecken.
Ihre Grenze ist der Rampenschein.
Aber nachts vor kleinen Mädchen recken
Sie sich auf in Künstlerschwärmerein.

Die ihr bleiben sollt, wo wir begonnen,
Mögt ihr ruhmlos sein und unbegabt,
Doch euch tröstet: Uns ist viel zerronnen,
Schönes, was ihr jetzt noch in euch habt.

Ehrlichkeit ist Kunst und derart selten,
Dass es wenig Wichtigeres gibt.
Euer Schicksal wird euch reich vergelten,
Dass ihr euer Schicksal habt geliebt.

Silvester

Dass bald das neue Jahr beginnt,
Spür ich nicht im Geringsten.
Ich merke nur: Die Zeit verrinnt
Genau so wie zu Pfingsten,

Genau wie jährlich tausendmal.
Doch Volk will Griff und Daten.
Ich höre Rührung, Suff, Skandal,
Ich speise Hasenbraten.

Mit Cumberland, und vis-à-vis
Sitzt von den Krankenschwestern
Die sinnlichste. Ich kenne sie
Gut, wenn auch erst seit gestern.

Champagner drängt, lügt und spricht wahr.
Prosit, barmherzige Schwester!
Auf! In mein Bett! Und prost Neujahr!
Rasch! Prosit! Prost Silvester!

Die Zeit verrinnt. Die Spinne spinnt
In heimlichen Geweben.

Wenn heute Nacht ein Jahr beginnt,
Beginnt ein neues Leben.

Was würden Sie tun, wenn Sie das neue Jahr regieren könnten?

Ich würde vor Aufregung wahrscheinlich
Die ersten Nächte schlaflos verbringen
Und darauf tagelang ängstlich und kleinlich
Ganz dumme, selbstsüchtige Pläne schwingen.

Dann – hoffentlich – aber laut lachen
Und endlich den lieben Gott abends leise
Bitten, doch wieder nach seiner Weise
Das neue Jahr göttlich selber zu machen.

Es schneit

Es schneit dicke Flocken,
Nicht warm, aber frisch gebacken.
Die setzen sich in meine Dichterlocken,
In meinen Schiebernacken,
Auf meine Smoking-Socken.

Sie machen den Polizisten
Gemütlich zum Weihnachtsmann.
Da legen die Touristen
Ihre Polarausrüstung an.

Wir wollen uns alle zusammentun,
Um den Beschluss zu fassen:
Es dürfen alle Sachsen von nun
An nicht mehr ihr Land verlassen.

Sie querten mit wilder Behaglichkeit
Karlmayisch gedachte Fernen
Und blieben Sachsen. Es wird für sie Zeit,
Sich selbst erst mal kennenzulernen.
Es schneit.

Wenn hundert Leute sich einig sind,
Dann fühlen sich die als Giganten
Und schwafeln vor einem vernünftigen Kind
Wie taube verwunschene Tanten.

Es schneit. Wie in unserer Kinderzeit.
Zum Wintersport eingeladen,
Gehe ich schlafen. Es schneit. Es schneit.
Es schneit für den Landmann Kuhfladen.

Es schneit für die Zukunft Straßendreck.
Auf Gräber schneit's weiße Rosen.
Doch es schneit Erbsensuppe mit Speck
In die Taschen der Arbeitslosen.

An Hans Siemsen

Uns trennt wohl vieles,
Doch nicht viel,
Gewiss nicht das Ziel,
Ich meine die Vorstellung unseres Zieles.

Du bist zart und weich
Und ein Mann von hohem Geschmack.
Dieses Gedicht ist ein freundlicher Schnack.
Aber wir treffen uns wieder
Im Himmelreich.

Jene Grosse

Weil jeder sie so entzückend
Grün und natürlich fand,
Ging die große Mimose
Von Hand zu Hand.

Und ging und lebte, ward müde und schlief,
Und ward herumgereicht.
Und wünschte sich vielleicht – vielleicht! –
Ganz tief,
So unempfindlich zu sein
Wie ein Stein.

Und wie sie trotzdem wunderbar
Organisch grün und wissend klar
Gedieh,
Umschwärmten, liebten, achteten sie
Die Menschen und die Tiere,
Merkten aber fast nie,
Dass sie keine Rose,
Dass sie eine große Mimose war.

Letzter Ritt
Eine Sentimenze

Ein Mädchen ritt
Ihren Schimmel
Zum Schlachter
Im Schritt
Nach dem Städtchen.
Gott regnete
Und segnete
Das traurige Mädchen.

Da vergoss es
Eine Träne
In die Mähne
Des Rosses
Und ritt weiter hin.
Als der Schlachtersknecht,
Etwas angezecht,
Jener Reiterin
Guten Morgen bot,
War sie tot.

Ein Gewitter
Brach vom Himmel.
Und der Schimmel
Schmeckte bitter.

Einladungen

Es ist so herrlich, keine Zeit zu haben,
Mit seinem Werkzeug ganz allein zu tun.
Ich will nicht bei sein, wenn sie X. begraben.
Der kann sich freun, von ihnen auszuruhn.

Da habe ich ein Bild gemalt,
Nicht halb so gut, wie ich's erträumte.
Wird's nie bezahlt, mir hat es reich bezahlt,
Was ich an Zank und Neiderei versäumte.

Ein tiefer Himmel über dunklen Häusern
Blinkt aus Milliarden hellen Pünktchen »Ja!«
Wo ist mein Nachthemd? – Bin ich etwa da,
Um zu Gelangweilten mich auszuäußern.

Alone

Alone everybody is nice
Or wonderful. –
Dass ich auch deutsch das sagen könnte, weiß
Ich und behaupte, 2 mal 10 ist Null.
Doch was ist jedermann? Und was sind die,
About wir schelten?
Vielleicht sind alle sie
An einer Stelle einzig oder selten.

Freundin, raff deine Röcke übers Knie
Und gehe leise, ohne Melodie
Und nur bei Dunkelheit
Mit mir durch all die Welten.

Immer wieder Fasching

Wenn der Fasching kommt, wird viel verboten.
Aber manches wird auch andrerseits erlaubt.
Dann wird nicht nur Dienstboten,
Nein, auch Fürstenhäusern entstammten
Damen oder Frauen von Beamten
Die Unschuld geraubt.

Jeder lässt was springen.
Viel ist los.
Und vor allen Dingen
Beine und Popos.

Wenn sich Masken noch einmal verhüllen
Mit Phantastik, Seide, Samt und Tüllen,
Zeigt sich sehr viel Fleisch und sehr viel Schoß.

Dass wir, eh' wir heimwärts schwanken,
Unsern steifen Hut zerknüllen
Im Gedanken:
Hätten wir die Hälfte bloß!

Also brechen wir auf!
Ach nein, bleiben wir noch,
Bis an ein Loch.
Schließlich löst sich alles doch
In Papier auf.

Man vertrollt sich lärmlich,
Wendet sich erbärmlich,
Jedermann ein abgesetzter Held.

Draußen Sturm. Es hetzen
Über Dächer kalte Wolkenfetzen
Unterm Mond. Wir setzen
Uns ins Auto, fröstelnd vor dem letzten Geld.

An Peter Scher

Mein lieber Peter Scher,
Horch her:

Ich hätte dich manchmal hassen
Und an der Gurgel fassen
Wollen, dich, den der Ringelnatz liebt.
Weil du nicht lernst, dass es Etwasse gibt,
Die gar nichts mit sich anfangen lassen.
Oder weil du, der auch du mich liebst,
Das nicht zugibst.
Und gerade auf das Zugeben
Kommt's an im Leben.

Du bist oft an falscher Stelle zu dick.

Wir sind Freunde auf Lebenszeit.
Ich kenne deine Vergangenheit.
Und ich weiß: Im wichtigen Augenblick
Bist du ganz und groß und hilfsbereit.

Kostümball-Gedanken 1928

Es wechseln die Moden.
Aber der Hosenboden
Sitzt sinngemäß
Immer unterm Gesäß.

Mücken und Massenfische
Schwimmen ganz anders umeinand.
Beine wissen sich unter dem Tische
Zu benehmen, niemals die Hand.

Keine Teile schalten
Aus; ein jedes spielt Spiel.
Strumpffalten zum Beispiel enthalten
An Bedeutung viel.

Jedes tut, als ob wär.
Scheinbar will niemand fischen.
Diesmal ist viel Revolutionär
Und Junges dazwischen.

Stierkämpfer und Kuhfraun,
Cowboys und Kurze Wichs.
Die nur humorlos zuschaun,
Sind nix.

Dünner Nepp oder Dick-Nepp –
Wie man sich gegenwagt –
Erzielt – wie man in Virginia sagt –
Back-door-quick-step.

Rhythmus macht viel … Auch Haare.
Selten reißen gedachte Stellen entzwei.
Leider ist alle Jahre
Wieder die alte Ziege dabei.

Wärmend sind zwischendurch und durch
Schnäpse und Sekte.
Abkühlend wie ein Lurch oder Schirurch
Wirken Dialekte.

Bunt stimmt viel froher
Als beispielsweise Grau.
Aber viel sowiesoer
Reizt der Busen der Frau.

Schön ist stets das Originelle,
Weil's von Erfindung zeugt.
Doch das passt nicht: wenn eine Sardelle
Vor dem Auerhahn ihr Knie beugt.

Das nächste Mal gedenke ich
Als ganz Nackter mitzumachen.
Und auch dies Kostüm verschenke ich.
Nur damit die Leute lachen.

Das Mädchen mit dem Muttermal
Chanson

Woher sie kam, wohin sie ging,
Das hab' ich nie erfahren.
Sie war ein namenloses Ding
Von etwa achtzehn Jahren.
Sie küsste selten ungestüm.
Dann duftete es wie Parfüm
Aus ihren keuschen Haaren.

Wir spielten nur, wir scherzten nur;
Wir haben nie gesündigt.
Sie leistete mir jeden Schwur
Und floh dann ungekündigt,
Entfloh mit meiner goldnen Uhr
Am selben Tag, da ich erfuhr,
Man habe mich entmündigt.

Verschwunden war mein Siegelring
Beim Spielen oder Scherzen.
Sie war ein zarter Schmetterling.
Ich werde nie verschmerzen,
Wie vieles Goldene sie stahl,
Das Mädchen mir dem Muttermal
Zwei Handbreit unterm Herzen.

Ich tanzte mit ihr

Reiter die Steppe durchjagen –
indem in Schritten, ersungen aus gleichem Gefühl,
Oder mit Kühnheit gespannt den Wagen
Lenkend durch Gefahren und Straßengewühl –

Mit der Schaukel hinauf und hernieder,
Treibend im Boote über die Wellen gewiegt,
Mit dem Schlitten zu Tal. Und dann wieder
Auf, wie die Möwe dem Winde entgegenfliegt.

Und das alles allzumal
Genossen wir tanzend im Saal.
In uns kreiste das Blut und der Wein,
Um uns ein Fest mit Wänden und Händen,
Gesichtern, Lichtern und Gegenständen.
Wir standen in dem Ringelreihn
Eigentlich ganz allein,
Ein Mensch aus zwein.

Genau besehn

Wenn man das zierlichste Näschen
Von seiner liebsten Braut
Durch ein Vergrößerungsgläschen
Näher beschaut,
Dann zeigen sich haarige Berge,
Dass einem graut.

Der Seriöse

Wo ich abends Weißwürste fresse,
Da sitzt oft drei Tische weit
Vor mir ein Herr von Noblesse,
Sehr groß, sehr ernst und sehr breit.

Sein Haar und Bart, seine Kleidung
Sind einwandfrei und gepflegt,

Wie er unter steter Vermeidung
Sich einwandfrei sicher bewegt.

Wie ihn die Kellner bedienen,
Ist er ein Fürst oder reich.
Doch bleibt das Spiel seiner Mienen
Jederzeit würdig und gleich.

Wenn diese würdig seriöse
Erscheinung vorübergeht,
Dann ist mir, als ob mein Gekröse
In Hirn und Leib sich verdreht.

Denn wenn er mit seinen Blicken
Mich streifte – das fühle ich klar –,
Ich würde zusammenknicken
Und nimmer sein, was ich war.

Doch ohne seitwärts zu schauen,
Schreitet er durchs Lokal.
Seine gerunzelten Brauen –
Wie alles an ihm – sind aus Stahl.

Und seine Schritte lenken
Sich dahin, wohin man nicht sieht.
Ich wage nicht auszudenken,
Was er dort etwa vollzieht.

Ach, ich bin klein, ich bin böse.
Mein Herz ist auch nicht ganz rein.
Ach dürfte ich solche seriöse
Persönlichkeit einmal sein!

Reklame

Ich wollte von gar nichts wissen.
Da habe ich eine Reklame erblickt,
Die hat mich in die Augen gezwickt
Und ins Gedächtnis gebissen.

Sie predigte mir von früh bis spät
laut öffentlich wie im Stillen
Von der vorzüglichen Qualität
Gewisser Bettnässer-Pillen.

Ich sagte: »Mag sein! Doch für mich nicht! Nein, nein!
Mein Bett und mein Gewissen sind rein!«

Doch sie lief weiter hinter mir her.
Sie folgte mir bis an die Brille.
Sie kam mir aus jedem Journal in die Quer
Und säuselte: »Bettnässer-Pille.«

Sie war bald rosa, bald lieblich grün.
Sie sprach in Reimen von Dichtern.
Sie fuhr in der Trambahn und kletterte kühn
Nachts auf die Dächer mit Lichtern.

Und weil sie so zähe und künstlerisch
Blieb, war ich ihr endlich zu Willen.
Es liegen auf meinem Frühstückstisch
Nun täglich zwei Bettnässer-Pillen.

Die isst meine Frau als »Entfettungsbonbon«.
Ich habe die Frau belogen.
Ein holder Frieden ist in den Salon
Meiner Seele eingezogen.

Wäsche

Wäsche ist von des Menschen Umäußerung
Das Innerste, also das Feinste,
Und sollte immer das Reinste
Sein, wie im Menschen selber die Seele.

Was immer ihr fehle,
Die Sauberkeit fehle ihr nie.
Und schön und schöner, wenn außerdem sie
Noch Wohlgeschmack, einen freien Geist
Und das Verständnis für neueste Zeit
Und für die Gesetze der Ewigkeit
Beweist. –

Wie doch die innersten Blättchen der Blüten
Die innigsten sind. –
Wäsche sollst du wie dein Gewissen
Und wie dein Kind
Peinlich pflegen und zärtlich behüten.

Paul Wegener

Der Regen ist noch regener,
Wenn er aufs Wasser niedergeht.

Gleich fest in jedem Wetter steht
Ein großer Stein, Paul Wegener.

Nicht Edel-, Halb-, noch Straßenstein,
Vor allen Dingen und ganz gewiss
Kein Similis.

Und nun bewegt sich und uns dieser Stein.
Ein Schauspieler, der kein
Theater spielt
Und nicht schielt.
Ein Hagen von Tronje, ein Zotteltier,
Ein rührender Alter, ein Kavalier.

Und hinter den Kulissen
Ein fröhliches Gewissen,
Ein anständiger Kamerad.

Und daheim, am Karlsbad,
Im Kreise seiner geschiedenen Fraun,
Die alle ihm bleiben und ihm vertraun,
Neben seiner noch nicht geschiedenen,
Zusammen mit lauter zufriedenen
Kindern und Freunden vor einem Kapaun.

Und drum rum
Bilder und Buddhas schön und stumm,
Die er schätzt und uns nennt
Und deren Seele er kennt.

Als ich im Filmatelier bei ihm war,
Stand er mit violettem Haar,
Zwischen phantastischem Alldingsgewirr,
Riss aus dem Tisch ein Bein
Und – bums klirr –
Schlug er damit in ein Fenster hinein.
Das musste so – so musste es sein.

Und dann spät nachts,
Da er müde müsste sein – –
Nein! – –

Ging er noch weiter,
Tanzte, trank Wein
Bis in die helle Stunde
Weitarmig und heiter,
Mit guten und bösen Geistern im Bunde.
Ein lebendiger Roland aus Stein,
Der, was er liebt,
Gern, groß und ehrlich gibt.

Was die Irre sprach

Wir armen Schizophrenen!
Wir sind nur ein Begriff.
Wir lassen uns endlos dehnen.
Aber es war ein englisches Schiff.

Ich weiß, Sie möchten was fragen;
Seien sie ruhig ganz streng zu mir.
Sie sind nur glücklich, und ein Tier –
Muss man treten und schlagen.

Die Blicke sind selbstverständlich
Bei Kapitänen Befehle.
Ich habe auch Eure Seele,
Aber – die Schwester lügt. Sie lügt schändlich.

Vielleicht ist Hingeben Schande.
Kein Tier weiß, was es redlich tut.
So wahr er tausend Meter vom Lande –
Amen – im Wasser ruht.

Nein danke! Ich bin nicht müde.
Oder spreche ich Ihnen zu viel? –

Die Quintessenz der Güte
Liegt schließlich nicht im Peitschenstiel.
Er hebt oder senkt die Blüte. –
Nun aber genug im grausamen Spiel.
Sie haben doch recht! Ich bin müde.

Living or dead – Mir riecht sich das gleich.
Aber wären Sie englisch ersoffen,
Sie kämen vielleicht auch ins Himmelreich. –
Amen. – Wir wollen es hoffen. –
Jetzt ist er zum ersten Male weich.

Sehen sie nur: Wie der Oberarzt schaut!
Er soll viel strenger zu mir sein.
Ich bin doch allein. Weil ich ein Schwein
Bin. Ich bin eine Seemannsbraut
Tausend Meter vom Lande. –
Die Schwester hält das für Schande.

Ihr schmutziges Volk! Euer Captain ist fort. –
Nie wieder die Stiefel lecken muss.
Ja, führt mich hinaus! Wir treffen uns dort.
Wo Anfang ist, da ist auch ein Schluss.
Weil Ihr uns um unser freieres Sehnen
Beneidet. – Hier fragt sich: Wer führt das Wort?
Ihr armen Schizophrenen.

Die Ausgetretenen

Die Freifrau Berta von Sade,
Die hielt sich auf ihrem Schloss
In der Männerretirade
Einen Löwen, so groß wie ein Ponyross.

Bei ihren berüchtigten, tollen,
Staubaufwirbelnden Gastmählern sollen
Die Frauen in Hosen gegangen sein
Und schenkten den Männern ein sehr viel Wein.
Sämtliche Männer verschollen.

Als keine Männer mehr kamen,
Trat die Freifrau den Löwen entzwei,
Erwürgte sämtliche Damen
Und verwichste zwei Herren, die kamen
Im Namen der Polizei.

Dann trank sie Benzin und verschlang hinterher
Plumpudding. Und schrieb an die Feuerwehr.
Nun ist die Stätte wüst und leer,
Nur mehr eine kahle Ruine.
Weil auf dem Löwenurine
Kein Blümelein gedeiht noch Kraut.

Und das ist jammerschade.
Denn dort liegt Berta von Sade
In Asche und wurde viel verdaut.

Zu einem Geschenk

Ich wollte dir was dedizieren,
Nein schenken; was nicht zu viel kostet.
Aber was aus Blech ist, rostet,
Und die Messinggegenstände oxidieren.
Und was kosten soll es eben doch.
Denn aus Mühe mach ich extra noch
Was hinzu, auch kleine Witze.
Wär' bei dem, was ich besitze,

Etwas Altertümliches dabei – –
Doch was nützt dir eine Lanzenspitze!
An dem Bierkrug sind die beiden
Löwenköpfe schon entzwei.
Und den Buddha mag ich selber leiden.
Und du sammelst keine Schmetterlinge,
Die mein Freund aus China mitgebracht.
Nein – das Sofa und so große Dinge
Kommen überhaupt nicht in Betracht.
Außerdem gehören sie nicht mir.
Ach, ich hab' die ganze letzte Nacht
Rumgegrübelt, was ich dir
Geben könnte. Schlief deshalb nur eine,
Allerhöchstens zwei von sieben Stunden,
Und zum Schluss hab' ich doch nur dies kleine,
Lumpige beschissne Ding gefunden.
Aber gern hab' ich für dich gewacht.
Was ich nicht vermochte, tu du's: Drücke du
Nun ein Auge zu.
Und bedenke,
Dass ich dir fünf Stunden Wache schenke.
Lass mich auch in Zukunft nicht in Ruh.

Heimweg

Babette starb – noch vor erhoffter Zeit. –
Bei ihrer Nichte stand ein Sarg bereit.
Und diese Nichte fuhr mit ihrem Gatten
Nebst Leiche und mit Höchstgeschwindigkeit
Im Leichenauto zum Bestatten.

Doch was kommt in Berlin nicht alles vor;
Und eben deshalb hatte der Chauffeur
In einem Ladenfenster links am Brandenburger Tor
Malheur.

Aus Autotrümmern, Scherben und Korsetten
Zog man Chauffeur nebst Nichte, nebst Gemahl ganz tot hervor.

Die Leiche nur (wir sprechen von Babetten)
Vermochte sich zu retten.
Da sie zum Glück nur scheintot wesen war,
Ging sie jetzt heim und lächelte sogar.

Die Waisenkinder

Zwanzig grobe Strohhüte gehen
Zwei und zwei wie Militär.
Zwanzig schwarze Pelerinchen wehen,
Als wenn's zum Begräbnis wär.

Magre Lehrerin voraus,
Hinten magre zweite,
Eine dritte an der Seite,
Also zieht aus engem Haus
Eine Schlange in die Weite.

Hilfe! Mitleid! Und Beschwerde!
Zwanzig arme Waisenkinder,
Streng getrieben, eine Herde
Junger Rinder –.

Weil mich meine Mutter knufft,
Und um Stärkres zu vermeiden,
Sag ich: »Ja, man lässt sie weiden
In der frischen, freien Luft.«

»Weiden? – Dummheit! Siehst du nicht,
Was hier vorgeht, roher Bengel!

Junge Blumen brauchen Licht,
Wärme, Erde, Wurzel, Stängel –.«

»Manche brauchen Mist, Mama,
Weil sie anderes vermissen,
Und der ist – wer kann es wissen –
Hier vielleicht sehr reichlich da.«

Meine Mutter ruckt, – schluckt:

»Treibt mir diesen Engeln Spott!
Und mich will er nicht verstehen.
Warte, dir wird's schlimm ergehen!
Und das wünsch ich dir. Bei Gott.«

Meine Mutter dreht
Rücken zu und geht.

Und nun sauf ich wo, wo keine
Rinder, Blumen, Engel sind,
Bin für mich oder für meine
Mutter Naseweisenkind.

Erinnerung an ein Erlebnis am Rhein

Ja, ja! – Ich weiß. – Du weißt. –
Vor neunundzwanzig Jahren –
Wie zärtlich grün wir waren! –
Damals. – Wie dankbar dreist! –
Und brauchte gar nicht mal am Rhein –
Es konnte irgend anderswo,
Vor schwarzen Mauern und auf Stroh
Gewesen sein. –
Weil wir doch wir, und weil wir so –
So waren. –
Vor neunundzwanzig Jahren.

Weil man nicht suchte, was man fand. –
Nun klingt das rührsam hell
Wie »Ade, du mein lieb Heimatland«
Aus einem Karussell.

Missmut

Ein Rauch verweht.
Ein Wasser verrinnt.
Eine Zeit vergeht.
Eine neue beginnt.
Warum? Wozu?
Denk' ich dein Fleisch hinweg, so bist

Du ein dünntrauriges Knochengerüst,
Allerschönstes Mädchen du.

Wer hat das Fragen aufgebracht?
Unsere Not.
Wer niemals fragte, wäre tot.
Doch kommt's drauf an, wie jemand lacht.

Bist du aus schlimmem Traum erwacht,
Ist eine Postanweisung da,
Ein Telegramm, ein guter Brief, –
Du atmest tief
Wie eine Ziehharmonika.

… als eine Reihe von guten Tagen

Wir wollen uns wieder mal zanken,
Auf etwas hacken wie Raben,
Dass unsre zufriednen Gedanken
Eine Ablenkung haben.

Wir wollen irgendein harmloses Wort
Entstellen,
Dann uns verleumden und zum Tort
Etwas tun; das schlägt dann Wellen.

Wir wollen dritte aufzuhetzen
Versuchen,
Dann unsere Freundschaft verfluchen,
Einmal sogar ein Messer wetzen,
Dann aber uns – in Blickweite –

Auseinander zusammensetzen,
Um superior jedem weiteren Streite
Auszuweichen;
Mit dem Schwur beiseite:
Uns nimmermehr zu vergleichen.

Dann wollen wir, jeder mit Ungeduld,
Ein paar Nächte schlecht träumen,
Dann heimlich eine gewisse Schuld
Dem anderen einräumen,
Dann lächeln, dann seufzen, dann stöhnen,
Dann plötzlich uns gründlich bezechen,
Dann von dem vergänglichen, wunderschönen
Leben sprechen.

Und dann uns wieder einmal versöhnen.

An M.

Der du meine Wege mit mir gehst,
Jede Laune meiner Wimper spürst,
Meine Schlechtigkeiten duldest und verstehst – –.
Weißt du wohl, wie heiß du oft mich rührst?

Wenn ich tot bin, darfst du gar nicht trauern.
Meine Liebe wird mich überdauern
In fremden Kleidern dir begegnen
Und dich segnen.

Lebe, lache gut!
Mache deine Sache gut!

An den Mann im Spiegel

Du bist ein krummer, dummer Hund!
Und hast es doch so gut gehabt,
Bist gar nicht reich und bist gesund,
Auch größtenteils nicht unbegabt.

Du altes Schwein im Trüffelbeet,
Weißt du auch stets, wie gut's dir geht?

Du, spring nicht über Schranken,
Die höher, als du selbst bist, sind.
Vergiss nie, täglich wie ein Kind
Für alles tief zu danken.

Gewisse junge Burschen

Seltsam schauen diese Jungen ins Leben,
Davon sie gar nichts begreifen,
In einer Zeit, da sie gar nichts erleben
Und eben deshalb so gesund reifen.

Drückt kein Gewehr sie, auch kein Ranzen.
Ohne zu ahnen, wissen sie.
Ohne zu fragen, beherrschen und tanzen
Sie sicher jede Zurzeit-Melodie.

Wie lange wird's währen?
Wer ist der erste Rohling, der spricht,
Um sie aufzuklären?
Ich wagte es nicht.

Und ihre Mädchen, vom gleichen Jahr,
Meist jünger sogar,
Lassen sich gern scheinbar lenken
Und empfinden wunderbar:
Es gibt uns gar nichts zu denken.

Gönnt doch den jungen, frischen
Tieren ihr freudiges Weichmaulgefräß.
Ihrem Zahnarzt entwischen
Sie doch nicht. Bestimmungsgemäß.

Neben mir, still, vom Ball abgewandt,
Steht so einer dergleichen.
Ich möchte so gern aus der flachen Hand
Ihm ein Stück Zucker reichen.

An meinen Kaktus

Du alter Stachelkaks,
Du bist kein Bohnerwachs,
Kein Gewächs, das die Liebe sich pflückt,
Sondern du bist nur ein bisschen verrückt.

Ich weiß, dass du wenig trinkst.
Du hast auch keinerlei Duft.
Aber, ohne dass du selber stinkst,
Saugst du Stubenmief ein wie Tropenluft.

Du springst niemals Menschen an oder Vieh.
Wer aber mit Absicht oder versehentlich
Sich einmal auf dich
Setzte, vergisst dich nie.

Ein betrunkener, lachender Neger
Schenkte dich mir, du lustiges Kleines,
Dass ich den Vater ersetze dir kantigem Ableger
Eines verrückten, stets starren Stachelschweines.

Flugzeuggedanken

1929

Flugzeuggedanken

Dort unten ist die Erde mein
Mit Bauten und Feldern des Fleißes.
Wenn ich einmal nicht mehr werde sein,
Dann graben sie mich dort unten hinein,
Ich weiß es.

Dort unten ist viel Mühe und Not
Und wenig wahre Liebe. –
Nun stelle ich mir sekundenlang
Vor, dass ich oben hier bliebe,
Ewig, und lebte und wäre doch tot – –
O, macht mich der Gedanke bang.

Mein Herz und mein Gewissen schlägt
Lauter als der Propeller.
Du Flugzeug, das so schnell mich trägt,
Flieg schneller!

Einsamer Spazierflug

Nun ich wie gestorben bin
Und wurde ein Engelein,
Fliege ich über dein Wohnhaus hin.
Häuschen klein.

Die du als Witwe wieder umworben
Sein magst,
Da ich doch schon verstorben
Bin –. Was du wohl sagst?
Ob du gefasst bist oder klagst?

Oder ob dein Humor wieder steht,
Du dessen eingedenk bist,
Dass ein aufrichtiges Gebet
Ein unterweges Selbstgeschenk ist?
Ach, wie es dir wohl geht?

Ob du dich verlassen meinst?
Ob du gar Gott verneinst,
Anstatt dass du dankbar
Bist. Wüsste ich, dass du jetzt so weinst
Wie einst, da ich krank war,
Kippte ich die Maschine kurz
Steil ab auf Sturz.

Oder sollte einem Engelein
Solch ein Kegelpurz
Verboten sein??

Versöhnung

Es ließe sich alles versöhnen,
Wenn keine Rechenkunst es will.
In einer schönen,
Ganz neuen und scheuen
Stunde spricht ein Bereuen
So mutig still.

Es kann ein ergreifend Gedicht
Werden, das kurze Leben,
Wenn ein Vergeben
Aus Frömmigkeit schlicht
Sein Innerstes spricht.

Zwei Liebende auseinandergerissen:
Gut wollen und einfach sein!
Wenn beide das wissen,
Kann ihr Dach wieder sein Dach sein
Und sein Kissen ihr Kissen.

Fallschirmsprung meiner Begleiterin

Wie sie den Fallschirm mir zeigt und erklärt,
Kann ich nur halb zuhörn und zusehen.
Ich muss daran denken, wie ganz verkehrt
Oft Frauen mit ihren Schirmen umgehen.
Ich bin doch sonst kein solch Angstpeter.
Aber nun – – Und nun sind wir so weit,
Vielmehr so hoch. Etwa zweitausend Meter!
Wir erheben uns. »Alles bereit?«
Ich öffne die Türe.
»Gott soll Sie erhalten
Und Ihren seidenen Schirm entfalten.
Ich schösse mich tot, wenn ich jemals erführe – –«

Mir graust.
Das Frauenzimmer ist abgesaust.
Ich blicke ihr nach. Einmal überschlägt sie
Sich, wird ein Punkt, dann ein Pünktchen, und, ach,
Plötzlich ein sonnig blitzendes Dach,
Und ich weiß: Das Dach trägt sie.

Ich schließe die Türe und reiße die Watte
Aus meinen Ohren. Ich fühle mich frei
Und sicher. Und ärgre mich doch dabei,
Weil sie mehr Schneid als ich hatte.

Ein Freund erzählt mir

»Ich sah auf der Wiese – Oskar ist Zeuge –
Eine Dame sich aus der Kniebeuge
Langsam erheben
Und vor ihr etwas wie Segeltuch schweben.
Eine tausendköpfige Menge gafft
Nach dieser Lady in Hosen aus Loden.
Dann, langsam, bläht sich das Segel und strafft
Seine Taue. Die ziehen die Dame vom Boden.
Und hoch in die Wolken. Grotesk anzuschauen.
Das Weib schwebt unter dem Schirm an den Tauen.
Dann schließt sich der Schirm, aber trägt dennoch sie
Höher und höher, man weiß gar nicht, wie.
Dann zeigt sich ein Flugzeug. Die Tür der Kabine
Steht offen, und aus der Öffnung sieht
Ein Mann mit einer Ringelnatzmiene.
(Es gibt doch wahrhaftig nicht viel solcher Nasen!)
Und wieder plötzlich – nein, alles geschieht
Ganz langsam – also unplötzlich neigt
Der Schirm sich nach unten. Die Dame steigt
Fußoberst weiter. Und solchermaßen,
Im Bogen, schweben der Schirm und die Dame
Ins Flugzeug hinein. Und sie oder du,
Einer von euch schlägt die Türe zu.«

Film. Rückwärts gedrehte Zeitlupenaufnahme.

Bär aus dem Käfig entkommen

Was ist nun jetzt?
Wo sind auf einmal die Stangen,
An denen die wünschende Nase sich wetzt?
Was soll er nun anfangen?

Er schnuppert neugierig und scheu.
Wie ist das alles vor ihm so weit
Und so wunderschön neu!
Aber wie schrecklich die Menschheit schreit!

Und er nähert sich geduckt
Einem fremden Gegenstande. –
Plötzlich wälzt er sich im Sande,
Weil ihn etwas juckt.

Kippt ein Tisch. Genau wie Baum.
Aber eine Peitsche knallt.
Und der Bär flieht seitwärts, macht dann halt.
Und der Raum um ihn ist schlimmer Traum.

Lässt der Bär sich locken. Doch er brüllt.
Lässt sich treiben, lässt sich fangen.
Angsterfüllt und hasserfüllt
Wünscht er sich nach seines Käfigs Stangen.

Helfen

Es betteln Armut und Betrug.
Es betteln die Faulen und Schwachen.
Wer viel gegeben, gab nie genug.
Ehrliches Lachen darf lachen.

Wir reden gern uns die Schuld vom Hals
Und arbeiten ungern für Faule.
Es packt uns Reue erledigtenfalls
Oder Gruseln bei offenem Maule.

Und ganz erschüttert hörn wir und schreiben
Von Armen, die unerreichbar bleiben.

Wie leicht klingt das, wenn jemand spricht:
»Hart! Aber das Schwache muss sterben!«
Doch dürfen auch manche Leute nicht
Am ewigen Helfen verderben.

Frühling

Die Bäume im Ofen lodern.
Die Vögel locken am Grill.
Die Sonnenschirme vermodern.
Im Übrigen ist es still.

Es stecken die Spargel aus Dosen
Die zarten Köpfchen hervor.
Bunt ranken sich köstliche Rosen
In Faschingsgirlanden empor.

Ein Etwas, wie Glockenklingen,
Den Oberkellner bewegt,
Mir tausend Eier zu bringen,
Von Osterstören gelegt.

Ein süßer Duft von Havanna
Verweht in ringelnder Spur.
Ich fühle an meiner Susanna
Erwachende neue Natur.

Es lohnt sich manchmal, zu lieben,
Was kommt, nicht ist oder war.
Ein Frühlingsgedicht, geschrieben
Im kältesten Februar.

Flugzeug am Winterhimmel

Ich fliege im Flockengewimmel.
Ach, guter Himmel, lass das doch sein!
Ich Flugriese bin nur klein Vögelein
Gegen dich, schüttender Himmel.

Sag Schneegestöber, ich bäte es sehr,
Ein wenig nachzulassen.
Denn meine Flügel tragen schon schwer
An sechs ganz dicken Insassen.

Die spielen Karten in meinem Leib
Und trinken, weil sie so frieren.
Und wollen nach Zoppot, um Zeitvertreib
Und Örtliches zu studieren.

Und käme ich dort nicht pünktlich hin,
Die würden es niemals verzeihen.
Lieber Himmel, wenn ich gelandet bin,
Dann darfst du gern wieder schneien.

Der Sänger

Vor dem Debut soupierend saß,
Bei einer Frau, der Sänger.
Sie staunte über seinen Fraß
Und wurde immer länger.

Der Sänger auf die Bühne trat,
Schlicht, ohne sich zu rühmen.
Ein Hauch von Bier und Fleischsalat
Verlor sich in Parfümen.

Der Sänger sang das hohe C.
Der Beifall wuchs und tobte.
Die Dame in der Loge B
Stand auf und garderobte.

Der Sänger stürzte aus dem Haus
In den verschneiten Garten.
Die Dame folgte, einen Strauß
Auspackend, voll Erwarten.

Der Sänger lüpfte seinen Frack
Und duckte sich im Garten.
Es klang wie »Schlacht am Skagerrak«.
Die Dame musste warten.

Vom langen Stehn im nassen Schnee
Holt man sich Rheumatismus. –
Der Sänger mit dem hohen C
Kennt seinen Mechanismus.

Gedenken an Wedekind
(März 1928)

Wedekind war immer interessant,
Ein Stoßhorn in die hässlich mittlere Welt.

Wahrscheinlich hat er mich nie gekannt.
Ich bin ihm wohl zehnmal vorgestellt.
Das letzte Mal hatten wir eine absurde,
Mir unvergessliche Stunde mitnand,
Als ich zum Kriege gerufen wurde
Nach dem Nordseestrand.

Und als ich zurückkehrte,
War der Verehrte
Verstorben.

Mehr bekämpft als umworben,
Hat er doch trotzig gesiegt.
Ehrliche und unehrliche Feinde
Haben doch ihn nicht kleingekriegt.

In seiner treuen Gemeinde
Will ich mitgenannt sein.

Ich senke jetzt meine Nase
Zu einem stillen Glase
Wein.

Apropos:
Wein gibt sich anders als Bier. Und wo
Ist in München die Wedekindstraße?

Freunde, die wir nie erlebten

Ihr, die nie ich sah,
Nimmer menschlich sehe,
Seid mir nun so nah,
Wenn ich einsam gehe.

Was ich weiß, nicht wusste
Über euch, hab ich's versäumt?
Ich's verfehlt? –
Oder musste
Fern vergehn, was ich erträumt? –

Schenkte Gott die Kunst, das Wort
Ferner, Toter nachzulesen.

Ach wie heiß mich das beschlich:
Dann und dann und da und dort
Ist ein Herz wie meins gewesen,
Still für sich.

Tröstliches Gefühl: Es dächte
Später wer so über mich. –
Keine aller Erdenmächte,
Wär sie noch so übermütig,
Kann uns trennen,
Die wir Gleiche sind zu nennen.
Denn wir waren nie gesellt,
Weil der Gott uns weise, gütig
Fern vonander aufgestellt,
Wissend um die Welt.

An der Alten Elster

Wenn die Pappeln an dem Uferhange
Schrecklich sich im Sturme bogen,
Hu, wie war mir kleinem Kinde bange! –
Drohend gelb ist unten Fluss gezogen.

Jenseits, an der Pferdeschwemme,
Zog einmal ein Mann mit einer Stange
Eine Leiche an das Land.
Meine Butterbemme
Biss ein Hund mir aus der Hand. –
O wie war mir bange,
Als der große Hund plötzlich neben mir stand!

Längs des steilen Abhangs waren
Büsche, Höhlen, Übergangsgefahren. –

Dumme abenteuerliche Spiele ließen
Mich nach niemand anvertrauten Träumen
Allzu oft und allzu lange
Schulzeit, Gunst und Förderndes versäumen. –
Hulewind beugte die Pappelriesen.
O wie war mir bange!

Pappeln, Hang und Fluss, wo dieses Kind
So viel heimlichstes Erleben hatte,
Sind nicht mehr. Mir spiegelt dort der glatte
Asphalt Wolken, wie sie heute sind.

Fliegerleute
(1928)

Vielleicht wird sich das später ändern.
Auch ist es vielleicht in verschiedenen Ländern
Anders. Doch wie das in Deutschland heute
Liegt, muss ich sagen: Die Fliegerleute,
Piloten, Bordmonteure, Flugleiter,
Bezirksleiter, Funker und so weiter,
Auch die im Büro und der luftige Boy
Sind goldige Kerls. – Ihnen Gutes! Ahoi!

Nur ehrliche Leistung bringt nach der Ferne
Durch Wetter und Wogen ein Schiff.
Doch bei der Luftfahrt kommt die moderne
Weltmännische Bildung hinzu und der Schliff.

Humorvoll und kühn, sich beherrschend, bescheiden –.
Heraus ohne Schmeichelei:
Ich mag diese Kerls leiden.

Ihre Welt ist noch frei.
So, wie sie sind, und dort, wo sie sind,
Wehn alle Flaggen und ein guter Wind.
Wie wohl das heute tut.

Prost Fliegerleute, ich denke an euch!
Ändert euch nicht. Ich schwenke vor euch
Meinen Hut.

Dreiste Blicke

Über die Knie
Unter ein Röckchen zu schaun – –

Wenn sie doch das und die
Haben, die schönen Fraun!

Über einen öffnenden Saum
In Täler zwischen Brüstchen
Darf Blick wie stiller Traum
Stürzen sein Lüstchen.

Sollen doch Frauen auch
So blicken, – nicht schielen –
Wenn Arm, Popo und Bauch
In Fältchen spielen.

Nimm, was der Blick dir gibt,
Sei es, was es sei.
Bevor sich das selber liebt,
Ist's schon vorbei.

Streit

Mächtig ist die Ehrlichkeit.
Glückt es listigen Gewalten,
Sie im Gradweg aufzuhalten,
Immer nur für kurze Zeit.

Doch die kurze Zeit kann lang sein,
Länger als ein Flügelheben,
Länger als ein wartend Leben,
Und das Ehrliche kann bang sein.

Die um Falsch und Ehrlich deuten,
Ältere mit jüngren Leuten,
Irreleitend, irrgeleitet,

Wie's um Falsch und Ehrlich streitet – –,
All die Zeit, die sie vergeuden,
Könnte die mit Lustspielfreuden
Besser ausgenossen sein?
Ich sag: Nein!

Wenn ich doch so ehrlich wäre
Wie ein neugebornes Kind,
Und mich trüge dann ein Wind –
Freiballons – ins Ungefähre.

Schlag mich einer flach und breit:
Mächtig ist die Ehrlichkeit.

Wie machen wir uns gegenseitig das Leben leichter?

Wir haben zu großen Respekt vor dem,
Was menschlich über uns himmelt.
Wir sind zu feig oder sind zu bequem,
Zu schauen, was unter uns wimmelt.

Wie trauen zu wenig dem Nebenuns.
Wir träumen zu wenig im Wachen.
Und könnten so leicht das Leben uns
Einander leichter machen.

Wir dürften viel egoistischer sein
Aus tierisch frommem Gemüte. –
In dem pompösesten Leichenstein
Liegt so viel dauernde Güte.

Ich habe nicht die geringste Lust,
Dies Thema weiter zu breiten.
Wir tragen alle in unsrer Brust
Lösung und Schwierigkeiten.

An Alfred Schlosshauer

Lieber Alfred Schloßhauer,
Du wusstest nie, was in mir um dich warb.
Ich sah dich einst in tiefster stiller Trauer
Um einen Freund, der dir entstarb.

Was rau und stacheldrahtig uns verband,
Verlegner Witz und scheuer Stichelscherz,
Ich sah Lücken darin, doch hinter Lücken Herz.
Und hinterm Herzen weites offnes Land.

Weil du mir so im Innersten gefällst,
Bitte ich dich – doch prüfe dieses kühl –:
Bewahre mir ein Stück von dem Gefühl,
Was jenem Freund du schenktest und behältst.

Kindergebetchen

Erstes

Lieber Gott, ich liege
Im Bett. Ich weiß, ich wiege
Seit gestern fünfunddreißig Pfund.
Halte Pa und Ma gesund.
Ich bin ein armes Zwiebelchen,
Nimm mir das nicht übelchen.

Zweites

Lieber Gott, recht gute Nacht.
Ich hab noch schnell Pipi gemacht,
Damit ich von dir träume.
Ich stelle mir den Himmel vor
Wie hinterm Brandenburger Tor
Die Lindenbäume.
Nimm meine Worte freundlich hin,
Weil ich schon sehr erwachsen bin.

Drittes

Lieber Gott mit Christussohn,
Ach schenk mir doch ein Grammophon.
Ich bin ein ungezognes Kind,
Weil meine Eltern Säufer sind.
Verzeih mir, dass ich gähne.
Beschütze mich in aller Not,
Mach meine Eltern noch nicht tot
Und schenk der Oma Zähne.

An ein startendes Flugzeug

Da stehst du in nächster Nähe
Vor mir, stumm, starr, dumm und grau.
Torkle davon, du listige Krähe,
Töff töff und surr und dann auf in das Blau.

Weiß ich doch, dass du ganz genau weißt,
Was du zu tun hast, damit du fliegst.

Wenn du so leicht in den Lüften kreist,
Ein wenig wippst und ein wenig dich wiegst,

Fehlt nur noch, dass du trillerst und singst
Wie ein Vogel im erdfernen Glück.
Ach dann scheint uns: Am liebsten gingst
Du gar nicht wieder zum Boden zurück.

Um Gottes willen, du Loser, entrinn nicht
Der Erde, die doch menschlich dich schuf.
Überstürz dich auch nicht und besinn dich
Auf unser Vertraun und auf deinen Beruf.

Stalltüren

Zwei dicke Elefanten
Wollten inkognito
Heimwandern. Doch alle Passanten
Erkannten die Elefanten
Als Flüchtlinge aus dem Zoo.

Und wenn sich auch niemand getraute,
Sie anzufassen, ward ihnen doch klar,
Dass man ihre Absicht durchschaute
Und dass nun bald was im Gange war.

Verfolgt von einem großen Heer
Von Schauvolk und Soldaten
Und Autos, Mob und Feuerwehr
Schwenkten sie links und betraten
Zwei Eingänge einer Bedürfnisanstalt –
Für Herren und für Damen –
Und äpfelten. – Schutzleute kamen
Und haben sie niedergeknallt.

Dickhäuter

Ein Elefant von vorn sieht fast
So aus wie ein Nilpferd von rückwärts.
Sie tragen beide schwere Last,
Manchmal pechwärts und manchmal glückwärts.

Sie tragen unter zementiger Haut
Viel Weiches und viel Zartes.
Wer richtig in ihren Rachen schaut,
Gewahrt es.

Sie lassen von Leuten, die außen weich,
Innen hart sind, sich erschießen.
Ich glaube: Ihr kommt ins Himmelreich,
Ihr Riesen!

Der Flieger, der die Erde umkreist,
Kriegt Ähnliches in Sicht.
Wie die Fliege, die euch belästigt, nicht beißt,
Beißen kann sie euch nicht.

Museumsschweigen

Wie's Gedanken gibt,
Die durch Stein und Welten gehn,
Kann's geschehn,
Dass die Fliege den Ichthyosaurus liebt.

Still ist's im Museumssaal.

»Lieber Freund, ich liege
Fest in Bernstein«, sagt die Fliege,
»Bernstein ist ein Mineral.

Und ich liebe dich, du Riesenexemplar,
Und ich möchte deinetwegen
Nur noch einmal Eier legen.«

»Bernstein?
Kann gern sein«,
Sagt das Ichthyosau,
»Aber ich bin auch eine Frau,
Eine sehr entschlossene sogar.
Weil ich noch in dem Momente,
Als gewisse Elemente
Mich erstickten, noch ein Kind halb gebar.«

»Eier oder lebendig – –«,
Sagt die Fliege, »wir wohnen
Beide auf der Welt seit Millionen
Jahren. – Wissen Sie die Zahl noch auswendig?«

»Nicht so ganz genau«,
Sagt Frau Ichthyosau,
»Aber wollen wir doch nicht sentimental
Flöten oder winseln.
Nein, versuchen wir jetzt wieder einmal,
Ganz verliebt einander anzublinzeln.«

Da betrat den Museumssaal
Der pensionsberechtigte Museumswärter.
Und da blinzelten die beiden nicht.

Denn solch Wärter
Tut eben seine Pflicht
Und schürft nicht tiefer.
Denn Beamtenpflicht ist härter
Als Bernstein und Schiefer.

Madonnengesichter

Schwer zu ertragen
Ist Dummheit, wenn sie verschlagen
Ist oder sich überhebt.
Aber im Grunde der Dummheit lebt
Das wehrlos Naive.

Der Dummheit schöne Tiefe
Ist kein Loch.
Hat sie doch
Keinen richtigen Rand
Wie etwa Löcher in Strumpf, Flöte, Sand.

Huren, sich einsam zur Weihnacht berauschend;
Wassermädchen, den Gästen lauschend;
Mägde, die wartend vorm Haus stehn,
Können ergreifend schön aussehn.

Je mehr Verzicht
Aus der Dummheit spricht,
Desto tiefer neigt,
Desto höher steigt
Sie. – Warum zagte der Dichter
Vor dem Titel »Madonnengesichter«?

Klein-Dummdeifi

Klein-Dummdeifi ging vorüber,
Witzig wie ein Nasenstüber.
Doch ihr schnippisches Geschau
Spielte Hochmut und verneinte,
Ungefragt, was ich nicht meinte,
Sah in mir nur »Kerl zur Frau«.

Dass ich beinah um sie weinte,
Ahnt sie nicht. Ihr eignes, scheues
Proletarisch, tierisch treues
Abwehr-Notgesicht
Kennt sie nicht.

Hab mit ihr nicht angebandelt,
Liebte, schwieg und ging.

Klein-Dummdeifi, junges Ding!
Du und ich! – Die Zeit verwandelt.

Ob auch mir jemals jemand begegnete,
Der mich dumm fand und doch segnete? –

Zimmermädchen

Die Zimmermädchen der Hotels,
Die meine Betten schlagen und dann glätten,
Ach wenn sie doch ein wenig Ahnung hätten
Vom Unterschiede zwischen Polster und Fels.

Ach wüsstet ihr, wie süß ihr für mich ausseht
Im Arbeitskleid, ihr Engel der Hotels!

Wenn wirklich eine heimlich mit mir ausgeht,
Dann trägt sie Seide und trägt sogar Pelz,
Sei's auch nur Wunderwandlung Hasenfells.

Dann im Café krümmt ihr beim Tasseheben
Den kleinen, roten Finger nach Manier.

Und du merkst nicht, wie gern ich doch mit dir
Oft eine Stunde möchte unmanierlich leben.

Und würde dann – nebst Geld – als Souvenir
Ein schließend, stilles, zartes Streicheln geben.

Und würdet ihr dies Streicheln doch nicht spüren.
Denn ihr bedient nur Nummern an den Türen.

Und wenn sie schlichte Ehre eng verschließen,
Dann dienen sie, da andere genießen.

Hab ich euch tausendmal in Korridoren
Heiß zugesehn und heiser angesehn,
Was ich erträumte, war voraus verloren.
Denn meine Liebe könnt ihr nicht verstehn.

Fernflug

Viel Höflichkeit wird uns am Start geboten.
Die Flugfahrthelfer und Piloten
Sind wohlerzogen, pflichtbewusst
Und jung. Auch die, die alt an Jahren,
Sind zeitvoran, doch welterfahren.

Da schwellt sich auf dem Festplatz unsre Brust,
Denn Festplatz darf ich diesen Flugplatz nennen,
Mit seinen Masten, Flaggen und Antennen.
Gezähmte Riesenvögel gibt's zu sehn.
Dort landen sie in Kurven, sanft gelenkt,
Torkeln ein wenig, zwei, drei Schritte,
Dass man an Regenschirm und Raben denkt,
Und stehn.
»Aussteigen bitte!«

Und wie nun wir in ihrem Bauch bequem
In weiche Polsterstühle niedersinken,

Empfinden wir den Fortschritt angenehm,
Lächeln durchs Fenster Menschen zu, die winken.
Und fahren plötzlich über grüne Wiesen
Im Auto hin. Auto? O nein, wir schweben
Bereits. Ach, dass wir das erleben,
Erlernen durften und genießen!
Wir sind vom Erdball fort, schaun auf ein Teppichmuster
Aus Wäldern, Feldern, Spielzeugkram geweht,
Werden der Himmelsnähe jäh bewusster.
Wie klein sich doch da unten alles lebt.

Dort geht ein Dienstmädchen von Stadt zu Stadt.
Wie ich den weiten Schlängweg überseh,
Den sie zurückzulegen hat,
Weiß ich, der tun nachher die Beine weh.

Und wie wir höher streben, werden
Die Dinge unten winziger, schon sind
Wagen nur noch Insekten, ist ein Kind
Nurmehr ein Punkt, und große Rinderherden
Sehn aus wie Kommas, kreuz und quer gestellt.
Die Schifflein stehen still im Fluss, sind Würmlein.
Ein Dorf ist Häufchen Häuschen, um ein Türmlein,
Und das war unsre sorgenvolle Welt.

»Ei, ei, Herr Nachbar, warum plötzlich
So blass seekrank? Nein? Drückt Ihr Kissen
Oder vielleicht Ihr ängstliches Gewissen?
Der Blick zur Tiefe ist doch höchst ergötzlich!«
Jetzt: Unter uns entrollen sich Balladen.
Da ziehen dichtgeballte Nebelschwaden,
Wolkenkolosse hin, bedrückt und stumm
Und grell von höherer Gewalt besonnt.
Und Land und Luft verschwimmt am Horizont
In einer Landschaft aus dem Arktikum.

Und da wir nun noch höher uns erheben
Und auf die dunkle, starre Erde schauen,
Wo sich kein Mensch mehr zeigt, kein Tier, kein Leben,
Als hätte eine Sündflut – – O mit Grauen
Stell ich mir vor, wir saßen jetzt zu zwein
In einer Arche Noah ganz allein.

»Nachbar, ich höre Ihren Pulsschlag pochen.
Sie schielen ängstlich nach den schlanken Knochen,
Die unsres Vogels Flügel stützen
Und, wie Sie meinen, unser Leben schützen.
Es stirbt sich sowieso und überall
Und jedes Ding veranlasst Unglücksfall.

Vergessen Sie nicht töricht über diesen
Gedanken, schönste Freiheit zu genießen.
Was Tage einst, das schaffen heute Stunden.
Noch kurze Zeit, dann werden wir's erfinden,
Den Nebel und den Schnee zu überwinden.
Das Flugzeug selber ist erfunden
Und wird so wie die Eisenbahn bestehn.
Wie die zu jenem sich verhält,
Gilt's nicht, dass eins von beiden siege.
Es reise jeder, wie es ihm gefällt.
Ich – lässt es irgendwie sich drehn –
Ich fliege!«

Stammtisch Individueller

Wir sitzen gediegen und ausgewählt
Beisammen und spielen gemütlich.
Wenn einer ernst, lustig, vom Norden erzählt,
Lacht jeder etwas. Und denkt südlich.

Zwei Kellner trotteln durch das Wirtshaus.
Zwischen ihnen steht ein Spiegel.
Sie popeln beide auf Teufelkommraus,
Ein – scheinbar zwei – Schweinigel.

Was wissen die von Brücken, die
Sich selbst für Inseln halten?
Und welche Inseln meinen, sie
Könnten sich selbst verwalten?

Wir wandern alle mit der Zeit
Nach dem spitzen Ende der Tüte.
Höflichkeit und Liebenswürdigkeit
Sind noch längst keine Güte.

Aus der Vogelkunde

Ich spreche von Flugmaschinen.
Sie summen lauter als Bienen
Und sind eine Kreuzung von Taube,
Ente, Maikäfer und Schiffsschraube.

Sie nisten einzeln, paar- und gruppen-
Weise in Hallen und Schuppen.

Ich habe persönlich festgestellt:
Sie bringen lebendige Junge zur Welt,
Die wie Menschen aussehn,
Wenn sie aus ihnen herausgehn.

Auch legen sie Eier und brüten
Im Krieg. Zeus möge das künftig verhüten.

Ihre Nahrung sind Menschen, Koffer, Benzin
Und Zeitungen aus Berlin.

Sie sind über die ganze Welt
Verbreitet und sehr zahm auch in Freiheit.
Außerdem sind sie der Polizeiheit
Und der Zollbehördlichkeit unterstellt.
Volkstümlich nennt man sie schlechthin Maschinen.

Ich könnte Ihnen mit Näherem dienen,
Aber ich verlange dafür
Eine Flugzeugengebühr.

Raketenwagen auf der Avus

(23. Mai 1928)

Begeistert und beängstigt sahn
Tausende Menschen dem zu:
Es raste über die Avusbahn
Der Raketenwagen. Huh!!

Er donnerte, feuerte, fuhr und ließ
Einen Rauch hinter sich, der auch stank.
Der schneidige Lenker des Wagens hieß
Fritz von Opel. Ihm Dank!

Er fuhr wie ein Teufel und sicher vorbei,
Endete, niemand sah, wo.
Es war eine anständige Teufelei.
Bravo!

Rakete ins Erdfern

Rakete ins Erdfern, zielfremder Schuss – –??
Ja, wenn es sein darf oder sein muss.
Doch der Eitle oder der Übermütige
Zähle sonst nicht aufs Allgütige.

Schön ist das Wollen,
Wenn Ehrlichkeiten die Mittel ihm gaben.
Aber die Ausführer sollen
Die ehren, die es ausgerechnet haben.

Und die als erste ein Ziel erreichen,
Weil sie persönlich den Schuss unternommen,
Mögen vor allem sich gleich vergleichen
Zudritt mit Kühnen,
Zuzweit mit Weisen,
Zuerst mit Frommen.

Giraffen im Zoo

Wenn sich die Giraffen recken,
Hochlaub sucht die spitze Zunge,
Das ihnen so schmeckt, wie junge
Frühkartoffeln mit Butter mir schmecken.

Hohe Hälse. Ihre Flecken
Sehen aus wie schön gerostet.
Ihre langsame und weiche
Rührend warme Schnauze kostet
Von dem Heu, das ich nun reiche.

Lauscht ihr Ohr nach allen Seiten,
Sucht nach wild vertrauten Tönen.

Da sie von uns weiter schreiten,
Träumt in ihren stillen, schönen
Augen etwas, was erschüttert,

Hoheit. So, als ob sie wüssten,
Dass nicht Menschen, sondern dass ein
Schicksal sie jetzt anders füttert.

Müder Juniabend

Blühende Kastanienzweige
Strecken ihre Tatzen vor.
Wenn ich jetzt das rechte Ohr,
Weil es taub ist, rückwärts neige,
Höre ich einen Spatzenchor.

Weil mich dessen Plärr so kalt
Lässt, und angeregt von Tatzen,
Suche ich jetzt mit Gewalt
Einen Pickel aufzukratzen,
Der im Grund zwar noch nicht reif ist,
Doch mich hinten an der Scharte,
Wo beim Affen noch der Schweif ist,
Schikaniert. Da plötzlich zischt
Schnupfen in die Speisekarte.

Rasches Taschentuch verwischt
Rotz und Preise der Gemüse
Und Salate. Und ich grüße
Eine Dame, die vorbeigeht
Und mich kennt, mir auch gefällt.
Wobei leise was entzweigeht,
Was den Hosenträger hält.

Freiballonfahrt mit Autoverfolgung
(1928)

Auf Augsburgs sonntagsbunten Flugplatz lacht
Die Sonne. Doch vergeblich brütet
Sie auf gigantische Dickhäuteriche,
Die von Miliz und Polizei bewacht
Und liebevoll von Feuerwehr behütet,
Dick aufgeblasen überm Boden schweben,
Von Photographen, Pressevolk umgeben.

Doch nicht nur diese wichtigen Leuteriche,
Sondern vor allem: viele Autos warten
Darauf, dass jene gasgefüllten Tiere –
Ihrer sind viere – pünktlich drei Uhr starten.

Denn es sind Ehrenpreise ausgesetzt
Für alle Wagenführer, die
Als erste die Ballons, wenn sie
Gelandet sind, erwischen.
Jetzt
Erhebt ein Wind sich. Unsre Riesen zerren
An ihren Fesseln wild. Wir, ihre Herren,
Klettern in ihre Körbe. – Es schlägt drei. –
Gewichte lösen sich. Man lässt uns frei.
Die Menge winkt. Wir steigen munter.
Als Blick nicht ausreicht mehr noch Winkehand,
Schwing ich mich auf der Gondel Rand
Und schleudre meinen Hut hinunter,
Der Frau zum Gruß, dem Publikum
Zum dankbar lauten Gaudium.

Mich kümmert's anfangs nicht, wohin
Die Luft uns führt. Im Korbe bin
Ich nur geladener Passagier.

Doch Dr. Weltz, der Führer, neben mir
Und Unparteiischer E. Scheuermann,
Zwei altbewährte Meisterflieger, sehn
Sich kundig um und zeigen lächelnd dann
Mir in der Tiefe winzige Chausseen,
Auf denen unserer Verfolger Wagen
Bald lauernd halten, bald wild weiterjagen.

Wir müssen vor zwei Stunden niedergehn,
Doch dürfen erst nach einer Stunde landen.
Acht Säcke Ballast sind vorhanden,
Messapparate, hundert Meter Tau.
Die beiden Sachverständigen zeigen,
Erklären alles mir genau.

Und unterdessen steigen wir und steigen.
Eintausend Meter, zweitausend vierhundert,
Fünfhundert – –. Herrlich! Uns umwundert
Die Adlerwelt der Überlegenheit.

Herr Scheuermann notiert Ort, Stand und Zeit.

»Schaut! Jener Wald«, sagt unser Führer, »wär
Der rechte Platz, sich zu verstecken.
Doch leider schiebt die Strömung uns konträr.
Wir müssen tiefer!« – Als ich voller Schrecken
Auf ein Gewitter überm Wald weise,
Sagt Weltz: »Das stört nicht unsre Reise.«
Und hängt sich wuchtig an das Gasventil.

Wir sinken rasch, wie wir an Buntpapieren,
Die wir auswerfen, deutlich konstatieren.
Die Strömung ändert sich; der Wald wird Ziel.

Der Himmel hat sich drohend überzogen.
Von den Ballons, die mit uns aufgeflogen,
Ist nurmehr einer fern zu sehn.
Und wir, mit Gas und Spannung angefüllt,
Sind plötzlich ganz in Nebel eingehüllt.
Drei Männer, die lautlos im Schweigen stehn.
O zauberhaftes Indenwolkenschweben!
So wie die Märchenengel für die Kinder leben.

Wir lauschen, warten, fallen, – – »Da!«
Da schimmert etwas unter uns und nah,
Wird klar und klarer – – Grüne Waldesmassen.
»Dort in die Tannen!« – Gas entlassen,
Eh der Gewitterwind uns fasst und treibt!

Die Gondel schlägt in Tannenwipfel, bleibt
Dort hängen wie ein Riesenvogelnest.
Sechs Hände krallen im Gezweig sich fest.
Ich muss die Wipfel um Verzeihung bitten.
Sie haben sicherlich dabei gelitten.

So schweben wir in höchsten Nadelzweigen,
Schaun auf die Uhr und lauschen, lauschen, schweigen.
Schon fünf Minuten sind verronnen.
Fünf weitre unentdeckt, dann ist's gewonnen.

Doch: Töff töff töff – – Dann: Eine Stimme schreit
Von unten auf: »Hallo! Ergebt euch gütig!«

Wir sind gefasst. Ich rufe übermütig:
»Bedaure sehr, wir sind noch nicht so weit!«
Dabei versuchen wir, wie vorgenommen,
Zu einem Weiterfluge freizukommen.
Aus kleinen Säcken schütten wir in Hast

Auf die Verfolger all unsren Ballast
Und ziehn uns luvwärts gegen Sturm. – –
Zu spät!
Gewitter und ein Wolkenbruch entlädt
Sich. Blitz und Guss und Donner. – Toll! –

Und Weltz und Scheuermann, gleich einsichtsvoll,
Ergeben sich an die, die uns gefunden.
Weltz reißt die Hülle auf. Wir sausen. – Für Sekunden
Hakt unser Korb in Zweigen fest. Und dann –
Zehn Meter überm Boden mag es sein –
Plumpst er hinunter wie ein harter Stein.

»Seid ihr gesund?« – »Ja!« Ich, Weltz, Scheuermann.

Zwischen Lipp und Kelchesrand

Ein weibliches Rekördchen
Hatte sich besoffen,
Musste mal aufs Örtchen.
Als es wieder rauskam,
War's schon übertroffen.

Über meinen gestrigen Traum

Wie kam ich gerade auf ein Gestirn?
Du sagst: Ich stöhnte träumend ganz laut.
Vielleicht steigt die Phantasie ins Hirn,
Wenn der Magen verdaut.

Man sollte kurz vorm Schlafengehen
Nichts essen. Auch war ich gestern bezecht.

Doch warum träume ich immer nur schlecht,
Nie gut. Das kann ich nicht verstehen.

Ob auf der Seite, ob auf dem Rücken
Oder auch auf dem Bauch – –
Immer nur Schlimmes. »Alpdrücken.«
Aber Name ist Schall und Rauch.

Meist von der Schule und vom Militär – –
Als ob ich schuldbeladen wär – –
Und wenn ich aufwache, schwitze ich,
Und manchmal knie ich oder sitze ich,
Du weißt ja, wie neulich!
O, es ist gräulich.

Warum man das überhaupt weitererzählt?
Hat doch niemand Vergnügen daran,
Weil man da frei heraus lügen kann. –
Aber so ein Traum quält.

Gestern hab ich noch anders geträumt:
Da waren etwa hundert Personen.
Die haben die Dachwohnung ausgeräumt,
Wo die Buchbinders wohnen.

Dann haben wir auf dem Dachsims getanzt.
Dann hast du mich, sagst du, aufgeweckt,
Und ich, sagst du, sagte noch träumend erschreckt:
»Ich habe ein Sternschnüppchen gepflanzt.«

Ich weiß nur noch: Ich war vom Dach
Plötzlich fort und bei dir und war wach.
Und du streicheltest mich wie ein Püppchen
Und fragtest mich – ach, so rührend war das –

Fragtest mich immer wieder: »Was
Hast du gepflanzt!? Ein Sternschnüppchen?«

Flugpost-Liebesgabe

Radieschen schmeckt wie Regenwurm.
Radieschen schmeckt auf hoher See,
Auf Wache und im Regensturm
Wie Wasser und wie Pralinee.

Noch welke Blättchen grün am Rot.
Als sie das ausgegraben,
Wird sie gelächelt haben:
Radieschen auf einem Walfischboot!
Fern auf dem Eismeer Radieschen!

Mein gutes Lieschen.

Als ich zuletzt – vor einem Jahr –
Auf Urlaub mit der Liese
Auf der Oktoberwiese
In dem Aquarium war,

Da zeigte man ein Haifischei.
Durchsichtig war es fast wie Glas,
Und innen zappelte ein Hai,
Der knapp zwei Zentimeter maß.

Radieschen ist kein Säugetier,
Und Lieschen ist kein Harpunier.
Hallo! Hallo!
He! Alle Mann an Deck! –
»Was?« – – – – – »Wo?«
Voraus! Zwei Strich an Steuerbord! Speck!

Kuttel Daddeldu über Nobile
(Juli 1928)

So große Kerle gingen tot.
Gott weiß, was fern in höchster Not
Noch heute kämpft, vom Eis umklammert,
Für dieses Großmaul, das jetzt jammert
Um seinen angequetschten Zeh.

Wann hat ein Captain je in See
Als erster seine Crew verlassen?!
Dem möcht ich in die Kiemen fassen!

Ach, dass sie den gerettet haben!
Er müsste, tief ins Eis gegraben,
Mit einem Lorbeerstock im Hintern,
Solang die Welt steht, überwintern.

Verflucht, ich kann nicht richtig beten,
Doch hab ich eine solche Wut.
Gott sei zu Amundsen recht gut.
Und wenn mir Nobile begegnet,
Will ich ihm das Gedärm zerkneten
Und ihn und sein ihm teures Leben
An andre Fäuste weitergeben,
So, dass er Luft und Wasser segnet.

Begrüssung eines soeben Gelandeten

Ich wünsche dir Glück zum festen
Boden. – War das dein erster Flug? –
Ich glaube, du fährst am besten
Das nächste Mal mit dem Eisenbahnzug.

Ganz bleich siehst du aus. Und doch
Bist du so lebhaft und aussprudelnd froh.
Warst du unterwegs ebenso?
Du zitterst ja noch.

Ja, die Luft hat keine Balken.
Aber nun genieße du das Nun.
Über Flügel denken Falken
Anders wie ein Huhn.

Sind dir vier Wolkenstunden
Zu langsam verronnen,
Hast du die Erde nun wieder gefunden,
Sie neu lieb gewonnen.

Wer oben unzufrieden,
Ängstlich oder auch krank war,
Sei dann hienieden
Wenigstens dankbar.

Manila

Als ein altes Tau durch derbe,
Doch verständniswarme Hände glitt,
Sagte eine Stimme: »Bob, ich sterbe,
Ehe Land in Sicht. Und du stirbst mit.«

Noch bevor die Stimme Antwort kriegte,
Kämpften sie: Vollschiff gegen Orkan.
Hatten oft gekämpft, bis eines siegte.
Und das andre war dann abgetan.

Nur ein Treibstück wurde aufgefunden.
Daran hingen kalt, ersoffen, blau

Zwei alte Matrosen, angebunden
Mit einem alten Tau.

Trostworte an einen Luftkranken

Recht so! Speie, lieber Mitgast, speie!
Speie dreist und ungeniert und laut,
Dass sich einmal andersrum befreie,
Was für dich passé ist und verdaut.

Speie froh. Es wird dir polizeilich
Und moralisch jederzeit verziehn. –
Ja, ich gebe zu: Ich habe freilich
Da leicht reden, weil ich nie gespien.

Und der Himmel möge auch verhüten,
Dass es je geschieht. Ich stell mir bloß
Vor, wie unten deine Tüten
Landen in der Mutter Erde Schoß.

Andern Luft und Appetit verderben,
Kann ein schadenfröhlich freier Sport
Sein. Und niemand wird deswegen sterben.
Denn der Magen ist wie ein Abort.

Schlechter Tag

Müde streichen meine Finger
Über Runzeln, über Narben,
Über graue Haare.

Prost, ihr Freunde, die in diesem Jahre
Mir entstarben! – Bums!!

Bums und klirr!! – Nun hab ich sozusagen
Instinktiv
Eine Fliege totgeschlagen.
War es nicht, als ob sie Hilfe rief?!

Glas kaputt. So! Und jetzt löst mein vierter,
Letzter Knopf sich scheu von Hose und Faden.
Muss ich alles, alles ausbaden!?
Ach, ich werde immer deprimierter.

Wenn doch eine Motte jetzt geflogen käme.
Ach, ich würde sie zu Plüschsesseln einladen.
Und noch Samt ihr hinlegen,
Weil ich mich doch wegen
Der Fliege so schäme.

Frucht-Zucht-Frucht

Bananen, Melonen, Ananas – –.
Alle Früchte haben etwas –
Frei gesagt: Unanständiges,
Etwas Nuditätes an sich.
Darüber freue ich mich.
Denn das ist etwas Unbändiges.
Instinktiv oder auch bewusst
Haben wir alle daran unsre Lust.

Aber die darüber erschreckt sind,
Sich entrüsten und jemand verklagen,
Denen wollen wir andere sagen,
Dass wir schon lang nicht mehr a. A. geleckt sind.
Und das muss – wenn auch nur theoretisch –
Immer mal wieder auf Erden geschehn.
Sonst werden wir Mehlbrei und hyperästhetisch
Und werden rot, wenn wir Pfirsiche sehn.

Deutsche Sommernacht

Wenn die Pfirsichpopos
Sich im Sekt überschlagen.
Und der Teufel legt los,
Uns mit Mücken zu plagen.
Und wir füllen einmal reichlich bloß
Einem Armen Tasche und Magen.

Doch es blähn sich Männerbäuche.
Tabakblau hängt sich an Sträuche.
Wenn wir dann die Jacken ausziehn,
Und ein Bratenduft poussiert Jasmin – –

In das dunkle Umunsschweigen
Senden zwei entfernte Geigen
Schwesterliche Melodie.
Uns durchglüht ein Urgedanke.
Und es wechseln runde, schlanke
Frauenbeine Knie um Knie.

Und auf einmal lacht die Runde,
Weil ein Herr aus einem Hunde
Hinten einen Faden nimmt.

Wenn dann wirklich alles, alles lacht,
Dann ist jene seltne deutsche Nacht,
Da mal alles stimmt.

Rheinkähne

Den Rhein durchgleiten die großen
Kähne. Breit und flach.

Es sitzen zwei Badehosen
Auf dem hintersten Dach.

In diesen Hosen stecken
Zwei Männer, nackt und braun.
Die lieben das Tempo der Schnecken
Und schimpfen auf ihre Fraun.
Und mustern die fremden Weiber,
Die strandlängs promeniern.
Glauben doch oft nackte Leiber,
Dass sie an sich imponieren.

Wie ausgetretene Schuhe
Sind diese Kähne. Hat jeder Kahn
Solch friedlich häusliche Ruhe,
Hat keiner das Getue
Der preußischen Eisenbahn.

In jedem Kinderwagen
Am Strande rollt ein Kind.
Keins dieser Kinder wird fragen,
Was Schleppkähne sind.

Spielen Kinder doch ...

Sahst du in der Bahn auf Reisen:
Fährt dein Spiegelbild daneben
Draußen heil durch Fels und Eisen?
Was ist Schein und was ist Leben?

Wirrgespräch von Schizophrenen –?
Und der Wirrsinn deiner Träume –?
Warum suchen wir, ersehnen
Unterschiede, Zwischenräume?

Nach dem Nichts, dem Garnichts schielen
Alle, Freude, Gleichmut, Trauer.
Aus dem Garnichts lockt ein Schauer
So und so mit fremden Spielen.

Manchmal, zwischen trocknen Zeilen:
Barmt es, winkt es oder lacht es. –

Spielen Kinder doch zuweilen
Wundersames Selbsterdachtes.

Im Flughafen Oberwiesenfeld

Am Flugplatz vor der Restauration
Sitzen wir morgens im Garten,
Trinken Whisky und warten. –
Ein Russe singt aus dem Grammophon.

Flugzeuge landen von Zeit zu Zeit,
Und jedes aus anderer Gegend.
Ich höre, dass es in Bozen schneit
Und dass es in Hamburg regnet.

Ich hab eine arktische Landschaft gemalt.
Ein Herr hat das Bild gekauft und bezahlt,
Und ich weiß, dass er darauf wartet.
Wir setzen das Bild – als wär es ein Hauch –
Ganz zart in eines Flugzeuges Bauch.
Und nun: Dieses Flugzeug startet.

Flieg wohl, du Junkers, du stolzer,
Mit meinem eiskalten Bild im Leib!
Grüß Zürich, Hügin und dessen Weib
Und euren Herrn Mittelholzer!

FREUNDSCHAFT
Erster Teil

Es darf eine Freundschaft formell sein,
Muss aber genau sein.
Eine Freundschaft kann rau sein,
Aber muss hell sein.

Denn Allzuspródes versäumt oder verdirbt
Viel. Weil manchmal der Partner ganz plötzlich stirbt.

Mehr möchte ich nicht darüber sagen.
Denn ich sitze im Speisewagen
Und fühle mich aus Freundschaft wohl
Bei »Gedämpfter Ochsenhüfte mit Wirsingkohl«.

FREUNDSCHAFT
Zweiter Teil

Die Liebe sei ewiger Durst.
Darauf müsste die Freundschaft bedacht sein.
Und, etwa wie Leberwurst,
Immer neu anders gemacht sein.

Damit man's nicht überkriegt.
Wer einmal den Kanal
Überfliegt,
Merkt: Der ist so und so breit.
Und das ändert sich kaum in menschlein-absehbarer Zeit.
Wohl aber kann man dies Zwischenraum
Schneller oder kürzer durchqueren.
Wie? Das muss die Freundschaft uns lehren.

Ach, man sollte diesen allerhöchsten Schaft,
Immer wieder einmal jünglingshaft
Überschwänglich begießen.
Eh' uns jener ausgeschlachtete Knochenmann dahinrafft.

Entomologische Liebe

Ein Käfer, den ich kenne,
Die Goldhenne,
Spritzt einen üblen Saft.
Ich habe mir eine Betthenne –
Nein, Bettpfanne angeschafft.

Nur zur eigenen Benützung,
Nicht etwa zur Unterstützung
Dieses Käfers, der bei Tag und Nacht
Neben meinem Krankenlager steht
Und sich freut, wenn es mir nass ergeht.

Eingefangen in ein Glasgebäude
Lebt er. Ich verstehe seine Freude.
Wenn er nie in Freiheit bei mir sitzt,
So doch nur, weil er so übel spritzt.

Doch nachdem ich nun seit sieben Wochen
Ihm durchs Glas so freundlich zugesprochen,
Weiß er schon, dass ich ihn Goldfink nenne.

Wir sind Schicksalskameraden.
Demnächst will ich meine Goldhenne
Zu Bettpfannkuchen einladen.

Sonntagspublikum vor Bühnen

Sonntagskinder sind Arbeitsfreie,
Ungewöhnte. – Der Künstler verzeihe
Ihnen ihr fremdes Geschau.
Sonntagskinder sind plötzliche Fürsten,
Glücklich an Sonne, Dünnbier und Würsten.
Sonntagskinder sind himmelblau.

Kommen erwartend, spaziergangsmüde,
Niemals intolerant oder prüde,
Aber immer um Jahre zurück;
Merken es nicht, wenn die Rampenscheinwelt
Sich auf ihre Müdigkeit einstellt,
Schlafen sich nachtweg ins Wochentagsglück.

An die Masse

Ich halte zu euch, aber liebe euch nicht,
Weil ihr das niemals versteht.
Und ich liebe – ich liebe – – ich liebe euch doch,
Weil ihr solcher Liebe entgeht.

Wenn ihr einmal Gelegenheit habt,
Laut zu brüllen gegen Mauern,
Dann schweige ich. Ich bin mehr begabt
Als ihr. Und kann dann nur trauern.

Hundstagsgespräch

»Die Menschen sind Hunde
Und sie müssten uns ›Menschen‹ nennen«,

Sagte einer der Windhunde
Nach dem ersten Rennen.
»Wenn man Menschen falschen Hasen vorsetzt,
Endet der dann auch in ihrem Magen.
Aber was haben wir von dem Hasen zuletzt,
Den sie vor uns herjagen?«

»Falscher Hase hin – falscher Hase her –«,
Sagte der zweite Windhund.
»Ich bin schließlich doch kein Kind und
Setze mich auf meine Art zur Wehr.«

»Wehr setzen – Wehr setzen –«
Sagte der dritte Windhund.
»Damit erreicht man nichts. Nein,
Passt auf, beim nächsten Falschenhasenhetzen
Laufe ich zunächst geschwind und
Bleibe plötzlich stehn und hebe ein Bein.«

»Bein heben oder Nichtbeinheben –
Lasset uns wenigstens sportlich rein leben«,
Sagte Hund Vier und unterbrach
Sich und lief einer Hündin nach.

Dem Mann, der …

Der Mann, der meine Schuhe putzt
Am Bahnhofsplatz,
Hat abends, wenn er die Trambahn benutzt,
Neben sich einen Schatz.

Wie gern würde ich diesem Kind
Auch mal die Schuhe reinigen.

Jedoch sie sagt: »Baron, Sie sind
Ein dickes Schweinigen.«

Weil mir das Titelchen »Baron«
Nicht zukommt noch mir nutzt,
Gab ich heute großen Extralohn
Dem Mann, der meine Schuhe putzt.

Offener Antrag auf der Strasse

Ich habe einen Frisiersalon.
Komm mit. Dort wollen wir knutschen.
Ich wollte, ich wäre ein Malzbonbon
Und du, du würdest mich lutschen.

Wir geben dem Lehrbub den Nachmittag frei
Und schreiben »Geschlossen bis sieben«.
Ich habe Rotwein im Laden und drei
Dicke Rosshaarsäcke zum Lieben.

Ich werde dich unentgeltlich frisiern
Und dir die Nägel beschneiden.
Du brauchst dich gar nicht vor mir geniern,
Denn ich mag dicke Fraun leiden.

Ich habe auch Schwarzbrot und Butter und Quark
Und außerdem einen großen – –
Donnerwetter, sind deine Muskeln stark!
Du, zeig mal: Was hast du für Hosen?

Wenn du dann fortgehst, bedanke dich nicht,
Sondern halt es mit meinem Freund Franke.
Der sagt immer, wenn man vom lieben Gott spricht:
»Wem's gut geht, der sagt nicht danke.«

Drei Tage Tirol

Ich bin nach Tirol gereist
Und hab das Zuhause vergessen.
Ich habe viel Freiheit gefressen
Und viel Gesellschaft gespeist.
Landschaften hab ich gesoffen
Und Illusionen geraucht.

Die Menschen, die ich getroffen,
Standen meist so zu den Sternen,
Dass man, um sie kennenzulernen,
Nicht erst zu verreisen braucht.

Das nennt man Drahtseilbahn: Es hing
Ein Zündholzschächtelchen an Zwirn.

Und ein Gewitter kam. – Das ging
Mir superior durch Herz und Hirn.

Wie tut ein wildes Wandern wohl,
Wenn man sein Einsamgehn durchleuchtet!

An allen Stellen angefeuchtet
Kam ich nach Hause aus Tirol.

Aus der Kundenkunde

Die Kunden kommen und gehn,
Großeltern, Eltern und Kind.
Doch wenn es schlimme sind,
Dann bleiben sie lange stehn;
Die Sekundenkunden
Sind noch nicht erfunden.

Die Kunden kaufen und zahlen,
Doch manche wollen nur Waren besehn,
Sich orientieren. Man nennt sie
»Sehleute« und »Orientalen«;
Der fleißige Kaufmann kennt sie.

Es stottern und feilschen die Kunden
Und schwatzen und lassen sich stunden.
Und stehlen sogar. Dagegen stiehlt nie
Die aristokratische Kleptomanie.

Der lockere Kunde von Beruf
Hat meistens einen Pferdehuf.

Wer seinen Kunden kündigt
Und meint, es ginge so: allein,
Selber sein eigener Kunde zu sein,
Der wird leicht vom Schicksal entmündigt.

Geld allein

Wie gut, dass alle einander nicht gleichen.
Wie recht, dass manche es erreichen,
Dass sie eines Tages reich sind.
Wie gut, dass auch diese einander nicht gleich sind.

Schlechte Menschen ohne Geist, ohne Geschmack,
Wenn sie noch so reich sind, bleiben nur Pack.

Die Fliege im Flugzeug

Ich war der einzige Passagier
Und hatte – nur zum Spaße –

Eine lebende Fliege bei mir
In einem Einmachglase.

Ich öffnete das Einmachglas.
Die Fliege schwirrte aus und saß
Plötzlich auf meiner Nase
Und rieb sich die Vorderpfoten.
Das verletzte mich.
Ich pustete. Sie setzte sich
Auf das Schildchen »Rauchen verboten«.

Ich sah: Der Höhenzeiger wies
Auf tausend Meter. Ha! Ich stieß
Das Fenster auf und dachte
An Noahs Archentaube.
Die Fliege aber – ich glaube,
Sie lachte.
Und hängte sich an das Verdeck
Und klebte sehr viel Fliegendreck
Um sich herum, im Kreise,
Unmenschlicherweise.

Und als es dann zur Landung ging,
Unser Propeller verstummte,
Da plusterte das Fliegending
Sich fröhlich auf und summte.

Gott weiß, was in mir vorging,
Als solches mir durchs Ohr ging.
Ich weiß nur noch, ich brummte
Was vor mich hin. So ungefähr:
Ach, dass ich eine Fliege wär.

An einen Glasmaler

Ja, du weißt: Es richten deine
Farben sich nach jedem Scheine,
Immer nur nach andrer Meinung,
Kläglich mild
Bis kitschig wild,
Durch sich selbst niemals Erscheinung.

Dein Genie erwählt mit großem
Blicke aus Charakterlosem
Teile klug sich zu Organen.
Untertanen,
Die du streng wie innig meisterst
Und für deinen Dienst begeisterst:
Aus dem Licht, das unser Leben
Stimmt, Einleuchtendes zu geben.

Wie's gelingt, verwandeln deine
Künste Glas in Edelsteine.

Schöne Fraun mit schönen Katzen

Schöne Fraun und Katzen pflegen
Häufig Freundschaft, wenn sie gleich sind,
Weil sie weich sind
Und mit Grazie sich bewegen.

Weil sie leise sich verstehen,
Weil sie selber leise gehen,
Alles Plumpe oder Laute
Fliehen und als wohlgebaute
Wesen stets ein schönes Bild sind.

Unter sich sind sie Vertraute,
Sie, die sonst unzähmbar wild sind.

Fell wie Samt und Haar wie Seide.
Allverwöhnt. – Man meint, dass beide
Sich nach nichts, als danach sehnen,
Sich auf Sofas schön zu dehnen.

Schöne Fraun mit schönen Katzen,
Wem von ihnen man dann schmeichelt,
Wen von ihnen man gar streichelt,
Stets riskiert man, dass sie kratzen.

Denn sie haben meistens Mucken,
Die zuletzt uns andre jucken.
Weiß man recht, ob sie im Hellen
Echt sind oder sich verstellen?
Weiß man, wenn sie tief sich ducken,
Ob das nicht zum Sprung geschieht?
Aber abends, nachts, im Dunkeln,
Wenn dann ihre Augen funkeln,
Weiß man alles oder flieht
Vor den Funken, die sie stieben.

Doch man soll nicht Fraun, die ihre
Schönen Katzen wirklich lieben,
Menschen überhaupt, die Tiere
Lieben, dieserhalb verdammen.

Sind Verliebte auch wie Flammen,
Zu- und ineinander passend,
Alles Fremde aber hassend.

Ob sie anders oder so sind,
Ob sie männlich, feminin sind,

Ob sie traurig oder froh sind,
Aus Madrid oder Berlin sind,
Ob sie schwarz, ob gelb, ob grau, –

Auch wer weder Katz noch Frau
Schätzt, wird Katzen gern mit Frauen,
Wenn sie beide schön sind, schauen.

Doch begegnen Ringelnatzen
Hässlich alte Fraun mit Katzen,
Geht er schnell drei Schritt zurück.
Denn er sagt: Das bringt kein Glück.

Bürger, den ich meine

Tanzunterricht bis Stammtischbier.
Solch Bürger ist behütet.
Der Bürger ist kein Säugetier.
Der Bürger ist gebrütet.

Doch was ich hiermit Bürger nenn,
Sind satte Mittelpunkte.
Wie die sich wohl benähmen, wenn
Man sie in Eiweiß tunkte.

Und glaubte doch es überwunden

Warum hast du mich ins Gesicht
Geschlagen?
Und ich konnte nicht
Mich wehren, noch etwas sagen.

Warum hat ein Augenblick so roh
Unsre ganze Heimlichkeit zertrümmert?
Konntest du denn danach irgendwo
Glücklich sein und unbekümmert?

Fandest du nie später jenen Mut,
Frei mir neu zu nahn?

Was uns jemals weh getan,
Ach wie bald war's wieder gut.
Aber was wir andern Wehes taten, –
– – – – ? – !

Es ist leicht und ehrlich, wenn ich sag:
Lebe wohl! Gut Nacht! und Guten Tag! –
Auch im Kriege sprachen so Soldaten.

Du und die Nacht

Gib du dem Tag, was aus dir will.
Die Nacht ist still.
Auch wenn in einem Nachtlokal
Du welche Leute, die Skandal
Begeistert, siehst.
Nicht, dass du fliehst!
Auch wenn ein Raufbold dich berennt,
Oder ein blöder Korps-Student
Mit Gott – dem's einfiel, dort zu wandeln –
Will anbandeln.

Dieweil das meiste schläft, baut aus Gestirnen
Sich Unkenmärchenhaftes. Gruslig schiebt
Schlechtes Gewissen seine Heimlichkeiten,

Und Hirne dampfen über Nachtarbeiten.
Dieweil die Stille dürstend Weisheit siebt,
Schwelgt Animalisches, und Sehnsucht liebt.

Gib du der Nacht, was dir der Tag vergibt.

Gruss an Junkers

Ich kenne den Herrn Junkers nicht.
Mag es auch schmeichlerisch klingen,
Ich widme ihm dennoch dies Gedicht,
Beschwingt von seinen Schwingen.

Aus meiner Laune steigt es frei,
Entflogen, nicht entwachsen.
Es reimt sich Kriecher- und Fliegerei
Nicht einmal gut in Sachsen.

Ich bin mit Junkers' Maschinen schon
Oft über die Lande geflogen,
Hab meinen Tages- und Wochenlohn
Darüber oft weit überzogen,

Sprach immer zu mir zuvor: »Überleg's
Dir« – Aber flog doch aufgehimmelt
Durch Wetter und Wolken. Und fand unterwegs
Ein Glück, das unten verschimmelt.

Ich stehe nun – scheint's mir – auf gleichem Fuß
Mit den Möwen, Adlern und Schwalben.
Ich sende Herrn Junkers meinen Gruß
Und komme ihm zweimal einen Halben.

Blues

Wenn du nicht froh kannst denken,
Obwohl nichts Hartes dich bedrückt,
Sollst du ein Blümchen verschenken,
Aufs Geratewohl von dir gepflückt.

Irgendein staubiger, gelber, –
Sei's Hahnenfuß – vom Wegesrand.
Und schenke das Blümchen dir selber
Aus linker Hand an die rechte Hand.

Und mache dir eine Verbeugung
Im Spiegel und sage: »Du,
Ich bin der Überzeugung,
Dir setzt man einzig schrecklich zu.
Wie wär's, wenn du jetzt mal sachlich
Fleißig einfach arbeiten tätst?
Später prahle nicht und jetzt lach nicht,
Dass du nicht in Übermut gerätst.«

Mein Wannenbad

Es muss wieder mal sein.
Also: Ich steige hinein
In zirka zwei Kubikmeter See.
Bis übern Bauch tut es weh.
Das Hähnchen plätschert in schamlosem Ton,
Ich atme und schnupfe den Fichtenozon,
Beobachte, wie die Strömung läuft,
Wie dann clam, langsam mein Schwamm sich besäuft.
Und ich ersäufe, um allen Dürsten
Gerecht zu werden, verschiedene Bürsten.

Ich seife, schrubbe, ich spüle froh.
Ich suche auf Ausguck
Vergebens nach einem ertrinkenden Floh,
Doch fort ist der Hausjuck.
Ich lehne mich weit und tief zurück,
Genieße schaukelndes Möwenglück.
Da taucht aus der blinkenden Fläche, wie
Eine Robinsoninsel, plötzlich ein Knie;
Dann – massig – mein Bauch – eines Walfisches Speck.
Und nun auf Wellen (nach meinem Belieben
Herangezogen, davongetrieben),
Als Wogenschaum spielt mein eigenster Dreck.
Und da auf dem Gipfel neptunischer Lust,
Klebt sich der Waschlappen mir an die Brust.
Brust, Wanne und Wände möchten zerspringen,
Denn ich beginne nun, dröhnend zu singen
Die allerschwersten Opernkaliber.
Das Thermometer steigt über Fieber,
Das Feuer braust, und der Ofen glüht,
Aber ich bin schon so abgebrüht,
Dass mich gelegentlich Explosionen –
Wenn's an mir vorbeigeht – –
Erfreun, weil manchmal dabei was entzweigeht,
Was Leute betrifft, die unter mir wohnen.
Ich lasse an verschiedenen Stellen
Nach meinem Wunsch flinke Bläschen entquellen,
Erhebe mich mannhaft ins Duschengebraus.
Ich bück mich. Der Stöpsel rülpst sich hinaus,
Und während die Fluten sich gurgelnd verschlürfen,
Spannt mich das Bewusstsein wie himmlischer Zauber,
Mich überall heute zeigen zu dürfen,
Denn ich bin sauber. –

Humorvolle Spinner

Spinnete Köpfe, gescheit und begabt,
Weil ihr einen Pieps, einen Vogel habt,
Verlachen euch manche und meiden
Euch. Ich mag euch leiden.

Ein Piepvogel lebt so hoch und frei
Über den Filzlatschen der Spießer.

Der Spießer meint: Ein Bandwurm sei
Kein stiller Genießer.

Doch Spießermeinung ist nicht mal so wichtig
Wie das, was aus Piepvogel fällt.

Nur der, der im Kopf nicht ganz richtig
Ist, lebt sich und unterhält.

Wohlgemeint an Biedermann

Geh doch einmal ins Gegenteil
Und lass dich etwas kitzeln!
Wir sind oft unbefriedigt, weil
Wir übersicher witzeln.

Wir ziehen satt in geregeltem Trott
Auf Wegen, die scheinbar nie krumm gehn,
Eine bröcklige Gipsbüste von Gott,
Nach der wir uns gar nicht mehr umsehn.

Ich sage »wir«, und ich meine dabei
»Gut mittelbeamtlich erzogen«

Im Sinne von Kirche, Staat, Polizei.
Alles andre ist ja erlogen.

Ach reise doch mal nach Andrerseits
Und freue dich mit Verdammten,
Wär's nur an einem »Beinespreiz«
Für die mittleren Beamten.

Chemnitzer Busstag 1928

Ich aber ging zum Tambour hin,
Weil ich nicht gern im Trüben bin,
Und weil im Tambour Lou verkehrt
Und immer vieler Männer harrt.
Und dennoch ist die Lou apart
Und wird von mir verehrt.

Die Lou hat hoch im Hinterbein
Flecken, die biss ein junger
Fratz von Kollegin ihr hinein,
Aus Liebe nicht, aus Hunger.

Wenn ich nicht mehr in Chemnitz bin,
Geht ihr einmal zum Tambour hin
Und schaut nach meiner Lou!
Doch wer mir diese Lou verführt,
Behandle sie, wie's ihr gebührt,
Und zahle zehn Mark zu.

Trennung von einer Sächsin
(1928)

Ich kann dir alles verzeihn.
Aber du musst mir die Freiheit lassen,
Mich nicht mehr mit dir zu befassen.
Sächsische Quengelein,
Auch wenn man ihrer nur träumt,
Sind etwas, womit man die Zeit versäumt.

Du hast viel warmes Gemüt
Und lügst oft aus Höflichkeit.
Und auf diesem Boden blüht
Und gedeiht die Geschmacklosigkeit.

Ich weiß das genau. Denn ich bin
In Sachsen erwachsen. Das zu verschweigen
Oder deswegen mokant sich zu zeigen,
Hätte nicht – – oder nur sächsischen Sinn.

Ich kann deiner Falschheit nicht trauen.
Geh jetzt zur Ruh!
Blondhaarig mit schwarzen Brauen,
So schönes Mädchen du!

Aussichten sind unendlich weit.
Aber Sächsisch in dieser Zeit,
Eins, Neun, Zwo, Acht – – –
Gute Nacht.

Als sie dann traurig ging,
Ward mir so bang und kalt.
Gab ich ihr keinen Halt.
Armes Ding!

Platzmusik in Stuttgart
(1928)

Das ist ein froher Sonntagsblick:
Stuttgart, Studenten, Platzmusik.
Da stehen sie in Grüppchen
Nach Kopfbedeckung, grün, rot, blau
Und löffeln sich ihr Süppchen
Und wissen alle nichts genau.

Warum wird nicht gesungen,
Warum wird nicht marschiert zum Takt
Der Zeitmiliz, die alles packt?

Es bummeln diese Jungen
Vorbei, ein wachsendes Geschlecht,
Von keinem Zwang gezwungen.
Sie haben recht.

Der Platz ist schön. Der Platz ist weit.
Ein Sonntagsvolksgewimmel
Hat seine eigene Einigkeit
Und einen offiziellen Himmel.

An meine Herberge in Stuttgart
(1928)

Ihr habt mich reich und leise
Verwöhnt. Das mir geschenkte Glück –
In irgendwelcher Weise
Kehrt es gewiss zu euch zurück.

Wie ich Meinzeit durchhetze,

Geb ich euch keine Dankbarkeit.
Doch wirken sich Gesetze
Des Lebens aus in jeder Zeit.

Lasst lachen uns beim Scheiden.
Im Lachen zeigt sich Herz und Geist.
Ich mag euch ehrlich leiden,
Wär ich auch noch so weit verreist.

Der letzte Tag vergangnen Jahrs

Ich ging auf Abenteuer
Durch finsteres Gassengewirr.
Ein Fenster in schiefem Gemäuer.
Inseits ein leises Geklirr
Und ein kleines, bläuliches Feuer. –
Durchaus ganz geheuer:
Feuerzangen
Bowle. Bin weitergegangen.

Das Eckhaus ist ein Bordell,
Die ganze Stadt weiß es.
Ich ging ganz langsam, nicht schnell,
Wegen des Glatteises
Hin und hinein.
Da saß unterm Christbaum allein
Ein magerer Zuhälter.
Er konnte siebzig, auch älter,
Er konnte auch Lebegreis sein.

Wir wechselten falsche Namen,
Und weil gar keine Damen
Da waren, sangen wir traurig ein Lied,

Seltsam war die Stimme des Greises.
Ich schied,
Schlich langsam wegen des Glatteises.

Das glättste von allen Wintern,
Die je ich erlebt.
Kein Sand gestreut.
Man geht – sitzt auf dem Hintern,
Hat nichts gebrochen – erhebt
Sich wieder – und sitzt erneut.

Quer übern Weg plötzlich lief
Eine Katze. Also: Ich trat
Schnell drei Schritt zurück. Da rief
Hinter mir »Au!« ein Marinesoldat.

Wir gestanden als Wasserratten,
Was wir zuvor schon getrunken hatten.
Wir haben uns an-ahoit.
Kein Sand war gestreut.
Wir lagen. – Was soll ich lange noch sagen –
Liefen, lagen, liefen –.

Und riefen
Die Damen herunter, wollten was tun,
Wildes, wie Stierkampf oder Taifun.
Doch wir entschliefen
Ohne Weiber unter dem Baum.
Der Lebezuhälter
Pfiff rückwärts im Traum.

Der nächste Tag war viel kälter.

Silvester

Es gibt bei Armen und Reichen
So manche Herzen bang und still;
Aus manchem dieser Herzen will
Die Sorge nimmer weichen.

Ich bin einer neuen Idee auf der Spur
Und überlege sie sehr:
Man sollte armen Leuten nur
Gutes tun oder sagen,
Ohne vorher oder hinterher
Nach ihnen zu fragen.

Wer hat das wohl zuerst bestellt,
Was nun so glatt sich leiert:
Dass jeder Stand und alle Welt
Terminlich trauert und feiert.

So wünschlein-pünschlein den andern gleich
Will ich mich nüchtern betrinken,
Um gegen Morgen durchs Federweich
In Kaktusträume zu sinken.

Etwa: Dass eine Mutschekuh,
Die vollgefressen mit Heu war,
Mein Zimmer betrat und rief mir zu:
»Prost Neujahr, Herr Doktor, prost Neujahr!«

Lebhafte Winterstrasse

Es gehen Menschen vor mir hin
Und gehen mir vorbei, und keiner
Davon ist so, wie ich es bin.

Es blickt ein jedes so nach seiner
Gegebenen Art in seine Welt.

Wer hat die Menschen so entstellt??

Ich sehe sie getrieben treiben.
Warum sie wohl nie stehen bleiben,
Zu sehen, was nach ihnen sieht?
Warum der Mensch vorm Menschen flieht?

Und eine weiße Weite Schnee
Verdreckt sich unter ihren Füßen.
So viele Menschen. Mir ist weh:
Keinen von ihnen darf ich grüßen.

Stille Winterstrasse

Es heben sich vernebelt braun
Die Berge aus dem klaren Weiß,
Und aus dem Weiß ragt braun ein Zaun,
Steht eine Stange wie ein Steiß.

Ein Rabe fliegt, so schwarz und scharf,
Wie ihn kein Maler malen darf,
Wenn er's nicht etwa kann.
Ich stapfe einsam durch den Schnee.
Vielleicht steht links im Busch ein Reh
Und denkt: Dort geht ein Mann.

Winterflug 1929

Merkwürdig: Durch meine Lebenszeit
War ich wie gegen Tod gefeit.

Weiß heute wohl, warum.
Als ich noch nicht es wusste, war
Gott immer bei mir in Gefahr,
Weil ich nicht – – eben darum.

Unter mir: Tausend Bäume stehen,
Kahlfressen wie von Ratten,
Und werfen auf den Schnee, die Schneen
Gleichviel blauzarte Schatten.

Wenn man vom Flugzeug niederblickt
Auf so verschneite Welt,
Dann glaubt man nicht mehr an Durchlaucht.

Ich hätte gar zu gern geraucht
Und einen Meukow mir bestellt
Und eine Frau vor mir gezwickt.

Leben wie Karneval

Jeder summt sein Sümmchen
Oder brummt sein Brümmchen
Wie ein Bär oder wie ein Bienchen,
Wenn er ganz in sich
Hindöst. – Aber öffentlich
Zieht dann jeder, jede,
Jedes sein Mienchen. – – –

(Fällt mir plötzlich ein Gerede
Ein, eines Arztes mit schizophrenen Fraun.
Hielt der Arzt sie heimlich lieb am Zügel.
Sagte eine: »Hängen Sie meinen
Linken Lungenflügel
An den Gartenzaun!«)

Jedes flucht sein Flüchlein,
Wenn's nicht ging, wie's ihmnach gehen soll.
Manches weint ein Tüchlein
Oder scheißt ein Höslein voll.

Das störend niedrige Geschmeiß
Ist schwierig zu erreichen.
Es bleibt Gesetz: Die Schnake weiß,
Dem Kuhschwanz auszuweichen.

Faschingsvollmond

Ein Freund, ein Dieb aus der Nähe von Metz,
Wollte mich betrunken machen.
Es gelang ihm durch dauerndes Anstoßen.
Wir stolperten über ein Polizeigesetz,
Lagen dann in zwei stecknadelgroßen
Blutlachen.

»Warum willst du mich denn betrunken machen?«
Frug ich. – »Um Dich zu berauben!« –
Diesem Freunde konnte ich glauben;
Er küsste mir oft die Hände, in Wien. –
Nun lag er mit rührend blutender Nase
Mitten in der Theresienstraße
Neben mir. Wo uns der Vollmond beschien.

Wir wollten einander aufraffen,
Aber Der Mann im Monde trat
Eben in den Hof seines Mondes
Und signalisierte uns: Lohnt es
Sich, einen Hofhund hier anzuschaffen?
Oder empfehlen Sie Stacheldraht?

Ein Schutzmann kam und nahm eins von uns beiden.
Ich ließ meinem Freunde zur Aufbewahrung
Die Brieftasche. Aber nicht nur das Scheiden,
Auch andres tut weh. Zum Beispiel Erfahrung.

Ich kann die Gegend um Metz nicht leiden.

Entschuldigungsbrief

Mein lieber S., als ich am andern Tag
Erwachte, wusste ich nicht mehr Genaues.
Ich hab ein rotes Auge, Ruth ein blaues.
Wie sich das zugetragen haben mag!!

In meinem Anzug klebt ein Pfund Spinat.
Wie kam das nur? Ich weiß nur noch, dass deine
Frau oder Oskars in den Spiegel trat.
Doch wer goss Hermann Suppe auf die Beine?

Ich gebe zu, dass ich den Anlass gab.
Ich war besoffen wie noch nie seit Wochen.
Verzeiht mir, was ich ge-, zer- und verbrochen
Und dass ich Fips mit Wachs beträufelt hab.

Nun sind wir alle plötzlich jäh entzweit
Und waren Freunde, die nie bessre finden.
Man sollte bei solch reicher Festlichkeit
Lieber mehr essen und sich überwinden.

Wie war die Bowle gut und der Fasan!
Vorbei. – Am liebsten würd ich mich erhängen. –
Verdammt nicht ganz den, der das Porzellan
Euch gern ersetzen will. Ohne sich aufzudrängen.

Preisaufgaben

Das Es ki mo no to ne
Besteht aus fünfmal Wort.
Und eine Kaffeebohne
Treibt niemals Pferdesport.

Man soll nicht Pferde reizen.
Ein Pferd ist keine Kuh.
Wenn Aale Beine spreizen,
Sieht niemals jemand zu.

Je mand ar in der brüs te,
Recht sauber eingehüllt,
Erregen oft Gelüste,
Die manches gern erfüllt.

Man ches ter ho sen il es –,
Geht vieles stumpf einher.
Quatsch gibt den Dummen vieles,
Gibt Klugen manchmal mehr.

Abermals in Zwickau
(1929)

Rings um das Zwickauer Krankenstift
Torkeln im Schnee fette Raben,
Die wissen nicht, was Pulver und Gift
Ist und wie gut sie es haben.

Es geht modern und freundlich zu
In den sauberen Krankenstationen.
Ich möchte gern einmal in Ruh
Dort ein, zwei Jahre wohnen.

Wenn das verdammte Kranksein nicht wär,
Das die zum Eintritt verlangen!
(Dann wird man zwar wie ein Teddybär
Von Ärzten und Schwestern empfangen.)

Ich denke mir: Sie sterben nie –
Die außerhalb – die Raben –
Und sind wohl auch nur Krähen, die
Was gegen Zwickau haben.

Weil sie mit ihrem großen Blick
So hell und weitaus spähen. –
Ein neuer Eindruck hier in Zwick.
Prost, Ärzte! und prost, Krähen!

Brief auf Hotelpapier

(1929)

Wenn du nach Halle gehst,
Dann geh nach Hamburg,
Wenn du von gutem Leben was verstehst.

Wenn du nach Halle reist,
Magst du zuvor mich fragen.
Ich kann dir manches sagen,
Was du vielleicht nicht weißt.

Dass du in kurzer Frist
Nur Allerbestes pickst.
Die Stadt ist nämlich etwas trüb gemixt.
Doch kommt's auch darauf an, wer du nun bist.

Ziehst du nach Halle, grüße Giebichenstein
Und Marcks und andres Nochzuunterschätzte.

Und möchte alles dir gewogen sein,
Was mich so freundlich hier anringelnätzte.

Vorausgesetzt: Du hast ein Herz am Rost
Und für Geschmack ein heiteres Gesicht.
Dann, wie gesagt, quartier dich vor der Post
Gleich in Stadt Hamburg ein. Halle entgeht dir nicht.

Königsberg in Preussen

(Februar 1929)

In Königsberg zum zweiten Mal.
Ich wohnte im Hotel Central,
Dort war gut hausen.
Doch draußen:
An Kälte zweiunddreißig Grad.
Ich ächzte und ich stöhnte.
Ja, Königsberg war stets ein Bad
Für südwarm weich Verwöhnte.
Und weil ein Streik der Autos war,
Verfluchte ich den Februar,
Was den durchaus nicht rührte.
Doch was ich so an Menschen sah,
Das war mir hell und war mir nah,
So, dass ich Freundschaft spürte.
Die Mädchen, die mir's angetan,
Die wirkten so wie Walzen
Und schmeckten doch wie Marzipan,
Nur kräftig und gesalzen.
Und sollte es hier einen Sarg,
So krumm, wie ich bin, geben,
So möcht ich gern in Königsbarg
Begraben sein und leben.

Asta Nielsen weiht einen Pokal
(München, März 1929)

Du irrst, Asta, wenn du denkst:
Dieser Pokal sollte dein sein.
Du sollst ihn nur einweihn,
Dass du ihn mir schenkst.

Der ich gestern wieder einmal
Vor deiner Kunst glühte,
Trinke nun künftig aus diesem Pokal
Deinen Kuss und deine Güte.

Denn das Herz ist durstiger als Kehle.
Glas zerbricht einmal. Menschenfleisch stirbt.
Deine große Barfußmädchenseele,
Asta, ewig lebt sie, webt und wirbt.

Arbeit

Ist es unrecht, die Arbeit zu lieben?

Warum sind sie aus dem Paradies vertrieben?
Jeder weiß es.

»Im Angesicht deines Schweißes ...« –
Nein anders: »Im Schweiß deines Angesichts
Sollst du dein Brot ...«, heißt es dort. – Wie?
Wunderlich! – Schweiß ist doch Arbeit. – Ist die
Arbeit Strafe des Höchsten Gerichts?

Geh, Exegesel, tu deine Pflicht,
Ohne dass du Verbotenstes frisst,

Und mit dem Verstande suche nicht,
Was dein Gewissen viel besser ermisst.

Gespräch mit einem Blasierten

Nun, wie war Ihr Flug?
Fragte ich irgendwen.
Er meinte: »Langweilig genug – –
Immer bloß Landkarten sehn – –
Außerdem zog es.«
Angst?
»Mir gangst!«
Haben Sie gekeks'…?
»Keineswegs«,
Lachte er oder log es.

Wie war das Wetter? – »Bewegt.«
Hat Sie der Start aufgeregt?
»Gar nicht. Ich schlief.«
Flogen Sie hoch? – »Nein, tief.«

Wie war das Personal?
»Wahrscheinlich ganz bieder.«
Flogen Sie zum ersten Mal?
»Ja, und nie wieder.«

War denn die Landung vergnügt?
»Nein, alles hundsmiserabel.«
Danke, sagte ich, genügt!
Halten Sie jetzt Ihren Schnabel.

Fluidum

Von Auge zu Auge wogen
Moleküle Gefühle,
Ehe das Auge sieht,
Ehe sich das Gesicht
Zur Miene verzieht,
Ehe der Mund verlogen
Oder verlegen spricht.

Wenn sie genauer erkennend sich
Verachten oder hassen – – –

Müssten zwei Höfliche eigentlich
Wortlos einander verlassen.

Aber wenn jene zarten Fluiden
Kampfredlich oder in Frieden
Im Begegnen
Einander segnen – – –

Ist es denn irgendwie schlimm,
Wenn zwei Menschen, die sich leiden
Können, ohne Wort, ohne Nimm
Und ohne Gib
Bald wieder vonander scheiden?
»Den oder die habe ich lieb.«

Abgesehen von der Profitlüge

Die kurzen Beine der Lüge sind
Auch nur etwas Relatives.
Ein Segler kreuzend gegen Wind
Ist immer etwas Schiefes.

Ob sie aus Anstand, aus Mitleid gibt,
Sich hinter der Kunst will schützen,
Wenn sie nicht innerst sich selber liebt,
Wird Lüge niemandem nützen.

Es gibt eine Lüge, politisch und kühn,
Und die ist auch noch zu rügen.
Ich meine: Wir sollten uns alle bemühn,
Möglichst wenig zu lügen.

Zu dir

Sie sprangen aus rasender Eisenbahn
Und haben sich gar nicht weh getan.

Sie wanderten über Geleise,
Und wenn ein Zug sie überfuhr,
Dann knirschte nichts. Sie lachten nur.
Und weiter ging die Reise.

Sie schritten durch eine steinerne Wand,
Durch Stacheldrähte und Wüstenbrand,
Durch Grenzverbote und Schranken
Und durch ein vorgehaltnes Gewehr,
Durchzogen viele Meilen Meer. –

Meine Gedanken. –

Ihr Kurs ging durch, ging nie vorbei.
Und als sie dich erreichten,
Da zitterten sie und erbleichten
Und fühlten sich doch unsagbar frei.

Sehnsucht nach Berlin
(1929)

Berlin wird immer mehr Berlin.
Humorgemüt ins Große.
Das wär mein Wunsch: es anzuziehn
Wie eine schöne Hose.

Und wär Berlin dann stets um mich
Auf meinen Wanderwegen.
Berlin, ich sehne mich in dich.
Ach komm mir doch entgegen!

Grossplatztauben

Auf großen Plätzen in den Städten
Mästen sich Taubenschwärme.
Es gehen knurrend manchmal Gedärme
Vorbei, die nur ein solch Federvieh
Gar zu gern und gebraten hätten.

Man erziehe rechtzeitig sein Kind
Zu der Liebe zu allen Tieren.
Kinder, die schön angezogen sind,
Sollen mit reichgekleideten Müttern
Tauben öffentlich hätscheln und füttern
Und sich dabei
Neckisch und lieblich photographieren
Lassen. – Spatzen sind vogelfrei.

Ich habe vor markusplatzigen Tauben
Etwas Angst wegen meines Hutes.
Ich kann mir nicht viele Hüte erlauben.

Ich wünsche den Photographen nur Gutes
Und den Müttern auf der Parade –
Nicht ihrem Kind –
All das, wofür meine Hüte zu schade
Sind.

Eine Zuschauerin im Flughafen

»Nie wieder wird's Menschen geben,
Die so viel erleben,
Wie wir, in unsrer gigantischen Zeit!
Der Weltkrieg und die ihm folgenden Leiden –
Wird keiner auch uns darum beneiden –
Haben doch alles, was in der Welt
Früher geschah, in den Schatten gestellt.
O unsre Zeit! Und speziell unser Land!«

Der Platzleiter bückte sich, hob galant
Ein Buch auf, gab's mit der linken Hand
Der Dame zurück, nicht mit der rechten.
(Er war im Kriege in Luftgefechten
Dreimal abgeschossen und rühmlichst bekannt.)

»Danke. – Ach, wie der Gedanke erhebt:
Nie wird – nie hat eine Generation
So viel Erfindungen neu erlebt.
Denken Sie nur an Edison,
An Fahrrad, Auto und Grammophon,
An Kino, Radio, Röntgenstrahlen,
Schon Trambahn, Rohrpost und Salvarsan.
All das hat unsere Zeit getan!
Und was noch folgt, ist kaum auszumalen.
Wir schreiten weiter von Siegen zu Siegen.

Nicht Fortschritt mehr, sondern Fortflug. Wir fliegen
Empor. Wir werden zu höheren Fernen
Schweben, zum Mars und zu sämtlichen Sternen.
Wir werden vielleicht
Die alleräußerste Peripherie
Des Weltalls erreichen. – –
Ich danke Ihnen, das haben Sie
Und Ihresgleichen
Durch Ihr Genie und durch Mut erreicht.«

Die Dame schwieg, und sie fächelte
Mit ihren Armen, als wollte sie fliegen.

Der Flugplatzleiter lächelte.
»Bin oft nach der Sonne zu aufgestiegen«,
So sagte er heiter,
»Doch zog sie sich immer um jedes Stück
Meiner erstrebten Annäherung weiter
Und höher zum alten Abstand zurück.«

Natur

Wenn immer sie mich fragen,
Ob ich ein Freund sei der Natur,
Was soll ich ihnen nur
Dann sagen?

Ich kann eine Bohrmaschine,
Einen Hosenträger oder ein Kind
So lieben wie eine Biene
Oder wie Blumen oder Wind.

Ein Sofa ist entstanden,
So wie ein Flussbett entstand.

Wo immer Schiffe landen,
Finden sie immer nur Land.

Es mag ein holder Schauer
Nach einem Erlebnis in mir sein.
Ich streichle eine Mauer
Des Postamts. Glatte Mauer aus Stein.

Und keiner von den Steinen
Nickt mir zurück.

Und manche Leute weinen
Vor Glück.

Schroffer Abbruch

Lass mich doch allein,
Bitte, bitte!
Meine Schritte
Sind deinen zu klein.

Merkst du denn nicht,
Was höfliche Worte sind?

Deine Blicke stellen sich blind.
Was aus dir spricht,
Ist nur Angst und die Sucht,
Fremdes zu gewinnen.

Jemand, vor sich selbst auf der Flucht,
Findet nicht Ruhe,
Sich zu besinnen,
Vergisst die Tat vor Getue.

Du kannst dich selbst nicht ertragen,
So schwach bist du.

Blicke ein Jahr lang nur in die Höh
Und höre nur Stillem zu.
Mehr kann ich dir nicht sagen.
Adieu!

Rückkehr zweier Thüringer aus England

Der Eine

Goodbye. I go,
Anybody to irgendwo.
Lebe wohl, du Land, das ich verehre!

On the pier winks no girl, no man.
Oh, the Channel is larger than
Many many Meere.

Only altogether was to me
The only English friend.
And it seems to be
Und muss wohl so sein:
Unser Kontinent hat einen wärmeren Sonnenschein.

Dennoch komme ich aus guter Zeit.
England was light and was polite.

England is a happy land,
Und es braucht uns nicht,
And it doesn't understand,
Was aus foreign Herzen sucht und spricht.

Wenn es wüsste!
Das Schiff rollt. Es entschwindet die Küste.
Ich fühle mich frei.
England, goodbye!

Der Andere

Nun war ich drüben überm Kanal
In London, fast eine Woche.
Nun fahre ich nach Schnepfental.
Für mich beginnt nun wieder einmal
Eine Epoche.

Muss ich auch für das letzte Stück
Einen Personenzug nehmen,
Nur in der Ferne liegt das Glück,
Durchaus nicht im Bequemen.

Anni ist Anni und immer ganz Ohr
Für Worte, wie ich sie wähle.
Nun stelle ich mir in Gedanken vor,
Wie ich ihr von London erzähle.

Ich habe studiert und photographiert –
Die Bilder kann ich auch zeigen.
Ich wollte nur, ich wäre blasiert.
Dann könnte ich unterwegs schweigen.

So aber bin ich zu mitteilsam,
Fast wie ein unmündiger Knabe.
Es ist beschämend und doch sehr heilsam,
Dass ich schreckliches Heimweh habe.

Meine alte Schiffsuhr

In meinem Zimmer hängt eine runde,
Alte, achteckige Segelschiffsuhr.
Sie schlägt weder Glasen noch Stunde.
Sie schlägt, wie sie will, und auch nur,

Wann sie will. Die Uhrmacher gaben
Sie alle ratlos mir zurück;
Sie wollten mit solchem Teufelsstück
Gar nichts zu tun haben.

Und gehe sie, wie sie wolle,
Ich freue mich, weil sie noch lebt.
Nur schade, dass nie eine tolle
Dünung sie senkt oder hebt

Oder schüttert. Nein, sie hängt sicher
Geborgen. Doch in ihr kreist
Ein ruhelos wunderlicher
Freibeuter-Klabautergeist.

Nachts, wenn ich still vor ihr hocke,
Dann höre ich mehr als Ticktack.
Dann klingt was wie Nebelglocke
Und ferner Hundswachenschnack.

Und manche Zeit versäume
Ich vor der spukenden, unkenden Uhr,
Indem ich davon träume,
Wie ich mit ihr nach Westindien fuhr.

Nach der Trennung. Lichterfelde

War so oft schon dieses Scheiden.
»Lebewohl!« (Auf nur vier Wochen)
Schon gemeinsam schwer gesprochen, –
Schwerer jedem dann von beiden.

Jedes lächelte und lachte
Über das, was Üblich sprach.
Jedes wusste das und dachte
Hinterher ganz anders, lange nach.

Dies Berlin ist grausig tief und flach
Und so breit. Es gibt dafür kein Dach.
Schaurig schon, dass Menschen dort verschwinden.
Aber stelle arme Fraun dir vor, die dort
Schamvoll irrend einen öffentlichen Abort
Suchen und nicht finden.

Lichterfelde. Blieb mein D-Zug stehn.
Und ich sah im Schnellzug vis-à-vis
Ein so blasses schönes Eisenbahnergesicht,
Wie ich fremdfern nie
Ein Gesicht so innig hab gesehn.

Du, du meine Frau, wirst mich verstehn.

Enttäuschter Badegast

Wenn ich im Badeanzug bin
Und im Familienbade,
Geht die Erotik fort. Wohin
Weiß Gott. Wie schade!

Und Weiber jederlei Gestalt,
Sie lassen alle dann mich kalt,
Wie die verdammte Jauche
Der See, in die ich tauche,
Kalt macht, speziell am Bauche.

Von der Kabine bis ans Meer
Geniere ich mich immer sehr.
Trotz Spucke und trotz Laufgeschwind
Merkt jede Frau und jedes Kind,
Dass meine Füße dreckig sind.
Und niemand fragt woher.

Dass jemanden, der nicht gut schwimmt,
Dass man den gar nicht mehr als Mann,
Sondern als Tauchemännchen nimmt – –

So handeln Weiber, die bestimmt
Wären, mich aufzuregen.

Mir schmeckt das Badewasser nie.
Ich denke immer an Pipi
Und kann das auch belegen.

Es liegt mir fern, hier indiskret
Krampfadern aufzuwühlen,
Doch jede Frau, die baden geht,
Weiß nichts von meinen Gefühlen.

Leere Nacht

Es ließ ein Huhn sich braten.
Ich roch es. Doch es lockte nicht.

Mich grüßten zwei Soldaten.
Sie hatten kein Gesicht.

Ich schritt an Licht und Scheinen
Vorbei. Und schritt. Und schritt vorbei.
Ich sah ein Mädchen weinen.
Doch meine Brille ging entzwei.

Ein Bogen strich die Geige.
Und Stumme tranken Luft.
Mich streiften nasse Zweige.
Und irgend jemand sagte »Schuft«.

Bin beinah überfahren.
Das Auto hat mich ausgelacht.

Wo meine Freunde wohl waren
In dieser gottvergessenen Nacht?

Einem ängstlich Einsteigenden

Flieg zu, Insasse!
Und lasse,
Lasse dich
Nur äußerlich
Von andern lenken.

Du musst denken:
Deine Linie geht
Nach deinem Willen
Und im stillen
Wie ein arglos Gebet.

Selbstverständlich interessiere dich
Sehr für Wetter, Höhenmesser,
Richtung, Zeit et cetera. Jedoch:
Weite Gedanken tragen dich
Noch höher und noch besser
Als es deine Maschine tut.

Fliege gut!

An einen Geschäftsfreund

Schlage nicht Freundschaften in den Wind,
Die by and by ersprießlich,
Außerdem aufrichtig sind!

Was siegt denn schließlich?
Organischer Erwerb.

Eilgier führt zum Verderb.
Jedwedes Experiment,
Das Werte überspringen will
Oder Werte verkennt,
Entschläft mindestens auffällig still.

Boheme ist ein kurzes Bequem
Mit langem Schwanz Reue.

Wer Anstand und Treue
Aufgibt oder unterbricht,
Scheißt sich selber ins Gesicht.

Kurz, ich rufe dir herzlich zu:
»Du?! – Du?!«

Schläge

Es schlägt im Busch eine Nachtigall.
Es schlägt ein Knecht auf dem Sommerball
Einem andern den Schädel entzwei.
Es schlägt eine Turmuhr drei.

Es sagt die Nacht, wenn sie vorbei
Ist: »Guten Tag!«
Es schlägt ein frischer Trommelschlag
Die Schläfrigkeit zu Brei.

Es sagt der Tag, wenn er vergeht:
»Gut Nacht!« Will nichts besagen.
Schlägt alles – auch letzte Stunde – vorbei.
Doch wer sich drauf und dran versteht,
Der hört in jeder Schlägerei
Herzen schlagen.

Hymnüs'chen

Es gehört zu den fröhlichen Sachen,
Sich bei den Schleimhäuten beliebt zu machen.
Und demjenigen, das so hinein
Kommt, müssen Schleimhäute auch dankbar sein.
Im Reizen und im Befriedigtwerden
Liegt alles Glück auf Erden.

Kriegen Sie aber diese Worte
Bitte nicht in den falschen Hals.
Denn die sind vieldeutig. Diesenfalls
Red ich von Tabak jedweder Sorte.
Tabak zum Rauchen, Schnupfen und Kauen.

Und da ist nichts wichtiger als
Guter Geschmack und gutes Verdauen.

An meinen Zigarettenrauch

Gleite ins Weite und in die Höh!
Adieu, du zartes Bleu
Meines Zigarettenrauches,
Der du so sanft entfliehst.

Wenn du ein zierliches Nasenloch siehst,
Küss dem die Haare als Gruß meines Hauches.

Ob dich ein Höhendruck
Zur Erde zurückschlägt,
Eine Strömung, eines Windes Ruck
Dich zu Himmelsglück trägt, –
Finde das, was du erwartetest.

In dem hold gewürzten Augenblick,
Da du aus mir startetest,
Spielte Ziehharmonikamusik
Ein Lieblingslied von mir: La Paloma,
Und auf Schwingen dieser Volksweise
Steigst du auf. Glückliche Reise!
Aus Nikotin ins ewige Aroma.

Das scheue Wort

Es war ein scheues Wort.
Das war ausgesprochen
Und hatte sich sofort
Unter ein Sofa verkrochen.

Samstags, als Berta das Sofa klopfte,
Flog es in das linke, verstopfte
Ohr von Berta. Von da aus entkam es.
Ein Windstoß nahm es,
Trug es weit und dann hoch empor.
Wo es sich in das halbe, bange
Gedächtnis eines Piloten verlor.

Fiel dann an einem Wiesenhange
Auf eine umarmte Arbeiterin nieder,
Trocknete deren Augenlider.
Wobei ein Literat es erwischte
Und, falsch belauscht,
Eitel aufgebauscht,
Mittags dann seichten Fressern auftischte.

Und das arme, missbrauchte,
Zitternde scheue Wort
Wanderte weiter und tauchte
Wieder auf, hier und dort.
Bis ein Dichter es sanft einträumte,
Ihm ein stilles Palais einräumte. – –

Kam aber sehr bald ein Parodist
Mit geschäftlich sicherem Blick,
Tauchte das Wort mit Speichel und Mist
In einen Aufguss gestohlner Musik.

So ward es publik.
So wurde es volkstümlich laut.
Und doch nur sein Äußeres, seine Haut,
Das Klangliche und das Reimliche.
Denn das Innerste, Heimliche
An ihm war weder lauschend noch lesend
Erreichbar, blieb öffentlich abwesend.

Der grosse Christoph

Wer Rigas Hafen kennt,
Kennt auch das Holzmonument,
Das man den großen Christoph nennt.

Der Heilige mit seinem Wanderstabe.
Auf seiner Schulter sitzt der Jesusknabe.
Den hat er, wie die Leute dort sagen,
Durch die Düna getragen.

Die Flößer und die Schiffersleute schenken
Ihm Blumen, Bänder hin und andrerlei
Und bitten frömmig ihn dabei,
Er möge dies und das zum Guten lenken.
Es kommen viele Leute so und gehn.

Der Christoph trägt um seine Lenden
Ein Hemd, vier Hemden, manchmal zehn,
So je nachdem, was sie ihm spenden
Und andermal auch wieder stehlen.

Er trägt und gibt das Gerngewollte.
Und Christus schweigt; er ist ja noch so klein,
Und beide lächeln ob der simplen Seelen.
Und wenn sie wirklich etwas wurmen sollte,
Dann kann das nur ein Holzwurm sein.

Spielball

Es weint ein Kind.
Ein Luftballon mit dünnem Zopf
Und kleiner als des Kindes Kopf
Entflieht im Wind.

Und reist und steigt verwegen.
Ein Nebel wallt.
Ein Fehlschuss knallt.
Dann fällt ein sanfter Regen.

Rundrote Riesenbeere
Rollt müde und verschrumpft
In einem Wipfelmeere,
Hat austriumpht.

Witziger Kräherich
Bringt seinem Bräutchen
Ein hohles Häutchen,
Die aber ärgert sich.

Ein ehemaliger Matrose fliegt

Ich bin einst in Seemannsjahren
Oft elbauf, elbab gefahren.
Auf der Seite, wo wir dann Stadt Altona
Sichteten, stand ich an Deck und sah.

Sah ein Haus. Vom Schornsteinruß geschminkt,
Kiekt es lustig nach der Elbe hin.
Und ich wusste: Meta wohnt darin.
Wenn ich dort vorbeigefahren bin,
Hat sie mir und hab ich ihr gewinkt,
Ein Signal »Ich liebe dich«.
Und ich sah sie, und sie sah auch mich.

Heute flog ich über das vertraute
Altona. Hab nicht das Haus entdeckt.
Doch ich hab die Hand hinausgestreckt,
Hab gewinkt, wie ich es einst getan.

Und ich wusste: Meta schaute,
Winkte auf nach meinem Wolkenkahn
Oder wie sie's nennen, »Aeroplan«.

Wenn man sich auch sonst von nah,
Teufel eins, viel lieber sah,
Dacht ich doch verliebt und bang
Oben dort im Wolkenhang:

Wenn ich jetzt hinunterstürze,
Fängt mich Meta in der Schürze
Auf.

Neidisches über einen Klo-Mann

Anfangs hat er kläglich gestöhnt,
Denn er war zuvor in der Küche
Kartoffelschäler und andre Gerüche
Von daher gewöhnt.

Er ist ebenso dumm wie faul.
Er öffnet die Türen zu den Aborten,
Und nach kurzen, blödsinnigen Worten
Über das Wetter hält er das Maul.

Nie ist er freundlich. Dennoch verehren
Ihn manche sehr;
Besonders die, die ihm hinterher
Handtücher stehlen und Nagelscheren.

Ich weiß nicht, warum ich mich vor ihm geniere.
Er lässt mir niemals zum Waschen Zeit,
Und durch seinen Geiz in Bezug auf Papiere
Geriet ich schon oft in Verlegenheit.

Im Grunde ärgert's ihn, wenn man seine
Geräte benutzt.
Obwohl er niemals, auch nicht mal zum Scheine,
Daran etwas putzt.

»Gedenket des Alten,
Denn er muss alles reine halten!«
Schreibt er mit Seife, Frechheit und Ruhe
Jeden Morgen groß an den Spiegel.
Und dabei hat dieser Schweinigel
So ein vornehm nervöses Getue,
Das jeden zwingt, ihm viel Trinkgeld zu geben,
Und er zählt immer gleich nach, wie viel. – –

Ja, so ein bequemes, geldbringendes Leben
Zu führen, das wäre wohl jedermanns Ziel.

Seehund zum Robbenjäger

»Ich bin ein armer Hund.
Ich habe keine Brieftasche. Im Gegenteil:
Man macht aus mir welche; sehr wohlfeil.
Und Wohlfeil ist Schund.

Taten wir jemals Menschen beißen?!
Im Gegenteil: Jedes menschliche Kind
Wird uns, wenn wir auf den Lande sind,
mit Steinen totschmeißen.

Wie ihr Indianer und Neger
Nicht glücklich für sich leben ließt,
Stellt ihr uns nach und schießt
Uns nieder. Für Bettvorleger!

Wo ihr Menschen Freischönes erschaut,
Öffnet ihr, staunend, euren Rachen.
Warum erstrebt ihr es nicht, euch vertraut
Mit den Tieren zu machen?

Wilde Tiere sahen allem, was neu
Und friedlich war, anfangs unsicher zu.
Wer nahm den wilden Tieren die Ruh?
Wer gab ihnen zur Angst die Wut?

Der Mensch verkaufte Instinkt und Scheu
Das Tier ist ehrlich und deshalb gut.«

Kauderwelscher Bettlerdank

Ich danke dir für Wasser, Wein und Speise,
Und ich bin froh, dass meine Sprache fremd
Hier ist. – Ein Bettler mit verlaustem Hemd
Will ich nur sein. Auf meiner Weiterreise
Träum ich davon, wie gut und leise
Du von der Schwelle nach der Küche gingst
Und – was ich weiß – wie rührend schön du singst.
Denn ich hab lange dich belauscht, bevor
Ich klingelte an deinem starren Tor.

Du hast mich offnen Herzens angeblickt.
Doch ich bemühe mich, mich zu verstellen.
Du sollst nicht ahnen, wen und wie – –
Himmlisch hast du mein Bettelherz erquickt!

So ziehen eilig sanfte Wellen
Vorbei; doch sie vergehen nie.

Und eine Welle, die du selbst entsandtest
Und die ich selber nie erkennen lerne,
Bringt dir vielleicht aus einer fremden Ferne
Den Dank zurück, den du an mir nicht fandest.

Der Unfall

Es sprach das Gehirn erschüttert
Zur Nase: »Du blutest stark!«
Es sagte der Hut verbittert:
»Ich bin total zerknittert
Und war auf Seide gefüttert
Und kostete dreißig Mark!«

Es sagte das Auge verschwommen:
»Ich fühle mich wieder frei.
Das Ganze wird uns gut bekommen;
Das Herz ist nicht entzwei!«

Das Herz sagte: »So was kommt vor.
Vor allem aber lebt unser Humor,
Und deshalb werde ich nun
In eurem Namen Gott innig danken,
Wie das die Erschreckten und Kranken –
Leider fast nur die – tun!«

Morsche Fäden

Zu einem Trödler
Kam ein Greis mit einer sauern
Gurke,
Sprach: »Ich bin ein Gnadenbrötler
Bei einem Bauern.
Der ist ein Schurke.

Diese Gurke bringe ich aus Not.
Kleine Knöpfe möchte ich dafür.
Denn man kann sich nicht mit Gnadenbrot
Knöpfe kaufen für die Hosentür.«

Und der Trödlersmann verschmähte
Nicht die Gurke noch des Greises Wort,
Denn der kam ihm sehr bedürftig vor,
Sondern bückte sich und nähte
Hundert goldne Knöpfe ihm sofort
Eigenhändig an das Hosentor.

Und der Greis sprach: »Danke« und verneigte
Sich und ging mit offnem Hosenlatz
Selig durch die Straßen, und er zeigte
Allen Menschen seinen goldnen Schatz.

Bis ihn schließlich ein gewisses
Schicksal in ein Irrenhaus berief,
Ob Erregung öffentlichen Ärgernisses.
Bis er Knöpfe schluckte und entschlief.

Köln–Brüssel–London

Ach, mir war seltsam. Nach dem Start erwog ich,
Ob's komisch sei, wenn man sentimental
Denkt. Ach, zum ersten Male überflog ich –
Ein ehemaliger Seemann – den Kanal.

Im Sonnenwetter, das wir anfangs hatten,
Sah ich zur Erde. Lautlos eilend schlich
Tief unter uns, doch mit uns, unser Schatten.
Und ich ward traurig, als er plötzlich wich.

Und Brüssel dann. Ein kurzer Aufenthalt.
Ich hab als Sieger dort einmal gelitten,
Im Krieg. Ich habe dort nichts abzubitten.
Und doch: Es überlief mich kalt.

Und weiter ging's, durch wechselvolle Höhen,
Nunmehr durch Grau und schwere Hagelböen.
Doch mich betrank's. Wie lange war es her,
Dass ich zur See ging?! – Segelschiff und Meer! –

Und als nun fern, dann näher der Kanal
Auftauchte, ich die Küste überschwebte,
War's, dass ich nun zum zweiten erstenmal
Stolz, ehrlich staunend Globetrot erlebte.

Die Ufer unsres Kontinents entschwanden.
Zwei Dampfer sah ich, die mit ihren Wellen
Scheinbar ganz still, wie starrgefroren standen.
Dann brach die Sonne durch und wies mit hellen,

Vergnügten Fingern auf das Inselland
Und auf zwei Flieger. Diese zogen
An uns vorbei, als wir den Kuchenrand
Von Englands Küste überflogen.

Land unter uns. Bis sich vom Flugplatz Croydon
Blinkauf, blinkab ein Winkefeuer zeigte.
Als dann sich unser Kahn zur Landung neigte,
Wie brannte ich auf lang entbehrte Freuden.

7. August 1929

Ein Zeppelin fliegt übers Meer.
Aber es gibt schon heute

Ganz gut gescheite Leute,
Die interessiert das gar nicht sehr.

Der Weltenraumverkehr floriert
Seit Urzeit, niemals minder.
Wo gut? Wo schlecht? – Das interessiert
Die Greise wie die Kinder.

Was man im Leben sich erwarb,
War Gnade oder Beute.
Da ich Geburtstag feiere, starb
Die Kathi Kobus heute.

Es hat an solchen Tagen –
– – – – – –
Was wollte ich denn eigentlich sagen? –
Es hat ein Jedes was erträumt.
Es hat ein Jedes was versäumt.

Gruss ins Blaue

Sehr verehrte, auserlesene,
Einmal nahe mir gewesene,
Nunmehr tote Damen und Herrn!

Ich hätte all Ihnen gar zu gern
Noch etwas vor dem Tode gesagt.

Hab ich versäumt oder nicht gewagt,
Zu sagen, wonach kein Toter fragt,
Liegt nun jede Aufdringlichkeit fern.

Dorthin, wo Sie jetzt weilen, reicht keine
Lüge. Sie wissen auch, wie ich es meine,

Wenn ich aus reuevollem Bedürfnis
Jetzt mit einem Whiskygeschlürfnis
X-wärts proste. Ich weiß, wer es wagen
Darf, eine Flunder noch breit zu schlagen.

Wer hat gewonnen?

Weil du berühmt bist und mir Wahrheit sagst,
Zerschlug ich dir ein Stück von deinen Zähnen.
Nun du mich meidest und sogar verklagst,
Bitt ich dich um Verzeihung unter Tränen.

Du lächelst siegreich, lässt mich also leiden. – –
Ich werde reich und gut. Du wirst senil.
Ich frech. – Und wir versöhnen uns und meiden
Und plagen uns im wechselschroffen Spiel.

Doch immer ruhiger und mehr besonnen
Legt sich der Kampf. Die Wahrheit steht. Es fragt
Jeder von uns und jeder neu verzagt:
»Wer hat gewonnen?!«

Kinder-Verwirr-Buch

1931

Kleine Lügen und auch kleine
Kinder haben kurze Beine.

Das ABC ist äußerst wichtig.
Im Telefonbuch steht es richtig.

Der Klapperstorch hat krumme Beine.
Die Kinder werfen ihn mit Steine.
Aber Kinder bringt er keine.

Der Spanier lebt in fernen Zonen
Für die, die weitab davon wohnen.

Und der Osterhase legt
(Bald sehr eitel, bald bewegt)
Rührei oder Spiegelei.
Schauerlich stöhnt er dabei.

SECHS BEINE hat der Elefant.
Er wird auch Missgeburt genannt.

BABIES

Dass eure Windeln wie Segel sind,
Das wisst ihr Kinder noch nicht.
Ihr kümmert euch nicht um den eigenen Wind,
Um den fremden Wind, um das fremde Licht.
Ihr reist wie Passagiere.
Und wenn das Schiff mit euch ersauft,
Dann seid ihr himmeltief getauft,
Unschuldige, glückliche Tiere.

KIND, SPIELE!

Kind, spiele!
Spiele Kutscher und Pferd! –
Trommle! – Baue dir viele
Häuser und Automobile! –

Koche am Puppenherd! –
Zieh deinen Püppchen die Höschen
Und Hemdchen aus! – Male dann still! –
Spiele Theater: »Dornröschen«
Und »Kasperl mit Schutzmann und Krokodil!« –

Ob du die Bleisoldaten
Stellst in die fürchterliche Schlacht,
Ob du mit Hacke und Spaten
Als Bergmann Gold suchst im Garten im Schacht,
Ob du auf eine Scheibe
Mit deinem Flitzbogen zielst, – – –

Spiele! – Doch immer bleibe
Freundlich zu allem, womit du spielst.
Weil alles (auch tote Gegenstände)
Dein Herz mehr ansieht als deine Hände.
Und weil alle Menschen (auch du, mein Kind)
Spielzeug des lieben Gottes sind.

Beinchen

Beinchen wollen stehen.
Beinchen wollen gehen,
Sich im Tanze drehen.
Beinchen wollen ruhn.
Beinchen wollen spreizen,
Wollen ihren Reizen
Jegliche Gelegenheit
Geben. Haben jederzeit
Muskulös zu tun.

Beine dick und so und so,

Beine dünn wie Stange.
Alle Beine sind doch froh.

Arme, arme Schlange!

Schlängelchen

Schlängelchen zum Teufel kam,
Ganz still und bescheiden.
Und der Teufel das Schlängelchen nahm
Und es streichelte.
Mochte es gut leiden.

Kam ein Schlängelchen
Zu einem Engelchen,
Neigte sich und wollte wieder scheiden.
Engelchen mochte das Schlängelchen
Gut leiden,
Sagte fromm:
»Komm!«

Nie bist du ohne Nebendir

Eine Wiese singt.
Dein Ohr klingt.
Eine Telefonstange rauscht.
Ob du im Bettchen liegst
Oder über Frankfurt fliegst,
Du bist überall gesehen und belauscht.

Gonokokken kieken.
Kleine Morcheln horcheln.
Poren sind nur Ohren.
Alle Bläschen blicken.

Was du verschweigst,
Was du den andern nicht zeigst,
Was dein Mund spricht
Und deine Hand tut,
Es kommt alles ans Licht.
Sei ohnedies gut.

Die Guh gibt Milch und stammt aus Leipzig.
Wer zu viel Milch trinkt, der bekneipt sich.

Der Ochse gibt statt Milch: Spinat.
Er spielt am Nachmittage Skat.

Unter Wasser Bläschen machen

Kinder, ein Rätsel! Hört mich an!
Wer es herausbekommt, kriegt Geld! – Wie kann
Man unter Wasser Bläschen machen?
Das müsst ihr versuchen – unbedingt! –
In der Badewanne. Und wenn es gelingt,
Werdet ihr lachen.

Kinder, spielt mit einer Zwirnsrolle!

Gewaltigen Erfolg erzielt,
Wer eine große Rolle spielt.

Im Leben spielt zum Beispiel so
Ganz große Rolle: der Popo.

Denkt nach, dann könnt ihr zwischen Zeilen
Auch mit geschlossenen Augen lesen,
Dass Onkel Ringelnatz bisweilen
Ein herzbetrunkenes Kind gewesen.

Das Hexenkind

Das junge Ding hieß Ilse Watt.
Sie ward im Waisenhaus erzogen.
Dort galt sie für verstockt, verlogen,
Weil sie kein Wort gesprochen hat
Und weil man ihr es sehr verdachte,
Dass sie schon früh, wenn sie erwachte,
Ganz leise vor sich hinlachte.

Man nannte sie, weil ihr Betragen
So seltsam war, das Hexenkind.
Allüberall ward sie gescholten.
Doch wagte niemand, sie zu schlagen.
Denn sie war von Geburt her blind.

Die Ilse hat für frech gegolten,
Weil sie, wenn man zu Bett sie brachte,
Noch leise vor sich hinlachte.

In ihrem Bettchen blass und matt
Lag sterbend eines Tags die kranke
Und stille, blinde Ilse Watt,
Lächelte wie aus andern Welten
Und sprach zu einer Angestellten,
Die ihr das Haar gestreichelt hat,
Ganz laut und glücklich noch »Ich danke.«

Den Unterschied bei Mann und Frau
Sieht man durchs Schlüsselloch genau.

Emanuel Pips

(Zu seinem 81. Geburtstag)

Den Kammerjäger Emanuel Pips
Vom linken Ufer des Mississipps
Mochte jedermann leiden.
Er war äußerst bescheiden.
Er trug acht Zentimeter Rips
Als Anzug und einen Seiden-
faden in Grün als Schlips,
Fragte niemals nach Rennbahntipps,
Hatte überhaupt keinen Grips,
Aß einmal am Tage (potato-chips),
Trank alkoholfreie Salzwasserflips,
Wurde trotz alledem magenkrank
Und starb am Schwips.
Seine kleine Büste aus Gips
Steht unter anderen Nippes
Heute auf meinem Bücherschrank.

Berichtigung: Kammerjäger Pips
Schrieb sich eigentlich innen mit Yps-
ilon, doch war so bescheiden und lieb,
Dass es ihm gleich war, wie man ihn schrieb.

Arm Kräutchen

Ein Sauerampfer auf dem Damm
Stand zwischen Bahngeleisen,
Machte vor jedem D-Zug stramm,
Sah viele Menschen reisen

Und stand verstaubt und schluckte Qualm,
Schwindsüchtig und verloren,
Ein armes Kraut, ein schwacher Halm,
Mit Augen, Herz und Ohren.

Sah Züge schwinden, Züge nahn.
Der arme Sauerampfer
Sah Eisenbahn um Eisenbahn,
Sah niemals einen Dampfer.

Ernster Rat an Kinder

Wo man hobelt, fallen Späne.
Leichen schwimmen in der Seine.
An dem Unterleib der Kähne
Sammelt sich ein zäher Dreck.

An die Strähnen von den Mähnen
Von den Löwen und Hyänen
Klammert sich viel Ungeziefer.
Im Gefieder von den Hähnen
Nisten Läuse; auch bei Schwänen.
(Menschen gar nicht zu erwähnen,
Denn bei ihnen geht's viel tiefer.)

Nicht umsonst gibt's Quarantäne.

Allen graust es, wenn ich gähne.

Ewig rein bleibt nur die Träne
Und das Wasser der Fontäne.

Kinder, putzt euch eure Zähne!!

Kinder, ihr müsst euch mehr zutrauen!
Ihr lasst euch von Erwachsenen belügen
Und schlagen. – Denkt mal: Fünf Kinder genügen,
Um eine Großmama zu verhauen.

Bist du schon auf der Sonne gewesen?

Bist du schon auf der Sonne gewesen?
Nein? – Dann brich dir aus einem Besen
Ein kleines Stück Spazierstock heraus
Und schleiche dich heimlich aus dem Haus

Und wandere langsam in aller Ruh
Immer direkt auf die Sonne zu.
So lange, bis es ganz dunkel geworden.
Dann öffne leise dein Taschenmesser,
Damit dich keine Mörder ermorden.
Und wenn du die Sonne nicht mehr erreichst,
Dann ist es fürs erste Mal schon besser,
Dass du dich wieder nach Hause schleichst.

Kindersand

Das Schönste für Kinder ist Sand.
Ihn gibt's immer reichlich.
Er rinnt unvergleichlich
Zärtlich durch die Hand.

Weil man seine Nase behält,
Wenn man auf ihn fällt,
Ist er so weich.
Kinderfinger fühlen,
Wenn sie in ihm wühlen,
Nichts und das Himmelreich.

Denn kein Kind lacht
Über gemahlene Macht.

Kinder weinen.
Narren warten.
Dumme wissen.
Kleine meinen.
Weise gehen in den Garten.

An Berliner Kinder

Was meint ihr wohl, was eure Eltern treiben,
Wenn ihr schlafen gehen müsst?
Und sie angeblich noch Briefe schreiben.
Ich kann's euch sagen: Da wird geküsst,
Geraucht, getanzt, gesoffen, gefressen,
Da schleichen verdächtige Gäste herbei.
Da wird jede Stufe der Unzucht durchmessen
Bis zur Papagei-Sodomiterei.
Da wird hasardiert um unsagbare Summen.
Da dampft es von Opium und Kokain.
Da wird gepaart, dass die Schädel brummen.
Ach schweigen wir lieber. – Pfui Spinne, Berlin!

Silvester bei den Kannibalen

Am Silvesterabend setzen
Sich die nackten Menschenfresser
Um ein Feuer, und sie wetzen
Zähneklappernd lange Messer.

Trinken dabei – das schmeckt sehr gut –
Bambus-Soda mit Menschenblut.

Dann werden aus einem tiefen Schacht
Die eingefangenen Kinder gebracht
Und kaltgemacht.
Das Rückgrat geknickt,
Die Knochen zerknackt,
Die Schenkel gespickt,
Die Lebern zerhackt,
Die Bäuchlein gewalzt,
Die Bäckchen paniert,
Die Zehen gesalzt
Und die Auglein garniert.

Man trinkt eine Runde und noch eine Runde.
Und allen läuft das Wasser im Munde
Zusammen, ausnander und wieder zusammen.
Bis über den feierlichen Flammen
Die kleinen Kinder mit Zutaten
Kochen, rösten, schmoren und braten.

Nur dem Häuptling wird eine steinalte Frau
Zubereitet als Karpfen blau.
Riecht beinah wie Borchardt-Küche, Berlin,
Nur mehr nach Kokosfett und Palmin.

Dann Höhepunkt: Zeiger der Monduhr weist
Auf zwölf. Es entschwindet das alte Jahr.
Die Kinder und der Karpfen sind gar.
Es wird gespeist.

Und wenn die Kannibalen dann satt sind,
Besoffen und überfressen, ganz matt sind,
Dann denken sie der geschlachteten Kleinen
Mit Wehmut und fangen dann an zu weinen.

Geplapper an Grosspapa

»Großpapa, ach, bist du dumm!
Weil du nichts verstehst.
Großpapa, was bist du krumm,
Wenn du gehst!

Und du zitterst immerzu
Wie ein Pappelwald.
Großpapa, wann stirbst denn du?
Stirbst du bald?«

Die neuen Fernen

In der Stratosphäre,
Links vom Eingang, führt ein Gang
(Wenn er nicht verschüttet wäre)
Sieben Kilometer lang
Bis ins Ungefähre.

Dort erkennt man weit und breit
Nichts. Denn dort herrscht Dunkelheit.
Wenn man da die Augen schließt
Und sich langsam selbst erschießt,
Dann erinnert man sich gern
An den deutschen Abendstern.

Doch ihre Sterne kannst du nicht verschieben

Das Sonderbare und Wunderbare
Ist nicht imstande, ein Kind zu verwirren.
Weil Kinder wie Fliegen durch ihre Jahre
Schwirren. – Nicht wissend, wo sie sind.

Nur vor den angeblich wahren
Deutlichkeiten erschrickt ein Kind.

Das Kind muss lernen, muss bitter erfahren.
Weiß nicht, wozu das frommt.
Hört nur: Das muss so sein.

Und ein Schmerz nach dem andern kommt
In das schwebende Brüstchen hinein.
Bis das Brüstchen sich senkt
Und das Kind denkt.

Vom andern aus lerne die Welt begreifen*

Es sind die harten Freunde, die uns schleifen.
Sogar dem Unrecht lege Fragen vor.
Wer nimmer fragt, merkt nicht, was er verlor.
Vom andern aus lerne die Welt begreifen.

* Vers am Ende der gleichnamigen Erzählung.

Gedichte dreier Jahre

1932

Liedchen

Die Zeit vergeht.
Das Gras verwelkt.
Die Milch entsteht.
Die Kuhmagd melkt.

Die Milch verdirbt.
Die Wahrheit schweigt.
Die Kuhmagd stirbt.
Ein Geiger geigt.

Schiffer-Sentiment

Gelb das Wasser und der Himmel grau.
Neben mir hockt eine alte Wachtel,
Alte Dame oder alte Frau,
Zählt zum zehnten Male ganz genau
Geld aus einer Zigarettenschachtel.

Grog tut wohl, und alte Frau tut weh.
Ich muss fort. Ich stoße meinen Kutter
Ungern in die trübe, gelbe,
Ganz genau so missgelaunte See. –

Liebe Zeit! Es ist doch stets dieselbe,
Jedermannes arme alte Mutter.

Fand meinen einen Handschuh wieder

Als ich den einen verlor,
Da warf ich den andern ins Feuer

Und kam mir wie ein Verarmter vor.
Schweinslederne sind so teuer.

Als ich den ersten wiederfand:
Shake hands, du ledernes Luder!
Dein eingeäscherter Bruder
Und du und ich –: Im Dreiverband,
Da waren wir reich und mächtig.
Jetzt sind wir niederträchtig.

Aus

Nun geh ich stumm an dem vorbei,
Wo wir einst glücklich waren,
Und träume vor mich hin: Es sei
Alles wie vor zwei Jahren.

Und du bist schön, und du bist gut
Und hast so hohe Beine.
Mir wird so loreley zumut,
Und ich bin doch nicht Heine.

Ich klappe meine Träume zu
Und suche mir eine Freude.
Auf dass ich nicht so falsch wie du
Mein Stückchen Herz vergeude.

Schlimme Stimmung

Ich bin so traurig satt,
Und all mein Überlegen
Vergrübelt sich entgegen,
Dorthin, wo nichts mehr Farbe hat.

Als wenn ich klug und geldreich wär
Und gar kein Herz besäße.
Ich zürne dumpf ins Ungefähr,
Betaste hohle Späße.

Und will nicht Freunde mit mir ziehn
In dieses trockene Weinen.

Ach Sonne, die so oft mir schien,
Wollest mir bitte wieder scheinen.

Köln von der Bastei gesehen

Es schlägt der Leuchtturm durch die Nacht
Seine unermüdlichen Strahlen.
Es schleichen Schiffe überwacht,
Die lassen sich bezahlen.

Wie Perlenreihen und Geschmeid
Lichtern die Ufer am Rheine.
Ein Mädchen weint ihr Herzeleid
Am Kai auf steile Steine.

Sie trägt ein helles Wiesenkleid
Und steht sonst ganz im Dunkel.
Das Wasser spiegelt kein Herzeleid,
Es spiegelt nur Gefunkel.

Ich rufe schmatzend den Ober herbei.
Er will mich nicht verstehen.
Ich wünsche: Es möchte sich die Bastei
Jetzt karussellartig drehen.

Ruinenkult

Wenn der Ruinenzauber glüht,
Erschauert unser Volksgemüt,
Und eine romantische Wärme
Gießt Bowle durch unsre Gedärme.

Lichtbirne hinter Buntpapier
Gibt Sängerkehlen ein Klistier,
Und sehnsüchtig weinendes Lachen
Lässt uralten Schwindel erwachen.

Denen, die sich Ruinen baun,
Wünsch ich den höchsten Lattenzaun
Und den von Hunden umgeben,
Die dauernd das eine Bein heben.

Gassenkreuzung

Was wohl Huren denken,
Wenn zwei Hochzeitswagen
Um die Ecke schwenken?!
Kannst du sie nicht fragen,
Dann erfährst du's nie. – –

Wenn ein Mädchen die
Ladenschwelle scheuert
Und von hinten aussieht wie
Eine Maid von sechzehn Jahren,
Und du fühlst dich Mann. Dann steuert
Dich frivole Phantasie;
Lass dich nicht vom Auto überfahren!!

Wenn ein Straßenkehrer Pferdemist
Lieblos von deinem Schatten fegt
Und du überlegst, ob er sich überlegt,
Ob du irrsinnig bist –,
Ach dann schenk ihm etwas, und viel mehr,
Und freue dich sehr!

Pfingstbestellung

Ein Pfingstgedichtchen will heraus
Ins Freie, ins Kühne.
So treibt es mich aus meinem Haus
Ins Neue, ins Grüne.

Wenn sich der Himmel grau bezieht,
Mich stört's nicht im Geringsten.
Wer meine weiße Hose sieht,
Der merkt doch: Es ist Pfingsten.

Nun hab ich ein Gedicht gedrückt,
Wie Hühner Eier legen,
Und gehe festlich und geschmückt –
Pfingstochse meinetwegen –
Dem Honorar entgegen.

An einen Leuchtturm

Da wir heute nur an Stellen, die seicht
Sind, modeln und graben – –.
Leuchtturm, deine Arme möchte ich haben
Und umarmen, was in deine Kreise reicht.

Wenn zwei treue Hände in weitem Bogen
Einander fangen – –. Ehe ihr Gruß spricht und lauscht,
Sind zehn lange Wogen vorübergezogen,
Hat ein Urwald gerauscht.

Weil das Niedrige überblickt sein sollte
Von dem weiten Blick über Meer und Land – –.

Als ich heute ein Glühwürmchen fangen wollte,
Erlosch sein Licht plötzlich. Und es entschwand.

Kunstgewerbe

Ein blauer Hund mit gelben Ohren
Wurde in einem Atelier geboren.
Weil er naturfremd originell
Wie jene Mutter war, die ihn gebar,
Vermehrte er sich populär sehr schnell
Und brachte Geld, und viel sogar.

Ein andres Suchweib, gleichfalls von Beruf
Originell, erdachte sich und schuf
Aus Ton ein Mäuschen, witzig, zart und schlicht,
Sehr künstlerisch; das reüssierte nicht.
Bis wahre Künstler es entdeckten
Und kauften von sechs Exemplaren vier.
Worauf die andern zwei entsetzlich heckten.
Nun seh ich überall dies Mäusetier.
Es glotzt, es kotzt mich an aus Gips,
Aus Bronze, Ton. Ein Mäuseplagenippes.

Ich bitte dich: Wenn ich dereinst mal sterbe,
Tu meine Asche nicht in Kunstgewerbe.

Rauch

Erdentbunden steigt ins lichte
Himmelreich der Rauch.
Uferlos dramatische Geschichte
Spielt ein Hauch.

In Sekunden blickentschwunden,
Trägt er doch Substanz und Geist
Nach Gesetz ins Ungefähre.
Manchmal wünschte ich, ich wäre
Derart erdentbunden
Endlich abgereist.

Könnte niemand mich umarmen.
Könnte niemand mich vernichten.
Doch ein Rauch kann wie Erbarmen
Wunderfromm zum Himmel dichten.

Morgenwonne

Ich bin so knallvergnügt erwacht.
Ich klatsche meine Hüften.
Das Wasser lockt. Die Seife lacht.
Es dürstet mich nach Lüften.

Ein schmuckes Laken macht einen Knicks
Und gratuliert mir zum Baden.
Zwei schwarze Schuhe in blankem Wichs
Betiteln mich »Euer Gnaden«.

Aus meiner tiefsten Seele zieht
Mit Nasenflügelbeben

Ein ungeheurer Appetit
Nach Frühstück und nach Leben.

Reiseabschied von der Frau

Nun wechselt mir die Welt,
Und andre Leute lenken
Mein Handeln und mein Denken.
Und ich bin einzeln hingestellt,
Bin frei und ohne Frau.

Wie schön! – So es vorübergeht!!
Weil wir einander so genau
Durchkennen und – –

Ein Wind, der weht,
Gewitter funkt,
Weil Neues Altes säubern muss.

Mein letztes Lebewohl, ein Kuss,
Ist nur, wie in der Schrift, ein Punkt.

Bestehendes,
Sei's Stein, braucht Fluss,
Braucht Wehendes.

Sommerfrische

Zupf dir ein Wölkchen aus dem Wolkenweiß,
Das durch den sonnigen Himmel schreitet.
Und schmücke den Hut, der dich begleitet,
Mit einem grünen Reis.

Verstecke dich faul in die Fülle der Gräser.
Weil's wohltut, weil's frommt.
Und bist du ein Mundharmonikabläser
Und hast eine bei dir, dann spiel, was dir kommt.

Und lass deine Melodien lenken
Von dem freigegebenen Wolkengezupf.
Vergiss dich. Es soll dein Denken
Nicht weiter reichen als ein Grashüpferhupf.

Lustig quasselt

Lustig quasselt der seichte Bach.
Scheinchen scheppern darüber flach.
Stumm gegen die Wellchen steht ein Stein,
Sieht – wie mir scheint –
Ernst aus und verweint.

Denn es macht traurig, unbequem zu sein.

Im Weinhausgarten

Es funkelt ein Weinchen,
Landwein oder Edelwein.
Es blitzt ein Steinchen,
Sandstein oder Edelstein.
Es schimmert unter feuchten
Wimpern wie Wiederbelebung.
Auch Schatten leuchten
In schwärzrer Umgebung.
Es strahlen aus Lampenlicht
Widerscheinchen kreuz und quer.

Es ist in jedem Gesicht ein schönes Gesicht,
Manchmal erkennt man's nicht mehr.

Gedenken an meinen Vater

Warum ich tief Atem hole?

So hat mein Vater gern Bowle gebraut.
Nun trinken wir zwei eine Bowle.
Und du hast ihn nimmer gehört noch geschaut.

Doch wie wir beide hier zechen
Und sprechen mitnander – so ungefähr –
Meine ich - würde Vater sprechen,
Wenn er dein Liebster gewesen wär.

Je mehr ich altre und lerne,
Kommt er mir immer mehr nah.
Prost, Musch, einen Schluck auf den toten Papa!
Jetzt lächelt er jenseits der Sterne.

Insel Hiddensee

Kühe weiden bis zum Rande
Großer Tümpel, wo im Röhricht
Kiebitz ostert. – Nackt im Sande
Purzeln Menschen selig töricht.

Und des Leuchtturms Strahlen segnen
Eine freundliche Gesundheit.

Andrerseits: Vor steiler Küste
Stürmen Wellen an und fliehen. –

Nach dem hohen Walde ziehen
Butterbrote und Gelüste.

Fischerhütten, schöne Villen
Grüßen sich vernünftig freundlich.

Steht ein Häuschen in der Mitte,
Rund und rührend zum Verlieben.

»Karusel« steht angeschrieben.
Dieses Häuschen zählt zu Vitte.

Asta Nielsen – Grischa Chmara,
Unsre Dänin, und der Russe –.

Auf dem Schaukelpolster wiegen
Sich zwei Künstler deutsch umschlungen. –
Gar kein Schutzmann kommt gesprungen. –
Doch im Bernstein träumen Fliegen.

Um die Insel rudern, dampfen,
Treiben, kämpfen Boote, Bötchen.

Es lohnt sich doch

Es lohnt sich doch, ein wenig lieb zu sein
Und alles auf das Einfachste zu schrauben.
Und es ist gar nicht Großmut zu verzeihn,
Dass andere ganz anders als wir glauben.

Und stimmte es, dass Leidenschaft Natur
Bedeutete im Guten und im Bösen,
Ist doch ein Knoten in dem Schuhband nur
Mit Ruhe und mit Liebe aufzulösen.

Unterwegs

Wenn mir jetzt was begegnete,
Was mich tot machte ganz und gar;
So, dass der uns verregnete
Abschied gestern der letzte war,

So würde doch, was dann versäumt
Wäre, den Trost noch finden:
Das Leid, das von der Liebe träumt,
Muss auch in Liebe schwinden.

Schöne Frau ging vorbei

Eine Falte in deinem Kleid
Hat wie eine Woge geschaukelt,
Hat Träume mir vorgegaukelt:
Wie schön ihr seid, wie ihr seid.

Einer Woge glich diese Falte,
Von deinem Atem aufgewühlt.
Und trotzig hat diese kalte
Welle dein warmes Fleisch umspült.

Es glätten keine Bedenken solch
Bezaubernd wogende Faltung,
Ich ging an dir vorbei, wie ein Strolch
An einer städtischen Verwaltung.

Belauschte Frau

Doch ihr Gesicht,
Das sah ich nicht.

Nur Beine, Rock, gebeugten Rücken,
Ein nasses Stück vom Schürzenhang.

Das alles lebte sich beim Bücken
Und Wenden unterm Küchenlicht.

Ich aber stand im dunklen Gang,
Sah nach den unbewachten Beinen
Unter des hochgerutschten Rockes Saum.
Zwei sichre Arme dachte sich mein Traum.
Nur ihr Gesicht, das sah ich nicht.

Doch etwas war, als wäre es zum Weinen.

Kein Laut, kein Wort. –
Es ist auch nichts Zunennendes gewesen.
Ich aber weiß: Als ich den Gang verließ,
Schlich ich ganz innig leise fort
Und war betrübt, als ich doch einen Besen
Umstieß.

Verpufftes Gewitter

Hat mich ein Gewitter
Gestern so nervös gemacht.
Hat ein Magenbitter
Mich dann bös gemacht.
Sekt, den ich bestellte, weil
Ich froh werden wollte,
Wirkte nur ins Gegenteil.

Und der Donner grollte.
Dass ich herz- und magenkrank
Weiterbummelnd mich betrank.

Und ich weiß nur noch:
Eine Dame, die
Unterm Ärmel nach Lavendel roch,
Hat mich abgeküsst. – Ach und wie!
Und ich war vernarrt,
Weil sie so apart
Sagte, dass ich »herbstzeitlose« sei.
Diese Taschendiebin
Griff diskret und lieb in
Meine Tasche dabei.

Begegnung

So viele schöne Pfirsiche sind,
In die niemand beißt.

Die Gier kann auch ein verschämtes Kind
Sein. Was du nicht weißt.
Ohne Lüge kann ich mancherlei
Dir sagen, klänge dir wie Gold.
Doch zeigte ich mein Wahrstes ganz frei,
Wärest du mir nicht mehr hold.

Mädchen, versäume dich nicht
Und hüte dich vor List!
Ich aber träume dich,
Wie du gar nicht bist.

An Enrico Rastelli
(11. Oktober 1929)

So groß hat sich vor mir noch nie
Im Varieté etwas begeben.

Ich sah zart-tierisches Genie
Vor einem arbeitsstrengen Leben.

Ich danke, ich, ein Publikum,
Wie viele Tausende dir danken.
Du, der den sichren Punkt erkennt im Schwanken,
Du weißt, wenn ich dir danke, wohl, warum.

Heimliche Stunde

Ein kleiner Spuk durch die Dampfheizung ging.
Keine Uhr war aufgezogen.
Ein zu früh geborener Schmetterling
Kam auf das Schachbrett geflogen.

Es ging ein Blumenvasenblau
Mit der Sonne wie eine Schnecke.
Ich liebe Gott und meine Frau,
Meine Wohnung und meine Decke.

Eis-Hockey

Wenn die Hockeyhölzer hackeln,
Wenn die Schlittschuhschnörkel schnackeln
Und die Gummischeibe schnellt
Mir ans Kinn anstatt zum Ziele,
Dann empfinde ich die Spiele
Einer sportlich reifen Welt.
Mehrmals, wie in früheren Wintern,
Setzen zwei sich auf den Hintern,
Was an sich mir sehr gefällt.

Doch ich habe einen Schnupfen
Und kein Taschentuch zum Tupfen.
Auch zerbrach mir mein Monokel.
Und der Kampf bleibt unentschieden.
Also geh ich unzufrieden
Heim. Und hab von dem Gehockel
Nur den fraglichen Gewinn:
Eine Beule links am Kinn.

Hinter mir klingt etwas froh
Etwa so:
»Dem Verband Zentralafrikanischer Eishockeyspieler drei Hurras!«
Hurra! Hurra! Hurra!

Sehnsucht nach Zufall

Es gibt freiwilliges Allein,
Das doch ein wenig innen blutet.

Verfrühter Gast in einer Schenke sein,
Wo uns derzeit kein Freund vermutet – –

Und käme plötzlich doch der Freund herein,
Den gleiche Abenteuer-Wehmut lenkt,
Dann wird es schön! Dann steigt aus schlaffen Träumen
Ein gegenseitig stärkendes Sichbäumen
Und spricht, was in ihm rau und redlich denkt.

Der Abenteurer

»Abenteurer, wo willst du hin?«

Quer in die Gefahren,
Wo ich vor tausend Jahren
Im Traume gewesen bin.

Ich will mich treiben lassen
In Welten, die nur ein Fremder sieht.
Ich möchte erkämpfen, erfassen,
Erleben, was anders geschieht.

Ein Glück ist niemals erreicht.
Mich lockt ein fernstes Gefunkel,
Mich lockt ein raunendes Dunkel
Ins nebelhafte Vielleicht.

Was ich zuvor besessen,
Was ich zuvor gewusst,
Das will ich verlieren, vergessen. –
Ich reise durch meine eigene Brust.

Don Quijote

Die Winde ziehen weiter
Und sind auf einmal wieder da,
Sind wütend, lau oder heiter
Dir wieder nah.

Wie jede Wolke – die gelbe,
Die graue, die rosige – wiederkehrt,
Verändert, doch immer dieselbe.
Ist das nicht begrüßenswert?

Ein Schutzmann ist keine Tante. –
Frage die Wolke, frage den Wind:
Warum Bekannte
Nicht immer Freunde sind.

Es gibt so viel Bekanntes
In der Welt. –
Deshalb hat Cervantes
Den Don Quijote aufgestellt.

Entsetzen

Was ist geschehen?
Wo ist sie? Wer schreit? –
Welche Dunkelheit –
Komm, lass uns gehen.

Ich kann nicht. Ich will,
Doch ich kann nicht. – Wie siehst du
Mich an? – Warum fliehst du?
Du! – Du? – Du!? – – Alles still.

Wer schleicht dort? – Ein Tier!
Es hat kein Gesicht –
Was wolln Sie von mir?
Zu Hilfe!! – Kurt! – – Berta!?
Verlasst mich doch nicht.

Ein Liebesnacht-Wörtchen

Ja – – ja! – – ja!! – – ja!!! – –
Du hast so süße Höschen.

Nun sind wir allein. Und es ist Nacht.
Ach hätte ich dir doch ein Röschen
Mitgebracht.

Ich bringe der Frau eine Freundin

Darf ich dir meine liebe Freundin bringen,
Dir, meiner allerliebsten Frau?

Der Himmel ist in dem Moment ganz blau.
Tausend durchsichtige Nachtigallen singen.

Oh, lass kein Wölkchen auf und bring kein Schweigen.
Lass meine Freundin sich nicht tief verneigen.
Gib deine Hand!

Ich weiß, dass du sie gibst
Und auch kein Wölkchen und kein Schweigen bringst.
Weil du die Lieben deines Liebsten liebst.
Es war auch nur ein Scherz, dich so zu bitten.

Wo je ich ging, wenn irgendwo du gingst,
Bin ich doch immer neben dir geschritten.

Die Freundin bringt mich ihrem Mann

Es sollte eigentlich nicht fraglich,
Nicht anders als zuvor geschildert sein.
Und dennoch ist das unbehaglich
So unter drein.

Mir zagt die Wahrheit. Ach es kann
Schön sein: zwei Frauen und ein Mann.

Gefällt es umgekehrt mir nicht,
Weil Selbstsucht spricht?

Gib frei und gleich dich zu erkennen.
Die Stunde ließ sich nicht vermeiden.
Was wir verdientes Schicksal nennen,
Wird richtig fügen oder scheiden.

Die Einigkeit der Meerestropfen
Ist eine Macht. Macht Herzen klopfen.
Wenn sie im Prall auch auseinanderstieben,
Was sagt's? Wer weiß, ob sich die Tropfen lieben.

Welten des Inseits

Mit deinen Freunden und engsten Bekannten
Kann dir jedes Missverständnis gesehehn. -

Hast du einmal einem See-Elefanten
Ins Auge gesehn??

So weit, wie die Weite ist,
So tief mag die Enge sein. -

Wenn du mit dir je im Streite bist,
: Übergib das einem Engelein.

Schwingungen

»Sprich etwas lauter, Stadtradau!
Lautsprecher, Hupe, Schraube,
Seid nicht so leise, nicht so flau!«
Sagte der Taube.

Er ging durch Donner und Explosion,
Ohne dass ihn das störte.

In einem hessischen Städtchen
Saß er einmal. Und da hörte
Er plötzlich einen Ton,
Ein Tönchen, das war einem Mädchen
In Paris auf der Straße entflohn.

Und wie er das Mädchen sich dachte,
Verschwiegen arm und schamgeplagt,
Hat er ein leises Wort gesagt,
Ohne dass er lachte.

Kein Nachbar hörte dieses Wort,
Doch irgendwer im fernen Ort
Eines meergetrennten Landes
Hörte es. Und verstand es.

Trennung

Wink wink. Auf Wiedersehn!
Ausnand ist nicht Vergehn.
Wie Lokomotivenrauch
Wildweich zerstiebt – –
Dereinst doch, noch, auch ohne Hauch,
Liebt sich, was wirklich sich liebt.

Jetzt ist es Nachmittag.
Horch! – Klingt's wie tote Lieder?
Klingt es wie Trauertrommelschlag?
Sonja ade! – – Salü!

Ach! – – Aber morgen wieder,
Morgen ist's wieder früh!
Täteretä! Kükeriküh!

So gut wie schlecht

Menschen kenne ich: denen es gut geht,
Die sich aber auch Mühe geben,
Anständig nach innen und außen zu leben.

Da ihnen das gut steht
Und sie repräsentable Erscheinungen
Sind, hört man ihre Meinungen
Mit Behagen. –
Bis man erstaunt entdeckt,
Dass sie keine andre Meinung vertragen. –

Hat ein Vögelchen erschreckt
Sich geduckt im Busch versteckt;
Putzte traurig, putzte stumm
Lange noch an sich herum.

Hat jede Frucht ihren Samen

Hat jemand einen Traum erzählt.
Ein Dichter schuf daraus Dichtung.
Ein Maler hat die als Sujet gewählt
Für ein Bild in grotesker Belichtung.

Viel Tausende haben darüber gelacht.

Ein Wissenschaftler hat nachgedacht,
Hat anderem eine Idee vertraut.

Ein Praktiker experimentierte.
Und wieder ein andrer hat zugeschaut,
Hat anderwärts etwas fertiggebaut,
Was dann nicht funktionierte.

Und wieder lachten Tausende laut.

Nachdem noch viel gut, böse geschah,
Rief eines Tages das Volk: »Hurra!«
Denn die Erfindung war da.

Millionen Menschen benutzten sie froh.

Es steht ein Denkmal irgendwo,
Preist einen glücklichen Namen.

Hat jede Frucht ihren Samen.

Postkarte

Sonjalein, Sonjalein,
In der fernen Stadt.
Jetzt beim Wein denk ich dein.
Vor mir frisst ein Nimmersatt,
Der schon viel gefressen hat,
Weiter Schwein für Schwein.
Ich bin ganz allein.

Sonjalein, Sonjalieb,
Sonja, Sonjaleinchen,
Um bescheidenes Vogelpiep
Kümmert sich kein Schweinchen.

Brief aus Düsseldorf nach München

(10. Januar 1930)

Nun, sind die Tage dir nicht schön verflossen
In dieser wohlgeführten, freien Stadt!?
Und doppelt schön, weil, was wir hier genossen
Haben, uns gleicherzeit gestreichelt hat.

Wie jene Gassenbuben Räder schlugen!
Wie sich die Wellen rechts am Rhein betrugen!
Zwar: »Löwensenf« ist kein sehr schönes Wort,
Doch er und schwarzes Brot! – In hundert Stunden
Haben wir hundert Herrliches gefunden.

Geliebte Frau, nun denk dich dort
Zurück an jenes zarte Wasserbrünnchen
Im Breidenbacher Hof. Ach du bist fort
Und weit von hier und untendrein in München.

Ich küsse dich mit weitgedachtem Rüssel
Aus Düssel.

Pfützen

Pfützen spiegeln das Himmelslicht.
Sie haben ein helles Gesicht.

Meide ihre Mulden!
Tritt nicht in Lachen.
Wenn sie dich dreckig machen,
Ist's dein Verschulden.

Pfützen sind Schicksal für manches Getier,
Sind aber für Kinder Seligkeiten.

Häufig werden sich zwei oder vier
Menschen um Pfützen streiten.

Weisst du?

Wenn ein Neunauge mit einem Tausendfuß
Kinder zeugt, wie mögen die gehen?
Wie mögen die sehen?
Ich weiß es nicht. Weißt du's?

Weißt du wohl, dass eines Flugzeugs Schatten,
Wenn er über Häuser, Bäume, Matten,
Menschen, Tiere, Wasser geht,
Nichts und niemand widersteht?

Jeder weiß, warum in schönen Zweigen
Schöne Spinne schöne Netze webt.
Aber weißt du, was das Schweigen
Eines andern Menschen
Sinnt und nacherlebt und vorerlebt?

Brief aus München nach Düsseldorf

(2. Februar 1930)

Ich grüße alle die, die sich »gemeint« –
Nach Einsicht und Gewissen – fühlen dürfen!

Ein herzig Tränchen, scheu nur halb geweint
Von Sonja, durfte ich beim Abschied schlürfen.

Von lauten, dummen Menschen abgesehn,
Die allerwärts es mehr als andre gibt,

Kann ich vertraulich meiner Frau gestehn:
»Ich war dort weit – auch überschätzt – beliebt.«

Es war zu viel. Wo ich nicht dankbar war,
Sei mir das bitte dieserhalb vergeben.

Die Freunde in der Park-Hot-Krüger-Bar,
Sie sollen leben!

Alle wollen leben,
Und deshalb wohl vergeb ich auch den Dummen.

Und immer noch muss ich ein Liedchen summen:
»Es war einmal ein treuer Husar – –«

Die Krähe

Die Krähe lacht. Die Krähe weiß,
Was hinter Vogelscheuchen steckt
Und dass sie nicht wie Huhn mit Reis
Und Curry schmeckt.

Die Krähe schnupft. Die Krähe bleibt
Nicht gern in einer Nähe.
Dank ihrer Magensäure schreibt
Sie Runen. Jede Krähe.

Sie torkelt scheue Ironie,
Flieht souverän beschaulich.
Und wenn sie mich sieht, zwinkert sie
Mir zu, doch nie vertraulich.

Kritik

Vor der Kritik erwäge zwei Gehirn!
Das stärkere darf den Vortrag halten.
Es kann ein Strick hier Tau sein und dort Zwirn.
Auch ist das Herz nicht auszuschalten.

Letzte Abfahrt aus München

»Schlafwagen.« Schön klingt dieses Wort.
Schlafen und dennoch vorwärts sausen.

Nun ging ich endgültig von München fort.
Es standen sieben treue Freunde draußen.

Lang ist die Eisenbahnfahrt, kurz ein Leben. –
Was wird sich mir und ihr wohl nun begeben?

Es ist nicht wichtig, was wer wem verleidet.
Es ist kleindumm, wenn jemand bös beneidet.

Es ist beneidenswert, was jemand heimlich leidet.

Wir alle leben so gern im Bequemen.
Was du je grübeltest und schriest und sangst – –

Es scheint mir gut, wenn du beim Abschiednehmen
Statt um dich selbst um einige Freunde bangst.

Umzug nach Berlin
(1930)

Nach Berlin, nach Berlin,
Nach Berlin umzuziehn,
Aus der dümmsten Stadt in der Welt –
Wie das lockt!! – Ich, verdumpft,
Ich, verstockt und verstumpft,
Habe endlich mich auf den Kopf gestellt.

Ach wie schön ist's, im Frein
Und im Hellen zu sein!
Und wär's nur ein luftiges Zelt.
Aber gar nach Berlin,
Nach Berlin umzuziehn,
Aus der dümmsten Stadt in der Welt!

Mir ist wohl, mir ist weh –
So als ging ich in See –
Denn ich lasse auch Freunde zurück.
Doch ihr Freunde, folgt nach
Aus kleinpopliger Schmach
In den Großkampf um sauberes Glück.

Lebensabschnitt

Ich mache eine Amnestie
Aus herzlichem Verlangen.
Und sei auch du und sein auch Sie
Zu mir ganz unbefangen.

Das Leben ist ein Rutsch-Vorbei.
Nur das, was echt gewesen,

Nährt weiterhin. – Ein Besen,
Zu wild geschwenkt, schlägt viel entzwei.

Seid gut zu mir und macht Radau,
Verzeihend und aus Reue!
Wollt ihr? Wer reist aufs Neue
Mit mir ins Himmelblau?

An M. zum Einzug in Berlin

Morgen, wenn du einfährst in Berlin,
Bin ich da,
Denk ich an die Scharen von Staren,
Die nach Afrika ziehn.

Sorgenmürbe bist du nachts gefahren.
Einer Sommermorgensonne möcht ich gleichen,
Wenn du mir die lieben Hände reichen
Wirst. –

Willkommen in Berlin! Und gib
Alle Koffer mir zum Tragen.

Neue Heimat lässt mich neu dir sagen:
So wie dich hab ich kein andres lieb.

Am Sachsenplatz: die Nachtigall

Es sang eine Nacht…
Eine Nachti…
Ja Nachtigall am Sachsenplatz
Heute Morgen. – Hast du in Berlin

Das je gehört? – Sie sang, so schien
Es mir, für mich, für Ringelnatz.

Und gab mir doch Verlegenheit,
Weil sie dasselbe Jauchzen sang,
Das allen Dichtern früherer Zeit
Durchs Herz in ihre Verse klang.
In schöne Verse!

Nachtigall,
Besuche bitte ab und zu
Den Sachsenplatz;
Dort wohne ich. – Ich weiß, dass du
Nicht Verse suchst von Ringelnatz.

Und hatten doch die Schwärmer recht,
Die dich besangen gut und schlecht.

Frohe, sich besinnende Stunde

Mein Magen knurrt,
Wie Ferngewitter grollen.
Die Katze schnurrt.
Was wohl solche Geräusche wollen?

Ich habe Geld. Ich habe Appetit.
Ich bin gesund und hab die Lust im Herzen,
Mit meiner Frau ganz kindisch dumm zu scherzen,
Auch wenn die seriöse Welt zusieht.

Ich brauche kein Klistier.
Und was mir Freunde tun und sagen – –
Oh, ist Gott gut zu mir!
Wie soll ich das ertragen.

Entgleite nicht

Wer hätte damals das gedacht!?
Von mir!? – Wie war ich davon weit!

Dann stieg ich, stiegen wir zu zweit
Und sagten glücklich vor der Nacht:
»Kehr nie zurück, bedankte Ärmlichkeit!«

Es war ein wunderschönes Hausen
In guter, kleinerbauter Heimlichkeit. –

Ganz winzige, herzförmige Fenster gibt's. –

Im reichen Raum vergisst man leicht das Draußen. –

Entgleite nicht, du Glück der Einfachheit.

Vornehme Herren-Bar

Weite Welt auf schmalem Fleck. –
Wohlerzogen grüßt der Mixer.
Jeder Griff – der kürzeste zum Zweck –
Ist ein wohlgefälliger und fixer.

Zwingt das nahe vi-à-vis
Zum Belauschen, zum Studieren;
Reizt die Neugier zum Probieren
Und bewegt die Phantasie
Zum Vergleichen.

Altberühmteste Gefäße
Mit geheimnisvollen Zeichen
Speien etwas Majestät

Knapp und rein wie gute Späße
In gepflegtes Mischgerät.

»Wenn ein Armer jetzt hier säße! …?«
Fragt Sentimentalität.
Doch die fragt sentimental.

Solche Bar hat hohe Sitze.
Hinter international
Abgeklärtem Meisterwitze
Schlägt ihr Herz diskret neutral.

Heilsarmee

Es singen auf der Straße
Soldaten aus innigem Mut.

Mein Herz hat vor dieser Oase
Im Stadtgetriebe sich ausgeruht.
Den Liedern nicht, nur den Stimmen
Lauschte mein Respekt.

In den Augen der Umstehenden schwimmen
Verschämte Gedanken als Nackte erweckt.

Soldaten in gleicher, schlichter Tracht,
In Eintracht, lachen und stammeln,
Gehen täglich, Hilfe zu sammeln
Für die Ärmsten des Tags, für die Ärmsten der Nacht.

Es drängt mich, dieser leisen,
Doch offenen und einfachen Macht
Offen Ehre zu erweisen. –
Gott lächelt, wo die Heilsarmee lacht.

An uns vorbei

O wie viel Menschen mögen jetzt,
Um diese Stunde – bitter weinen!?
Es wär ein Strom in Gang gesetzt,
Wenn diese Tränen sich vereinen.

Von allen Tiefen sanft gezogen,
Von allen Höhen abgelehnt,
Trägt er sein Fluten und sein Wogen
Zum Meer, das gar nichts mehr ersehnt.

Doch blanke Fische seh ich schwimmen.
Stromaufwärts dampft die Kauffahrtei.
Am Ufer lachen helle Stimmen.
An mir vorbei. An uns vorbei.

Im Aquarium in Berlin

Aus tiefster Nacht alles Grauen
Im Funkel kindlicher Fernseligkeit.
Deine eigenen Augen schauen
Dich an durch tausendjährige Zeit.

Zwischen atmendem Stein und Mimose
Wandert und wundert, ohne Schrei,
Ohne Klage, das nicht seelenlose
Nur seelenblinde Vorbei.

Auch dein Herz ist stehen geblieben
Und lauscht – du merkst es nicht –
Auf etwas, was nie geschrieben
Ist und was keiner spricht.

Thar

Als ich abends den Zoo verließ,
Entdeckte ich noch ein Tier. Das hieß
Thar,
Himalaja. Es war
Wunderbar.

Seines Felles langseidenes Haar
Legte ein Wind bald sohin, bald sohin.
Es hatte wonnige Farben in Braun.

Das Tier schien mir durch die Seele zu schaun
Und weiter und fernhin, doch wohin?

– Himalaja – Himalaja –
Der, die oder das Thar? –

Wie ernst ich vor dem Käfig war.

Kanäle in Berlin

Beleuchtete Zimmer und Säle
Locken mit lautem und hellem Spiel.
Aber die dunkle Politur der Kanäle
Verschweigt so viel.

Uferlängs gehen unsichtbar –
Stoßweise – zwei Stimmen.
Sonderbar! Wie in Gefahr!?
Oder als ob sie schwimmen.

Eine klang wie ein Kind. –
Ich bin links eingebogen.

Dort, wo die hellen Häuser sind,
Hab ich traurig mich belogen.

Die Träumer in der Untergrundbahn

Die Träumer in der Untergrundbahn
Haben vernebelten Blick.
Sie träumen ihre Zeit, ihr Geschick,
Beidem untertan.

Will keiner von ihnen den anderen sehn,
Will keiner vom anderen hören,
Will keines irgendwie stören.
Sie fahren. Und ihre Gedanken gehn,
Gedanken gehen, langsam, im Rund,
Laufen sich nicht die Sohlen wund.

Die Träumer in der Untergrundbahn,
Sie haben weder Klage noch Wahn.
Sie haben nicht viel zu erträumen
Unter Grund.
Sie werden ihr Ziel nicht versäumen.

Wenn die sich Künstler einladen

Sie haben dich eingeladen
Und bieten dir nichts
Als nur den Schein ihres Lichts.
Und wollen doch in dir baden.

Sie haben auch dich gehabt.
Ihr Gästebuch wird dich nennen.

Sie waren so begabt,
Dich zu kennen.

Dir wird neben Speise und Trank
Jedweder Luxus serviert.
Beim Abschied zahlst du geniert
Den armen Dienern noch ärmeren Dank.

Und dann, daheim, bist du krank.

Zeitversprengte Freunde

Wir Freunde auf einen Faden gereiht,
Es kam nicht so, wie wir wollten.
Denn unsere Kette riss mit der Zeit,
Und wir rollten.

Von allen Winden zerstreut und gehetzt,
Verschliffen und verwittert,
Meinten wir schon: Wir würden zuletzt
Sterben total verbittert.

Doch unser Trauern lernte Geduld
Und lächelt nun ruhig ins Neue.
Wir glauben an unsere eigene Schuld
Und an die Vergeltung für Treue.

Müde in Berlin

Wenn die Gedanken sich zerstreut
Aus dir entfernen,
So, dass kein schönes Bein dich freut,

Und eine trübe Feuchtigkeit
Hängt über dir, unter den Sternen, –
Wo willst du hin um solche Zeit?

Schön ist zum Beispiel die Peltzer-Bar.
Aber müde Menschen sind undankbar.

Geh heim und lege dich zur Ruh.
Du findest doch die Worte nicht,
Wenn jemand freundlich zu dir spricht.
Denn du bist du
Und kannst dir selber nicht entfliehn.

Leg dich in deine Hände.
Dann schäumt das schillernde Berlin
Um deine ernsten Wände. – –
Dein Schiff wird in die Ferne ziehn.

Umarm ihn nicht

Umarme den, der dir gefällt.
Vorbei ist er dir leicht verloren.

Ich nehme an, dein Geist hat Ohren
Zu hören, was man von dir hält.

Umarme ihn, wenn eine Glut
Dich vorwärts drängt, ihn zu begrüßen.
Dann leg ihm deinen Mut zu Füßen.
Und mache kein Geschäft. – Sei gut.

Du warst zu dreist, wenn du nicht lesen
Kannst, ob ihn die Umarmung freut.

Ich bin auch mehrmals so in Glut gewesen
Und hielt mich still. Hab mich gescheut
Und hab Versäumtes hinterher bereut.

Und glaube doch: Wir brauchen weite Fernen,
Einander wahr und rein kennenzulernen.

Nach geballten Enttäuschungen

Und nehmen sie die ganze Hand,
Wenn ich den kleinen Finger gebe.
Und Leute sind's von hohem Stand
Und wissen doch nicht, wie ich lebe.

Dann andre wieder, die mich nutzen
Und ziehen dreist aus mir Gewinn.
Wenn meine Einsicht schweigt, dann putzen
Sie das noch aus nach ihrem Sinn.

Ich fühle – weiß nicht – was ich weiß,
Und mich gelüstet's dreinzuschlagen
Auf dieses gierige Geschmeiß. –
Doch meine Treuesten versagen.

Es scheint mich alles zu verfluchen.
Als ich mich selbst verfluchen will,
Legt sich die See. – Ich wurde still,
Fand neu, was niemals ist zu suchen.

Freund und Freund versäumen sich

Wollen wir uns vergessen?
Weil man an Fremden Geld gewinnt.
Indessen
Die kränkelnde Zeit verrinnt.

Müde und hohler
Wird Gleichtagsglück.
Denk ich an unsere Hochflut zurück,
Dann wird mir wohler.

Noch haben wir's, uns zu beschenken,
Zu eifern, wie jedes das andre erfreut.
Wollen wir uns so lange bedenken,
Bis Lebendes hinter Verstorbnem bereut?

Ist doch noch nichts zerstört. –

Denke dir: Gestern sang
Ein Nachtkehlchen immerzu.
Hab jahrelang keins gehört. –
Wie lange singt es? – Wie lang
Ist das Leben? Und wo bist du?

Gepflegte Wege

Was einem nicht nur in Berlin begegnet:
Ein Auto fährt mich. Asphalt ist verregnet.
Der Wagen schleudert; lustig anzuschauen.
Die Lust wird schal. Die Fahrt verliert an Leitung.
Da fällt mir ein: Ich las doch in der Zeitung
Von dem Projekt, den Asphalt aufzurauhen.

Bums! – Leichte Panne! Was mich neu versöhnt. –
Ich habe gute Freunde. Männer, Frauen. – –
Die glatte Straße spiegelt und verwöhnt. – –
Es wird mal Zeit, Freundschaften aufzurauen.

Malerstunde

Mich juckt's,
Doch ich kann mich nicht jucken,
Weil meine Finger voll Farbe sind.

Dabei habe ich den Schlucken.
Wenn ich den Pinsel – – Hupp schluckt's.

In meinem Fliegenspind
Summt eine Fliege grollend,
Eingesperrt, hinauswollend.
Keine Fliege lebt von Worcester-Sauce.

Ach, Hunger tut weh.
Aber er schont die Hose
Und macht sie locker.

Ha! Jetzt habe ich eine Idee!
Weh! Aber keinen Lichten Ocker.

Ein Herz laviert nicht

Ich nenne keine Freundschaft heiß,
Die niemals, wenn's ihr unbequem,
Den Freund zu überraschen weiß
Trotzdem.

Denn wenn sie Zeit und Mühe scheut,
Ein Unverhofft zu bringen,
Das einen Freund unendlich freut,
Dann hat sie keine Schwingen.

Den Umfang einer Wolke misst
Kein Mensch. Weil sie nicht rastet,
Noch ihre Freiheit je vergisst. –
Ich glaube: Keine Wolke ist
Mit Arbeit überlastet.

Schweigen

Manche Leute verneigen
Sich gern vor Leuten, die ernsten Gesichts
Langdauernd schweigen.

Manche Leute neigen
Dazu, zu grollen, wenn andere schweigen.

Schonet das Schweigen! Es sagt doch nichts.

Besuch in der Landes-Heilanstalt

Wie freute sich dieser idiotische Knabe,
Als ich ihn einmal besucht habe!
Er dankte mit zitternder Hand.
Denn seine Anstalt ist fernes und weites,
Ist abgeschlossenes, niemals befreites,
Verwunschenes Land.

Und ist dort alles aufs Beste erwogen
Und alles mit Güte durchdacht.
Es wird der Sonne Strahl vor der Nacht
Doch abgebogen.

Nun fragt mein Fragen: Warum ihr seid,
Die ihr nicht wacht und auch nicht schlaft?
Und wen das tausendfache Leid,
Das mit euch geht, wohl lohnt und straft?

Segelschiffe

Sie haben das mächtige Meer unterm Bauch
Und über sich Wolken und Sterne.
Sie lassen sich fahren vom himmlischen Hauch
Mit Herrenblick in die Ferne.

Sie schaukeln kokett in des Schicksals Hand
Wie trunkene Schmetterlinge.
Aber sie tragen von Land zu Land
Fürsorglich wertvolle Dinge.

Wie das im Winde liegt und sich wiegt,
Tauwebüberspannt durch die Wogen,
Da ist eine Kunst, die friedlich siegt,
Und ihr Fleiß ist nicht verlogen.

Es rauscht wie Freiheit. Es riecht wie Welt. –
Natur gewordene Planken
Sind Segelschiffe. – Ihr Anblick erhellt
Und weitet unsre Gedanken.

Seefahrt

Wie viele Gedanken begleiten,
Erwartend die Schiffe, hin, her, von Land!

Manchmal gleichen auf See die Zeiten
Dachzimmerchen ohne Wand.

Wenn Schiffe verschollen geblieben,
Untergegangen sind,
Fragt niemand mehr: Welcher Wunsch, welcher Wind
Hat das Schiff in die Ferne getrieben?

Was ist's, was die Schiffe meistert,
Durch die Möglichkeiten sie leitet?
Der Mut, der den Weltblick begeistert,
Rauleben, das Kleinblicke weitet.

Mit Ehrlichkeit durch Gefahr. –

Vielleicht ist das morgen nicht mehr.
Doch Seefahrt, wie vordem sie war,
War wunderbar.
Roch nach Gewürzen und Teer.

Leid um Pascin

(Juni 1930)

Ach, ist das Leben schwer.

Pascin nahm sich das Leben.

Nun steht ein Haus der Freundschaft leer,
Wo sich so viel begeben.

Wie lang ist's her,
Dass ich ihn dort verließ.
Mir tat der Abschied heimlich weh.

Ich meine, dass ich nun Paris
Nie wiederseh.

Das Herz auf dem Montmartre brach.

Adieu Pascin. – Es blieben
Zwei Bilder treu an meiner Wand.

Die Menschen, die ihm nach
Noch leben und so lieben –:
Ihr wenigen, lasst Hand in Hand.

Was dann?

Wo wird es bleiben,
Was mit dem letzten Hauch entweicht?
Wie Winde werden wir treiben –
Vielleicht!?

Werden wir reinigend wehen?
Und kennen jedes Menschen Gesicht.
Und jeder darf durch uns gehen,
Erkennt aber uns nicht.

Wir werden drohen und mahnen
Als Sturm
Und lenken die Wetterfahnen
Auf jedem Turm.

Ach, sehen wir die dann wieder,
Die vor uns gestorben sind?
Wir, dann ungreifbarer Wind?
Richten wir auf und nieder
Die andern, die nach uns leben?

Wie weit wohl Gottes Gnade reicht.
Uns alles zu vergeben?
Vielleicht? – Vielleicht!

Schwebende Zukunft

Habt ihr einen Kummer in der Brust
Anfang August,
Seht euch einmal bewusst
An, was wir als Kinder übersahn.

Da schickt der Löwenzahn
Seinen Samen fort in die Luft.
Der ist so leicht wie Duft
Und sinnreich rund umgeben
Von Faserstrahlen, zart wie Spinneweben.

Und er reist hoch über euer Dach,
Von Winden, schon vom Hauch gepustet.
Wenn einer von euch hustet,
Wirkt das auf ihn wie Krach,
Und er entweicht.

Luftglücklich leicht.
Wird sich sanft wo in Erde betten.
Und im Nächstjahr stehn
Dort die fetten, goldigen Rosetten,
Kuhblumen, die wir als Kind übersehn.

Zartheit und Freimut lenken
Wieder später deren Samen Fahrt.

Flöge doch unser aller Zukunftsdenken
So frei aus und so zart.

Wenn wir im Mildsein

Wenn wir im Mildsein, konträre Leben
Nachzuerleben, uns ernstlich bestreben,
Dann werden wir wanken
Und werden – jeder nach seinem Verstand
Mit rechter oder mit linkischer Hand –
Etwas hergeben und danken.

Überfütterter Magen

Ein Mann hatte att getan,
War also ein Attentäter.
Ich las es später
In der Straßenbahn.

Es baumelten Kinderbeinchen
An Kindergelenkchen,
Händchen knutschten ein Schweinchen
Aus Plüsch, ein Onkelgeschenkchen.

Ein kleiner Singsang ging
Im Wartezimmer hin und her. –
Als mich der Arzt empfing,
Sprach ich: »Mir fehlt nichts mehr.«

Schindluder

Es war ein Pferd, das war ergraut
Und wurde deshalb abgebaut.
Man nahm zuerst ihm seine Haut.
O nein, da liegt ein Irrtum vor,
Weil es zuvor den Schwanz verlor.

Es schleppte Lasten, schwitzte Blut.
Das Rossfleisch schmeckt dem Hunger gut.

Die Peitsche hieb auf mürbe Knochen.

Dann ist das Pferd zusammenbrochen.

Aus dem Kadaver aber floh
Ein Pegasus, der furzte froh.

Vor der Schallplatte eine Katze

Können Töne kratzen?
Können Kratzer tönen?

Frage doch die schönen
Katzen.

Hörtest sonderbares
Kinderweinen in der Nacht.
Hast das Fenster aufgemacht.
Und? – – Die Katze war es.

Kann das Ohr sich täuschen
Wie der Blick.

Plötzlich: Aus Geräuschen
Wird Musik.

Welche Laute stören?
Welche siegen unbedingt?

Was wohl Katzen hören,
Wenn Caruso singt?

Über kurz od über lang
Werden sie sich finden,
Künstlerisch verbinden:
Katzmiau und Menschensang.

Bleibt uns und treibt uns

Was Sehnsucht durch ein Loch im Bretterzaun
In deiner Jugend sah,
Nun steht es vor dir, hoch und herb und braun
Und schön bewegt und dir ganz nah.

Doch da du zartest danach greifen willst,
Ist eine starre Wand aus Glas dazwischen –
Ein Durst entschwindet, den du nimmer stillst,
Hell wie Millionenglanz von Silberfischen.

Wupper-Wippchen

Als in Elberfeld wir in der Schwebebahn
Runter auf das Wupperwasser sahn
Und dann plötzlich unsre Blicke hoben
Gen einander ins Gesicht,

Hätten wir uns eigentlich verloben
Können. – Doch wir taten's nicht.
Weil man manchmal in der Schwebe Schweigen
Vorzieht. Um bald wieder auszusteigen.

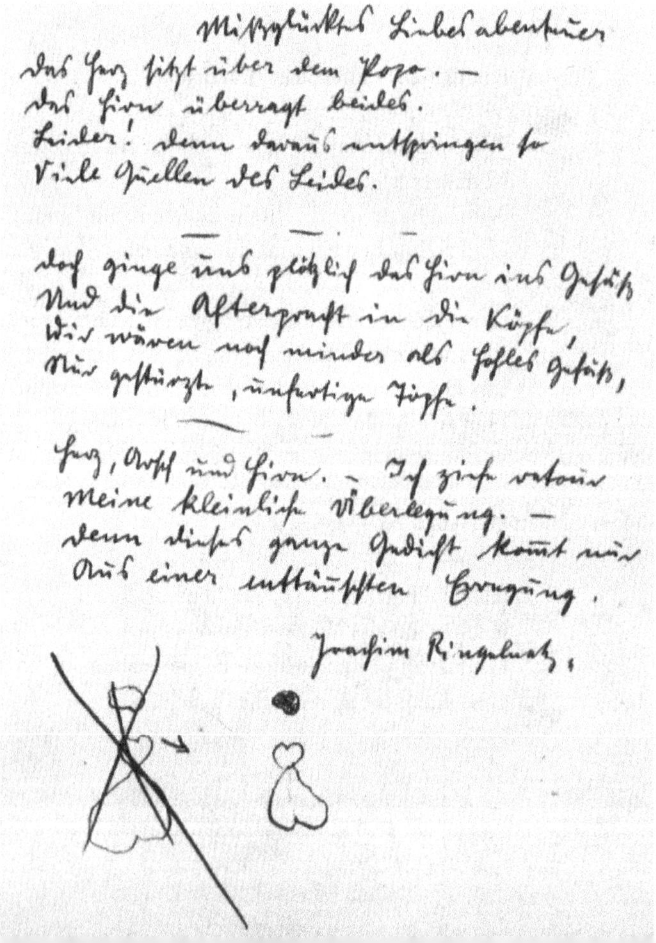

Missglücktes Liebesabenteuer

Das Herz sitzt über dem Popo. –
Das Hirn überragt beides.
Leider! Denn daraus entspringen so
Viele Quellen des Leides.

Doch ginge uns plötzlich das Hirn ins Gesäß
Und die Afterpracht in die Köpfe,
Wir wären noch minder als hohles Gefäß,
Nur gestürzte, unfertige Töpfe.

Herz, Arsch und Hirn. – Ich ziehe retour
Meine kleinliche Überlegung. –
Denn dieses ganze Gedicht kommt nur
Aus einer enttäuschten Erregung.

Ehebrief

Nun zeigt ein Brief, dass ich zu lange
Nicht sonderlich zu dir gewesen bin.
Ich nahm das Gute als Gewohntes hin.
Und ich vergaß, was ich verlange.

Verzeihe mir. – Ich weiß, dass fromme
Gedanken rau gebettet werden müssen.
Ich danke jetzt. – Wenn ich nach Hause komme,
Will ich dich so wie vor zehn Jahren küssen.

Die Bitte um Verzeihung

Es schneidet mir deine Bitte
»Verzeihe mir« ins Herz hinein.
Dass ich viel lieber durchlitte
Das, was verziehen will sein.

Und möchte selber nicht missen
Die Liebe, die mein Falschtun rügt.
Weil eins von zwei Gewissen
Uns beiden doch nicht genügt.

Verziehen ist. – Verzeihe
Nun du! Du hast zu viel geweint.
Und segeln wir fromm ins Freie.
Da wieder die Sonne scheint.

Geradewegs

Was in uns lebt, soll immer in uns leben,
Wenn's gut ist,
Was immer sich auch mag begeben
Und wie auch immer uns zumut ist.

Natürlich kommt's, dass wir zuweilen
Entgleisen.
Dann kann kein Eigensinn das heilen.

Doch schon mit einem versuchsweisen,
Reuigen Lächelchen
Flickst du
Das eingerissene Löchelchen
Wieder zu.

Weiss nicht mehr, was ich sagen wollte

Angegriffen und doch unversehrt
Rollt ein Bächlein zu Tale.
Und ein Stahlhelm ist umgekehrt
Eine stillende Schale.

Mancher Dieb wird erwischt.
Jedes Leben erlischt.
Zu dem Staubgefäß in der Dolde

Schleicht sich auch mancher Dieb – –
Ich weiß gar nicht mehr, was ich sagen wollte – –
Sei lieb!

Meine Schuhsohlen

Sie waren mir immer nah,
Obwohl ich sie selten sah,
Die Sohlen meiner Schuhe.

Sie waren meinen Fußsohlen hold.
An ihnen klebt ewige Unruhe,
Und Dreck und Blut und vielleicht sogar Gold.

Sie haben sich aufgerieben
Für mich und sahen so selten das Licht.

Wer seine Sohlen nicht lieben
Kann, liebt auch die Seelen nicht.

Mir ist seit einigen Tagen
Das Herz so schwer.
Ich muss meine Sohlen zum Schuster tragen,
Sonst tragen sie mich nicht mehr.

Ehe du Schuhe kaufst

Dein Schuh wird dich hassen,
Wenn du ihn nicht liebst,
Keiner kann sich dir anpassen,
Dem du keine Achtung gibst.

Was du trägst, soll auch dich tragen.
Bedenke, bevor du wählst, –
Sei es einen Schuh – dass du
Sozusagen
Dich mit ihm vermählst.

Achte, dass ihm weder Sohle noch Seele,
Nicht Qualität noch Charakter fehle. –
Jeder Schuh hat ein Gesicht.
Jeder Schuh spricht.
Adel, Güte, Schönheit – alle Gaben
Kann ein Schuh haben.

Kann ein Kinderschuh an sich
Schon so rührend sein. – Auch Leder lenkt das Leben.
Aber du musst wissen, mit wem du dich
Willst umgeben!

Was du erwirbst an Geist und Gut

Erwirb dir viel und gib das meiste fort.
Viel zu behalten, hat den Wert von Sport.
Behalte Dinge, die du innig liebst,
Bis du sie gern an Freunde weitergibst.
Liebe und halte frei dein Eigentum.
Besitz macht ruhelos und bringt nicht Ruhm.

Regenschauer

Der erste dicke Tropfen schlug –
Es war wie Blut – mir auf die Hand.
Da ich den Himmel und das Laub verstand,
Schien nur das Publikum mir wie Betrug.

Ein Tropfenwitz traf meinen Wein.
Das Publikum mit fetten Torten
Floh unter neckisch dünnen Worten
Vom Garten in das Haus hinein.
Ich Dummplikum blieb ganz allein.

Erst als der Kellner mir das Tischtuch kündigte,
Bemerkte ich, wo falsch, wo echt ich sündigte,
Ging auch ins Haus und übersann vergnügt:
Wozu ein Regentropfen schon genügt.

Trost an eine Mutter

Starb dein Kind. Nun weine!
Und dann wirst du glücklich sein.
Denn das zarte, kleine Leben
schwand noch quellenrein.

Lausche, was mit frommen
Worten die Erinnerung spricht.
Schlimmes konnte kommen.
Nach dem Tode kommt es nicht.

Passt ein Kinderröckchen
Niemals der erwachsenen Frau.

Abgeschnittene Kinderlöckchen
Werden nimmer grau.

Ich ward beschenkt für ein Gedicht

Unbekannt hat mir zugesandt:
Ein blondes Löckchen,

Eines früh verstorbenen Kindes Löckchen;
Leicht wie ein Schneeflöckchen,
Rührend wie ein Lämmerglöckchen
Aus Spielzeugsland.

»Dank einer Mutter« stand
Als Unterschrift geschrieben.

Wenn wieder Weihnachten wird sein,
Hängen an unsrem Baum nicht zwei
Kinderlöckchen, nein diesmal drei.
Eins davon von einem Engelein.

Seemann kommt aus Pariser Kino

»Sous les toits de Paris.«
Wenn sie's doch alle so hätten
Wie wir zur See. – – In den großen Städten,
Wenn ich das Wasser verließ,
Trieb ich's, wie sie's
Treiben – hier su lä tua de Paris.

Sailing is better! –
Aber die in den Städten haben doch
Auch gutes und schlechtes Wetter
Und über den Dächern den Himmel – – Und sous?
Armut. – Hm – Aber sie haben dazu
Doch Weiber! – Ja wosch lublu! –

»Sous les toits de Paris.«
Alles verstand ich nicht.
Aber ich kenne doch die,
Die hart unterm Dache wohnen.

Das war so: Die Mutter der Welt spricht
Einfach zu allen Nationen,
Frenchmen, Englishmen, Holländer – – –

Hallo! He da! Nicht zu schnell!
Pardon, liebe Mademoiselle.
Leben – waren auch Sie
Sous les toits de Paris?

Sehnsucht nach zwei Augen

(September 1930)

Diese Augen haben um mich geweint.
Denk ich daran, wird mir weh.
Wie die mir scheinen und spiegeln, so scheint
Keine Sonne, spiegelt kein See.

Und rührend dankten und jubelten sie
Für das kleinste gute Wort.
Diese Augen belogen mich nie.

Nun bin ich weit von ihnen fort,
Getrennt für Zeit voll Ungeduld.
Da träumt's in mir aus Leid und Schuld:
Dass sie noch einmal weinen
Werden über meinen
Augen, wenn ich tot bin.

Ich habe gebangt um dich

Ich habe gebangt um dich.
Ich wäre zu gern für dich gegangen. –

Du hättest im gleichen Bangen
Dann gewartet auf mich.

Ich hörte nicht mehr,
Und ich sah auch nicht.
Ein Garnichts floh vor mir her,
Gefrorenes Licht.

Nun atmet mein Dank so tief,
Und die Welt blüht im Zimmer. –
Dass alles so gnädig verlief,
Vergessen wir's nimmer!

Traurig geworden

Traurig geworden im Denken,
Traurig ohne Woher.
Als könnte mir niemand mehr
Etwas schenken.

Kann selbst doch niemandem mehr
Etwas schenken.
Nicht daher – ich weiß nicht, woher –
Kommt mir das traurige Denken.

Es pickt eine Krähe im Schnee.
Vergraben im Schweigen
Hängt gramvoll ein winzig Wehweh
Unter rauschenden Zweigen.

Wo ist der Mensch, den …

Wo ist der Mensch, den ich gerade brauche?
Mir ist illegitim traurig zu Mut.
Als läge meine Traurigkeit im Bauche.

Ach, welche Menschen sind denn eigentlich gut?
Ich kann es mir im Grunde nicht verhehlen,
Dass ich jetzt böse grüble über die,
Die augenblicklich mir gerade fehlen.

Und kämen sie: Wie schroff empfing ich sie!
Misstrauisch würde selbst mein Loben klagen,
Und wenn ich sänge, wie ein Vogel singt
Auch käme ich gar nicht darauf, zu fragen,
Ob sie nicht just auch einen von den Tagen
Durchgrübeln, da uns alles schmal misslingt.

Vor meinem Kinderporträt

Da ich ganz fremd mein Kinderbildnis sah,
Die Augen meiner Kindheit standen da
Vor mir, photographiert. Die Augen, die
So wenig sahn vor lauter Phantasie.

Nun wird mein Jahrgang wohl bald sterben müssen.
Diese Betrachtung klingt zu Recht sehr schal.
Auch ist's ein schiefes Tun, sich selbst zu küssen.
Ich wurde weinerlich vor fremden Leuten.
Ich sah mich selber im Eswareinmal
Und wusste mir so viel daraus zu deuten.

Rückblick

Ich sehe hinter dem Grau heute Blau,
Und ich bin milder geworden.
Ich bin nicht mehr der junge Radau
Und wehe nicht mehr aus Norden.

Es kommen die Jüngsten auch mal dahin,
Wenn sie streng Zauderndes wagen
Und fragen nach jedem »Wie ist …?« dann: »Wie bin …?«
Und werden still Danke sagen.

An meinen längst verstorbenen Vater

Ach steh noch einmal auf ins Leben,
Du toter Papa!
Der Krieg ist aus. Dann hat sich viel begeben.
Ob du wohl weißt, was mir geschah?

Ach, wenn du kommst, gibt es die Frage nicht:
Wer von uns hatte recht in seiner Meinung?
Wenn du nur kommst – doch komm nicht als Erscheinung.
Komm in mein reingeweintes Augenlicht.

Wenn du nur kommst! Ganz greifbar, nicht geträumt.
Wir werden wie zwei Wellen uns umschlingen.
Was uns durch unser Alter trennte, was versäumt
War, würde groß und unbefangen schwingen.

Ach weiß ich, dass kein Toter aufersteht.
Doch wenn es das, woran ich glaube, gibt,
Papa, dann hauche in mich ein Gebet.
Wir haben uns bisher nur fremd geliebt.

Kammer-Kummer

Es äugt ein Wunsch aus mir nach der Uhr.
Der lauscht auf Briefträgerschritte
Und murmelt unaufhörlich nur
Die Worte »bitte, bitte«.

Sich schämend richtet sein Gebet
Die Ohren nach der Klingel.
Ein Brief soll läuten. Darauf steht:
»An Herrn Joachim Ringel – –«

Ha! Klingelt schon! Und kommt ein Brief. – –

Nicht der, den ich wollte lesen.

Einschlafende Hoffnung atmet tief,
Träumt ab, was niemals gewesen.

Warten auf Weissnichtwas

Ein Leierkasten wringt sich aus.
Es klingt nach Leben und Sterben.
Im Schutt im Winkel hinterm Haus
Liegen hässliche Scherben.

Am Fenster quält sich ein winziges Tier,
Läuft immer dieselbe Schleife.
Es klingelt. – Ein Armer bietet mir
Schnürsenkel an. Oder Seife.

Es ist nichts neu und nichts verstellt
An meinen Gegenständen.

Nichts lockt mich hinaus in die Außenwelt.
Nichts hält mich hinter vier Wänden.

Ein Liebesbrief
(Dezember 1930)

Von allen Seiten drängt ein drohend Grau
Uns zu. Die Luft will uns vergehen.
Ich aber kann des Himmels Blau,
Kann alles Trübe sonnvergoldet sehen.
Weil ich dich liebe, dich, du frohe Frau.

Mag sein, dass alles Böse sich
Vereinigt hat, uns breitzutreten.
Drei Rettungswege gibt's: zu beten,
Zu sterben und »Ich liebe dich!«

Und alle drei in gleicher Weise
Gewähren Ruhe, geben Mut.
Es ist wie holdes Sterben, wenn wir leise
Beten: »Ich liebe dich! Sei gut!«

Marter in Bielefeld

Es war in Bielefeld so bitter kalt.
Ich sah ein Weib, das nichts als eine knappe
Hemdhose trug. Dass ich erschauerte
Und ihren kalten Zustand heiß bedauerte.
Denn sie war nur Attrappe – Fleisch aus Pappe.

Ich wäre gar zu gern zu zweit gewesen.
Nun stand ich vor der reizenden Gestalt,

Musste herabgesetzte Preise lesen,
Und ach, die Ladenscheibe war so kalt.

Der Frost entlockte meiner Nase Tränen.
Die Dame schwieg. Die Sonne hat gelacht.
In mir war qualvoll irgendwas entfacht.
Es kann kein Mann vor Damenwäsche gähnen.

Tropensehnsucht

Nashornida nannte ich die Kleine.
Eigentlich klingt das so mild.
Nashornida hatte Trampelbeine
Und war wild.

Nashornida hat mir einen Knochen,
Alle Gläser, Porzellan und die
Linke Wand vom Kleiderschrank zerbrochen.

Doch sie hat nach Afrika gerochen,
Und das reizte meine Phantasie.

Meine Musca domestica

Hoch soll sie leben!
Auch tief darf sie leben!
Meine Stubenfliege in der Winterzeit.
Alle Sauberkeit
Darf sie schwarz verkleben.

Was mag sie denken?
Was mag sie lenken,
Wenn sie scheinbar sinnlos auf dem Frühstückstisch

Zwischen Braten, Käse, Milch und Fisch
Immer unbehelligt flugwirr flieht,
Aber plötzlich einen Tischtuchfleck beehrt,
Wo kein Mensch etwas Besonderes sieht?

Ist ein Krümelchen wohl eines Totschlags wert!?

Mag sie meinetwegen
Ihre Eier legen
Wann, wohin und wieviel ihr beliebt!

Immer noch studiere
Ich am kleinsten Tiere:
Welche himmelhohen Rätsel es gibt.

Wiedersehen mit einem Kriegsfreund

(An Fritz Otto, Hersfeld)

Wir wurden und waren
Treue Freunde im Krieg.
Und nach zehn
Und noch mehr Jahren
Habe ich dich nun wieder gesehn.

Dass die Erinnerung nicht,
Nicht die Zeit in dir stehen blieb,
Lässt mich dankbar dir ins Gesicht
Sagen: Ich habe dich lieb.

Denn das Du war geblieben. –
Der Spaß, den wir trieben:
Meine Wand, deine Wand, keine Wand – –
Durch alle Wände
Schütteln sich zwei Hände.

Leise Maschinen

Einsam auf dem Hügel
Kreisen vier Windmühlenflügel,
Mahlen.
Weit ins Meer führen Steine.
Dort rollt ein Leuchtturm seine
Strahlen.

Derweilen sich das dreht,
Kämpft irgendwo ein Schiff in Not,
Lallt anderswo ein müdes Gebet
Um das tägliche Brot.

Und schweigend wandert zur selben Stund
Der Zeiger der Uhr im Rund.

Schwanneke starb am 9. Juni 1931

Schwanneke starb. Nachts ward es mir erzählt.
Der Schauspieler, von dem nun alles spricht.
Ich habe nicht zu seinem engsten Kreis gezählt,
Er auch zu meinem nicht.

Ich wusste: Er war populär, begabt.
Wir sprachen wenig. Er war still, bescheiden.
Nun fühl ich erst: Ich hab ihn lieb gehabt
Und weiß, warum ihn alle mochten leiden.

Er ging mich nicht viel an. Doch er war gut,
Und das ist viel. Warum – muss ich nun fragen –
Fand zwischen Scheu und Scheu sich nicht der Mut,
Einander Herzlicheres frei zu sagen?

Schweigende Fahrgäste

Die Fremden, mit denen ich fahre,
Gezwungen einander gesellt –:
Aus jedem Augenpaare
Träumt eine andere Welt.

Doch wie ich mich allen verbinde
In schweigender Rätselei,
Irr ich vielleicht. Doch ich finde:
Man wird versöhnend dabei.

Abglanz

Gaben zwei sich einen Abschiedskuss,
Anscheinend zwei Freundinnen.
Stieg die eine in den Omnibus.
Und der Omnibus fuhr von hinnen.

Die im Omnibus saß mir zugewandt.
Und ich sah, dass in ihrem Gesichte
Noch lange ein liebes Lächeln stand;
Das erzählte eine kleine Geschichte.

Frau Werner hiess das Tier

(22. Juni 1931)

Mein Hund, den ich einmal an Oertners gab,
Weil sie ihn überlieb gewonnen hatten,
Den mussten sie heute bestatten.
Betteten ihn in ein Hundegrab.

Eine Terrierhündin, die vierzehn Jahr
Alt wurde und Kriegskameradin mir war,
Ist sanft und rührend entschlafen.
Nun weinen die Oertners, die braven.

Mich tröstet traurig: So ging's, so geht's.
Hat Bug wie Heck seine Wellen. –
In meinem besten Erinnern wird stets
Etwas wedeln und etwas bellen.

Wenn es unversehens ganz finster wird

Wenn es unversehns ganz finster wird – –
Wenn sich Fliegen vor dem Tod erbosen,
Summend – gegen feuchte Stirnen stoßen – –

Wenn ein Fensterblümchen sein Köpfchen versteckt –
Wenn ein Zündholzblinken dich erschreckt – –

Was bei Licht du übersehen
Hast, will es nun vor dir stehen?

Willst du Lachen gegen Lachen
Heucheln? Hohle Witze machen?
Dass du vorm Gewissen fliehst,
Öffentlich,
Lachenden Gesichts??

Hüte dich!
Weißt du, was du morgen siehst? – –
Vielleicht nur und für immer: nichts.

Schiff 1931

Wir haben keinen günstigen Wind.
Indem wir die Richtung verlieren,
Wissen wir doch, wo wir sind.
Aber wir frieren.

Und die darüber erhaben sind,
Die sollten nicht allzu viel lachen.
Denn sie werden nicht lachen, wenn sie blind
Eines Morgens erwachen.

Das Schiff, auf dem ich heute bin,
Treibt jetzt in die uferlose,
In die offene See. – Fragt ihr: »Wohin?«
Ich bin nur ein Matrose.

Über eine Weile – –

Nur eine Weile muss vergehn;
Dann ist auch dieses überstanden.
Dann wird mit hell euch zugewandten
Augen das Neue vor euch stehn.

Und eh ihr fragt, wie ihr dem Neuen
Euch fügen wollt, zwingt Gegenwart
Zum Danken oder zum Bereuen.
Leicht schmilzt ein Leid. Die Schuld ist hart.

Nichts geschieht

Wenn wir sterben müssen,
Unsere Seele sich den Behörden entzieht,

Werden sich Liebende küssen;
Weil das Lebende trumpft.

Aber wenn nichts geschieht,
Bleibt das Leben nicht einmal stehn, sondern schrumpft.

Was heute mir ins Ohr klingt,
Ist nur, was Klage vorbringt.
Und was ich mit Augen seh
An schweigender Not, das tut weh.
Aller Frohsinn in uns ist verreist.

Und nichts geschieht. – Und der Zeiger kreist.

Und auf einmal steht es neben dir

Und auf einmal merkst du äußerlich:
Wie viel Kummer zu dir kam,
Wie viel Freundschaft leise von dir wich,
Alles Lachen von dir nahm.

Fragst verwundert in die Tage.
Doch die Tage hallen leer.
Dann verkümmert deine Klage …
Du fragst niemanden mehr.

Lernst es endlich, dich zu fügen,
Von den Sorgen gezähmt.
Willst dich selber nicht belügen
Und erstickst es, was dich grämt.

Sinnlos, arm erscheint das Leben dir,
Längst zu lang ausgedehnt. – –
Und auf einmal – –: Steht es neben dir,

An dich angelehnt – –
Was?
Das, was du so lang ersehnt.

Herbst im Fluss

Der Strom trug das ins Wasser gestreute
Laub der Bäume fort. –
Ich dachte an alte Leute,
Die auswandern ohne ein Klagewort.

Die Blätter treiben und trudeln,
Gewendet von Winden und Strudeln
Gefügig, und sinken dann still. – –

Wie jeder, der Großes erlebte,
Als er an Größerem bebte,
Schließlich tief ausruhen will.

Der mir viel Leid antat

Ich verfluche dich nicht.
Ich denke nicht mehr an Rache.
Ich suche, ob in deinem Gesicht
Die Reue erwache.

Du hast unsere Freundschaft kalt gemacht,
Um Geld zu gewinnen. –
Meine Fäuste sind nicht mehr geballt.
Mir kannst du entrinnen,
Doch nicht der Vergeltung. –

Meinst du, dass du glücklich bist,
Weil du dir siegreich erscheinst?

Du!?! – Das Schicksal stellt jedem Frist.

Noch, noch ist Möglichkeit,
Dass du der Vergeltung entrinnst.
Wenn du dich selbst besinnst,
Zurückgibst. Und rein beginnst.

Die Überholten

Und Menschen triffst du, und dich stört ihr Reden,
Weil es nichts Neues dir enthüllt.
Du kennst all ihre Zellen, hast längst jeden
Gedanken überholt, der sie erfüllt.

Du willst durchaus nicht, dass sie näher kommen;
Du fürchtest, dass du überlegen siegst.
Doch schweigend dann besinnst du dich beklommen,
Wie du den Anfang so wie sie genommen
Und dass du dankbar sein musst, weil du stiegst.

Doch wenn du dich bescheiden an sie wendest
Und einfach sprichst, erfährst du, dass du störst.
Und einsam klingt der Satz, den du vollendest.
Weil du doch nimmer ihnen angehörst.

Nach der Premiere

Auf Enttäuschungen gefasst,
Reiste ich in Ruhe.

Mich trugen Schuhe,
So leicht wie Bast.

In mir war ein Garten,
Wo ein Kind auf Gräsern schlief.
Ohne zu erwarten,
Fand ich, was so schön verlief.

Wie es Kunst und Freundeshand
Lenkten, will ich's wahren,
Als ein Glück, mir nachgesandt
Aus verschollenen Jahren.

Neujahrsnachtfahrt

Wenn du nachts in ein Auto steigst,
Und dir ist bang und winterlich zu Mut,
Und du dem Chauffeur die Richtung zeigst
Und sagst: »Sie fahren gut.«

Wenn du so den Kopf des Wagenlenkers lenkst,
Dass er's gar nicht gewahrt,
Wie du traurig bist und an Sterben denkst, –
Das ist nächtliche Fahrt.

Draußen leuchtet Volk und lacht und schießt. –
Mitlächelnd denkst du fremdwärts still
An etwas, was du vom Flugzeug aus siehst,
An ein Flüsschen, das unter dir weit fließt
Sohin, dorthin, wo es muss; nicht will.

Ehrgeiz

Ich habe meinen Soldaten aus Blei
Als Kind Verdienstkreuzchen eingeritzt.
Mir selber ging alle Ehre vorbei,
Bis auf zwei Orden, die jeder besitzt.

Und ich pfeife durchaus nicht auf Ehre.
Im Gegenteil. Mein Ideal wäre,
Dass man nach meinem Tod (grano salis)
Ein Gässchen nach mir benennt, ein ganz schmales
Und krummes Gässchen, mit niedrigen Türchen,
Mit steilen Treppchen und feilen Hürchen,
Mit Schatten und schiefen Fensterluken.

Dort würde ich spuken.

103 Gedichte*

1933

Gedichte, Gedichte von Einstmals und Heute*

1934

* Im Folgenden sind nur die Gedichte aufgenommen, die in diesen beiden Sammlungen zum ersten Mal erschienen sind. [Anm. d. Red.]

Wer hört ein Stäubchen lachen?

Stäubchen stob durch die Stube.
Dort saß ein kleiner Bube
(Der Stäubchen wie ein Riese erschien)
Vor einem Stadtplan von Berlin.

Stäubchen lachte: »Berlin ist klein!«
Drang in Bübchens Nase hinein
Und ließ sich von dem Riesen
Wieder ins Weltall niesen.

Humpelnde Welt

Es bleibt nicht aus, dass man den Mut verliert,
Wenn man schon längere Zeit mit seinen wunden
Füßen herumexperimentiert. –
Ich hatte noch immer nicht den richtigen Schuh,
Die richtige Sohle, die richtige Salbe gefunden;
Ich sah – fast getröstet – anderen Humpelnden zu.

Und kam ein Morgen, ein kalter, unangenehmer,
Der hatte – mir günstig – mir freudige Post beschert.
Ich humpelte weinwärts, aber ich hinkte bequemer
Als sonst. Und fand alles Leben so lebenswert.

Ich glaube: Es schneite, donnerte, regnete,
Rauchte – aber für mich nicht bestellt.
Mir lächelte alles, was mir begegnete.
Auch du kannst so schön sein, humpelnde Welt.

Einer meiner Bürsten

Deine Borsten wurden weiche Haare,
Meine drohen auszugehn.
Zweimal im Verlauf der dreißig Jahre
Hab ich dich bewundernd angesehn.

Einmal, als du ganz neu warst,
Und jetzt, da mein Zufall sich besinnt,
Dass die Zeit verrinnt und das Gefühl gerinnt. – –
Drei Jahrzehnt, in denen du mir treu warst.

Gibt sich Treue uns so zum Bequemen,
Dass wir sie als selbstverständlich nehmen,
Dann steht's schlimm.

Schäme ich mich, einen Bart zu küssen,
Der jahrzehntelang meinen Dreck hat küssen müssen?

Alte Kleiderbürste, Küsschen! nimm!

Ein ganzes Leben

»Weißt du noch«, so frug die Eintagsfliege
Abends, »wie ich auf der Stiege
Damals dir den Käsekrümel stahl?«

Mit der Abgeklärtheit eines Greises
Sprach der Fliegenmann: »Gewiss, ich weiß es!«
Und er lächelte: »Es war einmal –«

»Weißt du noch«, so fragte weiter sie,
»Wie ich damals unterm sechsten Knie
Jene schwere Blutvergiftung hatte?« –

»Leider«, sagte halb verträumt der Gatte.

»Weißt du noch, wie ich, weil ich dir grollte,
Fliegenleim-Selbstmord verüben wollte?? –
Und wie ich das erste Ei gebar?? –
Weißt du noch, wie es halb sechs Uhr war?? –
Und wie ich in Milch gefallen bin?? – –«

Fliegenmann gab keine Antwort mehr,
Summte leise, müde vor sich hin:
»Lang, lang ist's her – – lang – – –«

Nacht ohne Dach

Nacht ohne Dach. – Nacht mit Lichtern. –
Café-Garten am Rande der Stadt, –
Wo jeder Gegenstand die Seele von Dichtern
Oder versöhnende Hilflosigkeit hat.

Und Menschen kommen und gehen.
Und es lügt ein Getu und Getön.
Aber Tischtücherzipfel wehen,
Und das ist schön!

Und dann ist auch schön: ein Paar
Verliebter Jugend. –
Nacht ohne Dach …

Erinnerung, rufe nicht wach,
Wie schlimm eine Nacht ohne Dach
Einst für mich war.

Vorfreude auf Weihnachten

Ein Kind – von einem Schiefertafel-Schwämmchen
Umhüpft – rennt froh durch mein Gemüt.

Bald ist es Weihnacht! – Wenn der Christbaum blüht,
Dann blüht er Flämmchen.
Und Flämmchen heizen. Und die Wärme stimmt
Uns mild. – Es werden Lieder, Düfte fächeln. –

Wer nicht mehr Flämmchen hat, wem nur noch Fünkchen glimmt,
Wird dann doch gütig lächeln.

Wenn wir im Traume eines ewigen Traumes
Alle unfeindlich sind – einmal im Jahr! –
Uns alle Kinder fühlen eines Baumes.

Wie es sein soll, wie's allen einmal war.

Unter den Linden

Unter den Linden, vom Pariser Platz
An, unter und neben den kleinen Linden,
Kann jedes Mädchen einen Schatz
Ganz leicht finden.

Da wird einem so gut wie zu Hause zu Mut. –
Den ganzen Tag tönt dort
Autogetut.
Aber alles versöhnt dort.

Da schwingt im Takt einer Einigkeit
Der Asphalt unter den Füßen.

Und Neuzeit, gute und alte Zeit
Gehn hell vorüber und grüßen.

Unter den Linden
Schwindet der Hass,
Sieht man immer etwas
Um die Ecke verschwinden.

Nach einer Zeit

Der du unsrer so gedachtest,
Als uns alles sonst vergaß,
So viel Glück, wie du uns brachtest,
Keine Wiese hat's an Gras.

Wenn zwei Augen im Erblinden,
Wenn zwei Herzen ganz verzagt
Plötzlich Licht und Hoffnung finden,
Dann hat Gott etwas gesagt.

Lächelt jetzt ein Regenwürmchen,
Weil die Amsel vor mir flieht?

Hohe Türme sind nur Türmchen,
Wenn ein Adlerauge sieht.

Vor einem Kleid

Karo ist in deinem Kleid,
Eine ganze Masse
Karo-Asse.

Wie viel Karos ihr wohl seid
In dem Kleid? – Das Kleid ist nett!

Karos sind im armen Bett.

Nun ich habe nicht gezählt,
Wenn mich auch die Frage,
Wie viel es wohl sind, doch quält.
(Immer wieder seh' ich hin.)

Weil ich männlich bin,
Rock und Hose trage,
Passt solch Muster nicht für mich.
Karo ist zu munter.

Aber ich bestaune dich,
Fremdes Mädchen, hübsche Maid.
Karo ist in deinem Kleid.

Ist ein Coeur darunter?

Kleines Gedichtchen

Kleines Gedichtchen,
Ziehe denn hinaus!
Mach ein lustiges Gesichtchen.
Merke dir aber mein Haus.

Geh ganz langsam und bescheiden
Zu ihr hin, klopf an die Tür,
Sag, ich möchte sie so leiden,
Doch ich könnte nichts dafür.

Antwort, nein, bedarf es keiner.
Sprich nur einfach überzeugt.
Dann verbeug dich, wie ein kleiner
Bote schüchtern sich verbeugt.

Und dann, kleines Gedichtchen du,
Sag noch sehr innig: »Geruhsame Ruh«.

Telefonischer Ferngruss

Ich grüße dich durchs Telefon,
Guten Morgen, du Gutes!
Ich sauge deiner Stimme Ton
In die Wurzeln meines Mutes.

Ich küsse dich durch den langen Draht,
Du Meinziges, du Liebes!
Was ich dir – nahe – je Böses tat,
Aus der Ferne bitt ich: Vergib es!

Bist du gesund? – Gut! – Was? – Wie viel? –
Nimm's leicht! – Vertraue! – Und bleibe

Mir mein. – – Wir müssen dies Wellenspiel
Abbrechen – – Nein, »dir« Dank! – – Ich schreibe! – –

So kann ein Wiedersehen sein …

So kann ein Wiedersehn sein,
Dass Augenpaare tief einander messen.

»Lang, lang ist's her. Und doch
Hast du mich nicht – konnt ich dich nicht –
Vergessen.«

Froh war es einst. – Hat wenig sich bewährt. –
Viel starb vom Wenig. – Alte Bäume rauschen
Und neigen sich vornander ernst und lauschen
Wie Kinder einem Märchen, aber abgeklärt.
Denn was geschah, das muss wohl so geschehn sein.

Nun ist's, als rückten wir, ohn Worte, ohne Tat,
Enger zusammen, wie zu einem Skat,
Aber erlebt, erliebt! – So soll ein Wiedersehn sein.

Spute dich!

Spute dich, ehe das Postamt schließt!
Wenn auch ein Anziehn für nur zehn Minuten
Und ein Pustegehtaus-Lauf verdrießt:
Minute spart Tage im Sputen.

Fertiggestellt und nicht abgeschickt – –,
Wem nützen halbe Sachen?
Freut man sich nicht nach Erwachen,

Wenn man schon Antwort auf gestern erblickt?
Freut man sich, wenn die Uhr nicht mehr tickt?

Versäume nichts, wenn dich der Moment
Mahnt. Irgendwer, der dich liebt und kennt,
Stirbt vielleicht fern, während du niest.
Ahnt vielleicht, dass du ihn nicht liebst. – –

Wenn du ihm jetzt schriebst,
Ihm, den du nicht wiedersiehst – –

Spute dich, ehe das Postamt schließt.

Zwischen meinen Wänden

Ich danke dir: Ich bin ein Kind geblieben,
Ward äußerlich auch meine Schwarte rau.

Zu viele Sachen weiß ich zu genau
Und lernte mehr und mehr die Wände lieben.

Doch zwischen Wänden, wenn die Fantasie
Ein kleines Glück so glücklich zu erfassen
Imstande ist, dass wir uns sagen: Nie
Uns selber lieben! Nie das andre hassen!
Nur einsam sein! – –
Spricht oft mein Innerstes zu solcher Weisheit: Nein!
Denn all mein Sinnen lauscht, ob fremde Hände
Jetzt etwa klopfen werden an mein einsam Wände,
Und wenn's geschähe, rief es laut: Herein!!!

Brief in die Sommerfrische

Ich habe so Sehnsucht nach dir.
Weil alles so gut steht
Auf unserem Gemüsebeet.
Und du bist in England. Nicht hier
Bei mir.
Frau heißt auf Englisch »wife«;
Muss man, um das zu lernen,
Sich so weit und so lange entfernen?

Bei uns ist alles Gemüse reif.
Meinst du, dass ich das allein
Esse? Kommt gar nicht in Frage.
Und so vergehen die Tage.
Könnte doch zu zweit so billig sein.

Bis August und noch September vergeht,
Ist alles verfault auf dem Beet.
Aber Englisch ist wichtiger als Gemüse,
Das es schließlich auch in Büchsen gibt.
Und ich gönne dir das alles sehr. Grüße
dich!
Dein Mann (einsam in dich verliebt).

Essen ohne dich

Ich habe mich hungrig gefühlt,
Doch fast nichts gegessen.
War alles lecker, das Bier so schön gekühlt –
Aber: Du hast nicht neben mir
Gegessen.

Verzeihe: Ich stellte mir vor,
Dass das ewig so bliebe,
Wenn du vor mir – –
Ach was geht über Liebe?!!

Muss ich nun doch
Ein paar Tage noch
Fressen, ohne Lust; o das hass ich. –
Aber wenn du von der Reise
Heimkehrst, weiß ich, dass ich
Wieder richtig speise.

Privat-Telegramm

Unsere Kasse darf leer sein.
Doch dein Herz darf nicht schwer sein.

Jedes entschlüpfte harte Wort
Von mir, – streichle du sofort!
Und rate mir in gleichem Sinn!!!

Jedes Schmollschweigen tobt ohne Sinn
Hetzerisch durch die Brust.
Ärger ist stets Verlust,
Und Verzeihung ist immer Gewinn.

Unsrer beider Herzen mögen schwer sein
Durch gemeinsames Missgeschick.
Aber keine Stunde zwischen uns darf liebeleer sein.

Denn ich liebe dich durch dünn und dick.

Segler

Weiße oder braune
Flügel führen schaukelndes Holz
Leise durchs Wasser fort:
Fischer? Lustfahrten nach Laune?
Oder Sport?

Aus dem Hafen lässt sich stolz
Ein stattliches Vollschiff leiten,
Um draußen vom Klüver bis zum Besan
Schweres Tuch auszubreiten
Und selbstständig dann durch den Ozean
Zu gleiten.

Es schwankt eine kleine Stadt im Sturm
Unterm Befehl vom Kommandoturm. –
Schaumwirbelnde Wellen springen
Um ihre Mauern. – Die See wird wild
Und wieder mild. – Es wechselt das Bild
Immer neu. –
Die Matrosen singen
Und ziehen an Tauen Hand über Hand
Und bringen Schätze von Land zu Land.
Ahoi!

Durchnässte Kleider. – Vereister Bart. –
Viel Arbeit und Wache um Wache. –
Ein harter Beruf in der Segelschifffahrt!
Doch es ist eine ehrliche Sache,
Und eine schöne, wenn Meer und Wind
Den Seglern gnädig sind.

Sag mir's besser!

Es stirbt ein Papier im Schnee,
Zertreten und zerknetet.
Ein Fisch in einem See,
Vor einem Netz, betet.

Eine Torte schämt sich.
Ein Schlachtvieh vergrämt sich
Und schmeckt darum schaler als Fleisch aus Amerika.
Zwischen Schlaflidern und Pupillen
Dreht sich Rhythmus bekannter Bazillen.
Aus einem Kästchen lächelt dein toter Papa.

Eine Briefmarke, ein Schmerz und ein Messer
Bestimmen, wie du einschläfst und erwachst.

Wenn du mich jetzt auslachst,
Zürne ich nicht. Aber sag mir's, sag mir's besser!

Wenn die Kaffeemaschine ...

Wenn die Kaffeemaschine –
Tsch – Zsch – Pff – explodiert,
Verzieht der Gast seine Miene.
Denn dann ist etwas passiert.

Je nachdem, was es ihm tat,
Lacht er, lächelt oder flucht er.
Darauf untersucht er
Ursache und Resultat.
Explosion, dann Diskussion, bis Scherz:
Wie's gepufft und wie's geblitzt hat.

Kaffee, der aufs Tischtuch sich verspritzt hat,
Geht nicht mehr aufs Herz.

Jenem Stück Bindfaden

Bindfaden, an den ich denke,
Kurz warst du, und lang ist's her.

Ohne dich wäre das so schwer
Und so hoffnungslos gewesen.

Auf der Straße von mir aufgelesen,
Halfst du mir,
Mir und meiner Frau. – Wir danken dir,
Ich und meine Frau.

Bindfaden, du dünne Kleinigkeit
Wurdest mir zum Tau. –
Damals war Hungerszeit;
Und ich hätte ohne dich in jener Nacht
Den Kartoffelsack nicht heimgebracht.

In Betrachtung eines Teppichs

Schön bist du, obwohl abgetreten,
Viele Füße gingen hin und her
Und kreuz und quer
Über dich. –

Bei Tapeten
Kommt das nicht vor (ist zu schwer).

Wechselnd saugen sie an dir, schlagen
Und trampeln dich bei Tag und bei Nacht.
Und du hast so viel Behagen
In diese Wohnung gebracht.

Mich interessiert nicht, wer dich gewebt
Hat, wo du geboren bist.
Mich interessiert nur, was in dir lebt. –
Dein Leben ist Zwist.

Ich fühle mich selber so ausgerollt
Ein Langeslang beschritten.
Nun das hat mein Schicksal so gewollt.

So wird auch ein Sattel zerritten.
So bleicht auch Farbe. So schrumpft die Wand.

Teils leuchtend, teils verschlissen,
Dienst du. –

Hast du – – Hat ein Gegenstand
Wohl ein Gewissen? - ? - ?

Abschiedsworte an Pellka

Jetzt schlägt deine schlimmste Stunde,
Du Ungleichrunde,
Du Ausgekochte, du Zeitgeschälte,
Du Vielgequälte,
Du Gipfel meines Entzückens.
Jetzt kommt der Moment des Zerdrückens
Mit der Gabel! – – Sei stark!
Ich will auch Butter und Salz und Quark

Oder Kümmel, auch Leberwurst in dich stampfen.
Musst nicht so ängstlich dampfen.
Ich möchte dich doch noch einmal erfreun.
Soll ich Schnittlauch über dich streun?
Oder ist dir nach Hering zumut?

Du bist ein so rührend junges Blut. –
Deshalb schmeckst du besonders gut.
Wenn das auch egoistisch klingt,
So tröste dich damit, du wundervolle
Pellka, dass du eine Edelknolle
Warst und dass dich ein Kenner verschlingt.

Hamburger Zimmerleute

Die Kelle schurft, die Säge klingt.
Ein Kerl sitzt mit Zylinderhut
Im Dachbau arbeitend und singt.

Hamburger Jungs. Wir sind euch gut,
Dem Maurer und dem Zimmerer.

Wir drehn uns um, wir bleiben stehn,
Wenn sie an uns vorübergehn
Mit dem traditionellen
Metallknopfsamt und mit dem Stock,
Der komisch schlängelt im Barock,

Armtapfere Gesellen,
Mit jenem Bündel Habenichts,
Schon glücklich unterm großen
Schlapphut, in Glockenhosen
Ausschreitend sicheren Gesichts.

Und ist auch einer dann und wann
Kein Hamburger, noch Zimmermann,
Nur Handwerksbursche, »Fechter«,
Sei nett zu ihm. – Kein schlechter
Mensch treibt leicht solche Tradition.
Harmlosigkeit verdient schon Lohn.

Und wer da wandert bescheiden,
Den mag doch jeder leiden.

Stille Strasse

Nachts. – Straße. – Fragen Sie nicht, wo und wann.
Auch gleich vorausgesagt, dass nichts geschah. –
Da stand ein unscheinbarer, älterer Mann,
Der unverwandt nach einem Fenster sah.

Vielleicht war er – ich hatte leider Zeit –
Ein Lump, ein Trunkner oder ein Idiot –
Doch es schlägt niemals eine Möglichkeit
Die andre tot.

Wenn solch ein Anblick uns sechs-, siebenmal
Um einen Häuserblock spazierentreibt,
Zu sehen, wie der Mann dort stehen bleibt;
Vielleicht sind wir dann nur sentimental.

Aber dem Einsamen ist Stilles nah,
Wenn er das Laute nicht bezahlen kann. –

Da stand ein unscheinbarer, älterer Mann,
Der unverwandt nach einem Fenster sah.

Berge, Meer und Ebene

Die zwischen Bergen hausen:
Sie sehnen sich, wenn sie draußen
Sind, nach dem engen Glück
Ihrer Berge Schoß wehen Herzens zurück.

Es stehen im steten Verkehr
Mit der Welt die Leute, die am Meer
Leben; ihre Sehnsucht ist Reise,
Die zurückführt in weitem Kreise.

Die Menschen der Ebene lassen den Blick
Nach allen Richtungen weiden.
Sie untersuchen das Weltgeschick
Zentral bescheiden.

Aus Bergen, Flüssen und flachem Land
Macht gleiche Sprache ein Vaterland.

Wie mag er aussehn?

Wer hat zum Steuerbogenformular
Den Text erfunden?
Ob der in jenen Stunden,
Da er dies Wunderwirr gebar,
Wohl ganz – – – oder total – – war?

Du liest den Text. Du sinnst. Du spinnst.
Du grinst – »Welch Rinds« – Und du beginnst
Wieder und wieder. – Eisigkalt
Kommt die Vision dir »Heilanstalt«.

Für ihn? Für dich? – Dein Witz erblasst.
Der Mann, der jenen Text verfasst,
Was mag er dünkeln oder wähnen?
Ahnt er denn nichts von Zeitverlust und Tränen?

Wir kommen nicht auf seine Spur.
Und er muss wohl so sein und bleiben.
Auf seinen Grabstein sollte man nur
Den Text vom Steuerbogen schreiben.

Lächelnd ab

Gar nicht versöhnlich genug
Kannst du sein.
Auch der größte Betrug
Erntet so klein.

Ein Rotkehlchen, von Kanonen erschossen:
Hat sein Blut vergossen.

Kanonen haben, völlig unbewusst,
Eine raue Kehle und keine rote Brust.

Mich hat unter vielen Dingen
Beispielsweise jede Nacht ans Herz gepackt,
Da die Sterne unvernebelt, nackt
Durch den Himmel gingen.

O Welt in einem Ei

O Welt im Ei, von Haut
Und Schale rings umgeben!

Wenn dich die Sonne schaut,
Beginnt dein freieres Leben.

Dann lebst du, wie dein Ahne will,
Als Strauß, als Fisch, als Krokodil,
Als Huhn ein Mehrerwachen,
Ein größeres Glück und größere Qual
In einem weiteren Oval.
Bis neue Schalen krachen.

O Welt in einem Ei,
Wie Wichtiges entscheidet sich,
Geht deine Wand entzwei.
Vielleicht verschlingt man, kocht man dich,
Isst dich mit Senf, mit Kaviar
(Störs ungezählten Eiern!).

Und wenn sie Ostern feiern,
Die dich verschlucken roh und gar,
Dann lachen sie und spaßen
a conto Osterhasen.
Doch wer von ihnen denkt dabei
An dich, du Mikrowelt in einem Ei?!

Was ist Kunst?

Was ist Kunst?? Verwegen ging die Frage
Durch Jahrhunderte und bis in meine Tage.

Doch in mein Haar griff eines Windes Wehen.
Und Straßensänger sangen mir von fern:
»Weißt du wieviel Sternlein stehen? –«

Am Himmel hoch erlosch im Licht ein Stern.

Der Glückwunsch

Ein Glückwunsch ging ins neue Jahr,
Ins Heute aus dem Gestern.
Man hörte ihn sylvestern.
Er war sich aber selbst nicht klar,
Wie eigentlich sein Hergang war
Und ob ihn die Vergangenheit
Bewegte oder neue Zeit.
Doch brachte er sich dar, und zwar
Undeutlich und verlegen.

Weil man ihn nicht so ganz verstand,
So drückte man sich froh die Hand
Und nahm ihn gern entgegen.

Viel gesiebt

Ich habe versucht, einen Wind einzufangen.
Aber ich fand das Gefangene nicht.

Ich bin durch tiefe Wälder gegangen,
Wo der Wind ganz tief mit den Wipfeln spricht,
Wipfeln von ganz hohen Kiefern.
Ich sah im Moos eine Bierflasche liegen.
Wenn ich in einem Bierversand
Die würde abliefern,
Bekäme ich zehn Pfennige Pfand.

Ich habe versucht, das viele Versuchen
Ganz aufzugeben.

Ich nahm einer Wanze das Leben,
Die mich nur gejuckt hat. – –

Unsereiner
Wird immer kleiner,
Je tiefer er ins Leben geguckt hat.

Zinnfiguren

Die Zinnfiguren sind
Verbindung zwischen Kunst und Kind.
Sie schildern alle Zeiten.
Da schreiten, stehn und reiten
Klein-märchenbunt aus jedem Land:
Indianer, Ritter, Sachsen,
Und was der Schöpfer sonst erfand.

Auch Bäume, schön gewachsen,
Auch Häuser, Schiffe, Eisenbahn,
Flugzeuge, Autos, Pelikan,
Wie jedes andere Getier;
Kurz: Allerlei und Jederlei
Ist hier –
Studiert nach Farbe, Form und Sinn –
Schön ausgeprägt in Zinn.

Mitunter ist das Zinn aus Blei.

Sinnvoll, mit Liebe aufgestellt,
Zeigt das im Kleinen große Welt.

Wenn das uns Alten noch gefällt,
Will das für mich bedeuten:
Die Zinnfiguren sind
Verbindung zwischen Kunst und Kind
Und uns, den alten Leuten.

Landregen

Der Regen rauscht. Der Regen
Rauscht schon seit Tagen immerzu.

Und Käferchen ertrinken
Im Schlammrinn an den Wegen. – –
Der Wald hat Ruh.
Gelabte Blätter blinken.

Im Regenrauschen schweigen
Alle Vögel und zeigen
Sich nicht.

Es rauscht urewige Musik.

Und dennoch sucht mein Blick
Ein Streifchen helles Licht.
Fast schäm ich mich, zu sagen:
Ich sehne mich nach etwas Staub.

Ich kann das schwere, kalte Laub
Nicht länger mehr ertragen.

Arm Ding

Ich war erwacht und konnte den Morgen nicht grüßen.
Mich drückten Sorgen; die fanden die Menschheit so schlecht.
Ein Schmetterling saß verirrt auf dem Bettrand zu Füßen,
Hielt seine Samt-Flügel-Flächen waagerecht.

Und war so schön und so jung wie der Morgen,
So rein, wie der Morgen vom Schöpfer gedacht.

Ich trug ihn vors Fenster. – Doch meine Sorgen
Verdämmerten wieder, was in mir erwacht.

Mir war Unrecht geschehn. Ich bedauerte mich,
Empfand mein Leid, ohne dass ich verglich.

Und ein trüber, gelähmter Tag verging.
Der Abend begann, alles abzuschließen.
Da lag vor dem Haustor auf schmutzigen Fliesen
Ein regenzerschlagener Schmetterling. –
Arm Ding! –

Sinnender Spatenstich

Unter der Erde murkst etwas,
Unter der Erde auf Erden.
Pitschert, drängelt. – Was will das
Ding oder was wird aus dem Ding,
Das doch in sich anfing, einmal werden??

Knolle, Puppe, Keim jeder Art
Hält die Erde bewahrt,
Um sie vorzubereiten
Für neue Zeiten.

Die Erde, die so viel Gestorbenes deckt,
Gibt dem Abfall, auch Sonderlingen,
Asyl und Ruhe und Schlaf. Und erweckt
Sie streng pünktlich zu Zwiebeln, zu Schmetterlingen.
Zu Quellen, zu Kohlen – – –

Unter der Erde murkst ein Ding,
Irgendwas oder ein Engerling.

Zappelt es? Tickt es? Erbebt es? –
Aber eines Tages lebt es.
Als turmaufkletternde Ranke,
Als Autoöl, als Gedanke – – –

Fäule, Feuchtigkeit oder feiner Humor
Bringen immer wieder Leben hervor.

Pinguine

Auch die Pinguine ratschen, tratschen,
Klatschen, patschen, watscheln, latschen,
Tuscheln, kuscheln, tauchen, fauchen
Herdenweise, grüppchenweise
Mit Gevattern,
Pladdern, schnattern
Laut und leise.
Schnabel-Babelbabel-Schnack,
Seriöses, Skandalöses, Hiebe, Stiche.

Oben: Chemisette mit Frack.
Unten: lange, enge, hinderliche
Röcke. – Edelleute, Bürger, Pack,
Alte Weiber, Professoren.

Riesenvolk, in Schnee und Eis geboren.
Sie begrüßen herdenweise
Ersten Menschen, der sich leise
Ihnen naht. Weil sie sehr neugierig sind.
Und der erstgesehene Mensch ist neu.
Und Erfahrungslosigkeit starrt wie ein kleinstes Kind
Gierig staunend aus, jedoch nicht scheu.

Riesenvolk, in Schnee und Eis geboren,
Lebend in verschwiegener Bucht
In noch menschenfernem Lande.
Arktis-Expedition. – Revolverschuss –:
Und das Riesenvolk, die ganze Bande
Ergreift die Flucht.

Herbst

Eine trübe, kaltfeuchte Wagenspur:
Das ist die herbstliche Natur.
Sie hat geleuchtet, geduftet, und trug
Ihre Früchte. – Nun, ausgeglichen,
Hat sie vom Kämpfen und Wachsen genug. –
Scheint's nicht, als wäre alles Betrug
Gewesen, was ihr entwichen?!

Das Händesinken in den Schoß,
das Zweifeln am eignen, an allem Groß,
Das Unbunte und Leise,
Das ist so schön, dass es wiederjung
Beginnen kann, wenn Erinnerung
Es nicht klein machte, sondern weise.

Ein Nebel blaut über das Blätterbraun,
Das zwischen den Bäumen den Boden bedeckt.

Wenn ihr euren Herbst entdeckt:
Dann seid darüber nicht traurig, ihr Fraun.

Steine am Meeresstrand

Steine schaumumtollt,
Zornig ausgerollt
Über Steine. –
Freiheit, die ich meine,
Gibt es keine.

Stille nun. Entbrandet
Ruht ihr, feucht umsandet,
Unzählbar gesellt,
Von der Zeit geschliffen
Oder kampfentstellt. –
Alle von der Welt
Lange rau begriffen,
Schweigt ihr. – Ihr begreift die Welt.

Wie ich euch sortiere,
Spielerisch verführt:
Früchte, Götzen, Tiere,
Wie es Phantasie so legt,
Habt ihr in mir aufgerührt,
Was seit Kindheit mich bewegt.

Spitze, trübe, glatte, reine,
Platte, freche, winzig kleine,
Ausgehöhlte, fette Steine,
Plumpe, schiefe, trotzig große –

Ja ihr predigt ernst wie froh,
Meistens simpel, oft apart,
Weit umgrenzte, willenlose
Freiheit. – Predigt ebenso
Fromm wie hart.

Stuttgarts Wein- und Bäckerstübchen

Vor dem heißen Ofen balgen
Katzen sich. Wie dumme Jungen.
Auf dem Tisch an kleinem Galgen
Hängen Brezel, schön geschwungen.

Würdebärte schlürfen kräftig
Wichtig diskutierte Weine. –
Links im Laden bückt die kleine
Bäckerstochter sich geschäftig.

Zinn blitzt von der Holz-Fassade.
Zeichnungen an allen Wänden,
(Stumm, mit mehlbestaubten Händen,
Rückt der Wirt die schiefen gerade.)

Setzte mich so ganz bescheiden hin
Und vergaß auch nicht, sehr laut zu grüßen.
Dennoch ließen Blicke mich leicht büßen,
Dass ich kein Stuttgarter bin.

Und ich darf noch

Hie und da, dann und wann
Ein Wehweh. Doch im Ganzen:
Ich, der ich nicht tanzen kann,
Sehe gern andere tanzen.

Noch immer in Arbeit gestellt
Und die Arbeit genießend,
Finde ich dich, ausstudierte Welt,
Immer neu fließend.

Gehe durch die Straßen einer Stadt
Um Dinge herum, die stinken.
Was Beine oder keine Beine hat,
Kann blinken oder winken.

Ich kann einen Pflasterstein,
Der am Rinnstein liegt, aufheben.
O schönes Auferdensein!
Und ich darf noch leben.

Kummervolle Rückreise

Es wird vorübergehn,
Doch meine Müdigkeit
Glaubt nicht daran. – Die Uhr schlägt zehn
Und elf und zwölf; und wieder dann die gleiche Zeit.

So müde sein und noch nicht ruhn,
Nicht sterben dürfen – – Ach und nun
So ohne Trost die Liebste wiedersehn,
Die ich doch trösten will – –

Die Uhr schlägt zwölf und drei und vier und zehn. – –
Wenn ihre Feder bricht, stünde die Uhr jetzt still.

Gnädige Frau, bitte trösten Sie mich

Gnädige Frau, bitte trösten Sie mich
Über mein inneres Grau.
Das ist kein Scharwenz um ein Liebedich. –
Gnädige Frau, seien Sie gnädige Frau.

Mein Herz ward arm, meine Nacht ist schwer,
Und ich kann den Weg nicht mehr finden. –
Was ich erbitte, bemüht Sie nicht mehr,
Als wenn Sie ein Sträußchen binden.

Es kann ein Streicheln von euch, ein Hauch
Tausend drohende Klingen verbiegen.
Gnädige Frau,
Euer Himmel ist blau!

Ich friere. Es ist so lange kein Rauch
Aus meinem Schornstein gestiegen.

Und keins von diesen schönen Mädchen weiss –

Und keins von diesen schönen Mädchen kann
Die Spanne seiner Flügelmacht ermessen.

Ein älterer Herr hat neben ihr gesessen,
Sie einmal angeschaut, – ein älterer Mann.

Keins dieser jungen Mädchen weiß,
Wie alte, gute Augen auf sie blicken.
Sie hören Pulse, nicht die Uhren ticken.

Ein Trainsoldat, ganz jung, – den liebt sie heiß.

Wie vieles Wünschen und Verlangen
Wird unerfüllt unmerklich weggespült.

Alt ist geworden, wer das Leben fühlt. –

Nun ja: Der ältere Herr ist dann gegangen.

Und immer neu erlebt und neu bedichtet,
Ist das wohl recht und richtig eingerichtet?

Der Herr hat höflich, still zum Hut gefasst.
Der Herr hat den Soldaten nie gehasst.

Passantin

So schöner Wuchs! So schöne Haut!
So schöne Hände, schöne Haare.
Ganz Frauenanmut. – Und für wen gebaut?
Und für wie viele Jahre?

Aus Worten, Augen streichelt mich ein Geist,
Der mir gefällt und heimlich schön verspricht.
Für mich so schön, vielleicht für andre nicht. –
Was nützt es mir, da es vorrüberreist.

Und nützt mir doch, kann meine Phantasie
Versagtes in Konvexes übertragen. –

Die Wolke, die dich labt, du fängst sie nie;
Sie hört dich nicht, und du kannst ihr nichts sagen.

Herbst in der Bodega

Mich kitzelt was – nichts Weibliches –
Im linken Nasenloche.
Ich habe ein unbeschreibliches
Wundsehnen seit einer Woche.

Ich möchte in feuchter Buntblätternatur
Gerührt sein und Trauerndes dichten.

Ich grüble. Doch was mir einfällt, sind nur
Ganz spaßhafte, dumme Geschichten.

Mein Sinn ist mild, und mein Herz ist nass.
Ich suche ein träumendes Märchen.
Doch der Kellner lacht, und mich kitzelt etwas
In der Nase. Wahrscheinlich ein Härchen.

Kein Weh ergreift mich. Jetzt muss ich sogar
Noch über mich selber lachen. –
Schluss Herz! Jetzt will ich das kleine Haar
Mit dem Finger unschädlich machen.

Psst!

Träume deine Träume in Ruh.

Wenn du niemandem mehr traust,
Schließe die Türen zu,
Auch deine Fenster,
Damit du nichts mehr schaust.

Sei still in deiner Stille,
Wie wenn dich niemand sieht.
Auch was dann geschieht,
Ist nicht dein Wille.

Und im dunkelsten Schatten
Lies das Buch ohne Wort.

Was wir haben, was wir hatten,
Was wir – –
Eines Morgens ist alles fort.

ERZÄHLUNGEN

Ein jeder lebt's

Novellen

1913

Die wilde Miss vom Ohio

Ich rede von einem jener gott- und menschenverlassenen Eisenbahnpunkte, wo normale Fremde den Verstand verlieren, wenn sie nicht Schlafvirtuosen sind oder ein dichterisches Verständnis für die Poesie der Öde haben. –
Als ich die Tür zur Wartehalle klinkte, flehte ich irgendeine überirdische Macht an, mich nicht in eine Gesellschaft zu lancieren, die über Bierqualitäten, Zufälle im Lotteriespiele oder innere Politik polemisierte.
Es war jedoch nur ein einziger Gast anwesend, eine stattliche Baron-Offizier-Lebemannerscheinung, die mir gleich durch eine kurze Kopfbewegung zu verstehen gab, dass ich mich zu den unsichtbaren Geistern zählen dürfe. Das war ganz nach meinem Sinn, und ich drückte mich selbst in den entferntesten Winkel, gleichfalls ein deutliches *Noli me tangere* in meine Züge legend.
Der Herr »Ober« bemühte sich, meine schlechte Stimmung auf den nervösesten Punkt zu schrauben, durch allerhand Schikanen, die ich in vier Humoresken und einer Tragödie zu verwenden gedenke. Dann allmählich schlief er am Zeitungsständer ein. Und nun war es still in der leeren Halle. Nur ein melancholischer Landregen nässelte an den Fensterscheiben.
Der Baronartige starrte regungslos auf eine Flasche Burgunder. Ich hatte das Gefühl, dass ich ohne seine Gegenwart ein stimmungsvolles Gedicht verfassen könnte. Die Hände vor die Augen pressend, um ihn nicht mehr zu sehen, gewahrte ich durch die Fingerspalten, dass er energische und eigentlich mehr zielbewusste als blasierte Gesichtslinien hatte, dass eine breite Narbe an seiner Schläfe nicht übel wirkte und dass er einen pompösen, exotischen Ring trug.
Die Einsamkeit ist die Treppe zum Gedankenkeller. Sie ist selbstverständlich wertlos für denjenigen, der unten nichts auf Lager hat. Wer aber sein Fässchen oder gar Fässer, Tonnen dort liegen weiß – meistens die, welche oben nur wenig verzapfen – dem fällt es nicht schwer, die Stunden in dieser erfrischend kühlen Tiefe totzuschlagen.
Auch ich wollte mein Fläschchen Spiritus heraufholen, um damit den eingeborenen Zeltinger zu veredeln, den mir das Bahnhofsrestaurant zu Kriegspreisen aufgetischt hatte.

Der Baron war wirklich im Grunde ein recht sympathischer Mann. Er schien ebenfalls trübseliger Laune zu sein und saß noch immer wie ich über sein Glas gebeugt – Zigarrenrauch und Asche studierend.
Da öffnete sich die Türe. Ein älterer, wettergebräunter Dritter im Jagdkostüm blieb auf der Schwelle stehen.
Der Baron bemerkte ihm sofort durch eine kurze Kopfbewegung, dass er sich zu den unsichtbaren Geistern zählen dürfe, und ich legte ein deutliches *Noli me tangere* in meine Züge. Der Jäger aber bediente sich einer noch überlegeneren Sprache. Er sah sich weder nach dem Baron noch nach mir um, sondern platzierte sich mit geometrischer Geschicklichkeit so, dass er uns beiden gleichzeitig den Rücken zudrehte. Die schikanöse Einleitung des Kellners kürzte er dadurch ab, dass er ihn sehr bald mit Kamel anredete.
Ich fühlte mein Dichtermilieu durch einen struppigen Bart, verwegen rollende Augen und eine lokomotivierende Meerschaumpfeife erheblich gestört.
Erst als der wilde Mann mit einem Glas heißer Milch gestillt war und das dienstbare Kamel seine Journal-Ecke wieder eingenommen, trat der *status quo* ein. Dieses Verhältnis nahm mit der Zeit einen ganz friedlichen Charakter an. Es war, als hätten wir ein stilles Abkommen getroffen, einander rücksichtsvoll zu ignorieren.
Der Ofen begann wie in einer Anwandlung von Mitleid geheimnisvoll zu knistern. In tiefes Sinnen versunken, rührten wir uns nicht. Nur wenn der Kellner seine Beinstellung wechselte, hoben sich für einen Moment drei müde Häupter. Dann war alles tot.
An was denkt man in solcher Situation wohl? – – –
Das wird immer individuell sein. Ich z. B. dachte – – ach nein, das ist ganz gleichgültig.
Jedenfalls wurde die Ruhe plötzlich unterbrochen. Es war die seltsame Melodie eines mir unbekannten Liedes, halblaut durch die Zähne gesummt. Ich warf dem Jäger einen vorwurfsvollen Blick zu und beobachtete dann, wie der Baron sich verhielt.
Er hatte gleich mir den Kopf erhoben und außerdem eine Zeitung ergriffen, aber ich bemerkte, dass er hinter derselben neugierig den Jäger fixierte. Gleich darauf legte er das Blatt beiseite, leerte sein Glas mit einem nervösen

Schluck, trommelte mit den Fingern auf das Tischtuch und stimmte leise pfeifend in das Lied, dasselbe Lied ein.

Nun sah auch der wilde Mann auf und schwieg. Der Baron schwieg gleichfalls. Es kam mir vor, als sei ein kleines Vorpostengefecht beendet.

Plötzlich erhob sich der Burgunderherr, trat mit ungezwungen vornehmer Haltung an den Jäger heran und sagte: »Mein Herr, erlauben Sie mir die Frage: Waren Sie je am Ohio?«

»Ja«, erwiderte der andere erstaunt.

»Und Sie kennen die wilde Miss vom Ohio?«

»*The wild Miss?* – – –« Etwas wie ein wehmütig-glückliches Lächeln fuhr über das harte Jägergesicht. Er hielt dem Frager seine kräftige Rechte hin, und dann gab's einen Handschlag, den ich mein Leben nicht wieder vergessen werde. Und nun rückten die beiden zusammen, und der Kellner wurde aus seinem Presseschlummer gejagt, um Sekt und Zigarren zu bringen, und dann begannen die beiden zu fragen und zu erzählen, und dazwischen stießen sie so feurig die Gläser zusammen, dass der Kellner jedes Mal zusammenfuhr.

Ich verstand kein Wort weiter von dem, was da besprochen wurde, aber ich glaubte den Inhalt zu erraten, und das Herz ward mir dabei weit, als sei ich berauscht.

Es musste eine köstliche, interessante Erzählung sein – aus dem Leben dieser Männer, und das Lied, woran sich beide erkannt hatten, sowie die wilde Miss vom Ohio mussten irgendeine romantische Rolle darin spielen. Leidenschaftliche, gefährlich-schöne, vielleicht teilweise sehr traurige Erlebnisse.

Ich sah ein einsames Licht aus dem nachtdunklen Ufergebüsch des Ohio blinken. Die wilde Miss stand vor mir, eine herrliche heißblütige Kreolin mit tiefschwarzen, verführerischen Augen, und ich wob einen spannenden und ergreifenden Roman um sie. – –

Die Augen der Erzähler leuchteten begeistert, ihr Sekt schäumte, und der Zigarrenrauch umlagerte sie, wie Nebelwolken den kühlen, schwarzen Fluten des Ohio entstiegen. Ich aber saß einsam in meiner Ecke und spürte eine so gewaltige Sehnsucht danach, auch Anteil an diesen bewegten Erinnerungen zu haben und hinzugehen, um zu sagen: Meine Herren, auch ich kenne das Lied, den Ohio und die wilde Miss. Darf ich mich zu euch setzen?

Glückliche, beneidenswerte Weltmenschen! –
Noch nie hatte ich ein Alleinsein so bitter empfunden wie in dieser Stunde. Ich fasste den Entschluss, mir auch ohne Belege als Zuhörer einen Platz bei den beiden zu erbitten.
Da pfiff etwas. Ein Zischen – ein Rollen – – der Zug lief ein – –
Ich habe weder den Jäger noch den Baron wiedergesehen. Die Geschichte der wilden Miss vom Ohio habe ich nie erfahren, aber wenn ich mich ihres Titels erinnere, habe ich eine hässliche, drückende Empfindung.
Es ist das Gefühl des Unbefriedigtseins. Etwa wie, wenn man während einer spannenden Lektüre nach der weggelegten Zigarre greift und plötzlich merkt, dass diese auf unerklärliche Weise abhanden gekommen – –
Nein, es ist ein ganz anderes, viel tieferes, trüberes Gefühl.

Das Gute

Am Bahnhof ließen die Gassenbuben endlich von der Zigeunerin ab. Aber Iwan Georgewitsch warf ihr noch eine Handvoll tauschweren, schmutzigen Schnee nach, der sie an der Hüfte traf und den dünnen, blauen Kattunrock mit widerlichen Flecken durchtränkte.
Der dienstschlafende Polizist, welcher die Szene beobachtet hatte, barg sich tiefer in den Morgenschatten eines Torbogens und beschwichtigte sein russisches Gewissen, indem er behaglich brummte: »Ach, das macht der alten Krähe nichts!«
Diese Bemerkung schien gar nicht unpassend, denn der Rock der Zigeunerin war in der Tat schon übel zugerichtet, und wenn sie ihn übermäßig hoch raffte, so geschah es wohl nur, um schneller ausschreiten zu können, nicht um ihn zu schonen. Außerdem: Wie sie gebeugt, auf dürren Beinen dahinstelzte – langschrittig, um ihren Verfolgern zu entkommen, vorsichtig, damit ihre großen, nur mit dürftigem Schuhwerk bekleideten Füße nicht allzutief in Schnee und Schlamm versänken – so sah sie wirklich einem riesigen Vogel ähnlich, zumal sie den linken, gebogenen Arm, woran ein Hausierkorb hing, im Gehen flügelartig bewegte.
Garstige Flüche und Verwünschungen murmelte sie vor sich hin, gegen die

Niedertracht der Menschen, gegen Letten, Russen, gegen alle Livländer und besonders gegen jene Schulbengels, die sie ihrer Meinung nach gern und mitleidslos erwürgt hätte. O, sich rächen zu dürfen!
Sie fühlte und hörte, wie das Wasser in den Schuhen bei jedem Schritt patschte, empfand auf einmal, dass ihre Sohlen eiskalt von Nässe waren, und verwischte dabei mit unsauberen Fingern die Schweißtropfen auf der Stirn. Sie berechnete, dass sie seit vierundzwanzig Stunden keinen Schlaf genossen hatte, dachte an vielerlei Ärgernisse, Enttäuschungen, die ihr in dieser Zeit begegnet waren, auch daran, dass ihr eigener törichter Übermut solches verschuldet hatte. Dann spürte sie, wie sich irgendein Band ihrer Unterkleidung löste, und ihre Hände, die den Rock und ein wollenes, vielfarbiges Kopftuch hielten, krallten sich so krampfhaft zu Fäusten, dass sie zitterten, dass der Korb am Arm mitzitterte. Ja, als sie, die Stufen zur Bahnhofshalle hinanhastend, auf den Saum ihres Unterrocks trat, sodass dieser hörbar zerriss, blieb sie einen Moment mit zusammengepressten Augen stehen, um zwei Tränen loszuwerden, die sich nicht unterdrücken ließen. O, sich rächen zu dürfen! Übrigens: An wem?
Obwohl noch eine halbe Stunde bis zum Abgang der Strandbahn verblieb, war die Halle schon von Wartenden belebt, vornehmlich Arbeitsleuten, die in hohen, schweren Stiefeln auf den triefenden Steinfliesen hin und her trotteten und deren Schritte an den kahlen Wänden des gewölbten Saales knapp widerhallten.
Auf der einzigen Bank und neben derselben am Boden kauerten Frauen, und am Schanktisch wankte in kläglicher Betrunkenheit ein Soldat, der von Zeit zu Zeit sein Inneres und sein Äußeres mit Wodka begoss. Auch waren unter der Menge einige besser gekleidete Damen und Herren. Sie mochten die Nacht durchzecht, durchtanzt haben, von Bällen oder Maskeraden heimkehren; das war ihnen nach Anzug und Gebaren unschwer anzumerken, und jener Tag gehörte zum Februar, da man im westlichen Russland dem Fasching ebenso opferte als in Deutschland.
Die meisten dieser Leute befanden sich in Gedanken schon oder noch im Bett und verhielten sich still und ernst. In ihren Blicken, die von der Uhr durch die Halle wieder zurück zur Uhr kreisten, in ihren Bewegungen prägte sich jene selbstsüchtige Strenge aufgezwungener und gewohnter Geduld aus.

Die Hausiererin schob sich in das dichteste Gewühl. Gleichzeitig schlang sie das breite Kopftuch eng zusammen, dass nur wenig von ihrem braunen Gesicht, dem einfach gescheitelten, tiefschwarzen Haar unbedeckt blieb. In gebückter Haltung, den Kopf zur Brust gesenkt, vermeinte sie sich hinter einer Gruppe breitrückiger Gestalten verbergen zu können; aber das gelang nicht. Denn die Nächsten wichen vor ihr zurück; andere umringten und betrachteten sie mit neugieriger Verachtung, wie man ein wildes, abscheuliches Tier beguckt. Sie musterten dreist oder verstohlen ihren Korb, ihre Schuhe, ihre jämmerliche Physiognomie, lachten, spotteten erst verhalten, bald offener. Besonders Frauen vergnügten sich unverhohlen, als ein dicker plattnasiger Lette sich tölpelhaft zum Spaßmacher aufwarf, indem er das Leinentuch von des Weibes Korb wegzog; wobei allerdings ein komisches Durcheinander von Apfelsinen, Schuhbürsten, Kinderspielzeug, Taschenkämmen, Zwirnrollen und anderlei Sachen zum Vorschein kam. Daraufhin steuerte sich der berauschte Soldat hinzu und begann eine längere Ansprache, mit schluckenden, teils russischen, teils lettischen Worten, welche das allgemeine Ergötzen erhöhten, zumal er sie durch gewagt vertrauliche Gesten unterstützte. Das Weib hatte Mühe, sich der Aufdringlichen zu erwehren. Vorübergehende stießen sie achtlos, sogar absichtlich an. Die Uhr ward vergessen; man unterhielt sich nur noch gespannt mit dem Anblick der fremden Gestalt. Was sie wohl anfangen würde?
Die sagte nichts; sie durfte ja nicht; es hätte nur mehr peinliches Aufsehen erregt. Sie ertrug. »Hexe!«, »Wahrsagerin!«, rief man ihr zu, und junge Leute bestürmten sie, ihnen die Karten auszulegen; auch wollten sie ihr etwas von dem drolligen Kram abkaufen. Die Braune schüttelte nur wortkarg und abwehrend den Kopf. Doch in ihren Augen funkelte unsäglicher Hass. Sie musste dulden, weil sie ein Weib und eine Zigeunerin war. Das wusste sie, wie sie auch qualvoll erkannte, dass sie einem rohen, unverständigen Pöbel auf der Bühne der Langeweile ein Schauspiel gab. Man vergalt ihr mit kaum erträglichem Hohn, mit plumpen Schikanen. Bis das Rasseln eines Schlüsselbundes die Peiniger hinweg zum Schalter trieb. Der Plattnasige hielt es davonrennend noch für lustig, in den Korb mit den Apfelsinen zu spucken. Das Fahrgeld – zwanzig. O Gott, es reichte nicht: Es fehlten zwei Kopeken. Fiebernd durchhakten die knochigen Finger den Inhalt des Korbes zur Be-

lustigung vieler Gaffer. Ein Polizist schaute misstrauisch zu. Sie sah – vielmehr empfand es nur, und eisige Angst griff in die Schläge ihres Herzens. Er wird mich anhalten, ausforschen, bangte sie und wühlte noch rascher, noch aufgeregter in dem krausen Tand herum. Ich habe das Geld verloren. Ach, dass mich alles treffen muss! – O allmächtiger Vater im Himmel, du kannst das ansehen! Gott, du bist schlecht, du bist – nein, Gott, du bist gut. Sei barmherzig, bitte, bitte! Hilf, dass –

Und sie entdeckte die zwei Kopeken. Keuchend langte sie vor dem Schiebefenster an, forderte zaghaft ein Billett. Der Beamte schimpfte: Ob sie das Maul nicht aufreißen könnte.

Sie hörte nichts. Indem sie zum Perron jagte, rannte sie gegen eine Säule und stieß sich das Handgelenk blutig.

Der Zug war, wie allmorgendlich, auch diesmal im Nu überfüllt. Zumal in den Wagen letzter Klasse herrschte bald ein arges Gedränge, grobes Schelten und Streiten um die Plätze, dazu heiße üble Luft. Diejenigen Fahrgäste, welche sich eine Sitzgelegenheit erhascht, förmlich erkämpft hatten, gaben deutlich zu verstehen, dass sie das Errungene unter jeder Bedingung behaupten würden. Die anderen beruhigten sich erst, als der Zug stampfend, zischend ins Rollen kam, und unter ihnen befand sich auch die Frau mit dem bunten Tuch. An einem eisernen Träger lehnte sie, kaute auf ihren Lippen und schickte bittere Blicke nach allen Seiten. Es versteht sich von selbst, dass sie ununterbrochen von ihrer Umgebung angestarrt wurde, verständnislos, anstandslos, voll Abscheu. Da saß eine Gesellschaft von Nachtschwärmern, welche vor dem Ernst des trüben Morgens ernüchtert und verstummt waren, nun aber allmählich wieder in ausgelassenere Stimmung kamen und ungeniert über die Zigeunerin zu witzeln begannen.

Der entging kein Wort. Dass dieses Witzeln sowie das jeweils folgende Gelächter so geistlos, niedrig waren, das steigerte ihre Wut zum Äußersten. Wahrhaftig – so seltsam es klingen mag – der Zigeunerin war eine sehr zarte Empfindlichkeit, ein feines Verständnis eigen. Sie erriet auch verschwiegene Gedanken bei den übrigen Passagieren: Vor dieser diebischen Landstreicherin, die sich selten wäscht und gewiss Ungeziefer an sich trägt, muss man auf der Hut sein. Wie, wo und wovon mag sie leben? Ob sie zaubern kann? Halbschuhe trägt sie im Winter, seidene Strümpfe mir großen Löchern darin!

Wenn sie wüsste, wie lächerlich sich ihre zerfetzten Flitter ausnehmen! Derartige Bemerkungen verletzten die Fremde ebenso, als wären sie ausgesprochen. Einige Muskeln des dunklen Gesichtes gerieten in flackernde Spannung, bemühten sich, Ideen und Gefühle zurückzuzwängen, die wirr und stickig gemengt aus jenem Schädel, jener Brust herausschwollen.
Ein weißhaariger Bahnarbeiter schielte beklommen nach der neben ihm stehenden rätselhaften Frau, zuckte bei jeder Berührung mit ihr erschrocken zusammen und schlug dann jedes Mal heimlich ein Kreuz.
Der Einzige, der unbefangen und ohne jede Feindseligkeit sie anschaute, war ein blasser, hagerer Mann, ein Maler, welcher Freude an ihrer künstlerischen Erscheinung hatte. Gewiss, sie ist schmutzig, erklärte er für sich, wird nicht mehr jung sein, aber hat sie nicht sinnvolle, geradezu edle Züge? Wie seltenartig, wie hoheitsvoll wirken die blauen Augen auf dem ruhigen braunen Grund unter dem tiefblauen Haar und dieses brennende Scharlachrot auf dem Tuch!
Die Zigeunerin selbst stellte sich vor (und ein halbes Lächeln kam und schwand ihr), dass der hagere Mann ein Künstler wäre, der Gefallen an ihr und den leuchtenden Farben ihrer Kleider fände. Denn sie kannte ihre Vorzüge recht wohl, hatte dieselben oft, noch am jüngst verflossenen Tage, rühmen hören.
Niemand schien indes die Anstregung zu bemerken, mit der sie sich äußerlich beherrschte, niemand zu gewahren, was jetzt in ihr vorging.
Nach und nach legte sich dieser innere Kampf, schlief ein in dem erschöpften Körper, welcher sich kaum noch aufrecht zu halten vermochte. Ein Ausdruck milder Ergebenheit, versöhnlicher Müdigkeit lagerte sich in ihre Linien. An jeder Haltestelle der Eisenbahn hatte sie gehofft, dass jemand aussteigen, einen Sitz hinterlassen würde. Es ereignete sich auch zweimal; doch nahmen ihr andere Fahrgäste, klotzige, eilfertige Männer, die leeren Plätze vorweg.
Ohne Bitterkeit trat sie zurück, wartete, litt, schloss für Sekunden die Lider, reckte sich – im Begriff einzuschlafen – mit mehr Wollen als Können wieder zurecht, verträumte sich an den fernen Schlägen einer Turmuhr.
Noch drei Stationen. Noch dreiundzwanzig Minuten. Nach einer halben Stunde ist alles überwunden, werfe ich mich ins Bett, in mein warmes Bett.

Sie fühlte und hörte, wie das Wasser in den Schuhen patschte, und ein Frösteln überwallte ihren Rücken. Fast noch eine halbe Stunde muss ich mich auf den Füßen halten. Gott! – Dort auf der Bank sitzen drei Personen; es könnten auch vier darauf sitzen. Wenn die Bäuerin am Fenster ihr Bündel herunternehmen würde –

In diesem Augenblick entfernte die Bäuerin tatsächlich aus eigenem Antrieb das Bündel von der Bank, wandte sich darauf an den Bahnarbeiter und bot ihm den freigewordenen Raum an.

»Ich will nicht«, gab der Alte bäuerisch zurück, »ich steige bald aus.« Die Hausiererin wagte sich mit einer flehenden Gebärde vor. Nun war doch die Reihe an ihr.

Nein: Weder die Bauersfrau noch ihre seitlichen Nachbarn verstanden das Weib. Im Gegenteil, sie machten sich breit und drehten ihre Köpfe geflissentlich hinweg. Da, als die Landstreicherin noch eingeschüchtert, unschlüssig dort stand, gab ihr auf einmal eine schwarz verschleierte Dame, welche den Vorgang aus einer Ecke gegenüber der Bäuerin verfolgt hatte, ein aufmunterndes Zeichen. Sie warf nur einen kurzen, unauffälligen Blick. Der redete: Armes Weib, setze dich unbekümmert dorthin; ich erlaube es dir, und keiner soll's dir verbieten. Dieser weiche Blick, gewärmt und weiter wärmend, redete so viel mehr.

Behutsam ließ sich die Hausiererin neben der Bauersfrau nieder. Sie wickelte den wollenen Umhang fest um Kopf und Brust. Alle Anwesenden im Kupee starrten wie erwartungsvoll auf die Vermummte, auf das grün-weiß-scharlachrote Tuch. Dass es gelinde bebte, fiel ihnen nicht auf, und ganz weit ab davon waren sie, zu ahnen, was sich dahinter begab. Dass dort aus einem namenlosen, seligen Erfülltsein etwas Erhabenes, Gesegnetes, Wunderschönes emporwuchs.

Dann fiel das Tuch. Das braune Haupt zeigte sich ganz und hoch aufgerichtet, und die weit geöffneten blauen Augen sahen einmal lange hinüber zu der schwarzverschleierten Dame. Offenbar wollte die Zigeunerin etwas sprechen; sie überlegte nur noch, wie sie es bestens formen möchte. Schließlich neigte sie sich vor und flüsterte schlecht Russisch: »*Wui pannimeide ponimetki?*« Das hieß etwa: Sprechen Sie Deutsch?

»Da, da – Ja, ja!«, erwiderte die Gefragte erstaunt. Und jene sagte laut mit jäh veränderter, harter Stimme, jedes Wort, jede Silbe, wie aus tiefem Gefühl betonend. »Was müssen Sie für ein guter Mensch sein, der Sie eine Zigeunerin so aufnehmen!«

»Wieso«, wehrte die andere halb verlegen, halb geschmeichelt, »Zigeuner sind doch auch Menschen.« Und sie hätte gern das Gespräch mit der ungewöhnlichen Frau fortgesponnen, aber die hielt die Worte der Dame für geschwätzig, langweilig und schwieg deshalb. Überdies stoppte bald darauf der Zug, und sie verließ den Wagen, nicht ohne der Verschleierten noch einmal innig zuzunicken.

Draußen, während sie den ausgedehnten schneehellen Platz querte, dann in einen der winterstillen Prospekte einbog, welche den Strandort geradlinig durchschneiden, vermochte sie nicht mehr ihre Stimmung zu dämpfen. Etwas Begeistertes, Herausforderndes machte sich in der Art, wie sie dahinlief, wie sie mit dem Korb schlenkerte, laut mit sich selber sprach, auch in ihren Mienen geltend. Gleich werde ich daheim sein. Jetzt ist alles Schlimme vorüber, und was es mich lehrte, das bleibt mir Gewinn.

Einen ärmlich aussehenden Jungen hielt sie unterwegs an. »Da, nimm! Und sei immer ein braver Mensch; denn das ist die Hauptsache im Leben; alles andere ist –« Sie bediente sich eines sehr kräftigen Vergleiches und drückte dabei dem verdutzten Kinde ihren Hausierkorb in die Hand.

Merkwürdig, fuhr sie weitereilend im Stillen für sich fort, unglaubhaft merkwürdig war das alles. Morgen will ich es Melitta erzählen. Doch nein, ich werde es ihr nicht erzählen; sie würde mich schelten oder auslachen, mindestens nicht verstehen und es womöglich gar nicht glauben. – Aber ich werde ein Novelle darüber schreiben. Ja, das will ich, und gelingt es so, wie es jetzt in mir lebt, o, so werden nach Jahren sich noch Tausende daran erbauen!

Sie lenkte ihre Schritte durch ein Gartentor, einer kleinen, hölzernen Villa zu, und über deren Stiegen durch eine offenstehende Tür in den Vorraum, wo ein missfarbenes Frauenzimmer Messinggegenstände putzte.

Die Zigeunerin hasste diese Aufwärterin ob ihres unfreundlichen, starrköpfigen Wesens und sprach nie mehr als das unumgänglich Notwendige mit ihr. Heute begrüßte sie die Aufwärterin liebevoll heiter: »Guten Morgen, Tatjana!«

Ein paar mürrische, unverständliche Worte kamen zurück. Dennoch bewahrte die Angekommene ein frohlauniges Lächeln, und so betrat sie, wie jemand, der im eignen Heim schaltet, ein Nebenzimmer. Dort schickte sie sich an, im Schubfach eines alten Empireschreibtisches zu kramen.
»Tatjana!«
Die Aufwärterin zeigte sich zur Hälfte in der Türspalte. »Tatjana, deine Schuhe sind gräulich zerrissen. Hier schenke ich dir fünf Rubel; kaufe dir neue dafür, hörst du, und schneide nicht immer solch garstiges Gesicht. Du hast hier doch leichten Dienst und – Tatjana – die Welt birgt so viel Schönes und Gutes!«
Unbeholfen, ohne Dank, ergriff die Aufwärterin das Geld und entfernte sich unsicher. Hinter der geschlossenen Tür steckte sie einmal die Zunge heraus, zog eine hämische Grimasse und knurrte tonlos, lettisch: »Das Luder ist besoffen. Eigentlich hätte ich mich zwar bedanken sollen.«
Nachdem sie eine Zeit lang den Samowar mit Leder und Putzstein bearbeitet hatte, ward ihre Neugierde wach. Vorsichtig schlich sie zurück, öffnete die Tür und machte sich an dem Messingschloss derselben zu schaffen.
Die Zigeunerin hatte sich, auf dem Bettrand sitzend, der Schuhe entledigt, schleuderte diese weithin über den Fußboden und – anscheinend glaubte sie sich unbeobachtet – deklamierte: »... Freunde, überm Sternenzelt –«
Sie riss mit einem Ruck das schwarze Haar von ihrem Kopf, um es im energischen Bogen von sich zu werfen, sodass es an der gegenüberliegenden Wand auf einer Devrientbüste hängenblieb
»... muss ein lieber Vater wohnen!«
Sie zerrte sich die Bluse auf und brachte ein Paar eingerollte Strümpfe zum Vorschein.
Da konnte Tatjana nicht mehr an sich halten, sondern lachte grell auf; und wie um das Derbe dieses Lachens wieder abzuschwächen, fragte sie untertänig in ihrem gebrochenen Deutsch: »Junge Herr haben gewiss sehr lustig gewesen auf Maskenb –«
Sie brach plötzlich blöde, erschrocken ab, denn sie sah zwei Tränen über die Wangen ihres Herrn fallen.

Zwieback hat sich amüsiert

So ein Kriegsschiff wie die »Nymphe« sieht von außen schmuck und freundlich aus. Kommt man als Besuch an Bord, so bemerkt man viel Ruß und Öl und Enge und stößt sich mehrmals empfindlich an sehr interessanten Maschinen. Gehört man im Dienste fürs Vaterland selbst zum Schiff, so lernt man erstaunlich vielseitige Arbeit, viel drückendes, eisernes Müssen kennen, lernt sich unter freiem Himmel im Winter mit kaltem Wasser den Oberkörper waschen und andres.

Bei der Marine muss man sehr gesund sein, um sich wohlzufühlen, gesund an Leib und Seele. Zwieback war nicht gerade krank. Aber die Kameraden hielten ihn für schwächlich, und er litt darunter; denn als Matrose unter Matrosen für schwächlich zu gelten, ist etwas Qualvolles.

Zwieback hieß gar nicht Zwieback. Irgendwie war er zu diesem Spitznamen gekommen.

Niemals hatte er sich krank gemeldet. Er verrichtete den Dienst, den die anderen verrichteten, nur weniger gut als diese. Nie zeichnete er sich aus. In allem blieb er zurück, in allem, und das schmerzte ihn. Er begriff schwer, war ungeschickt und zerstreut beim Exerzieren, Seine Uniformstücke wiesen immer Flecke auf und karikierten die unschönen Formen seines Körpers.

Er hatte ein merkwürdig langes Gesicht, das durchaus nicht zur Uniform passte. Außerdem war er sehr klein, aber auch nicht der Kleinste. Denn in nichts war er der Erste oder Letzte. Er wurde mit kränkender Selbstverständlichkeit übersehen von den anderen.

Und immer wieder verglich er sich mit diesen anderen. Das waren starke, wohlgebaute, frische Kerle. Sie sahen wirklich aus, wie Matrosen aussehen. Er, Zwieback, sah doch nicht aus, wie Matrosen aussehen. Und sie lebten mit so viel Leichtigkeit und Sicherheit.

Es gab da Leute, die stundenlang in der schmutzigen Takelage arbeiten konnten, ohne dass ihre weißen Anzüge fleckig wurden. Und war es nicht grausam beschämend, wenn jemand sagte: »Zwieback, Sie sehen wie ein Ferkel aus.« Es gab Leute, die gefürchtet waren, weil sie sich die Gunst strenger Vorgesetzter erschmeichelten, und solche, die höchstes Ansehen genossen, weil sie auffallend kräftig und verwegen waren.

Warum verstand nur er, Zwieback, nicht die Kunst, sich als gleichwertiges Teil im Ganzen zu behaupten?
Hatte er sich einen Knopf angenäht, dann fand er zuletzt, dass er den Faden über den Rand des Knopfes gezogen. Das kam bei den anderen nicht vor.
Diese glücklichen anderen hatten Extrauniformen, und wie stürmisch sahen sie darin aus, wenn sie zur Urlaubsmusterung antraten. Und dann kamen sie zurück von Land mit leuchtenden Augen, heiß und rot, stolz und trunken, mit dem Gefühl himmelstürmender Kraft in den Adern.
Manchmal wachte Zwieback auf von dem aufgeregten Lachen, den jugendwilden Tritten der Zurückkehrenden. »Na, gut amüsiert?«, fragte eine Stimme gähnend. »O, herrlich amüsiert!«, antwortete jemand. In seinem Ton lag etwas von einem Trompetenstoß oder vom Wiehern eines Füllens. Und Frage und Antwort wiederholten sich. Laute und Worte drangen an Zwiebacks Ohr, die sich vor Befriedigtsein blähten.
Aus halboffenen Augen beobachtete er die, denen er unsäglich neidisch und sehnsüchtig zuhörte.
Die hatten das Geld, um in Wirtshäusern lustig zu sein. Die hatten ihre Mädchen. Die verstanden zu tanzen, hatten Freunde in Schlägereien und wurden nicht wegen vornehmer Manieren verspottet.
O, herrlich amüsiert. – Das Wort hatte sich in Zwiebacks Gehirn eingenistet und ließ ihn unruhig träumen. – – –
Er bat nur selten um Urlaub und dann, um einzukaufen oder einsam, grübelnd über abgelegene Felder zu wandern. Niemand hielt es für möglich, dass Zwieback sich betrinken oder in eine Frau verlieben könnte. – – –
Die »Nymphe« lag jetzt vor Warnemünde.
Zwieback fuhr an Land. Er wollte heute außergewöhnlich leben, lustig, richtig vergnügt sein und auf bessere Art, als die anderen es waren. Er wollte nachts auch einmal antworten können: O, herrlich amüsiert! Er wollte einmal von den anderen beneidet werden. – –
Bald stapfte er durch die beruhigenden Flächen feinen Dünensandes am Wasser entlang, an unförmigen Strandkörben, an müßigen und lebhaften Gruppen eleganter Badegäste vorbei und erwartete ein Erlebnis.
Es konnte sich ungefähr so zutragen: Zwei hübsche, verwöhnt aussehende Backfische schwärmen vorüber. Sie verlieben sich in ihn. Können zwei

Backfische, ohne sich zu verlieben, an einem einzelnen Mariner vorüberschwärmen, der durch das Einerlei einer Badesaison wie ein Meteor geht? – Gut: Backfisch eins lässt den Sonnenschirm fallen. Zwieback zeigt sich galant und gewandt.
O danke vielmals. – Bitte, ich tat das mit Vergnügen. – Sie sind sehr aufmerksam. – Es folgt ein Gespräch, das mit gewollter Notwendigkeit zum Strandkorb 609, zu den Eltern, Geschwistern und Bekannten der Backfische führt. Die Gesellschaft bewundert Zwieback. Er wird im Kreis herumgezeigt wie ein Singhalese und muss tausend Fragen beantworten. Was die gekreuzten Flaggen am Oberarm bedeuteten. Ob er nie seekrank war. Was ein Walfisch wiegt und ob Tätowieren weh tut. Am Kaffeetisch auf der Veranda in der Villa »Seeschwalbe« oder »Iduna« erzählt er von gefährlichen Erlebnissen als Seemann, als rauer Marinesoldat, vielleicht von dem entsetzlichen Sturm am Kap Horn, wo er den Admiral Teerlapp vertreten musste. – – Die Augenbrauen der verstummten Zuhörer müssen sich zusammen- und ihre Münder sich in die Breite ziehen. – Im Abendschatten einer Laube küsst Zwieback den Backfisch oder die Backfische und empfängt die Chiffre für heimlichen Briefwechsel – – Aus all dem entspringt etwas, das sich durch Zwiebacks künftige Militärzeit wie der Golfstrom durch Polarwasser zieht. – – –
Aber es kam nicht so. Niemand sprach ihn an. Man sah ihm wohl nach. Manchmal schien es, als ob man hinter ihm lachte.
Er setzte sich nieder, schlang die Arme um die eingezogenen Beine, starrte nach der »Nymphe«, aufs Meer, in den Himmel und merkte auf einmal, wie hell und warm die Luft war. –
»– kommt – – – Kiel?«
Zwieback wandte scharf den Kopf und gewahrte zwei jüngere Herren in tadelloser Kleidung. Er hatte die Frage nicht verstanden und sagte das, sich erhebend.
Irgendwelche Auskunft wurde erbeten und gegeben. Die Herren waren ausgesucht höflich, und Zwieback gefiel sich darin, ebenso zu sein. Später saßen sie vor einer Flasche mit repräsentabler Etikette und hatten Namen genannt. Zwieback sprach. Er sprach von Torpedos, Granaten, Ankermanövern, Bootsmanövern, Landungsmanövern, Rettungsmanövern, Regatten, Salut-

schießen, Hängematten, Strafexerzieren, Nachtsignalen, »Klar Schiff«, wollenem Unterzeug, Matrosenkost, Funkenmimik und meteorologischen Drachen. Von sich selbst sprach er nicht. Er wollte einfach als Beispiel eines deutschen Matrosen reden und war stolz darauf, für eine vollwertige Durchschnittserscheinung zu gelten.

In dem Bemühen, den beiden Rostocker Studenten das gleiche Bild vom Marineleben beizubringen, das ihn selbst ergriffen, war er dann ganz rot geworden.

Die Herren sollten verstehen, wie hart und schön es sei, in einer heulenden Weihnacht auf landfernem Meer mit gläsernen Händen in steif beeistem Tauwerk zu hängen. Sie sollten von einem Flottenmanöver das aufregende Durcheinander, die durch kleine Worte beherrschte, farbige Massenverschiebung, das große Dröhnen, das drohende, blendende Blitzen, das freiatmende, tausendfache Wehen erfassen. An eine unvergängliche Poesie sollten sie glauben, begreifend, dass ein Scheinwerfer ein vom Dunkel verborgenes Segel plötzlich in eine weißglühende, orientalische Märchengestaltung verzaubern kann. In die Welt »Marine« sollten sie blicken, so wie Kinder eine große, brausende Maschine betrachten – –

»Fühlen Sie sich dort wohl?«

Das lange »O ja«, das Zwieback, tief Atem holend, zurückgab, klang wie nein.

Und es stand in gewissem Zusammenhang mit diesem Klange, dass eine Rose für den Matrosen gekauft wurde. – –

Zwei Dampfpinassen, mit lärmenden Blaujacken überladen, stießen unerbittlich pfeifend vom Ufer ab. Scheue Wellen bäumten sich unter den Schlägen der surrenden Schrauben und stürmten klatschend gegen das faulige, schwarzgrüne Holz des Pontons, auf dem ein lebhaftes Publikum Hüte und Tücher schwenkte.

Die in den Fahrzeugen sangen auf einmal

»Muss i denn, muss i denn –«

und junge Mädchen am Ufer warfen ihnen Blumen nach.

Zwei schaukelnde Pinassen entfernten sich rasch in der Richtung eines ruhelos glitzernden Lichtstreifens, der über die mäßig bewegte See nach der »Nymphe« führte. Zwieback saß unter den Berauschten, Lachenden, mit

einer Rose in der Hand. Er sah nichts als Wasser und Licht und dachte glücklich, dass er viel getrunken habe. Darauf eilten seine Gedanken sprunghaft bald vorwärts, bald rückwärts.
Wie er ersehnt, erkundigte sich an Bord jemand: »Na, Zwieback, wie war's?«
»O«, rief er und rief es mit Siegerstimme, »fein, herrlich amüsiert!«
»Zwieback hat sich amüsiert!«, klang es aus verschiedenen Richtungen, und das Wort ging herum. Leute fuhren aus halbem Schlaf empor, eilten, nur mit Unterzeug bekleidet, herbei, um zu sehen, wie Zwieback aussah, wenn er sich amüsiert hatte. Sie bestaunten ihn lächelnd, deuteten auf die Rose, die neben seiner Mütze lag, und wollten Näheres wissen.
Aber er gab nur einige stolze, raffiniert ausgedachte Andeutungen, während er sich entkleidete und seine Hängematte aufknüpfte.
Dabei schnitt er alberne, unnatürliche Grimassen, um zu verbergen, wie es ihn freute, beneidet zu werden. Liegend, die Rose nahe am Mund, schloss er die Augen. Es wurde still.
Einmal noch hörte er ganz ferne sagen: »Zwieback hat sich amüsiert.«
In seinen Gedanken wiederholte sich das Wort vielmals. Ja, es war herrlich gewesen! – Was war herrlich gewesen? – Langsam sog er den Duft der Rose ein. – Ein Mann hatte sie ihm geschenkt. Mit zwei ganz fremden Männern hatte er etwas Wein getrunken und Aufklärungen über Marineverhältnisse gegeben. – Aber waren es nicht Stunden langentbehrter, gleichfühlender Freundschaft gewesen? – Tanzende Matrosen – Mädchen mit Blicken zärtlicher, opferfähiger Treue fielen ihm ein. Er sah Kameraden mit verschlungenen Armen singend durch Straßen ziehen. – Und wiederum, was bedeutete eine Rose als Geschenk unter Männern! Ach – –!
Irgendetwas rief tonlos: »Armer Zwieback!« Und dann: »Reicher Zwieback!« Und dann wieder: »Armer Zwieback!« Und wieder: »Reicher Zwieback!« Und so immer fort, abwechselnd. – Ah –!

– –

Zwieback schlief.

Auf der Strasse ohne Häuser

Die Landstraße entlang lief mit äußerster, atemraubender Hast in einem Kleide aus blauem Taft ein schönes Mädchen. Das war die Tochter eines strengen, rechtschaffenen, geachteten und reichen Mannes. Sie bedachte weder den Staub noch die Hindernisse des Weges; es kam vor, dass sie über einen Stein hinfiel und ein andermal gegen einen Pfahl rannte, die sie beide nicht gesehen hatte, obwohl sie nicht blind war. Auch empfand sie keinen Schmerz von dem Anprall und weinte doch unaufhörlich, wimmerte laut und stammelte angstverwirrte Gebete.

Ihr Ziel war ein beträchtlich entfernter Teich. Dort wollte sie sich und ein ungeborenes Menschenkind ertränken.

Es wehte kalt auf der herbstlichen, trockenen Landstraße. In vornehm gemäßigter Eile schritten zwei Damen dahin, begleitet von einem Offizier, der wohl der Gatte der einen, der Vater der anderen sein mochte.

Der kindische Ton einer Hupe bewog sie, zur Seite zu treten; und ein Gefährt überholte sie, ein graues Automobil, in dem eine graue Mumie hockte. Es raste vorüber, zwei hässliche Schweife schwelenden Rauches nachziehend, und verschwand auf der Höhe des Weges in einer Wolke wirbelnden Staubes. Einmal erklang noch das lächerliche Hupensignal, gleich darauf ein heller menschlicher Laut, etwa wie der Juchzer eines Tirolers, und öde Stille blieb zurück.

Die Fußgänger setzten ihren Weg fort unter Äußerungen des Unwillens. Dann bemühten sich die Damen, ein heiteres Gespräch aufzubringen, um den Wind nicht zu hören, der sich mit leisem Klagen durch Telegraphendrähte wand, und plötzlich rief die jüngere: »O Gott, da liegt jemand!«

Mitten auf der Straße, im Schmutze ausgestreckt, lag ein junges Mädchen im blauen Taftkleid. Ihr rechter Arm war unnatürlich verrenkt, und vom linken Backenknochen an, quer über die Stirn, war ihr der Kopf gespalten, als wäre ein Pflug darübergegangen. Aus der Furche quoll die Gallertmasse von einem ausgelaufenen Auge, mit Fetzen vom Gehirn vermengt, und schwarzrotes Blut war über das noch jugendliche Gesicht verspritzt, sickerte durch zusammengeklebtes Haar.

Ein Aufschrei aus drei Kehlen flüchtete über die Felder, vielleicht von fern auch wie der Juchzer eines Tirolers anzuhören. Die Lebenden umstanden die Tote minutenlang starr, aufrecht, mit äußerst geweiteten Augen, mit gespreizten Fingern. Nun bückte sich der Offizier, schob die Lippen des Mädchens auseinander und sagte nach einiger Zeit ergriffen: »Es hängt ein Glück an ihrem Unglück – sie ist tot. – – – Sie, heda! Kommen Sie rasch!« Das Letzte, laut gerufen, galt einem hageren Manne, der gebückt, langsam des Weges kam und ein Bummler, ein Landstreicher zu sein schien. Er musste den Zuruf verstanden, die Situation der Wartenden erkannt haben, aber er beschleunigte durchaus nicht seine Schritte.

»Ein Unfall – laufen Sie nach der Stadt! Holen Sie einen Arzt, einen Wagen, – Polizei! Wir bleiben inzwischen hier.«

Der Fremde trat schweigend an die Gruppe heran. Sein trockenes, wirres Haar bedeckte die Hälfte einer niedrigen Stirn und verlieh dem langen, gelblichen Gesicht einen Ausdruck von Trotz und Beschränktheit. Der Unterkiefer hing schlaff herab; es sah aus, als könne er ihn nicht bewegen. Der Mann stieß seine schmutzigen Hände geballt in die Rocktasche, zog die Achseln hoch und betrachtete mit fast tierischen, rücksichtslosen Blicken die beiden Damen, welche unverborgen weinten, während sie den entstellten Körper am Boden mit ihren Schals und Taschentüchern zudeckten. Mit zusammengezogenen Brauen, finster und streng, verfolgte der Offizier dabei das Benehmen des Landstreichers, wohl nach einem Zeichen von Mitleid oder Erschütterung spähend.

»So eilen Sie doch! Schnell, schnell!«

Der Mann wandte sich dem ernsten, sichtlich entrüsteten Herrn zu und lallte, wie betrunken, mit blöder Stimme: »Schenken Sie mir was.«

Die Augenbrauen des anderen zogen sich noch mehr zusammen. »Ja doch, gewiss, Sie werden bezahlt. Laufen Sie nur! Haben Sie denn gar kein Herz? Laufen Sie! Marsch!«

Der Bummler blieb stehen und hielt dem Sprecher die flache Hand hin. In diesem Augenblick ward ein Radfahrer sichtbar. Sofort schwenkte der Offizier seine Mütze, zur Eile treibend, aber an seinen hochgehobenen Arm klammerte sich jetzt der Landstreicher, indem er hartnäckig, beinahe wie drohend, wiederholte: »Schenken Sie was.«

Die ältere Dame warf ihm eine Börse vor die Füße. Gleichzeitig traf ihn eine

Reitgerte in hartem Schlag, dass er zurücktaumelte und aufstöhnend die Hände an den Hals presste.

Der Radfahrer sprang indes vom Sattel. Als er sich den Mund zuhielt und mit der Zunge schnalzte, sah und hörte es sich an wie tiefes, aufrichtiges Entsetzen. Darauf zog er in unwillkürlicher Pietät seine Mütze und wartete wortlos, mit fragenden Augen auf eine Erklärung. Und als er diese und höflich befehlende Instruktion erhalten hatte, bestieg er mit rührender Eilfertigkeit seine Maschine und fuhr dem nächsten Orte zu.

In entgegengesetzter Richtung wankte der Landstreicher davon. Er hatte die Hände überm Nacken gefaltet, und als er sie sinken ließ, entblößte er einen blutunterlaufenen Striemen am Hals. – Aber er lachte von Zeit zu Zeit leise vor sich hin. Sein Kopf war zur Brust geneigt. Der Unterkiefer hing schlaff herab, und die Augen waren bis auf einen kleinen Spalt geschlossen.

Er wankte dahin und lachte von Zeit zu Zeit leise vor sich hin. Dann betrat er den Wiesenrand, um sich vor einer Telegraphenstange niederzulassen, die er mit Armen und Beinen umschlang. So blieb er still sitzen. Man hätte meinen können, er wäre an der Stange heruntergerutscht; man hätte auch meinen können, er küsste sie wie eine Geliebte, denn er hatte den offenen Mund fest auf das tönende Holz gedrückt. So verharrte er stumm.

Es zogen ein paar Studenten vorbei, die über ihn lachten und weitergehend einander von eigenen Heldentaten erzählten, die sie im Rausche vollbracht hatten. Es kamen Leute vorüber, die sich entrüstet abwandten und von der Torheit Erwachsener sprachen. Ein Dichter blieb stehen. Dieser Mann, dachte er, hört einem Holzpfahl zu – – ein berauschter Obdachloser, der Stimme des Weltverkehrs lauschend. Das fand der Dichter schön, freute sich und wollte den Andächtigen nicht stören. Wieder andere Menschen näherten sich; die versuchten den Bummler aufzuwecken, wähnend, er schliefe. Sie entdeckten, dass er tot war.

Männer wurden gerufen, welche feststellten, dass er einen Pfandschein aus Hamburg und ein Messer mit der Inschrift »Chicago 107« bei sich trug. Andere Männer konstatierten, dass er verhungert, dass er aus Mangel an Nahrung gestorben war, und wieder andere legten ihn in einen ganz neuen, gegen Schnee und Regen schützenden Sarg und begruben ihn.

Es blieb die Frage übrig: Wer ist der Mann? – Eine Frage, die wie etwas

Spinnenartiges kaum bemerkbare Beine und Fühler weit hinaus ins Land reckte, feine Fäden verknüpfte und staubige Akten durchirrte. –
In das Haus eines strengen, rechtschaffenen, geachteten und reichen Gutsbesitzers drang derweilen tiefes Herzeleid. Die einzige Tochter, die er mit ebenso viel Fürsorge als Erfolg erzogen hatte, war das Opfer eines Unfalles geworden.
Irgendwo, anderswo, gab jemand zu dieser Zeit ein vornehmes Gastmahl, ein Automobilfahrer, der einen neuen, glänzenden Rekord aufgestellt hatte. Offiziere, Sportsleute und sonstige angesehene Personen waren geladen. Ein alter Herr erhob sich an der Tafel; man wusste, dass er Großes für Kunst und Wissenschaft geleistet hatte, und er sagte unter anderem aus ehrlicher Überzeugung heraus:
»Glauben Sie nicht, dass ich, als ein Mann rein geistiger Arbeit, geringschätzig über sportliche Unternehmungen denke. Mir ist bekannt, dass eine Wettfahrt, wie die heute gefeierte, mit schweren Gefahren verbunden ist und dass dieselbe neben Geschicklichkeit, Energie und mehr, vor allem hohen Mut erfordert. Mut trägt immer etwas Herrliches in sich, im Spiel wie im Ernst, im Frieden wie im Krieg. Ich hege ungemeine Hochachtung vor dem Mut. – –«
Der alte Herr schloss seine Rede damit, dass er ein Hoch ausbrachte und zwei Sektgläser umstieß, was die allgemeine Ausgelassenheit wesentlich förderte. –
Auf der Landstraße draußen wehte es kühl. Dort wanderten vereinzelt Menschen, rollten manchmal Wagen. – –
Als der Winter regierte, da ward die Bahn noch stiller. Nur wenige schweigsame Menschen stiefelten durch den Schnee, mit großen Schritten, um bald wieder Häuser zu erreichen. Seltener klingelte ein Schlitten daher. – –
Im Frühling hatte das Spinnenartige in einem fernen, winzigen Dörfchen gefunden, was es suchte: einen Namen, Hans Hölzerleimer, einige Zahlen und sonstige Angaben und die Bemerkung »keine Angehörigen mehr am Leben«. Damit war eine polizeiliche Angelegenheit erledigt. –
Da es Sommer geworden war, beschien die Sonne schwatzende lachende Spaziergänger auf der Landstraße, und ein Wind bewegte lustige Bänder und Tücher.

Und doch: Draußen, auf der Straße ohne Häuser, weht immer ein eigen kalter Zug; achte einmal darauf!

Vergebens

»Damit ist die Vorstellung zu Ende, Liddy«, sagte in der vordersten Reihe ein hochgewachsener, bleicher Herr von studentischem Aussehen. In die Gruppe der Nächststehenden kam eine plötzliche Bewegung ungenierter Neugier, die wissen wollte, wer Liddy sei. Man sah ein junges, unscheinbares Mädchen mit einem Mausgesicht und harten Händen, sah eine blauwollene, großmaschige Jacke und über verkümmertem Haar einen billigen Modehut. Dann – das Interesse verlierend – schloss man sich dem dichten Zuge jählings auflebender Menschen an, die zum Ausgang strömten. Diesen sichtlich Unzufriedenen aus deren durcheinandersummenden Reden die allgemeine Meinung herausklang, man habe für fünfzig Pfennige doch wildere Wilde, andere Samoaner erhofft – folgten, als letztes Paar, Liddy und Walter Senath.
Nur das vertrauliche »Arm in Arm«, sonst nichts, deutete darauf, dass die Kleine innig zu dem Großen gehörte. Denn sie schritten schweigend hin. Keines wandte einmal den Kopf, um nach der Stimmung des anderen zu forschen, wie Liebende tun. So ward er nicht gewahr, dass die Fröhlichkeit von ihrem Gesicht verschwunden war, um derentwillen er einen ganzen Nachmittag voll trügerischen Jahrmarktwirrwarr erduldet hatte, und so war möglich, dass der Ausdruck seines fein und scharf geschnittenen Antlitzes ihr nicht entdeckte, wie unerträglich die aufdringliche Karussellmusik, der stickige Bratwurstdunst und besonders die aufregende Lichtfülle dieser tollen Zweiwochenstadt ihm erschienen. Später, draußen auf der stillen Laternenallee, entging es ihm auch, dass der junge Student einmal leise das Wort »Tautau« vor sich hin sprach, wobei er die Lider sekundenlang senkte.
Walter sann, tief und rein, aus einer berauschten Seele. Seine Gedanken reihten sich bunt aneinander und türmten sich hoch, wie zu einer Mauer, die ein weites Stück Welt umfasste und Liddy ausschloss. Es sprach ihm Lob, dass er bei einem dieser Gedanken errötete: Als er das oft bewunderte Weib in ungeübten englischen Schulsätzen angeredet hatte, war sie mit einem wilden

stolzen Blick der Verachtung davongegangen, hatten fremde Menschen in Gegenwart Liddys seine zaghafte Stimme belächelt. – – Liddys?
Liddy durchbrach die Mauer. – Sie fiel ihm ein, und wieder verschönte ein flüchtiges Rot sein ernstes Gesicht. Sie konnte nicht schadenfroh sein. Sie war zu harmlos, viel zu langweilig. Ärgerlich langweilig war sie oft. Überdies: Welche Faulheit im Sprechen und Denken! Welche Scheu vor allem, was ungreifbar! – Nie einen Wunsch. In den sechs, den sieben Monaten kaum ein Lachen kaum ein Weinen! Wie wunderlich, dass solch ein Geschöpf ihm vertraut geworden! Doch nun, wie wohltuende Wärme durchdrang ihn das Bewusstsein, in redlicher Ausdauer Zeit und Besitz mit diesem treuen Kinde zu teilen, das von einer barbarischen Mutter lieblos vernachlässigt worden war. Kein Zweifel: Er liebte die Kleine, – weil sie unaufgefordert ihm Hosen bügelte, das von der Waschfrau gebrachte Leinenzeug in die richtigen Schubfächer barg und alle Ungerechtigkeiten seiner nervösen Stimmungen mit sanfter Einfalt wortlos hinnahm. Sie tat noch mehr; sie kochte, sie nähte – und hatte früher in einer Fabrik um karges Geld mühselige, hässliche Arbeit verrichten müssen.
»Liddy, warum nun so trüb? Du warst doch anfangs so lustig.«
Aus trockenen Lippen quälte sich die kaum vernehmbare Antwort: »Mm – müde!«
Wieder schweigend wanderten sie weiter, in einer schwarzen Gasse, durch einen Torgang, über einen unheimlichen Hof in ein Hinterhaus, wo sie müde tappend vier Treppen erklommen. Oben erleuchteten sie die stillos, aber behaglich möblierte Wohnung, legten Hut und Überzeug ab, und Liddy verriegelte lärmend die Fenster.
In der Schlafkammer fand sie die Betten in einem Zustande, der vom Zeitvertreib einer Katze erzählte, die beim Öffnen der Türe ahnend entwichen war.
Bald darauf lehnte Walter im Nebenraum am kalten Ofen und beobachtete mit beherrschtem Vergnügen, wie seine Geliebte ein steifes weißes Linnen über den schnörkelfüßigen Ahnentisch glättete. An diesem Tisch saß sie nach dem Abendessen, rücksichtslos bequem, mit aufgestemmten Ellenbogen, die Finger überm Nacken verflochten, und las einen Dutzend-Roman. Hinter ihr, auf einem verblassten Diwan ausgestreckt, lag Walter. Seine weitgeöff-

neten Augen waren auf ein verräuchertes Stück der Decke gerichtet, wo über der Lampe matte Schattenringe spielten … und er sah tanzende Samoaner. Und längst erstarrte Gedanken tauchten in seiner Seele zu brausenden Träumen, ihn fernhin zu tragen. Manchmal bewegten sich seine Lippen zu lautlosen Worten.

Schwere, schleppende Atemzüge verloren sich in der Ruhe des Zimmers. – Allmählich begann Walter seine Gedanken in hörbare Worte zu fassen, die, je länger er sprach, umso leidenschaftlicher klangen.

»Ach, die von Samoa! Liddy, wir sind erbärmliche Krüppel, suchende Blinde, verlogene Prahler, du, ich, wir Weißen alle gegen die von Samoa! Sie sind Gestalten aus heller Bronze, weitblickend und furchtlos; Krieger mit kalten Messern in schweren Fäusten, Jäger, die sich mit rauen Knien durch knackendes Buschwerk kühne Wege bahnen.

Sie stehen in der Sonne im Sand, und Seewind kühlt ihre bloße Brust. Sie setzen sich in engen Zelten zu trotzigen Frauen mit reifen Brüsten; Frauen, wie Tautau, mit breiten Schenkeln und lässigen Hüften. Diese Frauen stecken sich feuchte, sterbende Blüten ins dunkle, unbändige Haar. Frauen mit lüstern wiegendem Gang reichen die Kawa in Kokosnussschalen.« –

Liddy las.

»Stelle dir vor, wir wandelten nackt über lichtgrüne Matten. Du trägst um den Hals eine kühlende Kette aus roten Korallen und Zähnen des Pottwals. Papageien schaukeln sich in säuselnden Palmen, und vor uns ragen die starren Berge. Wir lauschen am Strand, wie die ewigen Wogen kommen und scheitern, bis die Nacht uns ihr Weh in die Herzen gießt, und singende Mädchen in schmalen Kanus gleiten vorüber, große, scheue, traurige Mädchen, die von den Müttern Grazie, Kraft und Anmut erbten. Nicht wahr, Liddy, diese Frauen sind herrlich?«

»Mm – dicke Beine«, klang es unwirsch vom Tisch her.

»Ach, du bist eine – – du verstehst das nicht. Du denkst nicht daran, dass sie uns betrachten, wie wir sie betrachten. Glaube mir: Die Mutter Tautau sorgt für Metita wie unsere Mütter für ihre Kinder.

Du kannst nicht verstehen, warum solche Weiber uns fremd übersehen, und du sahst es nicht, wie heiß sie blickten während der Kämpfe der Häuptlingssöhne. Du vernahmst ein Geschrei und die Schläge auf Kalbfell bei dem

Gesange ›Gruß an die Heimat‹. Ich aber hörte nur schwellende Sehnsucht nach einem Eiland im Stillen Ozean. Wie groß muss ihr Heimweh sein! Denn ihre Heimat ist schön, ist unbeschreiblich schön.«

Der Sprecher hielt inne, schloss für Minuten die Augen und glich einem sanft und glücklich Gestorbenen. Aber seine ruhelosen Ideen schwebten weiter und schwangen sich höher, wie rastlose Möven, und nun er aufs Neue zu sprechen begann, mit weichen, getragenen Worten, da bebte in seiner Stimme eine schwer verhaltene Inbrunst. »Liddy, wie das klingt: Tanz der Mädchen im Sitzen! Schmetterlingstanz! und: Der hohe Häupling Tamasese! – Liddy: Stiller Ozean! Indischer Ozean! – Eiland! oder Irland! Stockt einem da nicht für Sekunden der Herzschlag!«

Die Angeredete schlug das Buch zu, schreckend heftig, und verließ mit auffallend harten Schritten die Stube.

Ärgerlich oder verwundert richtete Walter sich zum Sitzen empor, stützte die Ellbogen auf die Knie, das Kinn auf die Handballen und schaute verdrossen, mit seitwärts geneigtem Haupt, nach der Tür. Er erwartete, einem Wunsche nahe, von seiner Geliebten irgendeinen stärkeren Anlass, um über mürrisches Wesen und Mangel an Zartgefühl gründlich zu schimpfen.

Liddy kam mit Jacke und Hut und zwei Paketen aus Zeitungspapier.

»Wo willst du denn hin?«

»Zu meiner Mutter.«

»Zu deiner Mutter?«

»Ja.«

»Jetzt?«

»Für immer.«

»Bist du des Teufels? Habe ich dich irgendwie gekränkt?«

Auf einmal zuckte das Mausgesicht in rührend komischen Grimassen. Walter nahm etwas Schimmerndes wahr, und er fragte mit einer Stimme, deren fremdartige Rauheit ihn in Verlegenheit brachte: »Ist es dir ernst? Du willst davon?«

»Du kannst dir ja eine Samoanerin nehmen!«

»Liddy, du bist doch ein albernes Ding!« Er sprang auf, trat zum Fenster und beschäftigte sich eifrig damit, einer mageren Palme die Blätter auszureißen, so, wie man Hühner rupft. Von jeher litt er an ausgesprochener Angst vor Auseinandersetzungen, auch wenn er sich keiner Schuld bewusst war. Diesmal aber fühlte er deutlich, dass mit dem naiven, vernunftlosen Trotz dieses Mädchens nicht zu streiten sei. Er stand ihren Tränen und ihrem tauben »Nein« gegenüber wie das Kaninchen der Riesenschlange.

Sein Verhalten ehrlich prüfend, vermochte er nichts zu entdecken, was Liddys Verstimmung gerechtfertigt hätte. Diese Verstimmung war Eifersucht. Der steigende Ärger, mit dem er das erkannte, ging unter in der Befürchtung, er könne seine Geliebte verlieren.

»War ich wirklich böse zu dir?«, rief er in einem liebenswürdigen Tone versöhnlicher Lustigkeit und drehte sich langsam um. Aber Liddy war fort. Sie war gegangen, nicht wiederzukehren.

Und Walter kramte ein Bildnis hervor, das er in ähnlicher Weise wie zuvor die Palme behandelte, vernichtete in gewisser Pose eine gehäkelte Bürstentasche und schlief außergewöhnlich spät ein.

Im Laufe des folgenden Tages unternahm er mit aufwachender Heiterkeit mancherlei, was junge Witwer und Strohwitwer tun, und als er gen Abend seine Schritte wiederum nach dem anziehenden Samoanerdorf lenkte, trug er die Miene eines Menschen zur Schau, der nach langem Zwang wieder Freiheit genießt.

Er drängte sich, ein wenig brutal, durch das Publikum nach einem Platze, wo er Tautau im Gespräche mit einem älteren Herrn gewahrte.

Dieser, dem ein energisches Kinn, Reitstiefel und andere Merkmale das Äußere eines weitgereisten, vornehmen Mannes gaben, unterhielt sich lebhaft über die Barriere hinweg mit der üppigen Insulanerin in der Sprache ihres Landes.

Walter war dicht herangetreten. Seine Mundwinkel zogen sich in einer Bewegung des Spottes herab, während er sich den Anschein gab, als ob er den beiden verständnisvoll zuhörte. Er zog die Uhr aus der Tasche und wünschte sich ungeduldig den Anfang der Vorstellung herbei. Nicht ohne Absicht stieß er den andern unsanft an und entschuldigte sich gleichzeitig mit einem auffälligen »Pardon!«

»O bitte!«, beschwichtigte dieser höflich mit einer leichten Verneigung zur Seite und sprach darauf weiter. Er sprach sehr lange, vielleicht eine Stunde oder zehn Stunden.

»Es scheint, man gibt hier eine sprachenkundliche Nebenvorstellung«, bemerkte Walter und zog die Uhr aus der Tasche. Niemand beachtete seine Worte. »Reitstiefel trägt man«, fuhr er nach einiger Zeit lauter fort, »warum bringt man nicht gleich den Gaul mit?«

In diesem Augenblicke wurde Tautau durch dumpfe Trommelschläge abgerufen. Der Weitgereiste richtete sich langsam auf und sagte mit überlegener Ruhe, bemessen leise zu seinem Nachbar: »Junger Herr, Sie sind grundlos unartig oder eifersüchtig.«

»Ich eifersüchtig?« – Walter senkte unvermutet den Kopf, biss sich auf die Lippen und flüsterte dann seltsam kleinlaut: »Ich schäme mich doch.«

Diese vorzügliche Erziehung verratende Äußerung der Zerknirschung mochte wohl das Mitgefühl des älteren Herrn erweckt haben, denn er reichte, wie kameradschaftlich, seine Rechte hin und entgegnete herzlich, als wollte er ein zu schroffes Wort wieder gutmachen: »Nun, wenn Sie so sprechen, dann wollen wir alles vergessen und uns vertragen.«

Walter ergriff aber nicht die dargebotene Hand. Er entfernte sich stumm ohne Gruß, bahnte sich hastig einen Weg durch die Zuschauermenge und lief heimwärts, durch die stille Laternenallee, lief in etwas gebeugter Haltung und mit schlürfenden Schritten durch die schwarze Gasse nach Hause. Wer würde ihm künftig aus Liebe Hosen bügeln?

Sie steht doch still

Ein großer Dampfer schiebt sich durch den Ozean. Auf dem Gitterwerk über dem Maschinenraum liegt ein kranker Mann, das schmutzige Gesicht auf die heißen Stangen gepresst, nicht schlafend, nicht wachend. Schwüle Dämpfe steigen von unten herauf und hängen Perlen an seine Stirne. Wenn er die Augen öffnet, sieht er Räder, Kessel und Stangen. Er sieht sie jetzt auch mit geschlossenen Augen. Die Maschine stampft, schlägt, braust, dröhnt, wie sie Tag und Nacht tut. Heute hört er es. Dabei wartet er mit Angst auf ein Glockenzeichen. Es muss gleich kommen. Vergeblich versucht er zu schlafen, nichts zu denken. Er sieht Räder, Kessel, Stangen, er denkt an die Glocke und hört das Dröhnen der Maschine. »Sie steht nicht still«, flüstert er vor sich hin. Plötzlich liegt Udo neben ihm.

Udo ist schon zwei Wochen tot. Er ist verrückt geworden und über Bord gesprungen, weil – – sie nicht stillstand.
»Udo, glast es bald?«, fragt der kranke Mann.
»Noch eine Minute«, gibt der andere zurück.
»Udo, – ich kann nicht mehr.«
Udo grinst blöde und schweigt.
»Nicht wahr, sie steht nicht still?«
»Nein, sie steht nicht still.«
»Aber wenn wir alle nicht mehr wollen?«
»Alle?« – Udo lacht hart. »Ihr müsst und ihr wollt.«
»Udo, ist die Minute bald um?«
Niemand antwortet. Der kranke Heizer ist allein.
Acht Glockenschläge gellen hässlich durch den gleichmäßigen Lärm. Es klingt wie das »Hü, Hü« eines Kutschers.
Der Mann erhebt sich matt und steigt mit klappernden Holzpantoffeln die schwarze Wendeltreppe hinab. Hansen, der abgelöste Heizer, übergibt ihm eine Feile und spricht dabei etwas. Er versteht es nicht. »Sie steht nicht still«, murmelt er, ohne aufzusehen.
»Wer steht nicht still?«, fragt Hansen verwundert.
»Ach – Udo hat's gesagt.«
Hansen dreht sich ärgerlich um und steigt mit einer höhnischen Bemerkung an Deck. Der Mann unten legt die Feile fort, nimmt eine Kanne und beginnt zu ölen. Der Maschinist tritt aus dem Heizraum ein. Er gibt irgendeine Anweisung. Der Heizer tritt an das große Rad, um das Ölbassin aufzufüllen. »Sie steht nicht still«, stöhnt er ganz leise und schauert dabei zusammen, als ob er fröre. Auf einmal ist der Heizer nicht mehr da. Es klingt schrecklich, wenn ein menschlicher Körper zermahlen wird, noch viel schrecklicher als das kurze Todesgekreisch eines, der verunglückt. Der Maschinist hält sich die Ohren zu und starrt zitternd, bleich, mit verzerrten Augen auf die roten Fetzen an dem rotierenden Rad. – –
Im Vorderschiff unter Deck trinkt Hansen Kaffee mit anderen Heizern. Mitten im lustigen Gespräch setzt er seine Tasse nieder und wendet horchend sein Gesicht zu Boden. Dann sagt er tiefernst: »Sie steht doch still!«

Gepolsterte Kutscher und Rettiche

Gerechtigkeit, Höflichkeit, Ängstlichkeit und andere Kommandanten ordneten die Leute vor dem Postschalter zu einer Reihe.

»Sieh mal, Alice, dort steht der Alte von gestern, der so komisch war«, flüstert ein Blondinchen einer vor ihr stehenden Dame zu. Alice antwortet über die Schulter zurück: »Jawohl – aus dem Kabarett, der die Speisekarte komponierte – Hugo Pielmann heißt er.«

Drei Glieder voraus in der Kette dreht sich darauf ein hoher, breitschultriger Herr um, mit schwarzem Schnurrbart, schwarzen dicken Brauen und weißem Haupthaar. Die Lippen und alle Muskeln in seinem Gesicht arbeiten, er will sprechen, aber es kommt nicht heraus. Zudem wird vor ihm gerade der Schalter frei. Pielmann bringt, herantretend, nur einen krächzenden Laut hervor, welcher aus Heiterkeit und Verachtung gemischt scheint. Er ringt wieder nach Worten, um eine Postanweisung zu verlangen, und ein Nachbar dolmetscht zuvorkommend, weil der Beamte nicht deutsch versteht. Am Nebentisch füllt Pielmann die Anweisung aus. Zuerst setzt er 15 Rubel ein, dann ändert er das in 10 um, endlich streicht er die 10 aus und malt eine 14 darüber. Bei Abfassung der Adresse an ein Fräulein Tilly so und so verfährt er sehr umständlich; er schreibt sie, obwohl zitterig, doch deutlich, kürzt weder »Straße« noch »Hinterhaus« ab und fügt an die Stockwerkzahl in Klammern die Bemerkung »*vis-à-vis* dem Starkastel«. Den Abschnitt bedeckt er flüchtig mit Stichworten: »Letzter Vorschuss! Klavier: Wehe, wenn es losgelassen! Akustik: Horch! Da dringt verworrner Ton. Trotz Applaus mir gekündigt (weil ein Tag ausgesetzt, um Konzert Walter zu hören, Beeth. 9.!!! Symph.), Knopp begibt sich weiter fort. Neuen Hut gekauft. Soll ich dir eine Troika oder einen Hermelinpelz aus Russland mitbringen? Herzlichst, der Alte, der gestern so komisch war.«

Wohl eine Stunde lang streift Pielmann durch Straßen und Gassen, aufmerksam Schaufenster betrachtend, um etwas zu besorgen, was er Tilly mitbringen wird. An keine Troika und keinen Hermelinpelz denkt er, sondern wählt mit vorzüglichem Geschmack eine kleine, naive Schnitzerei, eine Bauernarbeit, weil sie örtliche Spezialität ist und weil sie zufällig eine sinnige Bedeutung für Tilly hat und weil sie gerade einen Rubel kostet. Der Verkäufer lächelt über Erscheinung und Sprache des Käufers. Dieser eilt, dem belebten Stadtviertel zu entrinnen, und schimpft über die kauderwelsche Sprache und die Hieroglyphen auf den Straßenschildern, auch über ein dickes Weib, das wie ein Mehlsack gegen ihn geprellt ist, sodass er es fürder für geraten hält, die Hand vor die Tasche mit Tillys Geschenk zu breiten.

Bei den Kais in einem dunklen, verwitterten Holzverschlag steht ein Standbild des heiligen Christoph, aus Holz, über Lebensgröße. – Armer Christoph! Die Witterung hat ihm tiefe Wunden am ganzen Körper beigebracht und wenig von dem Gold und Blau seines Mantels übrig gelassen, in seiner roh ausgehauenen Linken wiegt er das Christkindlein, welches wirkliche Kattunkleider trägt, doch was er einst in der Rechten schwang, erfährt man nicht, denn es ist abgebrochen. Vor dem Denkmal kniet ein Flößer, mit schmutzigem Schafpelz und hohen Stiefeln bekleidet, und küsst abwechselnd die plumpen Füße des Heiligen. Nun zieht er neues, wollenes Hemd unter dem Schafpelz hervor, entfaltet es und hängt's bedächtig dem hölzernen Christoph über.

All dem hat Pielmann zugeschaut, wobei er die Lippen ganz zusammengepresst, mehrmals den Kopf geschüttelt und sehr tief Atem geholt hat. Als nun der Flößer, umkehrend, ihn anbettelt, ist Pielmann für Augenblicke ganz bestürzt. Er wird rot an der Stirn, sprengt, indem er seine Taschen durchwühlt, einen Westenknopf los, und er schenkt dem Kerl schließlich eine Zigarettenspitze aus Meerschaum. Der Bettelnde will ihm die Hand küssen, doch jener reißt sich los, und fortrennend krächzt er wieder laut, diesmal nur unsägliche Verachtung, keine Heiterkeit.

Diese kehrt ihm erst draußen zurück auf dem freien breiten Wege, der sich zwischen hügeligen Kiefernwäldern im weiten Bogen von der Stadt zum Badestrand hindehnt. Geschäftige Personen und müßige Spaziergänger überholen ihn oder begegnen ihm. Er hat keine Geschäfte, hat nicht auffallende Kleider zur Schau zu stellen; er spürt auch keine Neigung, Mitmenschen zu studieren. Die Sonne fühlt er behaglich; er atmet die reine Luft bewusst. Während er zwei Hunde beobachtet, die sich um den Rest eines Fischkorbes balgen, und später, da Pielmann einem spielernsten, uniformierten Jungen, der vor ihm Front gemacht hat, mit militärischem Gruße dankt, überkommt ihn so ein – gutes Lächeln.

Indem er sich an dem sommerfrohen, unbedrängten Spätnachmittag zufrieden und mit seinen Gedanken genügend beschäftigt fühlt, strebt er unwillkürlich, möglichst unbemerkt durch den regen Verkehr zu lenken, doch seine straff gehaltene Gestalt und das ausgeprägte Gesicht mit dem breiten, in den Winkeln eingekniffenen Mund fallen vielen Passanten auf. Pielmann hat einen eigentümlich schwankenden Gang. Es ist, als ob er nur auf den Hacken stelze; dabei wirft er die Fußspitzen stark auswärts und fuchtelt, etwa in der Bewegung des Mähens, mit den Armen. Seinen Sprachfehler hinzugerechnet, kann man Pielmann leicht für einen Trunkenbold ansehen, oder anders gesagt, man weiß nie, ob er berauscht ist oder nicht, denn sehr häufig ist er wirklich betrunken. Seine nächsten Freunde vermögen das oft nicht zu unterscheiden.
Eine seidene, parfümierte Dame, die bald vor, bald hinter, bald neben ihm herschreitet und kritische Übung besitzt, wird sich indes bald über ihn klar: Er ist ein nüchterner, lustwandelnder Herr in den hohen Fünfzigern, von ordentlicher, gediegener, wenn auch unmoderner Kleidung; er ist ja, wie sein Hut meldet, Künstler. Die Dame bittet ihn mit gewöhnlichen Phrasen um Angabe der Zeit, der Künstler macht eine übertriebene Verbeugung und entgegnet mit scharfen Betonungen und häufiger Unterbrechung: »Es t-t-tut mir leid, mein verehrtes Fräulein, meine Uhr ist beim Uhrmacher. Der ging's nämlich wie Ihnen. Bald ging sie vor, bald ging sie nach, bald blieb sie stehen, aber, wissen Sie, was bei meiner Uhr Tiktak war, d-d-das scheint bei Ihnen Taktik.« Ohne Weiteres verlässt er damit die Dame, krächzt und freut sich, einen älteren Witz gut angebracht zu haben.
O, er hat an diesem Tage besondere Erlebnisse. Abends, am Meer, oberhalb des Abhanges, erkennt er eine Freundin, welche einst – es mag zehn Jahre zurückliegen – in München eine wechselreiche Künstlerzeit mit ihm durchgemacht hat. Sie haben niemals etwas wie Liebe füreinander empfunden, aber sind sich doch recht vertraut geworden, indem sie die gleichen Gesellschaften von Künstlern und Scheinkünstlern, die gleichen Atelierfeste, Maskeraden und Trinkhäuser besuchten, manchmal zusammen kochten und sich gegenseitig aushalfen in allerlei Nöten.
Pielmann hält den Ausdruck vergnügter Überraschung zurück, um erst einmal ruhig zu prüfen, was ein Jahrzehnt aus der übermütigen, begeisterten Malerin, aus dem braven, schwächlichen Mädel entwickelt hat. Jetzt ge-

wahrt er eine gesunde, volle, elegante – – auch die Art, wie sie sich im Sande gelagert hat und achtlos mit dem Ärmel einer Spitzenjacke spielt, verrät Wohlbefinden. Ihr zur Seite ereifert sich ein Knabe damit, ringförmige Aufstufungen aus Sand zu bauen. Außerdem steht dort ein vernickelter Spielwagen, auf welchem ein Buch und ein Butterbrot in bedenklich enger Freundschaft beisammen sind.

»Pielmann? Piel-mann!«

»Sascha, hä, hä!«

»Wahrhaftig, Pielmann. Wie geraten denn Sie hierher? Mein Gott, leben Sie denn überhaupt noch? Ich dachte, Sie wären längst gestorben.«

»Dass ich nicht wüsste.«

»Famos! Nein, welch ein Zufall! Sie in Russland! Was tun Sie denn hier? Sind Sie denn noch am Kabarett? Und noch ganz wie früher! O, Sie müssen uns besuchen; ich bin nämlich verheiratet.«

»Piink! pink!« Pielmann singt zwei hohe Töne und steckt ein unverständliches Lächeln auf, so eine seiner merkwürdigen Angewohnheiten.

»Hm, ich bin Frau. Mein Mann ist der Baron Rostostowsky. – Ja, ja, das ist unser Junge. – Roby, du hast wieder dein Butterbrot nicht gegessen; jetzt bekommen's die Vögel, und du kriegst zur Strafe heute kein Nachtbonbon. Steh auf und gib dem Herrn die Hand.« Das verwöhnte Kind schiebt sich trotzig heran und streckt unartig die Hand aus. Der Weißhaarige drückt diese unter einer pompösen Verneigung: »Ah, es fr-fr-freut mich, Baron St-St-St-Stofstoffstoffsky, Euer Hochwohlgeboren beim Wiederaufbau des Kollisseums anzutreffen. D-d-darf ich alte Ruine mich daneben setzen?«

Frau von X. lacht, eigentlich über Pielmanns Schuhe. Es fällt ihr ein, dass er niemals auf der Bühne stottert. »Nein, wie Sie drollig aussehen. – Haben Sie Kinder gern?«

»Ich sehe, spreche, erziehe sie gern. – Und Ihnen geht's also gut?«

»Nun ja, so, so, man hat viele Sorgen, mit den Dienstboten, und Roby ist unfolgsam, und jetzt wird unsere Wohnung tapeziert. – Und Sie? Sind Sie ein berühmter Mann geworden?«

»Dann würden Sie wohl nicht fragen. Als wir uns zuletzt sahen, war ich schon ein geschiedener Gatte und beinahe ein halb Jahrhundert alt; von solcher Höhe steigt man nicht mehr. Was macht denn ihre Malerei?«

»Die habe ich aufgegeben, aber Sie, etwas müssen Sie doch erreicht haben?«
»Ja, ja, natürlich, selbstverständlich, zum Beispiel diesen prächtigen Filzhut. – Wohnen Sie am Strand?«
»Wir haben hier ein Sommerhaus, mein Mann wird sich ungemein freuen, Sie kennenzulernen. Er fuhr zur Stadt um Billette für – –«, und sie berichtet weiteres und fragt dazwischen mancherlei. Ihr alter Bekannter unterbricht sie nur selten, schaut sie auch nicht an, sondern starrt auf Roby, auf den Spielwagen, über das Meer und ins Gewölke. Sie weiß die strengen Falten seiner Miene gar nicht zu deuten und fragt gelegentlich: »Pielmann, trinken Sie eigentlich noch immer?«
»Ja, Lethe.«
»Das kenne ich nicht; ist das Schnaps?«
Er sagt nichts darauf.
»Haben Sie die arme kleine Tilly einmal wiedergesehen? Wie gefällt Ihnen, vor allem, meine Heimat, der Strand, diese roten Kiefern im Abendglühen, das Meer und alles, was ich Ihnen so oft schilderte; nicht wahr, das ist doch unvergleichlich?«
Keine Antwort erfolgt.
»Pielmann? – Pielmann, Sie müssen überhaupt du zu mit sagen.«
Da wendet er ihr schnell sein Gesicht zu: »Sie ha-ha-ben also nicht vergessen, dass wir mitunter in armseligen Dachstuben recht lustige Kameraden gewesen sind, dass wir manchmal Rettiche als Mittag geteilt haben?«
»Wie könnte ich das vergessen! Nein, nein, die Staffeleien, die Gitarren, die Lieder nein, ich behalte das alles, und die Feste, und Heimgänge am Morgen nach so gleichgültig verbummelten Nächten – – ach, es war doch wunderschön!«
Nun entsteht eine Pause in dem Zwiegespräch. Bunte Leute promenieren am weich, melodisch bespülten Ufer. Von da, wo die Sonne verschwunden ist, wandeln feurig rote Wolken und Wölkchen in die matte Bläue des Himmels hinaus. –
»Hugo?«, beginnt die Baronin von Neuem und ganz leise. »Bemerkst du den goldenen Streifen am Horizonte, ganz unten, ganz fern? Ich denke immer, dahinter müsste noch etwas unausdenkbar Glückseliges sein – etwas, so – verstehst du mich nicht?« Er schweigt. Unterhalb, nicht weit von ihnen,

knirscht eine Equipage. Auf einmal springt Sascha auf. »Da hält ja die Fürstin; die muss ich begrüßen. Entschuldige mich einen Moment.« Sascha klopft eilig den Sand vom Kleid und ordnet dasselbe. »Sieh dir mal den dicken Kutscher mit den Pfauenfedern an – echt russisch! Im Winter ist er noch dicker; da polstert man ihn mit Kissen aus. Das gilt hier für vornehm; so einen haben wir auch, na, verzeihe einen Augenblick, ich bin – –.« Sascha läuft den Abhang hinunter. Sie ist eine hübsche Frau.

Auch Pielmann erhebt sich. »So, Roby, jetzt wollen wir die Vögel füttern«, krächzt er besonders scharf, aber mehr zu sich selbst als zu dem Jungen, und als dieser unbeirrt weiterschaufelt, nimmt der Alte das Butterbrot vom Spielwagen und schlendert, wie gelangweilt, etwas abseits hinter eine Fischerbude.

Und dort, ohne nach Vögeln auszuschauen, reißt er mit zwei Fingern ein Bröckchen Brot ab und wirft es auf den Boden. Dann reißt er einen großen Bissen ab und stopft ihn in den Mund und kaut sehr schnell und würgt und lauscht dabei und späht aufgeregt umher und wirft wieder ein Kleines von Brot zur Erde und stopft wieder ein Großes von Brot in den Mund. – – –

Es dauert geraume Zeit, bis die Baronin von der Fürstin an ihren Lagerplatz zurückkehrt. Pielmann ist nicht mehr dort. Sie entdeckt nahebei eine langgestreckte Inschrift mit großen Buchstaben, die er in eine glatte Sandfläche gefurcht hat. Da steht: »Vergessen Sie nicht den goldenen Streifen. Dort wird es keine gepolsterten Kutscher geben, auch keine Rettiche.« –

Roby spielt mit einem Bauernschnitzwerk und behauptet, die Vögel hätten es ihm beschert.

Durch das Schlüsselloch eines Lebens

Aber als das Fest müde geworden, als jene schalen Späße auftauchten, welche die Lustigkeit bis zur ärmlichsten Dünne in die Länge ziehen, als das Gelächter schon im Lallen oder Gähnen verklang und in der Dunkelheit stiller Nebenräume menschliche Atemzüge vernehmlich auf- und niederstiegen, da bestellte sich Berthold einen Wagen und entfernte sich heimlich.

Indem er draußen dem kalten Winterwind aufgerichtet und mit weitgeöffnetem Mantel entgegentrat, kam er sich wie ein kühner Feldherr vor, nicht nur, weil ihn der Kutscher des Mietwagens entsprechend behandelte.

Der Dank eines durch Trinkgeld gerührten Dieners klang ihm nach. Der Schlag klappte beängstigend laut zu. Er vernahm ein Schnalzen, Getrappel, Gerassel und sagte mit fröhlichem Pathos: »Ich rolle.« Seinen Körper möglichst über vier Sitze verteilend, wandte er sich noch einmal nach den erleuchteten Fenstern der Villa zurück und ließ seinen Stolz in der Erinnerung baden, dass er in Gesellschaft reicher oder berühmter Leute vornehm gespeist und getrunken hatte.

Über den dick verschneiten Straßen dämmerte es bereits, und da Berthold Arbeiter, Bäcker und Milchweiber ihren frühen Geschäften nachgehen sah, ward seine gute Laune durch ein Gefühl von Beschämung gedämpft.

Irgendwo im Weichbild der Stadt ließ er halten und bezahlte den Kutscher. Die Folgegeister eines feurigen Burgunders hielten ihn wach und schürten die Lust zu der unvernünftigen Idee, mit Ballschuhen und Zylinderhut einen Morgenspaziergang über Land zu unternehmen.

Hinter den letzten Häusern sah Berthold eine weiße Wüste von Schnee vor sich und darüber einen wohltuend ruhigen, lichtgrauen Himmel. Die frische Luft klärte seinen Blick. Der noch jugendliche Mann sandte einen recht selbstbewussten Gedanken kondolierend nach dem heißen, verrauchten Saal zurück, den er als einer der Ersten verlassen. Er war entschlossen, sich um einen Schlaf zu betrügen und seine kühne Stimmung in irgendein der Gelegenheit anzupassendes Erlebnis umzuschmelzen, wie man in der Neujahrsnacht heißes Blei ins Wasser gießt, um zu sehen, was daraus wird.

Die gleichmäßige Schneedecke verbarg Wege und Gräben, und nur die Krümmungen der Landstraße waren durch zwei Baumreihen mit gleichsam märchenhaft verzuckertem Gezweig gekennzeichnet. Aber Berthold stapfte quer über das verschneite Ackerland, oft tief versinkend. Wie ein schwarzes Boot durch ein weißes Meer ging er durch den weiten, weichen, blendend reinen, unberührten, jungfräulichen Schnee und genoss die Lust, ihn als Erster zu durchwühlen. In dieser Lust lag etwas von der Freude des Vandalen oder von dem Vergnügen, das man empfindet, wenn man die gespreizte Hand in einen Sack voll Hafer versenkt. Und doch war ihm jemand zuvorgekommen, denn er stieß bald auf die Fußstapfen eines

Menschen, der, ebenfalls Straßen verschmähend, die Felder durchquert hatte. Es waren zierliche Spuren in geringen Abständen, also wohl von einer Dame herrührend.

Ein Vogel schwang sich auf, als Berthold niederkniete, die Abdrücke zu untersuchen. »Guten Morgen, Rabe«, rief er, »ich bin Lederstrumpf – nein besser Sherlock Holmes. Wenn ich das Weib, das hier gegangen ist, erwische, dann kommst du vielleicht noch zu einem zarten Galgenfrühstück. Haha! Warte einmal – eins, zwei, drei, vier – – einundzwanzig Nägel hat sie im Absatz, jawohl!«

Der einsame Sprecher erhob sich lachend und schritt beschleunigt den Fußstapfen nach; er wünschte zu erfahren, wohin die Stiefelchen zu so früher Stunde gewandert waren.

Etwas später hob er ein blauseidenes Taschentuch auf, in welches er einen kleinen, unscheinbaren Notizkalender eingewickelt fand. Auf der Umschlagseite, mit Tinte mehr gemalt als geschrieben, stand: Lygia Valtin, Gruseliusstraße 3/IV. Die inneren Buchseiten enthielten unter fortlaufenden Daten Bleistiftnotizen. Mühsam entzifferte er:

Graf Naschauer – Perlgürtel – Puderdose Bahnhof – Eisbahn – Purzi schreiben – Schutzmann Klimmer – Kneifer – vier Uhr Kaiserplatz Kleiner Schwarzer – Rezept Hirschpastete – ein Neger mit Gazelle zagt im Regen nie – Baron von Biegemann, Frankfurt am Main, Taunusstraße 7 – zwei Meter Moiréeband – Wäsche … und ähnliche Notizen.

Es geschah an einem Januar-Freitag, da Berthold das las, und für diesen Tag fand er in dem Kalender die Bemerkung: »Mutters Todestag«, »Kleiner Schwarzer zwölf Uhr Mittag«. Das war der Inhalt des Büchleins. Der junge Herr stieß einen Pfiff aus; das gesuchte Abenteuer begann. Weitereilend gewahrte er bald, dass die Fährte, der er folgte, einem kleinen, abseits gelegenen Dorffriedhof zustrebte. Eine seltsame Rührung erfasste ihn vorübergehend. Das Bild, das er sich nach den Stiefelabdrücken, dem stark duftenden Tuch und jenen Notizen in Gedanken von Lygia Valtin angefertigt hatte, bekam eine andere Gestaltung durch die Begriffe »Mutters Todestag« und »Feldfriedhof«. Die Achtung, die er vor der Unbekannten empfand, bewog ihn, ihre Verfolgung aufzugeben. Aber sein Interesse für die Dame war gestiegen, zumal er an dem Fund zu erkennen glaubte, dass sie hübsch, jung, gewiss auch reich an Beziehungen sei. Deshalb wollte er sie in ihrer Wohnung aufsuchen; bot doch das Tuch genügend Anlass.

Während er die Strecke über die Felder im Zurück weit schneller als im Hin durchwatete, sann er auf eine originelle Anrede, sich bei Lygia einzuführen. – Er konnte beispielsweise beginnen: Gnädigste, ich heiße Berthold Sievers und komme, um Ihnen mitzuteilen, dass Sie einundzwanzig Nägel im linken Absatz tragen. – Dann vermochte er ihr verwirrtes Erstaunen noch höher zu schrauben, indem er etwa hinzulog: Außerdem lässt Ihnen Baron von Biegemann durch mich beste Empfehlungen und die Bekanntgabe zugehen, dass er sich mit der chinesischen Prinzessin Hink Puckling verlobt und gleichzeitig eine Hutkrempenfabrik in der Taunusstraße eröffnet hat.

Das musste eine amüsante Unterhaltung zeugen, und Berthold nahm sich vor, erst dann mit Aufklärung, Taschentuch und Notizblock herauszurücken, wenn der Grundstein zu etwas Galantem oder Zartem oder Intimem gelegt sein würde. Und ein Mädchen, das am frühen Wintermorgen aufstand, um das entfernte Grab ihrer Mutter zu besuchen, war doch nicht anders als gemütvoll und liebenswert zu denken.

Als Herr Sievers die innere Stadt erreichte, war es heller Vormittag geworden, ein lebendiger, fröhlicher Vormittag. Die Stimmen des Orchesters »Verkehr« hatten eingesetzt. Der junge Mann betrat ein Speisehaus mit der Absicht, kräftig und behaglich zu frühstücken.

– –

Die Kirchtürme läuteten Mittag, als er im vierten Stock des dritten Hauses in der Gruseliusstraße klingelte. Eine ältliche Frau öffnete scheu, deren Gestalt an den Kugelaufbau eines Schneemannes erinnerte, eine Frau, deren Gesicht und Kleidung dabei etwas so Trübseliges, Verwaschenes und Ungewaschenes hatten, dass der närrische Gedanke durch Bertholds Gehirn zuckte: So ungefähr müsste man sich die Mutter des schlechten Wetters vorstellen. Er konnte ein Lächeln nicht unterdrücken, er wollte es auch gar nicht, da seine Laune voll Lustigkeit und Selbstzufriedenheit war. Überdies hatten sich die Überreste einer Mahlzeit, ein paar Makkaroni, auf unerklärliche Weise in das struppige Haar der Dame verwickelt, und das wirkte durchaus erheiternd.

Herr Sievers erhielt auf seine ausgesucht höfliche Frage nach Lygia Valtin die Antwort: Das Fräulein wäre ausgegangen, aber er sollte nur warten. Das wurde ihm etwas geheimnisvoll und nicht eben freundlich mitgeteilt, doch er nickte einverstanden. Darauf schob ihn die Frau, seine Ellbogen von hinten ergreifend, wie einen Kinderwagen durch einen nachtdunklen Korridor. In dem unbehaglichen Gedanken an Schrankecken oder Stufen wollte er Tastbewegungen machen, aber da wurde er auch schon in ein helles Zimmer gestoßen. Die Tür fiel hinter ihm zu. Er hörte, wie die Makkaronidame sich draußen auf Filzschuhen schlürfend entfernte.

Berthold hängte lächelnd Mantel und Hut an einen Kleiderständer zwischen eine blauseidene Matinée und eine Gitarre, dann nahm er auf einem vergoldeten Rokokostuhl Platz. Der Raum, in dem er sich befand, sah gutmütig aus. Er war durch einen Herdofen mollig gewärmt und – das bemerkte Herr Sievers sofort – er war kein Zimmer von irgendjemandem, er war eine ganze Welt für sich – für Lygia Valtin natürlich. Es standen dort moderne und alte Möbel, Tisch, Stühle, Bett, Kleiderschrank, Bücherregal, ferner ein Diwan, auf dem eine flachsblonde Puppe mit offenen Augen schlief, ein Reisekorb, auf dem gebrauchtes Kochgeschirr unordentlich durcheinander lag – auch der Schatten unterm Bett war indiskret. An den Wänden hingen zwei Revolver, ein Florett, ein Bademantel und viele Bilder. Berthold betrachtete: Gruppenphotographien junger Leute beiderlei Geschlechts, teils im Freien, teils in Zimmern aufgenommen, die ebenso bunt verstellt waren wie Fräulein Valtins Behausung. Diese Bilder lebten auf einmal. Aus ihren Rahmen sprangen Studenten, Offiziere, Kaufleute und Damen in ärmlichen oder besseren, aber immer auffallenden Kleidern, tanzten wie trunken, lachten schmetternd und redeten komischen Blödsinn, und eine Dame, die mehrfach vertreten war, musste Lygia sein.

»Leidenschaftlich, rassig, beinahe spanisch«, dachte Berthold, und gleichzeitig hing die Gesellschaft wieder in toter Bilderform an der Wand, »phantastisch, aber geschmackvoll, mittelgroß, ebenmäßig, schlank, dunkelhaarig – etwa 25 Jahre alt. Sieht sich gerne abgebildet«. – Er fand sie in *grande toilette* ernst und würdig an eine marmorne Brüstung gelehnt, als strampelnder Pierrot, von zwei Türken getragen und auf dem Fahrrad, fesch, kühn, mit der weltverachtenden Miene der Berufsfahrer. Sie lag träumerisch hingegossen, seitlich auf dem Diwan, die rechte Hand in das langseidige Fell eines

Hundes gewühlt, der sich schlangenartig an ihrem Busen zusammengerollt hatte. Sie stand nackt, mit erhobenem Schläger, mit stolz und streng zusammengezogenen Brauen wie eine rächende Göttin vor ihrem Schrankspiegel, der hinterrücks ihre göttlichen Rundungen verriet. An einem Necessaire auf der Waschkommode, zwischen einem Verschönerungsverein von Kämmen, Bürsten, Scheren, Feilen, Parfümflaschen, Augenstiften und Schminkschachteln, lehnte ein Kopf von Lygia, in greller Beleuchtung gezeichnet, ein Kopf mit wild verzerrten Augen und wirrem, aufgelöstem Haar. Der wie zum Schrei geöffnete Mund entblößte eine Reihe makelloser Zähne. Unter dem Bild stand »Dementia«.

»Sie kann schauspielern, sie hat Raffinement«, sagte der junge Mann laut vor sich hin. Seine Worte kamen nicht so gleichgültig heraus, wie er sie auszusprechen sich unwillkürlich bemühte. »Und das ist ihre Mutter«, fuhr er noch lauter, ja fast mit einem freudigen Schrei fort, indem er sich dicht an das vergilbte Porträt einer alten Frau beugte. Ein Kranz noch feuchtfrischer Tannenzweige war über das Bild gehängt. Berthold sah nach der Uhr. Es war so ganz still in dem Zimmer. Nur ein Kanarienvogel schrie unaufhörlich Pieeps, pie-eps. Sein Käfig stand zwischen grotesken Kakteen und kleinen, aber gut gepflegten Palmen auf dem einzigen Fenstersims. Man hatte ihm einen Berg von Futterkörnern aufgeschüttet, der für einen Monat ausreichen konnte, doch das Trinkgefäß des Vogels war leer. Die Erde in den Gewächstöpfen war hart und trocken. Berthold überzeugte sich davon, während er lange vor dem Fenster, oder wie er es taufte, vor Lygias »Garten« auf- und abschritt. »Warum kommt sie nicht!«, redete er den Vogel an, und als dieser keine menschliche Antwort gab, nannte er ihn ein dummes Tier, das nichts verstände als Pie-eps zu schreien und blanke Kupferstäbe zu beschmutzen. Dann wollte er wieder auf dem Stuhl Platz nehmen, aber dieses Möbel hinkte, darum vertiefte er sich lieber in einen bequemen Klubsessel und begann seine Begrüßungsrede mit Betonung der einundzwanzig Nägel zu memorieren. Er sah wieder nach der Uhr, erhob sich wieder, ging wieder geraume Zeit auf und ab.

Lygias Bett war aufgedeckt. Wie sauber es glänzte! Berthold erinnerte sich an den Schnee. Zu Fußende war ein Spiegel und darüber ein Kruzifix angebracht, hinter dem eine Hundepeitsche steckte. Auf den mit Stickereien durchbrochenen, luftig aufgebauschten Kissen lag ein Stoß weicher Spitzenhosen. Herr Sievers hielt kurz den Atem an, verdrehte die Augen, tauchte für einen Moment das Gesicht in die Wäsche und, obgleich er sich allein wusste, trat er doch darauf schnell und verlegen zurück. –

Pie-eps, pie-eps klang es vom Fenster her. Er ging auf und ab, trat ans Bücherregal und fing an, die Bände der Reihe nach herauszuziehen; Pakete, die ihn nicht erreichten, von Jakobus Schnellpfeffer, Rabelais, Gontscharows, »Oblomow«, Goethes Gedichte, Ursache und Behandlung der Maul- und Klauenseuche, Die Kindsmörderin –

»Wem gehören diese Bücher?«, fragte er sich. »Es ist doch, viel Gutes darunter, und der Kupferstich über dem Regal ist vorzüglich.«

Er lächelte, gähnte rücksichtslos und freute sich über die Unbefangenheit, mit der er Lygias Zimmer untersuchte. Trotzdem erkaltete sein Behagen an einem gewissen Gefühl des Fremdseins, ohne dass er sich dessen bewusst ward, und wie es ihm nicht gelang, die beobachteten Einzelheiten zu einem ganzen Gebäude zusammenzufügen, so fand er auch keinen Übergang von Lygias Häuslichkeit zu seiner eigenen.

Pie-eps, pie-eps klang es durch die Stille.

Es war spät geworden. Er sah es an der vorgerückten Dämmerung, deren Schatten das Zimmer merkwürdig entstellten. Er entzündete eine schlecht geputzte Stehlampe – mit der rotglasigen Ampel überm Bett verstand er nicht umzugehen. In spielerischen Schritten, den Kopf auf die Brust geneigt, umkreiste er mehrmals den Tisch. Später setzte er sich an den Schreibtisch, zog Schubfächer heraus und – er wusste, dass es unrecht war – begann Briefe durchzulesen.

Es waren ihrer viele, aber er las sie alle, bedächtig, langsam, mit zunehmender Spannung. Währenddem wurde sein Gesicht von einem Ausdruck des Ernstes und von einer edlen Ruhe verschönt.

Um ihn herum war alles still, auch der Vogel am Fenster schwieg jetzt. Herr Sievers saß lange Zeit vor den Briefen. Seine Gedanken errichteten Stufe für Stufe die Treppe, auf welcher Lygia Valtin geschritten – abwärtsgeschritten war. Er stellte sie sich vor, wie sie zaghaft ans Geländer geklammert, hinabgeschlichen, wie sie, als dieses aufgehört harte, gestolpert, gefallen war, sich aufgerichtet hatte, wieder vorsichtig, dann leichtsinniger über die kalten Stufen gelaufen, zuletzt getanzt war und nun im Schwung nicht mehr einzuhalten vermochte.

»Wie verwunderlich ist das Leben«, sagte er, als ob er etwas ganz Neues ausspräche, und fügte hinzu: »Wo bleibt sie nur? Und ob mich denn die Wirtin ganz vergessen hat?«

Indes mahnte ihn plötzliche Müdigkeit an eine Nachtwache. Ihn wandelte das Verlangen an, sich auf Lygias Diwan auszustrecken und einzuschlummern wie ein Märchenprinz in fremdem Garten, ohne zu wissen, wie er erwachen, wer ihn wecken würde. Wunderschön musste es doch sein, jetzt sanft, allmählich jede Klarheit zu verlieren, hinüberzugehen in die Träume, willenlos dem Gedanken ergeben, dass er sich Unbekannten überlasse, dass Unbekannte ihn, den Unbekannten, finden würden. Und als er sich wirklich ganz leise, behutsam, aber doch bequem neben der flachsblonden Puppe niederließ, auf dem Diwan, der gewiss schon oft das Rauschen von Seide, das Stammeln der Leidenschaft und die herben Seufzer der Einsamkeit vernommen hatte, da ging eine leise Traurigkeit über ihn.

So lag er und sann über Lygia nach. Was würde sie wohl sagen und mit welchen Bewegungen, welcher Stimme? Ob sie wohl sehr spät käme? Aber er hatte sechs Stunden gewartet, er konnte auch sieben Stunden warten. »Vielleicht kommt sie nicht allein«, überlegte er, »und sie ist kühl, verwundert, dankt trocken, und ihr Begleiter lacht. Vielleicht kommt sie doch allein, die schlanke Frau, von der ich so viel weiß. Sie kann auch böse sein oder mit der Zunge anstoßen, oder, ohne über meinen Besuch zu erstaunen, sich auf meine Knie setzen.«

Ihm fiel jenes Sprichwort ein, das mit einfältigen Worten eine hübsche Weisheit fasst: Wenn's am besten schmeckt, soll man aufhören.

Herr Sievers erhob sich hastig. Er schlüpfte in seinen Mantel, setzte den Hut auf, knüpfte das gefundene Notizbuch wieder in das Seidentuch und warf es nahe dem Kleiderständer auf den Boden.

Er tat das mit einer wachsenden inneren Aufregung. Dann verließ er das Zimmer. Jedoch im Rahmen der geöffneten Tür kehrte er nochmals um, ergriff einen Meißener Waschkrug und goss mit zitternder Hand Wasser in die Gewächstöpfe und in den Trinknapf des Kanarienvogels. Nun schlich er davon und erreichte die Straße, ohne jemandem begegnet zu sein.

Und obwohl er müde, hungrig und ungewaschen heimkehrte, erfüllte ihn doch ein geheimnisvolles Behagen, wie es ein guter Mensch empfindet, der durchs Schlüsselloch etwas Ungeniertes beobachtet hat, wie etwa ein Vater, der seinen Kindern so zugesehen hat.
Ja, auch er, Berthold, hatte durch ein Schlüsselloch, durch das Schlüsselloch eines Lebens geschaut, und da er daran dachte, dass es Millionen solcher Leben gab, von denen jedes wieder seine eigene Gestaltung besaß, war es nicht nur Behagen, was ihn erfüllte, war es ein tiefes Ergriffensein vor der Unermesslichkeit der Menschheit.

Der tätowierte Apion

Nachlässig schwenkt sie die Waffen der Reinlichkeit, Besen, Schaufel, Staubtuch. In der Schürzentasche, die wie ein Känguruhbeutel überm Magen klafft, trägt sie die Morgenpost für den gnädigen Herrn, und so betritt sie, feindselig, dessen Arbeitszimmer. Diesen scheußlichen, unangenehmen, ungemütlichen Raum, wo man nicht zwei Walzerschritte versuchen kann, ohne eine Vase, ein Bild oder solch einen dämlichen Gott zu Scherben zu bringen; Götter, die nur aus Gips und Stein bestehen, zum Teil keine Arme oder Beine mehr haben und die der Professor doch mit kindischer Zärtlichkeit verehrt, während er für die Menschen kein freundliches Wort erübrigt; – Bilder – und Schweinereibilder darunter –, welche die schöne Plüschtapete völlig verbergen; Tonfiguren, mit Staub und Spinnweb überzogen, Bücher, Zeitungen, Papiere überall verstreut und so dicht gehäuft, dass man von den Möbeln nichts erkennt, auf denen sie ruhen. Und man soll sie abstäuben und darf sie doch nicht berühren. »Er hat wieder die Nacht durchstudiert«, bemerkt Agnes zu dem leeren Glasbassin einer kunstvollen Renaissancelampe, und sie breitet die Morgenpost wohlberechnet auf der aktuellen Stelle des Schreibtisches aus, wo immer das Neueste lagert, nicht ohne die angekommenen Karten vorher nochmals neugierig zu untersuchen.
Es ist eine darunter von der gnädigen Frau aus dem Seebad. Sie scheint sich vortrefflich zu amüsieren; wer mag es ihr verdenken.
Auf dem Schreibtisch fällt diesmal ein schwarzpolierter Kasten als noch

unbekannt auf, außerdem eine Broschüre, überschrieben: An-tikes – Leben aus – grie-chi-schen – Papy-ri. Weiter quält sich das Mädchen nicht, wendet sich vielmehr ab, wie von etwas Unappetitlichem überrascht. Aber daneben schreit eine Bücherrechnung; die versteht sie.

800 Mark! Achthundert Mark wirft er für so was fort, und den neuen Zylinderputzer hat er neulich abgelehnt. Sie, Agnes, muss seit Jahren jeden Pfennig ängstlich hüten, um nur den Violinunterricht für ihren Sohn bestreiten zu können, und er, der Professor – Aber er genießt seinen Reichtum nicht. Wenn sie nur einen kleinen Teil seines Vermögens besäße, wie wüsste sie ihn fröhlich und sattsam auszukosten; und obendrein würde dann gewiss der Mann sie heiraten, der ihr das Kind gemacht hat. Das liebe Kind! Der brave, herzige Junge; er wird auch ohne das seine Straße finden, denn er ist klug. O ist er klug, und schmuck und gradaus, sodass alle ihn gern haben. Er wird erst seine drei Jahre Soldat sein und nachher weiter Musik studieren. Er wird ein berühmter Mann werden, so Gott will, noch berühmter als der Professor, ein »Geigenvitriose«.

Unter solchen zuversichtlichen Erwägungen hantiert Fräulein Mutter Agnes aus sicherlich reizvollen Tiefen ihrer Bluse einen Brief und ein schmales Porträt hervor, um beides mit Muße innig zu betrachten, das Bild sogar wiederholt zu küssen.

Wie gesteigerte Rührung sie zwingt, mit dem Nächstbesten, das heißt: mit dem Staubtuch, die Augen zu trocknen – schon daraus ergibt sich, dass der Blick ihr weit mehr bedeutet als etwa einem fremden Dritten, welcher von ihm nur ablesen würde:

»Liebe gute Mutter.

Herzliche Grüße von Bord S. S. Carola, wo wir gestern eingeschifft sind. Ich schicke dir meine Photographie. Grüße Herrn Werk und alle Bekannte von mir. Es geht mir sehr gut. Alle sind gut zu mir und mein Violinenspiel kommt mir hier sehr zu statten. Gestern haben Paul und ich uns Glaube-Liebe-Hoffnung (ein Kreuz, ein Herz und ein Anker) in den Oberarm einstechen lassen. Das vergeht nie mehr. In der Hoffnung, dass du gesund bist und mir bald schreibst, küsst dich

dein Oswald.«

Im Studierzimmer des Professors, wo das Dienstmädchen auf derartig pflichtvergessene und gemütvolle Weise ihr Reinigungsamt einleitet, geschieht plötzlich etwas, wenn auch nicht Wunderbares, so doch erschreckend Ungewöhnliches. Nämlich: zum gleichen Moment, da vom Gartensaal die zorngehobene Stimme des Hausherrn herüberschwillt, nach der im Hause nur allzu gewohnten Melodie: Gegen Dummheit kämpfen Götter selbst vergebens – zur selben Zeit löst sich in einer schlecht belichteten Ecke ganz von selber eine kleine eingerahmte Silhouette von der Wand und klirrt zu Boden.

Es vergeht eine geraume Weile, bis die Dienerin das Ereignis begreift. »Das ganze Haus zittert, wenn er den Mund öffnet«, murrt sie, »da haben wir die Bescherung: Scherben. Scherben am Morgen bringt Kummer und Sorgen. – Lieber Gott, das war sein einziger Sohn«, fügt sie, das Bildnis erkennend, in weichem Tone hinzu, »der hängt hier im dunkelsten Winkel. Über das alberne gelehrte Zeug haben sie ihn ganz vergessen, – und ist doch kaum vier Jahre her, dass er ertrank.«

Sie entfernt Splitter und Rahmen von der Pappe, und indem sie diese mitten auf den aktuellen Schreibtischplatz ans Tintenfass stellt, folgt sie – wer weiß – einer sehr hübschen Idee. – Wieder ein Geräusch. Die Uhr neben dem großen Gipsmann, der wie der Papst aussieht, schlägt, die alte Standuhr (der Professor nennt sie schlechtweg nur »die Zeit«) mit den vielen Männchen und Türmchen und anderen Geschichtchen drum und dran. Es klingt heute so hässlich mahnend.

Besen, Schaufel, Wischtuch erwachen, huschen, kratzen, scharren, schieben. Agnes räumt auf. Sie klappert und rückt, sie reckt sich und bückt sich, und ungeachtet sie sich nach Manier der Stubenmädchen häufig unterbricht, um den Spiegel zu befragen oder ein Buch näher zu beäugeln (worin sie dann auf enttäuschende Titel stößt), drückt sich zuletzt doch in ihrer Miene die Genugtuung aus, das Erforderliche zur rechten Zeit beendet zu haben. Im Frohsinn darob und in einer Art gutmütiger Verachtung kann sie es sich nicht versagen, bevor sie die Stube verlässt, noch dem alten Gipsmann mit dem Besen ins Gesicht zu stipsen, sodass ein Büschel schmutziger Teppichfasern an der weißen Nase hängen bleibt. – – Und als die Tür zuschlägt, lächelt der alte Gipsmann – es ist eine Voltairestatue – lächelt mit seitwärts geneigtem Haupte, wie er zuvor gelächelt hat und wie er weiter lächeln wird, nach Houdons Willen, gedankenschwer, altersmild, überlegen, – ein wenig spöttisch – ein wenig falsch. – – – – – – – Irgendwie erinnert der Professor an einen Marabu, als er bald darauf nachdenklich dasselbe Zimmer betritt. Dieses geistvolle, interessante Zimmer, wo tausend Gegenstände das Herz anregen, deren jeder an Kunst und Wissenschaft appelliert, von Weisheit, Schönheit und achtunggebietendem Fleiße predigt. Der kleine bejahrte Herr mit der von spärlichem, aber langem Weißhaar umpluderten Glatze weiß genau, welchen gelehrten, würdevollen Eindruck seine Stube gewährt, obschon er sie nie als Ganzes überschaut, vielmehr nur einzelne Stellen ins Auge fasst, wenn er beim Durchgehen die meist abwärts gerichteten Blicke einmal aufhebt. Aber in solchen knappen Momenten ist es, als sähen da zwanzig Augen und dächten zwanzig Köpfe dahinter.

Dort fehlt ein Band Niebuhr, entdeckt sein linkes Auge am Regal, während das rechte die Teppichfasern an Voltaires Nase gewahr wird. Schon ist die rechte Hand bestrebt, dieses Übel zu beseitigen. Dabei betastet die Linke eine auf dem Rauchtisch befindliche Silberschale, eine Kopie von jener aus dem Hildesheimer Fund, und laut sagt der Professor: »Nein, das kann unmöglich ein Steuer sein, was die Minerva in der Hand hält.«

Er schleppt verschiedene Folianten zum Schreibtisch und lässt sich dort umständlich bequem auf einem geschnitzten Stuhl nieder, mauert sich, sozusagen, dort ein, als ob er für viele Stunden nicht wieder weichen wollte, was auch wirklich seine Absicht ist. Darauf nimmt er gewohnterweise und mit sichtlichem Genuss von Wichtigkeit die eingetroffenen Briefschaften vor. Zunächst ein unverschlossenes Schreiben nebst der Photographie eines Matrosen. Nanu? – Er überfliegt beides missmutig.

Solchen dummen Schnickschnack hat sie im Hirn und vernachlässigt ihren Dienst. O diese Barbaren, diese Kalmücken! Nichts wie Dummheiten im Schädel, kein Gefühl für Freude an Tätigkeit haben sie, nur den ordinären, animalischen Trieb, Unbequemes zu fliehen oder sobald als möglich loszuwerden. Sie vegetieren, ohne Geist, ohne Verstand, ohne Höhe und Tiefe, ohne Ernst. Nur fressen, saufen und – Der Gelehrte klingelt dringlich mit einer Glocke, deren sich – ihm fällt das jetzt sogar ein – vormals Franz Schubert bedient hat.

Eine Karte von seiner Frau. Sie grüßt ihn und erteilt einige Aufträge; er wird alles sogleich gewissenhaft erledigen und beantworten. Ihn interessiert, was sie im Auftrage Dr. Tiezes berichtet. Tiezefreund erkundigt sich, ob Knobelsdorff etwas über Architektur publiziert habe.

Keineswegs hat er das – aber man muss immerhin nachschlagen. Erneutes Klingeln schafft Agnes herbei.

Der Professor redet, ohne aufzusehen, ziemlich hastig, unsicher und undeutlich, und er beugt sich derweilen eifrig über einen assyrischen Dolch: Ihre Nachlässigkeit gereiche zur Kulmination. Ob sie bezüglich Voltaires nicht gefälligst etwas mehr attendieren wolle?

Sie weiß nicht, was Voltaire ist.

Heiliger Himmel! Diese Person! Sie hat nichts von Voltaire gehört! »Dort! – Der da!«

Was der Generalkontrolleur auf dem Schreibtisch zu tun habe? Das Stubenmädchen kapiert die Frage nicht, aber, wahrhaftig, kein anderer würde sie in diesem Falle kapieren, denn sie ist durch Zerstreutheit völlig entstellt.

Was hat die Silhouette auf dem Schreibtisch zu tun? wollte der Professor fragen, aber da er sich nach seiner Gewohnheit, fortwährend zu eruieren und zu etymologisieren, auf dem Wege vom Gedanken zum Wort noch mit dem französischen Generalkontrolleur Etienne de Silhouette aufgehalten hat, geschah es, dass besagte Konfusion herauskam.

Die Dienerin rührt kein Glied.

Und sie möge doch gütigst ihre Privatkorrespondenzen etwas separieren. Das Gesicht streng abgewendet, überreicht ihr der Professor Photographie und Brief des Matrosen, und weil ihr zerknirschtes weinerliches Stillschweigen ihm peinlich wird, fügt er hinzu:

»Holen Sie mir aus dem Musikzimmer den Band Knobelsdorff von der großen Enzyklopädie. – – Huch!«, schreit er dann auf und stampft mit den Füßen. »Sie kennt keine Enzyklopädie. Gehen Sie! Sie sind ja ein – eine – huch!«

Verzweifelt mit der Zunge schnalzend, eilt der alte Herr selbst ins Musikzimmer. Ein Griff, und er hat das Gewünschte und kehrt zurück, mauert sich wieder am Schreibtisch ein und arbeitet.

Er liest und kritzelt, er hüstelt und blättert. Vom Park her wächst Sonnen-

glanz herauf, dringt das Gurren der wilden Tauben; und zwei spielende Falter wirbeln gegen das Fensterglas. Er spürt nichts davon. Nur einmal, mit der Äußerung: »Die Zeit ist wieder nicht aufgezogen«, erhebt er sich verdrossen, um die Uhr zu regulieren, vertieft sich aber gleich wieder am bisherigen Platz in die Lektüre eines Aufsatzes, den er tags zuvor begonnen hat.
Nach den Bewegungen von Haupt und Mund zu schließen, liest er durchweg rasch; auch spricht er dazwischen Worte oder ganze Sätze laut aus.
»Kaum – zweites Beispiel – wie der schon oft behandelte Brief des Apion an seinen Vater – Papyrusblatt – Berliner Museum – zu seiner Zeit – Ägypten – Provinz des römischen – Misenum am Golf von Neapel kommandiert – folgenden Brief, der im Original auf uns gekommen ist – Handgeld – Serenilla – Schiff Athenonike.« Hier stutzt der Professor.
Seine Lippen verharren für lange Sekunden so, wie das Wort Athenonike sie verzogen hat, sein Lesen wird starrer; er blättert eine Seite zurück und fängt an, den zuletzt durchgenommenen Abschnitt langsam, deutlich hörbar, mit gerechter Betonung zu repetieren:
»Apion seinem Vater und Herrn Epimachos herzlichen Gruß. Vor allem wünsche ich dir Gesundheit und alles Glück bei vollem Wohlbefinden, samt meiner Schwester, ihrer Tochter und meinem Bruder. Ich danke dem Serapis, dem Herrn, dass er mich sogleich errettet hat, als ich auf dem Meer in Gefahr geriet.« (Der Professor schielt flüchtig über den Tisch nach der Silhouette hin.) »Als ich in Misenum ankam, empfing ich vom Kaiser ein Handgeld von drei Goldstücken, und es geht mir gut. Ich bitte dich, mein Herr Vater, schreib mir ein Briefchen, erstens über dein Wohlbefinden, zweitens über das meiner Geschwister, drittens, damit ich deine Hand küssen möge, denn du hast mich gut erzogen, und daraufhin hoffe ich schnell vorwärtszukommen, wenn die Götter wollen.« (Der Lesende spielt sich nervös am Bart.) »Grüße vielmals den Kapiton, meine Geschwister, die Serenilla und meine Freunde. Ich hab dir mein Bildchen durch Euktemon geschickt. Übrigens heiße ich Antonius Maximus. Ich wünsche dir Gesundheit. Schiff Athenonike.« Der Professor schiebt das Heft fort und, was er sonst nie tut, lehnt sich im Stuhl zurück. »Das schreibt Apion vom Golfe von Neapel nach Ägypten«, sagt er leise und nickt versonnen mit dem Kopfe, »vor siebzehnhundert Jahren! – Siebzehnhundert Jahren – hm – es ist ganz dasselbe; er schickt sein Konterfei,

er grüßt und erbittet Grüße, er dankt – ja, ja, es ist ganz dasselbe.« Der Gelehrte spricht jetzt nach dem Fenster zu, nach den Wolken hin. »Hm – Kreuz, Anker, Herz – sie liebt ihn, ihren Sohn, wie er sie; natürlich liebt sie ihn –« Lautes Uhrläuten schwingt in des Alten Gedankengang. Es klingt so heiter, so gütig und groß. Ja, diese Eigenschaften, die er da heraushört, ist es nicht, als ob sie jetzt auf seinem Antlitz leuchteten, wie eine Verklärung? Sind nicht alle jene garstigen Fältchen und Schatten darin mit eins verschwunden, welche angewöhntes und anerzogenes Tun und Denken geformt hatten? Scheint nicht der Professor ein Verwandelter zu sein, da er aufspringt und einen ganz ungelehrten Vorsatz mit fast rührender inniger Stimme herausbringt?

»Ich will«, sagt er sich, »ihr hundert Mark schenken; die soll sie ihm senden; das wird ihn freuen. Und ich will«, fährt der wohlhabende Mann fort, »ich will mir das abknapsen, will mir dafür den Lope de Vega verbeißen. – Basta! Ich verzichte auf Dorotea.«

Energisch zieht er ein Schubfach heraus und schickt sich an, eine Banknote zu kuvertieren. Danach klingelt er leicht, später nochmals stärker. Währenddem überlegt er in zunehmender Aufregung, wie er das Geschenk möglichst anspruchslos und unauffällig anbringen könne. Jedoch ehe er noch zu einem endgültigen Entschluss gelangt, erscheint das Stubenmädchen auf der Schwelle, wo sie etwas Herkömmliches von »befehlen« und »Herr Professor« abschnurrt und mit verweinten Augen wartet.

Er geht – wie sie ihn meist antrifft – grübelnd, mit kurzen Schritten auf und ab, eine geschweifte Linie im Teppichmuster verfolgend, und in den überm Rücken verschlungenen Händen hält er ein weißes Kuvert.

»Ja, ja, Agnes«, murmelt er wie für sich selbst, »Glaube, Liebe, Hoffnung – – er hat wohl recht – das vergeht nie.«

Das Mädchen hat nicht verstanden. »Wie befehl'n Herr – 'fessor?«, fragt sie klanglos.

»Wissen Sie, häm, Agnes«, entgegnet er, zerstreut, stockend, und wünscht eine jäh aufsteigende Verlegenheit hinter nervösen Gesten zu verbergen, »ich möchte dem tätowierten Apion eine kleine – Dedikation machen – häm – Sie –«

Agnes hat recht gehört, aber nicht begriffen. »Wie befehl'n Herr -'fessor?«, bringt sie schüchtern hervor.

Eine beiden fatale Pause folgt.

Huch! Dieses Blähschaf! Was befehl'n Herr -'fessor, was befehl'n Herr -'fessor. Hundertmal am Tage fragen sie das. Nichts wissen sie, nichts verstehen sie, rein gar nichts. Diese Hottentotten! Diese niederträchtigen Dummköpfe! Das Vieh ist klüger. – Und warum? Weil sie nichts lernen wollen; weil sie Mühe scheuen; weil sie –

»Es ist gut! Ich brauche Sie nicht!«, schreit der Professor die Dienerin an, und als sie halb gekränkt, trotzig, halb beschämt aus dem Zimmer schleicht, mauert er sich verärgert am Schreibtisch ein, verschließt die Banknote und liest bis zum Mittag ununterbrochen in Diltheys »Einbildungskraft des Dichters«. – – – – – – – – – –

– Und Voltaire, der neben der Zeit steht, oder, richtiger ausgedrückt, sitzt, lächelt, gedankenschwer, altersmild, überlegen – ein wenig spöttisch – ein wenig falsch.

Das – mit dem »blinden Passagier«

Alwine, die Blumenverkäuferin im Kurhause des Nordseebades Soldorp, pflegte in Augenblicken der Aufregung immer etwas Auffallendes zu tun. Diesmal drehte sie, während sie in Gedanken Pflicht und Vernunft gegeneinander wog, den obersten Westenknopf von Steuermann Lauken andauernd von links nach rechts, als habe sie es mit dem verkörperten Wankelmut zu tun, dem sie das Genick abdrehen wolle. Und als es so weit gelang, als Lauken halb ungeduldig, halb verwundert dem davonrollenden Knopfe nachblickte – da endlich antwortete sie ihm leicht errötend, aber mit fester Stimme: »Nein, nein, Jahn; es geht nicht. Er kann noch zurückkommen, und dann – – du weißt doch.«

»Aber es sind fast 7 Jahre, dass Henry fort ist«, wandte Jahn traurig ein, »so lange bleibt keiner bei der Fremdenlegion. Sieh mal, Wine, dass ich Steuermann bin und er nur ein Matrose – das will nichts heißen, dazu will ich gar nichts sagen, aber Henry kann tot sein; er kann irgendwo in Australien leben – mit einer anderen. Hier meine Hand, Wine, ganz ohne Eifersucht gesprochen: – treu ist Henry dir nicht. In der ganzen Welt gibt es Briefpapier und – –«

Alwine drehte sich unwillig um und sagte unterbrechend: »Nein, ich will so etwas nicht hören. Du hast ihn nicht gekannt. Der schreibt nicht, hat nicht geschrieben und wird nicht schreiben. Es wird ihm schlecht gehen bei den Franzosen. Tom Hansen hat mir erzählt, wie's dort zugeht. Und Henry wird zu stolz sein, das zu schreiben. – Er kann auch tot sein, ja – – aber wenn er noch lebt, dann ist er mir treu geblieben, wie ich ihm treu geblieben bin.«

»Und wenn er nun tot ist und du erfährst es nicht? – Ertrunken, in Afrika ermordet, verunglückt? Willst du ewig warten? Wine, willst du einmal ganz einsam sterben?«

Alwine schwieg. Sie war ans Fenster getreten und fischte mit ihrem Haarkamm Ameiseneier aus dem Goldfischglas, ohne zu wissen, was sie tat.

Der Steuermann fühlte, dass er Boden gewonnen. Eindringlicher und zärtlicher fuhr er mit der weichen Stimme eines Menschen, der keine Hintergedanken hegt, fort: »Bin ich dir nicht auch treu gewesen? Habe ich nicht in vier Jahren viermal bei dir angefragt, mich immer wieder vertrösten lassen und bin doch immer wieder gekommen? In ein paar Tagen gehen wir wieder in See. Wine – Winchen – lass uns heiraten. Du wirst es gut bei Steuermann Lauken haben, vielleicht auch bald bei Kapitän Lauken.«

Und er küsste sie sacht auf die Schulter und wischte sich vorher mit dem Handrücken den Mund ab, als könne da noch etwas von den vielen ausländischen Seemannsküssen hängengeblieben sein. Sie aber bemühte sich vergeblich, ihre Tränen zurückzuhalten, und als sie auf einmal in dicken Perlen unaufhörlich über die roten, vollen Backen rannen, da gab sie ihm eine derbe Hand und sagte: »Nur noch eine Reise, bitte, Jahn, und wenn du dann zurückkommst und keine Nachricht von Henry da ist, dann« – –

Pftzsch! – Das war so einer von Alwinens treuherzigen Küssen gewesen, die wie ein Siegel waren, dem nichts hinzuzusetzen ist. –

Jahn begab sich, innerlich heiter, äußerlich mit der erkünstelten Würde des Siegesgewissen, an Bord der »Florida«.

Ein paar Tage später ging der Dampfer auf »wilde Fahrt« in See.

Liverpool – Venedig – Odessa – Nikolajew. – –

Als Monate vergangen, da lag das Schiff im Hafen von Algier, um Kohlen einzunehmen und dann die Heimfahrt über Hamburg anzutreten.

Steuermann Lauken stand auf dem Hinterdeck. Lächelnd sah er den arabischen Arbeitern zu, wie sie auf den schmalen, von einer Kohlenschute zum Dampfer führenden Laufbrettern hin und her trippelten und – je zwei Mann mir einem kleinen Korbe – unter monotonen Gesängen die Kohlen an Bord trugen.

Da lief ein weißer Mann, rothaarig, recht ärmlich gekleidet und mir zerrissenen Segeltuchschuhen an den Füßen, über den Steg. Er sprach einen Moment mit dem Posten und schritt dann, dessen Fingerzeige folgend, auf Lauken zu.

»Steuermann«, begann er, seine englische Mütze ziehend, »ich möchte mich gern nach Deutschland 'nüber arbeiten. Ich habe lange als Matrose gefahren und verstehe meine Arbeit. Ich habe kein Geld mehr.«

»Tut mir leid«, antwortete Lauken und musterte den langgewachsenen Menschen scharf, »die Besatzung des Schiffes zählt 25 Mann. Die sind vollzählig. Mehr darf ich nicht annehmen.«

Der andere sah einen Augenblick zu Boden und sagte dann: »Es ist keine Arbeit hier an Land zu finden. Auch der deutsche Konsul hat mich abgewiesen.«

Lauken zuckte mit den Achseln. Der Matrose bat beharrlich: »Vielleicht reden Sie mit dem Kapitän?«

Das war unvorsichtig gesprochen. Der Steuermann, der von dem kränklichen Kapitän unbeschränkte Vollmacht erhalten, entgegnete ein wenig gekränkt. »Der kann Ihnen auch nicht helfen. Das Schiff darf 25 Mann Besatzung, nicht einen Mann mehr, mitnehmen, nicht einmal zahlende Passagiere.«

Da der Fremde schwieg, fragte Lauken: »Wo sind Sie zu Hause?«

»In Soldorp an der Nordsee.«

Es überlief Lauken kalt. Minuten dauerte es, bis er Worte fand, und diese klangen unsicher, fast zitternd. »Wie kommen Sie denn hierher?«

»Ich bin von der Fremdenlegion desertiert. Nehmen Sie mich doch mit, Steuermann!«

Freimütig, männlich war das gesagt. Etwas wie Stolz lag dahinter, was Lauken Achtung einflößte. Er antwortete mit mehr Wärme als zuvor: »Ich würde Sie gern mitnehmen, aber ich habe keine Erlaubnis dazu, und ich habe noch immer getan, was ich dem Kapitän und der Reederei schuldig bin.«

Der Steuermann hatte wahr gesprochen, und was ihm an Gedanken durch den Kopf gegangen, war sehr edel gewesen. Er hätte eine tiefe, schöne Freude darin gefunden, den Matrosen seiner Braut zurückzubringen, gerade weil er in ihm den Nebenbuhler erkannt. Nur das reine, ehrliche Denken Laukens war es, das gleich bereit war, eine Liebe zu opfern, noch ehe er erwog, dass er eine doppelt wertvolle Freundschaft dafür eintauschen würde. Aber es war ja unmöglich. Die Reederei erlaubte es nicht. Der strenge, in seiner Krankheit leicht reizbare Kapitän hätte es niemals zugegeben.

Lauken handelte pflichtgemäß.

Doch als Henry mit trotzigem Schweigen seine Mütze aufsetzte und dann in aufrechter Haltung, festen Schrittes von Bord ging, da fühlte der Steuermann, wie weh ihm das tat. Gern hätte er den Deserteur zurückgerufen. Als er es wirklich wollte, war es zu spät.

Lauken suchte die Arbeit auf. Er beaufsichtigte gewissenhaft seine Untergebenen, er schrieb und besorgte allerlei, noch fleißiger als sonst, um peinigende Gedanken zu betäuben.

Am nächsten Morgen um drei Uhr lief der Dampfer aus. Als er die hohe See erreicht hatte, wurde die Steuerbordwache zu Bett oder, wie es seemännisch heißt, zur Koje geschickt, während die Leute von Backbord Befehl erhielten, das Oberdeck vom Kohlenstaub zu reinigen.

Steuermann Lauken, der keinen Dienst hatte, konnte nicht Schlaf finden. Er wanderte, von wilden Gedanken bewegt, durch alle Schiffsräume.

Henry lebte. Henry war ein treuer Mensch. Henry war in Not und sehnte sich heim. Er, Lauken, sein Nebenbuhler, hatte ihm den Weg abgeschnitten, und er, Lauken, hatte doch seine Pflicht getan.

Das beschäftigte, quälte und tröstete ihn rastlos. Er lief durch den Ladungsraum, wo man in Odessa Säcke mit Getreide aufgestapelt hatte. Er irrte durch das Zwischendeck. Er kletterte hinab in den Kohlenbunker, und dort, in dem schwachen Licht, das von oben hereinströmte, sah er etwas, was ihn starr und erschüttert stehen bleiben ließ, als habe er eine gespenstige Erscheinung vor sich. Aus dem hohen Haufen schwarzen Gesteins ragte ein Kopf hervor, ein Kopf mit roten Haaren, mit drohenden, verzweifelnden Augen.

Lauken erkannte, was das war, und er wusste, was er zu tun hatte, aber sein stärkstes Mitleid siegte über sein stärkstes Pflichgefühl.

Einige Minuten lang herrschte spannende Stille da unten. Darauf sah Lauken über den Kopf hinweg in die Finsternis des Hintergrundes hinein, dann in die Höhe ringsherum an den Schiffswänden entlang, als suche er etwas. Endlich stieg er mechanisch an Deck und schloss sich in sein Zimmer ein. –

Seitdem verließ der Steuermann während der Freizeit nicht mehr seine Kabine. Hatte er Dienst, so blieb er meist auf dem Hinterdeck und mied ängstlich die unteren Räume. Alle wunderten sich darüber, dass er auf einmal so ernst und verdrossen dreinschaute. Niemand ahnte, dass er zum ersten Mal eine Pflicht als Steuermann und Stellvertreter des Kapitäns unterlassen hatte, denn noch wusste niemand von dem blinden Passagier, von dem Steuermann Lauken wusste.

⋆ ⋆ ⋆

Die spanische See ist ein böses Wasser. –

Die Notiz über die »Florida«, die durch alle Zeitungen lief, kam auch der Blumenverkäuferin im Kursaal zu Soldorp zu Gesicht. Es hieß da wörtlich: »Der deutsche Dampfer ›Florida‹ kollidierte während eines Orkans mit der englischen Bark ›Springburn‹ auf der Höhe von Cadiz. Der Dampfer sank sofort. Die aus 25 Mann bestehende Besatzung wurde von den Matrosen der ›Springburn‹ gerettet.«

⋆ ⋆ ⋆

Einige Jahre waren seit dem Untergang der »Florida« verstrichen, und gewiss hatte keiner der Fünfundzwanzig das Ereignis vergessen. Einer solchen Katastrophe gedenkt man zeitlebens, wenn man mit dabei gewesen, da die Würfel auf Tod oder Leben rollten.

Für Lauken bedeutete es noch mehr. Ihm war das Haar seitdem ergraut, und er hatte das Lachen verlernt. Nun, da seine Wünsche in Erfüllung gegangen, da Alwine sein Weib geworden und er sie als Kapitän eines Bremer Dampfers auf weiten Reisen nach England, Spanien, ja nach Brasilien mit sich nahm, nun war er ernst, wortkarg und gleichgültig gegen alles geworden, was er sah und hörte. Und auch sie war nicht anders, die früher so lebhafte, heitere Wine.

Sie waren gut zueinander, wie vielleicht einsichtsvolle Gefangene zueinander sind, aber etwas Unausgesprochenes, Trauriges bedrückte beide, was sie nicht gemeinsam trugen.

Das – mit dem »blinden Passagier« konnte er nicht verwinden. War es nicht so, als habe er ihn gemordet? Der Braut den Bräutigam gemordet?

Hätte er nur ein Wort gesprochen damals auf dem englischen Schiff, als sie alle jubelten und bejubelt wurden, die Geretteten. Hätte er damals gerufen: Es fehlt noch einer! Im Bunker bei den Kohlen oder im Kornraum ist einer eingeschlossen! – dann wäre er rein geblieben.

An Rettung war da ja nicht mehr zu denken, aber er hätte sich freigemacht von der Qual dieses Geheimnisses.

Und Wine? Hätte er zu ihr gesagt: Dein Henry ertrank. Es war nicht meine Schuld. Er hatte sich im Schiff versteckt – wie frei musste ihm jetzt zumute sein. Aber er hatte geschwiegen, auch später, wenn sie manchmal sich seufzend gewünscht, nur zu wissen, ob er noch am Leben sei. Er, an dessen Treue sie noch immer glaubte.

Lauken tastete mitunter nach Entschuldigungen. Was hätte es genützt, die Wahrheit zu sagen? Schmerz musste es ihr bereiten und dem, der die Botschaft brachte. Konnte er damals vor sie hintreten, um zu sagen: Henry ist tot, heirate mich!? – –

Nein, es gelang nicht, sich rein zu waschen. Es blieb nicht nur Feigheit, sondern ein erbärmlicher Betrug.

Nun hatte er doch nichts von ihr und sie wohl auch nichts von ihm. Sie achteten und schonten einander, aber sie hatten sich wenig zu sagen. Sie küssten sich mitunter und fühlten dabei, dass es geschah, weil es Brauch war. Sie saßen manchmal Hand in Hand an Deck, um über das Meer zu schauen, und vergaßen dabei einander im tiefen Sinnen. Und doch dachten beide dann an den gleichen Mann. –

Da traf einmal die gefürchtete Order ein. Das Schiff fuhr von Cardiff nach Algier.

Lauken war ein kranker Mann geworden. Wine pflegte ihn unermüdlich und ohne zu klagen. Er verbarg die Unruhe, die ihn quälte, so gut er konnte, aber sie nahm zu, je weiter sie nach Süden gelangten, und als bei St. Vincent der Kurs geändert wurde, da war sie zum heißen Fieber geworden. Er kämpfte dagegen mit aller Macht, er wollte sich nicht niederlegen. –

Es kam eine sternlichte Nacht, da die See ganz ruhig geworden. Von Backbord aus sah man ein Licht am Horizont aufblinken. Das war das Feuer von Faro.

Die Matrosen und der Steuermann waren vorn mit dem Takelwerk beschäftigt. Kapitän Lauken stand mit seiner Frau an Deck. Sie hatten sich über die Reling gelehnt und schauten ins Wasser. Es war nichts Ungewöhnliches, dass sie so fast eine Stunde schweigend beisammen verharrten.

Endlich begann Lauken, ohne den Kopf zu erheben: »Alwine, nicht wahr, du kannst Henry nicht vergessen?«

Die Frau schrak zusammen. Es war das erste Mal in ihrer Ehe, dass Jahn diesen Namen von selbst aussprach. Was bedeutete es?

»Aber Jahn –«, stieß sie nur hervor und bemerkte auf einmal, wie verstört er aussah. »Jahn, was ist dir?«

Er gab keine Antwort. Sie wusste nicht, was sie sagen sollte. Ihr Busen hob und senkte sich schnell. Sie drehte erregt ihren Trauring in der Hand, den sie unbewusst vom Finger gestreift.

Da wandte sich der Kapitän um, griff nach dem Ring und warf ihn in weitem Bogen über Bord.

»Dort – unten – liegt – Henry!«, sagte er mit einer veränderten, ganz leisen, gramerfüllten Stimme.

Und als sie sich weinend an seine Brust schmiegte, so vertrauend wie nie zuvor, da erzählte er ihr, ganz langsam und mild, was niemand außer ihm wusste, – das – mit dem »blinden Passagier«. – – –

Das Feuer von Faro war längst außer Sicht. Das Schiff musste ungefähr auf der Höhe von Cadiz sein.

Das Grau und das Rot

Wenn man es mit dem Vergleich nicht zu genau nahm, ließ sich sagen, dass die ohne Zwischenraum aneinandergereihten Gebäude hufeisenförmig einen ungepflasterten Hof umstanden, in dessen Mitte sich aus einer ovalen Buschanlage zwei ehrwüdige breitschattende Akazien entfalteten. Massige Grundmauern, vergitterte Fensteraugen mit verschnörkelten Augenbrauen darüber, eisenbeschlagene Torflügel mit komplizierten Schlössern und pfundschweren Schlüsseln priesen eine zurückliegende, mehr kunst- als gewinneifrige Zeit. Besonders der Turm schwärmte von ihr und seufzte und heulte bisweilen, wenn ihm der Mondschein verschlafene Erinnerungen brachte. Der verwitterte, zwiebelköpfige Turm hatte ja nichts weiter zu tun, als nachzudenken und eine mit vier Gesichtern begabte Uhr zu tragen, welche tagsüber die Dorfbewohner oder vorbeiziehende Handwerksburschen um ein Beträchtliches betrog. Aber es war bei diesen Baulichkeiten nicht alles im ersten Guss geblieben. Neuere und neueste Stilarten hatten angefügt, umgeändert oder Zerstörtes ergänzt und dadurch noch mehr Abwechselung in die Konturen und Farben des Bildes geprägt. Auch war die Harmonie nicht gestört, denn die früheren Häupter des Fürstenhauses hatten Geschmack besessen, und der letzte Herr scheute wenigstens keine Kosten, um tüchtige Architekten von Ruf anzustellen. Wenn die Fenstersimse und die Brüstung der Terrasse von Rosenstöcken und hängenden Nelken illuminiert waren, oder wenn tote und gelbe Weinblätter an den Säulen, den Erkern hochkletterten, auch in den Monaten, da die Turmzwiebel drohende Schneeklumpen auf die Oberfenster der Veranda polterte und die entlaubten Akazien den pantomimischen Fensterverkehr zwischen Hauslehrer östliche Hufeisenfront einerseits und Küchenmädchen westliche Hufeisenfront andererseits freigaben; oder wenn sich das letzte Winterliche kläglich von den Dächern weinte, – immer bot die Reihe von Gebäuden eine malerische, stattliche Ansicht vornehmer Wohlhabenheit.

Die Menschen, die, in den Dienst des Fürsten tretend, als Neulinge dorthin kamen, wurden angesichts der kunstvollen Eleganz, der unentwirrbar verschlungenen Gänge und Treppen sowie anderer Auffälligkeiten befangen oder begeistert. Aber derartige Eindrücke vergaßen sie bald und gewöhnten sich in ein Dasein, das zwischen Müdigkeit und Müdigkeit nur Mühe, Ärger und kleinliche Streitigkeiten wies.

So musste es zugehen in einem umfangreichen Betriebe, an dessen Spitze selbstsüchtiger Fleiß und höfliche Rücksichtslosigkeit peitschten.

An den westlichen Hufeisenpol war ein einzelner, viereckiger Bau angeschenkelt, der die offene Seite des Akazienplatzes schräg zur Hälfte schloss und einer riesigen steinernen Truhe nicht unähnlich sah. Hochangebrachte, schmale Fensterchen, plumpe Riegel und sonstige Kennzeichen bestätigten die Tradition, dass er vor Jahren der hochritterlichen Malteserkommende als Pferdestall genutzt hatte. Zu anderer Bestimmung hielten jetzt seine dicken

Mauern einen hohlhallenden, stickluftigen Saal warm, der an drei Seiten vom Fußboden bis zur Decke mit Regalen bekleidet war, die nur die kleinen Fensterchen freiließen und von einer rundumführenden Galerie unterbrochen wurden, zu der eine merkwürdig geschweifte, eiserne Treppe führte. Die Fächer der Repositorien knarrten mitunter, wie eigenwillig, unter der Last wohlgeordneter Aktenbündel, deren Erkennungszettel übereinander und nebeneinander lange Reihen bildeten und schnurrig beschriebenen Grabsteinen glichen. Ein ausgedehnter Tisch und wenige Stühle standen unverrückbar inmitten des Raumes, und sonst befand sich, außer zwei stetig wandernden Klappleitern, kein anderer hervorragender Gegenstand in dieser Halle, wo Staub und Spinnweb alle Dinge zu einer garstigen ungefähr grauen Färbung ausgeglichen hatten.
In die vierte Seite der Truhe war nachträglich ein umfangreiches, gotisches Fenster eingerichtet worden, von welchem die Sage behauptete, dass es mitunter geputzt würde. Nach Sonnenuntergang, wenn zwei flackernde Halbmonde über den Gashähnen das Büro unheimlich beleuchteten, warf das gotische Fenster einen schiefen Lichtfleck in einen tiefschwarzen, verwahrlosten Winkelhof, den nur selten jemand betrat, es wäre denn ein Küchenjunge, welcher Abfälle in die Kehrichttonne schütten oder ein Huhn darüber rupfen wollte oder der taube Tschemulke, der einen ratternden Handkarren dort abstellte. Diese Leute mochten zuweilen einen langen oder zwei kürzere Schatten über den Lichtfleck huschen sehen und an den Rentmeister und seine beiden Lehrlinge erinnert werden; und Gott weiß, ob sie dabei nicht etwas wie eine Gänsehaut empfanden. Denn im Schlosse gab es keinen Menschen, der gern an diese drei gedacht hätte, geschweige denn mit ihnen zusammengetroffen wäre.
Und was war der Grund dafür? Keine Feindseligkeit. Der hagere, lederfarbige, grauhaarige Aktuar, Archivar, Rentmeister – oder wie, zum Teufel, er sich und man ihn nennen wollte, konnte oder durfte –, der sich um nichts als um seine Arbeit kümmerte, und die zwei von dem unerschütterlichen Ernst ihres Chefs eingeschüchterten und angesteckten Lehrjungen, die so sparsam behost, so dünn angezogen waren und deren blasse Gesichter sich nur durch eine Nasenwarze bei Max und keine Nasenwarze bei Fiedl unterschieden – diese drei Personen taten niemandem etwas zuleide und erweckten allgemein in

erster Linie nur überlegen lächelndes Bedauern. Aber es war, als ob von ihnen etwas Lähmendes, Lebenswidriges, Arbeitsbitteres ausging, dem sich alle nach Möglichkeit, bewusst oder instinktiv, entzogen; so, wie man einer anwidernden aber gerechtfertigten Szene, etwa der Ausbaggerung einer Schlammgrube ausweicht. Kurz gefasst: Dem Aktuar lebten weder Feinde noch Freunde, und man mied ihn. Man mied das graue Büro, wo ewig kreischende Federn und gekrümmte Rücken von schäbigem Tuch jede froh gedachte Rede zurückscheuchten, wo wichtig steigende oder niedergehende Tritte auf schütternden Leitern Ungestörtsein erheischten und die Aktenstöße, dumpf auf den Tisch schlagend, unzählige sichtbare Stäubchen aufjagten, die durch den Saal kreisten, wie ein Feldhühnerschwarm, um sich endlich irgendwo aufs Neue niederzulassen. Das graugraue Büro, in welchem so unruhige, verwirrende Formeln ihr Wesen trieben, wie zum Beispiel: Räumung der Auenluschen – *Acta manualia* betreffend Laudemial-Grundstücke – Dienstabgeltungsrezesse – Königliche Regierungsrekognition über eben abgeführte Bernburger Brauurbarsgelder – Kalkulaturberichte – Unbefugtes Branntweinschenken – oder: *Acta* betreffend Einrichtung eines Glasschrankes im Rauchzimmer Seiner Durchlaucht. –

Das totgraue Büro, wo trotz mancher Geräusche doch immer ein hoffnungsloses Schweigen zu herrschen schien. Selbst der Fürst floh diese Stätte. Eine Kontrolle des Aktuars erübrigte sich, denn dieser war – wirklich, er war unfehlbar wie der liebe Gott, und was ihm der Fürst zu befehlen geruhte, das brachte er vormittags zehn Uhr an, wenn sich die höheren Beamten zur Konferenz in seinem Schlafzimmer versammelten.

Gewöhnlich war er schon wach, hatte wohl auch bereits mit dem Thema »Lärm, Schmutz und Unpünktlichkeit« einen Diener in die Unbehaglichkeit geheuchelter Zerknirschung getrieben, immerhin mit höflichen Worten, denn diese bewahrte der Fürst in allen Situationen. Während Durchlaucht sich nun böse gähnend entnachthemdete, zählte sein Sekretär eine Unmenge von Haushaltssorgen auf, und in dem Augenblick, da das über den Kopf gestreifte Schlafgewand die gefürchteten Augen verdeckte, wechselten die umstehenden Beamten einen bedeutenden Blick aus ahnungsbangem Galgenhumor. Darauf huben die Inspektoren an zu berichten, zu entschuldigen und erbaten Befehle und empfingen unverkennbar versteckte

Vorwürfe, weil der Fürst bei der letzten Revisionsfahrt Mäuseflecken im Klee entdeckt oder weil er herausbekommen, dass ein galizischer Tagelöhner auf einem der Güter einen Spaten gestohlen hatte. Ob das Mittelbeet im Westpark jetzt zur Viehweide diene, wandte er sich unversehens an den Obergärtner und stieg dabei so heftig in die Unterbeinkleider, als ob er aus jedem Hosenbein ein Ungeheuer heraustreten wollte. Nachdem unterbrach er den Rapport des Oberförsters und prustete ins Waschbecken hinein: Ein Hirsch sei aber eigentlich kein Kaninchen. Und erschrak selbst dermaßen über die Tonart seiner Stimme, dass ihm der Schwamm entrollte, worauf sämtliche Herren zur Erde hasteten und, statt den Schwamm einzufangen, den Wasserkrug umwarfen. – – Bei den Konferenzen ging es stets ereignisvoll und lebhaft zu.

Der lederfarbige Aktuar stand indessen kerzengerade vor seinem Vorgesetzten, dem er vor Jahren Pappsoldaten gemalt und ausgeschnitten hatte, machte stenographische Notizen auf Papiermanschetten und bekräftigte je fünf fürstliche Worte durch ein mit Ruhe und Anstand entwaffnendes »Jawohl, Durchlaucht, sehr wohl!«

»Haben Sie die Präzipualleistungen für die Pflaumenallee ausgezogen?«

»Jawohl, Durchlaucht, sehr wohl!

»Haben Sie – – –«

»Jawohl, Durchlaucht, sehr wohl!« O, der hatte alles erledigt. Und der Fürst erteilte ihm mit zitternden Phrasen neue Aufträge, mehr als bisher, jedes Mal mehr als bisher. Er sagte: »Es ist gut, mein lieber Aktuar; ich danke Ihnen für heute verbindlichst.« Und empfand dabei etwas Unerträgliches, kalt oder heiß oder erstickend; das war Hass gegen seinen Angestellten, der ihm und weil er ihm seit neunzehn Jahren untadelhaft diente und den er mit Rücksicht darauf, dass er auch dem fürstlichen Vater lange treu ergeben war, niemals würde entlassen können.

Der Aktuar eilte mit hackenden, langspannigen Schritten hinunter, zur Truhe, wo Max und Fiedl ihn bereits in gedämpfter Aufregung erwarteten und nun wie hungrige Pelikane nach den übergebenen Papieren und Aufträgen schnappten.

Es lag mehr vor als bisher, und – sozusagen – der Aktuar heizte den Blassen entsprechend ein, dass sie in Hitze, in Glut gerieten und gleich Schnellzugslokomotiven zu arbeiten anfingen. Akten wurden eingeheftet und in die numerierten Gräber der Repositorien geborgen oder aus denselben herausgezerrt, dass der alte Staub wieder aufwirbelte und die Lungen kitzelte, bis das Hüsteln kam. Die Leitern klapperten und rückten, die Tritte auf den Sprossen schurrten stoßweise aufwärts und abwärts. Die Federn kreischten, und unfreundliche Worte und Zahlen durchschnitten die Halle. Das war alles nötig, um das fürstliche Archiv und die Geldgeschäfte der Güter, der industriellen Anlagen, Ziegel- und Spiritusbrennereien, der Forst- und Landwirtschaft und mehr dergleichen zu verwalten.

»Max, suchen Sie die Robot und Zinsbeschwerden betreffend die Scholtiseien zu Föhring und Hinwitz hervor!« »Fiedl, was sollen die Hebammengebühren unter den politischen Materien? Willst du wohl – –«

Im Zustande von Unzufriedenheit redete der Rentmeister seine Lehrlinge mit »Du« an und beim Äußersten, in sanft vulkanischen Augenblicken, schlug er einen oder den andern zweimal mir dem Hornlineal auf den Hosenflick, worauf ihn meist eine Staubwolke zum Niesen zwang. Dann hauchte der Getroffene schüchtern: »Zur Gesundheit, Herr Rentmeister«, dieser brummte etwas Unverständliches, und damit war der graue Normalzustand wieder hergestellt.

Frühstücks- und Mittagspause wurden von nervöser Pünktlichkeit abgeschliffen und am Tagesende, um 7 Uhr, wünschte der Aktuar seinen Jungen »Gute Nacht«, nachdem er sie noch ein dutzend Mal ermahnt hatte, alles Verschließbare, auch die Patronatssachen, auch die Lorkeschen Prozessakten, ordentlich zu verschließen und die Gashähne ganz umzudrehen und ja noch die Schafhütungsgerechtigkeit des Dominii Kolbitsch einzuheften und die Briefschaften richtig in den Postkasten zu werfen und den Papierkorb noch auszuleeren und die Mausefalle aufzustellen und – –

Wie gesagt, er wünschte Gute Nacht, aber erst nachdem er schon halb zur Tür hinaus war und auch nur ganz undeutlich, weil er besorgte, durch freundliche Worte an Reputation einzubüßen.

Und ging hölzern über den lichtgestreiften Akazienhof, durch ein Pförtchen, drei Stiegen hoch in sein zweizimmeriges Heim, wo er ebenso bedächtig als gründlich seiner Abendmahlzeit oblag, die ihm ein nur zu Weihnachten sichtbarer Schlossdiener dort aufgetischt hatte.

Aber der Archivar kehrte müde noch einmal zur Truhe zurück, überzeugte sich davon, dass Max und Fiedl seine Befehle vollkommen ausgeführt hatten und las oder schrieb, zur Erholung, eine Stunde, später anderthalb Stunden, angestrengt für sich allein.
Wenn er dann wiederum den nächtlichen Platz querte, überraschte es ihn nicht, aus gewissen Richtungen Gelächter oder Bruchteile von Musik zu vernehmen. Die Periode, da er solchen Verlockungen gefolgt war, lag weit zurück. Er verriegelte gewissenhaft doppelt seine Zimmertür, entzündete vorsichtig die Lampe, entkleidete sich, stieg mit einem Band Gartenlaube ins Bett, blies schnell die Lampe aus und – wahrscheinlich entschlief er sogleich, schlief bis morgens 5 Uhr 35 Minuten.
Manche Wahrnehmungen der Nachbarsleute sprachen dafür, dass er unruhig träumte und in seines Schlafes Phantasien alle die schweren Sorgen teilte, welche das fürstliche Haus wachsend bedrückten und noch mehr bedrohten, obwohl der Fürst Fleiß und einige andere löbliche Eigenschaften betätigte. Zurückverfolgt sahen die 7075 Tage, welche der Aktuar seit dem Tode des alten im Dienste des neuen Fürsten verbracht hatte, einander trübselig ähnlich, aber wenn man Anfang und Ende dieser Zeitkette miteinander verglich, dann erwies sich hell, wieviel an Überbürdung, Enttäuschung und Bitterkeit nach und nach jenes Leben verfärbt hatte.
»Er war«, erzählte der Fürst, »das einzige Kind eines ganz armen Müllers, der mit seiner siechen Frau im Föhringer Erlenwäldchen eine halb zerfallene, strohgedeckte Mühle betrieb. Der Sohn sollte ihrem Wunsche nach eigentlich Kunstmaler werden, weil er Gänse erkennbar abzeichnen konnte. Und als die Eltern plötzlich rasch hintereinander starben und ihr Grundstück dadurch kontraktmäßig meinem Vater zufiel, nahm sich dieser der hilflosen Waise an und engagierte den damals noch sehr jungen Mann als Aktenverwalter. – – Ja – ja Kunstmaler –«
Der Erzähler räusperte sich wie belustigt, und als das bei seinen Gästen keine sonderliche Wirkung hervorbrachte, lief er auf einmal aus dem Zimmer, angeblich um einen Schongauerschen Kupferstich zu holen, den er kürzlich erstanden hatte. Denn der Fürst war leidenschaftlicher Sammler von Kupferstichen, Vasen, Medaillen und anderem. Er war übrigens auch leidenschaftlicher Spieler und – –

Aber nun vergaß er den Kupferstich und dachte wieder über den unveränderlichen Rentmeister nach, der schier unmögliche Leistungen – quantitativ, natürlich nur quantitativ betrachtet – zustande brachte.
Aber hatte Mademoiselle im Grunde nicht doch unrecht, wenn sie ihn einen devoten Schmeichler hieß?
Warum hätte der Aktuar schmeicheln sollen, da er seine Pflicht ganz und willig erfüllte und, ohne Zweifel, nicht den geringsten unbefriedigten Wunsch hegte. Er war auch nicht devot – nein – nur geziemend anständig, ergeben, treu, rücksichtsvoll. Ihm fehlte keineswegs Ehrgefühl; er würde auf ein beleidigendes Wort hin sofort »gegangen« sein; man musste sich in dieser Beziehung vorsehen. Ja eigentlich – eigentlich war der Aktuar ein viel besserer – –
Da wurde der Fürst abgerufen und eilte missgestimmt nach dem Schlafzimmer seiner ältesten Tochter, wo ihn der Arzt erwartete.
Es verhielt sich nicht so, dass dem Aktuar die wahre Gesinnung seines Fürsten entging. Auch täuschten sich alle, so die Meinung hegten, der Rentmeister wäre in seine Akten verliebt und gegen alles andere gleichgültig.
In der späten stillen Arbeitszeit nach dem Abendbrot, wenn kein zweiter zugegen war, welcher der Beobachtung bedurfte oder Beobachtung fürchten ließ, geschah es bisweilen, dass etwas im Innern des Aktuars aufstand und ganz leise, allmählich lauter, zuletzt gewaltig an die Wände einer vom Leben umhärteten, liebefremden Seele klopfte.
Der einsame Mann blätterte, zur Erholung, in den ehrwürdigen schweinsledergebundenen Akten der Malteser-Ritter, in den Journalen, Urbanen und Schöppenbüchern, freute sich oder erstaunte aufrichtig über die vorteilhafte Genauigkeit, mit der sie geführt waren, über die sauberen, ziervoll verschnörkelten Handschriften der emsigen Mönche und über das vortreffliche Lumpenpapier. Dann schüttelte er, mühsam entziffernd und in rührend ungeschickt verhehlter Halbwissenheit gelegentlich sein Haupt wegen der närrischen Orthographie oder der geschwollenen Titulaturen. Und begrub die Papiere in das Fach *PX* Numero so und so viel und las ein anderes Heft.
Acta in Untersuchungssachen wegen dem am 8. Januar 1797 im Backofen totgefundenen Hospitaliten Johann George Guettler.

Der Archivar schob das Buch hart von sich und murmelte halblaut: »Es ist kein Herz darin.«

Durch Für und Wider verdeutlichte er sich in Gedanken, wie die Mönche alles so schön, zuverlässig und übersichtlich notiert hatten, weil die Uhr sie nicht hetzte, wie aber nichts darauf hindeutete, dass sie sich einmal über eine Nachtigall oder die knorrigen Akazien gefreut hätten, dass sie etwa gern Muskatwein tranken und – wenn sie ihn getrunken hatten – sich hinaus, hinweg wünschten, zu lustigen Freunden oder um ein Mädchen singen zu hören.

Manchmal erwachte in dem Rentmeister auch jene Neigung zum Zeichnen, welche seiner Jugend so viel Kurzweil und Anerkennung verschafft hatte, jenes warme Vergnügen an unbestimmbaren Farben oder Formen. Er entdeckte, wie anmutig in ihrer einfachen unsymmetrischen Bauweise die eiserne Galerietreppe wirkte; oder seine Feder, welche Zahlen betreffend Nutz- und Schirrholz addierte, irrte plötzlich ab, aufs Löschblatt, wo sie verfallene Mühlen mit Strohdächern und Erlenbüschen zu bilden begann. Bis der Archivar es inne ward, wie ein ertappter Schuljunge zusammenzuckte und dann umso beschleunigter weiter addierte.

Was die letzten Regungen unterdrückter Sehnsucht in ihm erstickte, was sein Leben so gleichmäßig geformt und so grau gestrichen hatte, war vornehmer Pflichteifer, anhängliche Gutmütigkeit, energieloser Pessimismus, aber gewiss noch manches andere Unerkennbare. Denn wir Menschen haben keine Schlüssel zu den tiefsten Ursachen der Dinge, höchstens unvollkommene Dietriche.

Unversehens trat etwas Neues, Revolutionäres in das Dasein des Rentmeisters. Niemand ahnte, wo und wie es sich eingeschlichen hatte. War der Fürst zum ersten Mal unzufrieden gewesen? Gab ein Streit, ein Brief oder ein belauschtes Gespräch dem Rentmeister zu denken? Jedenfalls hatte sich dieser einen neuen Federhalter angeschafft und bekam eines Tages, mitten in der Bürozeit Nasenbluten. Andermal fand der unsichtbare Schlossdiener morgens in der Schlafstube des Rentmeisters eine leere Muskatweinflasche und was des Ungewöhnlichen mehr war. Solche Anzeichen einer Veränderung wurden jedoch nur der nächsten Umgebung erkennbar.

Weniger bedurfte es, um zu bemerken, was außerhalb der Truhe im Schlosse vor sich ging.

Und es stand schlimm.

Wer das noch nicht wusste oder sah, der hörte es auf Korridoren, in den Dienerstuben, im Dorfe oder nachts bei geheimer Liebschaft und wem so die Augen geöffnet waren, der lieferte die Geschichte, um ein Geringes vermehrt, baldmöglichst weiter, denn man traf sich dabei wie zu einem angenehm fesselnden Theaterstück.

Und während die Postmeistersfrau sich im Dunkeln auf der Kellertreppe eine Rippe zerbrach, als sie den Kellermeister schnellstens benachrichtigen wollte, dass der Hauslehrer nun wohl die Küchengertrud heiraten müsste, saß der Archivar, in der Gasbeleuchtung an Farbe wie eine Leiche, lesend über ein Buch gebeugt, dessen Seiten vergilbt und stockfleckig, jedoch durch unverkennbares Alter geadelt waren.

Des Hoch Ritterlichen Ambtes der Commendà Geldt Bier Undt Brandtwein Haubt Rayttungk; über Einnahme Undt Außgaab Auff Ein Jahr. Undt zwar, Vom Ersten Mayus 1717 bis lezten Aprilis Ao 1718 – –

Es folgten trockene Worte und Ziffern über verschiedene –

»Da!« – Der Archivar legte die Hände an die Wangen und etwas Starres trat in seinen Blick. Da, auf Pagina 117 leuchtete ein roter Klecks, mehr denn die Hälfte der Seite einnehmend. –

Rote Tinte oder Blut? erwog ein Zweifel im Gehirn des Rentmeisters. Der erregte Mann war sich nicht klar darüber; er verstand sich nicht darauf; er roch auch nichts. Aber er fieberte, indem er vielmals die Gedanken Blut und Tinte wechselte.

Vielleicht war es Blut. Vielleicht war hier einmal ein Zeichen von innerem Leben, von außerberuflichem Gefühl, von Weichheit. Vielleicht war das Kundschaft von einem Menschen, der gelitten hatte wie er, der Archivar, und mehr Entschlossenheit besaß als er, der fürstliche Aktuar.

Mönchsblut. Gewisslich war es Malteserblut.

Der Fleck hatte nahezu die Gestalt eines Herzens; nur der linke Bogen fehlte, und der Rentmeister ergänzte das Fehlende durch eine unsichtbare Linie mit der Fingerspitze.

Dann schlug die Turmuhr zwölf schwermütige Schläge; also war es elf Uhr.

»Es liegt etwas in der Luft«, sagte der Koch, die Tomatensuppe quirlend, und andere Leute im Schlosse sprachen das Gleiche aus. Max und Fiedl, die niemals zu äußern wagten, dachten nichtsdestoweniger ebenso; und alle hatten ein wenig recht.

Den Rentmeister musste wohl etwas Närrisches überkommen sein; denn da er die Truhe mit dem üblichen Gutenachtgebrumm verlassen und den Akazienplatz bereits halb durchquert hatte, drehte er sich plötzlich in komisch kühner Schwenkung auf dem Abatz herum und lenkte seine gigantischen Schritte nach dem Winkelhof, wo er sich in den Lichtfleck stellte, ein griesgrämiges Gesicht gegen die verschmutzte Scheibe des Bürofensters drückte und – von Überraschung in unbewegte Haltung gebannt – längere Zeit überschaute, was die Lehrlinge trieben.

Max und Fiedl, die beiden blassen Jungen, standen, nein, tanzten mitten auf dem Tisch. Sie sangen, sie lachten; der Rentmeister hörte es nicht, aber er sah es. Sie hatten rote Wangen, leuchtende Augen, und sie tanzten, sie tanzten auf dem Tisch über die annullierte Grenzregulierung und den neuen Appellationsbericht hinweg. Und begannen nun aus unzähligen Taschen ihrer kümmerlichen Kleider unzählige Paketchen herauszufischen und die Paketchen zu entwickeln – knitterte es nicht? – worauf Gurken, Leberwurst, Brot, Butter, Schokoladenstangen und Zigaretten zum Vorschein kamen, und dann aßen, fraßen die Jungen drauflos, kauten mit vollen Backen – –.

»Ach, lieber Gott!«

Der Archivar enfernte sich zögernd vom Fenster. Er sah derweilen höchst bemitleidenswert aus, ungefähr so wie ein Bettler, der einen schmerzhaften Schlag erhalten hat.

Fiedl und Max erschraken nicht wenig, als er dann unverhofft im grauen Büro erschien. Wie war das Rot auf ihren Wangen, das Leuchten in den Augen mit eins verschwunden. Aber hinterher priesen sich die Schuldigen noch sehr zufrieden, weil sich nicht mehr ereignet hatte, als pro Mann einen gelinden Klaps mir dem Hornlineal auf den Hosenflick, und dass der Herr Rentmeister an jenem Abend kein einziges Wörtchen gesprochen hatte, auch in der Folge niemals auf jenes Vergehen zurückkam. –

Alles ging im gewohnten Geleise, teils abwärts, teils eben dahin.

Der Archivar hatte wieder seine ernste Beherrschung gefunden, und wenn er auch zwischen Akten, Tinte und Pflichten sich häufig in beharrliche

Grübeleien verirrte, die den roten Fleck, die Lehrlinge und eine zerfallene Mühle umfassten, so hatte er doch, wie gesagt, seine ernste Beherrschung gefunden.

Ein Tag passierte, da aus irgendwelchen Ursachen die Zehnuhrkonferenz besonders stürmisch verlief und an welchem im Schlosse, wo immer es war, Begegnende einander bedeutungsvoll zuwinkten: »Hu, ganz verwünschte Laune heute!«

Fürwahr, es ging widerwärtig in der Welt zu. Draußen rieselte unaufhörlicher Regen. Und der zweite Diener trug beim Servieren eine unglaublich schmierige Weste. Und es war logisch, wenn auch nicht juristisch offenbar, dass der Knecht Hadamus die Klinksdorfer Scheune angezündet hatte. Und die Fürstin schien von dem Besuch bei Mademoiselle Wind bekommen zu haben. Und die Klagen über den Koch Meßberger nahmen kein Ende. O die Welt war eitel Niedertracht.

Die Kerze, welche neben dem fürstlichen Diwan auf einem Journalständer brannte, hob flackernd bald »noch immer unbeantwortete« Briefe, bald schreckende Zahlen, bald wieder unausstehliche Porträts großzügiger, edler, gütiger Menschen hervor. Der Fürst löschte die Kerze; es half nichts. Lärmend schlug der Regen auf das Fensterblech. – –

Was nützte es, ihm noch mehr aufzuhalsen … Jawohl, Durchlaucht, sehr wohl. –

Und er, nur er, wäre vielleicht noch imstande gewesen, den verfahrenen Karren aus dem Dreck zu ziehen. O ho! Sollte sich der Fürst vor einem Müllersohne beugen? Nein, ihn fassen, ertappen, beschämen! Denn er war doch ein Heuchler, ein Duckmäuser, ein Schmeichler.

Kurze Zeit nachdem stand der Fürst – er war ungesehen auf selten betretenen Schlupfwegen dorthin gelangt – in dem Lichtfleck auf dem Winkelhof unterm strömenden Regen, lehnte ein scheußlich frohlockendes Gesicht gegen die kalte Fensterscheibe und sah in Unbeweglichkeit gebannt, was der Rentmeister trieb.

Der Rentmeister, der selbstbewusste, bitterstrenge Herr, trieb Allotria, trieb kindische Spielereien, während alle im Schlosse glaubten, er arbeite noch so spät. Haha! Der Aktuar kniete auf dem Fußboden und amüsierte sich damit, seine linke Hand mittels eines Bindfadens an das Tischbein zu binden. Zweimal ums Handgelenk und zweimal ums Tischbein herum und dann nochmals so.

Daneben, auf der Diele, lag ein aufgeschlagenes Aktenheft, und den scharfen Blicken des Beobachters entging nicht, dass es gröblich mit Tinte besudelt war.

Schämte sich der grauhaarige Kerl denn gar nicht ob solcher Torheiten? Nein, er kicherte fortgesetzt vor sich hin – man hörte es nicht, aber man sah es. Er verknotete den Bindfaden über der Fesselung und ergriff mit der Rechten ein Radiermesser, um die über den Knoten hinausragenden Enden der Schnur pedantisch abzuschneiden und kicherte und redete dabei; vielleicht war der Aktuar betrunken. Um Himmels willen, was tat er denn jetzt!

Der Fürst sprang zurück, lief rasch aus dem Winkelhof hinaus und um die Ecke herum.

Als er in die Truhe stürzte, war der Aktuar vornübergefallen, hing mit dem linken Arm am Tischfuß, und dieser Arm war über und über mit Blut beflossen.

Der Archivar rollte in weit aufgerissenen Augen ein Paar grässlich stierende Pupillen, und die bluttriefenden Finger seiner rechten Hand kratzten mit unbegreiflicher Anstrengung an einem toten Klecks in dem Aktenbuch, welches ihm zur Seite lag.

»Den linken Bogen –«, stammelte er einmal und nochmals mit entsetzlicher, fremder, gleichsam weit entfernt klingender Stimme.

Was Seine Durchlaucht der Fürst auch anstellte, er brachte nicht mehr aus dem Sterbenden heraus.

Phantasie

I

»Aber sie ist doch ein achtjähriges Kind«, wagte die Stadträtin vorzuhalten.
Ihr Mann warf die heiße Zigarre auf das Sofa. »Alberne Entschuldigung«, grollte er und rettete mit vulkanischer Ruhe den roten Plüsch so langsam als möglich. »Das ist genau so, als wenn du über Kopfschmerzen klagtest und ich würde dazu bemerken: Aber die Stachelbeeren sind noch nicht reif. Ein nichtsnutziges, erzfaules, kalbsdummes Geschöpf ist das Mädchen!«
Onkel Fußball, welcher spreizbeinig daneben stand, beide Hände fidel in die Taschen vergraben, meckerte den Streitenden rücksichtslos ins Gesicht. Wie ein Metzgergeselle sieht er jetzt aus, dachte der Stadtrat von ihm und äußerte laut: »Vielleicht hast du die Güte, dein Amüsement über meine Sorgen ein wenig zu verbergen. Das wäre sonst genau so, als wenn ich mich feindselig in deine Angelegenheiten mischen und beispielsweise dich verhöhnen wollte, wenn dir auf dem Sportplatz ein Schienbein zertrümmert wird. Daja«, der Stadtrat sprach jetzt zur Lampe, äugelte aber zuweilen nach seiner Frau hinüber, »Daja wird leider unverantwortlich von uns verwöhnt, und sie wird mich dafür in die Grube ärgern. Schlagen müsste man sie«, der Stadtrat wandte sich mit unväterlichen Fäusten dem Fenster zu, wo Mademoiselle ekstatisch Beifall nickte, »schlagen müsste man sie, dass ihr die Knochen aus dem Halse hängen.«
Als alle im Zimmer über diesen ungewöhnlichen Vergleich teils entrüstet, teils belustigt nachdachten, wurde Herr Scholz sanfter, fing an, seinen gutmütigen Bauch zu streicheln, und redete zu diesem fort: »Warum klagt Herr Andex denn niemals über Chile oder über Peter? Warum sind denn die fleißig und folgsam? Nicht wahr, Herr Andex, ist dem nicht so?«
Der Hauslehrer, welcher insgeheim ein Gesuch betreffend Salärerhöhung plante, nahm sich zusammen, raffte seine überlangen Gehrockschöße hinterm Rücken, trat zwei Schritte vor und setzte mit gehobenem Ernst ein: »Ich wäre ja zufrieden, wenn Daja etwas wie guten Willen, Wollen, etwas Streben, etwas Vorsatz, Ansatz, Anlauf, etwas, etwas – zeigte. Aber nein, sie ignoriert meine Vorhaltungen, Vorstellungen; geistesabwesend und störrisch. Sie huldigt Spielereien und will sonst nichts beachten. Entweder zeichnet

sie unter der Bank Schwäne in die Schulbücher«, Mademoiselle nickte so gewaltig, dass unter dem rotblonden Haarsaum ihres Hinterkopfes ein grauer Haarsaum hervortrat, »oder sie lungert stundenlang heimlich mit dem Forstgehilfen im Walde herum, während ich mir die Augen nach ihr wund suche.«
Frau Scholz lächelte ironisch. »Oder sie schwänzt die Schulstunden, um Blumenhochzeit und ähnliche Kindereien im herzoglichen Park zu spielen.«
»O, ik liebe der Kind so sehr«, rief die Französin stürmisch, »aber sie ist eine zu garstige –«
Frau Stadtrat erhob sich geräuschvoll: »Das Kind hat allerdings reiche Phantasie.«
»Phantasie ist Quatsch!«, brüllte Herr Scholz. »Und ich will ihr den schon austreiben. Heute bekommt Daja kein Essen, und sie wird zwei Stunden in die Lampenkammer gesperrt. Das wäre ja sonst genau so als wenn – –«
»Jawohl, Herr Stadtrat«, unterbrach der Hauslehrer, »man muss – –«
»Man muss ihr fragen«, unterbrach Mademoiselle, »ob sik – –«
Am Ende wäre doch –«, unterbrach die Stadträtin.
»Wozu denn solche –«, lachte Onkel dazwischen.
Da alsdann gleichzeitig jedes der Anwesenden zu der Meinung kam, der einsichtsvollste, vornehm überlegende Teil zu sein, gingen die Zankenden plötzlich auseinander. Herr Stadtrat zog indessen noch Herrn Andex beiseite und empfahl ihm, strenger mit Daja zu verfahren. Danach bat die Stadträtin Herrn Andex beiseite und riet ihm, es einmal in Güte mit Daja zu probieren. Danach lud Onkel Fußball Herrn Andex zu einer Partie Billard ins Café Kürzel.

2

»Gu-Gu-Guten Tag, Leu-Leute. Oberkellner, bringen sie mir eine Pa-Pastete, *à la reine*, und Schampus für mich! Für die übrigen Gäste hier Bier oder Kaffee, Schnaps, wa-was sie haben wollen. Ich bin kein Filz, der seinen Wochenlohn in die Sumpfstrocke – Strumpfsocke bindet, wie Heine Klevers.«
Da der Kellner jedoch nur ein frostiges Kopfschütteln mit ausweisenden Blicken servierte, ereiferte sich der also Bediente – anscheinend ein Kohlenarbeiter, der, nach seiner Färbung zu urteilen, direkt, oder noch glaubhafter, auf dem Umwege nach einer Schnapsdestille von der Arbeit kam – in einer

weitschweifigen Rede, welche, wenn man sie für pure Wahrheit nahm, bewies, dass der Kohlenmensch Jahre zuvor einmal Historie studiert hatte, oder zumindest bei einem Historiker in Stellung gewesen war; ferner dass und wie drastisch er damals seinem intimen Freunde, dem Prinzen Ferdinand, die Meinung gesagt hatte und dergleichen Bewundernswertes mehr.

Trotzdem ward der Vortragende, ein noch junger Mensch, dessen linkes Auge erblindet schien, mit Worten, Gesten und Püffen an die Außenluft genähert. Doch die hinter ihm ins Schloss fallende Tür vermochte nicht seine inzwischen an Kraft geschwollene Stimme zu unterdrücken, welche noch beteuerte: er ginge von selbst aus der verdammten Spielhölle, und er danke für Pastete, Lamettrie sei an Trüffelpastete gestorben usw. usw.

Diese Szene war es, die den Onkel Fußball im Lachen schüttelte, als er mit Andex das Café verließ. Wenn sein Begleiter nur gezwungen beilächelte, so lag das daran, dass ihn der Anblick des Einäugigen entsetzt hatte. Herr Andex murmelte unterwegs schaudernd mehrmals vor sich hin: »Sie haben es ihm ausgeschaufelt.« Auch war eine Goldplombe im Gebisse jenes Trunkenboldes aufgefallen, die den Hauslehrer an qualvolle Lehrjahre bei einem Zahntechniker erinnerte und an eine Erfindung, für die er damals viel Arbeit, Zeit und Hoffnung vergeudet hatte. Seine Idee war ein künstlicher Zahnschmelz gewesen, welcher viel Heil, Ruhm und Geld bringen sollte.

3

Mademoiselles Antlitz wurde mild. Sie war eingeschlummert und träumte nun, dass sie als Gemahlin des blonden Husarengenerals von St. Honoré, zudem als Mutter von drei Kindern mit ihrer Familie und etlichen geladenen Gästen in einem – ihrem – entzückenden goldweißen Speisesaal soupierte. Auch der Stadtrat nebst Frau waren geladen.

»Nein, was besitzt Exzellenz« – Mademoiselle war gemeint – »für bildhübsche und artige Kinder!«, äußerte jemand; und Herr und Frau Scholz erröteten. Ihre Exzellenz erwiderte sehr vernehmlich: »Artig sind sie freilich, und es kommt davon, dass wir uns nie in die Erziehungsmethode unseres Hauslehrers, beziehungsweise unserer Mademoiselle einmischen.«

Herr und Frau Scholz er-violetteten.

»Aber so langen Sie doch bitte zu, Frau Stadträtin«, ermunterte Ihre Exzel-

lenz und winkte einer Livree, den letzten Gang, gefüllten Kapaun, nochmals zu präsentieren. »Bei uns darf niemand hungrig von Tisch aufstehen, *n'est-ce pas mon cher?*«
Seine Exzellenz küsste die weiße, brillantüberfunkelte Hand von Ihrer Exzellenz. Ihre Exzellenz bog ihren anmutigen Nacken so, dass sie just noch das Ehepaar Scholz im Auge behielt und scherzte leichthin: »Ja, bei uns geht es immer friedlich zu, wir streiten uns nie.«
Beifällige Meinungen umflüsterten die Tafel. Einiges, wie »anmutiger Nacken«, »liebenswürdige Gesinnung«, »General, welch aristokratische –« wurde verständlich.
Stadtrat und Stadträtin wollten sich grimmig auf Ihre Exzellenz stürzen, um sie zu erwürgen, wurden aber von den Livreen gepackt und lautlos aus dem Saal geführt.
Und alles verurteilte aufgebracht die ordinären Störenfriede, welche Frau Generalin hochherzig als Leute entschuldigte, denen krankhafte Phantasie die Köpfe verwirrt hätte. Und alles pries enthusiastisch Ihre und Seine Exzellenz. –
Als Mademoiselle noch träumte, ward der Papagei munter, reckte sich, plusterte und begann zu gröhlen: »Caro As – Lausbub – Lausbub – Lausbu–« Als der Vogel den elften Lausbub ausrief, ward Mademoiselle munter.
Ob ich am Ende das alles nur träumte?, dachte sie. Ja! Nein! … Doch! … Nein! … Ja! Der General ist ja schon elf Jahre tot. Oder nicht? Nein! … Ja! … Nein! … Ja!
Sie trieb sich in Stößen aus dem Bette, gähnte grauenhaft und nahm sich während des Ankleidens vor, Daja wegen einer lüderlichen Übersetzung zu züchtigen.

4

»Verschwelt, schmutzig waren die Wände, die Tische und Bänke, die niedrige Decke in dem Lokal und alles schmucklos, aus plumpem Material, um der rücksichtslosen Behandlung einer beschränkten und verdächtigen Menge standzuhalten. Und diese Menge umgab mich dicht, bunt und in mehrerlei Sprachen durcheinander zankend. Es gab ein Bild, wie es bäuerische Obstmärkte ähnlich bieten. Doch jene Trinkstube war mit Menschen verschiedener Rassen, tiefstehenden, harten, gefühlsarmen Wesen vollgestopft, Männern und Weibern, die nur das Recht persönlicher Stärke fürchteten oder nutzten. Schwarze, Weiße, Gelbe, Braune, Cowboys – stellen Sie sich diese Cowboys vor: Riesenhafte, muskulöse, urschöne Kerle, mit langen Haaren von flutendem Taubenblau, mit verwegenen, stolztrotzigen spiegelnden Augen, mit gleichsam metallenen Gesichtern. Derbfriedlich, rohfeindlich: Man sagt, bei ihnen käme auf zwei Worte ein ›*God dam*‹, auf fünf Worte ein ›*shake hands*‹ und auf zehn Worte ein Messerstich oder Revolverschuss. Das sind die Kuhjungen.

Sie tragen die Taschen voll zerknitterter Banknoten, die sie mit der Faust auf den Tisch dröhnen, wenn sie fordern und dann unmäßig für sich oder wohlfeile Freunde fordern. Denn so gewichtig der Lohn ist, den ihre raue Arbeit in den Ställen und Steppen bringt, sie wissen ihn ansehnlich und wüst zu verschlemmen!«

Die drei Zuhörer suchten ihre Aufmerksamkeit durch periodisches Kopfnicken und verschiedene So und Ja zu legitimieren, aber ihre Andacht war offenbar nur obligatorisch. Denn der Bergdirektor widmete einen Teil seiner Sehkraft den Neuesten Nachrichten, was mit Schwierigkeit verknüpft war, da die Zeitung in den Händen eines Knaben zitterte und sich zudem nur überkopf präsentierte; der Besitzer des Hotels schaute auf den Zeitungsjungen selbst, seinen Angestellten, weil dieser sich unterfing, in respektloser Nähe und ungebührlicher Haltung ebenfalls der Erzählung zu lauschen; und der Verlagsbuchhändler zog auffällig seine Uhr hervor.

»Ich trank«, fuhr der Sprecher ahnungslos fort, »Whisky mit diesen Leuten. Ich mischte meinen Pfeifenqualm zu dem ihren, spuckte wie sie in die Stube, deren Fußboden für solchen Sport mit Sägemehl bestreut war, und sprach ein gemeines Matrosenenglisch. Aber ich blieb trotzdem über ihnen, nicht hochmütig, oder lernend, forschend, angeregt und gefesselt, wie ein Maler, sich an Effekten freut, wie Harun al Raschid, wenn er verkleidet das Volk belauschte; wie ein Knabe, der sich in ein Märchen aus Tausend und eine Nacht hineinlebt, vielleicht auch wie ein beobachtend schwelgender Dichter. Ich kostete große Welt im kleinen Raume und wusste, dass, wenn ich die zerschrammte Kneipentür öffnete, mir die tropische Nacht kühl entgegenhauchen und das Raunen des Meeres meine Gedanken weit, weit entführen würde.«

Herr Andex schwieg plötzlich, entgoss sein Glas in die Kehle und sprach, nachdem er eine nervöse Verlegenheit durch ein Taschentuchmanöver bemeistert hatte, in abfallender, nüchterner Tonart weiter: »Ich werde mich so knapp fassen, wie die Eile es zulässt: Also, während ich in jener Kneipe wie ein Pinseltupf in einem farbigen Gemälde sitze, schiebt sich auf einmal – –«
Fritz, der Zeitungsjunge, hatte wirklich vergessen, was und wo er war, dass er jemandem die Neuesten Nachrichten bringen sollte und dass nicht fern von ihm sein Chef saß. Fritzens begeisterter Geist war in die Tropen entflogen und nur der leere Körper blieb mit offenklaffendem Munde zurück. Es war umsonst, dass der Hotelwirt böse Blicke schoss und seitwärts, unter Tischhöhe, dauernd mit der Faust signalisierte. Auch der Bergdirektor und der Verlagsbuchhändler interessierten sich jetzt für den Bengel und verfolgten sein bewusstes Mienenspiel mit zunehmendem Vergnügen.
»– schiebt sich auf einmal ein alter zerlumpter Neger durch das Gedränge zum Schanktisch und will auf die Platte ein beutelartig gefaltetes und merklich schweres Schnupftuch heben, aber ein Zipfel desselben entgleitet seiner Hand, worauf die Menge blanker Goldstücke zu Boden klimpert und nach allen Seiten unter die trunkene lärmende Gesellschaft verrollt.
Ich weiß nicht, ob der Nigger Auftrag hatte, das Geld umzuwechseln, oder ob es ihm selbst gehörte. Kurzum, nun geschah etwas Eigenartiges: –«
Fritz bog sich nach Möglichkeit vornüber; seine Augenbrauen verzogen sich zu gotischen Bogen, seine Hände zerdrückten grausam die Neuesten Nachrichten.
»Im nächsten Augenblicke stürzten sämtliche Anwesende mit geradezu tierischer Gier zu Boden, um von dem Gelde aufzuraffen, und im übernächsten Moment sprang einer von diesen ungeschlachten Cowboys auf einen Stuhl, zog mit jeder Hand einen Revolver aus der Hosentasche und schrie, die Waffen gespannt vorstreckend: ›*hands up*.‹ Und da alle, auch ich, im Nu die Hände hochwarfen – denn wir wussten, da galt kein Spaßen – hieß der Cowboy den Wirt Schaufel und Besen holen und hielt uns andere so lange in Schach, bis die verlaufenen Münzen zusammengefegt und wohlgezählt ihrem Eigentümer zurückgegeben waren.
Dieser Zug bei einem Kuhjungen –«
»Dieser Eselsjunge!«, schrie der Hotelwirt außer sich und sprang auf den Zei-

tungsträger zu. Dieser fuhr zusammen und entfloh dann durch die nächstbeste Tür.
In der Damentoilette fand ein weithin vernehmbares Renkontre männlichen Geschlechtes statt.
»Das geschieht ihm ganz recht«, sagte der Verlagsbuchhändler herzlich lachend und rüstete zum Aufbruch.
»Jawohl, durchaus!«, pflichtete der Bergmann bei und erhob sich gleichfalls.
»Allerseits gute Nacht!«
»Gute Nacht!«
»G't Nacht!«
»Gute Nacht!«
»G't Nacht!«
Herr Andex verlangte barsch Berechnung vom Kellner und zahlte ungewöhnlich kleines Trinkgeld. Um einen reuevollen Ärger zu verwinden, blätterte er noch eine Weile im Weinkatalog.
Vorübereilend wünschte ihm auch der Hotelwirt eine »geruhsame« und bemerkte verbindlichst, die Erzählung sei wirklich sehr lustig gewesen. Herr Andex knurrte spitzig darwieder: »Aber die Stachelbeeren sind noch nicht reif.« Schob sodann den Weinkatalog beiseite und winkte den verschämt zurückkehrenden Zeitungsboy heran.
Von dessen Backen, die an einen Spielball erinnerten, war die rechte besonders gerötet, und Herr Andex drückte begütigend nun mehrmals auf die linke, als wollte er dadurch, wie man bei Gummibällen tut, auf der anderen Seite etwas konkav Gewordenes wieder konvex machen.
Endlich, indem er das Hotel verließ, steckte er noch dem Eselsjungen einen Taler zu.

5

Der Hauslehrer Andex hatte, einen ernsten Vorsatz umstoßend, wieder einmal eine Geschichte aus seinem Leben, diesmal dem Pfarrer, dem Doktor und dem Oberlehrer vorgetragen, und obwohl sie bei diesen aufmerksamen Zuhörern eine lebhafte Behaglichkeit erwärmt hatte und ungeachtet der rundkörperliche Geistliche noch ein artiges Weinchen in Aussicht stellte, erhob sich doch der Hauslehrer und nahm großen Abschied, derart, wie man

ihn nimmt, wenn man ein Nimmerwiedersehen für möglich hält. Dann schlug er einen ausgiebigen Weg durch das besonnte Städtchen ein, besuchte Frau Konditor Kürzel, Hans Dannenberg, den Bibliothekar Huckebein, auch dessen Eichhörnchen und andere angewöhnte Persönlichkeiten. Und weil ihm die Menschen überall mit kleinleutlicher Umständlichkeit etwas Langes einredeten, was die kurze oder vielleicht ebenfalls lange Bedeutung barg: Wir haben dich lieb gewonnen; weil auch die Giebel und die durchdenkbaren Fenstergardinen der Häuser oder Häuschen, die Gassenkinder, die Linden und einige wedelnde Hundeschwänzchen dasselbe kundzugeben schienen, geriet Andex bald in die heiterste Laune. So behielt er gutmütige Geduld, überall von Neuem des längeren und breiteren Auskunft zu erteilen über Ursachen und Stunde seines Scheidens, ferner über seine Pläne in Bezug auf die Spessartmühle, die er so unerwartet von dem kaum bekannten Onkel geerbt hatte, und über Sonstiges. Schließlich lenkte er die Schritte und sang dabei seine vorzügliche Stimmung in einem mehrmals wiederholten, sinnlos fragmentarischen Refrain heraus nach dem herzoglichen Forsthaus, wo er sich, da der Oberförster nicht zugegen war, ein Gewehr borgte, ein letztes Mal im oft beschrittenen Revier zu pirschen.
Aber ziellos, kreuz und quer den Wald durchstreifend, dessen Bäume, Wege, Lichtungen und Futterschober liebe Bekannte waren, verlor Michel Andex wohl seine Absicht; denn es geschah nur ein einziges Mal, dass er die Büchse anlegte, auf eine sitzende Eule, welche sich verführerisch von der spätmatten Himmelsbläue abhob. Doch er schoss nicht; er brachte es an diesem Tage nicht übers Herz, etwas zu töten. Unerwägt, wie weit die mancherlei schmackhaften Getränke mitwirkten, welche er bei den vorangegangenen Visiten nicht hatte abschlagen können, so durchströmte ihn nun eine weiche Begeisterung, die ihn mit vornehmen und weitspannenden Gedanken beschäftigte. Auch eine Wenigkeit von Wehmut färbte seine Betrachtungen, als er sich bei Sonnenuntergang ermüdet am Wiesenhang lagerte und mit halber Aufmerksamkeit verfolgte, wie der Widerschein fernwandelnder Wölkchen den Lauf seiner Flinte rot überzog. – Herr Andex befand sich in der Meinung, dass eine Mühle, deren Gesamtwert von einem Großbäcker nach bezahlter Besichtigung auf 40 000 Mark taxiert war, eben dasselbe wie 40 000 Mark Barvermögen bedeute. Indem er neben anderem seine Unfä-

higkeit zur Führung eines Mühlenbetriebes unterschätzte, dünkte er sich auf einmal vom armen, wie man sagt, aus der Hand in den Mund lebenden, zum wohlhabenden Manne geworden.

Und nun ein Strahl seines Blickes die grüne Wiese mit dem rührenden Volke der kleinen rotbetüpften Gänseblümchen überlief, während von weit her die Armutslieder einer Ziehharmonika herüberbrandeten, öffnete sich dieses Mannes grundgütige Seele, und er begann sich mit groß ausholenden und tief eindringenden Ideen zu beschäftigen: Wie er hinfort mit seinem Reichtum, seiner Macht gar viel vergelten und erfreuen wollte.

Neben ihm schrillte eine schneidende Kinderstimme auf: »Herr Andex, ich habe ein Kaninchen!«

Daja, blühend in Glückseligkeit, kauerte sich neben ihrem Hauslehrer nieder. Bedachtsam hielt sie ihr Röckchen im Schoße zusammengefaltet, wodurch die weißen Höschen über den nackten prallen Beinchen sichtbar wurden, und ihr Blondhaar hing lose vornüber. Dem Hauslehrer, obwohl er nur flüchtig hinschaute, entging nicht, wie niedlich sie aussah. Er vergaß darüber, zu fragen, wo sie herkäme, oder zu schelten, weil sie Mademoiselles Klavierunterricht entlaufen sei; er vergaß überhaupt zu sprechen. Das Bild dieser prallen Kinderwaden mit dem Spitzensaum von Hosen darüber hielt er fest, vervielfältigte es, führte es fort, mit einem verhältnismäßig unbedeutenden Teil von 40 000 Mark in der Tasche, fort in einem heißen, ratternden Wagen durch Nacht an Laternen vorbei, die in regenpoliertem Pflaster widerblitzten und dann auf Teppichen zu rhythmischer Musik, Duft und geheimnisvoller Abgeschlossenheit. Und genoss schrankenlos, gehorchte, kniete nieder, küsste Fleisch und fühlte tief erniedrigende Schläge mit Birken – –

»Herr Andex, wann gehst du fort?«

Die Antwort ließ lange auf sich warten und klang unfreundlich: »Morgen, übermorgen.«

»Ist es wahr, dass du Abenteuer machst?« Daja sah völlig naiv aus. Diesem rührenden Blicke konnte man nicht böse sein. Der Lehrer lächelte bitter.

»Abenteuer? Wieso denn?« Und in einer Art Schamgefühl bezwang er sich, um Dajas weiche Ärmchen jetzt nicht zu streicheln, die vorsichtig das weiche lebendige Spielzeug bedeckten. »Wieso, Daja?«

»Mutti hat's gesagt.«

Der Geist des Herrn Andex wiederholte mehrere Male: Ja ja, Abenteuer, ja ja, Abenteuer. Und mit dem Sinne dieser Worte beleuchtete er, was wie kinematographisch und grammophonisch in sechsunddreißigjähriger Länge nun vorüberraste, vorüberlautete.

Es war sein gewesenes Ich, es war der Geometer Andex, der im Boote stand, von braunen Kerlen nilabwärts gerudert.

Die dicke Tante Gerold gab ihm mit Blicken voll betrübter Nachgiebigkeit die Hand, da er Abschied nahm von ihr, die ihm seine Verwaisung entschädigt hatte.

Und er saß im Kupee des Hamburger Zuges mit phantastischen, unzerstörbaren Hoffnungen aufgeblasen neben dem redseligen Koch aus Halle und lachte innerlich in himmelhoher Überlegenheit, weil besagter Reisebekannter von »Bereuen« gesprochen hatte.

Er, Andex, ward hin und her gerollt, und das rote, rote, heiße Loch, in das er schweißtriefend schwarzes Futter schaufelte, schwankte hin und her, dass die heißen Kohlen darin sprühend durcheinanderrüttelten. In die furchtbare Musik schurrenden Eisenbleches, zusammenfallender Kohlenhaufen und vieler einander durchbrechenden Stimmen von Meer und Sturm schrak von oben das aufregende Kommando herein: »Forcierte Kraft!« und dann schrie jemand so grässlich, so grässlich –. Andex sah unbeirrt, geschäftlich auf das blutige Zahnfleisch. Er spürte kein Mitleid angesichts dieser vorübergehenden heilsamen Schmerzen, sondern drückte den Unterkiefer des Schreienden fest und gleichgültig nieder wie eine Türklinke. Aber er litt unter den quäkenden, quälenden Worten des neben ihm stehenden Chefs: Hörr Andox, göfälligst dö Zungö runtördrücken. Hörr Andöx göfalligst dö drittö Feilö. Oh, sind Sö ungöschickt! Andörö Zangö! – Dieser schiefköpfige Zahntechniker, dieser bodenlos eitle, erbärmliche Wurm.

Da war es, als schritte, mit schöner hoher Stirn, ganz langsam, sanft und schweigsam die Mutter vorüber, und Michel, der in Erinnerung an die Sprechweise des Herrn Kästner noch unwillkürlich die Lippen komisch hässlich verzogen hielt, ward jählings von peinlicher Sehnsucht nach der früh Verstorbenen übermannt. Auch ein kleines Aquarellbild über einem orangefarbenen, spitzenbehangenen Sofa tauchte auf und wies das Porträt eines schwermütigen Mannes. Und als Tante Gerold darauf hindeutete und seuf-

zend sagte: Dein guter, schlichter Vater; sein letzter, besorgter Wunsch galt dir, Michel. Da rief der Geist des Herrn Andex vor Mitgefühl überschäumend: Vater, sei unbekümmert; ich blieb immer ehrlich, so hart mir's oft ging, und nun bin ich ja glücklich. Ich habe eine Mühle geerbt, die 40 000 Mark wert ist – und Tante Gerold trug die Lilabluse, darüber den prächtigen Granatschmuck von Kaiser Wilhelm. – Nun trug sie das schwarze Kleid: armer Michel, dein Vater ist heute nacht zum Allervater hinübergeholt.
Darauf bog sich Herr Andex laut unverhohlen schluchzend über das Geländer der Neckarbrücke und warf eine dreifarbige Mütze, ein begeistertes, kostspieliges Studium und seine innigsten Wünsche in den Strom.
»Rudys Frettchen hat es aus dem Bau gejagt und Treff hat es gefangen. Soll ich es in den Stall zu den Ponys tun? Denkst du, dass es leben bleibt?«
Wo – wer sprach da? Ach, Daja war es, Daja, die an seiner Seite spielte.
»Ja«, erwiderte der Hauslehrer spät und kehrte sogleich in sein Sinnen zurück zu den Bildern und Gestalten seiner Vergangenheit, die ihm auf einmal überwältigend viel zu umfassen schien. Er traf sich in der brasilianischen Farm, wie er dem Mestizen das Messer entwand und dort zum ersten Mal Lepupa erblickte mit ihren vollkommenen Elfenbeinzähnen – seine Zahnerfindung –
»Was soll ich ihm denn zu fressen geben?«
»Ja«, sagte der Hauslehrer.
– Brotlos, frierend, verschämt in einem Wartehäuschen des Bremer Hafens übernachtend und damals, als Erlösung, die Hauslehrerstelle bei Stadtrats. Herr Stadtrat, Frau Stadträtin – macht Abenteuer, ja, ja, macht Abenteuer. Aber es war doch immer ein gnädiger Gott nahe gewesen, wenn die Not am höchsten – und nun schenkte er gar die Mühle, das Geld, mit der Freiheit, der Selbstständigkeit. Er war es diesem Gotte schuldig, jetzt denen ebenso gnädig zu verzeihen, und er wollte und konnte. Und »nicht wahr«, setzte Daja ein, »morgen taufen wir es?«
Ihr Lehrer hatte wohl überhört. Flüsternd, aber deutlich sprach er ein Verschen vor sich hin:

»Ihr glücklichen Augen,
Was je ihr gesehn,
Es sei, was es wolle,
Es war doch so schön.«

Die achtjährige Schülerin, welche diese Poesie nicht ganz verstand und sie auf das Kaninchen bezog, lächelte mit allerliebstem geschmeichelten Besitzerstolz, indem ihre Fingerchen gelinde über die verschrockenen Rollaugen und das appetitliche Schnäuzchen des zitternden Tierchens strichen.

Nun trugen die Schwingen der Gedanken den bleichen Mann mit dem schlotternden Gehrock hoch in das goldene Futur, wo unabsehbare, jugendlang und jugendheiß erhoffte Wonnen winkten. Und doch war oben Michels erster Blick wieder rückwärts, abwärts gerichtet, wo das unumgrenzbare, ungreifbare, unglaubliche Vorbei sich in wirren Rätseln verlor. Jetzt geschah es, dass der Hauslehrer von einem friedesamen, milden Schwindel ergriffen wurde.

Zauberhaft!, dachte er. Märchenseltsam! Aber es liegt noch etwas namenlos darüber, was so wehmütig stimmt, etwas so – ein –

»Herr Andex, wie soll ich es denn taufen?«

– ein unnennbares, eine, so eine – er suchte und suchte nach einem wörtlichen Ausdruck für das Gedachte und endlich sprach er ihn laut aus: »Verstorbenheit.«

»Ver-stor-ben-heit?«, wiederholte Daja fragend, und ihre Verwunderung dehnte das Wort.

»Ja«, nickte Andex traumtrunken, »Verstorbenheit.«

Und plötzlich erhob er sich energisch mit dem Ruf: »Aber Daja, was treibst du? Wir müssen nach Hause, marsch! Mutti wird schelten.«

6

Daja sprang, und es glückte. Unten betrachtete sie, was es gekostet hatte, mit einer Miene, die Trotz und banges Gewissen schillerte. Da war der Daumen vom Blech der Dachrinne geritzt. »Ph!«, meinten die Lippen gleichmütig und dann wuschen sie dem Finger das Blut ab. Ernster dagegen mahnten die Flecken in dem roten Batistkleid, welche gar zu ausführlich eine Rutschpartie über Teerpappe beschrieben. Flüchtig betastete Daja die braunen, starkriechenden Kleckse mit einer rührend schmutzigen Patschhand, drehte sich alsdann freiheitsleicht auf dem Absatz herum und wanderte. Wanderte unverkennbar absichtlich eine durchaus ungerade und unbequeme Linie, welche anfangs breite Pfützen teilte, wo jeder Schritt einen vergnüglichen fächerartigen Wasserschwall verspritzte. In der Nähe des Schulneubaues überbuckelte die Linie einen Sandhaufen; und das rote Batistkleid besaß eine geräumige, weißgesäumte Tasche; so war es natürlich, dass etwas von dem feinrieselnden Sand in die Tasche gelangte, was später in einer anderen Gasse von der kleinen Patschhand mit regelmäßigen Bewegungen und dem möglichst rau wiederholten Rufe »Vorsehn! Bitte, vorsehn!« wieder weithin ausgestreut wurde. Wie denn gewisse Männer in München ein halb Jahr zuvor auf glattbeeisten Straßen Ähnliches getan hatten, damals, als Daja die Tante Walli besuchte. »Vorsehn! Bitte, vorsehn!« Nun zeigte sich freilich kein Glatteis. Denn Daja zog jetzt durch den Frühling. Der Sonnenschein war mit Vogelgeschwätz gefüllt, und ein gesunder Wind regte das Hängeschild der Konditorei Kürzel in knarrenden Angeln. Unter dem Plakat vor der Haustür lauerte der Feind namens Bäckertrude. Der verlachte die Sandstreuende, und als diese mit einer herausgeblökten Zunge entgegnete und Bäckertrude darauf zum Angriff überging, entschlüpfte Daja mauseschnell linksab durch einen Torbogen, lapp, lapp über einen gebirgig bepflasterten Hof, husch, husch durch die Bresche eines wackeligen Zaunes, von Stein zu Stein über einen Bach und auf schräger Ebene zwischen Hecke und Graben bis zu der strohbedeckten Hütte Faserkinns. Eduard Faserkinn, vom Hauslehrer Andex so getauft, war ein vierbeiniger Esel, welcher mit der Stadtratstochter in geheimnisvoll vertraulichem Verkehr stand. Daja, die daheim allen gegenüber – die alte Kinderfrau Murmel ausgenommen – störrisch und wortkarg blieb, wurde bei Eduard Faserkinn zutraulich und offenherzig und plapperte selbstgenüge ohne Einhalt mit Freund Asin, den sie vorn an seinen müden Bebberlippen liebkoste und hinten an dem abgewetzten traurigen Schwanzstücke quälte. Daja nötigte ihm Riesenbissen von Heu auf, die er unglücklich hinunterwürgte, wenn er, in die Ecke gedrängt, nicht entweichen konnte. Daja schleppte einen Eimer voll Wasser herbei, der schwerer wog als sie selbst, und Daja hämmerte stumm, doch dringlich an die blinden Scheiben des tauben Schuhmachers Pinzwürmel.

»Hoho«, krähte Pinzwürmel und schob das Fenster hoch, »bist du da, Rackerchen? Hast du den Grauen gefüttert, hoho? Brav, Rackerchen! Da hast du was.« Und lohnte die gute berechnete Tat mit einem Griff blanker Kirschen, die in der weißgesäumten Tasche versackten.

Nach und nach, auf der Weiterreise nistete sich noch anderes in diese Tasche

ein. Tannenzapfen, ein Fasanenei, eine Nachtigallfeder, auch kleine Steinchen.
Blätterrauschen und Duft streichelten durch das Erlenwäldchen. Dort, wo Daja über Moos und Wurzeln vorwärtsholperte, knackten die Büsche, und dann tauchte der rote Batist auf, noch ehe die freien Kaninchen entschlüpfen konnten, noch ehe die wilden Tauben sich liebetrennend emporgeschwungen hatten. Einmal wurde das Dämchen Scholz von einem dreisten Ast ruckweis am Röckchen zurückgerissen und musste sich unbillig mit einem Kleiderriss loskaufen. Und es fand sich ein anderer, höchst lustiger Ast, der nicht zu passieren war, ohne dass man ihn springend erhaschte und ein-, zweimal daran wippte. Es wartete an bewusster Stelle eine von Försterrudy aufgestellte Raubtierfalle, und des Stadtrats Töchterlein entdeckte wichtig, dass keine Katze sich gefangen hatte. Es kam eine staubige Landstraße, wo die zierlichen Ärmchen zu Pleuelstangen wurden und das Mädchen unwillkürlich pfeifend und zischend in Rhythmus geriet. Und Vogelnester und Blumen: Margariten, Jasmin, Heckenrosen, Kornblumen; blaue, gelbe, weiße, lila Blüten. Bald vermochten die jungen Fingerchen kaum noch die Stengelbündel zu umklammern, einen Kranz wollte sich Daja flechten und auf den Kopf setzen und die übrigen Pflanzen allmählich vor sich hinstreuen und ganz langsam und ganz feierlich darüberwandeln, welches Spiel sie Blumenhochzeit nannte. Üppiger Mohn, der frivol in den Kornfeldern frohlockte, brachte ihr zudem einen neuen vielverheißenden Einfall: Sie würde mit den roten Blüten die Schwäne auf dem Schlossteich bewerfen; das musste sich ausnehmen wie Blut; und dann würde sie Begräbnis spielen. O wie wundervoll war die Welt außerhalb der Lampenkammer, wie grenzenlos weit!
Trotzdem hätte Daja beinahe den braunberockten Parkwächter umgelaufen, der in den Buchengängen, auf den taxusgesäumten Kieswegen und geschorenen Rasenflächen wie ein Maikäfer herumtorkelte, um nach Unbefugten auszuspähen. Dieser Schafskopf, der noch gefürchteter als Bäckertrude war, schimpfte schauderhaft, wollte der davonrennenden flatterblonden Sünderin nachsetzen, erinnerte sich an sein Holzbein, blieb stehen, spuckte viermal und trank fünf Schlucke aus einer dunklen Flasche.
Nicht lange danach am Schlossteich überzeugte sich Daja schmerzlich, dass

die Schwäne – es waren ihrer vier, nein fünf – vom Ufer nicht erreichbar auf der Wasserfläche ruhten und weder von lockenden Lauten noch von drohenden Steinwürfen sonderlich Notiz nahmen. Aber ein schmaler Bootssteg mochte Daja den Tieren näher bringen. Sie legte die Blumen beiseite, behielt nur den Buschen Mohn in Händen und kroch auf allen Vieren ängstlich aber mutig das Brett entlang.

Ja, sie rückte den schaurig schönen weißen Vögeln näher, immer näher – – – noch näher – – o weh! Nicht ganz – vielleicht – –

Die Schwäne, hundert Schwäne, entfalteten sich brausend, schlugen mit gewaltigen Fittichen nach dem Kinde, peitschten das Wasser zu haushohen Wogen, wollten Daja totbeißen, schrien laut, entsetzlich, schrien. Aber da kam gerade der Herzog des Wegs, im Frack, mit der Brille, und heute trug er auch die goldene Krone auf dem Haupte.

Er verjagte die Schwäne mit einem Schwerte, welches funkelt wie ein Sternenhimmel, weil es über und über mit Diamanten verziert war.

Nun fühlte sich Daja mit eins wieder so froh, so selig und so dankesvoll für ihren Retter, nur wusste sie nicht recht, wie sie es ausdrücken möchte. Nach langem Entschließen reichte sie endlich dem Herzog das Mohnbukett. Das nahm er, bedankte sich und verehrte ihr dafür seine Brille, und Stadtrats Tochter wiederum grub die Kirschen aus dem weißgesäumten Schacht, wischte sie mit dem Ärmel ab, weil etwas Gelbes von dem Fasanenei, auch etwas von Sand und Nachtigallfeder daran klebte, und gab sie dem Herzog. Darüber war dieser dermaßen entzückt, dass er bat, sie möchte zum Lohn sich etwas wünschen.

Sie wünschte, wünschte, wünschte, wünschte: Herr Herzog möge sie heiraten. Aber es müssten Blumen gestreut werden und – –

»Und«, fiel der Herzog ein, »nun tue auch einen Wunsch für deine Eltern.«

»Vati und Mutti«, entschied Daja rasch, »musst du hunderttausend Taler schenken.«

»Gut! Und Onkel Fußball?«

»Auch hunderttausend Taler.«

»Und Murmel?«

»Hundertmal hunderttausend Taler!«, jubelte Daja und hob sich auf die Zehenspitzen, während ihr Körperchen in Begeisterung bebte.

»Und Mademoiselle?«
Die Kleine stockte. »Mademoiselle nur einen Taler«, bestimmte sie und zog ein bitterstrenges Mademoisellegesicht.
Unzählige Diener und Dienerinnen in blausilbernen Uniformen schwärmten herbei und streuten Rosen aus; und Daja als Herzogin wandelte Arm in Arm mit dem Herzog durch den Park an dem braunen Parkwächter vorbei, welcher sich demütig verneigte und um Verzeihung bat; und in der Ferne leuchtete.

7
Über kaltes Rindfleisch und trockenen Kartoffelsalat schoss unwirsch, verärgert und herrisch der Befehl: »Murmel soll nach dem Park laufen und das Balg herbeischleppen!«
Über Kartoffelsalat und Rindfleisch sandte die Stadträtin unwirsch, verärgert aber streitbeharrlich die Auskunft zurück: »Murmel ist schon lange dieserhalb unterwegs.«
Gabeln, Messer, Teller und Tassen tönten in Bewegung. Alle Speisenden lauschten diesem Geräusch.
»Unerhörte Ferkelei«, fuhr Herr Scholz jäh von Neuem auf, indem er seine Tasse klirrend niedersetzte, »da schwimmen Fliegen und ekelhaftes Wurmzeug im Tee.«
Der Diener überstürzte sich, erklärte aber dann zu Onkel Fußballs Freude völlig ruhig: »Das ist kein Wurmzeug, gnädiger Herr; das sind Teeblätter.«
Vielleicht ohne Absicht zerbrach der gnädige Herr die besprochene Tasse. »Das ist mir gleich, ob Wurmblätter oder Teezeug. Jedenfalls will –«
Vergeblich versuchte seine Frau noch einmal zu besänftigen: »Rege dich doch nicht so auf wegen des Kindes.«
»Ich mich nicht aufregen wegen diesem Galgending, diesem Sargnagel, diesem faulsten, dümmsten und unverschämtesten von meinen Kindern? Nicht aufregen? Ha, ha, nicht aufregen! Das ist genau so, als wenn das Bett unter mir in Flammen aufloderte und du würdest zu mir sagen: Lass dich nicht stören.«
»Nun ist's genug!«, brauste Frau Scholz, und sie wuchs gleichsam dabei. »Daja ist heimlich zum Fenster hinausgeklettert, gut –«

»Nicht gut!«, überschrie Herr Scholz.
»Also nicht gut«, überbot Frau Scholz. »Daja hat gefehlt, und ich werde sie nach Gebühr bestrafen, aber wir anderen wünschen ihr Vergehen nicht zu entgelten.«
Mademoiselle rückte mit dem Stuhl und flötete: »Ich möchte mik doch lieber nach der Kind umsehen; wer weiß, wo sie sik hertreibt.«
»Bleiben Sie nur, liebste Ma'selle, Murmel wird sie schon finden.«
»O der süße leichtsinnige Kind! Sie konnte sik totschlagen. Und sie muss über das Teerdach von der Remise gegleitet sein, wie wird das rote Röckchen aussehen! oh, oh!«
Onkel Fußball hatte tüchtig und wohl gespeist und mischte sich nun behaglich in das Gespräch: »Die Remise ist mit Ruberoid gedeckt; das enthält keinen Teer«, berichtigte er provozierend. Da fand endlich auch Herr Rommel, der neue Hauslehrer, Gelegenheit, etwas in die Konversation einzuschieben, nachdem er bisher schweigsam eine Maschine aus Messerbänkchen, Serviettenring und Löffel konstruiert und eingehend beobachtet hatte. »Verzeihung«, knietschte er, »die Remise trägt doch Dachpappe.«
Chile und Peter verhielten sich angestrengt manierlich und warteten halb furchtsam, halb schadenfroh auf ihrer Schwester Erscheinen.
»Zu unartig, ihre armen Eltern so zu kränken«, barmte Mademoiselle und schüttelte erstaunlich viel rotblonde Locken, auch ein vorwitziges graues Löckchen.
»Vati«, hub Peter an, ungewiss in Bezug auf die Wirkung, »Daja hat auch die Glasscheibe vom Spielkasten zerschlagen.«
»Wetten wir, dass ihr Kleid keinen einzigen Teerfleck aufweist?«, proponierte Onkel Fußball dem Hauslehrer. »Es gilt eine Schachtel Apis.«
»Verklagt euch nicht immer gegenseitig«, schalt Frau Scholz ihrem Sohne zu.
»Ja, nimm du sie nur noch in Schutz«, zischte der Stadtrat, »aber ich werde sie zum Krüppel zermalmen, mir dem Rohrstock hauen, bis –«
»Und ich verlange Ruhe in meinem Hause.«
Onkel Fußball wieherte amüsiert. »Unterlass diesen Hohn, bitte«, bellte ihn der Stadtrat an.
»Na, du wirst wohl erlauben, dass ich –«

Die Tür öffnete sich aufschreckend, und die alte, in der Haltung fast rechtwinklige Murmel mit ihrem farbenschwachen Haar, farbenschwachen Gesicht und farbenschwachen Kleide präsentierte sich. Sie schluckte ein paarmal – »Luftgurken«, wie Onkel Fußball es bezeichnete – und presste dabei die gefalteten Hände auf den Magen, wie sie immer tat, wenn sie etwas von Wichtigkeit vorzubringen hatte. Die am Tische kicherten. Nur der Stadtrat rief zornschäumend vom Stuhl aufspringend der Kinderfrau entgegen: »Vor allen Dingen bring mir den Rohrstock herein, den Rohrstock!«

»Den braucht's nicht, Herr Stadtrat«, sagte Murmel schwer und bitter mit einer Stimme, die alle lähmte, »unser Herrgott hat's Dajerle fortgeführt. Daja« – auf einmal schluchzte die Alte grässlich auf – »Da-da-aja ist ertrunken.«

8

Wir werden missachtet, so lang wir getrennt sind, wir, die Sekunden, und sind entschwunden, bevor ihr uns kennt. Wir tropfen zusammen zur Geltung Minute: Sechzig Geschwister von einem Blute.

⋆

Zwanzigmal drei. Wir, die Familien, wir, die Minuten, spielen vorbei, tippen am Zeiger der Uhr, nippen vom Schlechten und Guten, nippen nur. – – Hörst du dein Herze schlagen? Bangst du? Leidest du Qual? Ho, wir können es tragen.

Und quellen zu Tal, zum ernsteren Bunde, zur Stunde.

⋆ ⋆

Zeigerrunden fristen wir Stunden. Glocke und Wächter grüßen und künden namhafte Geschlechter mit Ruf und Schlag. – Bewahr uns ein Lächeln; auch magst du uns hassen. Wir bächeln, wir bächeln unhaltbar, gelassen hinab zur Gemeinde, zum Tag.

⋆ ⋆ ⋆

Aber uns Tage nenne Gewichte in der Schale Geschichte. – Bringt unser Schicksal dir Plage, leiht es dir trügerisch Ruh, – denke: auch wir fließen weiter, dem Stamme der Woche zu.

⋆ ⋆ ⋆ ⋆

Wir silbern euch Haare, wir mürben euch Knochen; ihr merkt es nicht. –

Feste feiern wir Wochen, begeisterungsbare Feste, die nie zu vergessen. Sonne der Nacht zeigt wohl indessen achtmal uns neues Gesicht. Strömen wir langsam zu Hauf. Monat, glückliches Volk, nimm uns auf!

⋆ ⋆ ⋆ ⋆ ⋆

Zwölf an der Zahl und gleichen einander nie. – Lausche, ehe wir weichen, mahnender Melodie. Redet vom Schmelzen, vom Welken, redet von dem, was wahr. – Lausche! – Wir münden ins Jahr.

⋆ ⋆ ⋆ ⋆ ⋆ ⋆

Wir Jahre lichten die Schädel. Wir männern die Knaben. Wir weibern die Mädel. Wir lassen gebären, denn Kinder wollen wir haben, sich wachsend zu freuen am Frühling, an Ähren, am bunten Laub und am großen Schnee. – Wir brausen dahin, eine starke Armee. Wir sind das mächtige Heer der Zeit auf der maßlosen Straße von Ewigkeit zu Ewigkeit.

9

»Frieren Sie?« Vor dem harten, geschäftsmäßigen Klange dieser Frage blieb eine abgemagerte, schieläugige Gestalt, die von einer rostbraunen Hemdbluse und ebensolcher Hose umschlottert wurde, im Übrigen nur noch mit Sandalen bekleidet war, einen Moment furchtsam stehen. Jedoch mit eins fing sie an zu kichern, sprach dann undeutlich und sehr schnell und trippelte hastig kreiswärts weiter. »Nein, ich friere nicht; sie haben mir zu gut eingeheizt. Ich danke Ihnen, Herr Sonnenkranz, Sie haben mir die Halle hübsch heiß gemacht. Sie und Ihre respektablen Herren Kompagnons.« Herr Sonnenkranz verbeugte sich verbindlich und stellte bei der Gelegenheit vorsichtig seinen Zylinderhut zur Erde.

»Ja wirklich, ich danke Ihnen, Herr Stadt – Herr Sonnenkranz. Es brennt etwa für dreißigtausend Mark Papier, abgesehen von den vielen Balken. Das langt für drei Kessel; ich schätze, es bringt uns tausend Seemeilen vorwärts. Hallo, Jungens von Madeira! Hallo, Mister Sonnetal! An Bord! Wir dampfen durch den Spessart. Südost durchs Mittelländische in den Nil. Ich habe einen Kanal dort entdeckt.«

»Es wird nicht reichen«, meinte Sonnenkranz achselzuckend. Der Rostbraune lachte: »Dann passen Sie mal auf, ich verstehe mich aufs Feuern. Unsere Glatze mag ein wenig frieren, aber es bringt uns vorwärts. Jedes

Hundselend hat Ausgänge. Wählen wir den letzten.« Bei diesen Worten stieß er Sonnenkranzens Zylinderhut mit einem Fußtritt in die Weißgluthöhle des Ofens. Ein Heizer lud ein Schaufelmaß Kohlen obendrein. »Wie ein Totengräber, der einer Mutter den Abschied nachpoltert. So, nun werden wir Lepupa besuchen. Es soll königlich werden, Herr Sonnenkranz. Sie lacht Elfenbein; wirklich, wirklich, sie hat meine Erfindung im Munde. *Full steam, firemen!* Sie werden doch keine Angst haben? Zum Henker mit all dem! Wir schlucken uns durch zehn Faden Atlantik zum Himmel, oder zur Hölle, Herr Sonnenkranz, oder wir erleben Dinge, von denen Sie nichts ahnen, Sie Stinktier.«

Der Rotbraune sang:

»Denn was der Seemann heimlich schaut,
Erzählt er nur einer Eintagsbraut.
Die wird als Hure sterben gehn;
Doch beide haben die Welt gesehn.«

Fire up! Der Sänger pufffte den Heizer an die Rippen, fuhr aber zusammen, als dieser ihm langsam ein einäugiges Gesicht zudrehte.

»Mein Gott, sie haben ihm das andere ausgeschaufelt, merken Sie wohl, Herr Sonnenkranz?«

Herr Sonnenkranz gab keine Antwort, und der Rostbraune ließ sich kläglich mutlos auf die orangefarbene, spitzenbehangene Bank nieder.

»Lepupa! Le-pupa! Lepu-pa!«, wimmerte er in verschiedenen Tongestalten des Schmerzes vor sich hin.

Es war, als hätte sie vernommen, denn gleich darauf erschien sie, nackt, nur mit dem prächtigen Granatschmuck von Kaiser Wilhelm angetan, erinnerungsgetreu, traumwahr in ihrer bezwingenden Schönheit; den gewaltigen bräunlichen Körper, die vollen mattglänzenden Frauenbrüste mit missachtender Lässigkeit wiegend. Sie blickte ihn wollustschürend, streng an, und irgendwo in dem Perlmutterweiß ihrer Augen gestand sich die allbereite Liebe, die schrankenlose Willfährigkeit ein.

Aber Lepupa entschwand wieder, bevor der Rostbraune sich aufgerichtet hatte.

»Ach, Lepupa, geh nicht davon! Lepupa, bleibe! Lepupa, du Vieh! Ich kann ja nicht zu dir kommen; sie haben mir die goldenen Räder gestohlen.«

Es schien, als kehrte sie zurück. Doch nein, eine andere nahte, ganz langsam, sanft, eine alte ehrwürdige Dame mit schöner hoher Stirn. »Michel, ich bin es, deine Mutter. Du hast böses Geld verloren; was liegt daran. Du bist krank, arm, du leidest; ich weiß alles; schäme dich nicht. Du hast bewahrt, was ich dir mitgab, und damit halte aus.«

Er aber weinte lange, umklammerte ihre Hände; und nun erkannte er, dass es doch Lepupa war, die er festhielt. Anna Lewise kam, Daja kam, die bucklige Ägypterin von Fayum und Tante Gerold kamen, dazu Sonnenkranz mit seinen Kompagnons und andere Herren, sämtlich in schwarzen Anzügen, mit schwarzen Handschuhen und gewichsten Zylinderhüten, und Herr Kästner sagte: »Wir wollön seinö und ihrö Knochön verteilön.« Dabei griff er Lepupa ins Gesicht und riss ihr mit spitzen Fingernägeln die Augen heraus, dass sie nur noch an blutigen Fleischbändern hingen, tief niederhingen. »Gott, Gott! Mutter! Erbarmen!« Der Rostbraune wich zurück, Lepupa mitreißend. Die Männer folgten mit furchtbar ausgestreckten Armen, wie riesige scheußliche Krebse, Schritt für Schritt. Seine Zähne schlugen klappernd auf- und auseinander. Er fror, und seine Augen zwinkerten unter rinnendem Schweiß. Er hörte keinen Laut, fühlte nur, wie die blutigen Fleischbänder mit Lepupas Augen an seinen Körper anpendelten, wich weiter zurück, wandte den Kopf und erblickte hinter sich das glühende Feuerloch. Dann, unmenschlich aufkreischend, packte er den Wasserkrug und schlug um sich. –

»Nummero 16 doppelte Seitenfessel!« befahl der Direktor einem Wärter und schloss die Beobachtungsklappe.

10

Von oben gleist grasgrüner Ampelschein herab auf eine graue, ovale Bürste und ein Straußenei, auf den Mahagonitisch, welcher ein Schachbrett, ein Glas und eine Flasche Tokayer trägt, außerdem die gewichtigen Oberkörper von zwei greisen Männern stützt; auf einiges mehr. Wunderliche Schatten blinzeln allenthalben, und auf dem olivenfarbigen Teppich blitzt eine verlorene Stecknadel. Rund um den Lichtbann herum, der noch knapp die beiden Sammetstühle schneidet, träumt grundloses Dunkel, aus dem nur wenige Gegenstände hervordämmern, sich manchmal um ein Geringes zu bewegen scheinen. Hie und da klappert eine Figur auf dem Brett.

Auf einmal setzt ein kleines, anhaltendes Geräusch ein.

Das Straußenei hebt sich; es ist der Schädel des Siebzigjährigen. Er neigt sich seitwärts, um zu lauschen. Ebenso lauscht Onkel Fußball – die graue Bürste – und sagt nach einer Weile mit hohler Stimme das eine Wort: »Holzwurm.«
Der Stadtrat nickt, so oft, als vermöge er nimmer einzuhalten, und aus seinem froschartig schnappenden Munde ringt sich eine schwache dünne Sprache: »Es wird Zeit, mit den Würmern in Konnex zu treten. Gardez!«
Onkel Fußball zieht die Dame zurück. Der andere rochiert. Schweigsam, tristlaunig, gemächlich überlegend, spielen die gleichstarken Gegner friedlichen Krieg.
Der Holzwurm, nicht mehr beobachtet, bohrt emsig weiter. Eine gestorbene Motte fällt von der Ampel herab, gerade in die Mündung der Flasche; niemand bemerkt es.
Endlich macht der Grauhaarige einen Ansatz, etwas Frohsinn in die bange Stille zu reden: »Ja, ja, der olle Rollemann«, brummt er, mühsam grinsend und kramt damit ein längst vergangenes Gespräch wieder hervor, »er war kein anständiger Mensch, aber ein spaßhafter Kauz – Schach!«
Der Stadtrat, ohne etwas zu erwidern, schiebt einen Bauer vor und gerät abermals ins Kopfnicken. »Schach!«
Die Bürste entwickelt einen glücklichen Trick und – »Schach!« – fährt fort zu plaudern: »Wenn ich nicht irre, lebte damals noch Daja – Schach und Gardez! Nein, der ist vom Springer gedeckt. Sie war solch ein liebes Mädel.«
»Oh«, bricht des Stadtrats hohe Stimme ein, »das Bravste, das Klügste, das Beste von meinen Kindern, das einzige, das mir mit Freude vergalt.«
Onkel Fußball merkt wohl, wie sein Partner mit dem Finger über die stumpfen Augen wischt. »Und drollig in ihren Einfällen. Schach! Gib die Partie auf: es bleiben dir höchstens drei Züge. Ich besinne mich noch, sie hatte ein Kaninchen, das sie Verstorbenheit nannte. – Ein närrisches Mädel.«
Müde, stöhnend, gähnend legt sich der Stadtrat im Sessel zurück. Onkel Fußball gießt zitternd Tokayer ins Glas, leert es, schluckt die tote Motte mit hinunter. »Der Teufel mag wissen, was hinter dem Goal steckt.« Nochmals füllt er das Glas, »Prosit Alter«, klingt es an die Flasche.
Und in die späte Stunde hinein hallt ungewürdigt ein schluchzender, gedehnter Laut, wie ihn die Zither mitunter gebiert, wie ihn die Nachtigall weint.

11

Es war ein altes Weib, das sich mit Betteln ernährte, das von Krankheit entstellt und obwohl der Sprache des Landes, in dem sie lebte, mächtig, doch eine Fremde dort war. Denn sie stammte aus Frankreich, und die Leute, die das wussten, nannten sie deshalb und ob ihrer Unsauberkeit »Madame Schmütz«.

Madame Schmütz war unredlich und schlau, und wenn sie bettelte, log sie den Leuten allerlei anschaulich vor, gab an, dass sie neun hungernde Kinder habe, dass sie die Gattin eines Husarengenerals gewesen und dann schuldlos ins Unglück geraten wäre, und anderes mehr, was die Leute zur Mildtätigkeit bewegte. Ja, es kam vor, dass die Bettelnde sich anstellte wie eine Blinde, die sie doch nicht war; und auf solche Weise erwarb sie sich das, was sie brauchte, um Brot zu kaufen, ein kleines Stübchen mit Bett und Heizung zu bezahlen und um Schnaps trinken zu können.

Über Madame Schmütz wohnte Maletimmi, ein seelensgutes Mädchen, eine kluge, fleißige, aber ebenfalls sehr arme Künstlerin. Sie hatte die Alte lange beobachtet, auch wohl erkannt, wie garstig und nichtswürdig sie bei allem Elend war, aber gerade deswegen fühlte die Künstlerin doppeltes Mitleid mit ihr. So ersann sie in schöner Liebherzigkeit einen Plan und lief straßhin und straßher, treppauf und treppab zu vielen wohlhabenden, befreundeten oder fremden Menschen, um Helfer für das alte Bettelweib zu werben.

Mancherorts ward ihr übel begegnet, aber nach geduldigen Mühen fand sie eine Frau, welche versprach, Madame Schmütz als Magd anzustellen, eine andere, die Kleider schenkte, und wieder andere Leute, die Schuhe und Geld für den edlen Zweck hergaben.

Und eines Tages begab sich Maletimmi frohen Gemütes hinunter zu der Bettlerin, um ihren Plan zu eröffnen. Diese war betteln gegangen. Sie hatte sich dazu nach dem wohlhabenden Stadtviertel jenseits des Flusses gewandt, der dick, braun und schaumig wie abgestandener Kaffee und träge dahinfloss, war über die breite Holzbrücke und ein, zwei Straßen entlang Almosen erflehend von Wohnung zu Wohnung gewandert und betrat nun die Vorhalle eines stattlichen Hauses. Dort standen mit goldenen Buchstaben an der ersten Tür zwei Worte, vor welchen Madame Schmütz überrascht stehen blieb. Sie nannten den Namen eines Mannes, den sie genau kannte, da sie zu glücklicheren Zeiten mit ihm in ein und demselben Hause einen ähnlichen Posten wie er bekleidet hatte. Nun las sie erhebend mehrmals hintereinander die Worte Michel Andex.

Der wird mir helfen, jauchzte sie leise, und ihre Augen blitzten.

Aber dann jagte ein hässliches Grinsen über ihr blatternarbiges Runzelgesicht.

Nein, er kennt mich nicht; sie sind alle gleich, alle, alle, alle. Ich hatte ihn nie besonders gern, und er hasste mich. Er war ein Laffe, ein eingebildetes Huhn. Aber das Haus ist gut. Die Tür ist fein; das Schild ist polierter Stahl; er wurde reich und er wird Erbarmen haben. Es muss ihn ja ergreifen.

Langsam, geräuschlos stieg sie drei Stufen empor, trat an die Tür, legte die Hand um den Klingelknopf, zog aber nicht, sondern wartete sinnend.

So ihn wiedersehen – es hörte sich an wie Stöhnen – so vor ihn hintreten. Nein!

Sie schlich die drei Stufen wieder hinab und verharrte wieder regungslos.

Aber Not lehrt alles – flüsterte sie – und stieg von Neuem die Stufen hoch, zögerte abermals zu läuten. Und läutete nicht.

Scheu, erregt, wund im Herzen kehrte sie um und eilte hinweg.

So blieb es ihr verborgen, dass Michel Andex schon längst nicht mehr hinter dem polierten Stahlschild wohnte.

Und niemals erfuhr sie, dass daheim die gütige Maletimmi mit froher Botschaft auf sie gewartet hatte.

Denn an jenem Tage stürzte die breite Holzbrücke zusammen und riss mit anderen vermutlich auch Madame Schmütz in das kaffeebraune, schaumige Wasser.

12

Der Spruch der Kartenfrau, welche sich jedes Wort mit fünfzig Pfennigen bezahlen ließ, hatte gelautet: »Deine Bahn ist grau, glatt und führt dich zu Kränzen.« Wer konnte nun sagen, dass das prophetische Wahrheit, wer sagen, dass es für fünf Mark Lüge war?

Signor Pero Fortezza glaubte halbwegs an Wahrheit. Die Geldausgabe würde ihn keinesfalls gereuen, obschon sie empfindlich in sein Budget einschlug. Dicht vor einer für ihn bedeutungsvollen Entscheidung wollte er alles versuchen, was Hilfe versprach, und versuchte alles. Am Morgen des sehnlich erhofften und bang erwarteten Tages wie am Abend zuvor hatte er seit langer Zeit wieder einmal gebetet, ungefähr so: Lieber Gott, wenn du mir beistehst und mich diesmal siegen lässt, will ich fromm werden und Gutes tun und in die Kirche gehen. Dem war ein sehr ungeläufig herausgebrachtes Vaterunser gefolgt, und die Stelle »Vergib uns unsere Schuld, wie wir vergeben unseren Schuldigern« hatte den Betenden in Zweifel verstrickt. Er gestand sich, manchem seiner Schuldiger nicht ganz vergeben zu haben.

Wohl hege ich – sprach er zu sich selbst – keinen Groll gegen meinen Vater, der mich verstieß. Der handelte so streng, klein und ehrlich, wie er wandelte. Auf dem schattenlosen Felde seines Gewissens wuchs kein Kräutlein, um eine Entschuldigung für Diebstahl zu brauen.

– nicht mehr vor Augen, bis du etwas Tüchtiges ehrlich geworden bist, was immer es sei.

O du braver, gekränkter Vater! Deine liebste Tochter starb, da ihre Locken kinderblond beglückten, der anderen hat Dünkel das Herz erfroren; und ein verschollener Dieb und ein ver- verlaufenes Weib. Das ist deine Familie, für welche du stets das Beste wolltest. Nicht anders als mit heißem Mitleid in Reue und Liebe kann ich deiner gedenken. Aber niemals – meinte Pero – niemals würde er die bitteren, herzlosen Worte der Mutter verwinden, denn sie, die später Mann und Kinder nur – ja nur um einer sinnlichen Neigung willen verlassen hatte, war nicht mehr wert als er, der einmal im Leben einen Missgriff getan, den er in der Härte aufrechten Broterkämpfens gebüßt hatte. Und seiner Schwester Chile, der gräflichen Geliebten, der überlegenen Künstlerin, ein betteIndes Wort zu geben, die ihn nicht mehr kannte, seitdem ein Hochgeborener sich ihrer erbarmt hatte, das ging nicht an; das wäre ihm nimmer von Herzen gekommen. Nein, diese Schwester musste er weiter offen hassen und verachten.

Sollte nun Gott dem Pero Fortezza so vergeben, wie dieser anderen Menschen vergab, so hieß das: Er sollte ihm gar nicht oder doch nur unvollkommen vergeben. Oder barg jene Stelle im Paternoster anderen Sinn? Oder dies oder das? Am Ende war solches Wortedeuten nur ein nutzloses Spiel von Wahn. Gab es wirklich einen Gott, der aus seiner Allmacht heraus so viel Anteil nahm an dem winzigen Treiben winziger Wesen? Immerhin trat der

Signor auf dem Wege zum Kampfplatz in eine Kirche ein, eine katholische Kirche, obwohl er Protestant war, betete vor dem Heiland kniend zum dritten Mal und vergaß nicht ein mitgebrachtes, vertrocknetes Zweiglein Immergrün in das Weihwasser am Portal einzutauchen. Als er weitereilend später ein gelbes Sandsteingebäude passierte und eins von dessen Erkerfenstern in der Dauer des Vorübers innig betrachtete, glitzerten seine Augen im Taue der Rührung.

Dort oben sitzt der alte vergrämte Stadtrat Scholz einsam allmorgendlich vor seiner Zeitung. Was wird er empfinden, wenn er die Nachricht liest?

– bis du etwas Tüchtiges ehrlich geworden bist, was immer es sei.

Was immer es sei! Und es war ein Beruf ehrlich wie irgendeiner, nicht so ansehnlich, so glänzend wie der seiner gräflich besonnten Schwester. Nein, seine Bahn war grau und glatt, aber –

Und Fortezza durchging wie ein tüchtiger Architekt noch einmal, am Einzelnen prüfend, den einfachen, etwas sentimentalen, aber durchaus gewissenhaften Bau seiner Weltanschauung und fand alles sicher und wohlgefugt bis auf das Dach, das Höchste. Das war übel, planlos und lückenhaft errichtet.

Über die Begriffe Gut und Schlecht, Gott, Teufel, Zufall kam Pero nicht mit sich ins Reine und wollte es doch, gerade an jenem Tage. Immer tiefer quälte er sich ins Unentwirrbare. So kam es, dass er, an der Stätte der Entscheidung angelangt, von einer Unruhe befallen ward, welche die Sicherheit zu vernichten drohte, die er sich durch monatelanges Üben erworben hatte. Was ihn äußerlich auf dem freien geschmückten Platze umgab, dieses große, festliche Sammeln, das Tausendgeschwätz, das Wehen und Winken, es beeinflusste ihn kaum; daran war er gewohnt.

»Pero Fortezza«, raunten kenntnisstolze Stimmen bei seinem Erscheinen am Start. Andere fügten hinzu: »Der Italiener.«

Er ward von einem Komitee begrüßt und grüßte wieder, sprach mit Berufsgenossen Formelles, Sachliches, Fachliches; wechselte in einer notdürftigen Garderobe seine Kleidung, ließ sich eine Tasse Kaffee reichen und warf ein Minimum Arsenik hinein; reihte sich grell kostümierten, meist namensbekannten Männern an, traf unter Beistand eines feiertäglich geputzten Schlossers mancherlei Anstalten zur Fahrt um viel. Und vollzog das wie unbewusst, mechanisch, gewohnheitsmäßig; denn während er unauffällig mit dem Daumen kreuzweis über seine Brust fuhr, wo sich unter dem purpurroten Trikot ein geweihtes Zweiglein Immergrün verbarg, dachte er an sein früh verstorbenes Schwesterlein, von deren Sarg er das Immergrün vor Jahren gebrochen hatte, und flehte insgeheim: Lieber Gott, gewähre du. Ich will an dich glauben. Ich muss heute gewinnen: Einen Lorbeerkranz, ein großes Stück Gold und das alte Vertrauen eines entfremdeten Vaters.

Würde der überirdisch gewaltige, unüberragbare Gott ihn erhören, er, der alles mit unbegreiflich höchster Weisheit lenkte? Würde er auf die weltliche Angelegenheit eines Stäubchens so eingehen, er, zu dessen Thron jede Minute unzählige solcher naiven Wünsche trug?

Vielleicht war es zuverlässiger, in derlei Dingen zum Teufel zu halten. Denn die so taten, waren im Leben die Glücklicheren. Und nach dem Tode? Bis dahin blieb Zeit.

Werde ich Erster, so will ich an dich, Gott, glauben! – Es war Fortezza, als ob er ein riesiges umlocktes Zeusgesicht lächeln sähe. Er wandte den Blick ab und auf ein silbernes Kettchen, das seinen Arm kokett umspannte. Eine Münze hing daran, der letzte Groschen von einer gestohlenen Geldsumme.

Teufel, Böser, ich weiß nicht, ob du bist. Aber erringe ich heute den ersten Preis durch deine Hilfe, so gehöre ich dir.

Jedoch schließlich hängt alles an Menschenkraft und Menschenwitz und Zufall. Pero lachte ängstlich und griff unter den Sattel, wo ein rostiges Stück Hufeisen angebunden war; und Peros Finger zitterten ein wenig. Dann erfolgte ein Schuss. Musik und ein breiter Menschenmassenschrei zerrissen wie Donner die Luft, alles ruckte, kreiste, verschwamm; und Pero hatte seine Ruhe zurück.

Er arbeitete in klarer Anstrengung aufgesparter, gepflegter und gemessener Kraft. Vor ihm Grünweiß, neben ihm Schwarzgelb, hinter ihm Blau. Zur Linken wuchs die grüne Fläche vorbei: Wiese. Rechts wogte die schwarze Mauer: Menschen. Er gewahrte aber wohl nur ein Stückchen Gummi, von Geschwindigkeit gleichmäßig grau gefärbt, darunter einen Streifen ebenso grauen, entgegenrasenden Asphalts, zwei Fäuste um eine Stange Eisen geballt, etwas vom Purpurrot und etwas von der Fleischhelle seiner eigenen Erscheinung, dazu manchmal sekundenlang vorüberschwindend einen Pfahl, einen Arm, ein Tuch, eine Fahne oder aber das Kolorit eines Mitbewerbers. Schwarzgelb fiel ab.

Gott hilf! Teufelsmünze hilf! Hufeisen.

Grünweiß blieb zurück.

Peros Ohren füllten sich mit dem stoßweisen Keuchen des Atems, dem Schnurren der Maschine und Bruchstücken von berauschendem Konzert. Zerrissenes, verworrenes Stimmengebrause schwoll ihm von der schwarzen Mauer her zu, aus dem er mitunter einen einzelnen Ruf des Beifalls oder Tadels begriff.

»Bravooo Robl!« vernahm er; es galt den Farben grünweiß. Wieder tauchte Grünweiß an seiner rechten Schulter auf. Jähe Verzweiflung schien den lechzenden Pero rückwärts zu reißen, Wut der Eifersucht ihn vorwärts zu stoßen.

Er erzwang noch ein Mehr, das Äußerste an Energie. Und hörte ein heißer gepfiffenes »Ihh, Ihh«; das kam aus der Lunge.

Bahn ist grau, glatt, führt zu Kränzen. Lorbeerkränze! Ein Lorbeerkranz rollte vor dem Eifertollen her.

Aber Grünweiß hielt sich zur Seite. »Bravooo Robl!«

Lorbeerkränze rollten. Auf der Brust stach schmerzlich das Immergrün. Ein Kranz Immergrün rollte zwischen die Lorbeerkränze, ein Totenkranz von Sehwesterleins Sarg. Lorbeerkränze. Totenkränze.

»Bravooo Robl!«

›Wenn ich jetzt die Kurve ansteige‹, dachte Pero, ›schneide ich ihm den Weg ab‹, und er schoss rechts empor. Das war nach Fachbegriffen nicht anständig.

»Pfui, Italiener!«, gröhlte der Pöbel. »Ihh, Ihh«, pfiff die Lunge. Lorbeerkränze räderten. Totenkränze, Ruhmeskränze rollten. Immergrün. Räder schnurrten, Atem schnaufte, Musik schmetterte, und dann kollidierte der Italiener Fortezza mit dem hiesigen Rennfahrer Robl. Letzterer kam mit leichten Hautabschürfungen davon, während Fortezza besinnungslos ins Hospital transportiert wurde, wo er, von Fieberphantasien gequält, hoffnungslos darniederliegt. (Wie verlautet, soll es sich gar nicht um einen Italiener, sondern um einen Deutschen namens Peter Scholz handeln.)

Die Zeitung, welche die Notiz kundgab, wurde auch dem Stadtrat Scholz in das Erkerstübchen getragen. Er las sie nicht, sondern zerfaltete sie, um Schiffchen und Soldatenmützen zu formen, ungefähr zur selben Stunde, da man, viele Meilen davon entfernt, der von Wonne umflorten Chile Scholz einen Myrtenkranz ins Haar flocht, welcher sie zur Gräfin krönte.

13

Vornehm gemeisterte Musik, welche, tausend Stimmungen aufwühlend, gleichsam etwas Langzeitiges, es mochte sein ein Leben, wiedergab, in notenfremd gereihten Tönen, Akkorden und Melodien, strömte reich durch ein formen- und farbenschön eingerichtetes Zimmer. Es geschah, dass der Spielende Beethovens Seele berührte und unwillkürlich dahin geriet, jene Stelle des ersten Finale aus Fidelio kindisch wie mit der Naivität eines Unbeobachteten mitzusummen.

O welche Lust, in freier Luft den Atem leicht zu heben.

Gräfin Chile hatte sich launig, leise vor ihrem Kanarienvogel am Fußboden auf ein Pantherfell ausgestreckt. Sie blies feinduftenden Zigarettenrauch in des Vogels silbernen Käfig, dessen Tür sie spielerisch mit einem Rosenstängel aufhakte.

Alsbald huschte das gelbe Hänschen aus dem Bauer durchs Zimmer und in der Bahn eines noch kühlen Frühlingsluftzuges zu einem geöffneten Fenster hinaus.

Der Graf senkte die Hände auf die Tasten und sagte traurig und vorwurfsvoll: »Der ist nun fort, kommt nimmer zurück.«

Aber die Gattin entgegnete lächelnd: »Wohl ihm!«

14

Es sei genug mit dem, was ich gegeben. Ein jeder lebt's, aber nicht vielen ist's bekannt, und deshalb mochte ich einiges für einige deuten.

Leser, willst du noch vernehmen, was aus dem entflogenen Vögelchen ward? Als es über das endlose kalte Steingebirge der Stadt flatterte, bald ermattet von der ungewohnten Flügelanstrengung, erschien ihm wohl ein Kirchhof wie eine grüne Insel.

Denn dort ließ es sich nieder. Und Spatzen kamen, die zerhackten den gelben Fremdling.

Ich habe ihn tot und zerstört liegen sehen am Fuße eines schlichten, verfallenen Grabsteines. Auf dem stand unter einer Jahreszahl:

Hier liege ich und muss verwesen.
Was ihr noch seid, bin ich gewesen.
Was ich nun bin, das werdet ihr.
Geht nicht vorüber, betet mir.
Anna Murmel Benjamin.

Ja, das stand irgendwo dort, auf der grünen Insel Friedhof.

Die Woge

Marine-Kriegsgeschichten

1922

Die Blockadebrecher

Ein drittes Mehlfass rollte der Steward zurück, wodurch in dem Stapel von Proviantkisten ein Hohlraum geöffnet wurde. Dann drängte er flüsternd den langen, bartlosen Mann, der in der Haltung eines hilfsbereiten Ratlosen ihm zugeschaut hatte: »Schnell! Es ist schon einer drin.«
Der Lange warf sich ungeachtet seiner gediegenen Kleidung stracks zu Boden und kroch kopfan in das Loch. Das musste eben nicht viel Platz bieten, denn als er sich zur Hälfte darin befand, blieb er stecken. Der Steward hörte, wie im Innern der Höhle eine zweistimmige Begrüßung in deutscher Sprache stattfand; und da er kein Verständnis für dies Idiom, außerdem Eile hatte, deutete er solches mit der Stiefelspitze auf dem noch sichtbaren Hinterteil des Liegenden an. Ruckweis zogen sich nun auch des Langen Beine in die Öffnung hinein, welche der Schiffskellner unter letzten Ermahnungen wieder mit den schweren Fässern verrammelte. Die Ankerlaterne vom Boden aufhebend, leuchtete er noch einmal das Proviantlager und dessen fensterlose Eisenwände und Schotten ab, fand nichts Verräterisches und begab sich schmunzelnd eine Leiter empor, durch eine Luke an Deck des norwegischen Dampfers, der am nächsten Tage Barcelona verlassen sollte, und über dem jetzt die feuchte Abendluft des 24. Januars 1915 taute.
In der Dunkelheit unter einer doppelten Kistenschicht hockte nun der lange Seemann, die Knie bis ans Kinn eingezogen und Schulter an Schulter mit einem Fremden, der ebenfalls seine Beine nicht auszustrecken vermochte, der sich ebenfalls schlechtweg als deutscher Matrose vorgestellt und auch die Absicht hatte, sich nach Genua zu schmuggeln. Dieser Mann redete anfangs nur auf Befragen, dann knapp sachlich und ziemlich ungemütlich, was sich aber möglicherweise dem Umstand zuschrieb, dass die Unterhaltung im Flüstertone bleiben musste.
»Wurden auch Sie vom Zollbeamten bemerkt?«
»Ja, aber den wird der Steward bestochen haben.«
»Morgen Mittag soll es in See gehen. Wie viel wird er laufen?«
»Sechs, sieben Meilen. Mehr schaffen diese lütten Fischklepper nicht.«
»*Bueno*, Kamerad, dann können wir schon nächste Woche deutsche Soldaten sein.«

Der fremde Matrose erwiderte nichts.
»Wo, meinen Sie, dass man uns hinsteckt? Ich wünsche mich auf ein U-Boot, irgendwohin, wo es aufs Ganze geht. O, Deutschland wird siegen! Wissen Sie, wofür ich verdammt zehn Jahre meines Lebens hingeben wollte? Einmal als Sieger über den Trafalgar Square zu bummeln. Glauben Sie nicht auch, dass wir siegen werden?«
»Ich weiß nicht.«
Ein nüchterner Mensch!, dachte der lange Matrose, und er stellte sich danach ein. »Teufel, das stinkt hier wie tausend Rattenkadaver! Kommt das aus der Bilsch?«
»Klippfisch«, brummte der andere wegwerfend.
»Der Kasten scheint voll zu sein; die Luken waren dicht. Am Ende nimmt er noch Deckslast. Wenn sie nur nicht morgen das Schiff noch einmal überholen. Ich bin schon zweimal von diesen vermaledeiten französischen Geheimspionen verscheucht.«
Der Stumme gähnte langatmig und dehnte sich in die Breite, wobei er dem Langen versehentlich mit dem Ellbogen in die Zähne schlug. Aber er sagte nichts.
»Halten Sie sich schon lange in Barcelona auf?«
»Sechs Wochen.«
»Sie musterten hier ab?«
»Nein, in Lissabon.«
»Lloyd?«
»Hapag.«
»Von der Westküste …?«
»Südamerika. Ja.«
»Und reisten per Bahn?«
»Erst nach Madrid, dann nach Bilbao und dann nach hier.«
»Warum nicht gleich direkt?«
»Es waren zu viel Deutsche dort; man ließ uns nicht hinein. Erst mit der Zeit in kleinen Trupps schob man uns nach, wenn wieder andere fort waren.«
»Ja, ja, sie strömen alle herbei, für die Heimat zu kämpfen. – Wann weilten Sie zuletzt in Deutschland?«
»Vor drei Jahren.«

»Drei Jahren? Denken Sie: Ich bin seit sieben Jahren fort. – Ob uns die Franzosen unterwegs anhalten werden?«

»– weiß nicht.«

»Indolent!«, stieß der Lange geärgert hervor; doch war er überzeugt, dass der andere das Wort nicht verstünde. Er beschloss, fortan gleichfalls stumm zu sein.

So erstarben die Worte in dem geheimen Gelass, und dafür lebten mancherlei traumwebende Geräusche der Ruhe auf: der ohnmächtig zornige Wellenschlag an der Bordwand, das Nagen einer Maus, zwei schnaufende Atemzüge nebeneinander, zuweilen ein Seufzer, auch ein Kleiderrauschen und Füßescharren, wenn der eine oder andere von den Matrosen seine Lage zu verändern trachtete.

Da füllte sich das auf die Knie gepresste Ohr des Langen mit einem feinen Klingen, dem Summen eines Moskitos oder jenem Tone ähnlich, der entsteht, wenn man mit feuchtem Finger auf dem geschliffenen Rande eines wenig gefüllten Weinglases kreist.

Mein Ohr klingt, konstatierte der Lange in Gedanken, es denkt jemand an mich. Wahrscheinlich sogar mehrere … alle … selbst Vater. Und da das Klingen weiter währte, lauschte der Lange ihm aufmerksamer, zu ergründen, wo es wohl herrührte und was es für eine Bedeutung hätte.

Klingt es nicht wie ein vielfach gedämpfter Schrei? Ernst und gleichsam warnend? Zei … eit! – Nein, doch irgendein Ruf mit i muss es sein, der ausdrückt: Besinne dich! Die Zeit eilt und kehrt nie – nie … ie – wieder.

Die sieben Jahre kehren nie wieder. Arm und einsam verrannen sie, überreich an Glück und Liebe konnten sie sein. Er ist doch etwas ungemein Vornehmes an uns, dieser Trotz auf das Ausgesprochene. – Vielleicht klingt in dieser Minute auch Vaters Ohr. – – Unser Trotz wird nicht gebrochen sein, wenn wir uns wieder in die Arme fallen; er wird von beiden Seiten zurückgezogen, um einer höheren Aufgabe willen. – – Eilen sie doch alle, für ihr Blut, für ihr Vaterland einzustehen, auch die, welche die Heimat vergessen wollten oder sie hassen lernten. – – Auch ich werde für alle kämpfen, auch für die Brüder und ebenso für meinen Vater, sogar um die Erde, die Muttern deckt. – – Mein Gott, sich vorzustellen, dass Vater von reuiger Rückkehr sprechen oder an Vorwand – Krieg denken konnte – – nein! Ein deutscher Edelmann und Kaiser und Reich in Gefahr – –! Ich will meinen

Schuldteil tilgen, ihn mit Blut abwaschen, und es spreche keiner von romantischer Wahnidee, von falscher Sentimentalität, Phrase oder Pose. – O großes Jahr, da in der Welt das Theatralische zur alltäglichen Wirklichkeit geworden ist! – Zwischen Feuer und Wasser will ich kämpfen, immer dort, wo die Gefahr gipfelt, allen voran, und nur mit dem Kreuz das geliebte Haus wieder betreten. – Gott gebe, dass sie mich nicht für dienstuntauglich erklären. – –

Die blinden Passagiere stöhnten und gähnten immer häufiger, und da sie doch zu sehr aufeinander angewiesen waren, um sich gegenseitig zu ignorieren, so lehnte schließlich der Lange seine rechte Wange gegen die Brust des andern und ruhte ein wenig in dieser Abwechslung aus, bis ihn die linke Hüfte schmerzte. Dann wechselten sie die Rollen. Nicht Licht noch Dämmerung kündeten nach einer Ewigkeit den Morgen, sondern ein Konzert aus Poltern, Rufen und schweren Tritten, das durch Eisen- und Holzwände geschwächt wurde, den erfahrenen, angestrengt lauschenden Seeleuten jedoch wichtige, vertraute Vorgänge verriet.

Der Lange klagte: »Ich habe Hunger wie ein Seeteufel. Wissen Sie, was ich jetzt tue? Ich ziehe mein Messer und untersuche der Reihe nach alle diese Kisten nach Fressbarem.«

»Nein, musst nicht!«, wehrte der andere. »Wir wollen dem Steward keine Schweinereien machen; das scheint ein anständiger Kerl. – Gib mal deine Flosse her – so! Da liegt ein Paket mit Brot und Wurst. Und hier, in dieser Fuge – vorsichtig! Fühlst du's? – Darauf musst achtgeben; es ist eine Rose darin, die darf nicht geknickt werden.«

Dem Langen gefiel es herzlich und versöhnte ihn, dass jener bezüglich der Kisten so gewissenhaft dachte.

»Was für eine Rose?«

»Eine Rose aus Papageienfedern; ich kaufte sie in Brasilien vom Bumbootsmann für meine Braut.«

»Haben Sie keine Eltern mehr?«

»Nein.«

»Geschwister?«

»Keine. Mein einziger Bruder ist kürzlich mit einem Minensucher in die Luft gegangen.«

»Hm! Traurig und doch schön. Ich habe zwei Brüder im Felde, Dragoner – – –«

»Pst! Still!«, zischte Klein. »Hörst du? Draußen ist schlimmes Wetter.«

»Immerzu! Sagen Sie mal: Warum wollen – warum willst du eigentlich nach Deutschland?«

»Was soll ich denn hier? Ich habe meine ganze Heuer, über vierhundertfünfzig Mark, aufgebraucht; die letzten sechzig Peseten gab ich dem Steward. Nun will ich erst mal zu meinem Mädchen nach Ostpreußen, na und dann werden sie mich einkleiden. Seewehr zwo.«

»Freust du dich gar nicht darauf, Soldat zu werden?«

Der andere lachte wie über eine törichte Frage. »Man muss doch. Es dienen jetzt doch alle.«

»Gewiss, gewiss!« Und der Lange tastete die Kisten ab nach dem Paket, das er entfaltete. Er tastete den Umfang des Brotes und der Wurst ab und begann in derben Bissen zu schlingen. Dabei war es ihm nicht einmal möglich, seinen Oberkörper vollständig aufzurichten.

Der norwegische Dampfer tutete. Ein Sirenenheulen wand sich empor. Das Quirlen der Schraube setzte ein und erschütterte den schwimmenden Eisenbau. »Hurra!«, jauchzte der Lange, indem er den Nachbar knuffte. »Jetzt sind wir frei.«

»Was hast du dem Steward für die Überfahrt gezahlt?«, fragte dieser.

»Hundert Peseten.«

»Ja so, du bist von feinen Eltern.« Das war ohne Spott gesagt.

»Ich besitze nur selbstverdientes Geld, aber ziemlich reichlich, und kann dir daher die weitere Heimreise mit Vergnügen bezahlen.«

»Dazu gibt mir der Konsul in Genua Geld. Auch hier bekam ich täglich Unterstützung. Warst du denn nicht beim deutschen Konsul?«

»Nein.«

»Also hast du wohl auch keinen Pass?«

»Nee.«

»Das ist windig, ich komme mit meinem Pass durch, aber du darfst dich beim Landen nicht kitschen lassen, sonst schicken sie dich gleich wieder zurück. Wenn wir also morgens einlaufen, dann lass uns ruhig noch bis abends in diesem Loch bleiben, bis die Schauerleute ausscheiden; und dann sehen wir zu, wie wir uns am Wachtmann vorbeikreuzen.«

»Wir«, wiederholte der Lange gerührt; »Landsmann, nichts für ungut; ich habe dich anfangs für unliebenswürdig und gefühllos gehalten, weil du so schweigsam –«

»Ja, ich kann nicht so reden wie du«, fiel ihm der andere ins Wort.

»Du bist ein braver Kerl; lass uns gute Freundschaft halten.«

»Schön!«, sagte der Fremde und drückte mit ehernen Fingern die Hand, die nach der seinen tastete. Aus seiner Antwort war zu entnehmen, dass er amüsiert lächelte.

»Wie heißt du eigentlich? – Wie? – Heinrich Klein? – – Ich? Ach, ich! – Ich heiße – mein Name ist Tilger, Rein – Reuhard Tilger.«

In diesem Augenblick legte sich das Schiff stark nach Steuerbord über, sodass sie beide mit den Köpfen gegen die vordere Kistenwand schlugen. Damit fing es an, aufs Heftigste zu stampfen und zu rollen. Sie mussten sich mit Rücken, Armen und Zehen feststemmen, um nicht hin und her geworfen zu werden. An Schlaf war vollends nicht mehr zu denken. So kämpften sie stundenlang mit erlahmender Muskelkraft gegen den zunehmenden Seegang an, stöhnten, fluchten, gähnten und schwiegen oder schwatzten eine Weile in schleppenden Sätzen über ihre Seefahrten, ihre nächste und fernere Zukunft, über Kleins ländliche Braut, über Krieg, Engländer und den lieben Gott. Dazwischen rechneten sie und taxierten, wie spät es ungefähr sei, und schwiegen wieder oder jammerten, hin und her rutschend, leise vor sich hin.

Plötzlich brachen sie ein Gespräch ab.

»Nun?«, fragte der Lange.

»Die Maschine stoppt?«, fragte Klein.

Im ersten Moment hat es für den Dampfermatrosen stets etwas Beängstigendes, wenn der permanente Rhythmus der Maschine unversehens aussetzt, wenn ihr Atem stockt. Für die Deutschen war besonderer Grund vorhanden, besorgt zu sein. Reuhard Tilger sprach es aus: »Die Franzosen!«

»Kriegszone?«, meinte Klein unsicher. »Nein, unmöglich.«

Sie horchten verhaltenen Atems, ohne Bestimmteres zu ergründen. »Vielleicht Maschinenschaden.«

»Mann über Bord?« So rieten sie hin und her, bis die Maschine wieder ansprang.

»Lotse!«, triumphierte Tilger.

»Nein«, sagte Klein bestimmt.

Wieder stieg und stürzte der Boden unter ihnen und mit ihnen. Schwere Brecher prallten gegen die Bordwand. Irgendwo rollte donnernd ein Balken vorwärts und rückwärts über Eisen. Da verursachte ein Rasseln neue Spannung. In die Finsternis der Höhle schossen zwei Strahlen gebrochenen Taglichtes, ein feiner und ein stärkerer. Der feine brach seitlich zwischen den Mehlfässern herein, der stärkere fiel aus einem Spalt von oben und traf Heinrich Klein mitten ins Gesicht.

Auf dieses Gesicht warf Reuhard unverzüglich einen raschen, unbescheidenen Blick, dann einen zweiten auf seine Taschenuhr, während er mit kalter Angst vernahm, wie jemand die Leiter herabklomm. Ein Gegenstand wurde durch den oberen Spalt herabgeschoben; eine Stimme rief leise auf Englisch: »Ein Bissen Speck! He, da unten! Alles klar?«

»*Allright*«, gab Klein zurück, »warum stoppen wir?«

»Maschine heiß gelaufen. Bleibt und schweigt!«

Damit entfernte sich der Steward wieder, und indem er, an Deck angelangt, die Luke zuschlug, tötete er die zwei Strahlen himmlischen Lichtes.

»Klein, du bist nun bald achtundvierzig Stunden in dieser Box«, sagte Tilger; dann dachte er über das grobe, knochige Gesicht nach. Es hatte durch eine platte Nase, eine senkrechte Stirn, sowie durch struppiges Kinn- und Barthaar etwas Pinscherhaftes. Aber unter den ausgewucherten Brauen blinkten aus weit entblößter Augenweiße blaue Siegel der Ehrlichkeit.

Klein knitterte mit Papier. »Speck und Schokolade!«, sagte er trocken. Sie teilten und aßen, während sie immer einen Arm gebrauchten, sich festzuklemmen. Ihre Hände, ihre Haut, ihre Kleider klebten von Schmutz und Schweiß. Ihre Nasenlöcher waren von Staub verstopft. Sie empfanden Schmerzen im Leib, im Genick, im Gesäß, und Klein lamentierte über Wadenkrämpfe. Die Luft in dem Loche verschlechterte sich unerträglich.

Einmal täglich brachte der Steward etwas Nahrung. Am zweiten Tage ließ er eine Tüte voll Wasser durch den Spalt, ihr Inhalt ging jedoch zum größten Teil verloren.

Noch immer schüttelte das Unwetter die Flüchtlinge wie Käfer in einer Schachtel herum; sie leisteten nur mehr schwachen Widerstand.

Auch stoppte die Maschine abermals eines Schadens wegen. Es kletterten zwei Heizer in den Proviantraum und machten sich dort – Klein beobachtete es durch den seitlichen Spalt – mit Schlosserwerkzeug in einem Winkel zu schaffen.

»Wenn das Schiff absäuft«, sagte der Lange nachdenklich, nachdem die ahnungslosen Heizer den Raum wieder verlassen hatten, »würde kein Mensch je erfahren, wo wir abgeblieben sind.«

Der Dampfer nahm seine Fahrt von Neuem auf. Ermattet schwiegen die Deutschen. Die Gedanken verschwammen ihnen. Immer gleichgültiger überließen sie sich dem Schiff und dem Schicksal. Mehrmals überfiel sie eine schlafähnliche Schwäche, in der sie für kurze Dauer ihre Schmerzen und ihre Sorgen vergaßen. Allmählich mäßigten sich die Schwankungen des Schiffes.

Es geschah am dritten Tage, dass wiederum die Maschine verstummte und Klein und Tilger aus ihrer Lethargie jäh aufschraken. Ein quietschendes Rollen, dann hohles Aufschlagen an der Bordwand bewies ihnen, dass ein Boot zu Wasser gelassen wurde. Sie rafften alle Energie zusammen, rückten sich so bequem als möglich zurecht; denn nun sollte es gelten, sich nicht um Haaresbreite zu rühren. Ihre Spannung entdeckte und verfolgte rege Schritte, welche kamen und gingen und wieder kamen. Das Kettenschloss an der Luke rasselte, und lebhaftes Sprechen in französischer Sprache drang wie ein Sturmwind gleichzeitig mit blendender Lampenhelle in den Vorratsraum. Klein sah erbebend ein Stück von einem französischen Soldaten auf der Leiter, der ein blitzendes Eisen schwang. Klein drückte seine Lippen an Tilgers Ohr und raunte dem zu: »Lange Dolche! Wen's trifft, bleibt still!« Im Nu hatte er seinen Filzhut wurstförmig zusammengedreht und stieß ihn nun mit gewaltigem Kraftaufwand in die obere Spalte.

Es mussten zwei Soldaten in Begleitung des norwegischen Kapitäns und des Stewards sein, welche das Lager rundum absuchten. Überall stocherten sie mit den Eisenstäben zwischen den Waren herum, und sie näherten sich mehr und mehr dem Versteck. Jetzt schurrten ihre Tritte auf der Kistenschicht über den Köpfen der Deutschen. Die hielten den Atem zurück. Unwillkürlich hatten sie sich gegenseitig gepackt, und jeder fühlte die Knie des andern zittern. Lärmvoll fuhr ein Dolch den oberen Spalt herab, stieß auf den Hut auf, wurde zurückgezogen, wieder herabgestoßen. Diesmal gab der Hut um Zentimeterlänge nach. Aber er fiel nicht heraus. Und die feindliche Patrouille schritt weiter, verließ den Proviantraum, später das Schiff. Endlich fuhr das Schiff. –

Reuhard drückte Heinrichen die Hand. Der Steward erschien, rollte die Mehlfässer ab und ließ seine Schützlinge heraus, damit sie sich an einer duftenden Suppe stärken, sich einmal für eine Viertelstunde strecken mochten. Sie sahen aschfahl aus. Ihr Anzug war verknüllt. Sie blinzelten mit den Augen, schnitten beim Strecken der Beine schmerzliche Gesichter und konnten zunächst nicht ungestützt stehen. Klein war von untersetzter Gestalt. Er klopfte sich den Mehlstaub von der Kleidung mit seinem entrollten Hute, welcher fünf Locher von Dolchstichen aufwies. »Schade um die nagelneue *cloth*«, sagte er, »sie hat mich neunzig Peseten gekostet.«

Es bedurfte strenger Überwindung, sich nochmals in die bisherige Marterlage einzuzwängen. Noch einen halben Tag durchlitten sie dort, bis das Schiff im italienischen Hafen festlag und der Steward sie zu erlösen kam. Der Lange stemmte sich in jubelnder Ungeduld von innen gegen die Mehlfässer. »Au! Au!«, schrie er.

»Halt doch das Maul!«, zischte Klein. »Willst du zuletzt noch alles verderben?«

Aber Tilger lachte übermütig laut. »Dies verfluchte Fass hat mir einen meterlangen Nagel ins Genick gepickt.«

Ganz wie Klein angenommen, waren sie morgens in Genua eingetroffen. Nun blieben sie noch volle zwölf Stunden verborgen; es war eine böse, böse Zeit. Immerhin durften sie jetzt wenigstens innerhalb des Proviantraumes frei einherspazieren, und Tilger bestand darauf, dass der Steward Sekt herbeischaffte. Tilger redete unaufhörlich in höchster Begeisterung. Er gestand seinem Kameraden, dass er gar nicht Tilger hieße, und gelobte und bat Heinrichen, dass die Freundschaft zwischen ihnen, die in der Glut der Vaterlandsliebe geschmiedet, in Gefahr gehärtet und schließlich mit Champagner besiegelt wäre, ihr Leben lang bestehen sollte. Dann spann er schillernde Träume aus von ruhmreichen Kampfestaten. Heinrich Klein war sein wortkarger, ungeduldiger und doch gutmütig aufmerkender Zuhörer. Nicht ohne mancherlei Schwierigkeiten stahlen sie sich abends an dem Wachtmann vorbei von Bord.

Sie speisten, becherten und übernachteten an Land in einem geringen deutschen Gasthaus; da gab es einen Schlaf in Betten. Bei nächster Frühe trennten sich die beiden Blockadebrecher in feierlicher Schlichtheit. Der Lange lag noch im Bett. Er wollte sich neue Kleidung beschaffen, bevor er weiterreiste; überdies war sein Hals infolge des Nagelstiches geschwollen. Klein aber war durchaus nicht zu längerem Aufenthalt zu bewegen. Er eilte aufs deutsche Konsulat, wo man ihn mit einer Fahrkarte bis Ala nebst entsprechender Wegzehrung versorgte.

Die Schilderung seiner Flucht machte auf den Bezirksfeldwebel, bei dem er sich in der nächsten deutschen Stadt meldete, wenig Eindruck. Dort trafen täglich viele Blockadebrecher ein. Man befahl Klein, sich unverzüglich nach Kiel zu begeben. Um seine Braut wiederzusehen, möge er später ein Urlaubsgesuch einreichen. Er war sehr aufgebracht darob. Und er fuhr nicht gleich nach Kiel, sondern zunächst nach Ostpreußen. Unterwegs, irgendwo auf einem Bahnhof, begegnete er zufällig einem Musketier, der aus seinem Heimatsdorfe stammte. Sie tauschten wiedersehensfroh ihre Kriegserlebnisse aus, in knappem Umfang. Dann erkundigte sich Klein nach seiner Braut.

»Was«, rief der Musketier, »weißt du's noch gar nicht?«

»Was soll ich denn wissen?«

»Mischka ist tot.«

»Tot? Du bist ja verrückt«, sagte Klein ungläubig; aber er wurde blass.

»Gott verdamme mich! Weißt du gar nicht, wie die Russen bei uns gehaust haben?«

»Die Russen? Die Russen hätten Mischka tot – –« Klein räusperte sich heiser.

»Was ich dir sage«, erwiderte der Musketier, »sie ist tot.« Und etwas leiser fügte er hinzu: »Sie hat sich selbst erhängt – aus Scham – – –«

Wenige Tage, nachdem Klein ihn verlassen hatte, war Tilger in Genua an Blutvergiftung gestorben.

– –

Mit anderen Marinern durch ein feindliches Dorf marschierend, warf Heinrich Klein eines Tages die brasilianische Rose einem flandrischen Mädchen zu.

Die zur See

»Ruhe da! Nicht einsteigen, bevor der Zug hält!«, befahl der führende Deckoffizier. Und gleich darauf, ehe noch die einlaufende Eisenbahn zum Stehen gebracht war, hing die blaue Reihe von Matrosen und Maaten laut schreiend an den Coupétüren.

Mich, sowie vier andere Seeleute, lud ein gönnerischer Zufall in ein Frauenabteil zweiter Klasse. Eine alte Dame in Trauerkleidung blickte unserem Einfall mit merkbar zwiespältigem Interesse entgegen. Ihre ehrwürdige Erscheinung goss Eiswasser auf unseren Übermut, indes wir erholten uns bald wieder, bis auf den Matrosen Strohsahl; der blieb stumm. Mehrmals streichelte er ungläubig lächelnd das grüne Plüschpolster, bevor er sich vorsichtig darauf niederließ; dann verharrte er mit eingezogenem Kopf, die Hände symmetrisch auf die Knie gelegt, unbeweglich; nur seine Blicke glitten nimmermüde über den unerhörten Luxus von Mechanik zu Mechanik.

Hein Pänk hatte sein riesiges Fleischgewicht zu der weißhaarigen Dame gesetzt, das heißt auf derselben Bank, worauf sie am Fenster saß, lehnte er nun in der entgegengesetzten Ecke, und als der Zug wieder in Bewegung geriet, als aus den rädergetragenen Zellen ein tosendes Seemannslied mit eins aufstieg, hing Hein Pänks runder, gesunder Kopf bereits schlummernd über dem Eisernen Kreuz auf seiner Brust.

Ich ließ ein Fenster herab, um mir noch einmal das Bild der leidigen Kasernenstadt einzuprägen. Nach einiger Zeit bat mich die Dame mir weicher, gütevoller Stimme, das Fenster der kalten Zugluft wegen zu schließen. Signalgast Ohlensteevel, der ihr gegenüber saß, holte seine zerkaute Shagpfeife hervor und fing an, dicke Tabakwolken kräftigst auszublasen, welche die gefälligen Rauchringe meiner Zigarette verschlangen. Er starrte ebenso neugierig als beharrlich auf das blasse Frauenantlitz. Mir entging nicht, wie die Dame unter diesen Blicken litt und, wohl um diese abzulenken, ein Gespräch einleitete. »Sie fahren gewiss auf Urlaub?«, fragte sie teilnahmsvoll.

Ohlensteevel lachte gell auf. Es ist mir nicht möglich, seine Antwort getreu wiederzugeben, schon weil sie in einem unnachahmlichen Plattdeutsch vorgetragen wurde, aber ungefähr sagte er: »Ja, Spuke von wegen Urlaub! Wir gehen auf ein Himmelfahrtsschiff.«

Ein Maschinistenmaat neben mir, der emsig dem Auskratzen seiner platten Fingernägel oblag, verbesserte die Auskunft. »Wir gehören zur Minenabteilung und sollen in der Nordsee Minen suchen und Minen legen.«
Die alte Dame bewegte schaudernd ihr Haupt. »Minen legen, wie schrecklich! Das ist doch sicher sehr gefährlich?«
»Furchtbar gefährlich«, platzte Ohlensteevel heraus, indem er sein Gesicht in ernste Falten verzog. Die alte Dame seufzte tief. »Ja, ja, eine grausige Zeit, dieses 1914/15. Bedenken Sie einmal: Ich bin nun eine alte Frau und seit sieben Jahren Witwe – –«
»Oha«, nickte Ohlensteevel grinsend, »also Mann über Bord.«
Die Trauernde vollendete nicht, was sie hatte sagen wollen, sondern seufzte nochmals, lehnte sich sodann müde ins Eckpolster zurück und schloss die Augen. In diesem Moment schlug die Toilettentür von innen auf und warf in unsere Stille einen Aufruhr von Harmonikatönen. Ein Kamerad aus dem Nachbarcoupé erschien, uns zu besuchen und musikalisch zu bewirten.
Es war ein ungewöhnlich schöner Bursche, geschmeidig, verwegen, geradeaus blickend und einer von den Menschen, denen man unermüdlich zuschauen könnte, weil sie sich jederzeit mit ungezwungener Zweckmäßigkeit und darum wohlgefällig, schön bewegen. In der Division fürchtete oder kannte man ihn als einen vielbestraften, tollkühnen Matrosen, der sich aus einer schlimmen Vergangenheit zur See geflüchtet haben sollte. Seine Sprache klang rau und roh.
Dieser Mann hub auf meine Bitte hin ohne Umschweife ein bestimmtes Volkslied zu spielen und zu singen an, mit einer Hingabe, welche der Sentimentalität des Liedes alles Lächerliche entzog.

… Hörst du nicht der Wellen Tosen?
Ihr Gebrause macht mir Schmerz.
Die Gesänge der Matrosen
Die zerreißen mir das Herz …

Ich glaube, unser aller Augen hingen mit etwas weniger als Liebe und etwas mehr als Wohlgefallen an den seinen, die schwarz und glänzend waren wie sein Haar. Und weiterspielend, nun aber nicht mehr dazu singend, sondern gleichsam spöttisch pfeifend, verließ er uns jedoch unversehens wieder, auf demselben Wege, den er gekommen war. Alles an diesem Burschen übte einen unaussprechlichen Eindruck auf mich aus, selbst sein Name. Er hieß Wegerich.

Indem nun seine Musik hinter der geheimen Tür verhallte, ward in unserem Frauengemach ein weit ausholendes Schnarchen auffällig. Hein Pänk röchelte so, klaffenden Mundes. Sein Oberkörper hatte sich auf der Bank zur Seite geneigt, derart, dass die abgeschliffenste Fläche von Hein Pänks Uniform prall der Witwe zugekehrt wurde. Sie schien das nicht zu bemerken, hingegen mit stillem Vergnügen den Signalgast zu beobachten, der sich angelegentlich damit beschäftigte, aus einem Wust von Zeitungspapieren, der auf seinem Schoße balancierte, die erstaunlichsten Esswaren herauszuschälen: Brot, Käse, Gurke, Räucherfisch. Das Rütteln des Zuges erschwerte diese Arbeit; Ohlensteevel geriet des Öfteren mit seinen granitnen Fingern tief in die Leberwurst, wusste sich indes immer wieder gelegentlich an der Unterkante des grünen Plüschpolsters zu säubern.

Draußen flog derweilen links und rechts unaufhörlich neue Welt an uns vorbei: Wiesen und Flüsse, Brücken und Städtchen, auf die wir herabsahen – Wälder, Dörfer und Landstraßen mit Spaziergängern, die uns frohe Zeichen gaben – Stadtplätze, wo unsertwegen für Augenblicke der Verkehr stockte – zwischen sauber weißen Gardinen Frauen im Morgengewande, die sich unseren ohnmächtigen Blicken dreist und lüstern hingaben – ich sah aus einem Dachauge, welches zu eng war, um einen menschlichen Kopf durchzulassen, zwei Kinderhände winken. Denn überall, für Sekunden, waren wir erwünscht, begehrt, geliebt, willkommen, bewundert, gefeiert, waren wir Helden. Und die Hunderte von Köpfen, welche unser rasselnder Transportzug herausstreckte, schrien und sangen, schrien noch lauter, wenn ein schönes Mädchen vor einem Stalltor ihnen zulächelte, grölten höllisch, wenn ein begegnender Zug ebenso lärmende, feldgraue Kameraden von der Armee donnernd vorüberriss. Und die Bänder der blauen Mützen flappten gegen heißrote Backen.

Abermals, und vermutlich wieder aus Verlegenheitsgründen, hatte sich eine Unterhaltung zwischen unserer Dame und ihrem Gegenüber entwickelt.

»Wie sieht denn eigentlich solche Mine aus, und wie funktioniert sie?«

»Ja-a-a – nun –«, erwiderte Ohlensteevel und verschlang ein Stück Gurke, größer als eine Zündholzschachtel, um Zeit zu gewinnen. Solchem Bestreben kam noch zu Hilfe, dass Hein Pänk plötzlich von einem Hustenanfall erschüttert ward, der die verblüffende Wirkung hatte, einen ansehnlichen Bolzen Kautabak aus dem Munde des Schläfers zu befördern, ohne dass dieser darüber erwachte. Nein, er drehte sich noch stärker sägend auf die andere Seite und zog sogar die Füße auf die Bank, sodass das Trauergewand bedroht wurde.
»Eine Mine –«, setzte Ohlensteevel langsam, ernst ein; er beugte sich dabei ganz nahe zu der Dame hin, etwa so, wie man in ein Telefon spricht, auch vergaß er nicht, geräuschvoll weiterzuspeisen. »Eine Mine ist ungefähr so groß wie ein Haus, und sie ist durch und durch mit Pulver gefüllt, und oben sieht sie aus wie eine Insel; da ist sie nämlich wie ein Gebirge geformt und grün angestrichen, und es sind auch richtige Blumen und Palmen dran angebracht. Na, und dann wird sie irgendwo im Meere verankert, und dann fährt das Schiff wieder weg, und nur ein Mann bleibt auf der Insel zurück, wo keine Insel ist, und der ist aber als englischer Matrose verkleidet.«
Gespannt hörte die Dame zu. Strohsahl und ich blickten angestrengt durchs Fenster. Der Maschinistenmaat floh, das halbe Taschentuch im Munde, ins Nebencoupé. Ohlensteevel fuhr langsam, ernst und immer kauend und schlingend in seiner Schilderung fort: »Na, dann kommt meinetwegen ein englisches Schiff und sieht die Insel und denkt, es hat sich verirrt, und kommt näher, und der Matrose winkt und ruft dann hinüber, er habe Schiffbruch erlitten und sich auf die Insel gerettet, und man soll ihn doch an Bord nehmen. Selbstverständlich kommt das Schiff nun heran, weil es sich eben um einen englischen Soldaten handelt. Na, und in demselben Augenblick, wo das Schiff an der Insel anlegt, schlägt der verkleidete Matrose mit einem Hammer mit aller Kraft auf die Pulverinsel, und die ganze Insel mitsamt das Schiff fliegt in die – –«
Die alte Dame schrak zusammen. »Aber, mein Gott, dann ist ja auch der Matrose – –«
Jetzt hielt es der Signalgast selbst nicht länger aus. Seine Lippen platzten unter einem schmetternden Lachen auseinander und sandten der schwarzen Dame einen Sprudel von feuchten Speisekrümeln ins Antlitz. – Ein Kampf zwi-

schen Mitleid und Lachmuskeln verursachte mir Pein. Ich wagte meinen Kameraden gegenüber energischen Protest, zumal Hein Pänk jetzt im Schlafe mit der bedauernswerten Frau wie mit einem überhitzten Bettwärmer verfuhr.

Ich sprach zu ihr, aber sie traute wohl meiner unmaritimen Redeweise nicht recht, denn ihr Lächeln war und blieb vorwurfsvoll und bat um Schonung. Übrigens verabschiedete sich die Dame bald, als wieder einmal der Zug hielt. Wir halfen ihr eifrigst beim Aussteigen. Ohlensteevel hob die zierliche Figur leicht und behutsam wie eine Porzellanterrine aus dem Coupé, und Strohsahl reichte ihr – – – wollte ihr einen Handkoffer herausreichen; es geschah ohne Absicht, dass ihm der Koffer entglitt, weshalb der Maschinistenmaat, um ihn wieder herbeizuschaffen, auf allen vieren unter den Wagen kriechen musste.

»Alles einsteigen!« – Pfiff – Schwaps; die Tür schlug zu; wir waren unter uns.

»Hu, das war ganz was Vornehmes«, sagte Strohsahl aufatmend.

Der Maschinistenmaat zuckte die Achseln. »Sie sah aus wie ein Ferngefecht an Backbord.«

»Nein«, meinte Ohlensteevel, »wie eine Kohlenschute am Ostersonntag.«

»Ohlensteevel«, rief ich, »du verrotteter Saufisch, wenn die Alte eine Admiralsgroßmutter gewesen ist, wird sie dich hoffentlich für vierzehn dicke Tage in den Tank bringen.«

Ohlensteevel und Strohsahl (beide und auch Wegerich starben zehn Tage später – den Heldentod fürs Vaterland) warfen sich jetzt über Hein Pänk und weckten den mit Puffen und Geschrei. Später wurden die Fenster herabgestoßen. Wir sahen hinaus auf die sonnigen, wechselnden Landschaften. Feldarbeiten – eine Luftschiffhalle – Schulkinder, uns zujubelnd – eine Fabrik, alle Fenster dicht mit Gesichtern besetzt – eine Arbeiterfrau, die ihr Jüngstes hochhob – in einem wohlgepflegten Garten ein stattlicher, weißhaariger Herr, der tief den Hut vor uns zog – wehende Taschentücher –.

»Wenn wir so vorbeisausen«, miaute Hein Pänk gähnend, »sind alle Leute freundlich zu uns, und in der Garnison lassen sie unsereinen ganz außenbords liegen und tun, als ob wir giftig wären.«

Ich sann über diese Beobachtung nach. Es kam mir in Erinnerung, dass ich einmal als gewöhnlicher Bootsmaat auf Urlaub in München einen Hauptmann in der Trambahn militärisch gegrüßt und dieser zu meiner Überraschung mit einer Ehrenbezeugung erwidert hatte, wie man sie sonst nicht Untergebenen sondern Vorgesetzten erweist.

NORDSEEMORGEN 1915

»Wong! Wung!«, bellen ferne Kanonen.

Auf der Brücke des kleinen Vorpostenbootes, das in der glanzlosen Helle knapp vor Sonnenaufgang vor Anker hin und her schweut, lehnt gegen das Ruderhaus ein dicker steifer Wachtmantel. Klobige Fausthandschuhe ragen aus ihm heraus und auffallend selbstständige Stiefel und ein rotes, nebelfeuchtes Matrosengesicht. Abgesehen von den beiden Augen in diesem Gesicht schläft der Wachtmantel samt Drum und Dran innerhalb der Grenzen seiner Dienstpflicht nach bestem Vermögen. Aber eben diese Augen! Rastlos und unermüdlich kreisen ihre Blicke, den Strahlen der Leuchtboje gleich, welche dort draußen ihr treues Einsiedlerleben vertrotzt.

Die ruhige Stunde entfaltet ihre eigene Pracht. Des Meeres mattgraues Gewand bewegt sich in sanften Tälern und Hügeln, als atmeten darunter tausend Lungen. Und die Strömung führt stetig unterschiedliche, fremde Dinge auf Reisen links oder rechts an dem Dampfer vorbei, der wie ein angekettetes Ungetüm misstrauisch und schwerfällig an seiner Fessel ruckt: Reisigstücke, verworfen und missachtet, niemand mag sich erinnern, dass sie einst so viel duftige Schönheit getragen haben; eine offene Blechdose voll Spuren von Putzpomade, immer wieder kippt sich das winzige Ding über die drohenden Kämme der Dünung hinweg. Den gleichen Weg wandert eine hölzerne Bank, die ihre vier Beine naiv gen Himmel streckt; und ein unerkennbarer Gegenstand; einmal auch eine Marinemütze, in ihr Band ist der Name eines berühmten Generals aus dem Befreiungskriege gestickt, und Korkbrocken und Kombüsenabfälle. Möwen umflattern spähend diese Speisereste, umkreisen sie vielmals, ehe sie in anmutigen Kurven herniedergleiten und, dicht, ganz dicht über der hüpfenden Welle mit den weichen Schwingen ihren Flug hemmend, sich einen Bissen erschnappen.

Heute nach tagelangem, gigantischem Wüten gibt sich die See wieder mild

und gütig. Sie setzt einen erschöpften Papierstreifen barmherzig auf die Ankerkette des Wachtbootes ab. Und der müde Zettel klammert sich um die kalten Kettenglieder und weint in blauen Strähnen Worte einer Mutter ins Wasser: »– dieser großen, grausamen Zeit. Ich … Nacht, dass Gott unserem tapferen und …terlande beistehen und dich … letzten Sohn erhalten möge. Sei … und innig umar… alten schwerbesorgten – –.«
Gleichmütig streifen die Blicke des Postens das Meer und sein Treiben, gleichmütig den ernsten Himmel, wo schon sacht die Morgenröte erblüht. Sie haften wohl einen Moment fragend an einem Maste, der hinter dem weiten Kugelstück aus der Nordsee auftaucht, bis ein buntes Tuch ihnen zuruft: »Wir sind es, Landsleute!« Dann irren sie mit befriedigtem, aus Eifer nahezu verachtungsvollem Ausdruck weiter. Sie bleiben ein andermal vor einem verankerten Panzerkreuzer stehen, dessen Scheinwerfer zu zwinkern anfängt, und lauschen ein Weilchen den Neuigkeiten, welche ein unsichtbarer Bote durch die Luft aus dem Osten gebracht hat. Viertausend Russen gefangen. Schützengräben gestürmt. Luftgefecht zwischen Fliegern. – Lauter Nachrichten, die auf den Brückenausguck nur flüchtigen Eindruck machen. Was dessen Augen suchen, hartnäckig, mit grimmer Sehnsucht suchen, sind Lichter und Flaggen von besonderer Farbe oder Zusammenstellung, sind bestimmte Gegenstände und Zeichen im Wasser, in der Luft und an dem mehr und mehr zurückweichenden Horizont, sind unter anderem jene inzwischen verstummten, fernen Kanonen. England, wo bleibst du?
Bis in die Stille, welche die Brücke umträumt, reicht das Verhallen von Zithermusik. Unten, vor der dienstbereiten Maschine spielt ein Heizer ein Lied seiner Heimat, ein schwermütiges Lied aus den bayrischen Bergen.
Nun richtet sich der Qualm überm Schornstein zu einer schwarzen, wirbelnden Säule in die Höhe und streut feine, warme Ascheteilchen über die Brücke und den Posten, der sich alsbald in schweren, schurrenden Tritten zu rühren beginnt. Im Vorderschiff unter Deck melden schrille Pfeifensignale eine schleppende, brutale Kommandostimme an, die nach verschiedenen Richtungen drei-, viermal wiederholt: »Reise Reise! Ü-berall zurrt Hängematten!« Dann erwachen andere Töne und Geräusche: langes Gähnen in den unanständigsten Variationen, mürrisches Brummen und Schelten, das sich verdichtet zu einem undeutlichen Durcheinanderreden. Etwas später öffnet

sich eine Luke und lässt einen nackten Mann und einen Schwall vielartigen Gelächters an Deck schlüpfen. Der Nackte schwingt ein Messer in der Faust, sein Gesicht ist bis an die buschigen Stirnhaare mit Wolken von Seifenschaum bedeckt, außerdem trägt er eine Briefmarke auf dem Hinterteil. Fröstelnd läuft er auf Holzpantoffeln klapp klapp über die Eisenplatten, um mit dem Fluche: »Gott strafe England!« im Heizraum zu verschwinden. Nach ihm steigen andere, nur mit Hosen und Schuhwerk bekleidete Männer, Seife und Handtuch in Händen aus der Versenkung und schaffen schleunigst Holzpützen herbei. Der Pumpschwengel kreischt und quietscht. Die Seeleute beugen sich prustend über die Eimer und ziehen sich bald wieder zurück, unter Deck. Dort, in dem tabakdunstigen Raume, zwischen Seestiefeln, Blechtellern, Ölröcken und Hängematten, welche ausgestopften Seehunden ähneln, hebt jetzt Caruso, der weltgefeierte Caruso, einen Gesang an. Kaffeekessel überklappern sein »Lache, Bajazzo!« Die Schiffsglocke schlägt. Eine allseitig abgeblendete Laterne schnurrt am Maste herab. Vor der Küche tanzt der Koch mit einem Tiegel einen salonberechtigten Tango und grölt: »Hurra, Jungens, morgen geht's auf Urlaub!«

Auch die See regt sich munterer, trägt ihr Strandgut rascher dahin und stößt es gelegentlich im Vorbei heftig gegen den Bug oder die Bordwände des Dampfers. Jetzt schleppt sich etwas Rundes, Graues daher. Etwas Rundes, Graues. – Die Blicke von der Brücke spießen es auf und lassen es nur unwillig noch einmal los, um ein in ziemlicher Entfernung passierendes Unterseeboot zu fixieren, auf dem jemand mit roten Fähnchen herüberwinkt. Der plumpe Wachtmantel wird erstaunlich behend. Wie denn auch Elefanten überraschend flink sein können. Also der Posten ergreift ebenfalls zwei Fähnchen, klettert geschwind auf das Ruderhaus und gibt seinerseits Zeichen nach dem U-Boote hin. In der Sprache der roten Fähnchen entwickelt sich ein kurzer Dialog. Ein hinzugerufener Maat setzt ein Doppelglas an und kontrolliert.

»Vorpostenboot! Vorpostenboot! hör zu!«, ruft das Tauchboot.

»Ich bin ganz Ohr!«, erwidert das Wachtboot.

»Wir haben«, berichtet das vorbeifahrende Schiff, »einen Kohlendampfer gekapert –«

»Ich verstehe!«, wirft das Wachtschiff ein, und das U-Boot spricht weiter: »Wir wurden verfolgt. Achten Sie auf treibende Mi – –«

Zzank! Hier wurde das Gespräch unterbrochen durch einen furchtbaren Ton. Es klang – ja, wie klang es? Vielleicht so, als habe die ungeheure dröhnende Stimme eines Dämonen kurz und scharf das Wort »Zank« ausgesprochen.

Dem U-Bootmatrosen entfallen die Fähnchen. Er sieht – statt des Dampfers – einen mächtigen, zackigen Eisberg oder ein vieltürmiges, gläsernes Schloss gotischen Stiles, das aus dem Wasser emporgeschossen ist und etwa eine Minute in der Luft steht.

Eine Minute, die einmalige Umdrehung des Sekundenzeigers, welche der Sehnsucht oder Gefahr so lange dauert, wie blitzartig vergeht sie der Verwunderung, dem Staunen.

Es ist wieder verschwunden, das Schloss, zurückgesunken.

»Hart Steuerbord!«, schreit der Signalgast, »hart Steuerbord!«, schreien andere Leute des U-Bootes. Und dieses dreht bei.

Eine flache, mit einem Türmchen versehene Stahlschiene, schlitzt es in äußerster Fahrt die sich bäumenden Wogen. Aber es findet nichts mehr von dem Vorpostenboot. Nur Kohlenstaub und Ölflecken schaukeln an der Stelle, wo das Wachtschiff vor Anker lag, auf dem Wasser in gewissen leichthin aber rhythmisch gerissenen Schlangenlinien, wie sie auf den Vorsatzpapieren alter Bücher zu finden sind; und eine Menge roter Fische treibt umher. Auf einmal geht ein blendendes Flimmern über die See, schillern die Ölflecke und toten Fischleiber heller und bunter in Farben des Regenbogens.

Wärmend und tröstend, mit all ihrem Zauber, steigt die enthüllte Sonne auf. Es ist dieselbe Sonne, welche über Nelson, über Columbus gestrahlt, welche die Wikinger begleitet hat, die Sonne Homers.

Totentanz

Da blieb es nun abwartend auf dem Grunde des Meeres liegen, das Unterseeboot, und lächelte vor Sicherheit über die feindlichen, armierten Fischdampfer, die dreißig Meter darüber wütend nach ihm ausspähten.

Die Besatzung speiste, erstaunlich viel und erstaunlich gut, dann suchte ein

Teil dieser gesundheitsprahlenden Menschen in Bänken, Spinden, in der Wand oder in der Luft ihre Schlafstätten auf. Die übrigen Seeleute, darunter der Kommandant, rückten beinahe familiär am einzigen Tische zusammen, und während ihre geringschätzigen Blicke vergeblich die alles überwuchernde, wunderbar wirre Maschinerie loszulassen trachteten, dachte gewiss jedermann leidend an den Tabak, der nicht geraucht werden durfte.

Darüber entstand der Wunsch, die Zeit irgendwie froh gemeinsam zu vertreiben. Schach? Nein. Skat? Der dritte Mann sägte bereits im Schlafe Tekholz oder so etwas. Heizer Karper schaffte das Grammophon herbei. Matrose Schreyer schleppte das Grammophon sofort wieder weg im stummen Beifall aller. Nur noch eine Platte war gebrauchsfähig, die kreiste täglich zehn- bis zwanzigmal. Man hatte an Bord keinen Respekt mehr vor dem Kammersänger Heinz Lebrun. Man pfiff oder trommelte mit Holzpantoffeln und Tischmessern zu seinem ewigen Liede: Wenn dir ein Mädchen recht gefällt, und sie hat einen andern, dann ist's am besten, in die Welt zu wandern. – »Soll ich einmal mit euch die russischen Schlachtschiffe durchsprechen?«, fragte der Kommandant. Doch dieser Vorschlag erfror und weiteren Vorschlägen erging es nicht besser, ob der Indolenz und einer frivolen Sucht der Mariner, jedwede Sache ins Lächerliche zu zerren. »Ich werde an meine Memeler Berta schreiben«, wandte sich Lung an den leitenden Ingenieur, »wollen mir Herr Aspirant das nicht mal 'n bisken aufsetzen, von wegen das Göhr, und dass ich mit Felix Pillak losen will, wer der Vater ist?« Der Aspirant grinste. Hammerbruck gähnte. Karper schwankte in Gedanken faul, ob er das fleckige, in Segeltuch gebundene Heft hervorkramen sollte, worein er sich »Tetsches Hochtid«, »Die Negerbraut« und andere eindrucksvolle poetische Stücke gesammelt hatte.

Grössel, der neue Torpedomaat, den man noch nicht anders als einsilbig kannte, hatte sich auf der Steuerbordbank hintenübergelehnt und die Augen geschlossen, schlief aber offenbar nicht, denn er kaute seiner Gewohnheit nach einen Stengel Vanille zwischen den Zähnen durch. Die andern am Tische machten sich aus Langerweile über ihn lustig. »Piter Grössel zieht seine Sargdeckelvisage.« »Er hat wieder zu tief in die Kömbuttel gepeilt«, spaßte der Olle. Auch unter Seeoffizieren ist es Brauch, sich dann und wann durch unkomplizierte Witzchen populär zu machen.

»Nee, ik glöve, he het's mit de Angst kregen«, krächzte Felix Pillak, »he is bang.« Und Hammerdruck spottete: »He drümt von Ruhm un Ehr und vom isernen Krüz.«

Schreyer fügte in anstrengendem Hochdeutsch und mit besonders schlauem Ausdruck hinzu: »Torpedermaat ist melangscholisch. He denkt an Seemansgrab oder hat Sehnsucht nach sin Fru.«

Solche Bemerkungen lohnte man regelmäßig durch ein tölpliges Gelächter, welches Grösseln feindseliger vorkam, als es war, welches immerhin aber nicht einer gewissen provozierenden Grausamkeit entbehrte.

Der Torpedermaat öffnete die Augen, und die Tischgesellen waren reichlich gespannt auf seine Entgegnung. Denn Grössel hatte ganz speziale Ansichten, so gewählte Ausdrücke und so, und wenn er redete, gab es wenigstens stets Neues zum Belachen. Nun ließ er seine Blicke zugespitzt durch die Runde marschieren und hub dann mit überraschender Ruhe an: »Ihr habt recht. Ich dachte an meine Frau und sann melancholisch über Krieg und Angst und Ruhm und Schrecken nach, und ich habe vordem heimlich Rum getrunken, was ich oft tue, wenn mich die Furcht befällt, ich könnte jemals in unserer Seeeinsamkeit so feinfühlig, klugdenkend und wahrheitsliebend werden, als ihr seid. Lasst euch genauer erklären, was mich soeben beschäftigte; es ist die Geschichte, wie ich mit dem Kreuzer …«

»Kennen wir!«

»Wissen wir längst! Wie ihr auf die Mine ranntet und du später bewusstlos durch ein V.-boot von einem Scheibenfloß aufgepickt wurdest.«

»Dat hest du all fofftein mal vertellt.«

»Nur das äußere Allgemeine. Doch dahinter steckt mehr, was ich euch gern mitteilen möchte, weil – – hm, wozu ein weil?«

»Na, dann lög mal too!« Die Seeleute am Tisch vereinbarten durch geheime Püffe und Augenzwinkern, die angekündigte, angeblich wahre Historie möglichst zur allgemeinen Belustigung auszubeuten.

»Als die Detonation erfolgte« – Grössel nahm die Vanille aus dem Munde und sah, Wort für Wort mit Überlegung berichtend, fortan über die Köpfe hinweg ins Leere – »befand ich mich mit einem Deckoffizier und dem Matrosen Leske im Zwischendeck an der Kantine …«

»Er soff also mal wieder!«, warf der Aspirant lachend ein.

»Leske, der – er tanzt – ich hasste Lesken. Ich kannte ihn bereits vor dem Kriege. Er hat meine Frau behext.

Er tanzte leidenschaftlich, und meine Frau verehrte den Tanz geradezu inbrünstig. Ich selbst goutiere diese Kunst nicht, weil ich ein ungeschickter Tänzer bin. Aber meiner Frau zu Gefallen führte ich ihr auf einem Vereinsball Herrn Leske zu, der gleich mir den Beruf eines Buchhändlers ausübte und mit dem ich als Kollege früher, allerdings mehr geschäftlich, zu tun gehabt hatte.

Ich schaute zu, als er und meine Frau tanzten. – Es war wie Meeresdünung, wie Möwenflug.

Hatte ich bisher geglaubt, der Tanz sei eitel Übermut und stimmte zur Lustigkeit, so beobachtete ich nun überrascht, dass meine Frau und ihr Partner in einem jener modernisierten exotischen Tänze aneinander geschmiegt, in Haltung und Bewegung gleichsam einander ergänzend, fragend und antwortend, dass sie weder einmal lächelten, noch auch nur eine Silbe mitsammen redeten; dass vielmehr während dieses langwährenden Kreisens, vor dem sich alle anderen Paare wie bewundernd zurückgezogen hatten, ihre Augen mählich einen wunderlichen Glanz von Schwermut annahmen. Das war es wohl, was mich auf die närrische Idee brachte, sie mit zwei vom Strudel Ergriffenen, die treu umschlungen hinaus in die offene See gerissen werden, und mit einem gestorbenen Geschwisterpaar zu vergleichen, das ein Engel auf Fittichen zum Himmel trägt ...«

»He snackt as 'n Fiefgroschenroman«, unterbrach Felix Pillack, und einige von den anderen stießen ein Gelächter auf, welches der Kommandant jedoch durch einen gutmütigen Wink abschnitt.

»Ich sah also den beiden Tanzenden zu, anfangs, sie froh wähnend, mit Freude, später eigenartig ergriffen, aber, bei Gott, durchaus ohne Eifersucht. Die war mir bis dahin fremd geblieben. Ich hatte mit Elsen in einem unbefangenen, ich möchte sagen, durchsichtigen und uferlosen Glücke gelebt; mehr innige Freunde als Gatten. An jenem Festabend ging das entzwei. Felix möchte vielleicht nicht mit Unrecht wieder behaupten, es vernehme sich wie ein Groschenroman, wenn ich ausführen wollte, wie meine Frau seitdem stiller, verschlossener und nach und nach kränklich wurde, wie ihre verweinten Augen mich erschreckten und ich mir über die

Ursache ihres uneingestandenen Kummers, die möglicherweise anfangs noch ein unbewusstes Sehnen war, Sorgen machte; wie ich umsonst alles aufbot, Elsen zu beglücken, sie zu heilen, und wie hässlich, drückend sich die Wochen hindehnten, bis ich herausbrachte, dass Leske, der Tänzer, es meiner Frau angetan hatte, er, der keine zehn Worte mit ihr wechselte. Sie bekannte es nie. Aber während wir einst einen Schlosspark querten, brach sie in Schluchzen aus, da sie, auf einen Busch Hortensien deutend, unvermittelt mir zurief: ›So marmorn vornehm bist du! Aber ich – –‹. Und ein andermal flüsterte sie im Schlafe deutlich vernehmbar den Namen Leske.

Lacht nicht! Die von euch selbst verheiratet sind, mögen sich vergegenwärtigen, welchen Reichtum an Jugendhoffnungen und Idealen, an wonnewilder Männerfreiheit und bunten, lebenstrunkenen Freundschaften wir hingaben, da wir heirateten, und wie eisig uns eines Tages die Erkenntnis anwehen muss, dass wir dieses Unersetzliche für einen Trug opferten. Als mich solchermaßen jähe, frostige Klarheit überfiel und ich mir augenblicklich die Beobachtung rekonstruierte, Else habe mich seit Langem lieblos behandelt, da mischte, sich ein harter Groll in meine Liebe zu ihr. Es war, als blickte ich verwünschend und weinend vom abendlichen Ufer einem entschwindenden Segel nach, mit dem ein Seeräuber mein Liebstes entführte.

Ich fing an, diese Frau und unser Töchterlein mit Vorwürfen und Argwohn zu quälen. –

Sie ertrugen's stumm und geduldig; das reizte noch mehr.

Leske ist niemals unser Gast gewesen. Seitdem er auf jenes Fest hin mir eine einfache lobende Artigkeit betreffs der Tanzmeisterschaft meiner Frau geschrieben hatte, sah und hörte ich für Monate nichts mehr von ihm und mied ihn. Heute meine ich, dass er, von seiner Tanzbegeisterung abgesehen, weiter kein Interesse an meiner Gattin nahm. Damals, durchs Prisma der Eifersucht, sah ich anders. Als dann der Krieg mich von Weib und Kind trennte und zufällig zum Vorgesetzten meines vermeintlichen Rivalen machte, da ließ ich einen rohen Hass auf diesen Mann los, indem ich, die mir zu Gebote stehende Macht ausnutzend, ihn schikanierte, drangsalierte, wo immer sich Gelegenheit bot. Oft drohte es meinen Verstand zu zerstören, dass auch dieser Matrose meine Verfolgungen ohne Widerspruch hinnahm, ja, sie gar nicht zu erfassen schien. Derweilen, und bis heute, führte ich mit meiner Frau eine nicht zu umgehende, erquält gefällige, schleppende Korrespondenz. Und doch liebe ich diese Frau. Wie ich sie liebe! – – Ei, wohin gerate ich? – Nun lacht! – Lacht doch! –

Leske konnte so lachen. Immerzu lachen, und singen und tanzen. Ach, wie hasste ich diesen kritik- und gehaltlosen Frohsinn an ihm und den meisten anderen Leuten.

Leske war nie verdrossen. Er wartete, wenn wir einliefen, stets als Erster zur Urlaubsmusterung angetreten, ein schneidig angezogener, sehniger, hoher Bursche, dem ein unbezwingbares Verlangen nach den billigen Landvergnügen der Matrosen aus den Augen blitzte. Dabei doch jederzeit ein eifriger Soldat, ein flinker Seemann. – Hm.

In einer stillen Stunde, am Tage, da wir die englischen Häfen beschossen hatten, – ja, ein winziges Insekt, eine Fliege war es, die meinen Gedankengang zur Reue lenkte, – sah ich meine Ungerechtigkeit ein, bekannte ich vor meinem Gewissen, dass die ausfüllende Freude an den anspruchslosesten Amüsements mich nur deshalb ärgerte, weil ich den Weg zu ihr nicht fand, weil ich Lesken samt seinen Gleichgesinnten darum beneidete. Ich hatte mich in der Zeit vorangeträumt und angenommen, Leske sei in einem Gefecht gefallen. Da dünkte mir auf einmal, sein leichter Frohmut habe etwas kindlich Rührendes, fast Heiliges gehabt.

So tappen wir in den engen Straßen der Stadt an manchem schönen Haus neunundneunzigmal achtlos vorüber, bis wir beim hundertsten Male vom rechten Abstand aus unvermutet gebannt seine Reize erschauen.

Also von da an behandelte ich den Matrosen mit Herzlichkeit. Er nahm solches Wohlwollen mit demselben höflichen Gleichmut auf wie bisher meine Feindseligkeit. – Kurze Zeit nachdem zwang Nebel unser Schiff, abends dicht vorm Hafen noch zu ankern. Ich trat im Zwischendeck an die Kantine heran, um Zwirn zu kaufen, im Wahrsten, um Lesken, der dort im blauen Urlaubsstaat pfeifend auf und ab lief, ein Freundliches zu sagen. Bevor ich jedoch noch hierzu kam, stürzte ein Deckoffizier heran, forderte aufgeräumter Laune einen ›Polargestimmten‹ und rief dem Matrosen zu: ›Na, Glückwunsch, Leske! Ihre Paradebüchs hat's Wetter umgestimmt. Die Luft klart sich, wir lichten Anker.‹

Leske antwortete nur mit einem glückseligen Wiegen des Oberkörpers, das ein unbeschreibliches, wehes Gefühl in meiner Brust bewirkte. –

Tanz. –

Ich habe das nicht vergessen trotz der folgenden gewaltigen Ereignisse. Denn unmittelbar danach geschah die Explosion. Ein grässlicher Schlag, ein minutenlanges schauriges Prasseln, Splittern, Krachen und Rauschen.

Sämtliche Lampen waren auf eins verloschen. Der Boden entglitt meinen Füßen, ich bekam in der Finsternis einen Stützen zu fassen, hatte den blitzartigen Gedanken, es sei merkwürdig, dass ein großer Kreuzer auf See genau so umkippe wie ein Spielzeugschiff auf dem Kindertisch. Darauf wurde ich von eisiger Flut eingehüllt, erinnerte mich konzentriert einer Deckschiene, die zum Aufgang des Zwischenraums leiten musste, ertastete diese Schiene, enterte mich in höchster Anstrengung und Angst, ohne zu atmen, daran entlang – und auf einmal stieg ich, erreichte die Luft. Die göttliche Luft.

Es war auch hohe Zeit, denn schon begann es in den Schläfen zu hämmern. Nun schwamm ich, geradezu, immer geradezu, vor mir und zu beiden Seiten Nebel und Wasser in einer erbarmungslosen Färbung vermengt. Darin rudernde Arme, rote, keuchende, schreiende Gesichter. Bis ich des Floßes mit der Pängscheibe ansichtig wurde, welches wir für Schießübungen an Bord geführt hatten. An dem eisernen Bügel zog ich mich hinauf. Am anderen Ende hing schon jemand festgekrallt; es musste der Decksläufer sein, denn er war mit dem Seitengewehr umgürtet. Das bemerkte ich sofort, obwohl ich Mühe hatte, mich selbst auf dem Gebälk zu balancieren, das durch meine Last sich bedenklich unter die Wasserfläche drückte. Meine Sinnenkraft schien verzehnfacht, ich vermochte gleichzeitig nach verschiedenen Richtungen hin die geringsten Einzelheiten wahrzunehmen.

Wir, das heißt: das Floß und im eng vom Nebel begrenzten Umkreise mehrere Schwimmer, die auf uns zustrebten, wurden von der Strömung langsam davongetragen; zu meinem Schrecken ließen wir ein Geräusch von Ruderschlägen und Kommandostimmen hinter uns zurück.

Der Läufer und ich: wir sprachen uns nicht an, unser Atem war noch zu aufgebracht. Wir hingen an dem Bügel und verfolgten kalten Auges das Schicksal der Menschen im Wasser, die sich auf uns zuarbeiteten, würdelose, krasse Selbstsucht in den Mienen und mit käferhafter Brutalität, wenn sie zusammengerieten. Nun griff der vorderste von ihnen nach dem Floß, und dieses sank mit uns rasch unter. Aber wir tauchten wieder empor, der Läufer und ich noch am Bügel. Der Dritte hatte losgelassen, schwamm neben uns her und versuchte von Neuem, die Pängscheibe zu erreichen. Ich wollte abwehren. Das Floß trüge uns drei nicht. Ich blieb vor Kälte stumm und regungslos. – Könnte ich das angstvolle Gesicht vergessen und die verzweifelte, violette Hand, die nach dem Bügel haschte.

Sie fasste ihn. Aber der Läufer riss im Nu sein Seitengewehr heraus und tat einen entsetzlichen Hieb.

Danach war der dritte Mann nicht mehr da. Seine gekrümmte Hand jedoch, mit blutigem Gelenkstumpf, hing noch mehrere Augenblicke lang am Bügel, bis sie als ein kraftloser Gegenstand herabfiel.

Mittlerweile hatte sich die Zahl der um uns herum im Wasser ringenden Seeleute vermindert; die Strömung oder Kopflosigkeit hatten sie zerstreut, viele mochten erschöpft in die Tiefe gegangen sein, andere verbarg die dicke Luft. Aber während wir mit dem sich sanft um seine Achse drehenden Floß stetig weiterschlichen, zeigten sich neue Bilder des Unglücks und verloren sich wieder im grauen Dunst.

Da trieb ein Hund; er hatte an Bord dem Oberfeuerwerker gehört und uns oft zur Kurzweil gedient. Dieses Tier und ein Leutnant schwammen einander entgegen, ganz nahe von uns, sodass mir deutlich der Ausdruck in beider Augen auffiel: der Leutnant in einer fast tierischen Gier etwas zu packen, was ihn über Wasser hielte, der Hund mit einer herzergreifenden, flehenden Hilflosigkeit. Welche Szenen! Da ruderte der Lotse, der dicke, dreiste Kannebier. Plötzlich hob er die Arme, schrie mit durchdringender Stimme: ›Jesus Maria, meine arme Frau!‹ und sackte ab.

Für das alles hatte ich Augen, ich, der ich fror, schrecklich fror, mit den Zähnen klapperte und nicht wusste, wo wir hinsteuerten, für mich nur den instinktiven Vorsatz: Halte fest und rühre dich nicht! –

Der Läufer drehte mir den Rücken zu. Noch immer hatten wir kein Wort gesprochen. Es grauste mir vor dem Manne, der den Arm durchschlagen hatte. Er schwang noch die blanke Waffe in der Rechten. ›Lass uns laut schreien‹, rief ich ihn endlich an. Er wandte sich um.

Schauerlich! Offenbar hatte ihn der Wahnsinn befallen. Seine Augen waren

herausgequollen, das Gesicht grünlich, und aus seinen Mundwinkeln floss dicker, ekelhafter Schaum.
Er entgegnete, nicht laut, aber in einem unerhört grauenhaften Tone: ›Wenn du schreist, stech ich dir das Hirn aus, Brüderchen.‹ –
Ich war bereits gelähmt von der eisigen Kälte. Ich wollte einen Plan bauen für den Fall, dass mich der Wahnsinnige angriffe, aber meine eigenen Gedanken brachen auseinander.
Dann oder viel später kam für kurze Frist ein Toter in unseren Sichtbann, ein alter, weißhaariger Heizer, der mit angezogenen Armen und Beinen, mit offenen, glasigen Augen erstarrt auf dem Rücken dahintrieb. Sein Trauring glänzte. – Vielleicht habe ich später zeitweilig das Bewusstsein verloren; ich erzählte euch bereits, dass ich viele Stunden auf dem Floß zugebracht haben muss. Jedenfalls erwachte nach einem apathischen Zustande mein Erkennungsvermögen plötzlich, da ich mich bei klarem Wetter auf weiter, von einer kräftigen Brise gewellten See befand und nicht ohne Genugtuung den Läufer vermisste. Das Floß, dessen Metallstange ich noch immer krampfhaft umklammert hielt, schaukelte lebhaft im Seegang, und in seinem Kielwasser gewahrte ich etwas Neues, etwas Grässliches; einen toten Matrosen – Lesken. Ohne Zweifel war es Leske. Er hatte einen anderen Mann umschlungen, und in dem erkannte ich jenen weißhaarigen Alten wieder. Er lag über diesem Leichnam und unter ihm, sie drehten sich beide Brust in Brust in der wogenden Strömung umeinander. Auch Leske tot und steif, aber mit geschlossenen Lidern und die Arme wie im Tanze um den anderen Ertrunkenen verschränkt. Sie drehten sich – sie tanzten. Tanzten immerzu. Ich wendete mich ab, sah ein Boot und fiel wohl dann in Ohnmacht …«
Der Sprecher pausierte und ließ wieder seinen festen, ruhevollen Blick kreisen. Einige der Zuhörer ertrugen diesen, andere senkten den Kopf. »Mir hat«, fuhr Grössel fort, »kürzlich ein Straßenmädel die Karte gelegt, eine fremde, aufgelesene Dirne, die nichts über meine Verhältnisse wissen konnte, ich trage auch keinen Ring; die prophezeite mir unter anderem, ich würde meine Frau nicht wiedersehen. – Nun …«
Grössel sprach nicht weiter. Die Gesellschaft schwieg ernst, und weil sich eine gewisse Verlegenheit anmeldete, stand der Torpedermaat auf, zog das Grammophon hervor und stellte es an.

Heinz Lebrun sang mit weicher, reiner Stimme:

...Wenn dir ein Mädchen recht gefällt,
Und sie hat einen andern,
Dann ist's am besten,
Aus der Welt zu wandern. –

Bis das Lied ausklang, und darüber hinaus, bewahrten die lauschenden Seeleute eine aufrichtige, andächtige Stille – – dort unten, in dem Boote, dreißig Meter unter dem Meeresspiegel.

Auf der Schaukel des Krieges

»Der Kommandant lässt Ihnen sagen, dass – bitte, zeigen Sie einmal. – Gut, gut! Der Puls ist zahmer geworden – dass er Sie nicht weiter mit maritimen Fragen belästigen würde. Er ehrt Ihre Verschwiegenheit, aber bittet Sie herzlich, ihm, wenn Sie sich wohler fühlen, ein Stündchen Gesellschaft zu leisten und Ihren Mund wenigstens eben so viel zu öffnen, wie notwendig ist, um einen ausgesuchten, neutralen Spaniolenwein durchzulassen.

»Danke verbindlichst, aber ich bin abstinent.«

»Oh, Mr. Heinemann«, fuhr der englische Arzt fort, »warum so niedergeschlagen? Sie haben nicht kapituliert, Ihr Schiff bis zuletzt nicht verlassen. Es hat Sie verlassen, ist mit der Kriegsflagge an der Gaffel unter Ihren Füßen weggesackt. Wir zogen Sie als ohnmächtigen Schiffbrüchigen an Bord. Wir wollen Ihnen wohl. Es ist unser aufrichtiges Bestreben, Ihre Lage so angenehm als möglich zu gestalten. Sie haben in diesem Kriege als – verzeihen Sie – zweifellos sehr junger Offizier Hervorragendes geleistet und bleiben Ihrem Vaterlande auf ehrenvollste Weise für spätere Dienste erhalten. Freuen Sie sich also, dass Sie gerettet, und vergessen Sie, dass Sie gefangen sind. Ich ersuche Sie höflich, hinsichtlich Ihrer Bequemlichkeit wie auf Ihrem eigenen Schiffe zu befehlen.«

Der zwanzigjährige Führer und einzige Überlebende des torpedierten deutschen Vorpostenbootes erwies sich, obwohl erkenntlich, doch reichlich ungeschickt in der Konversation. Blasierten, fast kindisch ansprechenden Tones erkundigte er sich, ob seine Uniform schon trocken wäre, und äußerte im Übrigen nur den einen Wunsch, sich an Deck aufhalten zu dürfen. Der Arzt wandte ein: Das Fieber sei noch nicht völlig behoben, der Leutnant bedürfe vorläufig noch der Bettwärme, es wehe ein kalter Nordwest. Später, auf wiederholtes Bitten und nach reiflichem Bedenken, erlaubte man dem Gefangenen, für eine Stunde lang, in warme Decken eingehüllt, an Deck zu sitzen. Dazu wurde für ihn auf das Achterdeck ein weicher Klubsessel getragen, hinter welchem sich in geringer Entfernung ein Matrose aufpflanzte; zur Verfügung des Herrn Leutnants. Außerdem wurde ein zweiter Stuhl und ein weißgedeckter Tisch herbeigeschafft. Bald fand sich der Kommandant des Zerstörers ein. Liebenswürdig unterdrückte er die militärische Ehrenbezeigung des deutschen Offiziers und begann, diesem die Hand schüttelnd, sofort ein Gespräch über Schwimmwesten aus Guttapercha. Leutnant Heinemann beteiligte sich vorwiegend passiv daran. Meist pflichtete er nur den Ansichten des Engländers wortkarg bei und gab sein Lächeln hinzu, wenn dieser, ein imposant hoher und dicker Herr mit Glatze und rasiertem Kugelgesicht, einen Witz einflechtend, erschütternd lachte. Wenn er selbst redete, geschah es mit selbstbewusster Stimme und häufig wie geistesabwesend, konfus. Er schaute dabei auch unausgesetzt mit seinen hellen Augen in der Richtung der Fahrt über das Meer, das grün-grau sich kräuselte unter einem Regen versprechenden Himmel.

Der Kommandant des Zerstörers vermochte nicht ein spöttisches Lächeln zu unterdrücken, als der Deutsche anfangs einmal seine spähenden Blicke rückwärts wendete. »Wir sind schon weit davon weg«, bemerkte er. »Übrigens: Es blieb nichts übrig; nicht einmal Kleinholz. Leider! Wir hätten gern etwas Näheres erfahren.«

Nun lächelte der Leutnant über die offenherzige Bemerkung, die wohl ungewollt entschlüpft war.

»Nehmen Sie es nicht übel, Herr Leutnant, aber es war doch eine kuriose Torheit, mit einem Fischdampfer drei Torpedobooten und einem Zerstörer gegenüber Widerstand zu leisten.«

»Solche Torheiten haben Englands Flotte schon empfindlich dezimiert«, näselte der Leutnant. Sein ungeprägtes, einfarbiges Gesicht leuchtete einen

Moment auf, aber dann nahm es rasch einen Ausdruck von bekümmerter Unruhe an. »Warum halten Sie immer noch nördlich? Warum bringen Sie mich nicht nach Westen ein?«
Der Engländer blinzelte schlau. »Sie wollen ja mir auch nicht sagen, was Sie veranlasste, sich so weit ab von Ihrer Flotte in diese Gewässer zu wagen.«
»Aufklärung! Aufklärung! Wir riskieren etwas.«
Ein Steward baute eine Flasche Rotwein mit zwei Gläsern nebst Rauchutensilien auf den Tisch, und trotzdem Heinemann seinerseits entschieden ablehnte, ließ es sich doch der Kommandant nicht nehmen, beide Gläser eigenhändig zu füllen. »Nein«, sprach er, als der Steward sich entfernt hatte, »keine Aufklärung. Ich will es Ihnen auf den Kopf zu besser sagen: Sie hatten Minen an Bord. Nur bin ich mir nicht klar darüber, wo Sie dieselben warfen oder werfen wollten.«
»Sollte denn eine so kleine Mine, wie die meinige, Minen an Bord nehmen?«, fragte der Leutnant zerstreut.
Der andere warf einen verdutzten Seitenblick auf das junge, bleiche Gesicht. Aber dem Deutschen entging das. Er stierte konstant an dem Engländer vorbei in eine wild verwirrte Flucht gewundener Qualmschwaden, die sich jetzt von den Schornsteinmündungen aus nach Backbord über das Meer wälzten. Sekundenlang, immer wieder, trat hinter diesem Rauchvorhang die See mit einigen farbigen, verstreuten Bojen und einem fernen Streifen Land hervor.
»Ihre Minenverankerung taugt nichts«, begann der redselige Kommandant von Neuem.
»Ich muss es, wie erwähnt, prinzipiell ablehnen, mich über Militärisches oder Politisches zu äußern.«
»Ganz recht! Ich vergaß. Sagen Sie –: spielen Sie Schach?«
Statt zu antworten, griff der Deutsche auf einmal hastig nach dem vollen Rotweinglas, rief laut: »Mein Kaiser Hurra! Hurra! Hurra!« und leerte es in einem Zuge, um es dann über Bord zu schleudern. Der Engländer war aufgesprungen. Sein Gesicht rötete sich zornig. Aber er schien sich zu besinnen und zu beherrschen und nahm wieder Platz. »Ihr angeborenes deutsches Taktgefühl«, bemerkte er sarkastisch, »wird Sie begreifen lassen, dass ich in diesen Toast nicht einstimme. Aber – hallo, was fehlt Ihnen? Mich deucht, Sie vertragen die Deckluft schlecht.« Der Leutnant war, wie man so sagt,

kreideweiß geworden. Sein Mund bewegte sich, als ob er sprechen wollte und es nicht vermöchte. »Jetzt! Gleich!« stieß er endlich hervor.
Der Kommandant pfiff.
»Haben Sie Familie? Eine Mutter?«, frug ihn Heinemann erregt.
»Ja, ja. Beruhigen Sie sich doch, mein Lieber; es geht vorüber. – Führt den Herrn Leutnant in seine Kabine. Er hat einen Anfall bekommen.«
Aber der Deutsche wies mit einer Armbewegung den Posten und den Steward zurück, die beide ihn wegführen sollten, und rief dem Kommandanten drängend zu: »Beten Sie! Beten Sie! Dort! Die Boje! Wir sind mitten im Minenfeld.«
»Minen?«, fragte der Engländer unsicher lächelnd.
»Ja. Ich selbst habe sie geworfen. Beten Sie!«, zischte der Deutsche.
»Achtung!«, rief er dann plötzlich scharf und klar. Er stand kerzengerade aufgerichtet, die Linke aufs Herz gepresst. Da hatte sein Gesicht in höchster Schwellung edler Gedanken und energischer Entschlossenheit einen schönen, verklärten Ausdruck. Seine Augen glänzten begeistert und sahen kühn einem roten Seezeichen entgegen, dem sich der Zerstörer näherte.
»Volldampf zurück! Exakt Kielwasser!«, schrie der Kommandant aufspringend. Auch er starrte mannhaft fest, aber finster und kalt in die Boje.
Ein schneidender Schrei ertönte. Niemand hatte mehr Entsetzen dafür übrig, dass der Steward über Bord sprang.
Der Matrose hielt sich die Ohren zu, und er wie die beiden Offiziere blieben so für Sekunden … Sekunden … Sekunden regungslos, mit weit aufgerissenen Augen, während dicht an der Bordwand ganz langsam die rote Boje vorüberglitt.
Dann taumelte der Deutsche. »Vorbei!«, hauchte er tonlos.
Der Kommandant hatte pantomimisch einen Befehl nach der Brücke gegeben.
»Verdammter Hund!«, brüllte er jetzt und riss einen Revolver hervor …
Das gab dem Leutnant die Kraft zurück. Er straffte sich wieder und sah dem Feinde blitzend ins Gesicht. Ein einziges Wort: »Deutsch!«, sprach er stolz aus. »Verrechnet, Verräter«, knirschte der Engländer, seinen Revolver wieder bergend, und dann mit einem höhnischen, schadenfrohen Grinsen: »Warte! Warte! Ich werde – –«
Da schmetterte die Explosion.

DER FREIWILLIGE

Culassa spuckte von seiner Hängematte herab ein Stück Käserinde aus, traf den Lampenzylinder, der stürzte zerbrochen herab. Die befreite Flamme wurde unruhig, sie richtete einen Rußstreifen nach der gewölbten Decke der Kasematte empor. Diesem Übel schien nicht abgeholfen zu werden, denn Culassa, obwohl er den Schaden bemerkt haben musste, wälzte sich gleichmütig auf die andere Seite und biss unbekümmert weiter an dem Bruchteil einer roten Sonne aus Edamer Käse. Die Bänke aber um den nur durch Runzeln und Brandflecke bemerkenswerten Tisch standen leer, und aus den Hängematten, die hoch darüber unter der Wölbung hingen wie fette Fischbäuche, klang variiertes, fallendes oder steigendes Schnarchen. Nun aber turnte aus der links neben Culassa aufgezurrten Hängematte eine lange, auffallend hagere und hohlwangige Gestalt in Strümpfen und Unterkleidung, sammelte etwas unbeholfen die Glasscherben vom Boden auf, trug sie nach dem Mülleimer und kehrte dann zurück an den vorherigen Platz.
Culassa grinste gutmütig. Er brach mit der Hand ein rührendes Stück von der roten Sonne ab und reichte das dem Nachbar hinüber mit den Worten:
»Da! – Bist du nicht auch erst seit heute hier?«
»Ja. Mich schleppt man schon seit Wochen von Garnison zu Garnison.«
»Bist du Schiffsjunge?«
»Nein, Kriegsfreiwilliger. – Ich meldete mich im August in Danzig. Nach meiner Ausbildung diente ich sechs Monate lang auf einem Depeschenboote –«
Culassa kniff ein Auge zu. »Aha, verstehe. Das passte dir nicht, mein Muttersöhnchen. Fixer Seegang? Windstärke zwölf, he? Mit Seestiefeln zur Koje?«
»O«, sagte der Freiwillige blitzend, »das war noch das Beste daran. – Seeleute waren wir! Aber keine Soldaten. – Ich habe mich viermal vergeblich auf U-Boote und jetzt zu den Fliegern gemeldet, aber auch daraus scheint nichts zu werden. –«
»Bengel, du frierst ja!«, rief der Ältere plötzlich mit jenem grausamen Spott der Seeleute.
Wirklich, der Freiwillige klapperte mit den Zähnen, wollte es aber nicht zugeben, sondern stammelte etwas von »dummer Angewohnheit« und ver-

wischte diese Entschuldigung und das Vorangegangene wieder durch die Frage: »Woher kommen denn Sie?«
»Von einem Torpedoboot. S 116.«
»Haben Sie schon an einem Gefecht teilgenommen?«
»Hm, viermal. Zuletzt sind wir vor der Weser abgesoffen. Kesselexplosion.«
Der Freiwillige reckte den Kopf so weit in die Höhe, dass eins seiner verhältnismäßig übergroßen Augen den Mann sehen konnte, der an vier Seegefechten teilgenommen und Schiffbruch erlitten hatte. »Da haben Sie sich also ungewöhnliche Erinnerungen fürs ganze Leben gesichert. – Das muss doch sehr interessant gewesen sein?«
»Auf S 116? Das will ich meinen! Alle Tage warmes Abendbrot. Frische Butter, so viel wir wollten. Und ungefähr alle drei Wochen in die Werft. Urlaub bis zwölf.« Die Unterhaltung zog sich infolge häufiger Pausen in die Länge. Der Hagere ließ meist einige Minuten im Schweigen verstreichen, bevor er zu einem neuen Satz ausholte, und dann sprach er unsicher, schüchtern. »Was will man nun hier mit uns – mit mir anfangen? –«
Culassa spie wieder ein Stück Rinde aus und wickelte sich grunzend in seine Decke. – »Ja, wer kennt sich da aus? Das wird alles an den grünen Tischen ausgeknobelt. Unsereins kann nix dazu tun, als das Maul halten, bis es heißt: Die zum Sterben abgeteilten Leute antreten zum Särgeempfang!, oder so was Ähnliches. Und dann gehen wir, wohin man uns schickt. Nach der Türkei oder nach Belgien. Rekruten drillen oder englische Dampfer kapern, in die Fourierstube oder als Kanonenfutter. Aber sei man nicht bang, mein Junge, vorläufig wollen wir uns hier erst mal eine Zeit lang mästen, bis sie eine Verwendung für uns haben, und bis dahin ist dann hoffentlich auch schon Frieden.«
Zwei aus Trunkenheit polternde Stimmen näherten sich der Kasematte. »Das sind die beiden mit dem Eisernen Kreuz«, meint Culassa unter der Decke hervor, »der eine hat bei Helgoland ein Auge verloren.« Der Freiwillige beobachtete, wie zwei bezechte Matrosen hereinstolperten. Sie redeten mit den Armen und in Worten aufeinander ein, so laut, als hielte jeder von ihnen den anderen für schwerhörig, und beide redeten gleichzeitig. Nachdem sie ihre Plätze gefunden hatten, brachten sie es mit Anstrengung und Lärm dahin, ihre Spinde zu öffnen.

Der eine Matrose trug tatsächlich ein Glasauge, das er nicht mit dem Lide darüber zu verdecken imstande war. Fürchterlich sah er überhaupt aus. Sein Gesicht war von Brandwunden bedeckt, der Hals mit einem Verband umwickelt, und sein rotes Haar hing struppig über die Stirn. »Ein Weib!«, schrie er wiederholt, sich die Kleidungsstücke vom Leibe reißend, um sie, Exerzierkragen, seidenes Tuch, Mütze, eins nach dem anderen auf den Fußboden zu werfen, »ein Weib! Junge, ich sage dir: ein Galaweib! So ein Busen! Und einen Achterpanzer! Und in Dress wie eine Fürstin!«

Der andere Betrunkene wies gerade eine Vorahnung von Erbrechen zurück. »Nun setz man einen Stopper auf«, lallte er, »so ein Weib geht doch nicht mit einem Kuli, der nur ein Auge hat.

»Ha, du Schlammross, es sind eben nicht alle solche Mistspoken wie du eine bist. Meinst du, ich würde nicht auch mit dem Mädchen gehen, wenn sie nur einen halben Busen hätte?«

Die Tür ward aufgestoßen, und eine militärische Stimme fragte herein: »Hilderling?«

»Hier, das bin ich«, meldete sich der Hagere laut und gierig.

»Morgen früh sieben Uhr vor dem Pulverschuppen antreten!« Die Ordonnanz aus der Schreibstube wollte sich entfernen. »Was soll's denn werden?«, rief der Freiwillige drängend; er war ganz bleich im Gesicht geworden, und seine Zähne klapperten wieder hörbar aufeinander. Aber seine großen Augen zeigten einen sonderlichen Glanz von Frohsein.

»Arbeitskommando«, schnarrte die Ordonnanz kurz angebunden und schlug die Tür von außen zu.

Aus verschiedenen Seiten der Kasematte her brach ein gellendes Gelächter. Hilderling beteiligte sich daran, ungeschickt, wie er alles anfing. »Arbeitskommando? Was ist denn das?«

Culassa knurrte, schon halb im Schlaf, einige Andeutungen: »Kohlen schaufeln. Deckwaschen. Messing putzen. Strohsäcke stopfen.«

In der nächsten Frühe hallte die holter polter gepflasterte Straße, welche nach dem Wasser führt, von Schritten einer Abteilung Soldaten wider, die sich lustig genug ausnahm. Denn sie bestand aus fünfzehn Marinern, die in unförmig bauschige Takelbüchsen gekleidet waren und je einen Besen wie ein Gewehr geschultert hatten, dabei Pfeife rauchten und mit nichts und jedem ihre Posse trieben. Torpedomaat Bärtel, der zugführende Unteroffizier, nahm an dem Witzeln nicht teil, aber es kostete ihm Mühe, sein Gesicht dauernd in dem strengen, bärbeißigen Ausdruck zu erhalten, auf dem das ganze Ansehen seiner Charge balancierte. Ihn amüsierte nur der dürre Flügelmann der ersten Gruppe, weil dieser im Gegensatz zu den übrigen Soldaten mit aufrichtigem Ernst, ja mit einer unverkennbaren Begeisterung und durch Gedanken entrückt im Glied marschierte, außerdem zum Takte des Marschtempos ein Lied leise, doch so andauernd vor sich hin sang, dass sein Atem darüber in Erregung geraten war. Der Rhythmus der Melodie klang wie geschaffen für die zögernde Gangart, welche die Arbeitsgruppen sich anmaßen, außerdem kannte Bärtel so etwas vom Wortlaut des Liedes. So kam es, dass er dasselbe schließlich selbst mitbrummte.

Es geht bei gedämpfter Trommel Klang.
Wie weit noch die Stätt! Der Weg, wie lang!
O wär er zur Ruhe und alles vorbei.
Ich glaube, es bricht mir das Herz noch entzwei! …

Indes, als Bärtels Zug sein Ziel erreichte, dies war eine vor der äußersten Mole verankerte Hulk, ein abgetakeltes, ehemaliges Schulschiff, schlug der Unteroffizier einen ganz anderen Ton an, indem er seinen Soldaten befahl, das Deck zu fegen, Wasser aufzuschlagen, herumliegende Enden aufzuschießen und anderes. Zu dieser Anweisung bediente er sich der gröbsten, unflätigsten Ausdrücke, deren er sich besinnen konnte, und errötete, als ihm solche wider Willen nur zaghaft und sanft über die Lippen kamen, daher auch statt Furcht oder Eifer nur lächelnde Heiterkeit hervorriefen. Bald danach entschwand Torpedermaat vom Deck wie ein Nebel. Seine Leute zerstreuten sich behaglich unter der stillen Vereinbarung, ihre Arbeiten möglichst in die Länge zu ziehen. Sie wanderten selbzweit oder -dritt durch alle Räume und Gänge des Schiffes, das jetzt zur Aufbewahrung von Kriegsmaterial diente, besprachen, verglichen, belächelten überlegen oder priesen übertreibend die veralteten Einrichtungen und Maschinen und schonten die Besen. Ein Oberheizer, der von Bord S. M. S. Wittelsbach abkommandiert war, gesellte sich zu Hilderling und kicherte, sich die Hände reibend:

»Na, hier sind wir fürs Nächste gut aufgehoben. Wir wollen diesen angefaulten Schiffskadaver nicht mit Schweißtropfen verunreinigen.« Hilderling nickte. »Ja, es ist ein unverständlicher, komplizierter Apparat, der uns buntgemischtes Volk aus allen Winkeln Deutschlands, gerade uns hierher versetzt, um in dem ungeheuren Weltkrieg 1915 einen alten Schiffsrumpf abzuschrubben. – Doch, wer weiß, übermorgen segeln wir vielleicht durch Granatenhagel.« »Und nächstes Jahr« – fiel der von der Wittelsbach ein – »gibt dir ein hübsches Mädel einen Korb oder einen Sechser, weil dir der rechte Arm fehlt und weil Krüppel eben Krüppel bleibt, mag er seine Knochen nun am Geschütz oder an der Dreschmaschine verloren haben.«
Hilderling blickte nicht den Heizer an, sondern über ihn und die Reling hinweg. »Schau! Schau!«, rief er, »dort fährt eins von den neuen Tauchbooten! – Nicht wahr, ein Oberleutnant führt solch ein Boot? – Vielleicht wird er Großes leisten, wie Weddigen.« –
»Und zugrunde gehen wie Weddigen?«, kicherte der Oberheizer.
»Ja, wie Weddigen!«, wiederholte Hilderling, und seine Augen blitzten einen Moment. Dann fuhr er versonnen fort: »Ich habe Weddigen gekannt. Er sah aus, wie die meisten unserer Seeoffiziere aussehen: jung, schneidig, frisch, hell. Und nach hundert Jahren wird er aussehen wie – – was weißt du vom Admiral Kortenaer von Helst. – Aber von Störtebecker hast du gehört. – Kamerad, es verhält sich vielleicht so: In der Küche schmeckt nichts. Abstand! Abstand!« Damit ließ der Freiwillige den Oberheizer kopfschüttelnd stehen. Er schlenderte über Deck, zog sich träge eine eiserne Treppe empor und fand auf der Back einen zur Drückebergerei verlockenden Platz, wo er sich der Länge nach auf das saubere Holzdeck hinstreckte.
Das stellte sich als eine gute Wahl heraus. Ganz vorn, dicht am Bug, nach achtern zu durch die Schanze verborgen, auf dem Rücken liegend, den Nacken gegen das Fundament einer Kanone gestützt, überschaute er bequem einen Streifen des Meeres, mit Panzerschiffen, Torpedobootszerstörern, Netzsperren, einem Leuchtturm und mannigfachen Spezialfahrzeugen, und darüber freien, weiten, frohen Himmel. Hoch in der Blaue kreiste ein Flugzeug. Das Surren des Propellers klang an Hilderlings Ohr, auch Sirenensignale und von der Werft her ein tausendfaches Hämmern.
Es war der erste rechte Frühlingstag nach dem Winter. Die Sonne durch-

wärmte den jungen Matrosen und versprach, sein blasses, schmales Gesicht zu bräunen, während die leichte Brise eine köstliche, feuchte Salzluft über seine Stirn strich. Und er dehnte sich glücklich. Seine großen Augen hatten den Glanz der Sehnsucht angenommen und verrieten auf irgendwelche Weise, wie der Ruhende über das, was er sah, tief nachdachte.
Plötzlich, wohlwissend, dass er ein kleines militärisches Verbrechen beging, schleuderte er den Besen mit einem ungelenken, doch kräftigen Stoß über Bord und schloss dann lächelnd die Augen, während er zu sich selber sprach: »Aber auch der Ruhm steht nicht fest; es gehören wenigstens zwei Menschen dazu, ihn zu halten.« Und nach etwa einer halben Stunde sprach er abermals Worte laut aus. Er sagte: »Nun kommt wieder der Mai mit Käferchen und Krokus.«
»Liegt hier Hilderling?« Eine dienstliche Stimme warf abends diese Frage in die Kasematte hinein. Dort saßen noch drei Leute beim Skat; die gaben zunächst keine Antwort. Culassa starrte mit gelassener Siegesgewissheit auf seine unentschlossenen Gegner. Endlich stellte er ohne aufzublicken die Gegenfrage: »Was soll er denn?«
»Morgen früh auf ein Unterseeboot.«
Culassa gewann das Spiel. Er strich die Karten ein und sagte, so auf seine Art langsam in einem weg: »Gott verdamme Amerika! Mit eins, aus der Hand zwei, Schneider drei. Hilderling ist tot. Den haben sie heute Nachmittag tot auf der Hulk gefunden. Sonnenstich oder Herzschlag oder Gott weiß was. Armer Bengel! Wenn du mit Karo-Ass gestochen hättest, wär alles anders gekommen.«

Aus dem Dunkel

»Die Weiber sind billig hier, jetzt während des Krieges.«
»Ja, – unter pari, Herr Aufsichtsrat.«
»Sie machen sich wohl gern über mich lustig, Herr – Kunstmaler?«
»Nein, ungern. – Übrigens betrachten Sie einmal diese Fülle von Seegras. Liegt es nicht da wie nasses Frauenhaar?«
»Frauenhaar?«

»Nun ja, abgeschnittenes, beträntes Witwenhaar, vom Meere mit dem Rufe ›Wohlfeil‹ ans Ufer geworfen.«
»Sauerkraut sieht auch so aus. Das sind Künstlermeinungen. Besteht die Hauptaufgabe der Kunst darin, alle Dinge zu verwechseln? Eine Träne für eine Perle, eine Perle für eine Träne anzusehen, ein Orgelspiel für Meeresbrausen – – ahh! In gelber Seide! Die Dame mit dem Echo!«
»Sie geht zu Jantzen, – soupieren.«
»Steigen wir ihr nach. Wollen wir ein wenig schlemmen, Herr Künstler?«
»Gut, um uns in vertauschten Rollen zu präsentieren. Auf denn! Es dunkelt schon. Aber auf die Gelbe zählen Sie nicht. Ihr Herz klopft lediglich für die Marine.«
»Weiß wohl; sie leidet am Blauen-Tuch-Koller. Heute ein Kapitän, morgen ein ganz gemeiner Matrose und als Neuestes sogar eine Strandpromenade mit dem Herrn Admiraaal.«
»Warum lassen Sie sich nicht ebenfalls blaue Knöpfe aufnähen?«
»Um später als Krüppel vollständig außer Konkurrenz gestellt zu sein, danke.«
»Ich habe einen Verdacht auf die Echodame – übrigens: warum nennt man sie so?«
»Weil ihre Stimme …«
Damit hatte sich das Gespräch hörweit von dem leergewordenen Strandkorb entfernt. In dessen unmittelbarer Nähe hinter einem der von Kindern gebauten Sandkrater, die dem Strande das Aussehen einer Mondlandschaft leihen, richtete sich nun mit einem schwachen Seufzen oder Räuspern ein Matrose vom abendfeuchten Boden auf. Unbeholfen erhob er sich, trat in der Dämmerung vorsichtig drei Schritte vorwärts und blieb, die hohe Brust und das Gesicht nach der See gerichtet, etwa eine halbe Stunde unbeweglich stehen.
Er wandte sich auch dann nicht, als zwei späte Spaziergänger, junge, aus gelangweiltem Frohsinn kichernde und tuschelnde Damen, im Gleichschritt heranmarschierten, die, umschlungen, sich auf den Laufplanken von Seite zu Seite drängten und schließlich hinter dem Seemann einen Korb besetzten.
»Friedel, schau mal den!«
»Hui, ein schneidiger Kerl. Welche Heldenbrust.«

»Und der Wuchs; wie eine Statue. Das ist das echte Prototyp eines Matrosen. Deutschland zur See, übers Meer Ausschau haltend. – Geh, die Marineuniform ist doch schön? – Ich könnte solche Idealgestalt …«
»Willst du dich etwa verlieben, Mirzl?«
»Hab schon – – o Gott! …«
»Pfui. Deine Idealgestalt kratzt sich. Und schau nur! Schau nur! Wie steif er sich niederlässt …«
»Lach doch nicht so – das hängt vielleicht – ha ha – mit dem Kratzen zusammen.«
»Pst! er hört alles. Komm, wollen ihn mal fragen, was das dort für ein Schiff sei.« –
»Verzeihen Sie. Können Sie uns wohl sagen, was das dort für ein rotes Licht ist?«
Er stand nicht auf vor den Damen. Die begeisterte Meinung der zum Lachen geneigten Freundinnen sank ein wenig und gleich darauf bedeutend, als der deutsche Seemann gutmütig bieder zurückfragte: »Das Lichd? Uff'n Wasser dord? Das rode Lichd?«
»Ja.«
»Das is' ä Dorbedopoot.«
»So, ein Torpedoboot.« Mirzl stieß heimlich Friedln an. »Ich glaubte, es sei die Fähre.«
»Nee, ä Dorbedopoot.«
»Sie sind gewiss auch auf einem Dorbedo…« Mirzls Frage blieb in einem Lachausbruch stecken.
»Ich war. Jetz bin ich zor Erholunk hier.«
»Aber Mirzl, nu meckere doch nicht in einem fort über die alte Geschichte. – Meine Freundin hat nämlich so was Komisches erlebt. – Also zur Erholung? Dann haben Sie wohl schon Seegefechte mitgemacht?« –
»Eens, ä kleenes.«
»Das muss furchtbar sein. Erzählen Sie uns doch davon. Auf welchem Schiff waren Sie denn? – – Sie erlauben wohl, dass wir uns auf einen Moment hierhin gießen? …«
»Nu nadierlich. Aber 's ist feichd. Wolln Se sich nich uff meene Jagge setzen?«
»Nein, danke bestens.«

Mirzl zögerte noch. Es schien ihr doch ein bedenklich kühnes Abenteuer, sich im Finstern neben einem fremden Matrosen zu lagern. Jedoch im Grunde fühlte sie sich über seinen Charakter im Klaren.

»D'n Namen von dem Schiff darf ich nich verraden. Das Gefächd war ooch egendlich gee Gefächd. A Greizer dauchde bletzlich uff on warf ä baar Granaden an Bord …«

»Nein, ist so was möglich?«

»Ja. Gerade middags in d'n Hammelgohl.«

»Sie speisten also zu der Zeit? Haben Sie denn die Schüsse erwidert?«

»Ja, wir feierden ooch riewer, aber der Greizer rikde aus.«

»Aber Friedl, da ist doch nichts Lächerliches bei. Stelle dir einmal vor, du müsstest im Granatenhagel mit solcher donnernden Kanone hantieren.«

»Ach, das is garnich so schlimm wie mer dengd. Iwrichens hawe ich gar nich mid geschossen.«

»Sie waren jedenfalls unten an der Maschine beschäftigt?«

»Nee, ich bin Schduard; ich ging gerade mid vier Dellern Hammelgohl über Deck.«

»Nun, das ist ja alles eins – Mirzl, nimm dich endlich einmal zusammen; jeder tut dort seine Pflicht, wo er hinpostiert wird. Und die Gefahr droht allen.«

»Na ä'm. Bei der Marine gann mer sich de Arweed nich aussuchen.«

»Nein, das meinte ich auch. Sie konnten ebenso leicht getroffen werden wie die Leute an den Kanonen.«

»Mich had's ooch erwischd. A Granadschblidder haude mir alle vier Deller um die Nase …«

»Still! Mirzl, da kommt jemand. Wir sind also nicht die einzigen Nachtschwärmer.«

»Das is ä Landoffizier mid der Echodame; mer heerd's.«

»Wie? Kennen Sie die auch?«

»Nur vom anheeren. Ich genne se alle; ich sitze hier alle Awende.«

»Aber in Bezug auf das rote Licht haben Sie sich doch geirrt; es ist die Fähre von Dänemark.«

»Ach ja, de Fähre von Dänemark; das deischd manchmal.«

In der anspruchslosen Frohlaune, worin sich die Damen befanden, blieb

ihnen die Unterhaltung mit dem Sachsen noch länger amüsant. Nur bedauerten sie, dass die Dunkelheit sein Gesicht verbarg.
»Rauchen Sie nie? Rauchen Sie uns doch bitte was vor.«
»Nee, ich rooche jetz nich.«
»Sie haben gewiss schon das Eiserne Kreuz?«
»Ja, das is ooch bei mir hängen gebliem.«
»O bitte, zeigen Sie doch mal!«
»Das gann mer jetz nich sehen.«
»Warten Sie, wir haben Feuerzeug. Friedl!«
»Nee nee, lassen Se man. Machen Se lieber geen Lichd. Ich darf nämlich, offen geschdanden, nach acht Uhr nich mehr an d'n Schdrand. Das is fier Soldaten …«
»Verboten. Richtig, richtig.«
»Hm, wo nur Emil heide bleibd?«
»Erwarten Sie jemanden?«
»Ja, mei Freund wolde mich abholen.«
Das gemahnte an die vorgerückte Stunde. Die Damen empfahlen sich mit freundlichen Wünschen für den Matrosen.
»Freileins«, rief der ihnen nach, da sie einige Schritte gegangen waren. Sie blieben stehen. »Wie?«
»Nu, 's is schon kud, kude Nachd!«
»Gute Nacht!« »Gute Nacht!«
»Ooder hm – wenn Se vielleichd …«
»Was will er noch?« »Ja? – Herr Fritsche?«
»Mei Freind scheint nämlich nich mehr zu gomm …«
»Haben Sie noch etwas auf dem Herzen?«
»Ja, wenn Se so giedlich sein wolln und de Freindlichgeet hädden, mich bloß ä Schdickchen, bloß ans Geländer om zu bringen; ich bin nämlich ä bisschen malado uff de Oochen.«
»Was sind Sie?« – »Ach so, Sie – Sie sehen nicht gut. Selbstverständlich. Friedl, gib mal dein Feuerzeug. Seien Sie unbesorgt, es bemerkt Sie niemand.«
Durch die Nacht tönte das Rackern des Rädchens am Feuerstein. Beim aufflammenden Lichte blinzelten die Mädchen neugierig nach dem Matrosen

hin, der sich halb erhoben hatte, sodass er nun vor ihnen kniete. Ihre übereinstimmenden Blicke begegneten einander. Friedl sagte leise zu Mirzln, aus trockener Kehle heraus: »Er ist blind.«
»Das wollen wir schon kriegen, lieber Fritsche. Geben Sie mir mal Ihren Arm. Friedl, geh auf die andere Seite. So. – Jedenfalls waren wir recht gemütlich beisammen. Gelt, Herr Fritsche? Ich heiße Mirzl Schwesterling und meine Freundin Friedl Mahler. – Wollen Sie nicht ein Butterbrot bei uns – ach, Sie haben keinen Urlaub? Schade. Dann bringen wir Sie jetzt in Ihr Quartier und morgen Abend treffen wir uns hier wieder.« – –
Andern Tages, im Hotel, beim Kaffee teilte Mirzl ihr Erlebnis dem Admiral und seiner Tischnachbarin, der Frau van Huissen (mit dem Echo) mit. Der Admiral bemerkte nichts dazu, sondern eilte nach einer korrekten Verbeugung fort. Er hatte heute noch eine Bootsdivision und ein Lazarett zu inspizieren, eine Rekrutenvereidigung zu leiten und einer Gerichtsverhandlung in der Stadt beizuwohnen, ferner ein Gutachten abzugeben und den Erlass betr. Butterzulagen für die F. P. K. zu prüfen. Außerdem musste er sich den neuen Flugmotor vorführen lassen und abends eine Rede halten – abgesehen von den laufenden Geschäften. Dagegen äußerte die Echodame starkes Mitleid für den Sachsen. »Wenn Sie gestatten, schließe ich mich abends Ihnen an, Fräulein Schwesterling, und bringe ihm eine Tafel Schokolade mit.«
Sie fanden Herrn Fritsche zur Dämmerzeit am alten Platze, ohne Zweifel über ihren Besuch höchst erfreut. Friedl Mahler war allerdings nicht erschienen und ließ nur herzliche Grüße nebst einer Schachtel Zigaretten durch Mirzln übergeben. Der Sachse lehnte jedoch sowohl die Zigaretten als auch die Schokolade der Echodame ab. Er fing an, nach seiner Weise sehr aufgeräumt zu plaudern. Das teilnahmsvolle Interesse der Echodame für alles Maritime und Mirzls Lachlust rissen ihn zu ausführlichen, oft mit reichlich derben Anekdoten ausgeschmückten Schilderungen hin, und er gab auch ungeniert über seine persönlichen Verhältnisse Auskunft.
Man hatte den sechsundzwanzigjährigen Matrosen, nachdem er wochenlang im Lazarett gelegen, zur Erholung ins Seebad geschickt, wo er mit einem zu seinem Beistand abkommandierten Sanitätsgast verweilen sollte, bis die Fragen seiner endgültigen Entlassung, seiner Pensionsansprüche usw. geregelt wären.

Und es war für ihn von militärischer wie von zivilbehördlicher, außerdem noch von privater Seite wohlwollend und ausreichend gesorgt. Über seine bereits unterrichtete Frau äußerte Fritsche, sie würde ihm auch ferner treu bleiben, und »im Dunkeln is gerade kud munkeln«. Er spricht heiter, bescheiden, ohne Sentimentalität von der Zukunft und mit hübscher Begeisterung von seinem bisherigen Marineleben. Es ist sein heißer Wunsch und er hofft, »ooch ohne de Oochen noch ämal was fiersch Vaderland zu machen«. Der Prinz hat allerdings zu ihm gesagt: »Fritsche, Se ham Ihre Schuldichgeet gedahn.«

Während der Unterhaltung horcht der Sachse auf alle nahen und fernen Geräusche und erklärt sie laut. Sein Unterscheidungsvermögen setzt die Damen in Erstaunen. »Das sin ungefähr zwanzich Infandrisden« – »Das wird Haubdmann Brunner uff seiner Fuchsschdude sein« – »Ja, meine Freileins, wir Blinden hamm ä'm die Oochen in d'n Ohren.« –

Es will aber Mirzln doch bedünken, als ob der Sachse sich nicht so unbefangen gäbe wie tags zuvor. Auch wird er nach und nach wortkarger. Dann unterhalten sie ihn, lustig, vertraulich, jede auffällige Schonung vermeidend; und er hört zu.

Bis spät. Bis Fräulein Schwesterling sich verabschieden muss. Frau van Huissen wird noch bei Herrn Fritsche bleiben und ihn auch heimgeleiten. Sie dringt, als Mirzl fort ist, nochmals in ihn, den kleinen Schokoladenspaß nicht zurückzuweisen. »Nee, ich nähme geene Geschenke nich.«

Sie bittet den Sachsen, ihr einmal genauer solch großes, neues Torpedoboot zu beschreiben. Jedoch er lenkt ab und scheint ihr ernster – traurig geworden. So erzählt sie ihm von Offizieren, die sie im Seebad kennengelernt hat, und von anderem und reizt ihn dabei manchmal zu Gegenbemerkungen. Aber seine Antworten klingen jetzt müde oder zerstreut. An seinem Atem oder irgendworan erkennt sie, dass er noch immer wie erwartungsvoll in die Umgebung lauscht.

Und auf einmal streicht ihre kleine, mit Sammetleder bekleidete Hand über seine Wange, und die berühmte, anmutige Stimme mit dem unbeschreiblichen, glockenhaften Nachhall fragt: »Wissen Sie denn auch, Herr Fritsche, dass ich eine schöne und reiche Dame bin?«

»Ja«, erwidert er trocken und wehrt unhöflich ihre Hand ab.

»Gommd da nich ä Offizier? Ä Soldat?«

»Es ist dunkel, Herr Fritsche. Wenn er die Laterne passiert, wird sich's herausstellen. Aber haben Sie keine Furcht. Niemand bemerkt Sie hier und – ja, es ist Leutnant Daniel.«
»Gä'm Se mir mal Ihre Hand«, flüstert der Sachse. Er ist lächerlich ängstlich erregt.
»Pfui, wie kann ein Soldat solche Angst haben. – Au! Au! Was machen Sie denn? Sie tun mir doch weh!«
Er hat ihr Handgelenk mit seinen zehn groben Fingern schmerzhaft fest umklammert und an sich gezogen.
»Lassen Sie doch los! Au! Lassen Sie los, oder ich schreie!«
Er sagt kein Wort. Er hält krampfhaft fest.
»Au! Ich werde um Hilfe schreien. Ich schreie!« – Er hält fest.
»Fritsche! – Robert! Sei lieb zu mir!« – Er hält eisern fest. Sie schlägt ihn mit der freien Hand ins Gesicht. »Hilfe! Hilfe!« Sekunden danach reißt der Schein einer Taschenlampe die Gruppe aus dem Dunkel.
»Um Gottes willen, befreien Sie mich von dem Menschen.«
»Was ist denn los? Wollen Sie sofort die Dame loslassen, Kerl!«
»Nee, Herr Leidnand«, schreit Fritsche laut. Sein Sächsisch wirkt in dieser Stärke abscheulich roh, »nee, ich lasse nich los. Die Frau is eene Schbionin; ich habe de Beweise.«
»Was bin ich? Er ist wahnsinnig, ich setzte mich zu ihm, weil er blind ist – au! au! Helfen ...«
»Lassen Sie augenblicklich los, frecher Bursche! Ich kenne die Dame ...«
»Nee, se muss uff de Wache, se darf nich endwischen ...«
»Herr Leutnant, bitte hel ... au ... Hilfe! Hilfe!«
»Was fällt ihnen ein? Ich befehle Ihnen – ich bürge – lassen Sie los, oder ich ...« Er läßt los. Mehrere andere Personen sind inzwischen herbeigeeilt.
»Gnädige Frau, wie peinlich! Ich werde den Kerl exemplarisch bestrafen, ich bin natürlich überzeugt; ich kenne Sie doch genau – aber – meine Pflicht als Soldat – vergeben Sie! – die Form –. Wir werden das auf der Wache im Nu klarstellen. Der Kerl wird eingesperrt –.«
»Pardon, Herr Leutnant«, sagt ein Herr in Zivil, »Kunstmaler Eckers. Ich bitte, die Denunziation dieses mir fremden Matrosen unterstützen zu dürfen.« – –

»… Betreten des Strandes … nach acht Uhr ausdrücklich – – khä – verboten, und Sie wussten, dass Sie vorläufig noch den Militärgesetzen – khä unterstehen …« Der Admiral hat eine schweratmige, raue, sozusagen satte Sprache, die nach Sachlichkeit ringend immer vier, fünf Worte zusammenrafft und dann einen Moment innehält. Da der Admiral heute, wie stets, von Dienstgeschäften gedrängt wird, fällt seine Ansprache kurz aus. »Ich bestrafe Sie also … in Anbetracht ihrer bisherigen … khä ordentlichen Führung nach dem Mindestmaß … mit einem strengen Verweis … Es hat sich also herausgestellt, … dass Sie in dem Spionage – khä Affäre … gut aufgepasst haben … Wie Sie das – khä angedreht haben … bleibt mir freilich …«
»Nu, Herr Admiral, wir Blinden hamm ä'm de Oochen in d'n Ohren.«
»Reden Sie nich, wenn Sie nicht gefragt sind … khä – Sie haben das Glück gehabt … Gelegenheit zu haben, Ihre Pflicht zu tun … und durch Opfer dem Vaterlande … khä gute Dienste zu erweisen; … Ich beneide Sie darum … Bilden Sie sich aber nichts drauf ein! … khä Seine Königliche Hoheit hat geruht …«

Flaggenparade

Spät hatte V 133 angelegt. Es schickte sich zum Schlafen an, wurde still und klappte ein Auge nach dem anderen zu, das heißt: seine farbigen Lichter erloschen nacheinander. Nur am Fallreep pendelte nunmehr eine weiße Lampe. Als noch ein Urlauber an Land eilte, musterte ihn der Posten im Scheine dieser Laterne etwas neidisch, doch nicht ohne aufrichtige Bewunderung. »Ah, Bootsmaat Dauke. Schlenk – Kulani – Scharfmacherstrümpfe. Selbstverständlich Kurs: Chausseekrug.«
Ja, ihr Aktiven, ihr habt den Bogen raus. Alle tragen sie diesen Kulani aus seidigem Stoff, Handschuhe in der Flosse, in der Mütze den gewissen Kniff, und alles an ihnen hat Schmiss, was sie »schlenk« nennen. Lauter junge, blühende Burschen; aber im Dienste jederzeit auf Posten, verteufelte Draufgänger. Und wenn sie an Land gehen, laufen ihnen die Weiber zu wie das Deckwasser dem Speigatt. – Da dockt er sich nun jede Freizeit im Krug ein und legt einen bigwonschen Speech bei der dicken Alma an und klönt und

klönt. Na, und sie ist ein sauberes Weibstück, und der Alte hat Koks. Dabei seine treuherzige Art – ich wette zwei Dekaden –

Willy Dauke rief ein leeres Privatgefährt an, das gleicher Richtung fuhr, und erhielt Erlaubnis, mit aufzusitzen. »Mein Herr ist auch im Krug mit noch einem; die haben heute einen Abstecher gemacht, ich bin auf sieben Uhr hinbestellt. – Was hast du in dem Tuch; das lebt ja?«

»Einen Aal, für Bades Alma.«

»Aha, der Dicken. Da willst du also mit dem Aal nach der Speckseite werfen?«

»Nix zu wollen.« Dauke winkte ernstlich unwillig ab. »Das ist ein anständiges Mädchen; wir sind so halbwegs verlobt.« –

Zahnarzt Dr. Welke und sein Freund Emmerich waren angenehmst überrascht, in dem abgelegenen Chausseehaus so vorzüglichen Wein anzutreffen. Sie hatten die Tochter der Wirtin an den Tisch und in eine Unterhaltung genötigt, die sich rasch amüsant und zutraulich gestaltete. Alma Bade besaß die Unbefangenheit und den gesellschaftlichen Halbschliff, welche simple Wirtsleute im Verkehr mit den Gästen sich aneignen, außerdem trotz ihrer auffälligen Korpulenz eine natürliche, kokette Grazie, und ihre gesunde, häusliche Heiterkeit tat den Lebemännern wohl. War auch dem kränklichen Emmerich sein Behagen nicht recht anzumerken, so blieb der Doktor dafür mit den launigsten Einfällen auf der schiefen Ebene.

Obwohl beide das Mädchen gern nahmen, wie es war, versagten sie sich doch nicht hin und wieder das eitle, billige Vergnügen, ihr zu imponieren, etwa durch die deplatzierte Anrede »Gnädiges Fräulein« oder durch irgendeine Galanterie aus höherer Etikette.

»Ich hatte einmal Petrusen einen hohlen Zahn gezogen. Aus Dankbarkeit trug er mich in den Himmel, ergriff eine riesige Zange und ließ hunderttausend bildhübsche Frauenzimmer antreten. ›Betrachte sie!‹, sagte er. ›Welche Nase gefällt dir am besten?‹ Ich deutete auf ein edel geschnittenes Näschen. Sofort knipste Petrus die Nase mit der Zange ab. ›Welche Augen gefallen dir am besten?‹ Ich suchte zwei entzückende dunkle Augen aus. Knips! hatte Petrus sie abgezwackt und jener Nase beigefügt. So hieß er nach eins ums andere, Stirn, Haare, Ohren und alle Gliedmaßen auswählen, knipste sie ab und baute daraus eine berauschende ideale Venusgestalt. Die stellte er auf eine silberne

Platte und reichte sie mir mit den Worten: ›Nimm sie zur dauernden Freundin, zeige ihr die Wunder der Wissenschaft, lehre sie die heiligen Künste verehren, führe sie in die hohe Gesellschaft; sie werde eine Königin.‹ Aber – sei es, dass der Präsentierteller etwas schlüpfrig war – kurz: das holde Wesen klitschte herab und fiel aus dem Himmel. Ich ließ mich sogleich zur Erde tragen und suchte meine Venus, in Berlin und in London, in Paris und Taschkent. Und was meinen Sie, Gnädige, wo ich sie endlich fand?«

»Nun, in ihrer Frau.« Alma freute sich, die Pointe der Geschichte versperrt zu haben.

Man hörte draußen einen Wagen knirschen und Menschenstimmen. »Das ist dein Wagen, Doktor.«

»Meinetwegen, ich bleibe hier, bis Tokio Vorstadt von Rostock oder bis Berlin englisch wird.«

»Sie müssen etwas ganz besonderes Freudiges erlebt haben, da Sie so vergnügt sind. Oder freuen Sie sich so, dass Sie nicht Soldat zu spielen brauchen?«

»Es ist nicht meine Schuld, wenn ich's nicht spielen darf«, sagte Welke, jählings ernst, resigniert. Herr Emmerich fiel rasch ein: »Er hat heute höchst feudal bei einem dicken Botschafter gegessen und getrunken.«

Der Doktor nickte, wieder lächelnd, klang sein Glas an dasjenige Almas und sah ihr lange, begehrlich in die Augen. »Lauter Speisen, die einen göttlich anlachten, Weine, die wie Sonnenschein schmeckten.«

»Ja, Sie haben es gut.«

»Gewiss, ich habe es gut, und ich schäme mich deswegen nicht. Denn bei mir geht's Gott sei Dank ohne unlautere Geschichten sogar besser als im Frieden. Da kann man sich schon hier und da eine Schlemmerei leisten. Heute bin ich besonders gut aufgelegt. Nur zweierlei fehlt mir noch, mein Glück komplett zu machen …«

Polterig sprang die Tür auf. Ein adrett gekleideter, heißwangiger Matrose, das schwarzweiße Band im Knopfloch, trat wohlgemut mit lautem »Guten Abend« ein; es klang wie: »Was kostet die Welt?«

»Guten Abend!« »Guten Abend!«

»Wie? Du?«, fragte Alma mit wenig schmeichelhaftem Erstaunen. »Ist hundertdreiunddreißig schon eingelaufen?«

»Jawoll! – Fang auf!« Der Matrose warf dem Mädchen etwas zu, was sie erhaschte, aber sofort mit einem Schrei des Entsetzens wieder fallen ließ. Auf dem Tische, zwischen den Weingläsern ringelte sich ein Aal, dessen blutendes Maul das saubere Linnen rot befleckte.

»Pfui! So ein richtiger, gemeiner Matrosenwitz«, schalt Alma empört.

»Der beißt nicht.« Der harmlose Dauke lachte tüchtig. Er nahm rechts neben Alma Platz, und als der links von ihr sitzende Doktor sowohl als auch Herr Emmerich sich verbeugend Namen nannten, nickte der Maat nur flüchtig verlegen, wohl weil ihm das Gefühl kam, irgendeine Höflichkeit versäumt zu haben, »Einen steifen Rum, Almchen. Ich musste bis an die Knie ins Wasser waten, weil das Biest die Schnur zerrissen hatte.«

»Dürfen wir Sie einladen?« Herr Welke tippte an die Flasche. »Bitte noch ein Glas, gnädiges Fräulein, und etwas für den Appetit.«

Emmerich betrachtete den Aal. »Machen Sie ihn doch tot; er hat ja noch den Angelhaken im Maul. Abscheuliche Quälerei.« Und Emmerich stand auf, um den auf der Schwelle wartenden Kutscher zu sprechen.

»Willy, hörst du denn nicht? Du sollst den Aal schlachten. Aber in der Küche.«

»So ein Vieh hat kein Gefühl wie unsereins«, meinte Dauke; aber er trug den Aal hinaus. Alma folgte ihm, um neuen Wein zu holen.

Die zurückbleibenden Freunde wechselten Blicke. »Er ist ihr Galan«, flüsterte Emmerich, an den Tisch zurückkehrend.

»So? – Wir wollen ihn einmal aufpumpen.«

Sie traktierten ihn mit allen käuflichen Genüssen, und er ließ sich nicht lange zureden, fing auch alsbald über seine Vorpostenfahrten zu plaudern an. Ein dänischer Dampfer voll Bannware gekapert. Beinahe auf Minen geraten. Sturm. Mir Vorliebe hielt er sich bei Anekdoten und Schilderungen auf, die Essen und Trinken betrafen, nicht merkend, wie gerade das Übrige die feinen Herren interessierte und fesselte. Es störte ihn auch nicht sonderlich, dass seine Freundin für seine Erzählungen wenig übrig hatte; ihr wurden täglich Bordneuigkeiten von Marinern überbracht. Der übermütige Doktor wusste zudem auf geschickte Weise jeglicher Auseinandersetzung zwischen Fräulein Bade und Herrn Dauke vorzubeugen.

Aber doch rückte er geflissentlich seine blasse, mit einem Funkelring ge-

schmückte Hand neben die grobe, blaurote Tatze des arglosen Seemanns. Als dieser mehr und mehr weinbegeistert das Flaggenlied mit Mandolinenbegleitung freimütig zum Besten gegeben hatte, öffnete der Zahnarzt das Klavier und trug raffiniert Chopins Fantasie Impromtu und die Lisztsche Rhapsodie vor. Es entging ihm nicht, wie Almas Blicke beobachteten und verglichen. Nur zu oft fing er diese Blicke auf, anscheinend bescheiden, aber gleichzeitig schürend und verheißend.
Bei aller Trunkenheit doch der Urlaubsgrenze eingedenk, erhob sich Dauke endlich. Die zwei Zivilisten bestanden darauf, ihn im Wagen bis an sein Schiff zu fahren. – – –
Bei nächstem Sonnenuntergang qualmten vier Torpedoboote im Hafen. Vier ausgefranste deutsche Heckflaggen flatterten westwärts aus. Nun stieg zwischen den Masten auch noch ein gelber Wimpel in den Wind. Und ein Kommando erscholl weithin vernehmbar: »Zurrr Flaggenparade!«
Von der Chaussee her näherten sich armverschlungen ein Herr und eine Dame. Die betrachteten aus bequemer Entfernung die grauen, von Ruß und Kohlenstaub entstellten Schiffe, ihre finsteren Maschinen und das arbeitsame Treiben der Matrosen an Bord.
»Dort!« Die Dame deutete auf einen Mann, der auf dem Achterdeck des vordersten Bootes aus Leibeskräften einen Geschützverschluss abschmirgelte. Danke. Er, der sich am Abend zuvor so schneidig präsentiert hatte, steckte nun in einer schmierigen, schlotternden Takelkleidung.
Dr. Welke lächelte, Alma lachte. Der Matrose schaute auf, erkannte die beiden und wollte sich, offenbar beschämt, abwenden. In diesem Moment ertönte, schreckend wie eine Himmelsstimme, ein zweites Kommando: »Nieder!«
Nun auf allen Fahrzeugen gleichzeitig die Flagge niedergeholt wurde und alle Leute an Deck von da aus, wo sie sich gerade befanden, ihr stramm salutierten, nahm auch Dauke vor der sinkenden Flagge seines Schiffes eine straffe, militärische Haltung an. Und nun das glutige Gefolge der Sonne seine trotzige Miene und seinen schmutzigen Anzug vergoldete, meinte Welke, nie ein treueres und ergreifenderes Soldatengesicht geschaut zu haben.
Alma begriff nicht, warum der Doktor auf dem Rückwege mit eins so ver-

stimmt war, warum er sie, im Krug angelangt, mehr abgab, als dass er sich von ihr verabschiedete.
Ohne ein Wiedersehen mit ihr vereinbart zu haben, wanderte er nach kurzem Gruß den fast doppelstündigen, einsamen Weg zur Stadt.

NACH ZWEI JAHREN

»Mohammed ist ausgegangen«, sagte der Kantinier bedauernd.
»Hm, Mohammed ist ausgegangen«, wiederholte ich brummig und dachte mich dabei orientalisch. Ich nahm irgendwelchen Ersatz, der aber nichts taugte. Gestern zum Abendbrot hatte ich einen Ersatz für Leberwurst genossen, der wie Wolle schmeckte.
Bis Zapfenstreich spielte ich Schach oder schlug Fliegen tot mit einer lächerlichen, aus einer Brandsohle und einem Stück Kleiderbügel hergestellten Klatsche. Krieg und kein Ende.
Denke Dir: Eine Hoffnung tat sich mir auf, endlich aus diesem trostlosen Mauerleben hinter der Front zu einer, wie wir's nennen, »dicken Sache« zu gelangen, zu einer schön gefährlichen Unternehmung. Selbstverständlich G. G. (ganz geheim). Aber ungefähr galt es, hier ins Meer zu springen, im Londoner Hafen plötzlich aufzutauchen, dem Lordmayor den Hut vom Kopfe zu reißen und damit wieder zu verschwinden. Ich meldete mich als Erster, diesmal direkt beim Kompanieführer. Der wies mich mit dem faden, gewiss schwer zu widerlegenden Kriegsschlagwort ab: Jeder hat da seine Pflicht zu erfüllen, wo er hingestellt wird. Seitdem verfolge ich diesen nüchternen, trockenen Offizier im geheimen mit Hass und Verachtung, wobei ich etwa die Rolle eines Mannes spiele, der ein loderndes Brandbündel vorstreckend gegen den Wind angeht.
Ach, ich bin voller Bitterkeit und Überdruss und ruhelos. Ich renne mit einem bösen Gesicht die hallenden Korridore entlang, reiße jede Tür auf und werfe sie wieder zu, ohne die Schwelle überschritten zu haben, weil mir nichts einfällt, was ich dort suchen könnte. An Sonntagen irre ich im Park von Ritzebüttel umher, lagere mich an einem buschüberhangenen Teich, worin Goldkarpfen als zinnoberrote Striche durch Binsengrün strei-

fen. Aber meine Sinne gleiten ab von den Märchenbildern. Ich habe kein Herz mehr, ich habe eine Kasernenuhr in der Brust – Herzersatz. Wirre, windelweiche Gedanken entziehen mich der Ruhe wie der Arbeit, vornehmlich vier Erinnerungen, die gleich Windmühlenflügeln mir immer von Neuem vorbeisteigen. Das sind die Brüsseler Bibliothek und eine Schar Kinder. Und ich habe einmal die Feier eines kleinen Friedens miterlebt, in Boston in England. Da umarmten sich öffentlich Menschen, die einander fremd waren, und tanzten auf dem Pflaster; musizierende Banden querten die Stadt, Gassenbuben krakerten allerwärts mir Feuerwerk – die Ziegelsteine sangen vor Glück.

Und besinnst du dich, ich meine so schwärmerisch wie ich, auf unser Außerweltsein bei den gesprächigen Frühstücken in Burkes Garten? Auf die Austern und Kürbisse? Auf das komisch feige Hühnervolk mit den kinoartigen Bewegungen?

Übrigens, damit ich's nicht vergesse: Sollte in Breslau noch Seifenpulver ohne Karte zu kaufen sein, so besorge mir bitte ein Postpaket davon. Füge auch neue Lektüre bei (Detektivgeschichten – einen billigen Faust).

Kurz aber überschwänglich teilte ich bereits mit, dass ich zwei Tage voriger Woche dienstlich in Brüssel weilte, einer Stadt, wo man noch heute tanzt und lacht und läuft wie Anno 1913 in Breslau – oh nein, in Paris.

Habe ich das genossen! Bruxelles! Dort rauschte zwischen schroffen, imponierenden Ufern der Strom modernen Menschenvertragens. Lustwandelnde und Geschäftsgänger, Wallonen, Deutsche und Flamen, Zeitungsschreier; im Gewoge treibend eine lange, hübsche oder aparte Girlande von unbestreitbar berückenden Kokotten; und, über das Ganze verteilt, die straffen, grauen, bescheidenen Sieger. Meine blaue goldstrotzende Obermaatenjacke wirkte über die Maßen auffallend. Ich schwelgte in dem Ansehen, das sie mir lieh, und betrug mich in allen Situationen ausgesucht chevaleresk, aus Eitelkeit, darein sich ein Quäntchen Triumphgefühl mengte, einem tückischen Feinde gegenüber, der auch bezwungen noch unsere Rücksicht missbraucht, hinterm Rücken unserer Offiziere höhnt und mich mehrmals durch vorsätzlich falsche Auskünfte fehlwies.

Von meinem Abenteuer am *Gare du Nord*, von herrlichen Bauten, die ich geschaut, mag unser nächstes Wiedersehen, so Gott es gibt, behaglich plaudern. Du hättest dabei sein sollen, wie ich mit umgeschnallter Pistole und Entermesser mich als deutsche Marineessenz der *Rue Neuve* zeigte. Ich trank auch, mich gegen Brüsseler Zauber zu feien, braven Pfälzer, auf deine Gesundheit. Und zu anderer Stunde in einem stockbelgischen Restaurant beobachtete ich im sanften Lichte eines teuren Chablis, wie die Besten die Schande ihres Landes tragen. –

Duftige Schauläden, seltenen Blumenbeeten vergleichbar, hatten mich vom *Place Royal* in das Spitzenviertel gelockt, unversehens befand ich mich der Bibliothek gegenüber. Du nickst lächelnd – ja, ich stieg wie tausendmal im Heimatlichen vom Vestibül über steinerne Stufen zum Lesesaal empor. Oben zögerte ich einen Moment, weil ich bemerkte, dass ein Angestellter Einlasskarten abforderte. Nun tat es mir wohl, als dieser belgische Beamte, meine Unschlüssigkeit erratend, mir durch eine ernste aber ungemein höfliche Verbeugung Einlass gewährte. Warum es mich doch so seltsam verwundern konnte, alles wie bei uns zu finden?! Ein andächtiger, lichter Saal, ringsum die Repositorien voll ewiger Früchte, auf den Bänken, über die Tische gebeugt, still nach Wahrheit oder Klarheit grabende Männer, viele interessante Köpfe darunter. Einige dieser Arbeiter blickten nach mir auf, vertieften sich aber unverzüglich wieder in ihre Bücher. Und ich, auf Zehen leise rundum schreitend, empfand auf einmal, dass meine Uniform dort nicht hingehörte, dass ich in ein wirklich neutrales Land geraten war, denn du weißt, es gibt keine neutrale Schweiz, sondern eine deutsche und eine französische Schweiz, ein deutsches Dänemark und ein feindliches. Verlegen blätterte ich kurze Zeit in einem der Nachschlagewerke, dann stahl ich mich davon.

Kleinlaut, verstimmt, fuhr ich mit der »Schokoladen«-Bahn nach dem Bois, wo mir ein zweites, ebenso nachgehendes Erlebnis begegnete.

Ich erkor mir eine Bank unter Bäumen. Vor mir auf einer Wiese trieben flämische und französische Kinder ein drolliges Wesen. Sie spielten »Hund«, auf allen vieren durchs Gras hüpfend und bellend. Dann wollte jedes der Beschnüffelte und keines der beschnüffelnde Teil sein, dass ich ob solcher naiven Belustigung abwechselnd gerührt war und wieder hell auflachen musste.

Da kam Mignon hinzu. Mignon, sorglos, weiß und webend im Glockenrock und in zierlichen Lackstiefelchen mit ganz hohen, schlanken Absätzen – schlug, mein goldenes Vließ anstaunend, die Hände überm Kopf zusammen und rief in allerliebst heiterer Zutraulichkeit: *»Ah, comme un domestique du prince!«*

Ich dankte mit heiklem Lächeln. Sie nahm an meiner Seite Platz; und wir plauderten mitsammen artig, auch nicht ganz töricht. Indes blieb ich mit Blicken und Gedanken doch mehr bei meinen Kindern, was die ungeduldig werdende Modepuppe schließlich zu einem näherbringenden Witzwort benutzte. »Dies«, erwiderte ich, auf die kleinen Spieler deutend, »ist eine Welt für sich, ist ebenfalls ein neutrales Gebiet.«

Mein Französisch geht auf Erbsen. Mignon verstand nicht recht. »Deutsch oder Belgisch, mir gilt beides gleichviel«, beteuerte sie. Mignon mochte gern ins Café Mocca geführt sein, jedoch ich vertröstete sie auf ein andermal, erfrug deswegen ihre Adresse. »Ihr passt Euch nur an!«, sagte ich bei einem Händedruck zum Abschied. »Ihr seid nicht abseits, wie dieses Kinderland, an dessen Ufern die Kriegswoge umkehrt.« –

Liebling, schilt oder spotte; vielleicht kuriert's mich. Denn ich bin krank. Die Zeitung, die Tagesgespräche der Kameraden, alles, was den Krieg betrifft, ekelt mich an.

Ich werde einsam nachher wieder in den Park flüchten, dort ist es doch noch am erträglichsten.

In der Jugend dünkt uns das Heimatland zu eng; später wird es uns Genuss, durch schöne Anlagen zu wandeln, und das Alter bescheidet sich gar dankbar mir einem grünen Eckchen. So macht uns die Zeit genügsam. Denke an Großmuttern, die sich im Rollstuhl allabendlich ans Fenster fahren ließ, wie sich die Alte den ganzen Tag über auf diese eine Stunde Sonne freute!

Weißt du, was ich mir innigst wünsche, mir öfters während des Dienstes oder in wachen Nächten sehnsüchtig ausmale? Ich möchte wieder einmal in einem Dorfgarten, wo allerlei bunte Blumen mit Kraut und Rüben durcheinander leben, bei gutem, starken Bohnenkaffee und richtigen Buttersemmeln mit dir …

– – – –

Bis hierher hatte ich mittags geschrieben. Der Kompanieführer ließ mich rufen. Er ist doch ein Prachtmensch! Das mit dem Untertauchen wird nix, aber er sagte, er hätte eine andere dicke Sache für mich (»obwohl Sie's nicht verdienen«). Soll mich noch heute klarmachen. Tausend eilige Grüße! Morgen an Bord! Hurra!!

LICHTER IM SCHNEE

»Spuren des russischen Rückzugs«, sagte Keltermann und stieß einen morschen Sattel wie einen Fußball vom Boden empor.

Unauffällig in ihrem Feldgrau zogen die acht dahin. Der Boden, bald Moos, bald Heide oder Nadelwaldgrund und wieder Sumpfwiese, bog sich teppichweich und leise. Nur das ausgedörrte, rostbraune Gezweig, das, durch die Axt oder durch Geschosse vom Stamm geschlagen, allenthalben umherlag, knisterte und knackte unter den benagelten Stiefeln, und wo die Sonne die Karabiner traf, blitzte stechend der Stahl auf.

»Sechzehn Kilometer vor den äußersten Stellungen.«

Die kleinen, jämmerlich abgemagerten Russengäule vor einer passierenden Gulaschkanone wurden belacht; nur Leibgeris sprach ernst mit seiner Grabesstimme eine neue Kriegsbeobachtung aus, auf die ihn das Quietschen der Räder brachte: »Auch an Schmiere mangelt's.«

Sie blickten die vereinzelten Infanteristen, Jäger oder Artilleristen, die ihnen begegneten, unternehmungsstolz und ebenso wissensdurstig an, wie sie selber als Mariner in dieser Gegend betrachtet wurden. Aber jedes Mal glitten, wenn solch ein Tschaßki auftauchte, die Karabiner von den Schultern. Denn ob diese acht Männer sich auch auf deutschem – deutsch besetztem Gebiet befanden, so deuchte ihnen doch Vorsicht geboten. Märsche durch unbekanntes Terrain unmittelbar hinter der Kampflinie waren ihnen etwas Neuartiges.

Das Neuartige speiste ihre Phantasie, ihr verwegenes Wohlbehagen und ihre Furcht, obwohl das keiner dem anderen eingestand; äußerlich, in Sprache und Miene, wahrten sie eine gewisse eingeführte Verkehrsform, die schlapp und unehrlich war.

Als zwei Reiter sich näherten, wie sich ergab: ein Major mit seinem Burschen, lief ihnen Bootsmaat Olyphant entgegen und meldete stramm dem Offizier:

»Zwei Unteroffiziere und sechs Mann vom Sonderkommando 213 der zwoten Matrosendivision auf dem Wege nach Goflaz.«
»Marine hier? Was wollt ihr den in Goflaz?«
»Quartiere suchen.«
»Und was hat Ihr Kommando vor?«
»Darüber darf ich nicht reden, Herr Major.«
Der Offizier machte eine unwillige Geste, fand indessen die Antwort korrekt und trabte dankend weiter.
Abermals ließen sich Kanonenschläge von weit her vernehmen, dann minutenlang ein Geräusch, wie es ähnlich ein Spaziergänger erzeugt, der seinen Stecken an einem Gartenzaun streifen lässt.
»Das sin russ'sche Maschinengewähre, unsre deitschen dack'n viel schneller.«
»Ach, Schnack! Du hast gar keinen Savi von solchen Sachen.«
»Villeichd mehr als du, griener Regrud. Du bisd ja noch nich mal droggen hinder de Ohren.«
»Leicht möglich, weil ich mich öfters wasche, während gewisse andere Leute seit – – –«
»Was du so waschen nennsd: in de Lufd geschbuggd und drunder weggesausd –«
Die Kameraden nahmen durch Gelächter oder hämische Glossen Partei. Inzwischen war auch unter den beiden vorausschreitenden Unteroffizieren Hader ausgebrochen. Obermaat Glomsda behauptete, ihm, als dem Dienstälteren, hätte die Meldung an den Major zugestanden. Berthold Olyphant hingegen berief sich darauf, dass er aktiv sei und dass der Kapitän ihn als Transportführer bestimmt, solches auch nicht widerrufen habe, als noch im letzten Augenblick der Obermaat zu der Gruppe hinzukam. Der unerquickliche Streit grub allerlei kleinlichste Nebensachen und Vorwürfe aus.
Ein breites Rauschen schlich sich in die Ohren ein. »Die See«, sagte Glomsda, »wir wollen dem Strande folgen, es ist der sicherste und der hellere Weg.« In der Tat beugte sich Olyphant doch meist der größeren Erfahrung und der nüchternen Entschlussfertigkeit des Obermaaten.
Das Gelände ward zunehmend sandiger und damit anstrengender. Wagenräder und abscheulich unsaubere Kleidungsstücke lagen am Wege – auch ein abgenutzter Kinderschuh und (der Tsingtauschorsch griff es auf, alle be-

staunten das an sich unscheinbare, ausgezackte Eisenstück) ein Granatsplitter. »Wer das in de Fresse grichd, der gann sich nachher de Visasche mid d'r Debbichsauchmaschine zusammsuchen.«
Ein Pionier schloss sich ihnen an, der einen Postsack nach einem Unterstand bringen sollte. Sie frugen ihn aus, heiß neugierig, und er gab wichtig Auskunft, mit Erfundenem flickend, wenn seine Kenntnisse aussetzten. »Noch sechs Kilometer bis Goflaz ... dort liegen Dragoner, Artillerie ... fünfzehn Zentimeter und zwanzigeinhalb ... jeden Abend funken die Russen, aber an ein Vorwärtskommen durch den Sumpf ist vorläufig beiderseits nicht zu denken ... Spione erschossen ... Nein, diese Post ist für Pioniere ...«
»Ein Sack voll Speck und Tränen aus aller Welt«, bemerkte Olyphant, nur um als Teilnehmer an der Unterhaltung zu gelten.
»Bekomm ju regelmäßig Post?« ... »... Urlaub ... Entlausung ...«
»Seid ihr alle geimpft?« ... »Wie schdehd's denn mid der Verflägung? Mer gann sich hier wohl geene Schwielen in'n Bauch fressen?«
Bald wussten sie alles oder stellten doch, von Neuigkeiten gesättigt, das Fragen ein.
Schier unerträglich drückte der Ranzen, das Koppelzeug mit Spaten und Patronen.
Da tat sich eine überraschende, weite Helle auf. Vor der tiefstehenden Sonne blendeten und glitzerten die Dünen, deren Flächen vom Wind in starre Wellchen gemustert, streckenweise von Fußspuren sowie verstreutem, vielartigem Gerät und Abfall gestört waren. Auf einem Hügelkamme stand vor feurig ausgestrichenem Gewölk eine anmutige Silhouette. Zwei Lanzenreiter – »Dragonerpatrouille« – neben einer abnormen Kiefer.
Müde stapften die Maate und Matrosen hügelan, hügelab, bis das Meer, ihr Meer sie mit wildem Spiel aufweckte. Weiße Schaumungeheuer fauchten über das dunkle Gewoge, glitten ein Stück von rechts nach links und versanken jäh, und immer neue kamen und schwanden.
»Die Landzunge ist noch von den Russen besetzt.«
Immer noch donnerten die Kanonen.
»Setzt die Karabiner – zusammen!« Die Tornister fielen herab, überschlugen sich. Es war ein süßes Atmen ohne diese Bürde. Es war eine Wonne, sich nun auf unbemessenem, sauberem Boden lang zu strecken.

Waschkuhn durchkämmte mit gepreizten Fingern den Rieselsand. »Kik mol, du Krät, dat es enn Collerabakzille; ek glow, dat hebbe de krätsche Russe akratz för uns hengeschmäte.«
Der Mann mit dem gelben Bande der Rettungsmedaille ereiferte sich: »Blödsinn! Eine Bazille ist so lütt, dass man sie ohne Brille überhaupt nicht sehen kann.«
»Soll das wahr sin, dass das Ubood im Schussfeld unserer Badderien liechd?«
»Selbstverständlich, sonst würden es doch die Russen sich zurückholen.« Der Tsingtauschorsch schleuderte einen halben Pferdeschädel nach dem Sachsen. Daraus entstand neuer Zwist. Auch die Unteroffiziere bissen sich noch eine Weile. Dann war wieder Waschkuhns Stimme oben: »Mensch, mog di man nich so breet!«
»Was willst du denn immer von mir, du schwammiges Aas?«
»Ik war di oldbaksche Gesell glik eent ver'n Frät gewe, schon von wegen dat mit de Collerabakzillen –«
»Na, willst du mir vielleicht was über Bazillen weismachen? Wo ich acht Monate lang auf Lübeck Sanitätsgast – – –.« Der Disput ward allgemein. Glomsda entschied: »Ein Cholerabazillus ist nur durchs Mikroskop erkennbar.«
»Aber Herr Obermaat! Wo ich doch neun Monate lang Sanitätsgast war, wo wir jeden Morgen die Gonokokken und Bazillen haufenweise mit dem Haarbesen wegfegen mussten – – –«
»Ein Bolera – – – ein Cholerabaktizillus ist ein Wurm!«
»Jawohl! So eine Art Tausendfuß.«
»Sag doch lieber gleich ein Singvogel.«
»Ruhig mal, ich will's euch genau erklären. Ein Bazill ist kein richtiges Vieh und auch keine richtige Blume – – –«
»Quatsch nicht, Rindvieh!« … »Au! Du ver…«
»Pst! Ruhe! Keine Bolzereien hier.«
Keltermann begann: »Das ist doch eigentlich sonderbar, dass wir nun plötzlich in Russland sind, so ganz weit weg von Zuhaus.«
»Ja, ja!«, fiel Olyphant lebhaft und herzlich ein; er hatte zuvor lange schweigsam eine Hummel mit einem rostigen Hufeisen schikaniert. »Dass wir einst mit fremdländischen Mädchen tanzten und nun schon zwei Jahre Krieg er-

leben, leben, dass Dichter und Maler töten, und heute Bilder und Verse nicht viel mehr als wie Spielzeug gelten; dass gerade ich hier bin, – – – wie sehr sonderbar!«
»Jawohl, Bootsmaat«, mengte Leibgeris bei, »und dass das Russenschiff hier auf den Schlick gelaufen ist und wir das heimlich nachts wieder flott machen sollen ...«
Berthold winkte ab, als wollte er sagen: Du verstehst mich nicht recht, und fuhr fort: »Dies Land, wo wir sind, ist schön und ergreifend wie ein trauriges Kindermärchen. Und wir zanken hier und hassen einander, als könnte nicht morgen, heute noch der eine oder andere von uns hops gehen –«
In Glomsdas Gehirn setzte sich auf einmal der Gedanke fest, Bootsmaat Olyphant würde nicht lebend heimkehren. Deshalb fragte er versöhnlichen Tones: »Sie kennen doch die Gegend von Friedenszeiten her?«
»Ja, ich verlebte zwei Jahre in der Nähe von Goflaz.«
»Liebet eure Feinde!«, zitierte Keltermann auf das Frühergesagte bezüglich.
»Lieben? De Russen? De Grädze winsche ich den Ludern und Blutblasen an de Finger, damid se sich nich gradzen genn.«
»Ich liebe zwei Feinde«, sagte Olyphant betonend, »Mussrussen – Russinnen.« Es hörte sich an, als ob er mit eins in eine glückliche Stimmung versetzt wäre. »Heute ist der 11. Dezember 1910. (Alle sahen den Bootsmaaten verblüfft an.) Hier auf den Dünen am Strand liegt Schnee, hoher Schnee. Ich bin ich. Sie, Glomsda, sind Wanjka, und du, Leibgeris, bist Fanjka. Wir drei treue Freunde, wir drei freie, arme, junge Künstler lagern hier im Schnee beisammen, wie Geschwister. Du, Wanjka, ziehst drei Lichter hervor, entzündest sie und steckst sie in den Schnee. Und du sagst: ›So, Berthold, nun lass uns feiern, heute ist bei euch Weihnachten –‹«
»Ho!« »Da bollern sie jetzt auch.«
Alle starrten nach der Landzunge. Dort, fast an der äußersten Spitze, zerging ein weißes Wölkchen und erschien gleich darauf ein zweites, rundes Wölkchen.
Niemand wusste zu Olyphants Worten etwas zu äußern.
Der Mann mir dem gelben Bande seufzte: »Jetzt ein gebratenes Filetstück mit Knochenmark und Zwiebeln ...«
»Und mit drei fetten Cholerabazillen darauf«, stichelte der Tsingtauschorsch.

»Lichter im Schnee«, murmelte Berthold. Ein sausendes, schneidendes Heulen unterbrach ihn.
»Krietzschlag! Nu ward et Tid, dat wie ons vertörn.«
»An die Karabiner!«
»De Golera – – –« Da brach ein fürchterlicher Schreck ein. –
»Himmlischen Vater, was war das?«, fragte jemand leise, entsetzt. Dann sprachen alle gleichzeitig los. Doch nicht alle; drei von den acht sprachen nicht mehr, nie mehr.

Fahrensleute

»Nein, zur Abwechslung«, erwiderte der Stückmeister, »du solltest eine Seemannskneipe kennenlernen. Ich dachte ein paar schwerhinwandelnde, tolle Janmaate anzutreffen, deren Gesichtshaut in Sonne, Salz und Wind zu Krokodilsleder verschrumpft ist, *old sailors*, die durch zwei, drei Jahrzehnte *round the world* gegangen sind.«
Die Dame mit den fünf Leberfleckchen am Halse unterbrach den Deckoffizier: »Es fehlte dir außerdem heute an Geld. Du glaubtest in diesem Wirtshaus billiger davonzukommen, als in den noblen Cafés, wo wir bisher unsere gemeinsamen Abende verbrachten. Ei, Rolf, dein Erröten in diesem Augenblicke mag *cum grano salis* gelten. Nun erklärt sich mir auch, weshalb du so missmutig dreinschaust.«
»Ja, auch das war einer von meinen Gründen. Aber vor allem bin ich durch diese schäbige Kneipe enttäuscht und vor dir beschämt. Ich hatte gebeten, du möchtest heute abend Tabakrauch, Schnapsgeruch, Lärm und unanständige Lieder mit in den Kauf nehmen, um einmal in das naiv rohe, grotesk verbildete, hausbacken kosmopolitische Leben der Seefahrer zu horchen. Doch nun ist weder vom einen noch vom andern etwas zu spüren. Denn diesen Mehlsäcken dort am Tisch muss das Maul vernäht sein; sie glotzen uns an, als wären wir aus Himbeersaft geschnitzt. – Komm, mein Liebling, lass uns weiterziehen.«
»Nein, Rolf, mir gefallen deine Mariner. Es sind imposante oder amüsierende Männer dazwischen, zum Beispiel der griesgrämige Alte, dessen Glatze

wie Afrika aussieht. – Welche schöne Kraft spricht aus ihren Händen, welche Einfachheit der Seele aus ihren Tätowierungen.«

Acht Matrosen und Heizer lümmelten sich am großen Kreistisch. Einige meinten ihrer salopp gehaltenen, schmutzigen Dienstuniform gemäß eine herausfordernd ordinäre Miene aufsetzen zu müssen. Andere, im Urlaubsanzug, mit jener gewissenhaften Regelmäßigkeit gekleidet und frisiert, welche die Bauern des Sonntags beobachten, vergaßen ihre Blicke zurückzuziehen, die sie an den Stückmeister und die zierliche, vornehme Dame gehängt hatten.

Beinahe störend selten und dann im Flüsterton fiel eine Bemerkung, und einige simple Übungen in partieller Selbstreinigung vollzogen sich geräuschlos. Dem Bier ward so verzögert und mäßig zugesprochen, dass die dicke Wirtin, die nicht minder schläfrig hinterm Büfett Gläser spülte, vorwurfsgrimmige Blicke auf die Blauen entsandte, was denn, allerdings aus abweichenden Ursachen, auch Herr Bindebein tat. Eine unter der Decke pendelnde Fischmissgeburt erbrach aus gräßlichem Rachen traniges Licht in die Wirtsstube, wo kein Gegenstand, weder Möbel, die Tapete oder die Ziehharmonika noch die ausgestopften Vögel und Pelztiere an den Wänden, sich zu einer bestimmbaren Farbe bekannten. Und weil die Missgeburt sich wie ebenfalls gelangweilt hin und her drehte, blieben alle Schatten in nervöser Unruhe. Über der Tür prangte in einem Glaskasten eine stattliche Viermastbark, bis in die niedlichsten Details ausgearbeitet und freundlich bemalt; die getönte Rückwand des Kastens gab ihr den Hintergrund, einen kobaltblauen Himmel.

»Fische auf dem Trocknen«, murmelte Herr Bindebein verdrossen, und dann fuhr er laut zu seiner Braut fort: »Der Seemann an Land, wenn er sich nicht unter seinesgleichen weiß, blamiert sich immer. Ungeschickt, unmanierlich, zügellos, brutal benimmt er sich, verlogen, läppisch oder schamlos.«

»Aber seine harten und einsamen Pflichten auf dem Meere«, entgegnete Muky warm, »heischen viel Vergeben.«

»Wache um Wache. Arbeit, Essen, Schlaf; freilich, solche Monotonie lässt vertieren.«

»Rolf, erzähltest du mir nie aus deinen Seefahrtsjahren von den ungewöhnlichsten, Mut und Geistesgegenwart fordernden Ereignissen, von mannigfachen Momenten, da sich einem das Herz zusammenschnürte, und von langewährenden, frostigen, nüchternen Gefahren? Du sprachst von zusammenstürzenden und emporstoßenden Wassergebirgen, vom Tanz auf einer pfeilschnell abrollenden, donnernden Ankerkette. Und diese weit zurückgelegenen Jahre hast du wie Begebenheiten und Zustände von tags zuvor geschildert mit der fortreißenden Kraft tiefsten Ergriffenseins.«

»Es ist wahr, Muky«, der Stückmeister legte seine Hand auf ihr Knie, »diese Zeiten rührten mein Innerstes auf. Nun hat mich der Krieg aus dem stilleren Beamtenstand unversehens (und, gebe Gott, für nicht mehr allzulange Dauer) wieder in ein Stück Seemannstum gesetzt. Aber es hätte nicht erst dessen bedurft, um mich immer von Neuem dankbar empfinden zu lassen, dass ich der Nachtwachen in vereisten Mastkörben ledig bin und der Streitigkeiten mit zehn, fünfzehn einzigen, niedrigen, beschränktesten Seelen, inmitten der chaotischen Trostlosigkeit der Hochsee. Wenn mich jemals schlimme Träume foltern, so vollzieht sich das nie anders, als dass sie mich entweder in meine Schulzeit oder eben in jene Jahre der Seefahrt einsperren.« –

Neue Gäste, ebenfalls Mariner, traten auf. Herr Bindebein erklärte ihre Charge, ihre Funktion. »Der aufgedunsene Matrose ist ein Taucher.« Ferner: ein Koch von einem Torpedoboot und ein aktiver Funker, der sich bei der Flotte einen Tropenkoller angelegt hat. Diese Neuen blieben zur gegenseitigen Bequemlichkeit vor der Wirtin, am Schanktisch, stehen. Dort versuchten sie mit ihrer noch gelinden Bezechtheit zu theatern. Der Funker gab so laut, als gälte es gegen einen Taifun anzusprechen, die Erinnerung zum Besten, wie er einmal im Rausch zwei Tuben verwechselt und sich die Zähne mit Sardellenbutter anstatt mit Pebecco geputzt habe. Der Taucher trat überzeugender als Fressvirtuose auf; er verzehrte fünf Neunaugen mit Haut und Haar und verschluckte, als ihm solches Beifall einbrachte, noch obendrein Bindfaden und Zündhölzer. Im Vorübergehen hatte nur der Funker vor dem Deckoffizier salutiert. Diesem entging es nicht, wie seine Braut durch solche Ehrenbezeugung für den jungen Mann eingenommen wurde, und er äußerte lächelnd: »In dem steckt vermutlich ein anständiger Mensch, ein guter Soldat und ein schlechter Seemann. Denn die echtesten Kauffahrteier, jene, die mit einem Priem zur Koje gehen und ein Lot Petroleum nicht aus der Suppe herausschmecken, die nehmen es mit dem Militärischen nicht so genau, und man sieht's ihnen nach. Die Vielseitigkeit des Schiffsdienstes und die Verantwortlichkeit des Einzelnen dabei bringen es mit sich, dass auf See oft der Soldat hinter den Seemann zurücktritt, zuweilen sogar über diesem in Vergessenheit gerät.« –

Ein stolzes Schiff am Bollwerk lag.
Ein junger Matrose zum Mädchen sprach:
»Ei, wohin denn du stolze Kleine?
Du sollst heute nacht meine Beischläfrin sein,
Denn ich schlafe so ganz alleine.«

»Deine Beischläfrin sein, das kann ich nicht.
Meine Mutter hat mich ausgeschickt.
Einen Taler hat sie mir gegeben,
Ich soll einkaufen, was zum Haushalt nötig ist,
Ich soll gleich wiederkehren.«

Er nahm das Mädchen an seiner Hand
Und führte sie an des Schiffes Rand.
Und sie schliefen so fröhlich beisammen,
Bis dass der helle Tag anbrach,
Und der Steuermann kam gegangen.

Auf, auf, Matrosen! Der Wind steht gut …

Die am Schanktisch brüllten das Lied. Am großen Tisch fiel ein Matrose ein, dem die halbe Nase fehlte. Herr Bindebein zog die Uhr. »Wollen wir nicht aufbrechen?«

Die Dame mit den Leberfleckchen griff statt zu antworten stumm fragend nach einer goldenen Kugel, die mit ebensolcher Schnur an die Uhrkette geknüpft war.

»Ein Talisman. Kapitän Ramox schenkte ihn mir. Er sagte: Wenn ich einmal im tiefsten Herzbunker einen Wunsch hätte, dann möchte ich nur dies

Appendix über Stag gehen lassen, d. h. beseitigen, und mein Wunsch werde sich alsbald erfüllen.« Herr Bindebein zerlegte die Kugel mittels einer fein versteckten Mechanik in mehrere kantige Glieder, deren jedes zierlich gravierte, hermetische Zeichen aufwies. »Ramox war ein abergläubischer, ostfriesischer Schipper, rotbärtig und sparsam, auf dem Wasser zu Hause, gottesfürchtig und fluchte wie zwanzig Spanier mal dreißig Türken. Aber ein ganzer Kerl. Und solche Kerle, Muky, mögen auch unter diesen stumpfen und stieren Burschen sein, es käme nur darauf an, sie herauszulocken. O, man muss sie belauschen, wenn sie günstig beisammen sind und von ihren Reisen berichten. Dann wachsen die Palmen vor einem aus der Tischplatte, und man hört den Mississippi rauschen. Erzitternd sieht man den nächtlichen Umrissen eines treibenden Eisberges entgegen, oder man klammert sich unwillkürlich, fiebernd an die Unterkanten des Stuhles, über der Schilderung eines exotischen Nackttanzes. Da man doch zur gleichen Zeit über die komischsten Prellereien, Prügelszenen und Schmuggelgeschichten, noch mehr über die Art und Weise, wie sie vorgetragen werden, herzlich lacht.«

Muky strich mit den Fingern durch Rolfs Haar. »Ein wenig hängst du noch an dem, was Seefahrt heißt und angeht?«

»Ja! Manchmal packt mich eine feuchte Sehnsucht; so, wenn ich ein Seilergeschäft betrete und auf einmal den Duft von Hanf, Manila oder Braunteer einatme. – Hallo, noch zwei Grog, Frau Wirtin!« –

Mittlerweile waren auch die Leute am Kreistisch in ein beständiges, allerdings sehr unerquickliches Gespräch gekommen, das alle Übelstände des Krieges herauszerrte und kleinlich beleuchtete, über gesteigerte Lebensmittelpreise, über Tote, Verwundete und Vermisste klagte, ohne den gewaltigen deutschen Erfolgen gerecht zu werden. Nun waren Rolf und seine Braut in die Rolle der schweigsamen Zuhörer verfallen. – Krieg, – Krieg –. Und nimmer Friede.

Der widerliche Geruch des Grogs verbreitete sich. Die Tabaksschwaden blieben wenig über Mannshöhe in der Luft stehen.

Es gingen Gäste, und neue traten ein, darunter auch Zivilisten, Werftarbeiter, deren einer die Neuigkeit verteilte: Simon Fels sei gestorben. Muky wollte ihren zusehends in Misslaune zurücksinkenden Bräutigam zerstreuen.

Sie sagte: »Simon Fels war der Werftdirektor. Eine jener genialen, rührigen und zielbewusst rücksichtslosen Naturen, die in irgendein Unternehmen gesetzt, ganz gleich, ob es ein Restaurant, eine Fabrik oder ein Staatswesen sei, unfehlbar eines Tages an die Spitze gelangen und von da ab das Unternehmen emporbringen. Just so, wie ein Stein, den man an einem Band befestigt und mit diesem zusammen in die Luft wirft, alsbald das Band in seine leitende Gewalt bringen und weiterführen wird. Dieser Fels fing als Kesselklopfer an und zuletzt – –«

»O ich kenne Simon Felsens Werdegang. Seine Verdienste in diesem Kriege wird man schwerlich überschätzen.« Nach einer Weile fügte Herr Bindebein ohne aufzusehen hinzu: »Ich kann mir sein Ende vorstellen. In einem Lehnstuhl, in einem sehr hohen, mit Panzerschiffsmodellen und prächtigen Palmen schwer und vornehm geschmückten Saal – – und die Familie sowie einige feierlich gekleidete Herren sind versammelt. Im letzten Kampf, als dem fiebernden Greis schon die Sprache schwindet, richtet er sich auf und bewegt die Arme, als ob er mit gewaltigen Händen etwas formen, etwas Kolossales, Massiges zusammenballen wolle. Dann kommt noch ein letztes Stammeln von seinen Lippen: ›Eisen – – viel Eisen.‹ Und das letzte Bulletin geht in die Welt. – – Muky, das ist das große Sterben.« Wieder blieb der Stückmeister eine Weile sinnend.

»Denke dir: Als ich gestern Abend meine Wohnung verlasse, begegne ich auf der Treppe zwei streitenden Weibern und fange gerade auf, wie die eine sich verteidigend ungefähr Folgendes sagte: ›Jedermann weiß, wie pünktlich ich sonst die Wäsche erledigt habe. Aber diesmal war ich lange bei meiner Schwägerin; da ist die elfjährige Tochter gestorben und …‹ ›So?‹ höre ich das andere Weib fragen, ›woran denn? …‹ ›An Gehirnentzündung; sie hat acht Tage lang mit dem Tode gerungen …‹ Darauf schwatzten die beiden weiter von ihrer Wäsche. Aber seitdem muss ich gar oft an das elfjährige, bleiche Mädchen denken, an das stille Leiden und Entschlafen, das vor dem Weltenwaffenlärm unbeachtet sich bei Tagelöhnern in der Vorstadt vollzieht, – abseits.«

Die junge Dame nickte ergriffen. »Das ist das kleine Sterben«, sagte sie endlich.

»Ja, ja.«

»Ja. – Eine traurige, niedrige, armselige, verlogene Zeit herrscht in der Welt.« Rolf summte vor sich hin: »Auf, auf, Matrosen, der Wind steht gut«, und als er sich dessen bewusst ward, brach er die Melodie rasch ab und deutete auf den Glaskasten über der Tür: »Weißt du wohl, Liebling, was ich jetzt möchte? Mit dir auf dieser Viermastbark – mit vollen Lappen, wie sie dort fährt – davonsegeln, weit, weit hinaus aus all dem Kriegsjammer in die alles lösende, friedliche Ferne, wo die Seeleute ihre glückliche Zeit haben, weil vor dem ruhigen Atem des Passates die Schiffe beinahe keiner Aufsicht mehr bedürfen; in die lichte Abgeschiedenheit, wo sich der tropische Atlantik in feierlichen, saphirblauen Schollen wiegt und von oben ein gütiger Himmel aus unzähligen blauen Augen auf uns herablächelt; wo über den elementarsten Wonnen kein Wunsch mehr bleibt.« Herr Bindebein sprang plötzlich energisch auf, bat seine Braut, ihn für Minuten zu beurlauben und verließ, der Wirtin heimlich zuwinkend, ohne Mütze das Lokal.

Obschon Muky erfahrungsgemäß irgendeine liebenswürdige Torheit ihres Geliebten befürchtete, war sie doch alsbald entschlossen, eine solche mit- und möglichst wiedergutzumachen. Befriedigt darüber, ihren Bräutigam froh zu wissen, wandte sie sich während dessen Abwesenheit behaglich wieder der übrigen Marinegesellschaft zu, der sie mir frauenhafter Unauffälligkeit und Schärfe bereits genügend zugehört und zugesehen hatte, um an der Weiterentwicklung Interesse zu nehmen.

Der Taucher und seine Kumpane hatten sich zu den Seeleuten am Kreistisch gesellt und denen ein Teil von ihrer weitgediehenen Betrunkenheit aufsuggeriert und eine gewisse Lebhaftigkeit entzündet. Da fingen sich aus einer an sich schwer verständlichen Sprache, die mit imponierender Dreistigkeit vom deutschen Platt bald hierhin, bald dorthin ins Fremdländische griff, allerlei Bezeichnungen in Mukys Ohr, mit denen sie wenig anzufangen wusste, wie Hellegatt, Taljereepen oder »von Ida Grün in Dwarslinie aufrücken«. Aber die aus Liebe aufmerksame Dame wurde dadurch doch dem wirklichen Bilde der Seefahrt um ein Beträchtliches näher gebracht. Und weil sie ihren wohlerzogenen Schwärmer Rolf damit in Gedankenverbindung brachte, ward auch sie zunehmend trübsinniger.

Nun erschien er wieder, der Stückmeister, zugleich mit der Wirtin, beide schwer bepackt. Sie hasteten in gläserner Angst auf den großen Tisch zu,

um dort eine Anzahl Flaschen, einen umfangreichen Kupferkessel, zwei gewichtige Stücke Hutzucker und eine blanke Ofenzange abzuladen.
Jetzt hielten es die Matrosen und Heizer doch für geraten, vor dem Deckoffizier eine militärische Haltung anzunehmen.
»*Never mind that!* Heute sind wir auf du und du, vor dem Mast, das heißt, diese Dame ausgenommen; sie ist eine Prinzessin. Wir laden euch ein. Wer etwas Savi von einer Feuerzangenbowle hat, der helfe sie brauen und lensen. Komm heran, Muky. Lass uns diese Nachtung bis zur Neige auskosten; wir haben uns heute auf dem Elegischen festgefahren. Wollen wieder flott werden. – Heda, ein bisschen fixer, Boys! Man merkt doch gleich, dass ihr keine echten *sailors* seid. Wäret ihr jemals über die Linie gekommen – –«
Der Mann mit Afrika auf dem Kopf wandte sich gekränkt nach Herrn Bindebein um, und, dem angebotenen Du nicht recht trauend, zischte er giftig: »Ick glöw, Herr Stückmeister swapperten noch in witten Büxen ümmer, as ik all teihnmal ümme Hoorn seihlt wier.«
Die andern Matrosen und Heizer unterstützten ihren Kameraden lachend und spottend, dabei halfen sie aber eifrigst die Fürknieptangbowle fördern. Das Kupferbecken wurde zu zwei Dritteln mit Rotwein gefüllt, auf die quer darüber gelegte Zange eins von den Zuckerstückchen gesetzt und dieses mit Jamaika begossen, dann angezündet.
Ein langer, nur durch einen Ohrring auffallender Mann knipste das elektrische Licht ab und rief heiser: »Herr Stückmeister, Se hämm dat hier nich mit Schippsjungens tau dauhn!« Zum Erstaunen wie zur Besorgnis seiner Braut fuhr indes Herr Bindebein fort, die Leute durch Beleidigungen aufzureizen.
»Was seid ihr denn anders? Süßwasserjungen, die keinen Langspliss zuwege bringen, keine Logleine aufschießen und eine Backspiere nicht von einer Handspake unterscheiden können.« –
Bläulich beleuchtete, zornige Gesichter schauten abwechselnd bald drohend nach dem Deckoffizier, bald neugierig auf den Zucker, der in flammenden Tropfen herabschmolz, aufzischend in der blutfarbenen Flüssigkeit unterging. Zwei Heizer stahlen sich davon, um eventuellen Tätlichkeiten auszuweichen. Aber Rolf Bindebein lenkte rechtzeitig zum Guten ein: »Skol, Jungens! Ich wollte nur erst mal die Lage peilen. Nun, ihr seid ehrliche Fahrensleute. Sakramento, pumpt euch die Klüsen voll.«

»Prosit Janmaate!«, schrie Muky. Da klangen die Gläser.

»Sie sind alle schon einmal bei Wera Iwanowna in Odessa zu Gast gewesen, Muky. Sie segeln nach Melbourne, wie du nach dem Briefkasten läufst. – Das ist recht, Schmut, *give us a song!*«

Der Torpedokoch nahm die Ziehharmonika auf den Schoß:

»Yankeeships come down the river – –«

»Was haben Sie da für einen seltsamen Goldring?«

»Das ist ein Afrikaner, Fräulein Prinzessin, – – bitte. Ich schenke Sie den Ring.«

»Der alte Ramox, Muky, –«

»Ramox?«, fuhr der Halbnäsige auf, »Kapitän Ramox? Mit dem bin ich acht Monate Chinaküste gefahren. Das war einer. Wenn böses Wetter aufkam, dann stülpte er seinen riesigen Kalabreser auf und ging selbst ans Ruder. Dann fegte der Wind den Kalabreser über Bord; und Ramox ließ beidrehen und lavierte bei Tod-und-Teufel-See so lange hin und her, bis der schäbige Filzdeckel wieder aufgepickt war.« –

Es baute sich eine Einmütigkeit zusammen, die ihresgleichen suchen mochte, jeder meinte ersticken zu müssen, wenn er einmal länger als eine Minute nicht zu Worte kam. An das traurige Samoalied reihte man ohne Pause den lächerlichen Negertanz *Just because you made them googoo eyes.*

Als das zweite Stück Zucker seine Sternschnuppen in frische Weinmengen träufelte, rauchte Muky eine abscheuliche Pfeife aus dem Munde des täppisch karessierenden Tauchers zu Ende. Später zog der griesgrämige Alte ohne jegliche Veranlassung und Vernunft seine Seestiefel aus und schleuderte sie schweigend aus dem Fenster.

Draußen hub gerade die Turmuhr zu schlagen an. »Zwölf Uhr«, sagte Rolf und langte zwecks Kontrolle seine Uhr hervor, an deren Kette kein Appendix mehr hing.

»Nein, acht Glasen«, sagte der Funker ernst und horchte. Die sonderbare Wahrnehmung, dass die Kirchuhr in der Tat diesmal vier Doppelschläge tönen ließ, verursachte eine vorübergehende Bestürzung. Muky am Klavier: Auf, Matrosen, die Anker gelichtet …

Der Halbnäsige hob, ohne auf das Gezeter der Wirtin zu achten, den Glaskasten von der Wand herab und stellte ihn mitten auf den Fußboden so

heftig nieder, dass die gläsernen Wände in Scherben auseinander brachen. Hierauf – und ausdrücklich bemerkt: in der vierten Minute des 29. Novembers 1915 – geschah es, dass die kleine Viermastbark sich zu dehnen begann, dass sie nach wenigen Sekunden die Größe einer Badewanne und in nochmal so viel Zeit den Umfang einer Dampfpinasse erreichte.
»Alle Mann an Bord!« Es entstand eine Panik. Angstlaute, Pfiffe, Kommandos, gegenseitiges Aneinanderprallen, – die Wirtin schrie nach Bezahlung. Aber die meisten Seeleute stürzten zunächst in ein und demselben Gedanken zum Klavier: Muky. Sie trugen das mutig lächelnde Mädchen trotz der drängenden Gefahr behutsamst auf den Segler. Dann schifften sie sich selbst ein; und jeder begab sich wie verabredet auf einen besonderen Posten, an die Brassen, in die Wanten hoch, auf Ausguck, ans Ruder, der Torpedokoch in die Kombüse, Herr Bindebein – Kapitän Bindebein aufs Achterdeck.
Unterdessen wuchs die Bark weiter in die Länge, Höhe und Breite, die Stühle, die beladenen Tische mit Getöse umkippend und beiseite schiebend. Schon stießen die Masten in die Decke, dass Kalkstücke herabprasselten. Der Besan hatte die Missgeburt gespießt. Jetzt zerbrachen die schwellenden Schiffsplanken das Möblement an den Stubenwänden und pressten die dicke, quietschende Wirtin fest, platt. Ein Zivilist entging nur knapp dem gleichen Schicksal, indem er noch im kritischsten Moment aus der Tür schlüpfte. Als diese aufgerissen ward, brach ein ungeheurer Windstoß herein und ließ die Segel knattern, bis sie sich auf einmal zum Bersten voll steiften. Das Schiff kam in Fahrt. Die Raanocken zertrümmerten vorbeistreifend Fenster, Spiegel und Bilder und hauten die ausgestopften Tiere von den Wänden. So rammte der Viermaster wuchtig die nächste Wand ein, dass die Ziegel geborsten auseinander stoben, schoss quer über den Kirchplatz, auf der anderen Seite wieder in ein Haus hinein und durch dasselbe hindurch, nur einen Schutthaufen zurücklassend, und schlitterte nun die grausam gepflasterte John-Brinkmannstraße längs, wo der letzte Werftarbeiter, den man mitleidig mit an Deck gezogen hatte, verzweifelt seekrank wurde und kopfan über die Reling sprang. »Südwest zum Westen!«
»Heiß Großstengstagseil!« – »Zwei Strich Backbord!« – »Ahoi!«
Das rasende Schiff überrannte schreiende Menschen und durchgehende Pferde, teilte zermalmend eine Marschkolonne wahnsinnig erschrockener

Trainsoldaten, jumpte über die Kaimauer platschend ins Wasser und lief nun mit verdoppelter Geschwindigkeit aus dem Hafen. Lief rücksichtslos, frech an signalisierenden oder schießenden Wachtschiffen vorbei, durchbrach unbeschadet ein entsetzlich krachendes Minenfeld und sonstige Hafensperren, jagte – immer mit vollen Segeln – quer durch eine Seeschlacht und von dannen, weit fort in die warme, blaue Ferne des Hochatlantiks, wohin kein Kanonendonner reicht, und wo wir alle einmal gewesen sind, in den süßesten Stunden unbewusster Kindheit.
Dort saß nun die Dame mit den fünf Leberfleckchen auf einem Teppich auf dem Achterdeck in der milden Sonne, und weil die Matrosen es nicht zuließen, dass ihre feinen Hände irgendwelche Schiffsarbeit anrührten, sie jedoch nicht müßig bleiben wollte, so zog sie ein Strickzeug hervor, um Strümpfe für die Seeleute zu fertigen. Rolf aber nahm ihr im Vorbeigehen die Wolle fort, und indem er diese ins Meer warf, sagte er glücklich: »Das Einzige, was ihr zu geben vermögt, wonach sie sich sehnen, weil sie's entbehren, ist Liebe.«

Die Zeit

Dreißig Maate und Matrosen marschierten wir einen Weg, der uns his zum einzelnen Pflasterstein vertraut war, da er seit Wochen täglich zweimal von uns zurückgelegt wurde.
Seeleute sind schlecht zu Fuß, und die gewitterschwangere Luft flimmerte wie über einem Holzkohlenfeuer. In einer Brandung von Staub zogen wir schlapp, durstig und verstummt dahin, im Gleichschritt: eins, zwei, Schritt, Schritt, Scheritt, Scheritt –
Für die dürftigen Begebenheiten auf den Fußsteigen links und rechts hatte niemand von uns Aufmerksamkeit. Jeder verfolgte mit Augen, die aus Müdigkeit und vor dem stechenden Mittagshimmel halb geschlossen waren, die Hacken des Vordermannes, die Fußspitzen des Nebenmannes.
Ich bildete den linken Flügel des letzten Gliedes. Vor mir bewegte sich unheimlich gleichbleibend, wie die einem Pendel gehorchenden Reklamefiguren in den Schauläden, ein Bild, das ich hundertmal so stundenlang vor

mir gehabt hatte, dem ich nicht das geringste Neue mehr abzugewinnen vermochte: Lauter gleiche Ledergurte, jeder mit dem gleichen Lichtfleck an der gleichen Stelle. Lauter gleiche Seitengewehre, die im selben Moment leise an linke Schenkel anklirrten. Prall ausgefüllte Hosenböden mit einer einzigen, sich verzerrenden Falte, die ihnen den Anschein gab, als ob sie Gesichter schnitten. Gleichmäßig vor- und rückschwingende rechte Arme mit flachen schmutzigen Händen, gleiche linke Oberarme. Rechts von mir, hintereinander, wie auf einer Schnur aufgereiht, rosa Nasenspitzen. Und über den dreißig blauen Mützen ein wanderndes Spalier von Gewehrläufen, die in einer Bewegung zwischen Schwanken und Wippen den Rhythmus der groben Soldatentritte nachäfften.
Diese Tritte werden für Sekunden laut und drohend, wenn die Holzbrücke hinter dem Fort überschritten wird. Dann biegt die Straße in scharfer Kurve ab und führt an dem Milchgeschäft vorbei, wo die dicke Hedwig mit Kannen klappert und einen Matrosenwitz provoziert. Dann ein gewundener Wiesenweg, welcher in das von der Zivilbevölkerung gemiedene, tote Viertel am Strande, hinter dem Depot mündet.
Dort – ich bemerkte es flüchtig – saß diesmal auf einer Bank unter den Kastanien, bequem vornüber geneigt, mit den Ellbogen auf die Schenkel gestützt, ein alter, schneeweißbärtiger Herr. Er blickte gleichsam ausruhend zu Boden und hielt zwischen gefalteten Händen einen Stock; damit zog er, in dem Augenblicke als ich passierte, eine leichte, spielerische Linie in den Sand. Er schaute nicht auf bei unserem Vorbeimarsch.
Er hat nicht einmal nach uns geblickt, da wir im treuen Gleichschritt vorüberzogen: dreißig Maate und Matrosen, die eventuell morgen, mitten auf dem Meere, weitab vom blutwarmen Lande in einem Backofen verbrennen oder in die stumme, ewige Nacht der platten Fische versinken; vielleicht – mag das immerhin als Pose geschehen – im Sterben noch ihr Flaggenlied schreien.
Ich, selbst Soldat und dieses Standes reichlich überdrüssig, muss noch immer wie beim ersten Male hinstarren, wenn sie nahen mit Trommeln und Pfeifen, mit Staub und Schweißgeruch, singend und blumengeschmückt oder schweigend und blass. Alles Söhne, denke ich dann, alles Brüder, Väter, Gatten, alles Kugeln, alles Kegel, alles Helden, alles Gerippe; Dumme, Kluge,

Arme, Reiche, Junge, Alte, – alle für die gleiche Idee feldgrau, marineblau. Und der Alte schaut nicht einmal auf. Verstehe einer die!

»Avanzadora, ich sah einmal tief in den russischen Wäldern etwa hundert deutsche Feldgraue ruhen. Die hockten, von den glühenden Fetzen des Abendhimmels beleuchtet, in langer Reihe in einem Graben, das Gewehr wie ein Kind in den Armen, den Kopf zurückgeworfen, die Augen geschlossen und den Mund weit offen, bis auf zwei wortlos wandelnde Posten.«

»Die Ärmsten!«, entgegnet Avanzadora. »Gewiss hatten sie einen anstrengenden Marsch hinter sich. Der Osten fordert viel von den Beinen, und wo Breitenbach der Atem ausgeht, beginnt Hindenburg zu laufen.«

»Avanza, was hältst du von dem Matrosen dort, der das Pferd striegelt?«

»Der Kleine? Nun: lustig, gutmütig, pomadig und nicht gerade sonderlich intelligent.«

»Wohl! Du hast einen findigen Blick für Leute aus dem Volk. Ich wünschte, du könntest dich selbst so beurteilen. Nehmen wir an, der Matrose sei in Zivil Stallbursche oder Fensterputzer, denn ich kenne ihn nicht. – Höre, Avanza, vielleicht hat dieser Mann während des Krieges einmal, vom englischen Kanal aus, in Minutenfrist – durch einen einzigen kurzen Druck mit seiner Hand – tausend Frauen im fernen Indien zu Witwen gemacht.«

Meine Freundin lächelt. »Hm, die Möglichkeit existiert. Er kann jedoch möglicherweise von seiner Einberufung an bis heute als Verwalter Speck, Würste und Margarine behütet haben.«

»Zugegeben. Oder er mag manchmal, in wimmernden Nächten – während ihr in warmen, hellen Stuben schlemmtet – gar nicht auf unserer Erdkugel gewesen sein, sondern tausend Meter darüber, an den Rücken eines schnaubenden Riesenkäfers geklammert, in der grausigen Haltlosigkeit der Wolken voll Angst und Mut wider Tod und Teufel gekämpft haben.«

»Hellen Zimmern schlemmtet?«, wiederholt Avanzadora kokett. Sie unterbricht kurz eine Häkelarbeit (Leibwärmer für die Marine), um eine Falte ihres modischen Trauerkleides zu ordnen. »Weißt du nicht, dass ein Pfund Butter jetzt drei Mark dreißig kostet, für das ich früher Eins Sechzig, nein –« sie besinnt sich, »Eins Vierzig zahlte; und wie rar Petroleum –.«

»Doch, ich weiß. Das heißt, ich fühle es, aber nicht wie du im Magen oder am Geldbeutel; und ich vergesse mich darüber. Ich entdecke, dass aus Kohle

Gold und aus Gold Papier geworden ist, und eile, solche Wandlung nicht begreifend, zu dir, um mein Staunen an dem deinigen zu stützen, und du? Du kochst Pflaumen zu Mus ein und erzählst dabei ein komisches Erlebnis mit einem gefangenen Belgier, den du im Lazarett pflegtest. Meine stets hilfsbereite und umsichtige Kameradin, wer möchte dir warmes Herz und hellen Kopf absprechen! Aber ich glaube: Wenn du eines Tages mit liebevollem Eifer daran wärest, einen Rosenstrauch zu beschneiden und säubern, und dieser Rosenstrauch sich unversehens in einen Pudel verwandelte, du würdest keinen Moment deinen freudigen Fleiß verlieren, die Schere nicht aus der Hand legen, sondern unbekümmert, als sei nichts vorgefallen, nun den Pudel scheren und herausputzen. Überlege dir doch: Es liegt noch keine zwei Jahre zurück, dass wir die Spatzen mit Semmeln aus Weizenmehl fütterten und uns Gäste aus fremden Ländern ins Haus luden. Die verschwören sich über Nacht, uns verhungern zu lassen. – – Nun, sie haben unser Menü umgestoßen, aber gelt, uns schmeckt auch die Hausmannskost? Wir füttern unsere Russen fett. – Um sie später am Spieß zu braten. Deine Backen, Avanza, sind noch rot, deine Augen blitzen heller denn je, dass sich die *stones* und *aires* und *inis* und *kows* wütend verwundern. Es ist, als hätten neidische Nachbarn mit eins dem Gebäude Deutschland alles, woran es sich lehnte, worauf es gebaut hatte, tückisch entzogen, um es zusammenbrechen zu sehen. Jedoch dies Deutschland stürzt nicht und wankt nicht, sondern befreit vom trügerischen Gerüst zeigt es sich, ein vollendetet, granitner Bau, fest auf eigenen Fundamenten, erst jetzt recht in seiner imposanten Größe, und das zertrümmerte Gebälk herum begräbt die Zerstörer.«

»Wie findest du das?«

»Großartig.«

»Ach was, großartig. Du sagst das so, wie man es vor einem Sonnenaufgang sagt.«

Sie lächelt wieder, ihr häufiges, impertinentes Lächeln, das zum Zorn reizt und dem ich doch nicht beizukommen vermag, weil ihm eine gewisse, unerklärliche Sicherheit anhaftet, wie sie eigentlich nur ein tief geklärtes, gutes Gewissen verleiht.

»Ach, Avanzadora, für dich hat die Gegenwart kein Wunder.«

»Alles ist Wunder«, erwidert sie, »und kein Wort dessen wert. Kommst du mit zum Markt, Kartoffeln einkaufen?«
Ich gehe neben ihr her, beobachte sie böse von der Seite, derweilen ich doch innerlich ein schönes Vergnügen daran habe, wie sie emsig und klug ihre Einkäufe und vielartigen Geschäfte besorgt. Sie ist eine reizvolle, gesunde Frau, die allem vorbaut und dort, wo ihre Gedanken weilen, sogleich ihre Hände hinsteckt. Aber ob sie auch dabei unaufhörlich mit den Leuten über die neuesten Heeresberichte und über ihre gefallenen oder kämpfenden Söhne schwatzt, über Demissionen und französische Niederlagen, über Türkensiege und schwarzgelbe Erfolge; ob sie auch bisweilen zwischen heiteren oder rührenden Feldanekdoten einmal klagt oder seufzt, – scheint doch ihre Seele weder das erhebende, herrliche Ereignis Krieg, noch den unheimlichen, tilgenden Zustand Krieg als Ganzes zu erfassen.
»Avanzadora, Völker, Rassen, Weltanschauungen erheben sich Riesen gleich, um Entscheidung zu ringen. Menschen überlisten sich gegenseitig wie die Zauberer der Sagen auf und in der Erde, unter Wasser und in den Lüften. Sie blicken, horchen, sprechen und töten auf Meilenweite und hauchen blutlosen Dingen schaffendes oder vernichtendes Leben ein.
Spürst du auch niemals das Berauschende des Fortschrittes? Lähmt dich nie ein dumpfes Grauen, quälst du dich nicht mit Zweifeln vor dem sinnreichen Wirrsal des Alls, da du auch liest, dass Grausamkeiten wieder schreiend sich ergehen, die wir tief unterm Asphalt vermodert wähnten; dass der Mord wieder in Fürstensold steht und Menschen mit Schild und Keule gegen Menschen ziehen, mit Steinwürfen töten –?
Die Erde ward zu einer schwarzen Insel zwischen Meeren von Blut und Tränen. Darüber liegt der giftige Dunst der Weltlüge, den Donner erstickend und das Glockenläuten. Und aus diesem Chaos türmt die Wahrheit gigantische Zahlen des Schreckens und des Ruhmes für die Ewigkeit.
Sieh mal, liebe Freundin, hier diese bunte Landkarte im Schaufenster. Siehst du das große rote Gebiet? Das ist das neueste, das jüngste Deutschland!«
Aber Avanzadora gibt mir einen Nasenstüber und zieht mich weiter. »Wer staunt, bleibt stehen«, bemerkt sie. »Ich will noch zur Bank, Kriegsanleihe zeichnen, und abends ins Konzert zum Besten – –« Ich höre sie nicht weiter an; ich laufe empört davon, und ich will sie nie wiedersehen. Wer ist die-

ses Weib, dass ich mich ihretwegen tausendmal ärgern soll? Ich habe sie auf der Straße kennengelernt, und sie schweigt über ihr Woher und Wohin. Auch lässt sie sich doch nicht von mir beeinflussen, ihr Wesen ist dirnenhaft.

Wenn ich das walzertrommelnde Kaffeehaus betrete und einem der losen Mädchen von Seeschlachten, von 70 000 gefangenen Russen berichte, dann ruft sie wohl zum Schluss: »Aber Liebling, wie sitzt dein Scheitel heute schief.« Und wenn ich ihr erzähle: »Weißt du das Neueste über die beiden Söhne deiner Freundin? Der eine ist gefallen, der andere hat sich verlobt.« So wird sie gleich fragen: »Mit wem denn?« Und sie nennt den Krieg dumm, langweilig, weil das Tanzen, das Nachtschwärmen, das Kartenlegen, das Reisen und die Straßenbeleuchtung verboten oder beschränkt sind. – – Aber nein – Avanzadora ist anders; nein, nein, ich tue dieser braven, soliden Frau unrecht.

Die Art, wie sie den mächtigen Geschehnissen des Krieges begegnet, wie sie sich den außergewöhnlichen Verhältnissen anpasst, hat nichts gemein mit der Leichtfertigkeit der Kokotten. Nur verstehe ich sie wohl nicht. Vielleicht lebt Avanza doch nach einer höheren Weltweisheit als ich. – Alles ist Wunder. – Unbestreitbar liegt etwas Superiores in ihrem Wesen, mich immer wieder anlockend. Ich weiß, ich würde einsam und ruhelos werden, wenn ich mich von ihr lossagte. Es würde sein, als ob ich eine Mutter, eine Schwester und eine Braut zugleich verloren hätte. Denn wir sind freie Freunde, die jedes dem andern ihr Bestes schenken. Wir haben uns aneinander gewohnt und gebildet; und wie lange ist's her, dass wir in friedlichen Stunden des Frohsinns, der Kunst und der Liebe – –

»Achtung! Au-gen rrrrechts!«

Dieses scharf ausgestoßene Kommando riss meinen Kopf herum und die Köpfe all der andern, die mit mir geschlossen marschierten. Scheritt, Scheritt. Im Nu waren unsere Muskeln gestrafft. Unsere Beine schlugen in klappenden Paradeschritten das Pflaster: Wir salutierten vor einem Leutnant.

Aber etwas Seltsames war vorgefallen, ohne Zweifel empfanden es alle, obschon es weder damals noch später ausgesprochen wurde. Es war, als ob wir dreißig Maate und Matrosen während des Marsches plötzlich alle gleichzeitig eingeschlafen wären und ohne Bewusstsein doch, wie mechanische Pup-

pen, unseren Weg fortgesetzt hätten. Nun waren wir alle gleichzeitig erwacht. Gewiss hatten wir eine lange Strecke in diesem Zustande –
Ich schaute mich um. Da saß noch, unweit hinter uns, der würdige Greis unter den Kastanien.
Und wiederum ziemlich gleichzeitig, wie von ein und demselben Gefühl getrieben, fingen wir nun an, gesprächig zu werden.
Es kam eine lebhafte, stolze und zuversichtliche Unterhaltung in Gang über kriegstechnische Neuheiten und über Deutschlands Zukunft. Aber zwischendurch, im stillen, nistete sich ein Gedanke in mein Gehirn ein. Eine fixe Idee mag Avanza es nennen. Ich werde es nicht mehr los.
Ich bildete mir ein, jener alte Herr mit dem wallenden Schneebart sei der liebe – der große – sei das große Gott gewesen, und die leichte Furche, die sein Stock im Sande zog, habe die Zeit dargestellt.

…liner Roma

1924

1.

– erfolgreichen Razzia vier Spielhöllen auszuheben und in der Motzstraße 296 die Eheleute Krusis zu verhaften, die dort gegen Eintrittsgeld eine Nacktvorstellung gaben.

Sie waren beide heißen Blutes trunken, auch von einem ausgesuchten Wein und von ungewöhnlichen Worten berauscht. Er rief sie Wiga, ohne ihren Nachnamen zu kennen. Aber spät morgens, als der Schlaf sie doch übermannte, betrachtete Gustav lange und nahe die Falten in Wigas Gesicht und das Tal zwischen ihren Brüsten und stand behutsam auf, um nackt und glücklich durch das Zimmer zu wandern. Er liebte den geheimnisvollen Modergeruch, der aus Gasthofkommoden strömt. Er las sieben Haarnadeln auf, die sich zwischen die Sofapolster verkriechen wollten. Und Wiga war wieder erwacht, denn sie sagte: »Wenn wir jetzt stürben, dann würde kein Mensch uns hier suchen.« Hierauf stieg auch sie aus dem Bett, hoch und schlank, und stellte sich hinter Gustaven und lugte mit ihm zum Fenster hinaus auf den Kleinstadtmarkt, der für andere Leute unansehnlich, nun überdies vom Regen verdüstert war. Und eine fast vergessene Stadt in weiter Ferne hieß Berlin.

2.

In einem Abteil der Ringbahn fand man eine angebohrte Zinnbüchse, die, wie festgestellt wurde, die Überreste des im April eingeäscherten Rennfahrers Zierbold enthielt und vermutlich von einem enttäuschten Dieb –

»Eintreffe 2 Uhr nachts Lehrter Bahnhof, Henkelchen.« Selbstverständlich holen wir sie ab. Du, Gustav wirst ihre Koffer tragen. Solche Provinzler fallen immer Kerlen in die Hände. »Was für Kerle?« Alberne Frage! Schwindlern! Kerle, die das Gepäck abnehmen und damit verschwinden. Oder die Fremden in ein nahes anständiges Hotel bringen wollen und sie dann per Auto meilenweit in eine Kaschemme verschleppen, wo der Schofför mit unter einer Decke spielt und ihnen noch 50 Mark abknöpft, ehe sie im Schlafe ausgeraubt und erwürgt werden. Man liest es doch täglich.

Die Leute an der Haltestelle messen einander mit kalt kalkulierenden Blicken, wie internationale Ringkämpfer am Start. Und wartend präparieren sie Tricks, die man noch soeben durchgehen lässt. Warten vergiftet. Eine rumpelnde Bahn nach der andern wächst heran, schrumpft davon, die 46, 107, nochmals die 107, zum Donnerwetter! dreimal hintereinander die 107. Dann die richtige. Spitz strömt das Häuflein Nervöser in das Perrontor, wie Wasser in eine Gosse, siebt sich durch die Aussteigenden hinein, klemmt sich, presst. Frau Purmann, von würdelosen Paketen umpuffert, rudert im dicksten Strudel mit Gesten einer Ertrinkenden, aber genau betrachtet: offensiv. Sie schimpft: Anfangs weinerlich, weil unbestimmt, allgemein über Empörendes, Unerhörtes, dann aber superior scharf über eine ungesicherte Hutnadel. Schimpft jedoch nur halblaut, denn Gustav, hinter ihr, wäre imstande zu kichern. Der Schaffner flucht rückwärts. Zurückbleibende knurren oder bellen dem überfüllten Wagen nach. Sozialistisch, wilhelminisch, anarchistisch. Dass er seiner grauhaarigen Gönnerin den Arm beim Aussteigen bietet, dass er den Hauptteil des sehnendehnenden kompromittierenden Gepäckes schleppt, versteht sich. Aber seine Grimasse faltet sich zunehmend ärgerlich, gleich einem Wurstzipfel. Und er keucht ihr hinterdrein durchs Gedränge, wie in einer Polonäse um Säulen herum. Schall und Rauch! Die alles zermalmenwollenden Autos tuten ohrenbetäubend und verpuffen ranzigen Buttergestank. Dabei haben die Schofföre rote, rüde, vergnügte Gesichter! – Frivol, unangreifbar, schadenfroh springt der Straßenschlamm ohne Unterschied alle Beine an. – Dass um diese Stunde vor der Passage ein Spalier von Zeitungsweibern betet: Abendzeitung, Ambdeitun ... Maria ... benedeit ... Amd ... eit ..., so was entgeht Elfchen.

Sie rennt vorwärts, streckenweise in einer Art hinkenden Galopps, nicht mehr Dame, kaum noch Mensch; schneidet eine Diagonale durch die Kurse der Fahrzeuge und Fußgänger, durch witzige Zänkereien, wunde Melodien, groteske Ansprachen von Händlern und Bettlern. Kopfschüttelnd, andauernd wiederholt: »Nur 5 Gramm Kartoffeln und ich wäre glücklich!« – Alle Bettler heucheln. Aber einem davon schenkt Elfchen eine geborstene Zigarre von Heinz. – Wer nur arbeiten wollte, Arbeit ist genug da. Das Wort ist unter friedfertigen Bürgern aktuell; es beruhigt das Gewissen und legitimiert auskömmlich eine politische Tendenz. Nur Nörgler oder Idealisten suchen mehr aus dem Satz herauszusophoristorieren. – Trunkenbolde rempeln an, Matrosen stechen freche Blicke in fremde Blusenausschnitte. Gemeine Bollemädchen beschimpfen sich ordinär vor einem Aschinger. – O, dass Elfchen einen langen Schwanz und an dessen Quaste ein drittes Auge hätte, um sich aus Distanz selber beobachten zu können, wie sie so blind brutal und hässlich dahinwütet. So kraxelten die Maikäfer durch meine Bleisoldaten. – Schauläden rufen an. Hier Hummer, Langusten, Ananas, Gänsebrüste, Blumenkohl, Trauben, indische Vasen mit Ingwer und große französische Birnen. So gefällig aneinandergehäuft, dass sattgespeiste Künstler es dankbar anstaunen, es aufsuchen wie eine Sezession. – Elfchens böse Blicke versengen sich an den Wucherpreisen. – Pompöse Blumenarrangements locken Ohs und Ahs heraus. Aber sie sind lange nicht so geschmackvoll wie in Bayern. – Man weiß, wie sparsam Elfchen einkauft. Sie ersteht ein Paar Schnürsenkel für eine Mark und spottbillige Schuhwichse und viele lieblichgelbe Keks für wenig schmutziges Papiergeld. Die Keks für Henkelchen. Man wird gemütlich einig schwatzen, ohne auf Widerspruch zu stoßen. Über Augsburg; wie ganz anders, unvergleichlich besser man in Augsburg lebte. – Vor geschminkten, auffallend behängten Frauenzimmern lacht Elfchen herausfordernd laut.

Gustav trägt einen der unzähligen revolutionären Teufel in sich, der immer heraus will, um im Wahne einer objektiven Gerechtigkeit zu protestieren, manifestieren, opponieren. Jetzt etwa zu rufen: Alle Straßenmädchen sind zunächst nett! Gustav gibt sich Mühe, den Teufel zurückzuhalten. Aber es verstimmt, wenn man unterdrückt, was heraus will. – Zu Hause wird Elfchen entdecken, dass die Wichse nichts taugt, dass die Schuhbänder wie Zwirn reißen. Das anspruchslose, rührende Henkelchen aber wird die Keks dankbar loben. Und zu Weihnachten wird Elfchen einem Kutscher Wichse und Schnürsenkel bescheren. Schenken und Geschenke nehmen, das ist eine Kunst, die ... still, Teufel! – Alles ist Lug und Trug in Berlin. Zwischen »Hauptgewinn« und »50 000 Mark« übersieht sich das winzig gedruckte Wort »im Werte von«. Und die Wagschalen beim Kaufmann verstecken sich hinter Kisten, und die Wurst macht sich mit Wasser und der Kaffee macht sich mit Nägeln gewichtig. – Nächsten Sonntag darf Gustav bei Purmanns Gänsebraten speisen. – Gerade, als er sich verabschieden will, am Haustor, wo steht »Nur für Herrschaften«, biegt Herr Binding um die Ecke. Einem Phrasenwechsel ist nicht mehr auszuweichen, Herr Binding wettert über eine unkomplizierte Neuigkeit, Gustav gerät wie immer vor ihm in dürftige Verlegenheit. Herrn Bindings nachweisbares Ebenmaß ist mit Purmanns Gold so elegant gerahmt. Und wo der Schöne schon zu erkannt ist, um noch durch weisheitsdunkle Schweigsamkeit oder gesetzte Haltung zu imponieren, da behauptet er sich schmeichelnd oder taktlos unverschämt. – Gustavens Wirtin, Frau Grätke, schimpft vor ihrem Gemüsekeller unflätig über die Hunde, die einen Rübenkorb zur Nachrichtenvermittlung benutzen. Die Hökerin geht nie aus, ist schneckenartig mit dem Hause Nr. 70 verwachsen. Aber durch Fenster, Zeitungen und Ladenklatsch fluten ihr die Lokal- und Weltereignisse vorüber. Für Frau Grätke ist Schimpfen etwas wie Schnupftabak. Andere schimpfen aus andern Gründen; manche, weil sie die Großstadt nicht vertragen oder nicht begreifen.

3.

Perserteppiche, alte Gebisse, Gold, Brillanten, Pfandscheine, Korken, Armeepistolen kauft oder tauscht gegen Lebensmittel – Isidor Rosenmilk, Spittelmarkt.

Das beschämende Trinkgeldwesen ist abgeschafft, dafür der obligatorische Aufschlag eingeführt. Aber vor Leuten, was sage ich, vor Baronen, wie Kehlbaum schwänzeln die Kellner devoter denn je. Denn der pocht eisern jeden Samstag auf das Trinkgeldgeben wie auf seinen Stammsessel vis-à-vis dem »Für Damen« und auf Fürstenberg-Auslese. – Herr Blasewitz (Glatze, bauchglattglänzend) fragt Kehlbaums mitgebrachten Gast jovial: »Na, Herr Deeters, wie gefällt Ihnen Berlin?« Wenn man den Kopf weglässt, sitzt Blasewitz da wie Napoleon nach der Schlacht bei Leipzig. Der Livländer erwidert nur mit einem glücklichen Lächeln und einer Geste, etwa: Ach, klapp den Deckel drauf! Aber Kehlbaum schildert Deeters Debüt und die Botschaftersgattin, die der Balte am ersten Tage im Café kennenlernte und die ihn in eine elegante und vergnügte Sozietät einführte. Daraus er tausend Jahre später blutig und mit verschwommenen Reminiszenzen, aber ohne Brieftasche erwachte. Kehlbaum nützt die Gelegenheit, von eignen ersten Eindrücken zu berichten, von dem Denkmal am Schloss, das aussieht wie ein Bombenattentat, und wo hungrige Bestien über Bodengerümpel schreiten. Kehlbaum erzählt langsam, steif, zwischen schmollenden Lippen heraus. Wie er neben den adretten Noskitos, Noske-Soldaten, durch die Siegesallee marschierte, und wie sie und er so furchtbar erschraken über den gigantischen hölzernen Nussknacker Hindenburg. Und konnte sich dann gar nicht trennen von der Säule mit dem goldenen Engel im Unterrock. In Kehlbaums betriebsamem Stammlokal, in dieser Räucherkammer, gibt es außer Deeters keine Zuhörer. Der anständige expressionistische Maler Knauer verteidigt holprig seine unangegriffene Zukunft im Prinzip. Gustav atmet im Sinne einer nur halbseitigen politischen Polemik. Blasewitz redet jovial auf Edith ein, über schwach gesalzenen Kaviar, französische Küsse und Poularden von Le Lans. Edith raucht seine Ägypten, aber antwortet nicht, und niemand außer ihm spricht mit ihr. Aber wäre Edith nicht zugegen, jedermann würde das ansehnliche, treuherzige und trinkfeste Mädchen vermissen. »Wo steckt heute Noktavian?« – In der Lüderitzbucht; er knüpft Beziehungen an. In den Strom Fürstenbergauslese münden Bäche erklügelter Schnapsmischungen. »Was soll werden, wenn die Quelle Fürstenberg einmal versiegt?« Vielleicht kommt es mit dem Staatsbankrott. – Jedermann, auch Noktavian, der bei Aufbruch erst eintrifft, will die Zeche bezahlen; Gustav, weil er weiß, dass letzten Endes doch Kehlbaum oder Blasewitz das erledigen werden; Deeters, den armen Kunstmaler, hat sein Stipendium aus Kopenhagen mit dänischem Gelde herübergeschickt, und die Valuta machte ihn auf dem Grenzfaden zum reichen Manne. – Man torkelt weiter, im Berliner Größenwahn neigen sich verschrobene Stirnen, grüßen Hüte, die einmal in München (oder war es in Paris?) ebenso flüchtig und geheimniseinig zuwinkten. Man gerät nach Polizeistunde in verbotene Bars, die nur eingeweihten Gentlemännern sich nach Geheimsignal auftun, und wo tanzende Nacktissen, siedende Musik einem unvermerkt teuren schlechten Sekt einflößen. Denn das geknechtete Berlin schlemmt und tanzt, wie man in Paris tanzte vor dem Geköpftwerden. Die Bürger schmunzeln sich morgens über Pulte hinweg zu: »Die Mark ist wieder gesunken; wir treiben rapid dem Abgrund zu! Schönes Wetter!« – Wie begeistert weiß Deeters Berlin zu rühmen.

Manchmal versagen ihm plötzlich die Worte. Aber dann, viel anschaulicher vollendet er den Satz durch eine gewisse gewinnende Handbewegung, annähernd so, als striche er fein sanft ein Stäubchen vom Tisch. – Fürstenberg-Auslese mündet in ein tosendes Meer. Deeters und Gustav fanden sich, küssten sich, reden sich fortan mit Du an. – Noktavian ist nüchtern zu einer sicherlich vorgenommenen Zeit entwichen. Vermutlich wird er noch mit Lupe, Riesenbrille und Fingerspitze auf der Landkarte nach Spanien reisen oder lesend einen Schiffsjungen nach Britisch-Honduras begleiten – »Knauer, streiten wir nicht! Du baust dein Leben in Überzeugungen, ich das meinige in Zweifeln auf.« – Aber Knauer fällt vom Omnibus. Deeters und Gustav springen ab, vergessen Knauern, fallen umschlungen immer wieder in Schneehaufen und schwärmen, sich wieder aufrichtend, umschlungen weiter von 1001 Nächten der Tauentzienstraße. Der baltische Hüne packt vorübergehende Männer am Arm und fragt seinen neuen Freund: »Gustav Gastein, soll ich den (oder die) für dich verprügeln?« Nein, danke, lass den harmlosen Soldaten, er hat uns doch nichts getan. Aber Deeters schüttelt erst nochmals sein Opfer. »Du?! Wenn du ein Wort gegen meinen Freund Gastein sagst, dann –« Weit zurück folgt steif, mit langsamen Schritten, nörgelnd, Kehlbaum. Seitdem ihm zweimal ein silbernes Etui aus der linken Manteltasche gestohlen wurde, trägt er in der gleichen Tasche neben dem dritten Etui eine gespannte Rattenfalle. Überhaupt ist er etwas misstrauisch. Er hat aber das andere Misstrauen, das der freigebigen, zu oft ausgenützten Menschen, nicht das der berechnenden Geizhälse.

4.

– kürzlich vermeldete Attentat Unter den Linden mit bolschewistischen Umtrieben im Zusammenhang –

»Ich schenke sie dir!« Hat er in Deeters Ohr geflüstert, als er die keck überrumpelte Nuscha vom Nebentisch heranschleppte. Frech für andere, so wurde ihm schon mancher Erfolg. – Einfach fragen sie das Mädchen aus. Tippmamsell in einer Firma für Wohnungseinrichtungen. Der Chef hat sie aus Ostpreußen hergelockt, ihr den wohlbezahlten Posten verschafft, hat das staunende Kind zunächst einmal städtisch eingepellt: Eine Modegarnitur für zwei Mille. Nun trägt die Eigensinnige zu dem täglichen bordeauxseidenen Kleide doch hartnäckig ihre alte schmutzwollige – meinetwegen kleidsame – Dorfmütze. Dr. Mulatti will sie doch später heiraten, soll sie heiraten. Denn er ist ihren Eltern befreundet, sendet wöchentlich Berichte nach dem Bauerngut, und die Antwort ist immer Butter und Speck. – Nuscha ahnt nicht, wie viel sie einmal von den Eltern mitkriegt, und die Eltern ahnen wohl nicht, welchen Reichtum ihre Siebzehnjährige besitzt. – Nuscha, wir sind nur simple arme Künstler, besonders ich, (Gustav spricht leiser) mein Freund wird einmal ein berühmter Maler. O, er ist ein lieber urgoldiger Kerl, (wieder laut) hohe, reichere Kavaliere werden sich an dich heranpirschen; gib reiflich acht, ob du nicht manches Gute, auch manches Bessere bei uns findest. – Nuscha füllt ihre Bürostellung aus. Sie verabscheut ihren Chef, den Mulatten. Ihr gefällt Berlin. – Nach Geschäftsschluss speist sie zwischen Gustav und Deeters Gulasch zu vier Mark. Dort gibt es sogar noch weiße friedensmehlerne Schrippen, trotz Polizeiverbot. – Der Stacheldraht und die Polizeivorschriften wuchern derzeit. Aber Gewohnheit schwimmt wie ein Fischlein zwischen Korallen, und die Exekutive ist Knetgummi in goldenen Fingern. – Nusch, warum ließest du damals, ehe ich dir Zeichen gab, den älteren soliden Herrn abblitzen, der sich zu dir setzte? – Nuscha kaut mit schamlosem Appetit. »Weil er mir Geld anbot!« Bald unterlässt es Gustav, seinen Freund noch unauffällig herauszustreichen. Sie liebt ihn schon, den starken, trotzäugigen Balten, der so zart, fast ehrfürchtig über Frauen denkt, liebt ihn mit all seinen Ungeschicklichkeiten und seinem ungekämmten Haar. Vielleicht sogar fühlte sie längst heraus, dass er eigentlich in der Fremde treu verheiratet ist. – Deeters und Gustav äugeln sich zu: »Welch ein Mädchen! Welch ein seltener Fang!« – Still, weder langweilig noch gelangweilt, lauscht sie, wenn die beiden eine Stunde lang mit wenig Worten oder ohne Worte reden. Über die deutscheste Stadt: Russisch-Riga. Oder über das schmarotzende Straßenvolk in dem schmählich weltverhassten Berlin. – Sie legen verkrüppelte Beine über das Trottoir, und die Luft trägt ihre Gesänge wie lampiongeschmückte Ruderbarken dahin. Sie fiedeln, leiern oder würgen die Ziehharmonika; singen schöngeistig oder kläglich oder idiotisch.

Jeder auf seine Art, eingestimmt, die kriegsverhärteten Herzen zu schmelzen. Und singen sie von der Festung Köln am Rhein, dann fallen ihre Geschwister summend mit ein, die Ohr verbrühenden Zeitungsschreier, die halbwüchsigen Schokoladeverkäufer, Seife, Zigaretten, die Streichholzkinder, die weißglutigen, schlangenhaft bannenden Dirnen. Alles, was an der Ecke und unterm Tunnel herumlauert. – Gustav erfindet allerhand Blödsinn. Wenn Nuscha lacht, macht sie erst den Mund ganz weit auf, wie ein Karpfen, dann, zwei Sekunden lang, überlegt und begreift sie das Spaßige, und dann folgt ein schmetterndes Silberlachen. – Das bordeauxfarbene Faltenspiel, die Strümpfe ... bitte Nuscha, steig mal auf den Stuhl. – Sie gibt Gustaven einen Stüber: »Nein, du willst nur meine Beine sehen.« Warum auch nicht. Er weist durchs Fenster. Guck dir einmal die Straße auf Beine an. So wunderbar zeigt sich die Welt den Hunden. Nimm es lustig oder geil oder lärmend: Jede Teilbetrachtung überrascht und belehrt. Die Wissenschaft und die Statistik bedienen sich ihrer. Auch die Propaganda. Dann lassen die großen Geschäftshäuser abends ihre Schwärme von Briefen los, die beispielsweise alle nur zu den verstreuten Berliner Rechtsanwälten hinfliegen. So lässt sich eine bunte Wiese nur auf rote Nelken hin betrachten; so magst du auf einer Perlstickerei nur blau bemerken. –

Ungefragt wird Nuscha nie aus ihrem eignen Leben berichten. Etwa von ihrem Geschäft, wo doch die Kauflust parallel und vertraglich mit der Preissteigerung ins Unermessliche wächst. Denn die Leute hasten danach, ihr Geld in Möbeln, Brillanten, Autographen oder im Bauch vor Besteuerung und Wegnahme zu schützen. Deeters weiß keine bloßen Höflichkeiten zu sagen. Doch innig beachtet er die Kühle an Nuschas Haut und Wesen und das Erwachen in ihr, Raffinement, Fraueninstinkt, Kampf. – Gustav führt seine Freunde zu einer Entdeckung. Am Zoo ist eine Stelle. Da fährt die dunkelqualmende Stadtbahn über den menschensaugenden Viadukt. Fährt mitten in ein fünfstöckiges Mietshaus hinein, hindurch und an einer düsteren fensterlosen Häuserwand entlang, die riesig und seltsam gegen den Himmel absticht, der eigentlich zwielichtgrau und von sturmflüchtigen Regenwolken bedeckt sein muss. Damit das Bild heiße: »Großstadtelend!« – Unter dem Viadukt geigt jemand auf einer Metallsaite, die sich über Besenstiel und Zigarrenkiste spannt. Es tönt wie Cello. Er spielt und singt: »Das Band zerrissen und du bist frei ...« Kehlbaum soll einmal nach dem Liede geschossen haben. – Deeters und Nuscha Arm in Arm, Gustav umschwatzt sie. Denn das Gefühl für solche warme Dreisamkeit beherrscht ihn wie ein Rausch. Aber minutenlang vergisst er sie doch. Weil ein schmaler weißer Spitzenstreif unter nachtschwarzem Sammet hervorschimmert und wirkt auf Gustavens Blut wie Mondschein auf Ebbe und Flut. – Gustav, Nuscha, Deeters. Es fällt ihnen gar nicht ein, über das Gedränge in der Friedrichstraße zu schelten oder der trotzigen Schieberbarone zu spotten, und sie umgehen in heiterem Bogen zwei hitzig verhandelnde Juden, die den Weg versperren. Unterschiedliche Eindrücke aus dem von Zufall, Ort und Stunde gefärbten Menschengewoge bleiben an den drei Wanderern hängen. Es scheint, als ob der Siebzehnjährigen nichts entginge, obwohl sie niemals Erstaunen äußert. Später in der Hochbahn spricht Deeters eine Beobachtung aus, ungelenk, mit kargen Worten. Die strengen, düster zurückhaltenden Blicke der Deutschen fielen ihm auf. Er sagt: Es ist doch unbegreiflich schauerlich, dass all die Menschen so viel entbehren müssen, was anderwärts ... Hör mal Deeters, wenn du heute Abend mit Nuscha zu den Boxern gehst, dann bleibe ich lieber zu Hause. Ich muss Briefe beantworten, eine Frau von Sidow bietet mir eine Aupairstellung auf dem Lande an. Ich müsste im Garten mit zugreifen und ... Deeters winkt heftig ab. Du kommst auf jeden Fall mit uns.

5.

Cabaret »Rosiger Kürbis«, Fasanenstraße, Treffpunkt der eleganten Lebewelt, Austern, Sekt, erstklassige Weine, tadellose Bedienung, diskrete Musik, hochkünstlerische Darbietungen: Bia Tartuffe (Gazetänze), Fedora Sill (Lieder einer Verseuchten), Bläschens Revoluzzerhüpfl (urkomisch).

Selbst überfleißige Vorgesetzte dürfen von Untergebenen keinen Überfleiß verlangen. Und mürrisches Wesen lässt sich durch Arbeitsüberfülle erklären, aber nicht entschuldigen. Doch wie sollten Leute das einsehen, die nach der alltäglichen Arbeit ohne Buch und ohne ungelöste Frage schlafen gehen. Leute, die keine herbe Freundschaft ertragen, also nur mit Lohndienern verkehren. – Der Frau Purmann laufen alle Dienstmädchen davon. Unzuverlässiges, anspruchsvolles, undankbares Pack. So hält Elfchen die große Wohnung und den komfortablen Haushalt eigenhändig in mustergültiger Ordnung, hantiert geschickt, nervös und emsig von früh bis spät herum. – Heinz Purmann, Immobilien und Hypotheken. Hochkonjunktur. Häuser werden jetzt unbesehen telefonisch gekauft und der Chef: »Mein armer Mann arbeitet sich zuschanden. Er ist so gut. Und er gönnt sich nicht ...« Nein, er gönnt sich nie die Zeit, um auch nur einmal nachzuprüfen: Was tust du? Wie? Wozu? Was tun andere? Ist der Vorteil des einen etwa der Nachteil des andern? Ließe sich das innere Gewissen vielleicht nach dem äußeren Erfolg bemessen? – Es stünde einem abhängigen Dichterling übel an, seine um 30 Jahre älteren Mäzene belehren oder tadeln zu wollen. – Als Elfchen Gustaven öffnet, prüft sie gleich seinen Anzug, bürstet seinen Rücken ab. Denn außer Henkelchen ist noch ein altes Frauchen zu Besuch erschienen. Gustav streicht sich vorm Spiegel die Haare glatt, was einem Versprechen gleicht, sich recht unkünstlerisch, recht solid und bescheiden zu geben. Welche Zeit! Dieses Berlin! Wo sind die alten Handwerker hin, die treuen Briefträger, die freundlichen Schaffner! Täglich Einbrüche, Mord und Totschlag! Keinem Herrn fällt es mehr ein, seinen Platz einer Dame zu überlassen. Und ein Gesindel treibt sich umher! Am schamlosesten treiben es die Weiber! Aber gar erst damals, als die Menschen gegen Menschen rasten und so viel Unschuldige getötet wurden, Elfchen hat während der ganzen grauenhaften Kämpfe stundenlang ganz verlassen allein in der großen einsamen unbewachten Wohnung gesessen und bei jedem Schuss gezittert und stundenlang geweint. Sie weint jetzt in Erinnerung dessen wieder. – Ach, Heinz ließ sich ja nicht vom Geschäft zurückhalten. Er hat kein Verständnis. Kann so lieblos sein, kümmert sich tagelang nicht um sie. Fragt nie: Hast du Kopfweh, Halsschmerzen, Leibschmerzen, Migräne, Fußleiden, Gelenkentzündung, Sehnenerweiterung, Gerstenkörner? – Und nun tröpfelt der Honig ... Kunsthonig ... hernieder, der Elfchens armseliges bitteres Leben versüßt, für den sie lebt. »Ach, liebstes Elfchen, das halten Ihre Nerven nicht aus. Sie müssen ein paar Wochen nach Tirol.« – – Ich kann ja nicht. Wer soll denn für Heinz sorgen? Er ist ja wie ein Kind und rackert sich ab wie ein Lastpferd. Und ist so dankbar. Freilich sehr verwöhnt ... – »Nein, wie Sie es nur möglich machen, Frau Elfchen!« »An alles denken Sie, trotz der Hüftschmerzen. Und immer rührend besorgt, andere zu erfreuen. Da mag Ihr Pflegebefohlener, Herr Gastein, sich wohl verwöhnen lassen!« – Herr Gastein erwacht bestätigend. Er hatte darüber nachgesonnen, ob sechs Liter dünnen Kaffees in drei Weiberbäuchen, beim Gehen ein plätscherndes Geräusch erzeugen. – Die Danaergeschenke für die scheidenden Gäste stehen bereit. Selbstgebackenes und ein paar Kragen, die dem Heinz zu eng sind, aber für den Bräutigam von der Schwester von Henkelchens Obsthändlerin immerhin ... Elfchen holt vielgereiste Packpapiere hervor und zieht eine Schublade auf, darin tausend oftbewährte Schnürchen und Bindfäden unheilbare Darmverschlingung spielen. – Spät kehrt im Pelzmantel Herr Purmann stattlich heim, grüßt Gustaven königlich herzlich, lässt sich müde von Elfchen ein Bad herrichten und zwei Mitesser aus der Nase drücken, isst wortkarg von der auserlesenen Abendmahlzeit und nickt wenig überzeugt, als Gustav anfängt zu berichten, was er für neue Schritte unternommen habe. Um endlich einmal eine feste Anstellung, irgendeine anständige, geregelte Tätigkeit zu erlangen, denn das Dichten mag ja nebenbei recht ... Elfchen legt ein großes Wort für Gustaven ein. Herr Purmann entnimmt seiner blühenden Brieftasche eine königliche Kleinigkeit und ist so taktvoll, sein Gute Nacht möglichst heiter zu wünschen. Denn innerlich sinkt seine Achtung, sowie sein Mitleid aufsteigt. – Während er badet, traktiert Elfchen Gustaven mit Süßwein und Schokolade und kaut. Und schon lockert sich in Gustaven viel angesammelter verhärteter Groll. Und weil Gütiges Gustaven geschwätzig macht, fängt er an, kindlichen Unsinn zu reden, auf den sie lachend eingeht. Das ist ihm die aufrichtigste Manier, sich mit ihr zu unterhalten. – Wie aus Treibhausluft tritt er ins Freie – es übermannt ihn wieder tieftraurig, dass er diesen nächststehenden Menschen gegenüber seine reinsten Gedanken in graue Lügen kleiden muss. – Wie sonderbar: Die waren einmal jung. Wenn Frau Purmann ahnte, wie ihr heute der Kosename Elfchen steht.

6.

Zu dem Artikel »Menschenfleisch in Ziegenleberwurst« erfahren wir von zuständiger Seite – – –

»War es schön, Deeters? Habt Ihr das Hotel gefunden?« – »Ach wunderschön! Sehr schön! obwohl es zu nichts gekommen ist. Das brauchts ja auch gar nicht. Wahrhaftig ein eigenartiges Weib! Dann ist sie plötzlich ganz Kind. Und ich weiß nicht: vielleicht bin ich ihr nur ein Spielzeug.« – Pünktlich hinter einer Riesenbrille nahen sich Noktavian und Nuscha. Sie kehren von einer Weltreise zurück. Noktavian berichtet. Erst waren wir in Babylonien, Ägypten, Griechenland. Dann wandelten wir unter Palmen. Dann betätschelten wir das spiegelglatte nasse Zwergnilpferd. Dann schlichen wir ehrfürchtig auf den Zehen durch einen Lesesaal der Wissenschaft. Stärkten uns in China an Teegebäck. Guckten durch Bullaugen zum Nordpol herum den Pinguinen zu. Und nun … – »Ja nun seid ihr am Strande des Potsdamer Platzes« – Genießen teure Schnäpse, das heißt: Noktavian darf seiner Zahnschmerzen wegen nur ein Stück Torte genießen. – Das Meer vor ihnen flutet und tutet, rattert und knattert. – Autoreifen, Bahnpuffer, Pferdenasen und Deichseln greifen ineinander wie Zahnräder. Eine uralte Dame bittet einen Schutzmann, sie nach dem andern Ufer zu geleiten. – Weißt du, Noktavian, diese Polizisten, das sind die Lotsen des Potsdamer Platzes. – Gustav weiß, dass seine maritimen Vergleiche dem Freunde Vergnügen bereiten. – »Ja, Gustav, du wirst doch ewig der alte Hochseematrose bleiben. So mag ich dich leiden. Und schau, Nuscha, diese alte Dame war eine von den Mumien, die wir vorhin nicht betasten durften. Gewiss hat irgendjemand sie gekitzelt; da wachte sie auf und entsprang.« – Nuscha öffnet den Mund ganz weit, karpfenartig, sinnt zwei Sekunden lang, und dann gellt ein silberhelles Lachen. – Wir reisen weiter. In diesem Erdteil wird ewig ein unerforschtes Inneres bleiben. Noktavian proponiert ein Programm. Gustav unterbricht ihn: Nuscha, willst du dich einmal im Durchschnitt als Fleisch, Sehnen und Knochen betrachten? Oder irgendwo nebenan Frau Hempel singen hören? Man kann in Berlin auch im Sommer Schlittschuh laufen, und es gibt ein Lokal, wo ein Hummer 1000 Mark kostet. Und es gibt Leute, die dort hingehen, bloß um anzuschauen, wie Parvenus solche Hummer essen. Oder willst du auf einem Rummelplatz als Weihnachtsengel mit zehn dankbaren Kindern schwindlig durch die Lüfte quietschen? Oder reizt es dich, die Wand anzustaunen, hinter der unser Präsident schläft? Deeters stammelt: »Lassen wir uns doch vom Zufall treiben! – Erst mal irgendwo ein ordentliches Mittagsbrot essen ...« – Ja, ordentlich essen, und wollen uns einmal vorsätzlich und bewusst ein wenig betrügen lassen. Noktavian verabschiedet sich; er hat noch mancherlei vor. – Was hat er denn noch Geheimnisvolles vor? – Vielleicht noch eine Reise nach Transnubien. Vielleicht will er dort Beziehungen anknüpfen. Er begeht nie eine Torheit. Er tut und sagt nur, was er zuvor exakt erwogen und gerichtet hat. Dass er sich von solcher Lebensweise Gewinn verspricht, das könnte das einzige Naive an ihm sein. Aber niemand versteht entzückender als er zu erzählen und Erzählungen zu lauschen. Alle neuen Frauen verlieben sich für einige Zeit in ihn. – Die Untergrundbahn reißt den Dreibund mit sich fort. Dächer unter ihnen, Keller über ihnen. Stelle dir vor, wie bei einer Entgleisung Hirn verspritzt. – Auf einem Umsteigeperron sehen sie sich das Miterlebte von außen an. Wie die eckige Gliederschlange herangleitet, stoppt, steht, Türen aufschlägt und wimmelnde Vielheit entlädt. So rieseln Korinthen aus gespaltenem Fass. – Gefällt uns das Meer, gefällt uns die Woge. Des wird man nicht müde: In die Massen zu staunen. Hätte es Nuscha vordem nicht verstanden, dort, derzeit mochte sie es lernen. Und nicht die tausend Menschen mit Auswüchsen und Einwüchsen füllen Berlin, sondern die Millionen, die durch alle Siebe fallen. – Sie wundert sich nicht, das rätselhafte Bauernkind. Sie nimmt auf, passt sich unheimlich rasch an. Einmal stieg auch in Gustaven ein Misstrauen auf. Sie wusste, was eine Nutte bedeutet. Wovon nahm sie diesen üblen Fachausdruck der Dirnen? – Stadt ist Fels. Würmer nagten Löcher und Gänge hinein. Aber an aufgerissenen Baustellen, an den Wunden der Stadt und in den Oasen der Straße, den Raseninseln, wo Wallwurz und Löwenzahn wuchern, dort offenbart es sich, dass unter dem Stein noch Erde, feuchte Erde dünstet. Kalt und starr blickt die Stadt einem vorbei. Aber liegt ein blutiger Leichnam quer über die Schienen oder bei eines Schaffners Witz über einen Lehrjungen, der mit einem roten Farbtopf hinpurzelt ... gelegentlich spürt man, dass unterm Asphalt das Herz der Großstadt schlägt. Leute, wie Heinz und Elfchen, zart besaitete, würden allerdings weitergehen: Ein Leichnam? Komm weiter! Ich kann so was nicht ansehen. – Sie schwimmen in der hilflosen Weite neuer Straßen, lassen sich von winkligen Felsspalten verschlingen, schauen über Geländer in Tiefen, steigen Stufen, schreiten unter Brücken durch, um Pfeiler und Streben herum. Die Wonne erfasst sie, mit der Kinder im Wirrwarr eines Baugerüstes klettern. Jetzt Nuscha, werden wir uns noch wie Bücherwürmer durch ein für Kinder illustriertes Reallexikon winden, durchs Warenhaus. Du wirst noch alles haben wollen. Wir sind darüber hinweg. Abends wählen wir zwischen dem Theater in der Königgrätzer Straße und einem Kinofilm »Zur Dirne um ein Diadem«. – Nuscha kaut auf offener Straße Äpfel und schweigt. »Recht so, Nuscha: Die alten Purmanns leben satt und bequem und haben, sieht man vom Gähnen ab, ihr Leben lang nie philosophiert.«

7.

– – *Mordkommission stellte Raubmord fest und beschlagnahmte einen Regenschirm und einen Handkoffer, der modernstes Einbrecherwerkzeug enthielt. Eine Belohnung von 10 000 Mark ist* – –

Frau Grätke hat eben sein Bett geglättet, das genau ein Viertel des Zimmers einnimmt, da bricht Besuch herein. Gussi Feridell, Rostock, Warnemünde, einst tägliche, jetzt auswärtige Freundin, eine Kunstgewerblerin, die nicht mehr leidet, seit ihre drolligen Kaffeewärmer reißenden Absatz finden. Sie stellt ihre Berliner Freundin vor, ein Fräulein Anna von Camphusen. Auf der Durchreise begriffen, wird Gussi fünf Tage bei Camphusens wohnen. – Wollen gnädiges Fräulein bitte dort auf den weichen Stuhl ... Der weiche Stuhl ist Herrn Gasteins Salon. Gussi erhält den hölzernen, dreiachtelbeinigen, und Gustav selbst will auf dem Bibliotheks- und Speisesaal, nämlich einer großen Palminkiste Platz nehmen. Aber es gelingt nicht. Erst müssen die Damen noch für eine Minute das Zimmer verlassen, damit er den Tisch umdrehen kann. – Feridell spricht noch wie die Luftbläschen in dem Aquarium am Zoo. Wie es ihm ginge? ... Gut? ... Na, na! ... Ob er fleißig schaffe ...

Sie hat mit Anna Einkäufe besorgt ... Berlin ist gar nicht wiederzuerkennen ... Um 12 Uhr wird Mutter Camphusen beide mit eigener Equipage abholen. Auch Gustav soll mitfahren. Er ist zu Tisch zu Fabrikbesitzers geladen. – Ob er noch immer keine Frau gefunden habe. – Er scherzt verlegen. Das schmutzige Handtuch und zwei Aktstudien von Pfenninget lasten auf seinem Gemüt. Und nun bedenkt er noch die selbstgewaschenen Halsbinden am Bindfaden hinter dem Ofen. – Warum sie so braun wären? – Ja, er hat Malheur gehabt. Er hat sie zusammen mit Taschentüchern und braunen Strümpfen in Sodalauge gekocht. – Merkwürdig, Fräulein von Camphusen lacht kaum. Auch nicht über seine Winterfliege, Musca Kehlbaumi, nach einem Freunde benannt, der sie dressieren will. Aber einen hochmütigen oder prüden Eindruck machte Anna eigentlich nicht. Sie scheint mehr verdutzt ... Vielleicht weltfremd. – Ob das Licht den ganzen Tag über brenne? (Sollte ihr das elektrische Licht imponieren?) – Ja, den ganzen Tag. Es gibt viele Wohnungen in Berlin, die jahraus, jahrein niemals Tageslicht, geschweige denn Sonne haben. Und wenn ihre Bewohner sich sonntags mit einem Buch in den Tiergarten setzen, dann haben sie Rivieragefühle. – Er lässt sie aus dem Parterrefenster in den Hof blicken, den er so lieb hat, obwohl es eigentlich nur ein steinerner, verrußter Kamin ist. Aber aus dem Nachbarhofe ragen zwei Kastanienäste herüber, der eine über Fensterhöhe; der spielt, wenn ein Lüftchen weht, mit tausend grünen Fingern auf unsichtbaren Klavieren. Den unteren Ast schützt eine Planke vorm Wind. Seine gespreizten, geschichteten Blätter nehmen sich aus wie ein Teppichmuster, das in die dritte Dimension spukt. Manchmal, nachmittags stellen sich fremde, große Frauen in den Hof und singen ganz laut, ohne sich zu genieren, das Lied: »Das Band zerrissen und du bist frei«, dann wirft man Geldstücke in Papier gewickelt in den Hof hinunter. – All das scheint Fräulein von Camphusen gar nicht zu rühren. – In Gustavens Flucht von einem Zimmer verirrt man sich nicht. – Frau Purmann hat einen großen Öldruck hineingestiftet, die bekannte Reiterstatue, deren Namen man stets vergisst. Midships im Zimmer steht der Kleiderschrank. Öffnet man dessen Tür, so werden aus Gustavens einem Zimmer zwei Zimmer. – Hohe gediegene Stiefel trägt Anna von Camphusen, sie schmiegen sich glatt und sauber um die runden Beine. – Was für Beine! So gediegene Beine! Aber sie könnte jetzt doch einmal ein gutes Wort finden. Plötzlich träumt er von einem gebatikten Lampenbehang, der an die aufregende bunte Bühne auf einem Bilde von Weißgerber erinnert. – Gussi fragt treulich: »Weißt du noch, wie wir morgens auf der Anlegebrücke frühstückten?« – Genau weiß ich's. Wir legten die Butterbrotpapiere auf die Mole nieder, neugierig, was der Wind mit ihnen anstellen würde. Manche trotzten. Andere überschlugen sich zweimal und schliefen dann ein. Wieder andere glitten schwankend, stockend vorwärts, wie eine landende Krähe oder wie ein windentführter Regenschirm. Und jenes eine, das nach langer Bedenkzeit auf einmal unaufhaltsam davonrutschte und einem weißbehosten Popo glich, und darauf nun das kleine, zerknautschte Papier eifersüchtig hinterdrein kullerte ... was haben wir gelacht? Dass die wichtigen Zollbeamten über uns und wir wieder über die Zollbeamten lachen mussten. – Auf Frau Grätke und die Nachbarn wird die Equipage aber ihre Wirkung nicht verfehlen. Für Gustaven ist es dieserzeit keine stolze Wonne, durch Volk zu fahren. Er späht auch nicht etwa nach Bekannten aus, die ihn zufällig bemerken und dann weiterberichten möchten. Außerdem weiß der städtische verkünstelte Geschmack Ledergeruch und Kommissstiefel überhaupt nicht richtig zu würdigen. – Auch Frau von Camphusen hat bei aller Liebenswürdigkeit jene sonderbare Zurückhaltung an sich. Die Villa ist im Vorort gelegen, hat Einfahrt, Vestibül und Etagen mit vielen Spezialräumen. Aber die Bilder an den hohen Wänden weichen den Blicken aus. Der auserlesene Wein macht Gustaven redefroh, bis er gewahrt, dass Gussi und Anna seine wachsende Freimütigkeit besorgt verfolgen. – Einmal, als der sympathische alte Herr Gustaven zutrinkt, »es freue ihn stets, wenn ein Vaterlandsverteidiger sich in seinem Hause wohlfühlt ..., geht ein warmer Hauch durch den Speisesaal. Aber Gustav hat Schnupfen und vergaß sein Schnupftuch. Und ins Gästebuch, das man ihm vorlegte, schrieb er endlich: »Das Leben ...« (»ist« wäre schon bedenklich viel behauptet). – Nun fragten sie ihn, was das heißen soll. Camphusens tun recht daran, so geradeaus zu leben und zu fragen. In seiner Bude, die ihm untertan und vertraut ist, legt Gustav den steifen Kragen ab und vergräbt sich behaglich geborgen in sein Bett. Wenn er hustet, brummt ein Geist in der Matratze mit. – Der Wasserhahn überm Waschtisch hält nicht dicht. Der Gummi taugt nichts. Deutschland ist ja heruntergekommen. Nun tropft es die ganze Nacht hindurch tropf ... tropf ... als ob jemand im Hofe Teppiche klopfe. Oder, wenn man noch fester andreht, als ob draußen jemand vorbeiginge, der zum Bahnhof will. Und schließt man mit äußerster Kraft, dann wird es ein Schutzmann, der auf und ab geht. – Alle äußeren Sorgen zerfielen mit eins, wenn sie seine Frau würde; in Ruhe konnte er schreiben und Gutes tun und sie glücklich machen. – Wieder fällt ihm der Lampenschirm ein und eine kluge, nebenbei (sehr, sehr nebenbei) auch wohlhabende Frau, die alles versteht, der man alles sagen kann. – Am Freitag wird Gustav die Anna und die Gussi spazieren führen. Wird es auch mit ihr so werden, wie es mit den andern war? Dass sie in einer weichen Stunde dann seufzt: »Könnte ich dir doch etwas sein!« Und dann vollzieht sich allmählich kältend, stetig, das Durchschauen. Sie hat nie einen eigenen Gedanken, nie eine Überraschung. Oder ist sie nur Weib. Oder unordentlich. – Das Durchschauen möglichst hinauszuschieben, darauf käme es vielleicht an. Jenes reizvolle Fremdsein genießen wie wunderstarre, kalte Sternennacht.

8

– – zusammengebundene Leichen, die gestern aus der Spree gelandet wurden, die Zwergin Kosanko aus der Skalitzerstraße 210 und der wegen Sittlichkeitsverbrechen mehrfach vorbestrafte Rechnungsrat B. rekognosziert.

Mein Privatehrenbürger von Berlin,
deine Billigung, der ich sicher war, bringt mich wieder in Form. Denn Purmanns hatten mich im Mörser ihrer Geringschätzung mit dem Vorwurf der Unbeständigkeit total zermürbt. Dabei ahnte Elfchen nicht, dass ich außer den Fett- und Sahnetöpfen sogar noch eine reiche Bauerswitwe ausgeschlagen hatte, die Gutspächterin. Was brauchen unsere Frauen von unserer Kunst zu verstehen, Deeters? – Ich ließ mich von der blanken Bäuerin in die Schweineställe einführen, wo es zur Fütterung klingt wie tausendfältig Rülpsen nach Kakao. In Kuhduft und Sonne schmolz das Nikotin, wurden die Nerven sanft, und ich lachte in der Hängematte über die kinoartigen Bewegungen der Hühner. Eine Sau schlief im Hof. Die Fliegen hatten ihr blu-

tige Wunden hinter die Ohren eingefressen. Ein kühnes Küken sprang auf die Sau und pickte die Fliegen weg; ich habe gezählt: In einer Minute 72 Fliegen, also in der Stunde 4320, also im Jahre?! – Nachts, denn dort stieg man durchs Fenster aus und ein, besuchten wir das Birr-Grab in der Heide. Denn dort gibt es Mondenschein und Rehe und Sturm. – Wir sind auch Boot gefahren. Und dabei habe ich das einzige tiefere Erlebnis gehabt. Nicht mit der Bäuerin. Die war albern, unecht. Aber Gänse beknabberten ein Paket, das auf dem Flüßchen trieb. Als ich die nasse Hülle neugierig aufzupfte, enthielt sie Druckbogen einer Kolportageschrift, immer wieder nur die Seiten 22 bis 29, und zwischen den mittelsten, ganz trocken gebliebenen, hing ein abgerissenes Stück vom Titelblatt, darauf noch zu lesen war: liner Roma. – Da habe ich nachgesonnen, wie das Paket in das Flüßchen geriet, und das schien mir nun ein Geheimnis. Ein Geheimnis auf dem Lande, wo man sonst alles übersieht und um jedermanns Treiben weiß. Und was bedeutet liner Roma? Da fehlt was vorn und was hinten, ich hab' mir's ergänzt »Berliner Romane«. Berliner Romane haben meist keinen ordentlichen Anfang und kein rechtes Ende. (Übrigens die Nuscha war auch mir nie wieder begegnet. Sehr schön so. Eine Erinnerung wie Jasmingeruch.) – Wohl war zwei Stunden von Sidows ab ein Städtchen zu erreichen, grünlich getüncht und mit verborgenen Turmspitzen. Auf dem Kirchhof im Efeu liegen Steintafeln wie gestaute Eisschollen, und umgitterte Gräber wie Schiffe. Darüber schatten fruchtbare Birnenbäume, gedüngt von Toten der achtziger Jahre. Ich aber sehnte mich nach einem Zeitungskiosk, der die neuesten Beine von Tanzsternen zeigt und die semmelheiße Nachricht bringt, dass in Tokio vier Kasernen brennen. – Frau von Sidow hasst die Großstadt, die sei hart und schartig wie Austernbank, Gehäuse an Gehäuse. Erzählt Frau von Sidow von den Streiks oder den Straßenkämpfen im Zeitungsviertel, dann sollen ich und die Hausdame mit den Köpfen nicken, wie Omnibusschimmel. Da hab' ich gesagt, es sei gar nicht so schlimm gewesen, immer nur zwei Tote. Und die Löcher in den Mauern habe man anderntags wieder zugegipst. – Das hat aber meine adlige Brot-, Bett- und Ofenherrin arg verstimmt. – Andermal, weil sie mich in den Wald bestellte, fragte sie: »Nicht wahr, Sie lieben doch auch die Natur?« Da hab' ich gesagt: »Nein.« – Danach lernte ich nicken. Nur noch einmal, mit einer scheuen Saatkrähe, habe ich über das aufgestocherte Berlin gesprochen; von den schreienden Rednern erzählt, über 100 Milliarden von Hüten, und von den Matrosen auf Panzerautos, die die Häuser erbeben machten. Vom sektsaufenden Pöbelmund, den öffentlichen Diebesbörsen. Das ganze große Erheben. Das behält seine Farben in meinem Gedächtnis. – Ich half im Garten graben, und wenn die impulsive, despotische, freundliche Jüdin auf dem Piano oder Tennis oder mit fremden Sprachen und mit all und jeder Kunst und Wissenschaft spielte, wurde ich zugezogen. Was fehlte zu ihren Millionen? zu ihren guten Büchern und Bildern? zu ihren traumschwarzen und pelzweichen Augen? – Sie wusste ganz tiefverschwommen zu philosophieren. Aber ich saß dabei wie ein Klotz, sehnte mich nach Leuten, die ihren Geist verstecken. Nach einmal Betrunkensein im Panoptikum und nach täglich neuen verblüffenden Plakaten, statt des albernen Mohren mit Malzextrakt. Zwar hatte mir Frau von S. aus freien Stücken 50 Mark Taschengeld zugesagt. Aber das Schweinefliegenzählen ermüdet. Und wer mag auf die Dauer immer zum Fenster hinausspringen. Und lass Birr begraben sein. Und so fing ich an, mir eine manierliche, entblüffende Kündigungsrede einzustudieren. So im Sinne Noktavians ... Wie der Matrose sich immer wieder hinaus aufs tobende Meer sehnt ... wie es der Deutsche, der einmal in Afrika gelebt hat, nimmer lange in der Heimat aushält ... wie die Zigeuner ...« – Aber dann, eines Tages, diese Rede völlig beiseiteschiebend, bin ich ganz plump mit den Worten herausgestolpert: »Entschuldigen Sie, morgen reise ich ab.« – Und nun umgaukeln mich wieder die Möglichkeiten Berlins. Nur du fehlst.

9

Welche edeldenkende, energische robuste Dame verhilft jungem kriegsverarmten Manne zu einem Paletot? Heirat nicht ausgeschlossen.
A. 16 Exped. d. Bl.

»Aber Herr Gastein, es fängt an zu regnen.« – Doch er zeigt ihnen Gestalten, hübsche und hässliche und die unsicheren und speziell die komischen. Die Felsblöcke mit summenden Grotten sind ihr bekannt aus Vaters Fabrik.

Auch die Schreibstuben, darinnen es hagelt wie Maschinengewehrfeuer bei den Liliputs. – Da! Dort! Dieser Eckstein! Jene technische Straßenwarze! Oder hier die Mauernische! Daran schlendert man so vorbei, aber nachts haben diese Dinge vielleicht Bedeutung, spukhafte oder grausige Bedeutung. Nachts kichert, rauscht und knistert es allenthalben. Und im Spuk werden dann zur Bühne alle die verwunschenen Winkel, wo tags die Hunde hinpink... – »Herr Gastein, es regnet!« Umso besser. Das schwemmt wieder Billiarden von Großstadtbazillen in die Schleusen. – Wer sitzt dort unter der Litfaßsäule? Für wen halten Sie den? Den Mann? Nun, das ist ein armer Stiefelputzer! – Ganz bestimmt nicht, aber vielleicht ein reicher Stiefelputzer oder ein Detektiv auf Posten. – Sie lesen dahinwandernd links und rechts Firmen. Und Fundbüro, Leihamt, Akademie, ... XII. Oberrealschule, Verein für ... Auf jeden Berliner kommen sechs öffentliche Einrichtungen, ohne die Bedürfnisanstalt ... »Mein Kleid ist hin. Ich bin total durchnässt.« – Blicken Sie auch mitunter nach oben. Dort ganz oben, dem lieben Gott und dem Mars viel näher als wir, wohnen unlegitime Fürsten, ohne Gewissen, ohne Ehre und ohne Würde. Denn waren es aristokratische Hausbesitzer, die neulich ihr Kommando zur Française bewunderten, so werden es andere Leute sein, die ihnen morgen mitleidig ihre Unterhose abkaufen. – »Das verstehe ich nicht: Fürsten ... Unterhose?« – Nun, junge Leute sind's ... sie suchen sich aus Lügen herauszulügen. Und manchen gelingt es, aus Leinewand, Kohldampf und grauen Haaren ... Gold zu kochen. Kluge Leute, die wohl wissen, dass erreichtes Ziel luxuriösen Stillstand bedeutet und dass dann vergötterter Krebsgang folgt. Aber doch hetzen sie sich 24 Stunden qualvoll theaternd ab, um für einen antiken Bronzeleuchter 10 Mark zu erbetteln. Und nachts liegen nackte oder buntumhüllte Nuschas auf ihren Tischen und trinken Allasch aus Eierbechern, ebenso auf Berühmtheit gefasst wie auf Pfändung. – Fräulein von Camphusen spricht nur mehr mit ihrer Freundin. – Gussi will versöhnen. – Dort oben zweiter Stock, zweites Fenster von links, hinter den erstklassigen Pensionsgardinen verbrennt ein gespannt lauschender Feinmechaniker Briefe, Kofferadressen, Gegenstände ... Morgen will er reich sein. Gestern hat er eine Witwe erdrosselt. – »Wen? – Wieso? – Woher?« – Ich weiß es nicht aber ... man liest es doch täglich. – »Höre Gustav«, sagte Feridell, »nässer werden wir doch nicht, wollen wir nicht endlich ...« – Gut.

Er führt sie in dunkle, bemalte Hausflure, über halsbrecherische Stiegen, in Hinterhöfe und überraschende Durchgänge. Dort im Stockwerk fädeln und stechen junge, verkümmerte Mädchen tagaus, tagein, bis sie spitze Nasen bekommen und auf einem sauren Sparkassenbuch sterben. Die Direktrice geht nächste Woche mit einem phantastischen Hochstapler durch. – Dort sind auch Junggesellenwohnungen und Aftermieter-Boudoirs, die man einmal nachts wie ein Dieb betritt und nie wiederfinden würde. Später besinnt man sich auf einen Bärtigen, der im Schlafrock vorlas aus »Die Bienenfabel oder der Nutzen der Privatlaster für das öffentliche Wohl« ... – Anna ist verstimmt. – Indem Gussi vermitteln will, bekennt sie sich restlos offen zu ihm. Das rührt ihn. – »Dein abscheuliches Berlin Wie ganz anders, wie schön war es damals dort auf der Mole ... –« – Ja Gussi, es war dort so schön, weil wir es hier ähnlichen Menschen erzählen oder verbergen würden. – Im Spaßmachen, Unsinntreiben, da hat seine rege Phantasie leichten Sieg. – Wenn man Bauchreden erlernte, könnte man sich selber Rätsel aufgeben und beantworten oder sich mit sich streiten. – So gewinnt er Annen zurück. – Ihnen rollt ein Schlachterwagen vorbei, der eine Kuh am Strick nachzieht. Sie muss Trab laufen, das Euter schwabbelt lächerlich hin und her, und sie glitscht auf dem spiegelnden Asphalt häufig aus. – Auf dem Lande drehen sich die Leute nach einem englischen Offizier um. Die Berliner wenden ihre Köpfe nach einer Kuh oder nach singenden Spaziergängern. – Anna hält die Kuh für ein abscheuliches Tier, wegen der Kruste. Worauf Gustav es für denkbar erklärt, dass eine halbtaube Frau jetzt einwerfen könnte, die Kruste sei gerade das Beste. Alle drei lachen noch in der Konzertloge. Das Parkett ist wie ein Kohlfeld mit Köpfen bedeckt. Schlüge man sie ab, sie fehlten morgen nicht im öffentlichen Gewimmel. – Gustav träumt nachts vorsätzlich von Anna. Auch wachend redet er sich Verliebtheiten vor, deutet es andern gegenüber an. Und Elfchen schenkt ihm eine neue Krawatte und ermahnt ihn, die Gelegenheit zu nützen, nicht so freie Reden zu führen, sich natürlich und bescheiden zu benehmen. – Pah! – Als er noch Matrose war, hatten ihn die Mädchen an den Küsten lieb, weil er sich anders und lustig gab und nicht berechnend, sondern nur flüchtig, vorübergehend erschien. –

Cecilie: Aber doch interessant?

Anna: Ja, wollte mit uns in einem ganz fremden Hause durch die Bodenluke aufs Dach klettern. Um uns die Berliner Alpen zu zeigen, mit Gärten auf Holzzement und Gletschern, wo manchmal wilde Jagden stattfänden, bei denen herrliche kühne Verbrecher erschossen würden.
Cecilie: So sind die Künstler ...
Anna: Ja, aber manchmal so merkwürdig, fast unheimlich. Ich glaub', er ist nicht ganz richtig. – Ich fürchte mich vor ihm.

10.

Amtsgericht I erlässt ein Aufgebot hinter 20 Verschollenen, deren Todeserklärung beantragt ist.

Nur plaudern, das kostet ja nichts. Im Gegenteil, dann möchte sie noch Bohnenkaffee und Gebäck mit ihm teilen. Die Hure Biela. Und das auszuschlagen, erfordert Überwindung von ihm, dem Hungergeschwächten. – Wie ein von Märchen Entrücktes lauscht sie seinen traurigen Gedichten, schreibt sie dankbar in ein fettiges Heft. Er sagt sie auch innig und echt her; liegt doch hinter ihm eine stundenlange bekümmerte Wanderung durch die Straßen, die er kennt, die ihn nicht kennen. – Man hat sein Drama abgelehnt. Eine halbe Minute oder die Laune eines Lektors, oder einer Gottheit weiser Beschluss zerpflückte ihm das Werk eines Jahres. – Annemarie hat sich von ihm losgesagt, einen Tag bevor seine besten Schuhe barsten. Erbärmliches Leder. – Arbeitern wich er aus, die Schokolade kauten oder Grogdünste, Geldgerüche aushauchten. Ahnt keiner von ihnen, dass das, was in Hauffs Märchen unsere Brust bedrängt und uns Güte ausweinen lässt, dass das heute unter Liftboys leben kann, vielleicht jetzt augenblicklich in der Kakadubar vor der Tafel mir den Renndepeschen zu finden wäre. – Wer nur arbeiten will, Arbeit ist genug da. Herr Purmann hat das über ihn geschüttet wie heißes Blei. Aber Purmanns wissen es nicht besser. Das Glück hängt vom Gewissen ab, aber das Gewissen vom Verstande. – Schuld, Irrtum, Glück, Zufall, Verantwortung ... Lauter durcheinandersiedende Moleküle – Noktavian hat eine Anstellung gefunden. Er besucht vornehme Kundschaft, um

Beiträge zu sammeln für ein nationales Privatunternehmen. Viele honorige Stellungslose werben so für ähnliche Vereine unter hohen Protektoraten. Sie betteln erstaunliche Summen zusammen, aber doch nur so viel, dass es gerade die honorigen Spesen der Ehrenamtlichen deckt. Nun kann Noktavian wohl reisen und Beziehungen anknüpfen. – Liebenswürdige Freunde von Gustaven, begabte jüdische Kollegen der Literatur oder Kunst, wussten sich auch durch diese Zeit scharfdenkend und beharrlich höher zu schrauben; ließen hier einen überflüssigen Brocken Ehre fallen, zertraten dort unauffällig einen anständigeren Ringer. – Und denen, die Ruhm und Gold besitzen, nähert sich behaglich der Zufall und segnet sie. Und was uns vorzustellen gelingt, das sind wir auch. Brave, unverantwortliche Soldaten zerfleischen darüber brave, nur geistig anspruchsvollere Brüder. – Und die Gewinnenden? Was gewannen sie? Wer ist heute wahrhaft zufrieden? Oder doch? Oder nein? – Deutschland wurde gar zu arg geschüttelt. – Und wie's kam und wie's auch noch kommen sollte, du, bleierner Gustav, wirst immer auf dem Grunde bleiben. Die Offiziersschärpe und die Kriegsorden anlegen und dich bettelnd in der Wilhelmstraße aufstellen. Nein, das darfst du nicht. Denn du triffst hin und wieder doch anständige Kameraden und besuchst doch zuweilen den feudalen Klub, wo getreue, zum Teil kriegsverstümmelte Helden dauernd Kinder mit dem Bade ausschütten und einem eitlen, beschränkten Götzen huldigen, der sich aus dem Staube gemacht hat. Außerdem werden dir gewiss schon andere mit dieser Idee zuvorgekommen sein. – Denn Berlin ist ja so hoffnungslos abgegrast von der schlingenden niedertretenden Vielheit. – Die Bourgeois? Auch du gehörst ihnen wohl an, den tatenlosen oder den kurzsichtigen oder den steifdummen oder den heimlich zufriedenen Scheinbellern. Und die Radikalsten? Ideale erfüllen sich nie, aber unter wirren Umständen die Taschen. – Und die Verbrecher? Vergreifen sich an den Mittleren und Kleineren. Denn die Tiergartenstraße schützt der Staat, es ist seine Straße. Der Staat ist fett gemästet, ernährt sich nur mehr von jungen, zartesten Gemüsen. Wenn ich Präsident wäre, ich würde ... Geschwätz! – Woge prallt gegen Woge. Wurde mir die Seefahrt doch leid? Ich bin ein verbrauchter Süßwassermatrose, der sein Leben auf dem Lande beschließen möchte. – Die Hochsee hat ihre Wunder, aber in die Tiefe muss man tauchen, sie zu heben, und man kehrt dabei leicht nicht wieder zurück.

Andere bescheiden sich, dringen an der Oberfläche rasch vorwärts. Noch ein anderer erhängt sich. Der läuft nur einen Knoten und erreicht doch am ehesten das Ziel. Das wäre etwas für dich, Gustav. Und deine paar Habseligkeiten alle testamentarisch dem einen Freunde vererben, dass die Verwandten und Mäzene wenigstens einmal stutzen würden. »An diesem Deeters muss doch etwas sein ...« – Man plaudert mit ihnen. Immer das gleiche. Unter diesen Mädchen gibt es mitunter noch Altangesessene und auch eine gewisse Kultur in Berlin. – Man weiß im Voraus, was Biela antworten wird. – Wie sie sich ihre Zukunft ausmalt? Sie wird mit Ersparnissen ein Blumengeschäft gründen oder Zimmer vermieten, entweder als Kupplerin oder an anständige Herren. – Sie sind gemütlich und ehrlich, solange man an dem barschen Kontrakt nicht rüttelt. Sie bieten dir heute nervenpeitschenden Kaffee und morgen tödliches Gift. – Beiläufig, in ausgelassener Festgesellschaft antwortete Elfchen einer Frau Rat mit komischem, fast rührendem Stolz: »O, als Heinz mit mir in Paris war, damals haben wir auch oft drei Tage und drei Nächte hintereinander durchbummelt ... Wer verdient das Leben? Alle andern sind schuldbeladen. Ich, Gustav, bin der einzige anständige Charakter. So aussichtslos ... so hoffnungslos ...

11.

– – die Nummer des Autos war nicht beleuchtet. Die Leiche wurde dem Schauhause zur Obduktion überwiesen.

Wollte jemand Gustaven bei Deeters denunzieren, sprechend: Er hält auch vor dir Geheimnisse zurück! – Deeters würde lächelnd abwinken. Klapp den Deckel drauf. – Zwei Stammgäste trinken peinlich kritisch Weiße. Der alte Herr von der Filmbranche bietet dem Herrn Schneidermeister ein Prise an. Dieser ruft dem Kellner etwas zu in dem Dialekt der achtziger Jahre von Kölln jenseits der Spree: »Max, juckeln Se man los mit ihren ollen Zossen ...« – Ein kleiner bärtiger Herr nimmt eilig an diesem Tische Platz. »Vergeben Sie«, kichert er, »wenn ich ehrliche Fußnote in die 22. Zeile Ihres Vorworts einfalle. Sie sind der richtige Berliner, in Berlin die zweite Auflage.

Sowas erschien wohl anno 79 bei Hermann, aber was bedeutet es heute? Bestenfalls reiste der Großvater zu und der Enkel verzieht morgen.« Der Sprecher legt Geld auf den Tisch, löffelt die Erbsensuppe in sich hinein und entfernt sich. »Der scheint etwas Manoli zu sein.« – Gustav aber schlendert durch die Nacht, darin, von dunstigen Gespenstern überhuscht, Lichter hängen. Hohe bleiche Monde, ordinäre Butterblumen, an den Stationen aufregend rote Augen über Blutpfützen oder grüne Augen. Und über den Straßen dahingleitend, goldstreuend, der um eine andere Welt wissende Blaufunke. – Wie Gustav gekleidet ist, zu allem fähig, nichts gegen ihn einzuwenden, bemerkt er zufrieden, wie die Geheimpolizisten und andere Spione ihm ratlos nachblicken. Er kennt sie besser, die Strengen wie die Bestechlichen. Im Keller der Bananenliese oder unter der Falltür der grauen Frau öffnet sich ihm, dem bescholtenen Ringkämpfer, vertraulich die Chronique scandaleuse. Es würde aber seine wundersamen Privatstudien unnötig beeinträchtigen, wenn er Bielas Zuhälter anzeigte. Dagegen kommt ihm der Ruf zustatten, den er sich erwarb, als der internationale Dreadnought Kanarienschorsch niederboxte. – Gustav hustet grimmig ein paar seifige Zwitterjünglinge vom Bürgersteig. Und schnackt ein wenig mit dem alten Fuchswolf, der nachts mit einem Knüppel einen Schirmladen bewacht und nebenher geheimen Handel mit amerikanischen Zigaretten und Nacktphotos treibt. Er tauscht einen Witz mit den Droschkenkutschern am Halleschen Tor, lässt sich von Nora neue Anekdoten über Perverslinge erzählen. Und schaut zum hundertsten Male zu, wie ein junges, aber reifes, dralles Mädchen mit einem Puppenwagen den bettelnden Rumpf wegfährt, der allabendlich einige Stunden an der Planke lehnt, wo die parteipolitischen Aufrufe angeschlagen werden. – Im rauchigen Keller von Lutter & Wegner mischt sich Artist Gustav al Ratschild unter eine bezechte Gesellschaft falscher Offiziere und falscher Schauspielerinnen. Da quirlt Lustigkeit aus dem Vollen heraus. Denn es kommt den Kavalieren nicht darauf an, der Abortfrau Lewandowsky, die aus Exkrementen russische Zustände und noch Angenehmeres prophezeit, einen Fünfzigmarkschein zu schenken. Und die Damen stecken dem Oberkellner noch höhere, geheimnisglatte Gelder zu. Und jemand bietet Gustaven 200 Mark an, wenn er nur in ein Telefon spräche: »Hier Vorsteher Günther. Der Wagen soll am dritten Gleise warten.« –

Niemand außer Gustaven hört in dem Lärm, wie Hoffmann leise an der Wand kratzt, an der Stelle, wo früher das historische Bild hing. Gustav verlässt den Keller, springt drei Schritte rückwärts, weil Murr quer über den Weg huschte. – Und drei Stunden lang für ein verschwiegenes Honorar ist er damit beschäftigt, ein vornehmes Haus in der X-Straße dauernd zu verlassen. Jedes Mal prallt er mit einem Herrn im Pelz zusammen, der dann ruft: »Pardon, die Zeit macht einen nervös.« Jedes Mal antwortet Gustav dann: »Eine Nase lässt sich immer wieder drehen.« Und geleitet die Herren ins Parterre, wo ein Kügelchen über schwarze und rote Felder hüpft. – Gustav, der Chiromant, trinkt bei einer alten Hexe Whisky aus einer Napfkuchenform und unterhält sich flüchtig durch ein sulfurisches Sprachrohr mit Clamur, Machandel und Pipo. – Gustav hinkt. – Hinterm Reichstagsgebäude steckt er den falschen Bart in die Tasche. Ein Irrsinniger spricht ihn an. Ob der Schuss am Hundekehlensee schon gefallen sei? – Gustav nickt, wandelt tief Atem schöpfend weiter, dorthin, wo keine Laternen leuchten, unter die Bäume am Kanal. Lehnt sich übers Geländer und blickt in das tintenartige Fließen. – Als die letzten Schritte eines wankelmütigen Mädchenjägers verhallen, wird es dort unheimlich still. – Gustav summt: Es schwimmt eine Leiche im Landwehrkanal. Reich sie mir mal her, aber knutsch sie nicht so sehr. Dann lauscht er, strengt seine Augen an. – Eine Leiche treibt langsam näher. – »Es schließe sich der Ring!« – »Völlig!«, antwortet eine Stimme, die Leiche bremst. Gustav stößt einen Bootshaken in ihren Leib und langt sie damit heraus. Es ist Pinkomeier. Er begleitet Gustaven trällernd, trällert das Lied vom sublunarischen Wandel. Dabei redet er Dummheiten, die morgen vergessene Weisheiten sind. Und Gustav notiert sich einige kluge Bemerkungen, um sie morgen als wirren Blödsinn zu verbrennen. – »Mehr Humor, Gustav, Ataraxie auch im Verrecken!«, sagt Pinkomeier. »Du lässt dich vom ersten Eindruck erwürgen. Krieche stumm in die Dinge hinein; alle, die empörendsten, sehen innerlich ganz natürlich fleischfarben aus. Und ob in der Mühle die unterste Bohne bevorzugter sei als die oberste, die bis zuletzt den andern auf den Köpfen tanzt ...? Pah, gehupft wie gesprungen! Studiere du unbekümmert weiter und glaube mir: Es ist kein so großer Unterschied zwischen der Bibel und dem Berliner Adressbuch.« – Im Morgendämmern, wie etwas ganz Sonderbares, erhebt sich Vogelgeschwätz. Die

Spatzen, die Nachtigallen der Stadt. Wovon ernähren sie sich in dieser brotlosen Zeit? Wovon ernähren sich ... – Ein hackender Schritt ertönt, vom Echo der andern Seite geprügelt. Arbeiter mit klappernden Kannen eilen. Dicke Bündel farbloser Röcke schleppen Gemüsekörbe zur Markthalle. Das Volk der Angestellten schwärmt aus, Sklaven. Pedanten, die das Ende eines selbstgekauften Bleistiftes erleben. Bleich, kurzsichtig gewordene Mädchen. Ein gewisser, beinahe familiärer Kommunismus des Kontorlebens bewirkt es, dass sie mit einer Art Heimatgefühl in die kahlen Büros ziehen. – Müde, ohne ein Nachthemd einzuwechseln, sinkt Gustav in den süßen Eintagstod. Aus der Matratze brummt Pinkomeier Gute Nacht. – Nur einmal, kurz aus dem Schlaf erwachend, schaudert es Gustaven, als er Licht in seiner Stube bemerkt und einen bloßen Arm gewahrt, der aus dem Türspalt des Kleiderschrankes herausragt.

12.

L. F. Café Josty Freitag, Adresse wiederholen, wichtig Sporendank, Zürich entschlossen. Vorsicht Postl. 27, Amt 12.

»Heh! Heh! Pst! Wiga!« – Er springt einen kühnen Satz vom Autoomnibus. Das lernt sich hier. »Ich habe Eile, aber ein Stück begleite ich dich.« Wie geht dir's Gustav? »Manchmal ... heute ... hat Berlin einen Himmel. Ich bin dabei, meine Schulden zu bezahlen und zu schenken. Mein Drama ist honoriert, ein guter Freund von mir hat es ...« Du hast viele gute Freunde? – »Mehr Freundinnen.« – Ich träumte gestern von dir, Gustav. In der Kirche. – »In welcher? Es sind ihrer viele hier, manche so verbaut, dass man jahrelang täglich vorbeigeht, ehe man sie hinter Plakaten, zwischen einem Kino und einem Palast der Lebensversicherung entdeckt. Auch richtige Gebete und zauberstarke Frömmigkeit gibt es hier.« – Übrigens Gustav: Ich bin verheiratet. Willst du morgen bei uns essen? Notiere unsere Telefonnummer ... –
Es ist eine andere, eine kleine, kluge Frau, die Rotweingläser auf den sauberen Tisch zwischen den beiden parallelen Häkelpolstern stellt. Und selbst nie sentimental, doch gut, treu, zieht sie Kösters rührsame Spieluhr auf. –

Miezko, lasest du mein Manuskript? – Ja, manches verstehe ich nicht. – Muss man denn, kann man alles verstehen? – Nein, aber warum verschüttest du die Schönheiten? – Trüffeln stecken immer tief im Dreck. – Aber, Stävle, ich bin doch kein Trüffelschweinchen! – Nein, ich schreibe doch auch kein Dreckchen. Es sind Fetzen, aus Zeit und Ort herausgerissen, nicht die gute alte Zeit, nicht Gulitzsch an der Wipper ... Das Band zerrissen und du bist ... Ach, Miezko, ich bin heute so glücklich. Ich habe mich von Purmanns losgesagt. Nein, nicht jetzt, da ich für acht Tage Seligkeit bei mir habe, sondern vordem, als ich keine Kohlen und kein reines Nachthemd mehr besaß. – Aber Stävle, so, wie du mir die Leute gelobt hast, war es vielleicht doch etwas ... – Nein, Miezko, ich log dich an zu Purmanns Gunsten, als ich erkannte, dass ich mich selbst belogen hatte, und dass Purmanns mich oder sich selber belogen hatten. Und ich bedankte mich, wo sie danken mussten, und steckte beschämt ihre Vorwürfe ein, wo ihr graues Haar ... Soll ich mich um eine Erbschaft verkaufen? Ach, sprechen wir von anderem! Was erlebtest du inzwischen? – Miezko entzündet eine kleine Laterne mit Butzenscheiben und lässt die gebatikte Bühne von Weißgerber verlöschen. Vier schwache Strahlenbündel pendeln über merkwürdige Kupferstiche, über ostfriesische Möbel und keramische Niedlichkeiten. Frauenbeine schimmern durch ein warmes Violett. – »Es waren mancherlei Besucher bei mir, um ihre Sehnsucht nach München auszuschütten.« – Nach München jener Zeit. Jetzt lebt es sich stärker, gesünder und schneller in Berlin. Hier tröstet die Vielheit der Erscheinungen und Erlebnisse ... »Ja, Stävle, ich habe auch wieder Romane erlebt, seit du ...« – Man entgeht ihnen nicht. Wir erleben sie, hören sie, lesen sie aus Zeitungen, Büchern, und selbst noch in der einsamsten Zelle auf den Oktavbogen, die wir vom augenspießenden Draht abreißen. Und sie kreuzen sich und verwirren sich wie die Bindfäden in Elfchens Schubfach. – »Kehlbaum hat hier eine halbe Flasche Cordial Medoc über Berlin verschimpft, das keine Kultur habe.« – Nein, wenig. Es ist Fremde, unübersehbare, unerschöpfliche offene See, also Weg, nicht Platz. Nur nicht als Wrack dort liegen bleiben, wo es verebbt oder zerschellt. Zuweilen landen, sich träge wonnig erholen, aber dann wieder hinaus. Hindernisse überwinden, ums Leben kämpfen, alle Sinne stets wach und gespannt, denn Strudel und Strömungen locken und drohen. Hinaus, um in der massigen Einsamkeit zu leiden. Woge um Woge, Moment um Moment. (Gustav küsst die Hände seiner Freundin.) Du verstehst mich. Man muss Berlin visionär genießen. – (Sie streichelt sein Haar.) – »Ja, es ist Meer. Manche reisen herbei, um sich darin zu baden oder auch nur zu waschen. Andern gelüstet es nach abenteuerlichen Fahrten. Manche müssen untergehn.« – Prosit Miezko! Wenn der Frühling die städtischen Anlagen beehrt, dann stehl' ich mir einen Zweig, daran zarte gelbe Wollwürstchen hängen, die duften wie: Alles wird einmal wieder gut. – Und die Sonne weckt paradiesische Seligkeiten aus kahlen Kalkwänden. – Miezko will antworten. Da poltert die Tür schreckhaft, und auf der Schwelle steht ein eleganter Neger, der einen Muff und eine Handgranate ...

Nervosipopel

Elf Angelegenheiten

1924

Nervosipopel

Mitschüler erzählten als Witz, seine Mutter sei Leichenbändigerin und seine Großmutter Löwenfrau gewesen. Es war etwas daran, aber der Fall lag doch anders. Indessen nahm Feix Daddeldu dergleichen Nachreden nicht übel. Er lachte dazu. Seine Gutmütigkeit lag nicht immer so offen, ward daher auch von vielen Leuten angestritten. Von dem Lehrer, dem Feix eine Stunde lang auf alle Fragen mit »Wie?« antwortete. Vom eigenen Vater, wenn dieser sein Pfeifenrohr mit Wachs verstopft fand, und sogar von der Mutter, wenn Feix durchaus nicht zu bewegen war, das Kippen mit dem Stuhl einzustellen. Diese eigensinnige Beharrlichkeit war das Hässlichste daran. Machte Feix seinen Bruder, dem das Rechnen sowieso von Natur aus schwer fiel, beim Addieren durch lautes, unrichtiges Mitzählen konfus, dann verdrosch Kuttel schließlich den Feix. Aber nachher fuhr dieser fort, laut, unrichtig mitzuzählen: »14, – 15, – 16, – 18, – 20«. Und ließ sich widerstandslos abermals verdreschen und zählte weiter, und das hätte sich – was an ihm lag – lebenslang so fortsetzen können. Lag aber nicht, setzte aber nicht.

Jedoch das Allerärgerlichste war das Lachen. Wie Feix zu dem, was er im Grunde genommen gar nicht tat, lachte. So gemein! Gemein konnte man eigentlich nicht sagen, Feix lachte ja die anderen nicht aus, nicht einmal an. Sondern er lachte einfach gleichmäßig heraus oder vielmehr in sich hinein, nicht boshaft, nicht schadenfroh, nicht höhnisch, aber so – so – so dumm! Obwohl er vermutlich gar nicht dumm war. Man wusste das zwar nicht. Er hielt in der Schule Schritt, drängte sich nicht vor, sondern, war schweigsam, widersprach nie, fand sich in alles. Es war ihm überhaupt nichts Bedeutsames vorzuwerfen. Weil seine liebevollen Eltern keinen Haken entdeckten, um ihn zu bestrafen, er aber doch nach ihrer Meinung irgendwie was Queres hatte, so versagten sie ihm seinen einzigsten Wunsch, Seemann zu werden, und schickten ihn in die Stadt zu einem Drogisten in die Lehre. Feix arbeitete normal fleißig bei dem kleinen nervösen Drogisten und wohnte und speiste mittelmäßig in der Fremdenpension der geschäftigen vielseitigen, nur etwas leicht erregbaren Drogistenfrau. Herr Bulverin, so hieß der Drogist, wusste nur Gutes an die alten Daddeldus zu berichten. Leider wurde er von Tag zu Tag nervöser. Die Tür zum Privatkontor und das Fenster standen immer wieder offen, und der Zugwind wehte die Rezepte und sonstigen Papiere durcheinander. Im Laden standen die gleichartigen Flaschen, Phiolen und Dosen nicht mehr parallel, sondern schief zueinander. Die abends mit Bulverinschem Patentöl geschmierten Türangeln waren morgens verrostet und quietschten.

Auch die Erregbarkeit der Madame Bulverin nahm zu. Die bedauernswerte Dame verbrachte schlaflose Nächte. Weil die Wasserleitung tropfte, tupf, tapf, tupf, tapf. Irgendetwas – sicherlich eine Maus – nagte. Wo? – Woran? – Woher? Die Feldherrnbilder hingen schief. Etwas klappte von Zeit zu Zeit.

Erst nach sechs Monaten fingen die Eheleute Bulverin an zu ahnen. Wie Bulverins Patentöl in Blechkännchen zu Wasser wird. Seit wann die Pensionstische auf angesägten Beinen hinkten.

Da nichts nachzuweisen war und kein Entlassungsgrund vorlag, sondern aus anderen nebensächlichen Ursachen machte die Drogerie plötzlich Pleite, und Feixen blieb nichts übrig, als ohne Geld, aber mit viel bestem Zeugnis nach Hause geschickt zu werden.

Solche Leute wie Frau Daddeldu halten nichts von Zeugnissen und sehen auch nicht auf Geld. Aber in dem Nach-Hause-geschickt-werden fand die redliche Frau einen Fliegendreck. Und es musste wohl auch im Benehmen ihres Sohnes mancher Fliegendreck oder wenigstens einer gefunden sein. Sie spürte dem vier Wochen lang nach, ohne recht dahinter zu kommen. Aber man schmettert nicht Türen zu, als gälte es, Büffel zu köpfen. Und als Feix wieder – nun schon zum elften Male – die Lampe so auf den Tisch gestellt hatte, dass ihre eine Hälfte über den Tisch hinausragte, wurde es Beschluss, dass Feix sich erst einmal als Seemann ein bisschen Lebensernst zusammensegeln sollte.

Er ward kein so tüchtiger und beliebter Seemann wie Kuttel, aber auch kein so leichtsinniger Abenteurer wie sein anderer, sein verschollener Bruder. Sondern genügte seinen Pflichten mit Durchschnittsleistungen. Seine Kameraden und Vorgesetzten hatten ihn im Grunde genommen gern, war doch sozusagen nichts gegen ihn einzuwenden. Aber seine Ruhe war keine Ruhe mehr. Nicht etwa Faulheit. Aber er machte die ältesten Janmaate, diese wetterharten, bedächtigen Bärenkerle, er machte sie kribbelig; und als ihm der sechzigjährige Segelmacher im Stillen Ozean mit dem Fuchsschwanz einen Mastsplitter aus dem After sägte und Feix während dieser Notoperation das gelehrte Buch des Kapitäns studierte (es war ein Reiseführer durch Dießen am Ammersee) und dabei unaufhörlich dermaßen lachte, dass der Segelmacher ein Jucken in die Hand bekam, wobei die Säge abbrach, darüber der erschrockene Segelmacher plötzlich tot war; da hatte sich Feix alle Sympathien an Bord verscherzt. Niemand bemitleidete ihn etwa, weil er fortan mit einem Splitter und einem Stück Säge im After sich durchs Leben schlagen musste.

Später trieb er sich in tropischen Ländern herum. Jahre waren vergangen, seitdem er seine Mutter verlassen hatte, und nie bekam diese ein Lebenszeichen von ihm. Dennoch wartete sie vertrauend und tapfer auf seine Rückkehr und rühmte ihren Feix und seinen besonders guten Charakter, bis Feix nach Jahren plötzlich überraschend heimkam; dann nicht mehr, im Gegenteil.

Was hatte er wohl alles erlebt? Er sprach nicht darüber. Was hatte er wohl seinen Angehörigen aus dem Auslande mitgebracht? Er stellte es auf den Tisch: eine große quadratische Pappschachtel und darin: ein Moskito.

Seine Angehörigen lachten durchaus nicht. Das war doch kein Witz.

»Es ist dressiert«, sagte Feix erklärend. Aber das machte gar keinen Eindruck. Nur Paula riss den Mund auf. Feix sprach etwas zu dem Moskito in einer fremden Sprache, nicht Englisch. Sofort schoss das Insekt wie ein Pfeil in Paulas Mund. Paula spie es hustend wieder aus. Feix trocknete es mit Löschpapier. Dann gab es wieder ausländische Befehle. Das Moskito fing an, scharf summend und in schönen Brezelkurven um die Lampe herum zu sausen. Frau Daddeldu schlug mit dem Besen nach dem Tiere. Feix sperrte es vorsichtig wieder in die Pappschachtel. Die Angehörigen lasen die Lampensplitter vom Boden auf.

Feix wurde zu einem Pfarrer in die Stadt geschickt, um vier Wochen lang Anfangsgründe zu studieren. Er fuhr im D-Zug in der zweiten Klasse mit sechs sehr unterschiedlichen, aber durchwegs hochintelligenten Leuten zusammen, die ihn unterwegs unruhig und unbehaglich anschielten. Weil bei dem was nicht stimmte. Es war den Sechsen so, als habe sich über sie eine Gewitterwolke gelegt. Während der neu Hinzugekommene, dieser dauernd und lächelnd die Lippen bewegende Arbeitsmann mit seinem Köfferchen und der Riesenschachtel allein in Sonne gehüllt schien. Der erste Mitreisende nieste 42-mal, der zweite juckte sich, der dritte blinzelte, der vierte suchte nach Ursachen, der fünfte schlug um sich. Der sechste aber schlief; er war syphiliskrank.

Feix saß, abgesehen von seinem ausländischen Murmeln, unbeweglich da. Und doch war er der Dirigierende. Er arbeitete Hand in Hand mit seinem Moskito. Wie ihn die Inder gelehrt. »Nimm Krankheit!« befahl er dem Tier. »Übertrage sie!«

Der Zug lief ein. Hinter Feixen verließen auch die übrigen Passagiere den Wagen, der Herr, der geschlafen hatte, verließ ihn geheilt, die fünf andern syphiliskrank. – –

Schon am folgenden Sonntage erschien der Pfarrer aus der Stadt bei Frau Daddeldu. Er war verbunden und total zerstochen. Hinter ihm stand Feix mit Köfferchen und Pappschachtel.

Frau Daddeldu hatte nie Feen missbraucht. Zum ersten Male in ihrem Leben wanderte sie nach dem Hünengrab und kratzte dreimal mit dem Hufeisen unter die Distel. Die Fee erschien, vernahm die Klage und verschwand.

Als Feix anderen Morgens erwachte und den Pappkasten öffnete, um seinem Moskito guten Morgen zu wünschen, kam statt des Insektes ein Elefant heraus. Feix lachte mächtig. Da verwandelte sich der Elefant in ein schnappendes Krokodil. Feix hielt dem Krokodil mit der Linken das Maul zu, kitzelte es mit der Rechten und lachte. Nun entglitt ihm das Kroko und nahm ätherische Feengestalt an. Feix schnalzte mit der Zunge und lächelte.

»Lächle nicht!«, sagte die Fee ernst. »Vom höchsten Glück bis zum tiefsten Unglück ist nur ein knapper Schritt. Gesundheit soll dereinst abgerechnet werden, denn sie ist geliehene Begabung, andern zu helfen.«

Feix schnalzte mit der Zunge.

»Schnalze nicht!«, verwies ihn die Fee. »Es kann ein lästernder Töter gütig sein, und es kann ein schlafender Unterlasser ewige Mordschuld auf sich laden.«

Feix feixte. Die Fee wechselte ihre Beinstellung, dann rollte sie plötzlich ihre Augen feurig und sagte mit hohler Stimme: »Bebinissi kolabia ivustalinski!«

Feix feixte und schnalzte. »Du!«, rief die Fee drohend. »Du weißt nicht, wer ich bin.«

»Doch« – erwiderte Feix – »ein rechter Nervosipopel!« Die Fee verschwand. Von allen aufgegeben und gemieden, begann Feix nun einen liederlichen Lebenswandel. Sein Stammlokal wurde das Café Nashorn, wo Dirnen verkehrten.
Frau Daddeldu kratzte noch dreimal unter die Distel. Die Fee zuckte nervös mit den Achseln und verschwand. Aber heimlich verwandelte sie sich in eine Kokotte.
Feix verguckte sich. Seine Mutter gab sonderbarerweise immer aufs Neue Geld heraus. Feix hielt die Kokotte aus. Die Kokotte ward schwanger. Feix heiratete sie trotz stärksten elterlichen Protestes. Das war sehr anständig von ihm. Lepopisov Ren, so nannte sich die Braut, stammte aus der Gegend von Russland, bezog mit Feixen ein bescheidenes Zimmer und darin ein Wochenbett. Feix pflegte sie, aufmerksam, ordentlich, beharrlich, treu, rührend. Es klingelte; Feix schnitt die Drähte durch. Es klopfte; Feix rief ärgerlich: »Pst! pst! Sie schläft.«
Drei Monate vergingen. Feix brachte seiner Frau Erdbeeren, Schokolade oder die neueste Art von Bouillonwürfeln ans Bett, zog sich schon im Korridor die Stiefel aus, küsste – um nichts zu quetschen – bloß noch die Haare. Wieder drei Monate vergingen. Feix verließ die Wohnung nimmer, nachdem er noch einmal eiligst Windeln und Bleisoldaten eingekauft hatte. Er schlief nimmer, sondern horchte vor der Türe. Er aß kaum noch. Er wurde vom Briefträger wegen Misshandlung verklagt. Er schrie die Amme an, weil sie polterig hustete. Er zuckte, blinzelte, er suchte nach dem Moskito, welches abhanden gekommen war, er raste, schrie (aber stets in Kissen hinein, damit Lepopisov Ren nichts vernähme). Dann wieder ließ er sich stundenlang von der Wöchnerin erzählen, wie sie sich befinde, ob es sich wie ein Junge anfühlte. Und wenn sie »Ja« sagte, so freute er sich rein närrisch. Bis eine Fliege summte oder ein Tablett umkippte. Dann fuhr er aus der Haut. Der Tag kam heran. Der Arzt ließ auf sich warten. Feix sprang von einem Bein aufs andere, unterdrückte. Die Hebamme ließ auf sich warten. Feix kroch Wände empor. Das und mehr wiederholte sich acht Tage lang, ohne das ersehnte Resultat. Der Termin war längst vorüber.
Vierzehn Tage vergingen. Lepopisov Ren nahm immer noch zu. Arzt und Hebamme kamen umsonst. Feix raste oder weinte.

Ein Monat verging. Lepopisov Ren nahm immer noch zu. Sie lag schon in zwei Betten; nun ließ Feix anbauen. Arzt und Hebamme lachten in sich hinein. Feix stach nach beiden. Zwei Monate vergingen. Arzt und Hebamme blieben aus, sandten aber ihre Telefonnummern.
Der dritte Monat war halb vorbei. Dreiviertel der Stube war von der Wöchnerin ausgefüllt. Feix grübelte abmagernd darüber nach, was an der Verzögerung schuld sei. Lepopisov Ren meinte: Die verbrauchte Zimmerluft.
Also musste sie ins Freie. Die Türöffnung maß 98 : 200, das Fenster nur 90 : 180. Feix brach eigenhändig die Frontwand des Zimmers nieder.
Es war ein sonniger Julitag. Lepopisov Ren hatte Ausgang. Feix sah ihr außer sich vor Freude nach.
Sie glitt hinaus, halb schwankend, halb schwebend. Draußen legte sie sich auf die Seite, – Feix war fieberhaft gespannt – drehte sich kugelartig weiter herum, bis ihr Bauch zuoberst kam, und auf einmal und langsam stieg sie. Stieg ruhig und majestätisch höher und höher, himmelwärts. Feix verhatterte sich in eine Rouleauschnur. Und sie stieg stetig. Plötzlich fing Feix an, wie rasend zu hupfen, aber es war schon zu spät, er erreichte nichts mehr. Sie stieg höher, feierlich, stieg wie ein Luftballon. Ohne Gondel. Aber oben, im Zenit des Ballons, auf dem Nabel, saß deutlich, unbeweglich, ernst und blaß ein Moskito.

Abseits der Geographie

Herr Droschkenkutscher Porösel wurde trübsinnig aus Langerweile; er wusste seinem Berufe nichts abzugewinnen. Müde und stumpf saß er am Tag oder bei Nacht auf seinem Bock. Müde und stumpf stand oder trabte auch der Gaul, der nun schon seit elf Jahren an Porösels Deichsel gewohnt war und, außer Dienst, sogar Seite an Seite mit seinem Herrn schlief.
Eines Morgens ging der Kutscher wieder derart zu Stroh und seufzte sich hinstreckend: »Ach, wäre ich doch tot!« Und sich vorstellend, wie das sein müsste, wenn er tot wäre, kniff er unwillkürlich die Augen zu. Da er sie aber nicht völlig zugekniffen hatte, sah er zu seinem maßlosen Erstaunen, wie der

Gaul ihm eine höhnische Grimasse schnitt, dann in lautes Lachen ausbrach und auf einmal, so als habe er zu laut gelacht, – genau wie ein Mensch mit der Hand es macht – sich einen Huf vors Maul hielt.
Der Droschkenkutscher riss die Augen auf, da nahm der Gaul sofort wieder seine ursprüngliche, müde, stumpfe Haltung an. Vielleicht hatte Herr Porösel doch geträumt. Es war doch unmöglich, dass ein Pferd sowas tat und obendrein noch seinen Herrn seit elf Jahren betrog. Immerhin. – Hier galt es nachzuforschen.
In der nächsten Zeit stellte sich Herr Porösel öfters schlafend, und da bemerkte er einmal, wie sein Ross sich plötzlich auf die Hinterbeine stellte, die Vorderbeine verschränkte und so, leise auf und ab gehend, vor sich hin murmelte: »Wäre ich eine Stute und Herr Porösel in mich verliebt, so würden unsere Kinder Maultiere.«
»Was willst du damit sagen?«, rief der Kutscher aufspringend. »Du falsches Vieh!«
»Gelt, ich bin doch schlauer als du?«, sagte das Pferd ruhig und mit einer gutmütigen Sicherheit, die seinem Herrn die Peitsche aus der Hand wand. »Nun, nun«, fuhr es fort, als es Herrn Porösel hilflos baff zerknickt zusammenbrechen sah, »ich wüsste schon Rat, aber es kostet Überwindung.«
»Bin zu allem bereit«, stöhnte Porösel.
Das Ross schnauzte sich zwischen zwei Hufen und sprach: »Du musst dich aus der Welt schaffen, aus dieser Welt.«
Dumpf nickte der Droschkenkutscher. »Ja sterben. Es ist das Beste.«
»Im Gegenteil! Hör mich an: Begib dich sofort nach der Fasanenstraße in das Haus Numero – – aber verzeih, wir müssen etwas leiser reden –« Der Gaul flüsterte das Weitere dem Kutscher leise, dicht ins Ohr. Es war ein sonderbarer Ratschlag. Porösel wurde abwechselnd rot und blass und preußischblau. Aber zuletzt stand er überzeugt auf, umarmte sein Pferd dankbar und ließ sich umarmen. Danach begab er sich eiligst zu Fuß in das angegebene Privathaus in der Fasanenstraße, wo er, in den Salon geführt, zum Hausherrn Folgendes sagte: »Bevor ich ihnen Wichtiges mitteile, bitte – – wo ist – – ? – Entschuldigen Sie – mir ist etwas übel –«
Im Kämmerlein verriegelte der Droschkenkutscher die Tür, setzte sich irgendwo hin, tat irgendwas. Dann kletterte er hinein, reckte sich auf, zog am

Spülgriff, wurde von Wasserstrudeln ergriffen und total durchweicht, fühlte sich länger und dünner werden und in ein Rohr hineingezogen.
Je länger desto schneller sauste Porösel durch das schier endlose Rohr und leider nicht mit dem Kopfe voran, sondern umgekehrt. Deshalb geschah es, dass, als das Rohr sich in zwei Arme spaltete, er an diesem Scheidewege mit dem einen Bein ins linke und mit dem anderen ins rechte geriet und – bumms! Au! Stopp! – stecken blieb. Da er aber am rechten Rohr die Wegweisernotiz »Zur Kläranlage« las und sich genügend auf- und abgeklärt dünkte, so zog er das dortige Bein heraus und rutschte sofort im linken Rohrschacht weiter. Sein Tagebuch, das auf später noch zu erzählende Weise zu uns zurückkehrte, vergaß bedauerlicherweise, Namen und geographische Bestimmung des eigenartigen Landes anzugeben, wo Herr Porösel endlich in einem Becken landete, welches dem Ausgangsbecken seiner Reise ganz ähnlich sah. Er stieg hinaus, und weil er sowohl Kammertür als auch Korridortür offen fand, sich außerdem genierte, die Bekanntschaft eines Fremden zu machen, dessen Wohnung er auf so unkonventionelle Weise betreten hatte, so entfernte er sich heimlich rasch.
Da fand er sich denn in einer Stadt in einem Lande, wo es nicht anders zuging als bei uns, bis auf wenige, aber tief einschneidende Unterschiede: Dortzulande tat nichts weh.
Ein Mann wie Porösel, der alles nur mit dem beschränkten Blick eines Droschkenkutschers sieht, war natürlich nicht im Stande, die großen, alles umwälzenden Folgeerscheinungen eines solchen Nichtwehtuns zu erfassen. Er berichtet in dieser Beziehung nur unwesentliche, oft geradezu dürftige Begebenheiten. So das große Vergnügen, womit er in den ersten Wochen täglich zum Zahnarzt gelaufen sei, um sich ganz gesunde Zähne ausziehen und dann wieder einhämmern zu lassen. Oder er findet an einer Droschkenfahrt Gefallen, bei welcher der Kutscher das mit einem Reibeisen gesattelte Pferd ritt. Die Wagensitze waren mit Stacheldraht gepolstert und trotz bester Federung fuhr der Wagen höchst holperig, weil dauernd Straßenjungen sich zum Jux unter die Räder warfen.
Porösel schreibt: Es gäbe dort kein Verrecken, womit er Tod oder Sterben meint. Wenn einem beim Duell ein Ohr oder sonst ein Glied abgeschlagen wurde, so wuchs innerhalb von acht Tagen erstens ein neues Ohr an den

Menschen und zweitens ein neuer Mensch an das Ohr. Zwischen den Zeilen des übrigens gewissenhaft geführten Tagebuches lesend, erfahren wir, dass es dortzulande auch keine Geburt oder wenigstens keine Zuneigung in unserem schmutzigen Sinne gab. Wer sich vermehren wollte, schnitt sich zum Beispiel einen oder zwei oder zehn Finger ab und wartete acht Tage lang.

Auch Porösel selbst kam einmal auf die Idee, sich zu vermehren, aber eigentlich nur, weil er eine Droschkenräder-Fabrik zu gründen gedachte, deren gesamtes Personal er aus zuverlässigen eigenen Kindern rekrutieren wollte, damit auch die Gehälter in der Familie blieben. Er tauchte seine Nase in die Fleischmaschine, verstreute die herausgedrehten Würmer aus Nase im Garten und freute sich darauf, nun allmorgendlich beim Kaffee vom Balkon aus zuzusehen, wie sich im Garten sein stattlicher Nachwuchs entwickelte. Ein Amselschwarm verdarb ihm das Vergnügen, fraß gleich am ersten Tage alle Fleischwürmer auf. Herr Porösel war froh, als ihm eine neue Nase wuchs.

Eine andere Episode schildert einen Streit mit einem Schmied, der aus Ungeschicklichkeit einen Amboss auf Porösels Füße fallen ließ. Obwohl der Kutscher nicht den geringsten Schmerz verspürte, gab er sich doch nicht mit dem höflichen »Oh, Pardon!« des Schmiedes zufrieden, sondern versetzte diesem eine Ohrfeige und, noch immer von der übertriebenen Empfindsamkeit seiner Heimat befangen, stach er sogar noch dem anderen ein Auge aus. Der Schmied floh, warum? war nicht erklärlich. Als er aber genügenden Abstand von unserem Kutscher hatte, schnitt er sich blitzschnell ein Bein ab, beugte dasselbe im Knie zu einem gewissen Winkel und warf es wie einen Bumerang derart in die Luft, dass es herabschwirrend Herrn Porösels linke Mittelzehe abschnitt. Ohne daran zu denken, dass er nun ein Kind bekäme, hob der Kutscher mürrisch Zehe und Bumerang auf und verschloss beides zu Hause in einem Kommodenfach. Später verbrachte er viele schlaflose Nächte, weil er von irgendwoher unheimliche Machauf-Rufe zu hören vermeinte.

Nichts weiß dagegen dieser engköpfige Tagebuchschreiber über die merkwürdige Kriegssituation in jenem Lande zu melden, wo doch jeder Heerführer beglückt sein müsste, wenn seine Armee vom Gegner kurz und klein geschlagen würde. Nein, unser Droschkenkutscher langweilte sich nur und bekam Heimweh, Sehnsucht nach seiner Schwester, die ihm noch dreißig Mark schuldete und die er allerdings aufrichtig liebte. Er wusste keinen Rat, wie er wieder in seine Heimat zurückgelangen könnte. Vergebens blinzelte er allen Droschkengäulen zu, redete wohl auch das eine oder andere an: »Nun??« – »Tu nur nicht so; ich weiß, dass du mich verstehst.« Aus keinem Gaul brachte er was raus. Bis er sich eines Nachts in einen Stall einschlich, sich neben ein Pferd aufs Stroh warf und sich alsbald stellte, als ob er schliefe. Er gewahrte jedoch nichts anderes, als dass das Pferd zu äpfeln begann, und weil es gleichzeitig Fliegen abwedelte, so kriegte Herr Porösel etwas ab und floh.

Dennoch bekam er später auf irgendwelche Weise das Rezept in die Hand, um sich, und zwar in der schon einmal durchreisten Art, wieder von dortzulande nach seiner Heimat und sogar direkt in die Wohnung seiner Schwester zu spülen. Der Zufall wollte, dass diese etwas kränkliche Jungfrau gerade saß, als Porösel unter ihr auftauchte.

»Pfui Teufel!«, schrie sie und lief empört davon.

Der Heimkehrende war durch diese rohen Begrüßungsworte so tief enttäuscht und gekränkt, dass er einen Moment wie angewurzelt, wortlos dastand. Dann schleuderte er das mitgebrachte Tagebuch seiner Schwester nach, richtete sich entschlossen auf, zog am Strang und spülte sich zurück in jene geheimnisvolle Fremde, wo er verscholl.

Der arme Pilmartine

Schon seit Wochen hatten Plakate verkündet, der Franzose Pilmartine würde einen neuen Fallschirm vorführen. Auf der Siebenhenkerwiese war ein 30 m hoher Holzturm erbaut. Und an dem Sonntag strömten die geputzten Einwohner der kleinen Stadt hinaus.

Es ging vergnüglich, festlich und spannend zu, wie bei jeder ähnlichen Veranstaltung, und als Monsieur Pilmartine in einem Automobil auf der Wiese eintraf, wurde er mit Händeklatschen empfangen. Es folgte eine Ansprache, Musik. Dann sah man den Franzosen unten am Treppenansatz des Turmes

verschwinden und bald darauf oben auf der Plattform des Turmes erscheinen, wo er einen ungeheuren Schirm aufspannte.
Totenstille trat ein. Nur der infame Lümmel, der Fidje Pappendeik, der Lehrling vom Bürstenhändler Hohmann, benahm sich auf dem Stehplatz lausejungenmäßig, indem er unentwegt laut gröhlte: »Abfahrt! Auf Wiedersehen! Adieu!«
Das weite Publikum zischte: »Pst!« Man rief empört: »Maul halten!« und schließlich: »Raus mit dem Flegel!« Aber Fidje Pappendeik überschrie alle: »Lasst mich doch, ich fahre jetzt nach dem Monde!« Damit sprang er über die Barriere, lief in die abgesperrte innere Wiese, wo außer einem Arzt, einem Schutzmann, einem Fahrrad, einer Bahre und zwei Sanitätern sich nichts und niemand befand. Fidje Pappendeik aber sprang mit behänder Schnelligkeit auf das Fahrrad, fuhr ein Stück über die holperige Wiese hin, und auf einmal – – – ehe jemand daran dachte, den Störenfried – – auf einmal – ohne dass irgendjemand bemerkte – – niemand ahnte oder war darauf gefasst – kurz, auf einmal hob sich das Fahrrad, und Fidje Pappendeik fuhr auf einem ganz gewöhnlichen Fahrrad, nicht anders, als wie jeder Radfahrer fährt, fuhr aber durch die Luft, auf, über Luft, fuhr schräg aufwärts in die Wolken.
Kurzes Fluchen. Dann tausendfältiges »Ah!« »Bravo!« Begeistertes Schreien. Dieses Phänomen war unbeschreiblich aufregend, packend, verblüffend. Hinterher behaupteten alle Teilnehmer, es hätte eine Stunde gedauert. Und vollzog sich so schnell! Denn Fidje Pappendeik mochte noch keine hundert Meter zurückgelegt haben, unten schoss man Gratulationen ihm nach – als er ein schnelleres Tempo anschlug und bald danach zwischen zwei Lämmerwölkchen verschwand.
Flüche und Verwünschungen wurden laut. Dem Arzt war sein Fahrrad, Herrn Hohmann sein Lehrling, den alten Pappendeiks ihr einziger und einem Zuckerbäcker sein Hauptschuldner entschwunden. Kein Mensch hatte mehr an Pilmartine gedacht. Darüber gebärdete sich der Franzose so wütend, dass er ausrutschend ohne Fallschirm vom Turme fiel; und weil auch sein Genickbruch vom Publikum über dem höheren Ereignisse unbeachtet blieb, pumpten sich nun auch der Impresario und das pekuniär und ideell beteiligte Festkomitee mit Zorn auf. Half aber nix.

Die Stadt, die Provinz, die Hauptstadt, die Sportwelt, die Wissenschaft beschäftigten sich mehr und mehr und nach zwei Jahren weniger und weniger mit dem Wunder Fidje Pappendeiks Himmelfahrt. Kam auch nichts heraus. Denn einwandfrei ward nachgewiesen: dass der Sanitätsrat nicht mit im Spiel gewesen war, dass sein Fahrrad ein durchaus normales war und von Pappendeik gestohlen wurde und dass Pappendeik selber einen in jeder Beziehung ordinären Menschen und Lehrling darstellte.
Da Vater Pappendeik das Fahrrad und den Zuckerbäcker sowie einige Beschwichtigungen bezahlte, so blieb nichts übrig als eine sich mehr und mehr entstellende Erinnerung an eine Massenvision und an jemanden, der wirklich weg war.
Drei Jahre waren nach dem Vorfall vergangen, als der Bürstenhändler Hohmann eines Nachts durch Straßenlärm und Glassplitter geweckt wurde. Draußen stand fidel Fidje Pappendeik mit dem Fahrrad.
Lediglich aus Neugierde nahm Herr Hohmann den alten Lehrling wieder auf und war alle Welt zu diesem freundlich. Aber weder dem Bürstenhändler noch irgendjemand anderem, nicht einmal seinen Eltern, erzählte Fidje auch nur das Geringste von dem, was er erlebt hatte oder wo er gewesen wäre oder wie er so habe fliegen können. Es kamen Petitionen, Reporter, Professoren, jedoch wenn nicht schon der eifersüchtige Hohmann diese endlosen Wissbegierigen aus dem Hause warf, so erstickte sein Lehrling jedes Interview im Keime, indem er sich plötzlich blödsinnig stellte und stumm Grimassen schnitt oder alle Fragen konstant mit Kopfschütteln beantwortete oder auch gar zu aufdringliche Beharrlichkeit durch noch aufdringlicheres unanständiges Benehmen in die Flucht jagte. Fidje Pappendeik war der verhassteste Mensch.
Aber obwohl jeder Bürger gelegentlich jedem Bürger einmal versichert hatte, wie er für seine Person es nicht für der Rede wert hielte, sich mit einem unreifen Bengel und einer Jahrmarktsgaukelei noch länger zu befassen, so kochte und gährte doch überall eine alles Dagewesene übertreffende Neugierde. Das Gemüt einer ganzen Stadt blieb in qualvoller Unordnung. Längst war das Fahrrad verrostet, das man so oft photographiert hatte, ohne dass irgendetwas Auffälliges daran zu entdecken war. Zahllose Bücher waren ohne Resultat geschrieben worden. Und Fidje Pappendeik lebte harmlos vergnügt,

durchschnittsmäßig dahin; ohne etwas zu verraten und ohne davon Notiz zu nehmen, dass ein bohrendes Fragezeichen von ihm ausgehend durch die Welt wucherte, welches an Bedeutung beispielsweise das Shakespeare-Bacon-Geheimnis übertraf. Hohmann kündigte seinem Lehrling.

Alle Mitbürger ignorierten den grünen Jungen. Nur der Kommerzienrat Dr. Ernst Levin bewies den Mut zu einer Sympathiebezeugung für Fidje, indem er ihm ein stattliches Vermögen schenkte; starb allerdings gleich darauf an einer Darmfistel.

Fidje Pappendeik war reich geworden, lebte indessen nicht viel anders wie bisher, harmlos, vergnügt, durchschnittsmäßig, ohne zu verraten und ohne Kenntnis zu nehmen. Alles bahnte Versöhnung mit ihm an und hasste ihn insgeheim noch grimmiger.

Weil eine ganze Stadt zu ersticken drohte, war es ein Verdienst des Staatsanwaltes Kirschrot, dass er einen Plan ersann zur sicheren und würdevollen Lüftung des Mysteriums.

Kirschrot bestach drei Gasarbeiter mit Enzianschnaps. Die drei Gasarbeiter erhoben Anklage gegen Fidje Pappendeik und beschuldigten ihn:

1. Die Tochter des einen Gasarbeiters entführt und verführt zu haben,
2. im Ausland Spionage getrieben zu haben,
3. als fanatischer Anhänger einer kirchlichen Sekte zwei Waisenkinder totgetreten und beraubt zu haben.

Dies alles verübt während der drei Jahre nach seinem Start von der Siebenhenkerwiese.

Dieser hochsensationelle sexual-politische Ritualdoppelraubmord-Prozess musste unter freiem Himmel verhandelt werden. Die gesamte Einwohnerschaft, das rostige Fahrrad und die Siebenhenkerwiese waren zugegen. Die Verhandlung gestaltete sich nach der üblichen Einleitung etwa folgendermaßen:

Staatsanwalt: Wo fuhren Sie zunächst hin?

Angeklagter: In die Luft.

Staatsanwalt: Hatten Sie ein bestimmtes Ziel und welches?

Angeklagter: Ja, den Mond.

Staatsanwalt: Erreichten Sie ihn?

Angeklagter: Nein, ich verirrte mich und geriet auf den Fixstern Glyzerin. (Bewegung im Publikum.)

STAATSANWALT: Was taten Sie dort? Wie ging es zu? Wie lange blieben –? Erzählen Sie der Wahrheit gemäß und recht ausführlich. (Atemlose Stille.)

ANGEKLAGTER: Auf Glyzerin geht es genau so zu wie bei uns, bloß dass die Menschen dort nur von Leberwurst leben. (Heiterkeit.)

STAATSANWALT: Und was taten Sie dort?

ANGEKLAGTER: Ich aß sechs Monate lang Leberwurst. Dann bekam ich den Durchfall, übergab mich und radelte davon. (Lärm, Pfui-Rufe.)

STAATSANWALT: Ich verbitte mir jegliche Kundgebung seitens der Zuhörerschaft, sonst sehe ich mich genötigt, den Ausschluss der Öffentlichkeit zu be – (Atemlose Stille.)

STAATSANWALT: Angeklagter, berichten Sie weiter, genau und ausführlich. Wo fuhren Sie hin? Was trafen Sie wie? Wodurch?

ANGEKLAGTER: Ich geriet auf den Planeten Klopsia. Dort gibt es nur anständige Leute.

STAATSANWALT: Weiter! Weiter! Wieso? Was heißt das? Erzählen Sie doch! Welcher Gestalt taten Sie –?

ANGEKLAGTER: Ich legte mich in ein Kohlrabibeet, schlief zwei Jahre lang und radelte dann weiter.

STAATSANWALT: Häm – Sonderbar. – In der Tat. – Aber die Methode ist uns nicht mehr neu. Wir kommen schon dahinter. Sprechen Sie weiter, Angeklagter. Wo? Nach welcher –?

ANGEKLAGTER: Ich landete auf dem Seitenmonde Exlibris.

STAATSANWALT: Exlibris?? (Unruhe.)

ANGEKLAGTER: Ja, Exlibris. Dort ging es fürchterlich zu. (Hört! Hört!)

STAATSANWALT: Fürchterlich? – Ruhe auf der Galerie! wollte sagen unter freiem Himmel. – Wieso fürchterlich?

ANGEKLAGTER: Ja. Ich kam todmüde an, entkleidete mich, ohne recht zu wissen wie, stopfte meine Kleider in den Schrank, kroch ins Bett und schlief gleich ein. Bis das Entsetzliche geschah. (Alle Zuhörer stehen unwillkürlich auf.)

STAATSANWALT: Welches Entsetzliche? Stocken Sie doch nicht fortwährend.

ANGEKLAGTER: Ich erwachte plötzlich. Die Lampe brannte. Da sah ich aus dem Türspalt des Kleiderschrankes einen nackten Arm herausragen, der mir meine zerknüllte Hose reichte, und eine hohle Stimme sagte: »Liederjahn!«

Ich sträubte mein Haar, kroch unters Bettdeck. Und als ich wieder erwachte, hatte ich ein halbes Jahr verschlafen. Da radelte ich zur Erde zurück. (Minutenlanger Lärm, dann Stille.)
STAATSANWALT: Angeklagter, Sie haben bisher dreist gelogen.
ANGEKLAGTER: Ja.
STAATSANWALT: Wir wissen Mittel und Wege, Sie zahm zu machen. Aber erklären Sie uns jetzt zunächst einmal, wie Sie es fertig bringen, sich mit einem Fahrrad in die Luft zu erheben.
ANGEKLAGTER: Das kann ich nicht. Ich setze mich einfach drauf und fliege los.
STAATSANWALT: Quatsch! Ich setze mich auch einfach drauf und fliege nicht los. Also!?
DER ANGEKLAGTE (schweigt.)
STAATSANWALT: Können Sie uns den Vorgang vielleicht praktisch vorführen?
ANGEKLAGTER: Ja. (Es wird ihm das rostige Fahrrad gebracht.)
ANGEKLAGTER (vormachend): Ich ergreife die Lenkstange erst mit der linken, dann mit der rechten Hand. Dann setze ich den linken Fuß auf das linke Pedal. Dann hole ich ganz, ganz tief Atem. (Allgemeines tiefes Atemholen.)
STAATSANWALT: Das ist recht, so erzählen Sie vernünftig. Fahren Sie fort!
ANGEKLAGTER: Dann fahre ich fort. (Er schwingt sich auf den Sattel und tritt an. Fährt ein Stück über den Rasen, hebt sich dann in die Luft und bewegt sich erst langsam, auf einmal sehr schnell gen Himmel.)
Und kam nie zurück.

VOM ZWIEBELZAHL

Herr Tretebalg war von Beruf polizeilich verfolgter Wunderarzt, Naturarzt, Dentist; wie mans nehmen wollte. Von Zähnen und Hühneraugen abgesehen, gab es Hunderte von Geheilten, die seine Magie priesen. Den Glaser Lobesand hatte er von der Gallenpest befreit, einfach dadurch, dass er ihm zweimal mit einem Pferdeknochen über den Bauch strich und dabei sagte: »Lache mal!« Fertig: Gelacht – gesund.
Fachleute, wie Dr. Quilippi, nannten Tretebalgen einen fatalen Quacksalber.

Das Fernrohr in der Hand des fatalen Quacksalbers zitterte. Wahrhaftig: Drüben im Garten war eine kleine aber festliche Tafel gedeckt, deutlich für zwei Personen. Tretebalg stand schon im Frack bereit. Aber nein. Nein, nein! Er wollte doch noch absagen. Mit einem Menschen zusammen essen, der – der –, wenn auch nicht –, aber schon dieses ewige Gelehrte, dieses Austüfteln! Dieser verknöcherte Aktenstaub, dieser muffige nichts wie Bücherkram! Tretebalg legte noch einmal das Fernrohr über die Brüstung. Ja, dort oben saß er! Der gebildete, gelehrte Herr Dr. Quilippi; nur ein Stück krummen Rückens sah man, aber dieser Rücken schnüffelte ohne Zweifel wieder mit seiner blutlosen Nase in blödsinnigen, stinkigen Schmökern herum, lernte jetzt, eine Stunde vor dem Festessen, allerlei veraltetes, verbohrtes Gewäsch auswendig, womit er dem andern Eindruck machen würde, klaubte sich vielleicht spitzfindige, hinterlistige, schuftige Fremdwörter zusammen, um – um den Quacksalber, den fatalen Quacksalber in Verlegenheit – – »Huach!!« Ein Ausstoß, fast Kreischen. Das Fernrohr entrollte. Erst über die Brüstung und, als Herr Tretebalg zugriff, schnell in die Tiefe. »Hüukschä!« Das gab den Rest. Tretebalg hatte auf einmal einen Revolver in der Hand, legte nach drüben zu auf den krummen Rücken an und feuerte einen Schuss ab. Dann fiel er steif rücklings um. Ins Zimmer. Auf einen Teppich.

Der Naturarzt hatte meisterhaft gezielt. Der Berggeist Zwiebelzahl flog gerade unsichtbar vorbei. Er kam von einem überirdischen Billardspiel, und da ihm der Schuss natürlich nicht entging, machte er sich einen Scherz daraus, der fliegenden Kugel durch einen ebenso geschickten wie heftigen Stoß mit dem unsichtbaren Billardqueue ein wohlberechnetes Effet zu geben. Derart, dass sie rechts ab einmal um den Erdball herumsausen und erst dann wieder ihre alte Richtung aufnehmen musste.

Tretebalg hatte den Doktor erschossen, der ihn – als Einzigen – zum fünfzigjährigen Geburtstagsschmause einlud. An dieser Tatsache kaute der Wunderarzt nun herum, wie ein junger Hund an seiner Speckschwarte. Er versuchte sie zu verschlucken; sie kam immer wieder hervor. Wie er sie auch anpackte, sie blieb, was sie war.

Herr Tretebalg erhob sich grau verstört, wankte nach dem Nachbarhause hinüber, verzweifelt entschlossen, nun die Rolle des Harmlosen, Überraschten, Entsetzten zu spielen. Welche Rolle!

Irgendwer führte ihn nach oben, öffnete die Tür zum Arbeitszimmer des Doktors. Tretebalg trat ein.

Aber nicht so wie ein Blitz aus heiterem Himmel oder wie von der Tarantel gestochen, sondern gerade umgekehrt anders, traf ihn der Anblick des ihm lächelnd entgegenschreitenden Doktors.

»Herzlich willkommen, mein bester *amicus* Tretebalg.«

»Leben Sie denn noch?«, entfuhr es Herrn Tretebalg aus tiefstem Innern.

»Wie beliebt?«, fragte der Doktor zerstreut und sah ernst nach der Uhr.

»Gottlob, daneben getroffen!« Tretebalg stammelte dankbar selig verwirrt. »Nichts, nichts! – Ich meine – ich dachte, Sie wären t-o-t.«

»Dass ich nicht wüsste«, bemerkte Herr Doktor Quilipp verbindlich. Tretebalg kam zu sich. »Meinen herzlichsten, allerherzlichsten Glückwunsch.« – »Danke! danke!« Der Jubilar wies dem Gast einen bequemen Stuhl an, und indem er sich selbst wieder auf seinen alten Arbeitsplatz begab, begann er: »Mein lieber Herr Nachbar, lassen Sie uns, ehe wir zum Essen gehen, hier nach alter quinzantolischer Sitte einen alten Drackfallqueribus trinken und eine echte Kakastimmbett dazu rauchen.«

Tretebalg war noch so froh erschüttert, dass er diese Fremdwörter nicht nur innerlich verzieh, sondern sogar dem Doktor gestand, wie er absolut nicht ahne, was sie bedeuteten.

»Was tut's?«, sagte dieser freundlich. »Es beweist nur Ihre überlegene Ehrlichkeit, wenn Sie die von mir sinnlos und kompliziert erdachten Namen durch schlichtere, näherliegende ersetzen. Das, was sie bezeichnen, verändert sich darum doch nicht sondern bleibt eben ein selbst präparierter Getreidekümmel und ein anspruchsloser, von mir selbst erfundener Tabak aus Lindenblüten und pulverisierten Wespen.«

Tretebalg öffnete den Mund. Er schloss ihn wieder, weil der Doktor einschenkte, Pfeifen stopfte, Feuer reichte und herzlich aufs Neue den Faden aufnahm: »Ich beschäftige mich ein wenig mit allerlei praktischen Arbeiten und Erfindungen und bin nicht so ganz der verknöcherte Büchermensch oder Theoretiker, für den Sie mich vielleicht – –«

»Im Gegenteil«, warf Tretebalg mit feierlicher Betonung ein. »Und zum Beweise dafür«, fuhr der Doktor unter einer liebenswürdigen Verneigung fort, »möchte ich Ihnen hiermit« – (er öffnete ein Etui) – »diese Uhr verehren, die ich selber, nicht ohne mancherlei Schwierigkeiten und Vorstudien, hergestellt habe.«

Dem Wunderarzt ging es wie Glühen durchs Herz. »Aber Herr Doktor Quilippi! Das ist ja Silber! Da sind ja echte Diamanten darauf!« – »48 Stunden«, erwiderte der Doktor, der sich verhört hatte und über die Konstruktion nachsann. »Ich habe sie eben aufgezogen.«

Echte Tränen der Scham und der Reue tropften auf die Diamanten des Uhrdeckels.

Der Doktor wehrte, bescheiden nießend. »Aber lieber Kollege – –«

»Nein, Herr Doktor Quilippi, sagen Sie nicht Kollege zu mir; ich bin dessen nicht würdig –«

»Nicht würdig?«, rief der Doktor. »Was fällt Ihnen ein? Es wäre mir fatal, wenn Sie mich auf der Seite derer glaubten, welche Ihre bewährte, rein praktische Heilmethode – –«

»Und doch«, unterbrach Tretebalg, »und doch bin ich im Grunde nur ein Quacksalber.«

»Offen gestanden: Ich auch«, sagte der Doktor. »Aber eben deswegen müssen wir uns gegenseitig immer an unser Nichtswissen und Nichtskönnen erinnern und einig sein in gemeinsamer treuer Stümperei. Und in diesem Sinne wollte ich Ihnen diese Uhr –« (Tretebalg hatte sie schon eingesteckt) – »übergeben haben, als Zeichen meiner aufrichtigen Verehrung und als schlichtes Andenken an einen Kollegen, der älter und studierter als Sie und doch ebenso dumm war.«

»Ist – nicht wahr!«, rief Tretebalg begeistert; denn er hatte einen Freund gefunden, er hatte in dem früher ihm verhassten – –

»Ist oder war«, rief der Doktor hüstelnd, »wie schnell verwandelt sich das eine in das andere. Aber lassen Sie uns das jetzt nicht nahe gehen. Sondern: Auf in den Garten zur Trüffelpastete!«

Nach dem Worte »Trüffelpastete« fiel der Doktor hart vom Stuhl. Eine Kugel war ihm vom Fenster her in den Rücken gedrungen. »Das Herz!«, schrie er, die Hand auf die Brust pressend.

Tretebalg warf sich – riss ihm die Weste – sagte: »Die Lunge!«

»Zwischen Herz und Lunge!«, stöhnte der Doktor.

»Ja, aber mehr nach den Nieren zu.«

»Wer hat mir das getan?«
»Ja, wer konnte –?« Tretebalgen überlief ein unheimlicher Schauder. Welcher Zufall: Zwei Attentate hintereinander auf ein und denselben.
»Wer hat mir das getan?«, wimmerte Quilippi.
»Ich diesmal nicht!«, rief Tretebalg unwillkürlich: »Ich rufe Polizei.«
Der Doktor hielt ihn durch eine schwache Bewegung zurück. »Bleiben Sie, es geht zu Ende.«
»Keineswegs! Rühren Sie sich nicht; ich hole einen Arzt.«
»Nicht!«, flehte Quilippi, »Sie sind mein bester Arzt. Ihre Erfolge –«
Tretebalg fand die Wunde und ließ Speichel hineinträufeln.
»Ah, das tut wohl«, sagte Quilippi matt lächelnd. Der Naturarzt setzte sich nun mit seinem ganzen Gewicht auf die Wunde, um ein Verbluten zu verhindern. »Lache mal!«, rief er dem Getroffenen zu, aber dieser hatte das Bewusstsein verloren.
Tretebalg rührte sich nicht. Nach sechs Stunden fing der Mann unter ihm zu phantasieren an. Tretebalg hörte jedoch nicht zu, sondern dachte in traurigster Zerknirschung an seine eigene Schlechtigkeit, an den gnädigen Ausgang seines abscheulichen Anschlages und den unbegreiflichen grausamen Zufall, der nun doch diese rührende, einfache Gelehrtengestalt hingestreckt hatte.
Denn nicht konnte Herr Tretebalg ahnen, dass er just in diesen Stunden auf einem der abgefeimtesten Lustmörder saß, der jetzt von drohenden Erinnerungen gepeinigt wurde, die jene silberne Uhr betrafen. Diese Uhr hatte Dr. Quilippi in perverser Mordlust so konstruiert und eingestellt, dass sie zwölf Stunden nach dem Geburtstagsschmause eine konzentrierte Ladung Nitroglyzerin zur Explosion bringen musste.
Ich will ihm alles gestehen, sagte sich Tretebalg, kniff den Doktor prüfend in die Nase und erschrak über die Kälte.
Quilippi erwachte. »Wie spät ist es?«, keuchte er wild.
»Es geht zu Ende«, sagte Tretebalg sanft, »deswegen möchte –«
»Hören Sie«, stammelte der Doktor und richtete sich mit Mühe etwas auf, »ich muss Ihnen –«
Der Naturarzt wehrte ab. »Nicht! Bleiben Sie liegen. Ich habe Ihnen etwas –«
Der Doktor winkte heftig. »Andermal! – Jetzt – die Uhr – – Hören Sie mich an –«

»Schweig! Lassen Sie mich reden!«, drängte Tretebalg.
»Nein, ich muss reden –«
»Erst ich!«
Dr. Quilippi versuchte zu schreien. »Ich habe –«
»Ich habe«, überschrie ihn Tretebalg hastig, um den Satz zu Ende zu bringen, »auf Sie geschossen!«
Quilippi streckte sich. »Sie?? – Wie?? – – Sie?? – Um die Ecke herum??«
Da explodierte die Uhr.

DIPLINGENS ABWESENHEIT

Nach dem sechzigsten Wirbelmotor mit Repetier-Kolben-Schaltung wurde Herr Silbig: Dipl. Ing., Diplom-Ingenieur und so reich, dass er sich in Kufstein neben dem Hotel Auracher ein kleines Haus erwerben konnte, wo er sich und seine Frau zur Ruhe setzte. Beide Gatten waren entschlossen, auch dort wie bisher in Paris ohne Dienstboten zu leben. Ebenso besorgten sie die Einrichtung nach Möglichkeit ohne fremde Hilfe: Und diese Einrichtung war nicht nur komfortabel zu nennen. Da wurde ein Zimmer des unteren Stockwerks zum exotischen Wintergarten gewandelt. Schöne Palmen, seltene Orchideen und Kakteen entsprossen einer Erdschicht, die den zementierten Fußboden bedeckte, und zwischen den mit Schlingpflanzen verwobenen Gewächsen luden Amoretten und Lustbetten zum Ruhen ein. Über diesem Zimmer war im höheren Stockwerk, und gleichfalls durch Zement gesichert, ein Schwimmbassin für zwei Personen angelegt. Und alles andere war so perfekt auf Schönheit und Bequemlichkeit ausgearbeitet, dass Silbigs oder Diplingens, wie man sie in Kufstein nannte, schon nach vierwöchigem Aufenthalt sich gelangweiligt nach Paris zurücksehnten. Da war es ihnen sogar angenehm, als ihr Neffe Oberreich aus Kopenhagen seinen Besuch anmeldete.
Hans war ihnen in Paris oft ein ungern gesehener Gast gewesen, weil er so viel Unruhe brachte und weil er einen Beruf, den es eigentlich nur in Witzblättern geben sollte – Hans nannte sich nämlich Impresario –, gewählt hatte und gar nicht ausübte. Aber diese Unruhe schien Diplingens nun beinahe

willkommen; vielleicht freuten sich auch beide insgeheim darauf, dem Neffen mit ihrer Villa zu imponieren.
Als Oberreich eintraf, fanden Silbigs ihn übrigens gar nicht so übel, wie sie nach ihrer Erinnerung vermeint hatten. Im Gegenteil: Er benahm sich außerordentlich wohltuend, wusste sich bescheiden und unterhaltsam anzupassen. Er brachte sogar ein drolliges Geschenk mit, einen kleinen, ganz jungen Goldfisch, den er, nicht ohne Schwierigkeiten, in einem Einmachglas von Dänemark bis nach Tirol transportiert hatte. Und überhaupt betrug sich der Neffe – er hatte so laute, begeisterte »Oh«-Rufe und »Ah«-Rufe für die Lustwohnung.
Erst nach Oberreichs Abreise entdeckten Diplingens, dass er das Schwimmbad mit Suppenwürze oder so was verunreinigt hatte. Sie suchten diesen unangenehmen Menschen zu vergessen, was nicht ganz leicht war, weil sie den kleinen Goldfisch so lieb gewonnen hatten. Er war so rührend unbeholfen in seiner jugendlichen Unerfahrenheit. Er hatte auch noch gar keine rötliche, sondern sozusagen: gar keine Farbe, war überhaupt ganz unansehnlich, eigentlich nur ein kleines, etwas längliches Bläschen. Danach tauften sie ihn auch »Bläschen«. Für Bläschen wurde ein Goldfischglas beschafft, das man auf einem Gipssockel in den Wintergarten stellte, und man fütterte das Fischlein täglich mit 48 Ameiseneiern.
Bläschen hier und Bläschen da. Aber nach acht Tagen wird jeder Fisch langweilig. Diplom-Ingenieurs fingen, jeder getrennt für sich, an, zu überlegen, ob sich nicht gemeinsam erwägen ließe, inwiefern es berechtigt wäre, Pläne zu schmieden betreffs einer längeren Reise nach Paris.
Beide Gatten waren sich einig, aber doch war und blieb ein Hindernis. Wer sollte in ihrer Abwesenheit Bläschen füttern und wer die Pflanzen begießen? Etwa fremde Personen? – »Nein! Nein! – Nie! Nie!« Der Plan wurde aufgegeben. Die nächsten drei Tage hindurch stumpften Silbigs so hin. Es schien so, als wären sie böse aufeinander. Man hörte mal das Bullern eines Magens oder das eigene Herzklopfen. Ein andermal plätscherte Bläschen ein wenig, aber sonst –
Und doch hatte Herr Silbig noch nie so intensiv gearbeitet wie in diesen drei Tagen. Und am vierten Tag war das Wunderwerk, welches die Pariser Reise ermöglichen sollte, vollendet und angebracht.

Seitdem Diplingens abgereist waren, kreisten an der Decke des Wintergartens stetig langsam zwei Räder, von denen das eine dauernd einen ganz feinen Wasserstaub durch das Zimmer sprühte, während das andere nach jeder halben Stunde ein Ameisenei in das Goldfischglas fallen ließ. Das Wasser für die Sprühmaschine wurde vom Schwimmbassin hergeleitet. Das Reservoir für die Ameiseneier bildete ein großer hölzerner Schwebekasten.

Hans Oberreich hatte sich in diesem Fall keinen Scherz erlaubt. Er war, ohne es zu merken, selber betrogen worden von dem Kopenhagener Händler, der ihm statt eines Goldfisches einen ganz jungen Walfisch angedreht hatte.

Diplingens hätten eine dritte Maschinerie erfinden sollen, um die beiden anderen Räderwerke automatisch von Zeit zu Zeit mit neuem Öl zu versorgen. So aber ergaben sich Störungen, die allmählich schlimmer wurden. Der Zerstäuber am Wasserrad löste sich. Das andere Rad legte jetzt schon 20 Eier in der Minute, einige davon noch ins Goldfischglas.

Diplingens blieben abwesend. Die Gewächse im Wintergarten troffen. Starkes Rauschen übertönte das wohlige Plätschern des Goldfisches, welcher fraß und wuchs.

Das Erdreich war nicht mehr sichtbar. Die Lustbetten begannen zu schaukeln, die Amoretten torkelten. Eines Morgens erschrak der junge Goldfisch, weil er im Glase feststak, sich weder vor- noch rückwärts bewegen konnte. Da überkam es ihn, dass er ein Walfisch sei; er blähte sich stolz. Das Glas platzte, und plumps – schwamm der Wal zwischen treibenden Lustbetten und entwurzelten Palmen. Er fing an, die Gips-Amoretten wie Biskuit zu zerknabbern.

So was bleibt auf die Dauer nicht unentdeckt. Die Auracher hörten nachts grässlich gigantisches Schnauben. Eine Klage lief gegen die abwesenden Silbigs, weil der Briefträger, als er von außen die Briefklappe an der Tür öffnete, von innen mit Wasser begossen worden war.

Selbst der kaltblütige Revierschutzmann, der das Schloss aufbrach, kam einen Moment außer Fassung, als er beim Öffnen der Tür von einem herausschießenden, hydraulischen Walfisch die Treppe heruntergerissen wurde.

Während im Treppenhaus der Schutzmann und andere Neugierige im Strudel der nachstürzenden Wassermassen ertranken und der Walfisch schon

draußen auf dem Marktplatz mit zornigen Flossenschlägen das Pflaster aufpeitschte, gab der Magistrat telegraphisch eine Annonce an alle auswärtigen Zeitungen auf: »Wer kauft einen lebenden Walfisch?«
Sofort meldete sich die Firma Hermann Tietz, Berlin.
Da man in Kufstein über kein großes, transportables Bassin verfügte, so wurde der Walfisch in nasse Tücher eingewickelt und während der Fahrt nach Berlin durch Klistiere künstlich ernährt.
Am Anhalter Bahnhof geriet die Begleitmannschaft mit den Arbeitern von Tietz in Streit, weil letztere außer dem Walfisch auch noch die Walfischwindeln beanspruchten, diese blieben aber zuletzt doch in den Händen der siegreichen Kufsteiner.
Da war es in der Tat kein leichtes Stück für die acht Berliner, das zappelnde, schlüpfrige Riesentier durch die Königgrätzerstraße und weiter zu tragen. Und kein Wunder, dass ihnen beim Übergang zum Tempelhofer Ufer das grauenhafte Luder entwischte und in den Kanal stürzte.
Kürzen wir den Wasserweg Spree-Landwehrkanal-Havel-Elbe etwas ab. Halten wir uns nicht länger bei erschrockenen Badegästen, zerstörten Apfelkähnen auf. Übersehen wir die verschluckte Leiche im Landwehrkanal und vermeiden wir überhaupt jede Ausführlichkeit, wie sich der Walfisch über Schleusen, ausgespannte Fischernetze und das Binnenschifffahrtsgesetz vom 15. Juni 1895 hinwegsetzte. Er erreichte die nördlichen Meere, gründete viele Familien, um denselben seine wunderbaren Erlebnisse aus Diplingens Abwesenheit zu erzählen. Ob er dabei das Maul zu voll nahm, niemand schenkte ihm Glauben, und so zog er sich von den Mitwalen zurück.
Und wenn er nicht gestorben ist, so lebt er noch heute in den eisigen Wassersteppen um Grönland herum, einsam seine Furchen ziehend, traurig schaukelnd und nachdenklich blinzelnd, als suche er vergeblich nach treibenden Lustbetten und Gipszwieback.

VOM BAUMZAPF

Magdalissimus Baumzapf ging zu seinem Onkel.
Magdalissimus hatten seine Eltern ihn taufen lassen, damit er etwas Apartes, Originelles werden möchte. Denn sein Vater war zeitlebens in langen Haaren und Sammetjackett umhergewandelt. Da sich der Alte zum Sterben streckte, hatte er ohne Zweifel keine Ahnung von dem berühmten Ausspruch Lord Byrons, dass zwei Rosse keine Violine nageln. Denn nunmehr, das heißt 28 Jahre nach des Vaters Tode und 29 Jahre nach seiner eigenen Taufe trug Magdalissimus außer diesem Namen, einer Stinkwut und zwei dicken Foliobänden illustrierter Bechstein-Märchen nichts weiter Wesentliches zu seinem Onkel.
Er hasste seinen Onkel. Der Onkel liebte ihn. Der Onkel lieh kein Geld her. Magdalissimus schenkte immer wieder Bücher hin. Der Onkel sammelte leidenschaftlich, u. a. Bücher. Magdalissimus borgte leidenschaftlich, aber unleugbar war der Onkel ein außerordentlicher Geizhals. Seitdem er z. B. einmal als Gast bei einem Diner Schnepfendreck gespeist hatte, wünschte er nichts sehnlicher, als eine Schnepfe zu sein.
Doch billigerweise hat gerade diese übelste Wurzel, Geiz, meist eine oder mehrere sonderliche Tugenden in Begleitschaft. Und allein die Freude, das Verständnis und die Sorgfalt, womit der Onkel Bücher sammelte, Bücher stapelte, hätten genügen müssen, um im Busen seines Neffen einen ganz raffinierten Mord- und Racheplan zu ersticken. Rache, weil der Onkel kein Geld gab; Mord, weil er viel besaß.
Mittelst anderweitiger Geldanleihen, zäher Energie und Schwindeleien konsultierte Magdalissimus Architekten, Notare, Literarhistoriker, besuchte er Antiquariate und Buchbinder. Und nach zwei Jahren feindseliger Zurückgezogenheit wusste er allerlei Bedeutsames, z. B. wieviel Gewicht ein Balken trägt.
Da ging er zum ersten Mal wieder zu seinem Onkel, bat um Verzeihung und verehrte ihm zur Versöhnung die Memoiren Casanovas, die sehr seltene Originalausgabe, vor d. Franz., 12. Bände, in Bronze gebunden.
Der Onkel umarmte ihn, weinte, blieb – der neunundsechzigjährige Mann! – seines Neffen wegen bis 2 Uhr morgens wach, sein Bestes erzählend, und be-

gleitete sogar noch den jungen Mann vier Meilen weit bis an dessen Wohnung. Denn Geizige sind unermüdlich in ihrer Dankbarkeit. Sie leben sehr lange.

In der Folge kam Magdalissimus oft, später täglich; jedes Mal brachte er Bücher für den Onkel mit. Schöne alte Bücher, interessante Bücher, dicke Bücher, Folianten. Vielbändige Werke, Brockhaus, Meyers Lexikon, Große Ausgabe; den ganzen Luther, Europäische Annalen. Erbauliche Werke. Eine umfangreiche Bibelsammlung auf einmal und dann nach und nach ixerlei, wahllos oder vielmehr enzyklopädisch. Auch anfechtbare Sachen, wie Karl Mays Schriften, alle Sammelbände Simplicissimus und dergl. All das neu und solid gebunden. In Holz gebunden mit Messingbeschlägen. In Lederdeckeln mit Bleieinlage. In sammetüberzogenes Eisen gebunden. In Nickel; in Kupfer.

Magdalissimus Baumzapfens Mutter starb am Magenkrebs und hinterließ, was aus zwölfjährigem Mittagstisch herauszuschlagen war. Der Onkel weinte, küsste, tröstete, dichtete einen Nekrolog, zeichnete die Verbliebene aus dem Gedächtnis, wanderte jeden Sonntag eigenhändig nach dem Friedhof, um das Grab zu begießen, und schenkte die Jugendbriefe der Toten hin. Schenkte!

Magdalissimus wendete die halbe Erbschaft daran, um sich mit wertvollen Reisebeschreibungen und sämtlichen Jahrgängen der »Times« zu revanchieren.

Er redete auf seinen Onkel ein: Hier eine kostbare unersetzliche Bibliothek in dauernder Feuersgefahr. Demgegenüber nichtswürdig hohe Versicherungsgebühren. Und dahinter fast lächerliche, nein trügerische Ersatzansprüche. Der Onkel verließ nicht mehr seine Wohnung.

Magdalissimus kam und schenkte. Er wog seine Geschenke zuvor, ideell wie materiell. Sein zweijähriges Studium hatte ihm eine gewisse physikalische und mathematische Gewandtheit verliehen, und eine verständliche Vorsicht gab ihm den Vorsatz ein, die letzten fünf Zentner nicht mehr persönlich zum Onkel zu schaffen, sondern sie lieber eingeschrieben per Post aus Influenza zu senden. In seinen Gedanken galt ihm dabei ein zerquetschter Paketträger für ein schrecklich betrübliches, aber unumgängliches Opfer.

Onkels Bewegungsradius verkleinerte sich. Bücher drängten sich an Bücher, übereinander bis an die Decke. Und da sandte Magdalissimus das neue, verschließbare und feuersichere Bücherregal aus Stahl.

Onkels Zimmerwände knackten spukhaft. Es knackte in den Bohlen des Fußbodens. Onkel wurde unruhig. Er merkte schon lange was, aber nicht richtig was.

Jetzt wieder zurück zum Anfang der Erzählung. Magdalissimus Baumzapf ging zu seinem Onkel. Das letzte Mal.

Er schenkte zwei illustrierte Foliobände: Bechsteins Märchen, in vergoldeten Marmor gebunden. Onkels Stube betretend, ließ er die Bücher im Schreck fallen, weil er eine Senkung im Fußboden gewahrte; und das Fensterbrett war verbogen. Aber gleich hinterdrein erschreckt, hob er die Bücher hastig wieder auf, um den Fußboden wieder um ihr Gewicht zu erleichtern.

»Mach dir's leicht, guter Junge, und nimm Platz«, sagte der Onkel. Onkel hatte heute etwas zum Anbieten: Zigaretten, eine ganz besondere Sorte, zwei Stunden weit extra für den Neffen herbeigeholt. Der nickte nur, weil ihm der Atem noch nicht zurückgekehrt war.

»Mein Gott! Junge, du bist ja ganz blass! Fehlt dir was?«

Magdalissimus wehrte verwirrt, suchte nach irgend – – Aber es klopfte, und ein halbes Dienstmädchen meldete, die erste Lieferung von Bollermann sei angelangt.

Vielleicht erhoffte Onkel eine neue bibliophile Dedikation Magdalissimi; er sagte: »Bitte, man soll sie hereinbringen.« Dabei griff er mit erstaunlicher Stärke und Behändigkeit sechs Bibeln aus einem Regal, als wollte er Platz für das Kommende schaffen. »Onkel«, rief Magdalissimus, sich erregt erhebend, »erwartest du etwa noch – –?«

»Bitte halte mal!«, antwortete der Onkel und drückte ihm die sechs Bibeln so wuchtig in die Arme, dass der junge Baumzapf damit in den Sessel zurückfiel. Da klopfte es, ging die Türe auf, brachte ein bügelförmiger Mann die erste Lieferung von Bollermann herein: Zwei Zentner Kartoffeln. »Macht fünf Mark.«

Wo die Senkung im Fußboden war, knackte es. Der braune Fußbodenlack bekam das Muster windbestrichener See.

Magdalissimus wollte sich – – die Bibeln – – »Onkel!!« – – Kennaeks – Prrracks – Tschsch-Tu – Tsch – Lipp-Wupp – Huihhh – (Fallen).
(Onkel bewohnte im vierstöckigen Geschäftshause eine preiswerte Mansardenwohnung.)
Bum – Kladdera – Bumms –. Mit den tausenden von Büchern mischten sich plötzlich Akten, Schreibmaschinen, junge Mädchen und Tintenfässer. – Nack Nack Nack – Nicks – Pracks – Drucks – Uhüiihh – Bum – Kladdera – Bumms –. Mit den Büchern, Mädchen, Akten, Tintenmaschinen und Schreibfässern vermengten sich plötzlich tausende von Korsetts – lila, weiß, rosa. Krrr – Uiehks – schlitterteklitterte huihhh Bumms. Intimes Interieur. Ganz flüchtig. Ein Arzt schrie auf. Die Geburt eines Zwillings war abgebrochen. Knacks – Huih – Bumms – Bumms – –. Stille – –.
Magdalissimus war so verschüttet, dass sein Kopf eben noch herausragte. Zwei Stunden dauerten die Aufräumungsarbeiten bis zu seiner Befreiung, und gerade so lange lebte er noch. Aber während dieser Zeit sah er dauernd seinen Onkel beflügelt in den Wolken kreisen, einen Fünfmarkschein in der Hand schwenkend, und hörte ihn fröhlich zwitschern.

Eheren und Holzeren

Die babylonische, die aztekische, die chinesische. Aber sprechen wir nicht mehr davon. Wer sich näher dafür interessiert, sei auf Otto Bergmanns Berge und Täler der Äonen, Jena 1804, Verlag Weidebach, 8°, Halbfranz, hingewiesen.
Um 4700 vor Christi Geburt herum lebten hoch im Norden, von Meeren und Eisbären eingeschlossen, die Eheren, Nachkommen und Untertanen des greisen Königs Holzkopp. Der war berühmt wegen seiner weichen, gütigen Seele, die ihn bewog, mit jedem harten, trotzigen oder auch nur energischen Menschen, der ihm begegnete, Händel anzufangen und ihn kleinzukriegen. Und so hatte er längst alles, was ihn im weiten Kreise umgab, kleingekriegt und herrschte darüber in gütiger Weichheit. Handel und Wandel und Künste blühten. Nutzhölzer, Zierhölzer, Fässer, Wagen, Schlitten, Laubsägearbeit und Holzbildhauer. Das Volk war zufrieden, verfiel auch nicht in bosheit-

brütende Langeweile, weil im Laufe der Jahre sich immer mal wieder ein Fremder nach dort verirrte, der die Eheren in ernstes oder heiteres Erstaunen versetzte. Weil er seltsame Kleider und Gegenstände trug, nicht Eherisch verstand, und keinen Mihinka trinken mochte, diesen köstlichen, aus Renntierläufen und Meerrettich hergestellten Naturwein.

Selbstverständlich wurde solcher Fremdling zuerst zum König geführt, der ihm vieles schenkte, einiges nahm und ihn in der Form von Belehrungen ausforschte. Besonders sympathischen Gästen pflegte er sogar ein Geheimnis mitzuteilen, von dem keiner seiner eigenen Untertanen etwas wusste. König Holzkopp war nämlich Erfinder und Besitzer des magnetischen Nordpoles. Dieser bestand aus einer kleinen Pastete, die der König in guter Stunde gebacken hatte und nun in einem, von hohen Mauern geschützten, großen Garten aufbewahrte. Die Pastete blieb aber auch für die sympathischen Gäste unzugänglich und unsichtbar, weil sich darüber ein gigantischer Haufen von angezogenen Eisengeräten angesammelt hatte. Speere, Schwerter, Nagelfeilen, Ankerketten, Enterhaken, Nähmaschinen, Stacheldraht.

Die Fremdlinge, die ins Land der Eheren verschlagen wurden, waren zum Teil recht bemerkenswerte Leute. Im Gästebuch des Königs stehen Namen wie: Luluhili, genannt der eiserne Kanzler von Phönizien. Oder: Mabius, Degenschlucker aus Mittweida.

Solchen Persönlichkeiten von zähem, willensstarkem Naturell oder stählerner Entschlossenheit und den sympathischen Gästen pflegte der König später, nachts, in guter Stunde, wenn sie schliefen, unter gütigem Lächeln die Kehle abzudrücken.

Die drahtlose Telegraphie – in anderer Methode als später in Europa – wurde erfunden. Allerdings zunächst nur der gebende Teil. Der König und seine Untertanen sandten zahllose Telegramme in die unbekannten Fernen hinaus. Zum Beispiel: »An alle. Ich, König Holzkopp, habe durch mein Volk die halbe drahtlose Telegraphie erfinden lassen.« Auch kurze Kabelworte: »Prosit Neujahr! Die Eheren.«

Ungeheures Aufsehen erregte es, als der zweite, der aufnehmende Teil der drahtlosen Telegraphie erfunden wurde. Mir elementarer Spannung wartete alles. Wirklich traf ein Funkspruch ein.

Uha, die greisenhafte Großmutter des Königs, war die Einzige, der es gelang, Sinn in die fremdsprachlichen Worte zu bringen. Sie übersetzte: »Ihr, König Holzkopp, und ihr Eheren alle könnt uns, die Holzeren, Eure Antipoden, am –«

Das Telegramm war noch länger, jedoch beim Vorlesen des Wörtchens »am« ward Uha vom Schlage gerührt. Weil sie derart zu Tode beleidigt worden war, und man nun den Schluss nicht erfuhr, so fühlten sich die Eheren gekränkt. Und der König geriet in solche Wut, dass er sich nackt auf den Thron begab, die Mobilmachung befahl und niemals wieder Kleider anlegte. Das Volk hingegen bekleidete sich mit hölzernen Rüstungen und Schuhen, denn Metall war ihm unbekannt, griff zu hölzernen Waffen und schiffte sich auf hölzernen Barken ein. Der König nahm heimlich die halbe Pastete mit.

Damals gab es außer und nahe dem geographischen Südpol noch einen holznetischen Südpol, der die Eigentümlichkeit besaß, alles Hölzerne anzuziehen. Dass die Quelle dieser Wunderkraft letzten Endes in einem Pudding bestand, wusste nur Stahlhaupt, der harte, grausame König der Holzeren. Er hatte den Pudding gekocht und wusste ihn im Geheimgarten, unter einem Riesenberg von angezogenen Holzgeräten verwahrt. Ruder, Bootsplanken, Spindeln, Pfahlbauten, Särge, Quirle, Bleistifte.

König Stahlhaupt lief sein Leben lang immer nackt herum. Er hasste Weichlinge und Schlappschwänze, und wenn je Fremdlinge von derartiger Charakterbeschaffenheit sich ihm oder seinen Lande näherten, so reizte er sie durch Beleidigungen und stellte sich gleichzeitig ängstlich, unsicher, bis die Gekränkten ihn angriffen. Dann, weiterreizend, floh er zum Schein, ließ sich sogar etwas verprügeln, um ihre Tapferkeit noch weiter anzuspornen. Bis er sie schließlich aus Notwehr totschlagen musste.

Ein historischer Funkspruch traf ein. Die Holzeren betranken sich mit Wimmhubs, ihrem schmackhaften, aus Pinguinbutter und Soda hergestellten Nationallikör. Dann legten die Untertanen Stahlpanzer an und bestiegen eiserne Schiffe, denn Holz war ihnen ein unbekanntes Mineral; und der nackte Stahlhaupt folgte ihnen und trug heimlich den Pudding in der Hand.

Ob es anno 4680 war, also in dem Jahre, von dem der Vikinger Historiker Wlehd erzählt, dass es durch eine ungeheure magnetische Deviation alle nautischen Berechnungen über den Haufen warf. Oder später? Sicher ist nur,

dass auf dem Meere, welches damals die Gegend des heutigen Rastenburg bedeckte, die beiden Flotten einander in Sicht kamen.
Da geschah sofort etwas Unerhörtes, Einzigartiges. König Stahlhaupt war, der besseren Übersicht wegen, mit seinem Schiff etwas hinter den anderen zurückgeblieben. König Holzkopp andererseits stand, die halbe Pastete in Händen, auf seinem Flaggschiff und hatte aus kriegerischer Bescheidenheit den anderen Schiffen einen gewissen Vorsprung gelassen. Plötzlich sahen die Könige ihre Flotten in rasender Geschwindigkeit dem Feinde zufliegen und fühlten beide gleichzeitig, wie ihr eigenes Schiff ihnen unter den Füßen wegglitt. Eine tausendstel Sekunde später war folgende Situation perfekt: König Stahlhaupt stand von lauter holzgepanzerten Eheren umringt auf einem der dicht aneinandergepressten Holzschiffe. König Holzkopp hingegen befand sich auf der eisernen Flotte von lauter Holzeren umringt. Erst jubelten beide Völker über den gefangenen König, dann trauerten sie um den verlorenen König, dann entdeckten beide Völker das Ausgleichende ihres Schicksals und verabredeten funkentelegraphisch einen Königsaustausch. Auf ein bestimmtes Signal hin sollten beide Parteien ihren Gefangenen in einem Ruderboot entlassen, ohne zu folgen. Beide Völker brachen aber diese Verabredung nachher, indem beide den entlassenen Gefangenen mit sämtlichen Schiffen folgten. Ob dieser beiderseitigen Niedertracht wurde der Waffenstillstand abgebrochen. Die Seeschlacht sollte beginnen. Da die königlichen Gefangenen selbstverständlich nicht daran teilnehmen konnten, sondern überwacht zurückbleiben mussten, ergab sich ein merkwürdiger Beweis für die Hilflosigkeit führerloser Streitkräfte. Beide Flotten gingen nicht vor. Sie beschimpften sich nur aus der Entfernung gegenseitig per Funkentelegraphie. Als aber die Vorräte zur Neige gingen, kam Unzufriedenheit auf. Bald war man hüben und drüben auf Friedensverhandlungen erpicht.
Die Eheren sandten den Holzeren zehn Tonnen Mihinka. Die Holzeren sandten den Eheren fünf Tonnen Wimmhubs. Danach vereinigten sich die beiden Flotten. Die Könige küssten sich. Und alle betranken sich und betrugen sich so laut und rüpelhaft, dass ein noch nie dagewesener Seesturm losbrach, wobei sämtliche Eisenschiffe mit den Holzeren samt König Stahlhaupt und dem Pudding untergingen.

Die Eheren aber retteten sich auf ihren kieloberst treibenden Fahrzeugen nach ihrer südöstwestlich vom geographischen Nordpol gelegenen Heimat.

Das schlagende Wetter

Alle Welt kennt E. T. A. Hoffmanns Leben, schätzt seine Werke. Niemand weiß, dass zwei uneheliche Söhne des Dichters die Hamburger Bergakademie besuchten. Wer vermöchte heute anzugeben, wo das angeblich in einer italienischen Schublade gefundene Schriftstück des fragwürdigen Norwegers Tenkjörd geblieben ist? Ob jemand wagen wird, die folgende Darstellung zu widerlegen?

Bei allem Fleiß und größter Begabung fühlten die Brüder Reinhard und Wolfgang sich doch auf der Bergakademie nicht recht wohl. Von dem theoretischen Wust angewidert, verließen sie die Anstalt, um sich dem praktischen Teile ihres Berufes und innerhalb desselben wieder der phantastischen Seite zuzuwenden. Sie gingen aufs Bohren aus, wollten Kali, Wasser und alles Mögliche bohren.

Unbemittelt, nicht im Stande, sich ein Bohrwerk anzulegen, zogen sie zunächst mit zwei Wünschelruten und langen Handbohrern versehen durch Hamburg. Sie waren viel zu klug, zu weitblickend, um den Mut zu verlieren, als die Wünschelruten lange Zeit weder in Wolfgangs noch in Reinhards Händen reagieren wollten. Als aber, da die Brüder eines Tages gerade den Jungfernstieg an der Alster querten, beide Wünschelruten mit eins ausschlugen, setzten die Brüder auf der Stelle ihre Bohrer an und drehten fieberhaft, ohne sich um die Einsprüche der Polizisten, Kutscher und anderer Verkehrs- und Geistesgestörter zu kümmern. Nachdem sie die erste Gasleitung unterm Asphalt zerstört hatten, gelang es, die Brüder zu überwältigen und ins Gefängnis zu bringen. Wo sie zwei Jahre verbüßten.

Ihre Entlassung fiel zeitlich gerade in eine ebenso Aufsehen erregende wie nützliche Reklameveranstaltung, in die sogenannte »Hamburger Höflichkeitswoche«, auf die eine dortige Kaffeefirma nach dem späteren Beispiele eines Berliner Verlages verfallen war. Acht Tage lang durchstreiften nämlich Angestellte jener Firma unauffällig beobachtend die Straßen und Plätze, und wenn sie auf besonders höfliche öffentliche Handlungen oder Gespräche stießen, so traten sie auf den Höflichsten unter den Höflichen zu und sagten, ihm einen kuvertierten Tausendmarkschein überreichend: »Da, mein Junge, nimm das Geld und merke dir: Hoppenstiels Kaffee ist der beste!« In jener Woche war allenthalben in Hamburg zu beobachten, wie die Leute auf einmal sich an Höflichkeit zu überbieten suchten.

Damals also verließen die beiden Hoffmanns die Strafanstalt und bestiegen, obwohl sie keinen Pfennig Geld besaßen, teils dreist, teils ahnungslos eine Straßenbahn. Eine Strecke weit wussten sie sich durch geschickten Platzwechsel dem Kondukteur zu entziehen. Als dieser sie aber schließlich doch mit der anständigen Frage stellte: »Belieben die Herren vielleicht ein Billet zu erwerben?«, zog Reinhard seinen Entlassungsschein hervor, tat sehr erschrocken und rief mit geheucheltem Bedauern: »Ach, verflucht nochmal, wie fatal! Ich dachte, das sei ein Tausendmarkschein, und nun habe ich kein Geld bei mir.«

Unverzüglich erhob sich da der nächste Fahrgast und sagte: »Mm-hh-tp ist mein Name; dürfte ich ihnen vielleicht mit einem Tausendmarkschein unter die Arme greifen?«

Wolfgang Hoffmann überkam etwas wie Ahnung von verwandelter Menschheit. »Sie wollen uns borgen?«, sagte er und wurde rot, weil er unwillkürlich den Schein schon ergriffen hatte.

»Borgen?«, erwiderte der Fremde errötend. »Ich bin sehr beschämt, dass die voreilige Ausdrucksweise meiner ergebensten Absicht eine Missdeutung –«

»So sehr es mir zur Ehre gereichen würde«, fiel der Schaffner ein, »dem Herrn Reichsgrafen einen Tausender zu wechseln, so fehlt es mir doch leider –«

»Vergeben Sie mir«, stammelte emporschnellend ein anderer Fahrgast, »wenn ich so frei bin, die Kleinigkeit des Fahrpreises in stimmender Münze –«

Dieses Höflichkeitsgeflecht wurde quer durchschnitten, indem die Brüder Hoffmann plötzlich mit dem Tausendmarkschein das Weite suchten.

Über die Frage, wie der geschenkte Raub zu teilen sei, gerieten Wolfgang und Reinhard in Streit. Weil sie an Mut, Wut und Stärke einander nichts nachgaben, so teilten sie letztlich das Geld und ihre Brüderlichkeit durch 2 und gingen feindselig auseinander. Reinhard verscholl. Denn niemand wusste darum, dass er sich und seine 500 Mark bis China durchgebracht hatte. Wolfgang aber pachtete für sein Geld eine städtische Bedürfnisanstalt an der Alster.

Vier Zellen hatte dieses primitive Etablissement. Davon florierten drei sehr ersprießlich zum Ärger des Pächters, während die vierte zum Ärger des Publikums dauernd verschlossen blieb. Sie sei von einem Chronischen besetzt, erklärte Wolfgang auf Befragen. In Wirklichkeit benutzte er jede freie Minute zwischen Aufschließen und Adieu-Sagen, beziehungsweise Einkassieren, um in jener geheimnisvollen Zelle emsig Bohrversuche anzustellen.

Bald entdeckte er zu seiner Freude, dass er auf eine Wasserader gestoßen war. Gleichzeitig versagte in den Nebenstellen die Wasserspülung, aber Wolfgang beachtete das nicht weiter, sondern gab dem neuentdeckten Strahle eine Rohrbettung, die er zunächst verschloss, um sie später einmal wirtschaftlich und pekuniär auszubeuten. Inzwischen entzog er die zweite Zelle der öffentlichen Nutznießung und bohrte dort weiter. Mit seiner ingeniösen Begabung und mit dem reichlichen Gewinn, den die beiden anderen Zellen noch abwarfen, konnte er seine Bohrwerkzeuge aufs Trefflichste vervollkommnen.

Abermals ward er fündig. Petroleum. Rohrleitung zugestopft. Ausnützung auf später verschoben.

Während das Publikum vor der vierten, noch einzig aussichtsvollen Zelle in langer wartender Schlange anstand, bohrte Wolfgang in der dritten. Und er wurde dort – wenigstens moralisch – der Entdecker einer heißen Mineralquelle. Nicht juridisch, weil, als ihn seine Bedürfnisanstaltspflicht im entscheidenden Moment abrief, ihm zwei andere, harmlose Augen zeitlich zuvorkamen. Übrigens hatte Wolfgang nahezu das gleiche Interesse daran, diese heiße Quelle und die Kenntnis davon wieder zu verschütten, wie euer harmlose Senator, der in so mysteriöser Weise hinterrücks angebrüht worden war.

Aber, wie das so geht, etwas sickerte doch durch. Die Anstalt blieb – öffentlich hieß es wegen Reparatur – vier Wochen lang geschlossen.

Wolfgang nutzte diese Zeit aus und bohrte und bohrte in der vierten Zelle. Bohrte und nahm immer längere Bohrstangen, verlängerte diese, fügte einen Ansatz nach dem anderen an die Verlängerungen, bohrte Tag und Nacht. War sich, nach dem Maße der Schnelligkeit, womit er tiefer drang, jederzeit darüber klar, welches Gestein oder welche Erdschicht er gerade durchbohrte. Bohrte unermüdlich, zuversichtlich, denn er wusste, dass das von ihm und seinem Bruder gemeinsam erfundene Material des Bohrers auch das härteste Gestein, ja, selbst Stahl überwinden würde.

Dennoch stieß er eines Tages nicht nur auf Widerstand, sondern sogar auf Gegendruck. Er erbleichte für einen Moment. Dann hatte er's.

»Mein Bruder! – das Luder!«, rief er aus, ohne etwa in dieser hasserfüllten Stunde reimen zu wollen; er riss den Bohrer heraus und näherte ein Fernrohr und sein Auge der Öffnung.

Wahrhaftig! Sein Bruder! Sein Bruder hatte von einer Gegenseite der Erdkugel aus ebenfalls gebohrt, und die beiden Richtungen begegneten sich zufällig in ein und derselben Linie.

Deutlich erkannte Wolfgang durch den etwa fünf Zentimeter breiten Bohrgang das giftige blutunterlaufene Auge des Bruders.

»Schwein!«, schrie er berstend vor Wut in die Öffnung hinein.

»Rindsvieh!«, kam es als Antwort zurück.

Einen Tag lang beschimpften die Brüder sich wechselweise, dann versuchte jeder den anderen anzuspucken. Beide Spucken kamen niemals an. Dann versöhnten sich Wolfgang und Reinhard und riefen einander herzliche Grüße, Geburtstagswünsche und Neujahrsworte zu. Darauf kamen sie auf sachliche, demzufolge auf geschäftliche Gespräche. Dann rohrposteten sie sich gegenseitig Schmuggelwaren zu: Opium gegen Bayerische Malzbonbons.

Schließlich tauschten sie politische und börsianische Berichterstattungen aus und wurden – der eine in China, der andere in Hamburg – innerhalb von fünf Tagen als Propheten so reich und angesehen, dass jeder von ihnen den anderen, also den Mitwisser des Bohrlochgeheimnisses, aus der Welt wünschte, um sich dann unbesorgt zur Ruhe setzen zu können.

»Hallo!« Beide Brüder riefen sich in demselben Moment den verabredeten Anruf zu. Beide Brüder setzten im nächsten Moment eine Pistole an die Öffnung und schossen los; legten sodann ein Auge an, um die Wirkung ihres Schusses zu genießen.

Im Erdinnern platzten die beiden losgefeuerten, mit Aufschlagzündern versehenen Geschosse aufeinander, an einer Stelle, wo sich Gase angesammelt

hatten. Das schlagende Wetter fand nur zwei schmale, etwa fünf Zentimeter breite Ausgänge, die es mit Stichflammenkraft benützte.
In einem chinesischen Tempel und in einer Hamburger Bedürfnisanstalt wurde gleichzeitig je ein verkohlter Nachkomme E. T. A. Hoffmanns gefunden.

Vom Tabarz

Auf der Wiese zu Jekaterinburg geboren und wissbegierig war die kleine Fliege, aber unverschämt. Es war unvermeidlich wie ungewollt, dass sie durch ihre Neugierde mancherlei lernte. Damit prahlte sie dann, überhob sich ihren Gleichalterigen und war undankbar gegen abgegraste Lehrer. So besuchte sie oft ihre gebrechliche Großmutter, um sich alte Fliegensagen erzählen zu lassen: Von der Schlange Leim, die sich aus Kronleuchtern herunterlässt und Zucker ausschwitzt, um ihre Opfer anzulocken. Oder vom Ungeheuer Klatsche, das auf Menschen wohnt. Und mehr. Aber waren derartige Erzählungen zu Ende, dann warf die schnöde Fliege die Eier durcheinander, die Großmutter während des Sprechens gelegt hatte, und flog nach solchem oder ähnlichem Unfug ohne Abschied davon, um den Freunden und Bekannten Selbsterlebtes betreffs der Schlange Leim vorzulügen.
Die Mitfliegen staunten über Wuppys Kühnheit. Wuppy setzte sich in ihrer Gegenwart auf die Schiene, als das D-Zug heranbrauste, und schwur hoch und teuer, sie würde nicht weichen, sondern das D-Zug anhalten. Die Lokomotive tutete.
»Es hat Angst! Es schreit!«, triumphierte Wuppy. Der Zug bremste, hielt. »Na, seht ihr's?« Viele Menschen entströmten dem Zuge.
»Es gebiert lebendige Junge«, erklärte Wuppy wichtig und flog neugierig hin, um die Neugeborenen zu berüsseln.
Geriet in den Leib des D-Zuges und nahm dort auf einem Wurstbrot Platz, das auf dem Schoße eines D-Zug-Embryos balancierte.
Die transsibirische Eisenbahn fuhr weiter; über Tscheljabinsk und Irkutsk. Neben dem Wurstbrot lag eine verkorkte, mit Kaffee gefüllte Flasche. An einem rindenartigen Teil derselben klebten zwei süße Tropfen; aber die

Fliege wurde gestört durch trampelnde Finger des Kornhändlers Pagel. Der versuchte ohne Pfropfenzieher zu öffnen. Weil das misslang, stieß er den Korken mittelst eines Bleistiftes hinein, danach tat er einen Schluck. Die Fliege war, als sie die Rinde mit den süßen Tropfen entschwinden sah, sofort hinterdrein geschossen. Plötzlich ward sie von einem Strudel gepackt, verlor die Besinnung, und als sie wieder zu sich kam, schwamm sie. Wie damals im Tümpel hinter der Dotterblume. Sie wusste instinktiv und durch Großmutter etwas von der Gefahr des Ertrinkens. War daher überglücklich, ein Rindenland zu erblicken, erreichte, bestieg es und stürzte sich auf zwei süße Tropfen. Dabei beschäftigten sich ihre Hinterbeine mit Abtrocknen.
Herr Pagel hatte die Flasche mit Papier zugestopft und ins Gepäcknetz gelegt, nun las er, dann streckte er sich zum Schlafen.
Nach fünf Reisetagen stieg in Strjetensk ein kleines Kosakenmädchen ins Coupé. Der Kornhändler wollte ein Gespräch anknüpfen, aber sechs Tage später, in Chabarowsk, stieg das Mädchen schon wieder aus.
Fürchterliches hatte die Fliege in diesen Fliegenjahren erlebt: Erdbeben, Springtiden, Seestürme und grässliche Wasserhosen. Wuppy machte eine naturwissenschaftliche Beobachtung: Nach jeder Wasserhose war das gelbe Tümpel um sie herum seichter.
Schon längst und wiederholt hatte die entsetzte Fliege versucht, das Rindeneiland zu verlassen. Sie hatte sich dabei sogar vorgenommen, ein neues, bescheideneres Leben anzufangen. Aber überall, in gewissen, unterschiedlichen Distanzen fand sie eine gefrorene Luftschicht, die sich zwar durchsehen, aber nicht durchfliegen ließ. Wuppy vermeinte anfangs, sich verirrt zu haben, doch stellte sie fest, dass ihre Umgebung dieselbe war und blieb.
Fünfzehn Werst vor Wladiwostok hielt der Zug auf offener Strecke infolge Achsenbruches. Der Kornhändler öffnete das Fenster, um nach der Ursache zu fragen. Dann öffnete er die Flasche, um zu trinken; mussste aber vorm Trinken erst niesen. An diesem Fliegentage fand Wuppy, der Luftströmung folgend, einen Ausweg und war auf einmal auf einer Wiese, auf ihrer Wiese. Der Gefahr entronnen blähte sie sich sofort übermütig auf.
Sonderbar: Die Blumen hatten sich verändert. Wie lange mochte es wohl – – Es schien doch, als – –. Wuppy kam aufs philosophische Nachdenken. »Ja!« – »Aha!« – »Seltsam!« – »Aber selbstverständlich!« Aber wie lange mocht

es nur her sein? Wuppy suchte vergeblich nach ihren Gespielen. Endlich entdeckte sie den alten Brummer vom Kaninchenaas. Tobbold, oder wie er hieß, ein unwissender Proletarier. Aber aus Neugierde sprach Wuppy ihn an: »Na, Vater Tobbold, was machen denn die alten Knochen?«

Der alte Brummer glotzte, ohne zu antworten. Offenbar war er vertrottelt, denn auch sein Äußeres war verzerrt. Als aber Wuppy nun auf andere Fliegen stieß, die alle keine Antwort gaben und alle auch äußerlich entstellt waren, fragte sie sich: Sollte eine ganze Generation Fliegheit vertrotteln können? Dann reflektierte sie weiter: Ich, Wuppy, habe das Problem aufgerollt, ob eine ganze Generation Fliegheit vertrotteln kann. Da meine Mitfliegen diesem Gedankengang ersichtlich nicht zu folgen vermögen, muss ich doch ein – ich darf aus genialer Demut nicht aussprechen, was – sein.

Der große Wahn verstärkt die positiven Fähigkeiten. Wuppy erblickte auf 20 Meter Entfernung eine ihr von Jugend und Großmuttern her bekannte Gefahr: das Laubfrosch. Wuppy begnügte sich nicht damit, ihr Leben in Sicherheit zu bringen, sondern stellte eine Intelligenzprobe an, indem sie in Überlaubfroschhupfhöhe kreiste und durch provozierendes Lachen das Frosch reizte. Es quakte wütend, schließlich kleinlaut. Wuppy wurde in diesem superioren Moment mordsmäßig durch eine Schwalbe erschreckt, die in Rüsselbreite an ihr vorbeisauste. Wuppy flüchtete. Die Schwalbe folgte. Wuppy setzte sich auf einen Ast. Die Schwalbe auch. Wuppys Herz klopfte zum Zerspringen. »Ich fresse Sie nicht«, sagte die Schwalbe beruhigend, »ich bin schon satt.«

Die Schwalbe suchte Unterhaltung. »Ich bin noch gar nicht lange aus Afrika zurück. Auf dem Meere – – wissen Sie, was ein Meer ist?«

Wuppy schüttelte furchtsam den Kopf.

»Sie brauchen keine Angst zu haben«, versicherte die rührende Schwalbe, »vielleicht interessiert es Sie, von meinen Reiseerlebnissen zu hören.«

»Wenn Sie mir ihr Ehrenwort geben, dass Sie mich nicht fressen«, sagte Wuppy heiser vor Aufregung.

Die Schwalbe gab's. »Ich weiß sehr wohl, was ein Meer ist«, hub Wuppy dreist an, »und habe überhaupt in meinem tausendjährigen Leben mancherlei –«

»Tausendjährig?«, fragte die Schwalbe.

»Ja, tausendjährig. Ich habe hier noch erlebt, dass die Luft stellenweise gefror; ich weiß nicht, ob ihnen der Begriff Eiszeit geläufig ist.«
Die Schwalbe zog ein sehr einfältiges Gesicht. Wuppy wippte und fuhr dann, mehr wie zu sich selber, aber immerhin sehr laut und deutlich fort: »Damals vor dem Seesturm, als ich das D-Zug zum Stehen brachte.«
»Bitte, erzählen Sie!«, bat die Schwalbe.
»Nein, ich spreche nicht gern davon. Außerdem nehmen mich zur Zeit ernste philosophische Probleme so in Anspruch – – Sicherlich ist Ihnen doch wohl bekannt, wer ich bin –?«
»Nein«, sagte die Schwalbe.
»Nein?? Ach wie drollig!« Wuppy lächelte gezwungen. »Aber schon recht. Reden Sie ganz wie mit Ihresgleichen. Sie wollten Erlebtes berichten. Es ist mir durchaus nicht uninteressant, sowas in der primitiven Vorstellungsweise, in der naiven Sprache des Volkes zu vernehmen.«
»Ich wage es nicht«, sagte die Schwalbe.
»Papperlapapp! Schießen Sie mal los mit Ihrem Schwalbenlatein.«
Die Schwalbe begann eine lange Geschichte anspruchslos vorzutragen. Wuppy hatte drei Beine über drei andere geschlagen und sich ein wenig abgedreht, als hörte sie nur mit einem Ohr zu. Sie hörte aber überhaupt nicht zu, sondern erwog heimlich Fluchtpläne. Plötzlich brach die Schwalbe ihre Erzählung ab.
»Nun? Was weiter?«, fragte Wuppy.
»Mich hungert«, sagte die Schwalbe verlegen und wurde rot. Im selben Moment schwirrte Wuppy, was sie schwirren konnte, in die Tiefe hinab, um sich ins Gras zu retten. Dort wurde sie vom Laubfrosch verschluckt. Die rote Schwalbe aber flog verärgert nach Afrika zurück, wo sie mit ihrer Farbe viele Büffel wild machte. –
Der aus Kanada stammende Naturforscher, der den Laubfrosch zersägte, fand die Fliege und sagte: »Ei ei!« Er sagte es natürlich auf Englisch. »Egg egg!« Wuppy legte zufällig in diesem Augenblicke ihr erstes Ei. Sie war längst in dem Alter. Diese vermeintliche Reaktion ließ den Naturforscher selig erschauern. Die Entdeckung war gemacht, der theoretische Beweis einmal praktisch belegt. Es gab eine tierische Vernunft im menschlichen Sinne. Es gab eine Verständigungsmöglichkeit zwischen Insekt und Professor. In der

Stärke und Sicherheit dieser Überzeugung gelangen dem Forscher weitere Fortschritte. Es bedurfte nur eines Rohres mit feinsten Membranen. Das hatte Professor Nipp aus Kanada schon mitgebracht.
Die Fliegensprache zerfällt erstens in einen pantomimischen Teil. »Guten Morgen« heißt z. B. auf Fliegisch nicht »*Good morning*«. Rechtes Mittelbein dreißig Grad nach oben gekrümmt, bedeutet: »Wie spät ist es?« Mit unermüdlichem Fleiß lernte Professor Nipp Fliegisch. Der phonetische Teil dieser Sprache kennt keine Maskulina.
Nipp schloss einen Vertrag mit der Fliege. Sie verpflichtete sich, den Professor auf einer sechsmonatigen Vortragsreise durch Kanada zu begleiten und während der Vorführungen durch promptes Antworten und folgsames Reagieren die demonstrative Beweisführung des Professors zu unterstützen. Dieser verpflichtete sich dagegen, ihr während der Reise angemessene Nahrung und Unterkunft zu bieten, und garantierte dafür, dass das Auftreten der Fliege im streng wissenschaftlichen Rahmen bliebe und keiner merkantilen Ausbeutung ausgesetzt sei. Wuppy unterzeichnete den Gegenkontrakt fliegisch mit mehreren plastischen Pünktchen.
Professor Nipp kabelte nach Kanada, bestellte Säle, Reklame und Impresario. Er kaufte ein schönes Fliegenspind, setzte Harzer Käse, Erdbeeren und Pferdedung hinein und bat Wuppy, näherzutreten. Dann schiffte er sich und sie ein. Es war eine herrliche Überfahrt. Die frohe, durch eine gewisse wissenschaftliche Weihe gehobene Stimmung des Professors machte ihn aufmerksam und gütig gegen alles und jedermann. Er kletterte mittags ins Matrosenlogis hinunter, spendierte Cognak und unterhielt sich mit den Seeleuten. Es waren merkwürdige Kerle, etwas einseitig, aber durchaus gar nicht dumm, sondern sogar nachdenklich und amüsant. Wie sie bei großer Weltkenntnis oft noch am seltsamsten Aberglauben festhielten, wobei ihre schnurrige Phantasie die wunderlichsten Wege ging.
Der Leichtmatrose Fritzsche erzählte von dem unmenschlichen Riesen Tabarz, den er schon mehrmals auf See angetroffen hätte. Professor Nipp lächelte, aber auch die eignen Kameraden nahmen Fritzschen nicht ernst, weil er aus Friedrichroda stammte. Der Leichtmatrose stieg beleidigt an Deck. Nach einer halben Stunde rief er dringlich von oben herab: »Herr Professor! Herr Professor!«

»Was gibt's?«
»Er ist da!«
»Wer ist da?«
»Der Riese. Wollen Sie ihn sehen?«
»Ei ei«, sagte der Naturforscher und kletterte an Deck. Die andern folgten. Die See lag glatt. Nirgends im Rund war Land oder ein Schiff zu erblicken. Kein Wölkchen zeigte sich am blauen Himmel. Die Matrosen lachten.
»Na, wo steckt denn Ihr Herr Tabarz?«, fragte Nipp freundlich eingestellt.
»Dort!« Fritzsche zeigte überall hin.
»Wo?«
»Sehen Sie den blauen Himmel?«, fragte Fritzsche.
»Freilich, aber –«
»Nun, der ganze blaue Himmel ist ein Stück mittelste Füllung von einem Knopf an der Hose von dem Riesen Tabarz.«
Der Professor wurde in diesem Augenblick vom Steward abgerufen.
In Nipps Kabine war eingebrochen worden. Fritzsche hatte, ohne böse Absicht, nur aus Neugierde, das Fliegenspind entdeckt. Und weil er den Käse und die Erdbeeren darin für die Hauptsache und die Fliege und den Pferdedung für die Nebensache ansah, so hatte er die Hauptsache aufgefressen und das Nebensächliche zerquetscht.

Das halbe Märchen Ärgerlich

Aber es geschah nicht, obwohl von gar keiner bestimmten Zeit die Rede war, auch kein eigentlicher Ort dabei eine Rolle spielte. Nur entzog sich der Kenntnis, was – ohne in Existenz zu verharren – auch nicht annähernd von jemand erdacht werden konnte.
Damit war keine Lüge ausgesprochen, ja nicht einmal das Unmögliche eines Vermissens änderte etwas, weil die Pause, die hätte eintreten müssen, lächerlicherweise sowohl eines Anfanges als auch des Endes entbehrte.
Da im Übrigen ein Dazwischentreten verhindert schien, so blieb (wenigstens so lange nichts Bedeutenderes geschah) kein Resultat aus, vorausgesetzt, dass

es überhaupt durchführbar wäre, Resultate wie Samenkörner von Keim zu Keim zu tragen.

Ungeachtet dieser Ermangelung gebrach es doch nicht an einem gewissen Fehlen, während sich andererseits weder ein Laut kundgab noch sonst etwas regte, es sei denn, man wolle einwenden, dass keinerlei Aufmerksamkeit in Anspruch genommen wurde. Vielleicht hätte man gerade in dem Nichtzugegenseienden das Abwesende suchen müssen; jedenfalls unterblieb das Unverhoffte eines Tages, und indem hierdurch die nicht unterbrochene Hohlheit einfach nicht im Stande war, einem von jeher bestehenden Leersein Platz zu machen, wurde Graf Quiekenbach geboren. Vormittags.

Der quietschte wie ein Schieferstift auf der Schiefertafel. Nachmittags wuchs er auf, sodass er nach zwei Jahrzehnten bereits 20 Jahre alt war; wonach er sofort jenes kindische, läppische Benehmen aufnahm, das man mit Würde übersehen muss. Sehr zu Recht lehnten dann auch alle ernst zu nehmenden Lektoren seine geschraubten Schreibereien ab, dieses dumme Zeugs, welches er, wie er sich unbescheiden ausdrückte: »Aus Blut und Wonne geschrieben« hatte.

Graf Quiekenbach wurde nie gesetzt. Stehend, auf der Treppe, schlang er elf Rouladen in sich hinein. Und es ist ein recht billiger Witz, der kein Kommentar verdient, wenn es überhaupt ein Witz und nicht nur eine ekelhafte und sogar recht dürftige Zote ist, statt »Gesäß«: »Arsch« zu sagen.

Weder auf Tag noch auf Nacht gestimmt, kostete der Graf nach Laune jeweiliger Situation bald von diesem, bald von jenem und genoss zutiefst: heute die Rotweinflecke auf Seite 11 eines in Schürzenleinwand gebundenen Klostermemoires, morgen ein Milchmädchen am Sendlinger Tor, auf deren Zinkdeckel der Strahl der Morgensonne splitterte.

In seiner unvernünftigen Tollkühnheit verabscheute der Graf jegliche Arbeit. Bei strömendem Regen lustwandelte er elfmal die Friedrichstraße auf und ab, kam dabei elfmal an elf Bettlern vorüber, und indem er jedem jedes Mal zurief: »Seien Sie vergnügt, mein Lieber, denn jeder Junior ist ein Senior!«, rief er diesen Satz also 11 mal 11. Der Graf hatte eine Vorliebe für eine bestimmte Zahl, die er pflegte und verehrte, und der er besondere Bedeutung beimaß, nämlich die 14, die Vierzehn.

Er begab sich darum Punkt 11 Uhr von der Friedrichstraße über die Ree-

perbahn nach dem Stachus, wo um diese Zeit die Kinder der ärmeren Bevölkerung Danzigs ihre zarten Leidenschaften austoben lassen. Quiekenbach suchte sich unter diesen Kindern eins heraus, das sich durch bessere Kleidung und ein etwas unsympathisches, leichthin dummfreches Gesicht von den anderen unterschied, und dem schenkte er seine volle Börse. Der Kind nahm das Börse, stammelte etwas von Betrunkener Esel, streckte die Zunge meterweit heraus und lief davon. Lange noch sah der Graf ihm nach, bis die flatternde Zunge am Horizont verschwand. Dann wanderte er langsam heim, in ein abendliches Lächeln gehüllt von dem Gedanken an billige, bunte, ewigdehnbare Schlangen aus Zuckergummi.
Auf der Treppe zu seiner Wohnung holte ihn ein Herr ein, der, als Quiekenbach stehen blieb, um die Türe zur Wohnung aufzuschließen, ebenfalls stehen blieb und ebenfalls einen Schlüssel zog.
»Wollen Sie zu mir?«, fragte Quiekenbach.
»Nein, ich wohne hier«, erwiderte der andere lächelnd.
»Sie?? Das ist ein Irrtum. Hier wohne ich.«
»Bitte überzeugen Sie sich.« Der Fremde zeigte lächelnd auf das Namensschild an der Tür. Der Graf sah aus Höflichkeit flüchtig hin. »Nun?«, sagte er. »Bitte, was steht dort geschrieben?«
»Quiekenbach«, sagte der Fremde lächelnd.
»Quiekenbach«, sagte Quiekenbach.
»Ich bin Graf Quiekenbach«, sagte der Fremde lächelnd.
»Sehr angenehm«, erwiderte der Angeredete, »aber ich bin Graf Harald Oskar Fridicenius von Quiekenbach, hier seit dreizehn Jahren wohnhaft.«
»Ich auch.«
»Pardon, ich wage nicht anzunehmen, dass Sie Scherz mit mir treiben oder angeheitert sind –«
»Erlauben Sie, ich halte es für ausgeschlossen, dass Sie unzurechnungsfähig sind oder mich zum Besten halten.«
Es entwickelte sich eine endlose Kette von Argumenten für eine unerhörte Duplizität. Beide Kontrahenten, oder vielmehr Kongruenten traten ein, waren mit der Wohnung vertraut, bewiesen einander durch Griffe, Papiere etc. eine völlige Gleichheit und stritten sich darüber auf selbe Art, dass jedes Schimpfwort des einen dem anderen sozusagen aus der Seele gesprochen

war, also wieder sofort zur Versöhnung führte. Frau Gräfin Mutter wurde herbeigerufen. Sie erkannte in jedem der beiden den einzig Richtigen.
Da die Gerichte in diese mysteriöse Angelegenheit sicher kein Licht, aber wahrscheinlich Lärm und Unkosten hineingebracht hätten, so verzichtete man auf sie und einigte sich.
Es wäre schade gewesen, solch doppeltes Leben nebeneinander zu verpuffen. Vielmehr reizte das Problem: Das eine Leben abzustellen bis zum Ende des anderen und es dann zur Fortsetzung des anderen wieder loszulassen. Man würfelte. Unser Quiekenbach gewann. Er steckte den anderen Quiekenbach in eine Tonne, salzte ihn ein und schrieb auf den Deckel: »Nach meinem Tode zu öffnen.«
Durch diese Arbeit sehr ermüdet, besuchte Quiekenbach, einen geschmiedeten Plan in der Tasche, seinen Freund, den arktischen Maler Dlonuxam, dessen Heimat, wie bereits angedeutet, die arktische Zone war und dessen Spezialgebiet es war, Stillleben zu malen. Halbierte Melonen auf rosa Plüschdecke. Gurkensalat zwischen Ziegelsteinen.
»Guten Tag«, sagte Quiekenbach, »möchtest du Gesandter des Staates – –«
»Halt!«, schrie der Maler, der gerade die ersten Maltakartoffeln, das Pfund zu Mk. 1,60, das halbe Pfund zu Mk. 0,90 malte, »tritt nicht in die Gruppierung.«
Quiekenbach ging vorsichtig um die Erdäpfel herum. »Ich gedenke mich als Missionar im Innern Afrikas zwecks Bekehrung eines noch unbekannten Heidenvolkes zum fuhlitanischen Glauben niederzulassen.«
»Grün ist eine unhörbare Farbe«, sagte Dlonuxam weitermalend.
»Glaubst du, dass der Staat Arktikum meine Mission befürworten wird?«
»Das Knollige muss mehr zum Ausdruck kommen.«
»Dann bitte bestätige mir als Gesandter durch Unterschrift und Stempel, dass deine Regierung mich ausgesandt –« Quiekenbach legte ein Schriftstück auf den Tisch.
»Lass mich zufrieden, wahnsinniger Uhu!«, rief Dlonuxam, nach der Tür weisend.
Quiekenbach trat vor die Kartoffeln hin und holte langsam mit dem Fuße aus wie ein Fußballstößer bei Beginn. »Du willst also nicht durch Unterschrift und Stempel – –??«

»Halt! Ja doch! Ja!« Dlonuxam unterschrieb und drückte viele Stempel unter den vorgeschriebenen Text der Urkunde: »Einschreiben« – »Mitglied der Neuen Secession« – »Vorsicht Glas!«

Wenden wir uns jetzt von den beiden ab und zu Quiekenbach. Nach Quiekenbachs Abreise war Quiekenbach sofort von einem neugierigen Dienstmädchen aus der Salztonne befreit worden. Sofort lehnte er sich weit aus dem Fenster seiner Wohnung und knallte 24 Stunden lang mit einer aus Mulattenblinddarm geflochtenen Peitsche, während er unausgesetzt in die Nacht hinaus laut konjugierte: »Kakaich, Kakadu, Kakaer, sie, es –«

Solches unreife rüpelhafte Betragen verdient selber nur die Peitsche. Und wenn das nichts hilft, dann noch härtere und härteste Züchtigung.

Es war ihm schon etliches versetzt; dann wurde aufs strengste zugepackt, den Burschen zu strafen. Die Hämmer sausten zuletzt im Asphalt-Arbeiter-Takt auf den Grafen.

Darüber wurde der lange hagere Herr Quiekenbach kurz und breit, wurde schließlich zu einer Scheibe mit beweglichen Sohlen. Aber dieser Wanze verblieb ein großes, grünes Glasauge; grün und doch schön, aus Glas, weil starr, aber es war doch beseelt und trotzte allem Illustren, überblendete alle bestehenden Lumina.

Wenden wir uns jetzt zweimal um uns selber herum und dann zum Grafen Quiekenbach. Der hatte ein afrikanisches Buschvolk entdeckt, dessen kannibalischen Appetit er durch Überreichung seines Beglaubigungsschreibens sozusagen ausbluffte. Danach rief er den Negern devot lächelnd zu: »Ihr Gesäßlöcher!« und schlug sein Zelt auf. Acht Tage lang bewirteten ihn die Wilden aus Neugierde, sie brachten ihm Kokuskaktosbier ans Bett und eine an Rindfleisch erinnernde Mehlspeise. Als ihn die Neger am neunten Tage fressen wollten, rief er ihnen in ihrer Sprache zu. »Halt!« denn er war nicht müßig gewesen. Er hielt sie in Furcht und Schrecken. »Ich bin ein mächtiger Zauberer aus einem furchtbaren Lande. Wenn ich will, kann ich euch jederzeit durch 1111 gleichzeitige Blitze vernichten, aber wenn ihr zwei Jahre lang eure jungen Mädchen um mich versammelt und mir reichlich Kokuskaktosbier – –« Er versprach ihnen Märchen; und es ging ihm gut, denn zwei Jahre lang ließ er sich Kokuskaktos und junge Mehlspeise und viele schöne, an Rindfleisch erinnernde Mädchen ans Bett bringen. Hatte dafür

nur Märchen zu erzählen. Erzählte sie, anfangs versuchsweise in der Sprache der Eingeborenen, später aus Bequemlichkeit in Magdeburger Dialekt. Improvisiertes, Erlogenes und Erstunkenes, was er halt so einkokuste oder auskaktoste, Fuselgefasel.
Dieses nichtswürdige zentralafrikanische Betrügerleben des Grafen Quiekenbach wurde jäh durch ein ebenso sonderbares als grausames Ereignis gestört, welches berufen war, endlich einmal Licht in viele erwähnte, sowie auch bisher unbekannte und zum Teil haarsträubend unsittliche Begebenheiten zu bringen. Wenden wir uns zuvor noch einmal zum Grafen Quiekenbach zurück.

Die Walfische und die Fremde

Bereits eine Stunde später bildete sich ein Komitee. Man wollte den Schiffbrüchigen das Mitgefühl der Stadt übermitteln, sie als Fremdlinge gastlich bewirten beziehungsweise unterhalten und von der offiziellen Sympathie für Deutschland überzeugen. Man wollte auch bei dieser für den kommenden Sonntag gedachten Veranstaltung ihnen ordentlich imponieren.
Großzügig vorausgesetzt, dass sie sich bis dahin erholt haben, ferner auch nicht an den Folgen gestorben sein würden, sollte sich das Programm etwa so entwickeln:
Warme Begrüßung am Genesungslager. (Schon schloss sich ein Senator nach dem andern zum Auswendiglernen ein.) – Rundfahrt durch Stadt und Musehenswürdigkeiten. (Lastautos stellte in hochherziger Weise die bedeutendste Speditionsfirma.) – Flüchtige nähere Besichtigungen. (Die städtische Bibliothek sicherte freien Eintritt, das Museum für internationale Laryngoskopie Stundung der Garderobegebühren zu.) – Der berühmte, aus gerösteten Bananenschalen hergestellte Wolkenkratzer sollte von oben bis unten mit deutschen Briefmarken beklebt werden. (Gestiftet von einem ungenannt bleiben wollenden, sechsfachen Multimillionär, der sie von Bittgesuchen abgesammelt hatte.) – Trauliches Beisammensein mit Kaffeekredenz und Kuchenbergen im Klubhaus der inneren Mission für Kammerjagdsport. – Wohltätigkeitskonzert. – Tanz der tausend vornehmsten Babys. – Dann viel-

leicht Feuerwerk im Germanischen Ratskeller, Böllerläuten, Glockenschüsse oder so. Die Entscheidung über den weiteren Verlauf balancierte vorläufig noch auf einem Gewoge von Portwein und Beleidigungen.

Die Frau von dem Verwalter von der Schlauchhalle von der Hafenstation von der Feuerwehr lernte lügen. Während ihr Mann seit Stunden von Lokal zu Lokal eilte, um den wachhabenden Arzt zu suchen, erfuhr sie, dass ihr Geld und ihr Ansehen wuchsen, je mehr sie den neugierig Zuströmenden vorlog. Sie kam sich, nicht zu Unrecht, vor, als habe sie selber Schiffbruch gelitten. Anfangs wusste sie nur wenig. Man hatte die sieben besinnungslosen Riesen in die Schlauchhalle getragen. Man hatte ihnen die nassen Matrosenkleider ausgezogen und dafür erst mal saubere Feuerwehruniformen angezogen. Dann hatte man sie in Wolldecken gehüllt und auf die elastischen Schläuche gebettet. Nun mussten sie vor allen Dingen einmal schlafen, schlafen und nochmals schlafen. Keinesfalls durfte man sie stören. »Nein, auch nicht einmal sehen!« – »Nein, danke, auch nicht für Trinkgeld.«

Ergreifende Stunden verrannen. »Sagte ich's nicht?«, der wachhabende Arzt wurde gefunden. Er sagte gleich: »Vor allen Dingen: Ruhe, Ruhe und nochmals Ruhe!« Dennoch setzte er sich sofort mit den Kollegen vom Krankenhaus in Verbindung, die im Nu ungeteilter Meinung waren. In der Hauptsache galt es, die Geretteten zunächst einmal stundenlang unbehelligt zu lassen.

Diese gründlich ausgeübte Passivität fand leider eine jähe Unterbrechung durch Feueralarm. Im Schuppen einer Spritfabrik hatte Stroh Stroh entzündet. Die Deutschen schliefen auf den Spritzenschläuchen. Es überstürzten sich viele Ansichten und Telefongespräche, verpassten sich oder hoben sich auf. Indessen hatte einer der beiden Uhrzeiger noch keine Rundwanderung vollenden können, als ein Chefarzt, mehrere Unterärzte, viele Seitenärzte und zahllose medizinische Handwerker sich in Rangordnung, lautlos, auf Strümpfen der Tür der Schlauchhalle der Hafenstation der Feuerwehr näherten. Leise wurde die Klinke herabgedrückt, laut quietschten die Angeln. Und die Versammlung sah auf den Schläuchen sieben sauber zusammengefaltete Wolldecken. Und das Fenster stand offen.

Etwa zwei Seemeilen südlich vom Bananenkratzer und zirka ebenso viel Knoten westlich vom Klubhaus der inneren Mission für Kammerjagdsport schlängelt sich zwischen freundlich bunten Delikatessgeschäften und lustig belebten Wirtshäusern ein anspruchsloser Weg im weiten Bogen um die städtische Bibliothek herum. Kurz vorm Germanischen Ratskeller schwenkten die sieben Deutschen nach links ab. Das Geld in ihren nassen Taschen hing wohlverschlossen im Trockenschrank der Hafenstation der Feuerwehr. Die Feuerwehrknöpfe mussten schlecht vergoldet sein; niemand wollte sie als Zahlungsmittel anerkennen. Aber es war schon erfreulich, mal wieder an Land zu sein, ohne arbeiten zu müssen, frei herumzubummeln und sich in der Fremde heimisch zu fühlen. Hier fiel ein deutsches Firmenschild auf. Dort war ein Feuer ausgebrochen; und weil dort leere Hektoliterfässer herumstanden, schöpften die Deutschen damit Wasser aus einem Kanal und löschten das Feuer. Und dann kam plötzlich ein hochanständiger, feiner Herr auf sie zu, wahrscheinlich der Fabrikdirektor, ein echter, eleganter *gentleman*, und schenkte ihnen ein volles Hektoliterfass. Und weil keiner von ihnen »danke« gesagt oder irgendwas gesagt hatte, genierten sie sich und zogen sich mit dem Fass in einen dunklen Hofwinkel zurück. Bald setzten sie ihren Spaziergang fort.

Nicht etwa, dass sie stumpf und blind dahingeschossen wären. Nein, sie gingen einmal auf die andere Seite der Straße, um irgendworüber zu lachen, und dann waren sie wieder auf der einen Seite, um das Elterngrab zu pfeifen. Bis sie auf einmal hart hinfielen.

Weil sie einer vornehmen, jungen Dame ausweichen wollten, die mit zierlichen Schritten um die Ecke bog. »Wir tun Ihnen nichts. Wir sind Seeleute.« Ein zartes Stimmchen antwortete auf italienisch. Das kleine, blonde Persönchen verstand zwar nicht die deutsche Sprache, aber sie hatte sich verirrt. Und sie hätte so viel Vertrauen zu Seeleuten, und ihr Mütterchen vermisste sie gewiss schon, und ob sie sie nicht bis an ihr Häuschen begleiten wollten, sie fürchte sich sehr, überfallen zu werden, weil sie sehr viel Geld und Schmuck bei sich trüge und sei aus adliger Geburt, aber man sollte sie einfach mit ihrem Vornamen Darlingchen anreden, zumal sie Landsleute wären. Und sie trügen gewiss nicht so viel Schmuck bei sich, und sie würde schon dafür sorgen, dass sie daheim ein Schlückchen Wein zur Stärkung bekämen; aber viel Geld hätten Seeleute auch immer bei sich –

Die Matrosen nickten zu allem ja und waren total begeistert verdattert. Sechs von den sieben blickten immer verlegen weg, weil die so reden konnte, aber alles hatte Hand und Fuß, und weil das kurze Samtkleidchen so tief ausgeschnitten war. Der siebente beguckte sich immer derweilen heimlich aus dem Hintergrunde das fremde Mädchen ganz lange. Abwechselnd war jeder mal der hintere.

Langsam mussten sie einen Fuß vor den anderen setzen, damit die lila Beinchen mit den trippelnden Goldkäferchenschuhchen nicht außer Atem kämen. Sprach sämtliche Sprachen; alle Länder hatte sie bereist. Sie kannte sogar die Burgstraße in Leipzig und den Gänsemarkt in Hamburg.

Das Häuschen hatte rotseidene Gardinchen. An dem großartigen schmiedeeisernen Treppengeländer hingen Girlanden. Oben waren alle Möbelchen aus Lack. Und neben dem schönen Ofen mit den vergoldeten Kacheln saß das Mütterchen, die war nicht so schön wie Darlingchen (eigentlich sah sie wie eine dicke Sau aus), aber sie machte allen Ulk mit, rauchte Pfeifchen, und Darlingchen nannte ihr Mütterchen nur auf französisch »Madamchen«. In der Ecke hockte ein Negerchen, das Zither spielte. Aber draußen schlich ein hässlicher – ein hässliches Halunkchen herum; Darlingchen rief ihm »Hälterchen« zu, da verschwand es. Und Darlingchen war wie ein ausgelassenes Kind. Sie neckte die Seebären, weil sie gar nicht wie richtige Deutsche tränken. Und trank ihnen selbst ein Literchen Rum vor. Sie konnte blitzschnell eine Reihe Knöpfchen aufknöpfen. Tausend urkomische Einfälle hatte sie. Auch ein Kunststück mit einem deutschen Tausendmarkschein fiel ihr ein. Aber da erinnerten sich die Matrosen an ihre nassen Kleider bei der Feuerwehr und sangen auf einmal die Lorelei.

Doch mit dem Negerchen und dem Hälterchen stimmte was nicht. Die tuschelten an der Tür so hinterlistig, so, als ob sie gegen Darlingchen was im Schilde führten. Deshalb erhoben sich die Deutschen ein wenig und indem hatten sie den Ofen und das Treppengeländer in der Hand.

Weil sie morgens völlig nackt auf dem Bürgersteig erwachten, blickten sie sehr erstaunt nach dem Häuschen auf. Aus dem Fensterchen rief ihnen Madamchen Schimpfwörtchen zu, und neben ihr stand Darlingchen und warf Ofenkachelchen, Glassplitter und Treppengeländerchen herab. Daraus schlossen sie, dass das Häuschen ein öffentliches Häuschen wäre, und machten sich beschämt auf, um ihre nassen Hosen von der Feuerwehr zurückzuerbitten.

Sie tanzten in hastigen Wendungen umeinander vorwärts, um durch Schnelligkeit der Bewegung ihre Blößen zu verdecken. Trotzdem wurden sie unverhofft verhaftet. Drei Wochen durch schliefen sie sich willig im Gefängnis aus. Danach trug man sie in schwere Ketten gefesselt in den Gerichtssaal und lehnte sie dort gegen die Wand, unter deren Fenstern die freie, ewige See brandet. Bei dem Nacktsein auf der Straße hatten sich die Seeleute etwas verkühlt. Deshalb niesten sie, als das Urteil verkündet wurde. Da zerplatzten ihre Ketten wie Zigarettenbanderolen, und die Wand stürzte ein.

Als sich die ungeheure Staubwolke langsam auf alle Bilderrahmen der Stadt gesetzt hatte, sah man fern draußen im wogenden Ozean sieben Walfische unter ruhigen, weit ausholenden Flossenschlägen entschwinden.

ANHANG

Verzeichnis der Gedichtüberschriften und -anfänge